Construtores do Jornalismo Econômico:
da cotação do boi
ao congelamento de preços

Dados Internacionais de Catalogação na Publicação (CIP)
(Câmara Brasileira do Livro, SP, Brasil)

Resende, José Venâncio de, 1952- .
    Construtores do jornalismo econômico : da cotação do boi ao congelamento de preços / José Venâncio de Resende. — São Paulo : Ícone, 2005.

    Bibliografia.
    ISBN 85-274-0830-9

    1. Jornalismo econômico - Brasil - História - Século 20 2. Jornalistas - Brasil I. Título.

05-4765   CDD-070.449.330981

Índices para catálogo sistemático:

1. Brasil : Jornalismo econômico : História
    070.449.330981

José Venâncio de Resende

Construtores do Jornalismo Econômico:
da cotação do boi ao congelamento de preços

Ícone
editora

© Copyright 2005.
Ícone Editora Ltda.

Capa
Criação: Sérgio Regis Paes e Rodrigo Camargo

Fotos
1. Mário Mazzei Guimarães (Arquivo Pessoal); 2. Geraldo Banas (Arquivo Pessoal); 3. Robert Appy (Reprodução do *Jornal da Redação*/O Estado de S. Paulo); 4. Aloysio Biondi (Regina Vilela/Arq. Sindicato dos Jornalistas do Estado de São Paulo); 5. Hideo Onaga (Arquivo Pessoal); 6. José Yamashiro (Arquivo Pessoal); 7. Klaus Kleber (Arquivo Pessoal); 8. Alberto Tamer (Wilson Melo/Agência Estado); 9. Marco Antonio Rocha (Arq. Agência Estado); 10. Matías Molina (Arq. Gazeta Mercantil); 11. Roberto Müller Filho (Arq. Gazeta Mercantil); 12. Joelmir Beting (Divulgação/Arq. Sindicato dos Jornalistas do Estado de São Paulo); e 13. Luís Nassif (Regina Vilela/Arq. Sindicato dos Jornalistas do Estado de São Paulo).

Diagramação
Andréa Magalhães da Silva

Revisão
Rosa Maria Cury Cardoso

Proibida a reprodução total ou parcial desta obra, de qualquer forma ou meio eletrônico, mecânico, inclusive através de processos xerográficos, sem permissão expressa do editor
(Lei nº 9.610/98).

Todos os direitos reservados pela
ÍCONE EDITORA LTDA.
Rua Lopes de Oliveira, 138 – 01152-010
Barra Funda – São Paulo – SP
Tel./Fax.: (11) 3666-3095
www.iconelivraria.com.br
e-mail: iconevendas@yahoo.com.br
editora@editoraicone.com.br

Sumário

Introdução, 9

Parte 1 - Uma Corrente Heterodoxa, 15
    I - Em Barretos, terra do boi, 15
    II - A força nipônica, 20
    III - As grandes campanhas, 23
    IV - Nova geração na Folha, 27
    V - Um ex-crítico de Kubitscheck, 34
    VI - Pausa para a greve, 38
    VII - Vítima das senhoras católicas, 41
    VIII - Demitido e readmitido em 48 horas, 43
    IX - Experimentos na Folha, 45
    X - Um visionário das exportações, 53
    XI - Especialista em Imposto de Renda, 56
    XII - Joelmir Beting entra em campo, 57
    XIII - O primeiro correspondente nos EUA, 67

Parte 2 - Uma Corrente Ortodoxa, 71
    I - Talentos europeus na Economia, 71
    II - Keynesiano inconsciente, 73
    III - Jornalista econômico por acaso, 77
    IV - Debandada do Estadão, 79
    V - Experiência frustrada, 82
    VI - A primeira das grandes brigas, 83

VII - Carreiras interrompidas, 88
VIII - Uma revolução conservadora, 91
IX - A briga da Transamazônica, 93
X - Espremida entre os classificados, 97
XI - Um foca na reunião da OPEP, 100
XII - A briga do petróleo, 105
XIII - A briga da energia nuclear, 107

Parte 3 - A Escola de Geraldo Banas, 109
I - Ribeiro e Banas nos Associados, 109
II - Revista e anuários, 113
III - Preparativos às claras, 118
IV - O legado de Banas, 120
V - Associados entram na Bolsa, 124

Parte 4 - Precursores do Jornalismo de Negócios, 127
I - Revista dos homens de negócios, 127
II - Duas grandes viagens, 134
III - Confronto com Delfim, 141
IV - Diversificação e inovação, 145
V - Entre militares e Delfim, 150
VI - Pioneirismo nas revistas técnicas, 152
VII - Celeiro de jovens talentos, 161
VIII - Enfoque do cliente, 165
IX - A meteórica Mundo Econômico, 173
X - Experiência a serviço da indústria, 180
XI - Surge o Diretor Econômico, 184
XII - Luiz Nassif entra em cena, 188
XIII - Trapalhada na Visão, 193

Parte 5 - Um Jornal de Economia e Negócios, 197
I - Um empreendedor, 197
II - Fase romântica, 198
III - Um gesto impensado, 204
IV - Um jornal austero, 210
V - Biondi e Molina na Gazeta Mercantil, 213
VI - Mudança nas regras do jogo, 221
VII - Embrião das revistas técnicas, 223

Parte 6 - Jornalismo Agrícola: Do Academicismo à Profissionalização, 229
I - Agroeconomia e agronomia, 229

    II - Uma revista de tecnologia, na Cotia, 231
    III - Dirigente Rural, a irmã gêmea, 235
    IV - Associação de jornalistas e extensionistas, 238
    V - Um jornal para defender o setor, 241
    VI - Surge o informativo da Nestlé, 243
    VII - Da tecnologia ao econômico, 244
    VIII - Abastecimento, o outro lado da moeda, 246
    IX - De progressista a revolucionário, 250
    X - Espaço para abastecimento, na Folha, 255
    XI - Da tecnologia à ideologia, 257
    XII - Uma boa idéia, fora do tempo, 259

Parte 7 - Sotaque Carioca, 265
    I - Da Polícia à Economia, 265
    II - Da Sociologia à Economia, 268
    III - Do Esporte à Economia, 269
    IV - Da cozinha da redação para a Economia, 273
    V - Dos pampas ao eixo Rio-São Paulo, 275
    VI - Da experiência doméstica à visão de mundo, 281
    VII - A Economia na nova fase do Globo, 283
    VIII - A Escola de jornalismo econômico, 288
    IX - Totti no jornalismo econômico, 292

Parte 8 - Jornalismo Econômico na Imprensa Alternativa, 297
    I - Primeiras experiências, 297
    II - Surge o jornal Opinião, 303
    III - Incursões londrinas, 308
    IV - Movimento: um "jornal popular", 310
    V - O racha do Movimento, 318
    VI - Novos rumos, 321
    VII - Novas experiências, 324
    VIII - Novas aventuras, 326

Parte 9 - Transição da Ditadura Militar para a Democracia, 329
    I - O papel político e técnico da AJOESP, 329
    II - A economia na televisão, 337
    III - Projeto de comunistas e udenistas, 344
    IV - Alternativa à Gazeta Mercantil, 350
    V - Exame quinzenal, 360
    VI - Nas ondas turbulentas da crise, 368
    VII - Idéias heréticas na Visão, 372

VIII - Jornalistas, economistas, banqueiros, 373
 IX - Os empresários e a abertura política, 376
  X - Uma demissão polêmica, 379
 XI - Jornalismo de serviços, 382
XII - Uma dupla de respeito, 390
XIII - A reforma da Folha de S. Paulo, 394
XIV - Governo Montoro: divisor de águas, 398
 XV - Muito poder e informações escassas, 400
XVI - Plano Cruzado, começo tumultuado, 406

Introdução

Este livro tem o propósito de apresentar um balanço do jornalismo econômico entre a década de 1930 e o Plano Cruzado, nos anos 80s, com base principalmente em depoimentos de cerca de 60 profissionais que viveram e testemunharam o processo de construção dessa área especializada do jornalismo.

Até a metade dos anos 1960, o jornalismo político ofuscava as boas iniciativas de profissionais de imprensa preocupados com assuntos econômicos, na medida em que a própria economia não se firmara na opinião pública enquanto ciência autônoma. A hegemonia do jornalismo político refletia, assim, o embate entre forças partidárias e produtivas, marcado por acirrado conflito ideológico, notadamente com relação ao patrimônio.

Após as reformas econômicas e financeiras de 1965-66, com a ascensão ao núcleo do poder central de uma elite técnico-burocrata formada agora por economistas e não mais por profissionais do direito (as faculdades de direito inseriam a economia nos seus campos de atuação), houve uma inversão de papéis. O jornalismo econômico atingiu a maioridade não apenas devido à modernização da economia e à censura ao noticiário político, como também por causa de novas necessidades e aspirações da classe média em ascensão, ávida por informações sobre opções de aplicações, investimentos e outros serviços, bem como de proteção contra o surto inflacionário que surgiu na esteira da decadência do "milagre", trazendo de volta a realidade corrosiva do início dos anos 1960.

O fim do militarismo trouxe um certo equilíbrio entre o econômico e o político, com a macroeconomia permeando as questões políticas e os negócios ganhando nova dinâmica, com impacto na cobertura da imprensa especializada.

A primeira parte deste texto, denominada "Uma corrente heterodoxa", aborda a construção do jornalismo econômico nos jornais do Grupo Folhas, cujos profissionais em geral tiveram formação acadêmica basicamente nas áreas de Direito, Ciências Sociais, Engenharia e Comunicação. A começar pelo advogado Mário Mazzei Guimarães, que na década de 30 começou a fazer um boletim do Sindicato Rural de Barretos e na seqüência foi trabalhar na área econômica da *Folha da Manhã*. Nesta escola de jornalismo, surgiram nomes como os de Aloysio Biondi, Washington Novaes, Roberto Müller Filho e Joelmir Beting.

A segunda parte, chamada de "Uma corrente ortodoxa", inicia-se com o ingresso no jornal *O Estado de S. Paulo* do alemão Geraldo Banas, na década de 1940, e do francês Robert Appy, no início da década de 50, ambos com sólida formação econômica adquirida na Europa. Também aborda o desenvolvimento do jornalismo econômico no *Jornal da Tarde*, com expoentes como Celso Ming, Marco Antonio Rocha e Luiz Nassif. Uma parte interessante foram as grandes brigas assumidas por Alberto Tamer, com o respaldo do jornal *O Estado*, em temas como nordeste, petróleo, Itaipu e Transamazônica.

A terceira parte – "A escola de Geraldo Banas" – mostra a preocupação inicial de Assis Chateaubriand em reforçar a área de economia dos jornais dos *Diários Associados*, a começar pela contratação de Geraldo Banas e de Benedito Ribeiro no início da década de 1950. Na mesma época, Banas criou uma editora, por meio da qual lançou a revista econômica *Banas* e os famosos *Anuários*, por setores, nas áreas industrial e financeira.

"Precursores do jornalismo de negócios" é o título da quarta parte, que mostra a trajetória de nomes como Hideo Onaga e José Yamashiro na revista *Visão*, assim como a criação em 1967 do *Quem é quem na economia* (da *Visão*) por Aloysio Biondi, com análises setoriais e o *ranking* nacional das empresas", bem antes de *Melhores e Maiores* (da *Exame*) e do *Balanço Anual* (da *Gazeta Mercantil*). Também relata a marcante passagem pelas revistas técnicas da Editora Abril de Marco Antonio Rocha e Matías Molina, no início dos anos 60s. Ressalta, ainda, a visão de Molina já nessa época da importância do jornalismo de negócios, o que o levou a criar a revista *Exame* inicialmente como um encarte das revistas técnicas. Relata a passagem por *Veja* e *Exame* de novos talentos como Celso Ming, Paulo Henrique Amorim, Guilherme Velloso e José Paulo Kupfer, bem como a fase meteórica da revista *Mundo Econômico*, da Cooperativa Agrícola de Cotia, e a criação do importante caderno *Diretor Econômico*, no jornal *Correio da Manhã*, pela dupla Novaes e Biondi.

A quinta parte – "Um jornal de economia e negócios" – conta a trajetória da *Gazeta Mercantil*, adquirida em meados da década de 1930 pelo empresário e jornalista Herbert Levy. Em 1950, passou a ser impressa em máquinas planas (até então, era mimeografada) e ganhou o nome de *Gazeta Mercantil Industrial Financeira e Econômica*. Após a fase "romântica", com nomes como Antonio

Fernandes Neto, Mário Watanabe, Tide Hellmeister, Teodoro Meissner e Jaime Matos, veio a grande reforma, em 1973, inicialmente com Hideo Onaga, Klaus Kleber, Frederico Vasconcelos e Rocco Buonfiglio, entre outros. Ao assumir em 74, Roberto Müller Filho continuou e aprofundou a reforma do jornal, levando profissionais como Cláudio Lachini, Glauco Carvalho, Aloysio Biondi e Matías Molina.

A sexta parte – "Jornalismo agrícola: do academicismo à profissionalização" – aborda o surgimento, em 1955, do *Suplemento Agrícola* do jornal *O Estado de S. Paulo*, cujo enfoque, mais agronômico, era dado por professores da Escola Superior de Agronomia Luiz de Queiroz (ESALQ) e pesquisadores do Instituto Agronômico (IAC) do governo paulista. Em 1960, José Yamashiro iniciou a reformulação da revista de tecnologia *Coopercotia*, mesclando jornalistas experimentados e novos valores como Ivan Nakamae. Na mesma época, foi criada a revista de tecnologia *Dirigente Rural* do Grupo Visão. Para preencher um vácuo existente, em meados da mesma década, Mário Mazzei Guimarães comprou o jornal *Correio Agro-Pecuario* e o transformou em bandeira da defesa política da agricultura.

No início dos anos 70, José Carlos Cafundó de Moraes começou a acompanhar agricultura e abastecimento em *O Estado de S. Paulo*, percebendo que havia uma relação direta entre as duas áreas. Na *Folha de S. Paulo*, Joelmir Beting revigorava a cobertura da agricultura, agregando a *Folha Agrícola* à economia. E as crises de abastecimento começavam a ganhar espaço nas páginas da economia. Em 83, o *Estado* lançava o novo *Suplemento Agrícola*, com mais espaço para economia, cujo projeto editorial foi encomendado a Cafundó de Moraes. E Octavio Frias chamava Borin para modernizar e ampliar a *Folha Agrícola*, abrindo o caminho para o surgimento *Agrofolha*.

A sétima parte – "Sotaque carioca" – apresenta nomes de jornalistas cariocas ou que viveram no Rio de Janeiro, mas que acabaram criando vínculos com a imprensa de São Paulo. São os casos de Noênio Spínola, que criou a grande editoria de Economia do *Jornal do Brasil*, com especialização por áreas; Paulo Henrique Amorim e José Paulo Kupfer, que deixaram o Rio para participar da dinamização da revista *Exame*; Suely Caldas que começou a cobrir comércio exterior na sucursal carioca da *Gazeta Mercantil*; e dos gaúchos Paulo Totti e Ismar Cardona, que se transferiram para o Rio, o primeiro assumindo a sucursal carioca da *Gazeta Mercantil* e o segundo criando a editoria de Economia de *O Globo*.

A oitava parte, denominada "Jornalismo econômico na imprensa alternativa", resgata o papel de profissionais como Raimundo Pereira, Bernardo Kucinski, Marcos Gomes e Aloysio Biondi em jornais como *Movimento* e *Opinião*, que combatiam o "milagre econômico" brasileiro durante o regime militar.

Transição para a Democracia

A nona parte ("Transição da ditadura militar para a democracia"), a mais longa, mostra a criação da Associação dos Jornalistas de Economia do Estado de São Paulo (AJOESP) em 1972, durante o "milagre econômico", por um grupo de profissionais que incluíam nomes como Aloysio Biondi, Rolf Kuntz, Klaus Kleber, Gabriel Sales, Rocco Buonfiglio e Marco Antonio Rocha. A Ajoesp nasceu para valorizar o exercício do jornalismo econômico e promover o aperfeiçoamento profissional, por meio de cursos, estágios, viagens e palestras, entre outros objetivos.

Também relata a inauguração da informação econômica diária no rádio e na televisão, nos anos 1970, com Joelmir Beting e Marco Antonio Rocha; a criação nos anos 1980 do programa Crítica & Autocrítica, da *Gazeta Mercantil*, na *TV Bandeirantes*, conduzido por Roberto Müller Filho; a indicação de Washington Novaes como o primeiro editor de economia do Jornal Nacional da *TV Globo*; e o projeto *DCI*, lançado por Aloysio Biondi, como alternativa à *Gazeta Mercantil*, para abrir espaço aos pequenos e médios empresários.

Apresenta ainda o projeto de quinzenalização da revista *Exame*, comandado por Paulo Henrique Amorim, e a ascensão (e queda) de Pedro Cafardo à chefia da editoria de Economia da *Folha de S. Paulo*, época em que economistas como José Serra e Eduardo Suplicy começaram a trabalhar na redação.

Detalha a primeira eleição de oito líderes empresariais, encabeçados por Cláudio Bardella, organizada pela *Gazeta Mercantil* para externar o pensamento do setor sobre o momento de transição política, bem como a criação do projeto *Balanço Anual*, que fazia análise do desempenho dos setores da economia.

Revela como Luiz Nassif ingressou na economia na revista *Veja*, para acompanhar finanças; como Nassif começou a abordar, no *Jornal da Tarde*, temas de interesse do consumidor como Fundo de Garantia por Tempo de Serviço (FGTS), condomínio, aposentadoria, Banco Nacional da Habitação (BNH) e reflexo da política tarifária em contas como telefone; a criação de uma seção de serviços no *JT*, que, além do mercado de ações, passou a cobrir assuntos de interesse do cidadão; e como Nassif conseguiu emplacar o projeto do Jornal do Carro no *JT*, que no entanto perdeu o caderno de informática para a *Folha de S. Paulo*.

Estão incluídos nesta parte a reforma da *Folha de S. Paulo*, baseada no documento "A Folha: alguns passos são necessários dar", de 1981, produzido por Boris Casoy e Odon Pereira a partir da contribuição de Cláudio Abramo, com o objetivo de fazer um jornalismo mais moderno e com uma imagem voltada para a crítica social que a classe média fazia à ditadura; os famosos encontros de quinta e sexta-feira em São Paulo do então ministro Delfim Netto com os jornalistas de economia, em conversas individuais, para discutir a recessão econômica decorrente da crise da dívida externa brasileira de 1982; e a introdução do jornalismo de serviços para donas-de-casa na rádio *Jovem Pan* por Alberto Tamer, por causa da recessão, depois inflação, estagflação e hiperinflação.

Finalmente, apresenta a preparação de alternativa à política econômica de Delfim Netto, a partir da Secretaria da Fazenda do Governo Montoro, cujo titular João Sayad tinha como assessor de imprensa Carlos Alberto Sardenberg. O jornalista escrevia documentos para Sayad e reescrevia textos de outros economistas, passados por Sayad para circularem e serem discutidos, sobre combate à inflação, inércia inflacionária, indexação, etc. Com a posse do presidente José Sarney e o fortalecimento de Sayad, então ministro do Planejamento, o assessor de comunicação Sardenberg continuou escrevendo documentos e preparando textos para discussão entre os economistas que assumiram o poder, como Pérsio Arida, Edmar Bacha e André Lara Resende.

Relata a ida de Roberto Müller Filho para Brasília, como chefe de gabinete do novo ministro da Fazenda, Dílson Funaro, após licenciar-se da *Gazeta Mercantil*. Mostra como ele tratou duramente os seus colegas de jornal na fase anterior ao lançamento do Plano Cruzado. As maiores vítimas foram Celso Pinto e Cláudia Safatle, que acabaram "furados" por outros jornais.

A decisão de lançar o Plano Cruzado de surpresa prejudicou bastante o trabalho de comunicação, na análise de Sardenberg. Mas havia um conflito entre a necessidade de manter o sigilo e a de planejar a divulgação. Resultado: não houve planejamento e a divulgação foi improvisada e tumultuada porque as decisões foram tomadas de afogadilho.

Não poderia deixar de agradecer ao jornalista Rolf Kuntz cujo incentivo foi fundamental para a conclusão deste trabalho.

Parte 1

Uma Corrente Heterodoxa

I - Em Barretos, terra do boi

A vitória política do gaúcho Getúlio Vargas sobre a oligarquia cafeeira abria espaço para a pecuária de corte, pelo menos no que diz respeito a um dos expoentes de uma corrente mais heterodoxa de jornalistas econômicos. Em 1936, Mário Mazzei Guimarães começou a se interessar pelo jornalismo especializado em Barretos, onde dava assessoria jurídica para o Sindicato dos Pecuaristas – criadores e invernistas de gado[1].

Na prática, Mazzei enveredou para o assunto econômico, porque o sindicato editava um boletim para os associados em que abordava os problemas da pecuária bovina de corte. "Com o prenúncio da guerra, em 1938, o problema da carne tinha muita importância, sobretudo em Barretos, que, naquela época, era, vamos dizer, a capital do boi. Todo o Brasil central confluía para lá, de maneira que era intenso o relacionamento do sindicato com os pecuaristas de outras regiões – Triângulo Mineiro, Sul de Goiás, Sul de Mato Grosso, zonas novas de São Paulo como a Noroeste e a Sorocabana. E o sindicato, então, promovia nessas regiões a organização de outras associações para movimentar mais a classe frente aos frigoríficos, que eram dominados por multinacionais naquela época: Anglo, Wilson, Swift, Armour... Quem não vendesse para essas empresas, tinha de cair na mão dos marchantes, que nem sempre pagavam

---

[1] Depoimento em 02/12/1998. Mário Mazzei Guimarães nasceu em 1914 – começo da primeira guerra mundial – na cidade paulista de Bebedouro. Participou do movimento constitucionalista de 1932 e se formou advogado pela Faculdade de Direito do Largo São Francisco, da Universidade de São Paulo (USP).

pontualmente, ou às vezes nem pagavam. Houve várias concordatas (e falências) de marchantes – abatedores avulsos que não tinham estabelecimento próprio; compravam e abatiam em Carapicuíba, junto da capital; havia charqueadas também, tanto em Barretos como em outros lugares do Brasil Central."

O boletim econômico do sindicato focalizava esses problemas, com destaque para os preços, e procurava orientar os pecuaristas. Havia três ou quatro invernistas bem informados, que tinham ligações com meio Brasil central, dentro das limitações das comunicações da época, e forneciam material jornalístico para Mazzei. "Eu fui me interessando, então, pelo problema da pecuária de corte, embora fosse de Bebedouro, uma cidade vizinha que cresceu com base no café (hoje é a laranja). Meu avô e meu pai lidaram bastante com a rubiácea. Então, eu me interessava por café. Mas as circunstâncias levaram a me interessar mais pelo boi, que nunca vira mais gordo..."

O sindicato, sintonizado com associações como a Sociedade Rural do Triângulo Mineiro, de Uberaba – mais tarde Associação Brasileira de Criadores de Zebu –, organizou, em 1941, o primeiro Congresso de Pecuária de Corte do Brasil Central. Mário Mazzei Guimarães estava presente. "Para lá fluiu gente de Mato Grosso do Sul e do Norte, de Goiás do Sul e do Centro e de Minas (Triângulo Mineiro e regiões de Montes Claros, de Curvelo e do Sul de Minas), de modo que o certame de Barretos foi o primeiro brado regional organizado em favor da pecuária bovina de corte. Muitos técnicos do Departamento de Produção Animal, da Secretaria da Agricultura de São Paulo – naquele tempo não havia ainda o Instituto de Economia Agrícola (IEA) nem a Subdivisão de Economia Rural –, compareceram. Eu me recordo do Vilares, do Veiga e do Fidélis. De modo que foi um encontro entre pecuaristas, boa parte deles assessorada por técnicos (agrônomos e veterinários), mas relacionados com a atividade da pecuária de corte. Por exemplo, a Sociedade Rural do Triângulo Mineiro mandou lá, como representante dela, um estrangeiro: Rafael Kamprad. Falava bem o português, embora fosse alemão ou tcheco – não me recordo bem a nacionalidade dele –, era muito inteligente, muito esclarecido. Fazia praça dos problemas do Triângulo Mineiro, relacionados com a pecuária, que era o grande forte da região. Ele sugeriu – numa moção que apresentou – que se criasse uma federação pastoril. Foi aprovada a moção pelo congresso – eu até me lembro de que fui o relator."

A idéia de se criar a federação de pecuaristas não prosperou em Uberaba, que cuidava mais de reprodutor, de zebu ou de gado comum. Os mineiros estavam mais distantes do mercado final, sentiam menos os efeitos imediatos das operações das empresas frigoríficas. Contudo, o pessoal de Barretos, Mazzei no meio, preocupou-se com o problema, porque vivia mais próximo do mercado de carnes. "Aconteceu ainda que um filho da terra, o pecuarista e promotor público Iris Meinberg, se interessou pelo assunto e lançou a idéia da fundação da federação, de acordo com o deliberado pelo Congresso."

Foi assim criada a Federação das Associações de Pecuária do Brasil Central, da qual Meinberg tornou-se presidente e Mazzei seu assessor. Eram associados no começo a Sociedade Goiana de Pecuária, a Associação Comercial, Industrial e Rural de Ituiutaba, no Triângulo Mineiro, a Associação dos Criadores do Sul de Mato Grosso, de Campo Grande, o Centro dos Criadores da Nhecolândia (Corumbá, MS), o Sindicato de Pecuária de Campinas... E mais tarde outras associações juntaram-se à Federação.

O movimento chegou aos ouvidos de Fernando Costa, então interventor do Estado Novo getulista em São Paulo, que chamou Iris Meinberg para conversar. Mazzei acompanhou tudo. "O interventor disse que estava muito interessado, que precisava ter mais contato com os agricultores. Como o setor de pecuária de corte era aquele que estava mais afastado do governo, ele queria inteirar-se dos problemas da classe. Para isso, gostaria que a Federação transferisse a sede para a capital, porque lá em Barretos ficava distante do poder público... Meinberg respondeu: — *Bom, doutor Fernando, podemos estudar isso, mas eu pessoalmente não posso vir porque sou promotor público em Barretos. Não posso largar o meu cargo.* O interventor insistiu: — *Não é problema. Eu arranjo a sua transferência para a capital.*"

Meinberg voltou a Barretos, estudou a proposta, conversou com o pessoal e todo mundo concordou. Então, transferiu-se para a cidade de São Paulo, trazendo a sede da Federação, Mazzei junto. "Ele me convidou para acompanhá-lo, porque eu já o estava assessorando lá. Aceitei e vim. Foi em 1944. Ficamos então em São Paulo na rua Sete de Abril, esquina com a rua Xavier de Toledo. Ali, a gente tinha mais facilidade de comunicação com outras zonas e havia menos rivalidade, menos bairrismo. Não era fácil Barretos centralizar a atividade pecuarística de Uberaba, Goiânia, Campo Grande, Corumbá, Rio Preto, Presidente Prudente, Araçatuba... De modo que veio o pessoal de Araçatuba – o Dario Guarita e outros; o pessoal de Presidente Prudente, o de Ribeirão Preto, o de Rio Preto... E as lideranças de outros estados continuaram apoiando a Federação, porque era do Brasil Central. Teve gente de Campo Grande, de Poconé, de Corumbá, do Pantanal inteiro. Todos os núcleos produtores do setor eram representados na Federação."

Nova eleição foi realizada e a Federação reforçou o aspecto interestadual. Mazzei presenciou a expansão da entidade, que atingiu, além da pecuária de corte, outras áreas da atividade rural, como a pecuária leiteira. "O Vale do Paraíba todo veio para cá: Guaratinguetá, Lorena, Pindamonhangaba, Taubaté... O Donato Mascarenhas Filho, por exemplo, de São José dos Campos, era diretor da Federação; o João Rodrigues de Alckmin, que era líder no Vale, achegou-se. Houve criação de associações na Noroeste e na Sorocabana (Cafelândia, Lins, Assis e por aí afora)."

A partir de 1945, a Federação das Associações de Pecuária do Brasil Central passou a publicar a revista *Brasil Pecuario*, dirigida por Mazzei. "Nessa época, a pecuária de corte era uma grande desconhecida ainda na imprensa. E por qualquer motivo, a *Folha da Manhã* – hoje *Folha de S. Paulo* – interessou-se em falar mais de pecuária de corte, talvez pressionada pelas próprias empresas frigoríficas cujo setor já estava sendo invadido pelas nacionais: o Tião Maia estava montando um frigorífico em Araçatuba; o Moura Andrade, outro em Andradina; o Quartim Barbosa tinha um em Cruzeiro, no Vale do Paraíba. De maneira que a preocupação com os problemas da pecuária de corte era muito grande."

Nessa ocasião, o grupo *Folhas* – que editava a *Folha da Manhã*, a *Folha da Tarde* e a *Folha da Noite* – mudou de proprietário. Tudo aconteceu porque as *Folhas* faziam oposição a Getúlio Vargas. É o que conta Hideo Onaga, que entrava em cena no início dos anos 40[2].

"O Getúlio deu um jeito de fazer com que o Matarazzo comprasse o jornal. E o negócio foi feito no Palácio do governo com o interventor Fernando Costa. Quando nós soubemos disso, simplesmente largamos a *Folha*. Era secretário do jornal o Ermínio Sachetta, um grande jornalista e chefe de toda uma geração da minha idade."

Assim, saiu Otaviano Alves de Lima e entraram no grupo *Folhas* o jornalista José Nabantino Ramos e o cafeicultor Alcides Meirelles, que representavam o grupo de Fernando Costa e Clóvis Medeiros Queiroga, colocado por Francisco Matarazzo Jr., naturalizado e portanto impedido de ser proprietário de jornal.

O conde Matarazzo Jr., cansado das perseguições de Assis Chateaubriand, cometeu o erro de tentar usar as mesmas armas do dono dos *Diários Associados*. Com o objetivo de disputar o segundo lugar em vendagem (o primeiro era disparado o *Estadão*), trouxe de Bolonha, Itália, o jornalista Giannino Carta, pai de Luis e Mino. Matarazzo mandou reduzir o preço das *Folhas* à metade, para "destruir o lazarento do Chateaubriand". Só que o conde comprou briga com toda a imprensa paulista, inclusive o Sindicato dos Jornalistas que pediu o seu enquadramento na Lei dos Crimes contra a Economia Popular. Chateaubriand chamou o conde de estúpido, por transferir a revanche "do plano individual para o coletivo", e de criminoso, por violar a lei penal como "manipulador de *dumping* para o aniquilamento dos competidores..." Propôs que, a exemplo de "dezenas de Chiquinhos (...) pendurados nos postes" como réus da segunda guerra, o Chiquinho daqui fosse levado para trás das grades. Os próprios sócios voltaram-se contra o conde, ao debitar na conta dele os prejuízos daquela aventura[3].

---

[2] Depoimento em Outubro de 1998. Paulistano de 1921, Hideo Onaga era estudante da Faculdade de Direito do Largo São Francisco, quando, em 1941, ingressou na revisão da *Folha da Manhã*. Depois de um ano, passou para a redação onde ficaria durante 15 anos, fazendo reportagem geral inclusive de assuntos econômicos.

[3] Morais, Fernando. **Chatô O Rei do Brasil**, Companhia das Letras, 1994.

A mudança no grupo *Folhas* foi a oportunidade para Mário Mazzei Guimarães iniciar brilhante carreira na grande imprensa. "O Constantino Ianni, que foi meu colega de Faculdade – ele era de Itu – e que estava entrando no jornal, lembrou à nova diretoria que conhecia uma pessoa que podia escrever sobre pecuária de corte. Me chamaram lá e eu fiz uma série de artigos que me levaram a ser convidado para colaborador permanente."

Assim, Mazzei passou a escrever para o jornal *Folha da Manhã*, enquanto assessorava a presidência da Federação, que passou a se interessar por outros setores. "A Federação transformou-se em União das Associações Agropecuárias do Brasil Central, invadindo o terreno da agricultura em geral. Começou a reunir fazendeiros de café, como o agrônomo de Jaú José Cassiano Gomes dos Reis, que foi diretor de fomento do Departamento da Produção Vegetal, da Secretaria da Agricultura; o Sálvio de Almeida Prado, que era também de Jaú; o pessoal de Ribeirão Preto, Franca... Eram mais caracterizadamente agrícolas do que pecuários."

Mazzei ajudou a elaborar o projeto de lei federal, que, pouco antes da década de 1950, transformaria a União das Associações em Federação das Associações Rurais do Estado de São Paulo (FARESP). Depois, surgiriam outras federações como as de Mato Grosso e de Minas Gerais. "Todas fazendo companhia à Farsul, do Rio Grande do Sul, a mais antiga, que se adaptou aos novos moldes legais. Nesse meio de tempo, por volta de 1947 e 48, eu estava muito enfronhado na *Folha* e como que me libertava, em trabalhos econômicos, da 'ditadura do boi', voltando ao café e ao leite, e entrando pela floresta e pelo algodão, cereais, frutas e verduras."

Em 1948, Mazzei deixou a FARESP, passando a dedicar-se apenas à *Folha*. "Eu saí da Federação meio magoado. Acabei tendo problemas pessoais. O Iris e outros diretores falaram para eu voltar. Eu disse: — *Não volto. Não quero brigar com vocês.* Me prestaram homenagem, me deram um relógio... Eu continuei amigo do Iris, continuei amigo do pessoal. O relacionamento era bom, mas independente. Não houve propriamente uma ruptura. Quem me sucedeu na atividade de informação à imprensa foi o Abram Iagle. Ele trabalhava comigo na Federação e na *Folha*. Ele era jornalista. Eu tinha sugerido ao Iris que trouxesse o Iagle, porque o time estava crescendo muito e precisava alguém para me ajudar. Depois, quando saí, ele continuou me substituindo parcialmente. Não era uma pessoa preocupada com aspectos econômicos do jornalismo. Entendia, pelo menos, do setor de pecuária. Continuou lá. Na *Folha*, passou a trabalhar na reportagem geral, porque o Nabantino estabelecera a regra: se ele trabalhava na FARESP, não podia no jornal cuidar de assunto de interesse da FARESP. Naturalmente, alguma informação ele fornecia para a gente. Mas não houve mal-entendido posterior. Quando houve, não foi por causa da minha ida para a *Folha*. Mais tarde, eu tive até um problema com o Sálvio de Almeida

Prado, mas não tinha nada a ver com o fato de eu ter saído da Federação. Era outro problema, de caráter jornalístico."

Na *Folha da Manhã* – e por repercussão na própria *Folha da Tarde* e na *Folha da Noite* – Mazzei era redator, editorialista e repórter. E era cada vez mais solicitado para tratar de assuntos econômicos[4].

"Na *Folha*, eu redigia os editoriais a respeito de agricultura. Havia a seção de Economia e Finanças na *Folha*, que éramos eu, o Constantino Ianni e o Ciro de Pádua. O Ianni escrevia sobre economia em geral e relações econômicas ítalo-brasileiras em particular; eu escrevia sobre agricultura e o Ciro mais sobre indústria e comércio. Comecei a fazer também editorial de política na quarta página. E era redator geral. Mas o meu forte era o trabalho de cunho agropecuário."

Mazzei começou também a viajar pelo interior do Estado de São Paulo, a serviço do jornal. "Fiz reportagem sobre o ensino agrícola, sobre problemas do café, problemas do gado, do leite, do transporte (fotografei até um tiroteio no Rio Pardo, MS, entre gente do lugar). Desenvolvi minha atividade, já separado da Federação, porque o Nabantino, que era o diretor-jornalista propriamente dito, tinha muita preocupação em tornar cada funcionário uma pessoa independente, vivendo exclusivamente do jornal, não ligada a empresa relacionada com o setor econômico. Aí, eu me vi forçado a me integrar mais na economia. E quando regulamentaram a profissão de economista, a pessoa que coordenava o movimento respectivo em São Paulo me escreveu uma carta dizendo que ia me incluir entre os economistas, independentemente da formação universitária especializada. Assim, virei economista. Para virar economista, tive que examinar a fundo os problemas econômicos, mas eu não era teórico, era uma pessoa aplicada no exame das questões da economia rural."

II - A força nipônica

Hideo Onaga voltou às *Folhas* entre 1948 e 49, depois de curta passagem por outros jornais [5]. Não havia mais razão para ser contra a *Folha* ou os *Diários*,

---

[4] Mazzei adquiriu os primeiros conhecimentos de economia na cadeira de Economia Política da Faculdade de Direito, cujo professor era Cardoso de Melo. Era a sua matéria preferida.

[5] Quando deixou as *Folhas* junto com Sachetta, Hideo Onaga ajudou a fundar o *Jornal de São Paulo*, que contou com o suporte financeiro do irmão de Paulo Machado de Carvalho, dono da TV Record, e de Guilherme de Almeida. O jornal, que foi apreendido na primeira edição por criticar Getúlio Vargas, durou pouco tempo. Onaga recorda que nem salário eles tinham. "Recebíamos carta de crédito do Preço Fixo, que era um dos poucos anunciantes que havia lá. Foi um período muito romântico. Logo em outubro, o Getúlio caiu e a própria razão de ser do jornal também desapareceu."

diz Onaga. "Recebi convite para voltar para a *Folha* e voltei. Fiquei lá até quando Samuel Wainer lançou em São Paulo a *Última Hora*. Nabor Cayres de Brito, que era da *Folha*, foi convidado por Wainer para dirigir o jornal em São Paulo. Nabor me ofereceu um salário que era o maior de São Paulo. Eu fui para lá. Não gostei muito. Nabor, que tinha me levado para lá, teve um desentendimento com Wainer e saiu. Eu aproveitei e saí junto. E fui chamado pela *Folha* de novo."

Em 1952, Hideo Onaga pedia licença das *Folhas* para se tornar secretário de redação da revista *Visão*, que o grupo norte-americano Vision Inc. lançava no Brasil. Para a sua vaga, Onaga indicou o cunhado José Yamashiro que foi trabalhar na reportagem de geral[6].

Também em 1952, o redator-chefe das *Folhas*, Morel Marcondes dos Reis, não se sabe porque, aborreceu-se e pediu demissão do cargo. Nabantino Ramos chamou Mazzei e disse: — *O Morel vai deixar a chefia da redação. Quero lhe fazer dois pedidos. Primeiro, ele está interessado em trabalhar com você no setor econômico, na esfera da indústria* (que estava emergindo naquela ocasião em São Paulo). *Você concorda?* Mazzei atendeu prontamente o primeiro pedido.

---

[6] Depoimento em Abril de 1999. Santista de 1913, José Yamashiro passara a infância e a adolescência em Juquiá (Vale do Ribeira), onde terminou o curso primário e ajudou os pais no trabalho de lavoura e de carvoaria. Aos 17 anos, mudou-se para a capital paulista e em 1932 participou, como voluntário, da Revolução Constitucionalista. Em 1937, começou a carreira jornalística no *Nippak Shimbum*, de periodicidade bissemanal. Um ano depois, o jornal da colônia japonesa tornou-se diário. "Eu tinha que me desdobrar para editar a página em português. O jornal recebia notícias telegráficas do Japão e internacionais da agência Domei." Yamashiro traduzia esses despachos do japonês para o português. No mesmo ano em que ele entrava no jornalismo, explodia a guerra entre Japão e China. E em 1939 começava, na Europa, a segunda guerra mundial. Com o Japão envolvido nas duas guerras, a imprensa colonial passou a ser alvo das autoridades japonesas, que exerciam rigoroso controle sobre o noticiário, e da censura do Departamento de Imprensa e Propaganda (DIP) do Estado Novo. Yamashiro ficou sem emprego porque a ditadura Vargas fechou, em 1939, o *Nippak Shimbum*. Um ano depois, foi aprovado em concurso para a profissão de tradutor público juramentado, serviço que, na maior parte das vezes, consistia em traduzir para o português documentos japoneses como passaportes para a obtenção da identidade de estrangeiro residente – o modelo 19. Em 1941, Yamashiro foi apresentado por um amigo ao jovem advogado e professor de geografia Jânio da Silva Quadros, que acabava de instalar um escritório de advocacia no centro da capital. "Ele me cedeu um canto do escritório para fazer as traduções. Em troca, na sua ausência, eu atenderia telefonemas e visitas que o procurassem." Como o serviço de tradução minguou devido ao corte das relações diplomáticas e comerciais com o Japão, Yamashiro arranjou "um bico" na Cooperativa Agrícola de Cotia (CAC). Começou como colaborador avulso, fazendo tradução três horas por dia. Foi nessa época que conheceu os jovens nisseis Gervásio Tadashi Inoue e Fabio Yassuda, que faziam parte da diretoria da CAC a convite do diretor-gerente Kenkiti Simomoto. Inoue se tornaria diretor-presidente da CAC em 1957, com a morte de Simomoto. Yassuda ocuparia a poderosa superintendência da entidade durante muitos anos. E mais tarde seria ministro da Indústria e Comércio no governo Médici, ainda que por curto período. Durante a guerra, José Yamashiro e Hideo Onaga estudaram na Cultura Inglesa. Foi no curso de inglês que Yamashiro conheceu Paulo Pompeu, então redator das *Folhas*, com quem trabalharia mais tarde em jornalismo agrícola.

O diretor das *Folhas*, então, apresentou o outro pedido:
— Você aceita ser o substituto do Morel como redator-chefe?
— Aí é mais complicado - respondeu Mazzei. — Ficar com três jornais e ainda chefiar a seção de Economia também...
— Não. Você fica mais com a Folha da Tarde. A Folha da Noite vai ficar com o Rui Bloem, que também vai ser o redator-chefe da Folha da Manhã em matéria de política.

Nabantino e Mazzei fecharam o acordo. Mas logo depois perceberiam que a convivência de dois redatores-chefe no mesmo jornal não era a melhor saída. "Com o entrelaçamento dos assuntos informativos e opinativos, não se justificava uma duplicidade de chefia. Por mais razoável que as pessoas fossem, sempre ficava algo de divergência, porque um achava que era assim, outro achava que era assado. Então, acabou mudando a coisa. Eu fiquei com a chefia integral da redação da *Folha da Manhã*, o Rui ficou com a da *Folha da Noite* e o Hideo Onaga com a da *Folha da Tarde*. Cada jornal ficou com o seu redator-chefe."

Onaga, que acabava de voltar às *Folhas*, recusara a chefia várias vezes, durante 15 anos, até que se casou e precisou ganhar mais. "É aquela mania. O indivíduo que se destaca como repórter vai para a chefia. O Nabantino, que já era o dono das *Folhas*, praticamente me forçou a aceitar a chefia da redação da *Folha da Tarde*." Mesmo como chefe, Onaga continuou fazendo reportagem para a *Folha da Manhã*.

Mazzei seguiu escrevendo crônicas para a *Folha da Tarde* e para a *Folha da Noite*. Rui Bloem continuava fazendo editorial para a *Folha da Manhã*. As chefias ficaram separadas e autônomas, mas havia muito intercâmbio entre elas. Mazzei acumularia as chefias da redação da *Folha da Manhã* e do setor econômico do jornal até fins de 1958.

Mesmo na editoria de Geral, José Yamashiro começou a enveredar pela economia, estimulado por Mazzei: — *Quero que você me faça uma série de reportagens sobre o cooperativismo rural em São Paulo.* Ele saiu a campo, entrevistou dirigentes, associados e funcionários de cooperativas agrícolas. Foram ao todo 11 reportagens – assinadas por ele e pelo fotógrafo – publicadas entre os meses de maio e junho de 1953, das quais duas sobre a Cooperativa Agrícola de Cotia (CAC). Na seqüência, Yamashiro fez outra série de 12 reportagens sobre o associativismo rural em São Paulo, publicadas entre os meses de agosto e outubro. Também fez quatro reportagens sobre a construção da rodovia Fernão Dias, inclusive a região servida pela nova estrada no trecho de Bragança e Atibaia até Extrema, do outro lado da fronteira, em Minas Gerais.

Além das *Folhas*, Yamashiro publicou reportagens e artigos em jornais como *A Gazeta* e o *Diário de S. Paulo*. Trabalhou para *O Tempo*, cujo secretário de redação era Herminio Sachetta e o subsecretário, Vergniaud Gonçalves.

Foi o primeiro jornalista brasileiro a mostrar o Japão do pós-guerra quando o assunto ainda não despertava qualquer interesse nos meios de comunicação daqui. "O Japão estava começando a se recuperar dos tremendos estragos da guerra", lembra.

José Yamashiro permaneceu durante dois anos nas *Folhas*, antes de dar o passo mais importante da sua carreira.

III - As grandes campanhas

Mazzei acumulava a chefia com reportagens sobre assuntos econômicos, especialmente agropecuária. "Na Secretaria da Agricultura, eu conhecia todos os agrônomos de projeção naquela época, que me davam muita informação. Eu viajava muito para o interior. Os agrônomos regionais estavam na moda na ocasião. Andavam de jipe, chegavam às fazendas. Gente que nunca tinha visto um agrônomo, começou a ver agrônomo. Eu fiquei conhecendo quase todos os agrônomos regionais. E conhecia também os agrônomos em serviço no Departamento da Produção Vegetal e também os veterinários do Departamento da Produção Animal."

Muitas vezes as informações dos agrônomos eram dadas em *off*, quer dizer, os técnicos pediam que seus nomes não fossem citados. Mas, de maneira geral, as informações fluíam normalmente para Mazzei, sobretudo no IEA, na Divisão de Fomento e no Departamento de Produção Animal. "Eu só tive, no meu relacionamento com a Secretaria da Agricultura de São Paulo, problema com uma autoridade, que me hostilizou e que por sinal era jornalista também. Era o agrônomo e jornalista Edgar Fernandes Teixeira. Ele fazia o *Suplemento Agrícola* do *Estado de S. Paulo*. Ele me proibiu de ter acesso aos relatórios dos agrônomos regionais. Até fiz matéria violenta contra isso. Não era bem campanha, mas uma série de reportagens e notas divergentes e ácidas. Agitei o problema. Um dia fui lá no Fomento, que ele então dirigia, em busca de material. Ele me chamou e perguntou o que eu estava querendo. Eu falei: — *Quero ver os relatórios dos agrônomos*. Eu o conhecia há muito tempo. Ele respondeu: — *Eu não posso fornecer. O relatório é confidencial*. Eu disse: — *Que confidencial! Como a gente pode saber a situação da agricultura de São Paulo sem ler o relatório dos agrônomos, ainda mais agora que eles têm facilidade de condução? Eu insisto em querer ver isso*. Ele falou: — *O senhor se retire daqui!* Eu respondi: — *Não me retiro!* Aí apareceram outras pessoas lá, dizendo que me dariam algumas informações e contornamos a coisa. Mas o Edgar era ditatorial, intransigente. Fora assim no Ministério da Agricultura, na Secretaria da Agricultura do Rio Grande do Sul (era gaúcho) e então, num circuito ademaresco, estava 'cuidando' da Secretaria de Agricultura de São Paulo."

Em relação aos produtores, Mazzei definia-se como um "âncora livre". Considerava-os fontes de informação "mais temerosas", embora conseguisse muitas informações deles. "Por paradoxal que seja, era nos órgãos oficiais onde eu tinha os melhores informantes, porque eles tinham mais firmeza e mais material. O fazendeiro de café, por exemplo, cuidava da fazenda. Ele não tinha muitas ligações. Mesmo alguns líderes rurais, que também davam informações, nem sempre tinham elementos suficientes para alertar você para determinados problemas. Eu acompanhava as manifestações das entidades de classe, ia ver, nem sempre apoiando as conclusões delas. Às vezes, até divergindo."

Mazzei circulava muito pelo Brasil. "Eu viajei de 1952 até fins de 58, fazendo reportagens. Havia lá um redator-chefe adjunto que me ajudava quando eu saía... Andei meio Brasil. Ia ao Rio Grande do Sul, a Santa Catarina, ao Paraná, a Mato Grosso, a várias regiões de Minas e do Espírito Santo, ao Nordeste, à Bahia – percorri o interior baiano várias vezes. Um dia, em 1958, desembarquei em Fortaleza para participar de um Congresso de Jornalistas – eu era representante do Sindicato na Federação da classe, promotora do evento. Carregava a idéia de descer sertão abaixo e ver o que estava acontecendo de característico. Consultei o secretário da Agricultura, que me deu 'alvará' e me indicou um agrônomo, bom conhecedor do Ceará, para acompanhante. Fomos, varamos até Sobral, vergamos para a direita, rumo de Baturité, zona sem castigo da estiagem, com um verão natural e muitas fazendas que visitamos. Viramos do Noroeste para o Sul e fomos bater em Quixadá – Quixeramobim, atravessando uma paisagem típica das grandes secas, com a vegetação dos cerrados toda marron-amarelada. 'Acampamos' num oásis, a fazenda de um sócio de banco, Plínio Câmara, que 'descobríramos' de tarde, graças ao verdor com que escandalizava a seca paisagem dominante. Era uma propriedade em grande parte irrigada, produzindo laranja, tomate, cebola, milho e outras frutas, legumes e cereais em duas ou três fases do ano. O fazendeiro dispensara em 1932 o serviço do governo, pediu só o dinheiro e fez tudo pela metade do preço do orçamento oficial. E desde então, quase 30 anos passados em 1958, nenhum morador do sítio deixara o 'latifúndio' para aventuras no sul do País: até o algodão, que dispensava o sistema de irrigação, frutificava, salvo nos anos de 'seca brava', quando a área irrigável tomava conta de centenas de trabalhadores. O fato é que vi caminhão carregando laranja na fazenda para vendê-la no Sul, em fase do ano em que não se colhia laranja nas regiões meridionais."

Mazzei não se contentou com a cobertura econômica. No período Kubitschek, enveredou pela política, ainda que sob o pseudônimo de Pedro Leite. "O Pedro Leite é que fazia política. Com esse meu pseudônimo, eu simpatizara mais com o Juarez (Távora) do que com o adversário eleitoral, o Juscelino. Pedro Leite depois defendeu JK, porque achou que foi um bom presidente: avançado, realizador, até meio aventureiro, no bom sentido... Levou a capital federal para Brasília, e a mudança era lembrada desde o fim do Século XIX. Eu conheci Brasília quando era um cerrado só. Não tinha nada. Quando começaram a construir a cidade, o Iris Meinberg até brigou na UDN (União Democrática Nacional) porque era um dos diretores da empresa – a Nova Cap – que estava construindo a nova capital. Fui lá e fiquei hospedado na Granja do Torto onde ele morava com a senhora. Quando apresentei minhas reportagens para o 'concurso Esso', coloquei a série do São Francisco, a do Ceará e uma outra sobre Brasília. Fiz uma série de reportagens sobre a nova capital. Acompanhei Brasília, nascendo e crescendo. Ia lá, sobretudo quando o Renato Costa Lima era ministro, no regime parlamentarista."

Em 1959, Mário Mazzei Guimarães ganhou o "Prêmio Esso" pela série de reportagens no Vale do São Francisco. "Fiquei lá umas duas ou três semanas e, não sei porque, eles me deram o prêmio nacional de reportagem do ano. Era, no tempo, o prêmio nacional de jornalismo da Esso."

Desde meados de 1955, contudo, Mazzei dedicava-se a nova atividade na *Folha*. Era a promoção de campanhas, por sugestão do próprio Nabantino Ramos. "Ele tinha visto, nos Estados Unidos, um jornal lá do interior, que era o de maior circulação no país, à custa de campanhas. Que *New York Times*, que *Washington Post*, que nada!"

Nabantino Ramos queria fazer campanhas relacionadas mais com a agricultura. E incumbiu Mazzei da tarefa. Uma delas foi a campanha sobre reservas florestais. "Conseguimos um processo que estava correndo na Secretaria da Agricultura sobre o Morro do Diabo e o Pontal do Paranapanema, duas reservas criadas no tempo do Fernando Costa, que estavam sendo invadidas. Pegamos aquele material e arranjamos uma equipe para trabalhar na área. Começamos a fazer a campanha. Libertamos o Morro do Diabo. Gente importante tinha ido ocupar terra ali. Na gestão do Renato Costa Lima como secretário da Agricultura, fomos lá, andamos a cavalo na reserva, publicamos foto do Renato andando a cavalo. A reserva estava reintegrada na posse do poder público. O Pontal do Paranapanema era uma área muito maior e mais difícil de ser recuperada, invadida que se achava (e se acha) por gente importante, gente de muito prestígio econômico... Mas insistimos na campanha. Tivemos o apoio da Associação de Defesa da Flora e da Fauna, que era dirigida por Paulo Nogueira Neto, José Carlos Reis Magalhães e outros interessados na conservação da natureza."

Foi feita ainda uma campanha a respeito da Serra do Mar, a cargo do Alaor Pacheco Ribeiro. Outra campanha ligada à agricultura combatia a poluição dos rios, lembra Mazzei. "Quem cuidava dela era o Fernando Fortarel. E havia campanha também contra a poluição na cidade. Campanha relacionada com a água, que deu uma briga danada. Campanha contra a poluição das praias. Depois, havia campanhas de outro teor. Por exemplo, os inferninhos de São Paulo foram objeto de uma série de reportagens. Foi o repórter Francisco

Aquarone, um jornalista novato, que fez a campanha dos inferninhos. Ele estava fazendo sucesso como jornalista: corajoso, indagativo e informativo. Tinha 22 ou 23 anos. Belo dia, ele e um fotógrafo, Ronaldo, que era seu companheiro de incursão nos inferninhos, estavam conversando no restaurante da *Folha*, enquanto ele mexia com um revólver. Mostrou para o fotógrafo e disse: — *Eu vou fazer a roleta russa.* Quis dar a arma para o Ronaldo, que reagiu: — *Não, eu não pego nisso não.* O Aquarone, então, fez a primeira enrolada. Depois, engatilhou outra vez, bateu e caiu morto."

Nabantino ficou muito chocado com aquilo. A mulher dele ficou muito brava: — *Uma loucura o que estão fazendo. Isso foi um suicídio!* Não se sabe se foi por esse motivo ou se foi por causa da pressão de áreas econômicas contrárias às campanhas do jornal, que atingiam empresas nacionais e estrangeiras, sobretudo as relacionadas com a agricultura. O fato é que, um dia, Nabantino chamou Mazzei, numa sala na *Folha* que ficava escondida embaixo, no térreo, e disse que estava disposto a acabar com as campanhas. Ao que Mazzei respondeu.

— *Olha, doutor Nabantino, eu acho até que houve exagero nas campanhas. Mas nem eu nem o senhor podíamos segurar. Nós soltamos o pessoal que trazia o material violento. Se nós não publicássemos, iam dizer que estávamos arreglados com os interessados em evitar a divulgação da matéria. E foi o senhor que veio com essa idéia dos Estados Unidos.*

— *Pois é, mas agora é diferente. O jornal não vai bem. Eu achava que nós devíamos parar com isso.*

— *O senhor tem um problema geral e eu tenho um problema pessoal. Estou muito enfronhado nas campanhas, fiquei muito ligado. Sou apontado como "culpado" até por campanhas que não estou fazendo, por aqueles que não gostam das campanhas, ou se sentem ofendidos nas campanhas. De maneira que quero pensar melhor. O senhor me dá uma semana de prazo, para eu dizer o que eu acho disso e qual a posição que posso tomar.*

Numa reunião do conselho de redação, porém, uma das primeiras depois desse encontro e antes de passar a semana que Mazzei havia pedido de prazo, Nabantino comunicou à redação que ia pôr fim às campanhas. "Não vou acabar repentinamente, mas gradativamente. Não vamos criar campanha nova e essas que estão em jogo nós vamos reduzindo o mais possível, dando menos destaque..."

O pessoal todo aprovou, parece que aliviado. Mazzei porém reagiu: "Então, o senhor me desculpe, mas não vou pertencer mais ao conselho de redação, porque deixo o cargo de redator-chefe."

Mário Mazzei Guimarães saiu da chefia de redação, mas continuou como editorialista, redator e repórter. Foi assim que, a partir de 1959, se projetou na reportagem econômica, o setor que mais apreciava.

IV - Nova geração na Folha

Em 1954, época de crise no mercado de construção, o recém-formado engenheiro civil Isaac Jardanovski foi aprovado no concurso aberto pelas *Folhas* para contratar jornalistas com diploma universitário[7]. Ao mesmo tempo, Jardanovski passou em concurso para engenheiro do Estado. "Normalmente, os jornalistas eram formados na redação mesmo... E se dava uma grande preferência aos bacharéis em Direito. Este era o quadro que eu encontrei. A possibilidade de que outros profissionais de nível superior entrassem foi uma revolução que a *Folha* desencadeou no ano de 54. Foram milhares de candidatos. O concurso era psicotécnico, principalmente, mas foi muito amplo. Fizeram tudo menos, por exemplo, perguntar se você sabia bater a máquina, que era uma condição mais ou menos essencial na época."

Jardanovski foi um dos 10 candidatos chamados pelo grupo *Folhas*, numa lista em que figuravam nomes como os de José Guarani Orsini e Francisco Crestana – este último mais tarde um dos principais homens de comunicação da Souza Cruz.

Jardanovski escolheu o jornalismo beneficiando-se de uma vantagem da época. Eram só cinco horas diárias de trabalho, o que permitia atuar em outras áreas. Tanto que começou a desenvolver atividades paralelas. Foi admitido como funcionário da Secretaria de Viação e Obras Públicas do governo do Estado. Até abriu um escritório próprio de projetos em construção civil. "E o fato de eu ter ido para o ramo de engenharia fez com que a direção do jornal me desse, alguns meses depois, uma coluna assinada chamada 'Engenharia e arquitetura', que depois também foi ampliada para planejamento urbano, uma coisa que, na época, era um negócio meio original. Quer dizer, a *Folha* inovou muito nessa área. Ela criou diversas editorias especializadas, todas elas com profissionais de formação superior. Então, eu, como engenheiro, cuidava da parte de engenharia, arquitetura e urbanismo."

A coluna de Jardanovski entrava no caderno especializado. Da mesma forma, havia um responsável pela parte de medicina – Pedro Kassab –, que mais tarde se tornou presidente da Associação Paulista de Medicina e foi substituído pelo redator médico Julio Abramcyk. O advogado Teófilo Cavalcanti, um nome conhecido, respondia pela coluna de Direito e Justiça. "E assim houve umas cinco ou seis editorias que passaram a ser comandadas por especialistas. E eu fiquei nessa área, até que criaram uma folha imobiliária, um caderno

---

[7] Depoimento em Dezembro de 1998. Paulistano de 1931, Isaac Jardanovski formou-se engenheiro em 1954 pela Escola Politécnica da USP. Foi colega de turma de Paulo Maluf e contemporâneo de Mário Covas. Além de jornalista, foi engenheiro construtor e professor de mecânica dos solos da Escola de Engenharia de Taubaté.

dominical da *Folha de S. Paulo* dedicado a imóveis. Este com uma característica nitidamente econômica. Quer dizer, era um caderno que dava estimativas de custo de construção, valores de terrenos, valores de revenda de imóveis, etc."

As *Folhas* gostaram da nova idéia de contratar jornalistas e, em 1956, lançaram o concurso "Você quer ser jornalista?". Era uma espécie de "vestibularzão" que buscava selecionar pessoas com vocação para a profissão independente do nível de formação escolar.

Por coincidência, acabava de chegar em São Paulo o jovem Aloysio Biondi, que pretendia fazer vestibular, mas para o curso de Geologia[8]. Com formação primária e secundária sólida, Biondi era muito influenciado por Monteiro Lobato, cujos livros lia desde criança, e estava preocupado em "salvar o petróleo nacional". E mais alguma coisa.

"O Lobato não tinha livro só para criança. Tinha livro para adulto também. Aquela história dele com petróleo... Ele tinha toda uma mensagem de projeto nacional, que não vamos chamar de nacionalista porque pega mal... Inclusive havia livros naquela época, por exemplo, sobre a briga pelo petróleo do México, a formação do Texas... Eu era preocupado com esses problemas, mas era uma coisa muito mais intuitiva... Tem correspondência do Lobato com o Godofredo Rangel em que eles discutiam todos os livros que estavam saindo, inclusive, em francês, os clássicos. E eu lia na biblioteca do colégio. É claro que esses livros tinham uma preocupação social. Os 'Miseráveis', o Dickens e a exploração da infância... Depois, mais tarde, lia livros geopolíticos mesmo, sobre o petróleo, as minas de prata da Bolívia, o imperialismo... A minha formação não foi como a de quem estudou aqui em São Paulo, com intelectuais, em colégios especiais. Eu cheguei em jornal para ser jornalista, com uma visão de mundo, desculpe o rótulo, com uma preocupação social, uma preocupação nacionalista, fruto de leitura muito mais criada, no começo, assim, pelo Lobato até, do que pela escola moderna, professor, um grupo que te fizesse a cabeça."

Pela própria formação naquela época – era mais importante saber português do que outra coisa – os jornalistas eram mais humanistas, lembra Biondi. "Tinham preocupação social. Eram realmente mais ligados no problema da pobreza. Jamais falavam da pobreza, de problema social. Estavam pensando nos pobres, realmente. Não estavam discutindo fatalismo, redistribuição de renda. Não usavam esses termos abstratos. Nada disso: — *Precisamos de resolver as coisas por causa dos pobres*. Era outro mundo. Eram liberais, não no sentido de hoje. Eram humanistas. Mas não era com uma sofisticação intelectual. Era uma coisa mais intuitiva..."

---

[8] Depoimento em novembro de 1998. Nascido em 1936 na cidade paulista de Caconde, mas criado em São José do Rio Pardo, Aloysio Biondi não chegou a cursar faculdade. Seu pai era hoteleiro em São José do Rio Pardo e, desde criança, Biondi já lia jornal velho numa garagem da sua casa.

A carta de Aloysio Biondi era uma entre as mais de mil enviadas às *Folhas*. A seleção foi feita por meio de prova de conhecimentos gerais. "A *Folha* fez umas três chamadas dessas mil cartas e depois voltou ao esquema de fazer teste para a revisão. Quem entrasse para a revisão, depois passaria para a redação. Era uma loucura, porque na primeira leva, de uns 500, eles aprovaram 15 a 20 pessoas. Acho que dos 50 que passaram na prova de conhecimentos gerais, só 13 passaram no psicotécnico... Então, eu fui parar no jornal assim. Eu entrei nesse concurso porque me diziam que jornalista trabalhava cinco horas e dava tempo de fazer cursinho para o vestibular.

Com Biondi, ingressaram na *Folha* jovens jornalistas como Sérgio Souza e José Hamilton Ribeiro. Em cinco meses, Biondi tornou-se subeditor de economia do jornal. "Na verdade, eu fui ser editor, porque o editor era o José Guarani Orsini que era também diretor de redação assistente. Então, ele não ficava na operação. Era linotipo ainda. Fechávamos o jornal à meia-noite, meia-noite e meia, e descíamos para a oficina. Não havia diagramação. Éramos nós que calculava o número de linhas. E usávamos muita medida falsa, é claro. Aí, chegava lá, estourava e não tinha jeito de jogar a tabela na página. Os gráficos ficavam só olhando: — *Vocês desenharam lá em cima. Agora...* Sacanagem, porque eles enxergavam a solução..."

Em 1957, Washington Novaes ingressava na revisão da *Folha*[9]. "Em seguida, fui trabalhar na redação, chamado pelo Aloysio Biondi, que foi meu primeiro professor, embora eu seja uns dois anos mais velho do que ele. Depois, fui trabalhar com o Mário Lobo na secretaria da *Folha da Manhã*."

Ainda que não trabalhasse no caderno de Economia, Novaes presenciou as iniciativas ousadas da dupla Mário Mazzei e Nabantino Ramos. "Era um caderno muito bom. A *Folha* daquele tempo era um jornal *sui generis*, por causa do dono, o José Nabantino Ramos, que era um homem com muito espírito público. Então, era um jornal muito atento às questões de interesse da sociedade. Eu me lembro, por exemplo, que uma das primeiras campanhas ambientais feitas no país foi na *Folha* desse tempo, sob inspiração do Mazzei. Era a campanha pela preservação do Pontal do Paranapanema. A *Folha* fez uma campanha dura. Chamava os deputados, que eram a favor de acabar com a reserva do Pontal, de 'amigos do deserto'. Colocava fotos deles no jornal."

Além dos professores Mazzei e Biondi, Novaes aprendeu muito no jornalismo também com Mário Lobo. Aprendeu sobretudo a ter "responsabilidade pessoal – independentemente da responsabilidade da empresa – em cada coisa que se faz no jornalismo". Na época, havia os preparadores de matéria, que

---

[9] Depoimento em Janeiro de 1999. Washington Novaes nasceu em 1934 na cidade paulista de Vargem Grande do Sul. Formou-se advogado em 1958 pela Faculdade de Direito do Largo São Francisco.

seriam mais tarde os *copy-desks*. E não havia diagramação. O jornal era montado em chumbo na oficina. "O secretário tinha que ser competente para montar lá embaixo, no chumbo, aquilo que ele tinha marcado lá na redação, baseado na cabeça dele."

Um dia, Lobo mandou Novaes preparar a notícia escrita por um repórter. Um sujeito, desempregado, matou a mulher, matou os quatro filhos e suicidou com a última bala. "Eu preparei a matéria e devolvi para ele. O Lobo então marcou 'uma coluna, página 14'. E eu perguntei para ele: — *Uma notícia dessas, você vai dar em uma coluna na página 14?* Ele me olhou muito sério e respondeu: — *Você faria o que?* Eu disse: — *Eu daria na primeira página com muito destaque.* Ele então falou: — *Pode ser que você tenha razão. Numa ocasião que eu fui secretário da* Folha da Tarde, *eu fiz exatamente isso que você está dizendo que faria, com uma notícia quase igual: um sujeito matou a família porque estava desempregado. E nos dias que se seguiram, apareceram notícias de várias pessoas desempregadas que mataram a família e suicidaram. Eu nunca vou saber se alguma daquelas pessoas viu no jornal aquilo e ali encontrou o seu caminho. Mas eu não tenho mais coragem de fazer isso que você está dizendo. Também acho que o jornal existe para dar notícia, não para esconder. Então, a solução que eu tenho é essa. Se alguém tiver outra melhor, estou pronto para discutir.* Isso ficou como ferro em brasa na minha vida de jornalista, esse fato de a tua decisão pessoal afetar a vida das pessoas, influenciar a vida das pessoas, para bem e para mal. E você tem que pensar nisso em cada coisa que faça."

Novaes assumiu a chefia de reportagem da *Folha da Manhã* a convite de Hideo Onaga, que comandava essa área. "O Hideo foi outra pessoa com quem eu aprendi muito. Eu entrava de manhã, chefiava a reportagem até três, quatro horas da tarde."

Em 1958, Washington Novaes concluiu o curso de Direito. "Então, passei uns dois anos e meio tentando conciliar o jornalismo com a advocacia. Trabalhava durante o dia como advogado e à noite em jornal. Mas a advocacia não era o meu caminho. Quando decidi ficar só no jornalismo, foi ótimo para mim e para a advocacia."

No mesmo ano, J. M. Nogueira de Campos foi admitido para trabalhar na revisão da *Folha*[10]. Foi mais um que passou pelas mãos de Aloysio Biondi, então subchefe do Departamento de Sucursais, Correspondentes e Representantes da *Folha*. "Eu fiz um teste para revisor, que era um jeito da gente começar.

---

[10] Depoimento em 14/09/2000. J. M. Nogueira de Campos nasceu em 1933 na cidade paulista de Catanduva e se formou professor primário em 1956 em Pirassununga. Logo em seguida, mudou para a capital com a idéia era ser advogado. "Mas caí na farra, embora tivesse entrado na Faculdade de Direito da PUC-SP. Eu assisti algumas aulas, mas entrei logo na *Folha*. Com uma vida meio desregrada, boêmia, larguei tudo."

E a revisão estava subordinada a esse departamento. O Aloysio na verdade era o cabeça desse departamento, era quem pegava no pesado, porque o chefe era um boa-vida, que sabia viver, flanava bastante. Eu fiz o teste de revisão, mas não cheguei nem a esperar terça-feira quando tinha que telefonar para saber o resultado, porque o Aloysio me pegou no elevador na hora que eu estava saindo e disse: — *Você já foi aprovado. Quando é que você pode começar?* Aí eu comecei na revisão."

A *Folha* tinha um manual de normas na divisão de redação, que era um código penal, em que se catalogavam possíveis erros cometidos por repórter, *copy-desk* – na época, chamado de preparador de texto – e revisor. Uma vez, Nogueira foi enquadrado nesse código, que tipificava cada crime e estipulava as penas. "A gente tinha que fazer uma defesa por escrito a cada processo que se abria – chamava-se expediente. E uma vez mandaram um expediente desse para mim lá na revisão por dois erros em 10 centímetros de composição, que era o menor erro possível da revisão. Mas um dos erros era de data e, portanto, teoricamente não era meu. Deveria ser do meu acompanhante, que estava fazendo a revisão comigo, porque o revisor lia o texto, a prova tipográfica, e alguém acompanhava. Então, aquele erro de data deveria ser debitado a ele. (...) Eu fiquei muito cabreiro com aquilo e mandei uma 'respostada' brava e malcriada num arrazoado meu de defesa. O Mário de Araújo Lobo, que era o secretário da *Folha da Manhã* na época, é que tinha que ler para dar o despacho final. Me contaram depois que ele falou exatamente assim: — *Esse filho da puta é malcriado mas escreve bem. Chama esse cara para a redação.*"

Ao invés de ser demitido, Nogueira foi transferido para a redação, depois de três meses na revisão. "Eu fui para a redação para ser preparador na área de Local. Era o cara que pegava o material escrito pelos repórteres, titulava, tirava eventuais erros de concordância, punha dentro do padrão da *Folha*, que tinha lá umas normas próprias para grafar palavra – não acentuar proparoxítonas porque isso dava trabalho lá no linotipo... Então, tinha essas normas lá que a gente tinha que obedecer e o preparador é que fazia tudo isso. Além disso, titulava e mandava para o redator-chefe ler, o secretário paginar, etc."

Nogueira conta que aprendeu muito com Aloysio Biondi, com quem passou a conviver diariamente, inclusive nos botecos durante a madrugada. "O Aloysio era um cara especialíssimo sob todos os pontos de vista que se quisesse analisar uma pessoa. Primeiro como pessoa, ele era alguém fabuloso. Eu saía com ele da redação por volta de uma, duas horas da manhã e ficava bebendo até cinco, seis horas da manhã. Para dar um idéia de como ele era como pessoa, quando às vezes passava por alguém que tivesse deitado numa sarjeta, ele tirava o paletó dele, se tivesse fazendo frio, e botava para cobrir a pessoa. E eu o recriminava. — *Ô Aloysio, o paletó é novo. Que diabo! Afinal de contas, todo mundo sabe que você não nada em dinheiro.* Aloysio então respondia:

— *Ele precisa mais do que eu.* E continuava a caminhada dele. Outro exemplo. Todo mundo que viesse de São José do Rio Pardo, donde ele era, caía nas costas dele para começar a vida aqui em São Paulo. E houve um tempo em que ele chegou a montar uma pensão na Conselheiro Brotero, porque era a maneira que ficava mais barato para ele de ajudar esse pessoal, porque senão o pessoal ficava no apartamento dele. Então, montando uma pensão, embora o pessoal não pagasse direitinho como devesse pagar, ele já fazia comida para mais gente e acabava saindo mais barato para ele. Era assim o Aloysio."

Aloysio era muito zeloso no trabalho e ensinava a escrever mesmo o mais chucro repórter, assegura Nogueira. Também era muito exigente. "Ele tinha três coisas de que não abria mão de jeito nenhum. Não se podia começar frase nenhuma por artigo, não se podia começar nada com 'embora' e nem com gerúndio. Você tinha que atender a essas determinações do Aloysio e, além disso, fazer um texto adequado. Você apresentava para ele o texto sem o artigo, sem o gerúndio e sem o 'embora'. Ele lia e falava: — *Isso aqui pode ser melhorado. Reescreve.* E ele fazia isso três, quatro vezes. Com isso, você aprendia a escrever. Eu agradeço essas lições que eu recebi dele."

Um dia, em 1959, Klaus Kleber também leu na *Folha* o anúncio "Você quer ser jornalista?". Estimulado pelo bancário e jornalista Oriel Pereira do Vale, Kleber fez o concurso da *Folha*, juntamente com cerca de 400 candidatos[11]. "Tive que fazer uma prova escrita de conhecimentos gerais. Eles pediam para fazer uma descrição: 'Descreva um desastre ferroviário', coisa assim. Ou então: 'Qual a diferença entre comunismo e fascismo?'. Depois, fiz um exame psicotécnico no Instituto Pater Noster... A *Folha* não assumia compromisso com ninguém. Eu tinha feito o concurso mais ou menos uns três meses, quando o jornal me chamou."

Klaus Kleber formava, com Oriel Pereira do Vale e Rubens Barbosa de Mattos, o trio que, desde 1957, trabalhava na carteira de câmbio do Banco do Brasil. Havia grande rivalidade entre a turma mineira e os paulistas, recorda Rubens Mattos[12]. "Os mineiros tomavam conta do Banco do Brasil em geral e

---

[11] Depoimento em 1999. Klaus Kleber de Souza e Silva nasceu em 1934 na cidade de Belo Horizonte, capital de Minas Gerais, e nunca freqüentou faculdade.
[12] Depoimento em 19/05/2000. Paulistano de 1937, Rubens Barbosa de Mattos foi servir Exército, logo depois de terminar o curso científico, no II GCAN 90 (Grupo de Canhões 90 mm Antiaéreos) em Quitaúna, sob o comando do então coronel Ernesto Geisel. Ao lado, no 4. RI, servia o tenente Lamarca. Os dois quartéis eram divididos por cerca de arame. Os canhões do II GCAN 90 eram sobra da guerra da Coréia, que precisavam de recrutas com pelo menos o ginásio completo para manejá-los. Por isso, havia grande rivalidade entre os "artilheiros antiaéreos" e os "pé-de-poeira". Mattos fazia parte do grupo operador do radar, que precisava ler os manuais em inglês. O radar teria de detectar o movimento de um avião, o alvo, e transmitir os dados para computador, chamado na época de preditor de tiro, que comandava os canhões 90 milímetros. Contudo, os canhões, que calculavam automaticamente a distância e o tempo da

da carteira de câmbio, em particular. E só falavam das vantagens de Minas. Como lá era bom... E a gente dava o troco: se era tão bom, por que eles não voltavam para lá, em vez de ficar aqui cuspindo no prato que comiam? Era aquela briga que levava à divisão entre os nacionalistas e os reacionários, patronais e entreguistas. Eu estava entre os últimos. Mas era uma turma boa."

Na *Folha*, Klaus Kleber foi trabalhar na editoria de Economia com José Guarani Orsini e Aloysio Biondi. "Eu e o Ciro Franklin éramos os preparadores do material. Lá havia grandes colaboradores como o Paulo Pompeu e o Mário Mazzei – que na época já tinha deixado de ser redator-chefe do jornal e fazia aquelas reportagens especiais..."

Klaus Kleber batia cartão de ponto seis horas diárias no Banco do Brasil e cinco horas, à noite, na *Folha*. "Eu já tinha algum conhecimento, principalmente na área de câmbio, utilizado no trato do noticiário e das entrevistas que eu fazia de vez em quando. Naquele tempo, muitas pessoas iam à *Folha*, que é bem central, dar entrevistas... Eu atendia esse pessoal, mas fazia entrevistas também por telefone quando era o caso. Aí, fiz essa base de conhecimento..."

José Nabantino Ramos era muito receptivo à ida das pessoas à *Folha* para serem entrevistadas. Fazia parte da política de tornar a *Folha* um jornal mais aberto. No caso de Klaus Kleber, porém, isto era ocasional. "Como o meu trabalho lá era basicamente de *copy-desk*, aprendi a fazer título, a ler as matérias com atenção. Nesse tempo, na *Folha*, se alguém cometesse um erro, era aberto um processo para saber de quem era a culpa: se era do *copy-desk*, se era do repórter, se era do subeditor... Em suma, quem era o responsável. A pessoa podia até ser demitida. Admitia-se até defesa para isso... Mas havia erros muito comuns. Esse negócio de *ontem*, de *hoje*... *Amanhã é hoje* para nós. E *ontem é anteontem*. Havia outros tipos de erro, como título que não batia com a matéria..."

Recém-casado, Klaus Kleber deixou a *Folha* para trabalhar na Livraria Pioneira, em 1961. "O Ênio, da Pioneira, estava com uns livros de administração. Eu traduzia os livros e alguém – professor de economia, de administração – fazia uma revisão. Aquilo me dava uma boa renda ... Ao traduzir esses livros, ligados a economia, eu adquiria um conhecimento maior. Mas aquele trabalho para mim era um quebra-galho, enquanto eu não voltasse para o jornalismo."

No mesmo ano em que Klaus Kleber saía da *Folha*, o seu colega de Banco do Brasil, Rubens Barbosa de Mattos, fazia prova de seleção para ingressar no jornal, depois de ter lido o mesmo anúncio "Você quer ser jornalista?"

De cerca de 200 candidatos, a *Folha* escolheu 60 que foram divididos em duas turmas de 30. Como a maioria do primeiro grupo não se interessou,

---

granada e então disparavam, nunca funcionaram. Os cabos, que interligavam ao preditor de tiro e ao radar quatro peças ou canhões 90 mm de uma bateria, estavam interrompidos. "Estava tudo uma desgraça."

foi chamada a segunda turma na qual se incluía Rubens Mattos. "Eu me lembro que o salário mínimo de operário tinha sido aumentado para 9.600 cruzeiros e o salário mínimo profissional de jornalista era 10.500 cruzeiros. A vantagem é que o mínimo de jornalista era por cinco horas de serviço, seis dias por semana. Parece que, da primeira turma, só dois se interessaram. Dessa segunda turma, acho que compareceram uns 10 interessados no emprego."

Numa salinha atrás da telefonista, antes da galeria de artes da *Folha*, na entrada da alameda Barão de Limeira, o então editorialista do jornal, Emir Nogueira, deu uma semana de curso de jornalismo para a nova turma de contratados, Rubens Mattos no meio.

"Emir Nogueira ensinou o que era matutino, vespertino... Deu idéias gerais sobre como escrever. – *O jornalista não dá opinião, não transmite o que pensa a respeito. Tem que ser intermediário entre o entrevistado e o leitor. Tem que transmitir fielmente o pensamento do entrevistado. Quando relata os fatos, tem que fazê-lo de maneira isenta. Jornalista não usa advérbios. Quem tem que colocar o advérbio é o leitor. E não esquecer nunca que existem seis perguntas a serem respondidas: Quem, o que, como, onde, quando e por que... Aí vem pirâmide invertida, lead...* – *Se vocês quiserem se aperfeiçoar um pouco mais, comprem o Manual de Jornalismo do Fraser Bond*. Era o livro da moda."

V - Um ex-crítico de Kubitschek

A segunda metade da década de 50 foi uma fase revolucionária na *Folha*, na opinião de Aloysio Biondi. "Quando lançou o caderno Dinheiro há poucos anos, a *Folha* disse que, pela primeira vez, um jornal tinha um caderno de Economia. É mais uma vez aquela história: no Brasil, recria-se a realidade. E eu tive o desprazer de ver o livro dos jornalistas do José Hamilton Ribeiro, a quem eu adoro. Mas ele fala que naquele tempo os jornalistas de economia escreviam em economês, porque eles mesmos não entendiam o que escreviam. Isso é um folclore."

A *Folha* conseguiu reunir nos anos 50, na Economia, uma equipe de profissionais especializados, da qual Biondi era um dos expoentes, que fazia jornalismo muito avançado para a época. "O diretor de redação, Mário Mazzei Guimarães, era um gênio, um cara absolutamente obcecado com jornal. O Mazzei era altamente especializado na área agrícola. Ele inclusive fazia grandes reportagens... O Orsini era o responsável pelo caderno de Economia, dava as linhas gerais... Mas o Mazzei e o Orsini escreviam sobre café. E havia um especialista em *commodities* – algodão, açúcar, juta – que era o Evandro. Cobrindo agricultura geral, permanentemente, tinha o Paulo Pompeu, que veio a dirigir o *Dirigente Rural*. O Gastãozinho (Gastão de Almeida), que foi muito tempo diretor do Sindicato dos Jornalistas, cobria pecuária. O repórter de desenvolvimento industrial era o Morel Marcondes dos Reis, que acompanhava constantemente os grupos industriais brasileiros – Votorantim, Romi, Máquinas Piratininga ... E ainda havia um repórter ecológico que era o Alaor Pacheco. A gente não chamava de ecologia porque essa expressão iria surgir em 1970. Quer dizer, a *Folha* cobria grupos empresariais. Não há nada de novo. De repente, fala-se que é preciso cobrir *business*... É tudo reinvenção da roda."

Reportagens permanentes mostravam grupos empresariais que estavam surgindo, relata Biondi. "O Constantino Ianni, por exemplo, escrevia muito sobre política internacional, colonização... Inclusive, ele acompanhou a vinda da Holambra, do núcleo japonês do Vale do Ribeira... E não era noticiário morto. Ao contrário, era reportagem, permanentemente. Era bem a visão do Nabantino dando voz ao empresariado."

Poluição industrial e destruição do meio ambiente, num enfoque econômico e ecológico, eram temas presentes no dia-a-dia da redação e nas páginas do jornal, observa Biondi. "Um repórter percorria permanentemente o interior, para ver como a polícia florestal combatia a poluição dos rios pelo restilo das usinas, que veio a ser chamado vinhoto. E esse negócio na *Folha* era tão forte que o Pontal do Paranapanema era uma reserva intocada. Estava aquela discussão na Assembléia se isso ia ser reserva ou ia ser liberado para ocupação. E os pecuaristas já estavam abrindo clareira lá – foi assim que eles conseguiram no fim acabar com a reserva. Estava para ser votado se ia ser tombado como reserva ou não e a *Folha* publicava os nomes dos deputados. Tinha a galeria dos 'amigos do deserto', que era todo mundo que ia votar contra a reserva. Então, vinha a foto do cara, a quem ele era ligado, o grupo de interesse. E a contra-informação lançou a história de que a *Folha* estava a serviço das sete irmãs do petróleo, porque exatamente ali é a bacia do Paraná, onde a Petrobrás chegou a perfurar anos mais tarde... Então, diziam que ali tinha petróleo. É onde o Maluf acabou fazendo a maioria das perfurações. Eles diziam que era para transformar em reserva, para nunca perfurar lá e não achar petróleo. Isso funcionou muito contra a *Folha*. Mas o fato é que o jornal tinha um repórter de meio ambiente, que chamava repórter de defesa da flora e da fauna."

A *Folha* acompanhou as inovações na área agrícola, como as técnicas de conservação de solo, sempre com o enfoque econômico. Biondi sempre personificou essa preocupação do jornal. "Brigou por tudo que está aí, como mata ciliar... A cafeicultura estava em fase de substituir os cafezais extensivos pelos chamados pomares. A *Folha* não botava um técnico falando. Ia às fazendas que estavam fazendo isso e mostrava... Todas essas coisas de agricultura que eu vejo, e que eu gosto até hoje, eu vi na própria *Folha*. O pessoal de Campinas começou a fazer o que era 'café com leite' e depois colocou também a galinha para ter o esterco... A *Folha* foi uma impulsionadora de tudo isso, como reportagem, quer dizer, a nível micro, porque não era um caderno agropecuário com o agrônomo dizendo como é que deve fazer. Era muita reportagem."

Nabantino Ramos estava à frente de sua época, utilizando conceitos norte-americanos de administração, reconhece Biondi. Mostrava ousadia tanto em iniciativas de caráter jornalístico quando em técnicas administrativas. "Ele morou nos Estados Unidos e utilizava conceitos norte-americanos. Adotava inclusive o pagamento por produtividade. Cada repórter tinha a sua pasta. Havia um setor que recortava as coisas do repórter. Além do salário, o cara tinha um *plus* por uma reportagem especial, um furo etc."

As *Folhas* mantinham uma linha crítica, equidistante, em relação ao governo Juscelino Kubitschek. E Biondi participava ativamente dos acontecimentos nesse período. Como editor, cobriu amplamente a marcha dos produtores de café contra a política de Kubitschek.

"Essa foi uma das minhas grandes experiências. Eu fui mandado ao interior para acompanhar um grupo de cafeicultores até Brasília. Eu fui para Jaú – e fui fazer entrevista com os cafeicultores. Houve até dois incidentes engraçados nessa viagem. Um Almeida Prado qualquer começou a fazer um discurso: — *Eu estou muito bem financeiramente, mas eu fico pensando nos nossos empregados. A gente vai ter que mandar todo mundo embora...* Eu fui ouvindo aquilo e não agüentei. Fui um mal repórter, pois retruquei para o fazendeiro. — *Ora, eu sou de Caconde, sobrinho de fazendeiro, e sei como os colonos vivem. Eu sempre vi isso a minha infância inteira, essa miséria.* (...) Eu fui criado no interior e passei minhas férias de infância na fazenda de uma tia – ela é casada com um fazendeiro. O sujeito tinha uns cavalos árabes 'aposentados' do exército argentino... E aquela tristeza, aquela colônia sem luz. O pessoal tomava banho no córrego atrás das casas. As crianças, com a "barriguinha" de vermes como Lobato descrevia... E os filhos de fazendeiros estudavam em colégios pagos de padres, enquanto as filhas iam para colégios de freiras. E me incomodava aquilo. A gente andava a cavalo e via aquela gente pobre, aquele negócio bem brasileiro, aquela humildade, aquela subserviência, aquela desvalia. Então, eu achava que havia alguma coisa errada no discurso que apresentava o cafeicultor como sofredor e no padrão de vida dos fazendeiros."

Muitos dos cafeicultores ali presentes saíram de Jaú de manhã, mais interessados no baile da rainha do açúcar naquela noite do que propriamente na marcha a Brasília. Biondi acompanhou a comitiva. "E o Juscelino botou tropa nas estradas, com metralhadora, mas não se sabia onde. Sabia que era para bloquear aqui mesmo, antes de chegar a Brasília. Eu ia no carro com mais quatro. Aí passou Pirassununga e os caras falaram assim: — *Nós vamos perder o baile.* Quer dizer, os caras estavam loucos para serem barrados para voltar. Mas, moralmente, eles tinham que continuar. Mas, depois de Ribeirão Preto, tinha tropa no viaduto. Eles comemoraram. Estava todo mundo com medo de perder a coroação da rainha do açúcar."

No governo Kubitschek, as *Folhas* destacaram repórter para acompanhar o setor industrial, inclusive as falcatruas nas importações, recorda Biondi. "Havia naquela época os leilões de divisas, o dólar a preço preferencial... O Jânio iria acabar com isso. O Constantino Ianni fez séries de reportagem sobre corrupção na CACEX (Carteira de Comércio Exterior do Banco do Brasil) por causa da legislação, dólar a preço preferencial, licença de importação..."

Biondi era contra Kubitschek por influência da própria imprensa (e da oposição), que chamava o presidente de "louco". "Eu ficava puto porque eu sabia que tinha tido dólar especial para trazer as máquinas.... Quer dizer, o Roberto Campos e o Bulhões montaram para o Juscelino o plano de metas e como financiar o plano. Anos depois, eu fui ver que foi um milagre, naquela conjuntura internacional, um país agrícola, com todas as cotações agrícolas e minerais despencando, porque os Estados Unidos estavam vendendo os excedentes de guerra. Uma coisa que pouca gente se lembra: num esforço de guerra, a gente vendeu até algodão mais barato para os Estados Unidos (e a Bolívia vendeu estanho). Os Estados Unidos formaram estoques gigantescos. Quando terminou a segunda guerra (mundial), eles começaram a vender (os estoques). Naquele caos, o Juscelino conseguir fazer isso! Realmente, ele fez um milagre, porque o país estava numa deterioração dos termos de troca, todos os países estavam indo para a crise."

Era a república dos bacharéis. Os economistas atuavam nos escalões técnicos. Não exerciam função política. Biondi, porém, já era influenciado por um deles: Celso Furtado. "A minha cabeça, depois de adolescente, foi feita em grande parte pelo Furtado. Tem um livro que foi decisivo na minha vida: a *Pré-revolução brasileira*. Foi a primeira obra, o primeiro livro que juntou tudo para mim, que eu entendi. Eu tinha lido, por exemplo, o Caio Prado – *História Econômica do Brasil* – mas era tudo história; formação econômica, formação política... Não era da atualidade. Eu considero, inclusive, a obra mais bonita da economia o estudo de Furtado para a criação da SUDENE (Superintendência de Desenvolvimento do Nordeste). Até então, se dizia que a seca era responsável... E o Furtado mostra que era uma região que não tinha nem renda, onde ainda havia escambo, porque não havia propriedade da terra. Ou se tinha minifúndio – então o cara tinha 10 quilos de arroz plantado. Se viesse uma seca... O programa de Furtado para a criação da SUDENE é lindo. Ele não propôs a reforma agrária só na zona da mata açucareira. Ele teve a coragem de propor também que se juntasse minifúndios, transformando-os numa área de módulo, numa área mínima que desse para o cara sobreviver. E ele previa na época a transferência de milhões de famílias, que deveriam ser quase metade da população do Nordeste, para os vales úmidos do Maranhão, que eram desertos e que o senhor Sarney e sua família grilaram a doidado. Quando ele propunha isso, ele pensava na indústria, porque ele queria criar mercado interno – dois pólos geradores de indústria, que seriam a química e a siderúrgica, porque aí surgiria a indústria de panela, talher e têxtil... Ele considerava que era preciso criar renda. Não era só no setor agrícola. Tinha que criar mercado consumidor, que haveria uma cadeia produtiva surgindo normalmente. É o tal do desenvolvimento auto-sustentado. A distorção total foi quando se passou a dar incentivo aos grandes grupos, para grandes projetos, que não criavam empregos e por isso não criavam mercado consumidor. Foi uma distorção total da proposta dele."

Biondi ficou na *Folha* até 1962. Nesse período, pouco utilizou as idéias de Celso Furtado no dia-a-dia do jornal. "Era outro mundo. As pessoas eram muito pouco politizadas..."

VI - Pausa para a greve

Em 1960, as *Folhas* fundiram-se na *Folha de S. Paulo*. Dois anos depois, Mário Mazzei Guimarães deixou o quadro de funcionários do jornal, permanecendo, porém, como colaborador. Nesta condição, teve alguns desentendimentos com Nabantino Ramos, por causa da greve dos jornalistas em 1961. "Eu era diretor do Sindicato, membro da comissão que representava o Sindicato na Federação dos Jornalistas. O Sindicato deliberou promover a greve, eu concordei e tinha que atuar. Estive na porta da redação do *Estado*. Estive na porta da redação do *Diário de S. Paulo*, onde levei um banho d'água. Estive na porta da *Folha*, onde evitei um grande conflito que ia ser prejudicial a todo mundo, porque a polícia estava lá ameaçando os jornalistas que estavam na porta impedindo a saída de jornal do dia. A polícia queria esparramar o pessoal, no tapa e talvez no tiro."

Mazzei estava percorrendo portas de redações, madrugada afora, em companhia do deputado estadual Cid Franco, também jornalista. "Passamos no *Estado*, no *Diário*, mas passamos na *Folha* no meio do caminho. Ali encontramos a situação com ameaça de estouro... Então, fui falar com o tenente que comandava o pelotão de soldados. Pedi a ele para se retirar, porque o pessoal não ia fazer violência. Só ia impedir que os jornais de entrega saíssem. Ele respondeu: — *A ordem que tenho é retirar os sitiantes*. Eu perguntei: — *Mas para quando é que o senhor tem a ordem?* Respondeu: — *Estou dando um prazo, vou fazer o ataque daqui a pouco.* Eu falei: — *O senhor não quer esperar um bocado?* O tenente foi razoável: — *Está bem, eu espero.*"

Mazzei e o deputado Cid Franco procuraram a Delegacia da Ordem Política e Social (DOPS), na praça General Osório. Ocorreu o seguinte diálogo entre Mazzei e o delegado que tinha autorizado o ataque aos grevistas.

— *O doutor Nabantino pediu e o governador (Carvalho Pinto) já autorizou* – disse o delegado.

— *Bom, vai ser um morticínio porque o pessoal não vai sair de lá com facilidade.*

— Por que o senhor não conversa com o diretor do jornal?
— O jornal, além de cercado, está fechado. Não vão me deixar entrar lá para conversar com ele.
— Telefone para ele.
— Então, vou ligar.
Mazzei então conversou com Nabantino Ramos.
— Doutor Nabantino, está havendo ameaça de violência contra o pessoal que está na porta do seu jornal. Acho que isso é uma coisa que pode causar morte de gente e sem resultado benéfico para ninguém.
— Eu já pedi ao representante do delegado aqui que desista disso, porque nós já perdemos todos os trens para o interior, de modo que não interessa mais. Eu não vou insistir em uma providência da polícia que é desnecessária.
— O senhor quer falar com o delegado?
Nabantino Ramos falou com o delegado, que suspendeu a operação. Mazzei e o deputado voltaram à *Folha* e foram falar com o tenente, que disse:
— Já recebi o recado. "Então, eu fui avisar o pessoal que estava na porta do jornal. Fizeram aquela festa. Com isso, criei um problema na *Folha* e, mesmo como colaborador, acabei saindo."

Nessa época, Nabantino Ramos vendeu o jornal para Octavio Frias, como testemunhou Mário Mazzei. "O Frias começou dizendo que tinha o apoio da Federação das Indústrias, mas era tudo conversa. O dono era ele pessoalmente."

De qualquer forma, Mazzei acabou voltando à *Folha*, no tempo de Frias, para fazer a seção do Pedro Leite, que era política, ainda que tratasse também de problemas econômicos. Além dessa seção, ele fazia reportagem econômica.

Quem se safou da demissão, no corte promovido pela *Folha* depois da greve, foi Rubens Mattos, que começou na reportagem de geral. Quando chegou à redação da *Folha*, ele encontrou apenas um jornalista formado: era Ivo Zanini que estudou na Faculdade Cásper Líbero. Também encontrou uma única mulher repórter: era Dora Bloem, filha do ex-secretário de redação da *Folha*, Rui Bloem.

Rubens Mattos trabalhava para o vespertino *Folha da Noite*, cujo fechamento na redação era às 10 e meia, para que a edição fosse impressa ao meio-dia. O primeiro serviço de rua realizado por Mattos foi a notícia da queda de um automóvel marca Austin numa cratera que se abriu na rua José Maria Lisboa. "Me mandaram pegar o fotógrafo, que dava plantão na central de polícia lá no Pátio do Colégio. Eu disse a ele: — Eu estou preocupado porque é o primeiro serviço que vou fazer. Não sei o que vou escrever. Ele respondeu: — É simples. Por que o carro afundou? É porque a prefeitura não dá atenção, não faz manutenção de rua. Isso aqui é uma bagunça, um abandono. A cidade está por conta do Bonifácio. Tem que meter o pau. E fotografou o buraco com o carro dentro."

Já na redação, Rubens Mattos sentou em frente de uma das 10 ou 12 máquinas de escrever, dispostas na bancada que existia junto a uma das janelas que dava para a alameda Barão de Campinas, o chamado "quarto de despejo". Pegou no escaninho uma lauda da *Folha da Noite* (folha padronizada para datilografar o texto) e escreveu a notícia "descendo o cacete na prefeitura". Fez exatamente o contrário do que aprendera no curso de Emir Nogueira. Ao terminar, levantou e levou a lauda para o subchefe de reportagem Romualdo Clouzet, um boliviano naturalizado brasileiro, que era também funcionário da Assembléia Legislativa.

"Logo que leu, Clouzet falou: — *Meu filho, isso aqui não está bom. Vamos pegar um cara mais antigo para te mostrar como faz isso.* O cara mais antigo era o Sérgio Souza, que depois foi para a publicidade. Ele foi o meu primeiro *copy-desk*. Reescreveu todo o texto e disse: — *Você não está aqui para dar opinião. Você está aqui para relatar os fatos. Isso é um assunto que não tem a menor importância para o jornal. Acontece toda hora. A fotografia é capaz de sair, porque a* Folha da Noite *está sem assunto.*"

Rubens Mattos trabalhou cerca de três ou quatro meses sem registro. Teve uma "sorte desgraçada", conforme se dizia na época. Foi registrado em meados de 1961, graças a um encontro com o então presidente Jânio Quadros no centro velho da cidade de São Paulo. Um dia, a redação da *Folha* recebeu um telefonema: — *O presidente Jânio Quadros está assistindo missa na igreja Santo Antonio, no Largo São Francisco, ao lado da Faculdade.* Era sábado e Rubens Mattos estava de plantão.

"Eu fui lá para a igreja, levando minha Rolleycord, modelo popular, escondida debaixo do paletó para não chamar a atenção. Entrei na igreja e, do canto, fotografei o Jânio com a dona Eloá assistindo missa. Quando ele saiu, eu e o motorista fomos atrás dele com a perua da *Folha*. Ele entrou na rua Riachuelo e, quando chegou na praça das Bandeiras, simplesmente virou o fusca e cortou a frente da perua da *Folha*. E desceu de lá puto da vida. — *Vocês não respeitam a minha privacidade. Isso é um absurdo.* Não tinha guarda-costas, não tinha batedores, não tinha nada. Era um fusqueta particular, dirigido por ele e com a dona Eloá do lado. Então, eu falei: — *Senhor presidente, o senhor vai me desculpar. Eu sou um jornalista novo, estou tentando me firmar no emprego. Me mandaram aqui porque souberam que o senhor estava em São Paulo. Então, eu vim atrás do senhor para ver se tirava uma fotografia, se conseguia alguma palavra...* Ele respondeu: — *Meu filho, eu também preciso descansar. O presidente da República é um homem como outro qualquer. Dá sossego. Faz o seguinte: vá à tarde lá na casa do meu genro, que eu dou uma entrevista para você*[13] . Eu insisti: — *O senhor me*

---

[13] O genro de quem falou Jânio Quadros era o jornalista Alaôr Gomes, que se tornara assessor de imprensa da Volkswagen, conta Mattos. "Ele era repórter da *Folha* e fazia cobertura no palácio dos Campos Elíseos quando o Jânio era governador. Conseguiu se envolver com a Tutu, a filha do Jânio. E quando o Jânio descobriu, proibiu a *Folha* de entrar nos Campos Elíseos." O repórter teria engravidado Dirce Tutu Quadros. "Então, era simples. A *Folha* não entrava mais no palácio dos Campos Elíseos. O rapaz acabou sendo demitido e foi para a assessoria de imprensa da Volkswagen. Quer dizer, melhorou para ele."

deixa tirar uma fotografia sua, pelo menos? Aí, ele sentou no fusca, abriu a porta e eu tirei uma fotografia dele."

Mas Rubens Mattos não foi enviado pela *Folha* à casa do genro de Jânio. Ao voltar à redação e relatar o ocorrido, ouviu do chefe: — *Você acha que eu vou mandar um foca entrevistar o presidente da República? Eu vou mandar um repórter de política.* Restou a Mattos fazer uma nota, que foi publicada, com a fotografia de Jânio Quadros, na edição de segunda-feira. "No dia seguinte, o Enyldo Franzosi, que era chefe do DRU-Departamento de Reportagem Unificada, me mandou levar a documentação para fazer o registro. E eu fui registrado como repórter da *Folha*."

Com o fim da greve dos jornalistas em 1961, a direção da *Folha* mandou fazer um corte de 30% no pessoal da redação. O secretário de redação, que respondia pelos três jornais, era Ulysses Alves de Souza, o Uru. "A gente chamava Uru, o orelhudo, para encher o saco dele. Ele ficava puto da vida. Então, ele me incluiu na lista de corte, mas o Romualdo Clouzet reagiu: — *Se cortar o Rubens, eu fico sem ninguém para fazer o serviço de rua. Ele é o único que trabalha. Você vai ter que botar alguém no lugar dele.* Uru respondeu: — *Então, corta outro.* Aí eu fiquei. Eu fiquei assim por acidente."

A equipe do período da manhã reunia repórteres antigos na *Folha*, os chamados "senadores", que não podiam ser demitidos, tinham estabilidade no emprego, uma vez que naquela época ainda não havia o FGTS. "E ninguém queria trabalhar. Eles iam lá, escreviam dois ou três textos de quatro ou cinco linhas sobre amenidades e generalidades e entregavam. Pegavam um vale para reembolso de despesas de táxi, passavam no caixa e iam embora. Era uma turma que estava na condição de senadores da *Folha*. Então, o serviço sobrava para o cara que não podia reclamar, porque era novo. Se reclamasse, estava na rua."

Rubens Mattos ficou na reportagem geral até dezembro de 1962. Com a saída de Antonio Ágio Junior e de Romualdo Clouzet, respectivamente da chefia e da subchefia de reportagem, Enyldo convidou Rubens Mattos para o lugar do segundo.

VII - Vítima das senhoras católicas

Entre outras virtudes, Mário Mazzei Guimarães teve a de descobridor de talentos. Lá por volta de 1963, levou para a redação da *Folha* o mineiro, criado no interior paulista, Elpidio Marinho de Mattos[14]. O ex-barbeiro foi

---

[14] Natural da Zona da Mata, Elpidio Marinho de Mattos nasceu em 4 de setembro de 1917. Segundo o jornalista José Aparecido, ele teria sido criado em Regente Feijó, na região de Presidente Prudente, onde era barbeiro, antes de ingressar no quadro de colaboradores do

então convidado a assumir o setor de matérias especiais da seção de Economia do jornal. "E naquele lugar, longe então das polêmicas políticas que agitavam os jornais, ele se firmou como um dos mais competentes profissionais especializados"[15].

Mas nem tão longe assim, pelo menos no caso de Mazzei. É que, embora ligado à *Folha*, ele passou a assessorar Renato Costa Lima, que fora ministro da Agricultura e presidente do Instituto Brasileiro do Café (IBC). "Tive, com o Renato, a oportunidade de viajar para o México, para a Colômbia, de ver muita coisa. Me internacionalizei em jornalismo econômico... Em 1964, o Renato, que era janguista e juscelinista, perdeu a chance política e eu, pouco tempo depois, nem trabalhava mais com ele. Fui advogar. Colaborava em algumas revistas, até mesmo uma revista jurídica."

Quando veio o golpe militar de 1964, Mazzei – que escrevia a coluna do Pedro Leite na *Folha de S. Paulo* – foi falar com Octavio Frias.

— *Quer que eu pare com isso?*

— *Não. Você pensa o que? Nós não temos medo de general.*

A coluna do Pedro Leite tratava de política, e mesmo economia, num tom bastante humorístico, recorda Mazzei. "Dizia coisas que os cronistas, os redatores e jornalistas de outros jornais – e até eu, com o nome próprio – não tinham coragem ou chance de publicar. Inclusive, a notícia do golpe militar. Eu estava no Rio no dia do golpe. Acompanhava o Renato Costa Lima, a quem então assessorava na sua empresa, a Avisco. Era noite. Fomos pegar o avião. O Renato estava meio desconfiado de qualquer coisa. Fomos ao aeroporto Santos Dumont. Não tinha avião saindo. Então, fomos para o Galeão. Depois de alguma demora, pegamos um avião para São Paulo. O Renato estava com qualquer coisa na cabeça. Descemos no aeroporto, ele me deixou em casa e foi conversar com o general Kruel, comandante da Região Militar em São Paulo, para ver o que estava acontecendo."

Logo depois da conversa com o general Kruel, Costa Lima telefonou para Mazzei. "— *Estourou a revolução. O Kruel está conversando no telefone com o Jango, para ver se o convence a ceder em algumas coisas e assim evitar que a revolta continue.* Então, fiquei achando que a coluna não ia prosseguir. No

---

jornal diário prudentino *O Imparcial*. Já Klaus Kleber conta que Mattos exerceu outras profissões, como as de comerciante de algodão e agente estatístico municipal do IBGE, chegando relativamente tarde ao jornalismo, só que na *Tribuna de Martinópolis*, na Alta Sorocabana, um dos cinco jornais integrantes da Rede de Jornais Associados do Interior, da qual se tornaria proprietário. O fato é que Mattos conheceu, em meados da década de 50, Mário Mazzei Guimarães, que cobria pela *Folha* a ação de grileiros no Pontal do Paranapanema. Tornou-se correspondente da *Folha* em Presidente Prudente e, por volta de 1957, chefe da sucursal do jornal em Santos.

[15] Kleber, Klaus. "Aos 78 anos, falece o jornalista Elpidio Marinho de Mattos", *Gazeta Mercantil*, São Paulo, 10 de junho de 1996.

entanto, fiz a matéria, que chegou a sair. Mas a coluna seguinte não saiu. As mulheres, que lideraram a 'Marcha da Família', foram conversar com o Frias. Depois, elas promoveram uma reunião... E uma pessoa – que estava em todo lugar, parece que andava espionando – me encontrou e disse: — *Eu estive lá (na reunião) e vi quando uma das mulheres levantou-se e comunicou que elas tinham obtido uma vitória: o Pedro Leite não ia sair mais*. Eu respondi: — *Sei disso, mas não sabia que elas foram consultadas.*"

Mário Mazzei Guimarães ainda continuou algum tempo na *Folha de S. Paulo*, fazendo reportagem.

VIII - Demitido e readmitido em 48 horas

Quando veio o golpe militar, Roberto Müller Filho fazia estágio na Companhia Siderúrgica Paulista (COSIPA)[16]. "Eu era (militante) do Partido Comunista. Quando veio o golpe, resolvemos parar a COSIPA na noite de 31 de março de 1964. Aí, me escondi e tal. Voltei para lá, embora soubesse que ia ser preso, porque tinha o que fazer ainda. E fui preso em setembro. Fiquei um mês preso num navio fora de uso chamado Raul Soares. Aí fui demitido. Ganhei um processo da COSIPA na Justiça do Trabalho e respondi IPM na Justiça Militar. Eu não conseguia trabalhar em usina siderúrgica nenhuma. Tentei CSN, Aços Finos Piratini no Rio Grande do Sul..."

Um dia, Müller reencontrou por acaso na avenida São João, centro da capital paulista, um velho amigo de grupo escolar e de ginásio em Ribeirão Preto, o líder estudantil Jirges Ristum. Estava escondido em São Paulo, embora fosse dado como morto. "Ele tinha um primo em Ribeirão Preto, o João Dieb, que era muito amigo do José Hamilton Ribeiro. E o Zé Hamilton Ribeiro pediu ao Cícero, que tomava conta do arquivo e aplicava teste na *Folha de S. Paulo*, para arrumar um emprego para nós. Fomos fazer o teste. Havia uma vaga... Na verdade, não havia vaga. Criaram um lugar... O meu amigo Jirges passou em primeiro lugar e eu em segundo. Ou se você preferir, ele em primeiro e eu em último. Mas Jirges, que ficou escondido porque havia participado como dirigente estudantil do congresso da UNE (União Nacional dos Estudantes) em Manaus na época do golpe, não pôde concluir o curso de Direito que fazia em Bauru. Quando já estava tudo mais fácil, e ele já podia circular, descobriu que, regularizada a transferência dele para Ribeirão Preto, tinha que cumprir alguns meses de aula para fazer a carga horária e virar advogado."

---

[16] Depoimento em 15/10/1999. Nascido em 1941 em Ribeirão Preto, Roberto Müller Filho acabara de formar-se pela Escola Técnica de Química Industrial da mesma cidade. Antes de mudar para Santos, escreveu a coluna "Nomes & Notas" no jornal *Diário de Notícias*, de Ribeirão, e foi repórter e redator do noticiário do programa "Rotativa Sonora" da *Rádio Clube*.

Müller então assumiu a única vaga existente – um emprego arranjado – e, por muito tempo, dividiu o salário com o amigo Jirges. "Meses depois, o Jirges voltou e não havia mais a vaga. Então, até que ele conseguisse um lugar de revisor na *Folha*, nós dividimos o salário. Era o mínimo que eu podia fazer. O cargo era dele e eu arrumei o emprego dele. Morávamos juntos na rua Antonio Carlos. Só não dividimos os livros, porque aí nós comprávamos dois iguais."

Assim, no final de 1964, Müller tornou-se *copy-desk* na editoria de Internacional da *Folha de S. Paulo*. Na mesma época, Matías Molina começava a trabalhar à noite também como *copy* da Internacional[17]. "Lá eu conheci o Matías Molina e aí começou uma velha amizade... Quando eu comecei, fizeram uma brincadeira atroz... Me deram um telegrama falso e eu fiquei preocupado em colocar os acentos, as cedilhas e os tils. E não me dei conta de que o conteúdo era ridículo. Eu não me lembro o que era... E eu levei para o chefe de redação o telegrama todo 'penteado', mas me ocorria vagamente que tinha alguma coisa imprópria. Veja como eu estava inseguro. Então, fui perguntar a ele se eu podia abrandar algumas expressões grosseiras que havia... Queria saber como era a norma da casa... E quando eu me dei conta, toda a redação estava às gargalhadas. Aquilo agravou a minha insegurança. Eu estava triste... Os meus amigos fugidos ou sumidos. Os que ficaram lá, eu não podia ir ver. Ia escondido para Santos..."

Em janeiro de 1965, Cláudio Abramo, que chegara à *Folha de S. Paulo* em setembro do ano anterior, teve de cortar todos os novatos. Roberto Müller Filho estava entre os demitidos. "Fiquei muito bravo. Aí contaram a ele."

No dia seguinte, Müller foi despedir-se das poucas pessoas que já conhecia na redação da *Folha*. Cláudio Abramo o chamou.

— *O que aconteceu com você?*

— *Aconteceu que eu vim aqui me despedir das pessoas porque você me demitiu.*

— *Não é isso que eu estou perguntando. O que aconteceu? Aqueles canalhas te prenderam? Fizeram alguma coisa com você?*

Müller surpreendeu-se porque não sabia que tinham contado a Abramo. "Desconfio que tenha sido o (Roberto) Somogy, que na época era editor de internacional."

E Cláudio Abramo prosseguiu:

— *Aqueles militares canalhas...*

— *Isso é uma coisa da minha vida pessoal. E eu não conheço o senhor*, disse Müller com medo. "Eu, bobo, ignorante, não sabia quem ele era."

— *Como é que você quer ser jornalista, se você não sabe quem é o Cláudio Abramo?*, retrucou ele. "Abramo já havia feito a reforma do *Estado*", explica Müller. "Era um grande jornalista."

---

[17] Depoimento em Dezembro de 1998. Matías M. Molina nasceu em 1937 em Madri, Espanha. É formado em História pela USP.

— *Vá sentar lá* – ordenou Abramo.

"Deu-me um telegrama para eu 'pentear' – conta Müller. Aí, eu fui reempregado no espaço de 48 horas graças ao meu passado subversivo e à imensa generosidade do Cláudio Abramo."

Müller recorda-se de uma passagem – que considera muito importante do ponto de vista moral – na ocasião em que trabalhava à noite junto com Matías Molina e Maurício Tragtenberg na editoria de Internacional da *Folha*. "Antigamente, o preparador de texto ou *copy-desk* penteava os telegramas e botava o seu nome na retranca (da lauda). Eu estava muito mal psicologicamente. Os meus amigos da Cosipa tinham fugido... Enfim, estava deprimido, muito inseguro. Acho que eu era muito lento, ou eu não fazia direito... Eu soube muitos anos depois que o Molina preparava (o texto) e botava o meu nome na retranca. Ele era, como é até hoje, um excelente jornalista. Era muito rápido, muito competente. Então, parecia que eu tinha trabalhado muito. Até hoje ele nega isso, mas eu tenho absoluta certeza que foi ele. Trabalhávamos eu e o Maurício Tragtenberg, um intelectual, deprimido como eu. O Molina era muito conservador, um liberal. Talvez o único espanhol liberal que tenha sido produzido. Eu devo a ele isso."

Molina acumulava a jornada da *Folha de S. Paulo* inicialmente com a revista de exportação *Made in Brazil*, do Banco Novo Mundo. Em seguida, faria dupla jornada com a revista *Transporte Moderno*, uma das publicações técnicas da Editora Abril que gerariam a revista *Exame*.

Müller, por sua vez, se virava, na parte da manhã, na revista *Médico Moderno*, e depois foi transferido para a revista *Farmácia Moderna*, da mesma editora.

IX - Experimentos na Folha

No final da década de 50, Emilio Matsumoto, então estudante da Faculdade de Direito do Largo São Francisco, começou a trabalhar como repórter na antiga *Folha da Noite*[18]. "Eu dava plantão de manhã, para fechar a edição que saía no começo da tarde. Ainda existia esse tipo de vespertino. Depois de algum tempo, eu fui também ser *copy-desk* da *Folha da Tarde*. Era uma edição que saía no dia seguinte. Essas foram as minhas primeiras experiências jornalísticas. Fui repórter de geral e fui redator da seção de Geral. Isto se deveu à forte ingerência de um amigo na época – o Ulysses Alves de Souza – que era então o assistente da chefia de reportagem da *Folha* e meu colega numa repartição pública. Nós éramos funcionários autárquicos da Previdência. Mas não era

---

[18] Depoimento em Janeiro de 1999. Emilio Matsumoto nasceu em 1934 na cidade de São Paulo.

este o meu projeto de vida. Tanto é que eu me formei em Direito e fui exercer a minha profissão."

Matsumoto nem pensava em ser jornalista econômico quando Cláudio Abramo chegou à *Folha de S. Paulo*, já na ditadura militar. Houve a imediata reação do grupo que já trabalhava no jornal, conta Rubens Mattos, na época subchefe de reportagem. Havia o temor de que ele fosse desbancar o então diretor de redação, o pesquisador José Reis, aposentado do Instituto Biológico, que sempre trabalhou na *Folha* como redator científico. Oficialmente, Abramo era chefe de produção. "Entendíamos que o Cláudio vinha para o lugar do José Reis, o 'doutor Bula'. Mas nos chamaram e deram uma tremenda bronca. — *Ele veio aqui para colaborar com a gente. Ele é um profissional*. Então, nós respondemos: — *Doutor Reis, o senhor é quem sabe. Nós estamos aqui para defendê-lo*. E tocamos o barco."

Cláudio Abramo levou Antonio Marcos Pimenta Neves e Washington Novaes para serem seus assistentes[19]. Uma das primeiras providências foi organizar a seção de Economia. É o que conta o então subchefe de produção editorial, Pimenta Neves. "Como não havia bons jornalistas econômicos no Brasil, exceto aqueles muito técnicos que trabalhavam no *Estado* e que não sairiam, evidentemente, como o Robert Appy, fomos buscar um economista para chefiar a seção. Convidamos o Sebastião Advíncula da Cunha, que tinha pós-graduação – o mestrado – na London School of Economics. Aí começamos a arregimentar as forças. Selecionamos algumas pessoas que não tinham formação jornalística – o Rocca, por exemplo, da Universidade de São Paulo – e começamos a formar alguns repórteres, entre eles o Roberto Müller. E, a partir dali, realmente nós começamos a mudar a face do jornalismo econômico na *Folha de S. Paulo*."

Washington Novaes passou a acumular o trabalho na *Folha de S. Paulo* com a revista *Visão*. Pimenta Neves entrava mais cedo e Novaes mais tarde. "Quando eu saía da redação da *Visão*, ia para a *Folha*. E fiquei mais de um ano nessa vida."

Foi a época em que o noticiário econômico começava a crescer na imprensa brasileira, recorda Alexandre Gambirasio. "O Roberto Campos decidiu, por exemplo, reformar totalmente o setor financeiro. Então, os bancos privados começaram a ganhar uma importância muito grande. O Frias, dono da *Folha*, tinha muito interesse em noticiário econômico, porque era homem de negócios.

---

[19] Depoimento em 11/02/2000. Antonio Marcos Pimenta Neves nasceu na cidade de São Paulo em fevereiro de 1937. Na década de 60, estudou Direito na USP (até o quarto ano) e na Universidade Mackenzie, mas só foi terminar o curso no município de São João da Boa Vista. Em 1968, estudou Economia e Política no Seminário Internacional de Harvard (Estados Unidos), com o professor Henry Kissinger. Em meados dos anos 70, fez mestrado em Políticas Públicas na Universidade Johns Hopkins. E logo em seguida começou o doutorado em Economia na Universidade George Washington, mas não concluiu o curso.

Tanto que tinha mania dos preços agrícolas, porque ele tinha uma granja. Então, ele queria saber o preço do milho, o preço da galinha, o preço do ovo. Por essas forças naturais da realidade, a *Folha* foi ampliando a cobertura do setor econômico... O *Estadão* sempre encaixava a economia junto com o resto, lá no fim do jornal. A *Folha* também tinha esse hábito de botar a economia no fim do jornal. Vinha o noticiário econômico, depois vinha a bolsa e depois vinham os anúncios. Então, a *Folha* criou um caderno de Economia com noticiário amplo."

Gambirasio chegara, em meados de 1965, à *Folha de S. Paulo* para reforçar a equipe de Cláudio Abramo[20]. A exemplo de Washington Novaes, conciliava o trabalho na *Folha* com o da revista *Visão* dirigida por Hideo Onaga. "Na época, jornalista ganhava mal e tinha que ter vários empregos. Eu fiquei na *Visão* durante bastante tempo como redator, mesmo depois de ir para a *Folha*. E, na *Folha*, fui como chefe de reportagem para então instalar o chamado jornalismo de cidade", conta Gambirasio.

Rubens Glasberg foi outro nome que despontou com Cláudio Abramo nesta época, só que na editoria de Internacional[21]. "O Cláudio Abramo queria mudar tudo. Ele queria gente sem o vício do que era o jornalismo tradicional, que era uma coisa meio ligada à boemia, o sujeito que tinha um emprego público... aquele jornalismo que era um bico. Então, ele queria levar gente nova da universidade... Aliás, os grandes repórteres da época eram excelentes repórteres, principalmente de polícia, mas não sabiam redigir. Ou quando redigiam uma coisa, era impublicável. Então, tinha o *copy-desk*. Eles iam para a rua e voltavam com a história. Não tinha pauta, não tinha nada. E eram bons repórteres...."

Foi nesse ambiente de mudanças que Roberto Müller Filho tornou-se repórter de economia da *Folha* no horário de 2 da tarde às 9 da noite, acumulando com as atividades da revista *Farmácia Moderna*. "E me deram para fazer uma matéria sobre sucata. De sucata eu entendia. Eu tinha vindo de uma usina siderúrgica. Me pediram uma página. Talvez eu fosse o único ali que tinha ouvido falar de sucata. Sabia que sucata é de ferro, sucata é de aço... Aí,

---

[20] Depoimento em Fevereiro de 1999. Alexandre Gambirasio nasceu em 1937 em Gênova, Itália, e veio para o Brasil em 1948. É da turma de 1962 da Faculdade de Direito do Largo São Francisco, da USP.

[21] Depoimento em 25/10/2001. Rubens Glasberg nasceu em 1943 na cidade de São Paulo. Trabalhou no jornal *Shopping News*, no início dos anos 60s, com Ermínio Sachetta. Estudou Física e depois Psicologia na Universidade de São Paulo, mas não terminou nenhum dos dois cursos. "Por volta de 68, quando o meu pai faleceu, eu ia me casar e eu não sabia fazer nada, não tinha profissão nenhuma – na Faculdade, a gente fazia política, não estudava... E como eu não sabia fazer nada e precisava trabalhar, eu virei jornalista, que era uma profissão que na época você não precisava de diploma. Quando entrou a nova legislação, a regulamentação dessa profissão, eu era como dentista, meio prático, digamos. Eu era prático de jornalismo e aí depois eu virei jornalista."

eu fiz uma página. Virei repórter de economia e passei a cobrir Federação das Indústrias. Depois eu cobri tudo: FIESP, Federação do Comércio, Associação Comercial, Bolsa de Valores, Federação da Agricultura..."

Joelmir Beting também começava a se projetar nesta época como colunista de automóveis, lembra Gambirasio. "Ele cresceu junto com a indústria automobilística, por assim dizer, com aquele estilo que agradou... Aquelas imagens que ele fazia agradaram bastante. Então, na medida em que ele se afirmava como colunista, também nós vimos que ele poderia escrever sobre economia em geral, abandonando esse nicho dos automóveis para escrever sobre economia. Então, ele foi a primeira estrela, digamos assim, desse caderno de Economia."

Gambirasio começou a se interessar por economia, não tanto pelo lado da análise, mas sim dos perfis. "Fui eu quem escrevi para a *Folha* o primeiro perfil do Delfim Netto na imprensa brasileira, quando ele foi nomeado secretário da Fazenda aqui em São Paulo, por volta de 1965. Foi uma página inteira apresentando o Delfim a São Paulo, digamos assim. Também apresentei os Delfim *boys*. Havia vários jovens que trabalhavam com ele. (...) Eu escrevia sobre problemas setoriais, sobre empresas, mas procurando um jornalismo um pouco assim definido pelas personalidades, e não tanto um jornalismo de análise, que estava muito em moda. Na verdade, ninguém entendia nada de economia no Brasil na época. Havia aqueles papas – o Roberto Campos, o Bulhões... Nenhum jornalista, em si, tinha muita autoridade."

Aloysio Biondi voltou para a *Folha de S. Paulo* em 1966, tornando-se secretário de produção e assistente de Cláudio Abramo. "As redações vão se politizar exatamente com o pessoal da Ação Popular (AP). E eu, assim involuntariamente, enchi a *Folha de S. Paulo* de pessoal da AP. O que aconteceu foi o seguinte: quando eu fui para a *Folha* em 66, havia lá uns caras que eram da minha época, caras que geralmente gostavam de português... Aí, eu peguei gente da sociologia. Coloquei gente que entendesse um pouco de urbanismo, de cidade, de educação... Era um pessoal politizado. Mas eu não queria saber se era ligado a partidos ou não. Eu dava um tema qualquer. Eu não discriminava. Eu queria saber se o cara tinha conteúdo, tinha conceito..."

Foram assim trabalhar na redação da *Folha de S. Paulo* – lembra Biondi – José Álvaro Moisés, Nivaldo Manzano, Jorge Gurgel do Amaral e Francisco Rocca entre outros. "Era uma garotada. Eu acho que alguns tinham terminado o curso. Os que eu coloquei, estavam fazendo curso. Não eram acadêmicos. Ainda não havia economistas."

Para ser *copy-desk* de economia, foi chamado Mário Watanabe, aprovado em teste cuja redação tinha como tema o golpe militar de 1964[22]. Era

---

[22] Depoimento em 31/03/1999. Mário Watanabe nasceu em 1944 na cidade paulista de Marília. Frequentou a Faculdade de Letras da USP, quando ainda funcionava na rua Maria Antonia, centro da capital. Mas não chegou a concluir o curso.

1966. Estava assim cumprida a promessa de Emir Nogueira, feita a Watanabe ainda nos tempos de ginásio. "O Emir Nogueira tinha sido meu professor de português no Colégio Estadual Antonio Raposo Tavares, de Osasco. Como eu era um bom aluno de redação, uma vez, talvez levado por um certo entusiasmo, ele disse para mim que, depois que eu amadurecesse, o procurasse na *Folha* que ele me colocaria no jornalismo. Acho que ele falou isso muito mais como estímulo para um garoto. Só que eu guardei aquela promessa dele... Me esmerei e passei o ano todo tirando 10, o que não é mole em português. Eu tinha concluído o curso colegial, estava desempregado e precisando arrumar trabalho em São Paulo para fazer cursinho."

Num sábado à tarde, Watanabe irrompeu na redação da *Folha de S. Paulo* para cobrar a promessa. "O Emir estava na sala dele escrevendo um editorial – ele era editorialista da *Folha* – quando eu abri a porta e disse: — *Professor, vim cobrar o meu emprego.* Emir olhou-me assim um pouco surpreso, mas não deu o braço a torcer. Ele disse: — *Vá procurar o Aloysio Biondi e peça para ele aplicar um teste em você.* O Biondi era secretário de produção, uma espécie de chefe de redação, um cargo equivalente. Biondi chamou, por sua vez, o David de Moraes, que era assistente dele, e disse: — *Leve o Mário à biblioteca e passe uma dissertação, uma redação para ele.* O David me levou para a biblioteca da dona Hebe, deu-me um tema – alguma coisa ligada ao movimento de 64 – e disse: — *Você tem meia hora para escrever.* No fim do prazo combinado, ele voltou. — *Por enquanto é isso. Você aguarda uma resposta nossa.*"

Uma semana depois, Watanabe telefonou, de um orelhão no subúrbio de Barueri, para Biondi. — *Estou ligando para saber como foi o meu teste*, disse. — *Você foi aprovado. Se você quiser começar já, tem uma vaga*, respondeu Biondi. Ao saber que a vaga era na seção de Economia, Watanabe reagiu: — *Aloysio, eu não sei nem o que é uma duplicata.* Biondi insistiu: — *É pegar ou largar.* Watanabe então cedeu. "Na verdade, eu queria ser crítico de cinema, ou coisa assim. Eu queria trabalhar na seção de Cultura, mas como havia só essa vaga na redação da *Folha de S. Paulo*, eu, sem saber o que era uma duplicata, fui ser *copy* de economia."

Assim, Watanabe foi trabalhar na seção de Economia com Sebastião Advíncula, Gualter Loyola e os repórteres Roberto Müller Filho e Francisco Rocca. "Eu era o fechador da seção, ainda verde, sem saber direito o que era uma duplicata. Se faltava diagramador, eu diagramava. Eu fechava e depois descia para a oficina para acompanhar a paginação. Na época, ainda era composição a quente, tinha aquelas linotipos... Enfim, a minha verdadeira escola de jornalismo foi lá na *Folha de S. Paulo*."

O pouco tempo que conviveu com Biondi na *Folha* foi suficiente para deixar em Mário Watanabe a marca do profissional competente e do grande caráter. Mesmo como secretário de produção, o coração de Biondi sempre pendia para os lados da seção de Economia, lembra Watanabe. "Havia fechamentos em que ele me via sozinho na seção com aquele monte de telex. Eu me lembro muito bem que, de repente, os telex deixavam de vir para a minha mesa. Eu estranhava aquilo. Era o Aloysio que segurava os telex na mesa dele e ia copidescando. Já mandava copidescado para mim. Mandava um lote já prontinho. Era um grande caráter. Era um cara que tinha mil afazeres lá na função dele. Mas, quando me via sozinho, me ajudava assim, mandando o texto copidescado para mim. O Aloysio sempre gostou de economia. Nessa época, eu me lembro, ele tinha grandes discussões com o Sebastião..."

O economista Sebastião Advíncula foi quem levou a *Folha de S. Paulo* a dar um furo jornalístico, com a divulgação em 1966 do relatório do economista Antonio Dias Leite, que criticava o Plano de Ação Estratégica do Governo (PAEG) da ditadura militar. É o que relata Biondi. "Foi a primeira vez que um economista entra no debate. O Dias Leite produziu um relatório de crítica à política recessiva do Campos e do Bulhões. (...) Pararam de comprar a safra, congelaram os vencimentos do funcionalismo. (...) Até então, o que havia de crítica era só o empresariado falando: precisa reduzir imposto, precisa comprar mais café... Mas debate, entrevista todo dia, isso não existia. Aí, o Dias Leite, que depois veio a ser presidente da Vale do Rio Doce, faz um documento com uma porrada no PAEG, dizendo que o plano não era para ser recessivo. Tinha levado ao achatamento de salário... Então, foi a primeira vez que eu vi economista discutir a política macroeconômica. Até então, você tinha manifestações isoladas dos setores empresariais prejudicados."

Foi a primeira grande objeção, com certa respeitabilidade e certo conhecimento de causa, à política econômica de Campos e Bulhões, concorda Pimenta Neves. "Do ponto de vista jornalístico, era importante publicar o relatório do Antônio Dias Leite. E publicamos a íntegra desse relatório. Depois, os outros jornais copiaram sem sequer mencionar a *Folha*. Nós sabíamos que eles tinham copiado porque houve alguns erros de digitação que acabaram saindo no *Jornal do Brasil* e que foram repetidos nos outros jornais. Mas foi um grande furo nacional, foi uma coisa importante que acendeu um vasto debate no país. E foi o próprio Sebastião Advíncula que conseguiu o relatório. Ele trouxe o relatório e nos entregou na redação com o orgulho de um repórter foca, iniciante, que fez uma grande descoberta pela primeira vez. Ele pegou da mesa do Roberto Campos. Até hoje eu não sei se o Roberto Campos entregou a ele de uma maneira sub-reptícia. Quer dizer, colocou no canto da mesa, levantou-se, saiu por alguns minutos, depois voltou. Deve ter notado a ausência do relatório que o Advíncula estava lendo no colo e não tomou conhecimento. Eu realmente nunca fui capaz de descobrir o que de fato aconteceu naquele momento..."

Neste período, foram criadas as instituições modernas da economia brasileira. Bulhões e Campos preparavam o terreno para o milagre, "mesmo que à custa de uma recessão bravíssima para domar a inflação". Foram os "verdadeiros pais do milagre", na opinião de Watanabe. O jornalismo econômico evoluiu tecnicamente no contexto desse processo. "Eu acho que o jornalismo econômico não diferia assim em essência do de hoje. Talvez, hoje, ele seja mais técnico, digamos assim, porque você tem o jornalista de economia especializado. Eu sou um jornalista de economia que começou numa época em que ainda não havia essa especialização do próprio profissional. Na época, não havia essa segmentação dentro do jornalismo econômico. Então, vamos dizer, era uma coisa mais solta. Evidentemente tinha um cunho mais político também..."

Com a posse do marechal Costa e Silva, no início de 1967, na presidência da República – lembra Aloysio Biondi – os ministros Roberto Campos e Octávio Gouvea de Bulhões foram substituídos pelo grupo do economista Delfim Netto, que já tinha pronto um estudo de propostas. "Com base no diagnóstico deles, o Delfim impulsiona a indústria e faz uma redução do Imposto de Renda na fonte. Volta a comprar a safra e aumenta o funcionalismo. Também dá um abono, sem encargo social, para reativar a demanda."

Biondi também abriu as portas do jornalismo econômico para Celso Ming na *Folha*[23]. Começava a fase de desenvolvimento do jornalismo econômico, que priorizava serviços como bolsas de valores e turismo, recorda Ming. "Ele procurava explicar o *boom* das bolsas, quais as opções existentes, como ganhar dinheiro na bolsa... Eu acho que, em 1967, fiz a primeira matéria de turismo de serviços, orientado pelo Aloysio Biondi. — *Você vai fazer São Sebastião, Caraguatatuba, Ubatuba e Campos do Jordão. Olha, eu quero o seguinte: quais os hotéis, quanto custa o hotel, o que tem para ver lá, o que tem para comprar, quais são as praias, quais são as lendas locais.* Então, era um negócio que estava começando a surgir."

Depois de atuar inicialmente nas áreas de geral e de educação, Ming pegou a fase do jornalismo econômico, que foi beneficiada pela censura ao noticiário político e que passou a refletir transformações como a da ascensão da classe média. "Nesse momento, o jornalismo econômico deixou de ser o jornalismo das classes produtoras e passou a atender a classe média emergente. Começou a ser um jornalismo econômico que tinha um pouco de serviço e um pouco de resposta a questões..."

Em 1967, Antonio Carlos de Godoy chegava à *Folha de S. Paulo* para fazer jornalismo econômico[24]. No mesmo ano, por volta de abril, desembarcava

---

[23] Depoimento em Dezembro de 1998. Celso Ming nasceu em 1942 na cidade de Campinas. Começou a trabalhar como repórter na *Folha* em 1965, quando ainda cursava Ciências Sociais na USP.

[24] Depoimento em Fevereiro de 2000. Em 1961, aos 20 anos de idade, o paulistano Antonio Carlos de Godoy foi fazer estágio no jornal *O Estado de S. Paulo*, pouco depois de entrar no

em São Paulo o pernambucano Glauco Carvalho, diretamente para a *Folha de S. Paulo*[25]. Veio a convite do diretor da sucursal do jornal em Recife para a região Nordeste, Calazans Fernandes, trazido por Octavio Frias para criar um caderno da Grande São Paulo, como parte do núcleo de cadernos especiais. A *Folha* acabava de inaugurar o primeiro sistema *off-set* de impressão. "O Calazans era um excelente jornalista e uma espécie de *publisher*... Ele tinha uma equipe comercial e uma equipe editorial. Ao longo do tempo, ele ficou só com o lado comercial. Foi uma opção que ele fez e foi bem-sucedido. Ele dava muito dinheiro para o Frias. Tanto que o Frias achou que era um bom negócio ter o Calazans em São Paulo."

Enquanto trabalhava com Calazans Fernandes no setor de suplementos da *Folha*, Glauco Carvalho teve a oportunidade de conhecer Roberto Müller Filho, de quem ficou amigo e com quem passaria a trabalhar mais tarde.

No mesmo ano em que ganhava dois jovens reforços – Godoy e Glauco – a *Folha* perdia o experiente Biondi, que foi trabalhar na revista *Visão* no Rio

---

curso de Sociologia na Faculdade de Filosofia, Ciências e Letras da Universidade de São Paulo. Terminou a graduação em 1964 e, em 1965/66, fez pós-graduação. O Ato Institucional número 5 da ditadura militar atingiu Godoy no meio do mestrado. "Criou-se então uma situação muito complicada, porque o meu orientador, que era o professor Octavio Ianni, foi afastado. Mesmo assim, ele sempre foi muito gentil comigo. Me deu assistência quando já estava fora da faculdade, me deu apoio. (...) Eu terminei o mestrado, mas não foi assim uma coisa normal, foi um período bem tumultuado da minha vida por causa dessas complicações. Aí eu acabei defendendo a tese e abandonei a carreira acadêmica." Antes da *Folha*, Godoy passou o período 1961-67 na revista *Dirigente Rural*, cujo horário de sete horas, à tarde, permitia conciliar o trabalho com os estudos.

[25] Depoimento em Outubro de 1999. Tudo começou por volta de 1965. Glauco Carvalho estudava Direito em Recife quando recebeu dois convites: um para trabalhar de tradutor de telex no *Diário de Pernambuco* e outro para ser secretário do sociológico Gilberto Freire no Instituto Joaquim Nabuco. Sem nenhuma vocação para o Direito, Carvalho abraçou as duas oportunidades, sobretudo o jornalismo. Entrou no *Diário de Pernambuco* pelas mãos do falecido Antonio Camilo da Costa, diretor de redação e, mais tarde, diretor geral do jornal, que era amigo do seu pai desde criança. "Foi uma bela experiência, porque aprendi a cuidar do português, a escrever claro... Depois, eu fui ser repórter de Geral. Pedi para trabalhar com polícia, que é uma grande escola. Foi uma coisa que me deu uma experiência fantástica. Você vai lá, vê tudo, conversa com delegado, com preso... Você aprende a contar o caso comum. Tem histórias humanas muito ricas." Um dia, o diretor do jornal disse a Glauco. - *Estamos precisando de alguém na área de economia. Você não quer fazer?* Apesar da dificuldade em tratar do assunto, até que se deu bem. "Fui aprendendo no dia-a-dia. Era o período do Roberto Campos... A gente tinha informação. As pessoas eram muito bem informadas. Havia a Federação das Indústrias, os industriais, os comerciantes, os banqueiros... A gente ia fazendo o círculo... A minha família é mais ou menos influente e isso me dava acesso às pessoas, me dava uma certa facilidade. Era um lugar onde a gente podia andar. Era tudo pertinho. Dois ou três quarteirões. E ainda o telefone. Já matava tudo ali. Eu tinha uma coluna de economia. E fui também correspondente do *Correio da Manhã*, basicamente na área de economia." Glauco abandonou a Faculdade de Direito, porque já havia descoberto o que queria. "Tornou-se perda de tempo ficar na faculdade. Eu vi que o meu negócio era o jornalismo. Na economia, eu juntei uma coisa com a outra."

de Janeiro. Mas um de seus discípulos, Mário Watanabe, entrava, sem ter feito cursinho, no vestibular de Letras da Universidade de São Paulo (USP) com a nota mais alta em literatura brasileira. Na preparação para o vestibular, utilizou apenas os apontamentos das aulas de português de Emir Nogueira. "Não cheguei a terminar o curso porque eu sou da época em que houve aquela briga com o Mackenzie. Aí acabaram com o prédio da rua Maria Antonia e houve uma mudança às pressas. A gente foi instalado em uns barracões na cidade universitária. Como ficava longe para mim, e porque eu também estava muito envolvido com a profissão no ramo da economia, cada vez mais me distanciava do interesse original. (...) Então, eu fui me desinteressando do curso até que abandonei... E acabei ficando na economia durante toda a minha carreira."

Depois de uma temporada como *copy-desk*, Watanabe foi transferido para a reportagem também na área de economia, onde trabalhou alguns anos. "Fui repórter especial, depois fui editor de cadernos especiais. Foi num desses cadernos editados por mim que a gente ganhou o Prêmio Esso. Quase no fim do meu ciclo na *Folha*, na véspera da copa do mundo de 1970, comecei a acumular com outro emprego na Editora Banas, quando conheci o Geraldo Banas."

A passagem pela *Folha* foi um período decisivo para o futuro profissional de Watanabe, apesar de "um tanto quanto embevecido" na juventude. "Eu acho que o jornalismo que eu fazia na época era um pouco ingênuo, talvez. Mas foi uma época muito feliz da minha vida, porque eu aprendi tudo o que eu tinha de aprender de jornalismo. Tive muito espaço na *Folha*. Na prática, eu era o editor da seção, porque eu editava todo o material, colocava títulos, dava o destaque que eu achava que devia dar, escolhia a notícia que ia para a manchete da página, coordenava as prioridades, as notícias mais importantes, cortava... Fim-de-semana, eu me lembro, fazia matérias, escrevia às vezes uma página inteira de jornal com os temas mais variados... Coisas de fim-de-semana, aqueles cadernos de fim-de-semana... Nunca sofri nenhum tipo de restrição."

X - Um visionário das exportações

Agosto de 1964. José Setembrino Vanni, mais conhecido como J. S. Vanni, era repórter da *Folha de S. Paulo* no aeroporto de Congonhas[26]. Numa de suas idas e vindas, atrás de informações na alfândega sobre o contrabando de mentol, viu no balcão da CACEX algumas caixas de papelão, contendo

---

[26] Depoimento em Junho de 2000. J. S. Vanni nasceu em 1931 na cidade paulista de Itaberá, mas veio com apenas dois anos de idade para a capital. Era autodidata, nunca frequentou faculdade. "Afinal, quem foram os jornalistas que criaram a ECA na USP? Eram todos autodidatas. O Cláudio Abramo foi um deles. Aliás, ele nunca quis ser professor de lá."

sacos plásticos cheios de água onde nadavam peixinhos ornamentais. Então, Vanni quis saber do funcionário da CACEX, José Carlos Coimbra, que negócio era aquele. — *Estamos exportando para a Argentina. Vão três mil aí*, respondeu. — *Exportando? Legalmente, então?*, reagiu surpreso o repórter. — *Claro que sim. É legal. Esse balcão é oficial*, continuou o funcionário. — *Eu sei que é oficial. O problema é que eu tenho informação de que peixinhos desse tipo só saem do Brasil por contrabando. E aí eu estou vendo que é uma exportação regular. Portanto, é notícia. Eu vou fazer uma notícia disso.*

Com base nas informações da CACEX, Vanni escreveu a notícia e enviou para a redação da Folha. Tal não foi a surpresa dele no dia seguinte com o título dado à notícia: *Três mil peixes saem do Brasil pelo ar*. "Quer dizer, os peixes saíam voando. Bom, aí encontrei o Coimbra lendo a Folha bem na página onde estava aquela matéria. Saiu bem destacada, em quatro colunas... E ele estava reclamando. Ele era briguento pra burro e tinha prurido de patriota. — *Está ruim?*, eu perguntei. — *Não. É que vocês, repórteres do aeroporto, só pensam em políticos. Isso aqui interessa para o País. Está fazendo divisas. E vocês nem se preocupam com isso*, ele respondeu. Eu nem sabia o que eram divisas. — *Mas eu não fiz essa matéria? Eu posso fazer mais*, disse. Eu na verdade andava sempre à cata de notícia. Eu não estava interessado só em políticos e milicos que passavam pelo aeroporto. Eu não me restringia a política, a encontro com deputados... Então, eu falei para o Coimbra: — *Se você me informar direito, me prestar todas as informações que eu precisar, eu vou pedir uma coluna*. Ele respondeu: — *Eu dou toda a informação que você precisar. Se você quiser colaborar, a gente trabalha junto*. Havia um repórter na Folha que se lamentava muito, porque fazia política há dez anos e não tinha uma coluna. E ele dizia que é a coluna que faz o jornalista. Aí eu enfiei isso na cabeça."

Em maio de 1964, Vanni tornara-se setorista da *Folha de S. Paulo* no aeroporto de Congonhas. Em agosto do mesmo ano, já reivindicava o direito de ter coluna. "Naquele tempo, ter coluna não era brincadeira. Não era qualquer um que assinava matéria na Folha. No Estadão, menos ainda. Mas, como eu tinha botado na cabeça que o negócio era ter coluna, fui ao Enyldo Franzosi, que era o redator-chefe. — *Senhor Enyldo, eu queria reivindicar uma coisa*, disse. — *O que? Aumento de salário? Você foi para lá em maio e já quer aumento?*, ele reagiu. — *Não é aumento. Eu quero espaço para uma coluna*, insisti. — *Coluna?*, ele perguntou. — *Sim*, respondi. — *Você está brincando*, disse. — *Eu não estou brincando*, falei. — *Então, eu não tenho tempo a perder, rapaz. Que coluna, que nada.*"

Enyldo citou nomes de jornalistas consagrados, que inclusive já tinham passado pelo aeroporto e que não tinham coluna. — *O que você tem na cabeça, rapaz?*, ele completou. — *Exceto excremento, eu não tenho mais nada. Mas eu tenho vontade de ter uma coluna*. Vanni então explicou a Enyldo a idéia de fazer uma campanha nacional para o Brasil "sair da prisão do café", exportando manufaturados. Mostrou que as exportações se resumiam a café, açúcar e algum outro produto primário. Depois de ouvir a explicação, o Enyldo mudou o tom: — *Bom, o assunto é interessante. Já que ninguém se meteu a ter coluna de comércio exterior, quem sabe você não ganha uma. Faz a primeira matéria.*

Vanni escreveu a matéria, que tratava das exportações do mês de junho ou julho. Numa terça-feira, foi até a redação da *Folha* levar em mãos a matéria que mudaria o seu destino profissional. "Esperei a publicação quarta-feira, nada. Quinta-feira, nada. Sexta, nada. Aí eu liguei para o Enyldo. — *Senhor Enyldo, a matéria está uma bosta, não está?*, perguntei. — *Não. Está boa*, ele respondeu. — *Como? Está boa e não foi publicada?*, eu insisti. — *Calma. É uma matéria técnica. Vai sair publicada na seção de Economia, domingo*, ele falou. — *Poxa, eu fiz uma matéria técnica, veja só*, pensei. No domingo seguinte, última capa do caderno de Economia. Inteirinha e assinada. Pegou oito colunas."

Assim começou a coluna de J. S. Vanni. Numa época em que pouca gente se preocupava com exportações, em que não havia seção específica de comércio exterior nos jornais. Até porque as exportações não ultrapassavam a fronteira do bilhão de dólares. "Aliás, foi em 1964 que deu um bilhão de dólares a primeira vez. Só o café deu novecentos milhões de dólares."

Vanni criou o hábito de ir à CACEX buscar informações. Fez até um curso rápido de comércio exterior na própria CACEX. Começou com as exportações via aérea pelo aeroporto de Congonhas. Depois, ele ampliou as informações para outras modalidades de embarque das mercadorias para o exterior. "A coluna ia de vento em popa. Eu fazia comércio exterior, independentemente do meu trabalho normal. Até que um dia o Cláudio Abramo disse: — *Quanto é que você ganha para fazer essa coluna?* Eu respondi: — *Cláudio, quase que eu tenho que pagar.* Ele reagiu: — *Isso está errado. Então, você vai ganhar provisoriamente 100 cruzeiros.* E eu fiquei um bom tempo ganhando 100 cruzeiros à parte do meu salário, porque eu fazia comércio exterior. Parece que isso foi em 1965."

Vanni iniciou uma verdadeira guerra comercial, constituída de várias batalhas como a do xisto betuminoso. Começou a defender o aproveitamento do xisto betuminoso como alternativa ao petróleo, a partir da utilização de tecnologia da União Soviética, o que lhe rendeu a primeira viagem ao exterior em 1969. "Mas a idéia não vingou por razões óbvias."

Vanni era um crítico implacável do Itamaraty, que geralmente é acusado de incompetência e omissão na promoção das exportações brasileiras no exterior. "Eu chamava os diplomatas de 'coqueteleiros diplomadas', porque só sabiam organizar coquetel. Quem viajava para o exterior, sabia disso. Em qualquer coquetel importante, estava lá embaixador nosso. Eles só queriam saber de coquetel. Trabalhar pelo país, nada. Eles não gostavam muito quando eu dizia que a Varig era mais embaixadora do que os embaixadores. E eu ripava mesmo.

Mas, uma vez, eu elogiei um embaixador na Alemanha Oriental, que me facilitou tudo. Tinha interesse em promover o Brasil."

XI - Especialista em Imposto de Renda

Um dia de 1967, Rubens Mattos pedia a Cláudio Abramo para voltar à redação da *Folha*, depois de passar cerca de dois anos como chefe do Departamento de Comunicações de Sucursais (DCS). — *Eu ouvi dizer que tem vaga na Economia*, provocou. O pessoal da Economia ganhava mais do que o resto da redação, por serem jornalistas especializados. Era uma forma de Mattos não ter o seu salário reduzido, uma vez que era chefe de departamento. Como Alexandre Gambirasio ia entrar entrar de férias, Abramo propôs a Mattos ajudar no fechamento da primeira página durante 15 dias. A tarefa era ir atrás dos editores, pegar as chamadas (padronizadas em seis e meia ou sete linhas cada) dos principais assuntos para a primeira página e ajudar o fechador oficial, Domingos Ferreira Alves, sob as ordens de Cláudio Abramo. "Só que os 15 dias duraram uns três meses porque o Gambirasio foi fazer outro serviço."

A esta altura, Mattos tinha mudado o horário no Banco do Brasil para a parte da manhã. E foi promovido a caixa executivo de câmbio, com o expediente esticado para as três da tarde. Assim, podia entrar mais tarde na *Folha* e ficar até o fechamento da edição. A disposição de ir para a Economia, porém, continuava firme. "A minha preocupação era sair da primeira página o mais rápido possível." Até que Cláudio Abramo concordou.

"Então, eu comecei como repórter da Economia, fazendo cobertura da FIESP, de palestra do Delfim Netto na Federação do Comércio... Em 1968, eu fui fazer uma entrevista com o Antonio Amilcar de Oliveira Lima, o primeiro secretário da Receita Federal. Era um baiano cuja característica era usar gravatas enormes e de cores berrantes, que pareciam guardanapo. Era um cara grande e careca. Ele veio a São Paulo e deu uma entrevista. — *O tributo socialmente justo é aquele que quem tem mais, paga mais; quem tem menos, paga menos; e quem não tem nada, não paga nada. Ele permite a redistribuição de renda. A tributação do indivíduo vai permitir que se deixe de tributar as empresas, porque a empresa tem que produzir, reinvestir os seus lucros. Quem tem de pagar imposto é o dono da empresa com o lucro que ele tira que é o rendimento.* O negócio era tão bacana que eu me entusiasmei com as suas idéias e escrevi uma matéria."

A partir desse dia, Rubens Mattos especializou-se em legislação do Imposto de Renda. "No ano seguinte, eu fiz uma série de matérias sobre declaração do Imposto de Renda. Então, o Carlos Lacerda, o "surdo", que trabalhava de *copy* na Economia, sugeriu: — *Por que você não faz uma coluna ensinando o leitor a preencher a declaração do Imposto de Renda?* Ele conversou com o editor, que falou com o secretário da redação. — *Vamos experimentar*, respondeu."

Rubens Mattos também começou a escrever um comentário semanal sobre assuntos econômicos para o jornal *A Tribuna*, de Santos. Nesse meio tempo, trocou o Banco do Brasil pelo antigo Banco Comercial, dos Whitaker, onde se tornou gerente geral administrativo de câmbio. Como trabalhava durante o dia no banco, passou a entrar às 18 horas no jornal, ficando até o fechamento. Depois de desligar-se do Banco União Comercial, Mattos passou a advogar em direito de família e alocação – os maiores problemas dos jornalistas – para os colegas de redação[27].

XII - Joelmir Beting entra em campo

Joelmir Beting entrou no jornalismo pelos campos de futebol[28]. Um fato marcou essa fase da sua vida profissional. Em 5 de março de 1961, ele acompanhava numa tarde de domingo no Maracanã, ao lado do jornalista e dramaturgo Nelson Rodrigues, o jogo entre Santos e Fluminense pelo Torneio Rio-São Paulo, quando Pelé pegou a bola na sua área, atravessou o campo inteiro e esticou as redes do adversário. Nelson Rodrigues virou para o jovem repórter do jornal O *Esporte* e propôs: — *Vamos fazer um acordo? Na edição de amanhã, eu falo só desse gol na minha coluna e você fala só desse gol na sua reportagem.* Acordo selado, Beting voltou a São Paulo, pensativo. — *O que a gente pode fazer para perpetuar esse gol do Pelé? Esse gol precisa de memória!*

De volta à redação de O *Esporte*, sugeriu ao editor Walter Lacerda: — *Que tal mandar confeccionar uma placa registrando o gol de Pelé e afixá-la no próximo domingo no saguão do Maracanã, antes do jogo Vasco e Santos?* Idéia aprovada, o jornal comprometeu-se a bancar a conta. Beting preparou o texto da placa e saiu a campo. Lá pela quinta-feira, foi buscar a encomenda. Pagou do próprio bolso, na esperança de ser ressarcido pelo jornal. Joelmir Beting

---

[27] Mesmo acumulando banco e jornal, Rubens Mattos conseguira tempo para se formar em Direito em 1971 na Faculdade Brás Cubas, de Mogi das Cruzes. Sempre se recusou, porém, a advogar na área de Imposto de Renda, para não ser considerado um "jornalista picareta". "Eu nunca entrei no prédio da Receita Federal para ver processo, mesmo tendo ido lá algumas vezes para entrevistar funcionário para a coluna. Eu mantinha distância, tanto que o pessoal da Receita me respeitava muito, porque eu não usava o relacionamento para defender cliente."

[28] Filho de imigrantes alemães, Joelmir José Beting nasceu em 1936 na cidade paulista de Tambaú. Trabalhou como bóia-fria dos 7 aos 16 anos nas lavouras de cana-de-açúcar e de café no interior do Estado. Orientado, espiritual e profissionalmente, pelo padre Donizetti Tavares de Lima, de quem foi coroinha, mudou em 1955 para a capital paulista, estudou Sociologia na USP e entrou no jornalismo. Foi colega de turma de Francisco Weffort e de Ruth Cardoso.

tornou-se assim o autor da placa do gol, que daria origem, pelos locutores esportivos, à expressão gol de placa.

Muitos anos se passaram até que um funcionário do Maracanã descobriu a placa jogada no depósito do estádio. Alguém teve a curiosidade de olhar no verso da placa. Estava gravado: J. Beting. Começou-se a caça ao autor misterioso. E chegou-se a Joelmir Beting. A revista *Veja* divulgou uma nota, que chamou a atenção de Pelé. O rei telefonou para Beting. O Fantástico da TV *Globo* entrou em campo. Promoveu o encontro entre Pelé e Joelmir, gravou a cena e preparou a reportagem. Beting até ganhou uma réplica da placa cujo original ficou com Pelé.

Joelmir Beting trabalhou no jornalismo esportivo de 1957 a 62, simultaneamente nos jornais O *Esporte* e *Diário Popular* e na rádio *Panamericana* (que virou *Jovem Pan*). Monitorado pelos professores Aziz Simão e Fernando Henrique Cardoso, desenvolveu, em 1962, tese acadêmica de conclusão do curso com o título "Adaptação da Mão-de-Obra Nordestina na Indústria Automobilística de São Paulo". Ganhou gosto pela área. Tanto que, em 1963, resolveu mudar de time, passando a vestir a camisa da economia. Assim, ficou até 1965 como redator de estudos de viabilidade econômica para projetos de uma empresa de consultoria, quando então fez a Cartilha do FGTS.

Por conta da tese sobre a indústria automobilística, foi resgatado pelo jornalismo diário em 1966, pelas mãos de Gilberto Adrien, então diretor comercial da *Folha de S. Paulo*. Beting passou a assinar uma coluna sobre automóveis no jornal, criada com o intento de incrementar os classificados de venda de carros. Um dia, anunciou, na coluna, com o título "Vida, paixão e morte da FNM", a desnacionalização da Fábrica Nacional de Motores, vulgo Fenemê, que estava sendo comprada pela Alfa Romeo. Oscar Augusto Camargo, então presidente da Associação Nacional dos Fabricantes de Veículos Automotores (ANFAVEA), reclamou com o dono do jornal, meio na base de pedir a cabeça. Beting foi chamado à sala de Octavio Frias. O que parecia ser uma demissão sumária, foi uma promoção vitoriosa (e não só porque, depois, o negócio foi confirmado, mas também pelo potencial que Frias viu num novo tipo de jornalismo econômico que poderia ser introduzido na imprensa).

Por conta disso, em 1968, Joelmir Beting tornou-se editor de economia da *Folha de S. Paulo*. "E recebeu carta branca do Cláudio Abramo para criar uma nova editoria de Economia, dobrando o número de pessoas que já trabalhavam na original", como conta Cecilia Zioni[29]. "Eu estava procurando emprego em jornal quando abriram-se essas vagas na *Folha*. Então, fui para lá. Eu entrei para cuidar da pauta, porque naquele tempo a pauta não era organizada."

---

[29] Depoimento em Junho de 2000. Cecilia Zioni nasceu em 1945 na cidade de São Paulo e se formou em Jornalismo em 1969 na Faculdade de Comunicação Cásper Líbero.

Beting encontrou na seção de Economia da *Folha* dois ou três jornalistas especializados, que por própria conta e risco tratavam de assuntos específicos como comércio exterior e bolsa de valores. Ao assumir a chefia, levou uma equipe que tinha, além de Cecilia Zioni na pauta, Otavio Barotti como *copy*, José Antonio Ribeiro para fazer mercado financeiro e os repórteres Mario Watanabe e Pedro D'Alessio perscrutando a macroeconomia. Ao mesmo tempo, arrebanhou de outras áreas do jornal Rubens Mattos e Carlos Machado, o primeiro como fechador de conteúdo; o segundo, para cuidar da forma, do operacional.

Joelmir transformou a seção Notas Econômicas em coluna assinada por ele – o embrião da coluna que passaria a ter seu próprio nome – e criou a coluna Empresas & Negócios, que ficou sob os cuidados de Cecilia Zioni. "Beting continuava a fazer a coluna de automóveis, que acabou se transformando em página, saindo do caderno de Classificados e indo para o corpo editorial do jornal, e não era tudo o que ele queria. Só que ele sempre foi mais colunista do que editor. Ele gosta mesmo é de fazer textos, comentários. Ele é colunista mais do que qualquer outra coisa. Então, o que ele fez? Montou essa equipe, colocou dois caras bons para comandar e criou a base sólida onde estava assentada a coluna dele", comenta Zioni.

Já a coluna Empresas & Negócios tinha como novidade dar nome aos bois, ou melhor, às empresas. "Eram notas curtas, de quatro ou cinco linhas, não mais que isso. Foi quando as empresas começaram a aparecer (na imprensa diária). A coluna foi o embrião dos cadernos de empresas que os outros jornais e a própria *Folha* tiveram depois ou ainda têm", revela Zioni.

Cecilia Zioni chegou à *Folha de S. Paulo* a partir do escritório paulista da *Economist Intelligence Unit (EIU)* – unidade de pesquisas econômicas do grupo britânico que edita a revista *The Economist* – onde começou como estagiária. "Eu fazia o arquivo com dados de economia e, a partir daí, se criavam as pautas e comentários de alguns *experts*. (...) O chefe desse escritório, em São Paulo, era o Sérgio Soares Reis, que é um homem de marketing. Eu fazia recortes das notícias mais importantes do dia. Três jornalistas faziam resumos dessas notícias que em seguida eram enviados ao Rio de Janeiro. O representante oficial da *Economist*, o jornalista brasileiro de origem inglesa Robert Plassing, fazia a edição, vertida para o inglês, e mandava para Londres." O resumo dos recortes de jornais servia de pauta para notas da revista londrina.

Os três jornalistas da *Economist* em São Paulo – revela Zioni – eram Mário Wilches (do então *Diários Associados*), Fernando Hossepian de Lima (da sucursal paulista do jornal *Globo*) e Joelmir Beting. "Esses três jornalistas trabalhavam em outros jornais. Esse emprego era bico para cada um deles. E depois de um tempo eles começaram a falar o óbvio para a estagiária: — *Você escreve que a gente dá um jeitinho depois*. E foi uma maravilha, porque aí eu aprendi a fazer um *lead* bem feito, etc."

Nessa época, Cecilia Zioni conheceu Alberto Tamer, com quem iniciou uma amizade de décadas. Um dia, revelou a Tamer o desejo de entrar na área de economia de jornal diário. "Ele me falou das vantagens de trabalhar em economia, mas disse que eu desistisse porque no *Estadão*, pelo menos, não havia emprego em economia para mulher. Então, ele me aconselhou a falar com o Walter Fontoura, que estava no *Globo*. Antes de procurar o Walter, eu falei com o Fernando Hossepian, que não mostrou muito interesse."

Em primeiro de junho de 1969, Cecilia Zioni foi registrada como redatora da *Folha da Manhã*, alguns meses depois de ter efetivamente começado a trabalhar no jornal. Alexandre Gambirasio, secretário do jornal, foi um dos primeiros mestres de Zioni. Octavio Frias e Cláudio Abramo já haviam percebido que, "naqueles anos de chumbo, vamos dizer assim, o foco saía do político para o econômico – estava começando a era do 'milagre econômico' dos anos 70. E o Alex orientava bem o tipo de trabalho que tinha que ser feito; como é que se começava a pensar na suíte do que veio a ser depois projetos de impacto – as grandes medidas econômicas saídas do governo – e isto se multiplicando na microeconomia, na vida das empresas. Começou, então, um novo modelo de editoria de Economia... A *Folha de S. Paulo* começou a nominar as empresas, porque antes mal se falava de microeconomia e menos ainda se citava os nomes das empresas..."

Logo apareceram repórteres para cuidar de áreas que estavam em expansão, como Floreal Rodriguez Rosa, especialista em mercado de capitais. A editoria de Economia foi ganhando corpo e se especializando, na esteira das mudanças econômicas promovidas pela dupla Campos e Bulhões, explica Zioni. "Foi o caso do Imposto de Renda. Antes, poucas categorias pagavam. Então, passou a ser cobrado de todo mundo. Eu me lembro que advogado começou a pagar Imposto de Renda naquela época. Imposto de Renda na imprensa era um drama, porque ninguém sabia fazer. Eram páginas e páginas de formulário, um negócio complicadíssimo... Então, o Rubens Mattos tornou-se especialista nessa área. Foi uma coisa que mobilizou muito a opinião pública e criou leitores. E foi o grande 'punch' da *Folha*. Era uma loucura, porque tinha fila de gente lá para pegar tabela, aquelas coisas que a *Folha* publicava. Outra coisa que também estava explodindo era o Sistema Financeiro da Habitação (SFH), com os grandes investimentos públicos... Depois de algum tempo eu saí da pauta. Como repórter, me lembro que eu tinha pauta diária de BNH, uma das coisas que eu fiz lá."

Em janeiro de 1970, Joelmir Beting lançou a própria coluna diária, que seria o seu "pau-da-barraca profissional. Com ela, desbravei o economês, vulgarizei a informação econômica, fui chamado nos meios acadêmicos encimados de 'Chacrinha da Economia'... A coluna igualmente foi meu trampolim para inaugurar, ainda em 1970, a informação econômica diária em rádio (*Jovem Pan, Gazeta, Bandeirantes* e *CBN*) e em televisão (*Gazeta, Record, Bandeirantes* e *Globo*)".

Na mesma época em que Beting lançou sua coluna diária, Roberto Müller Filho desembarcava na Economia da *Folha*. Com ele, chegava Sidnei Basile que vinha da reportagem de "clínica geral" da *Folha*, onde cobriu cidades, polícia, ilustrada "e até, um pouco, turfe"[30]. Basile era estagiário na *Folha de S. Paulo* em 1968, emprego que acumulava com o terceiro ano da Faculdade de Direito do Largo de São Francisco. "Eu tinha tido uma estafa no ano anterior. Vinha de fazer o segundo ano da faculdade, tinha sido aluno da primeira turma da Escola de Comunicações e Artes (ECA-USP), estudava inglês, italiano, alemão e ainda dava aulas em cursinho vestibular. Pifei no segundo semestre de 67, tive que parar para descansar (...) Cobri primeiro a clínica geral – polícia, local – e depois entrei na cobertura de transplantes de coração (grande tema naqueles dias) e, como me dei bem, fui destacado para cobrir passeatas. Cobri o incêndio do edifício Andraus, que fez dezenas de vítimas, e era um repórter ativo e turbulento."

Com a limitação da cobertura de geral e, depois, da censura, as oportunidades foram surgindo na cobertura econômica, lembra Basile. "Começava o chamado 'milagre econômico' dos anos 70, que era correspondente aos anos de chumbo da ditadura militar. Casei-me precocemente, aos 23 anos, com Beth, minha esposa até hoje, aos 24 anos tinha um filho, aos 25, dois, e aos 29, três. Fui trabalhar na seção de Economia porque é onde havia emprego para repórter."

Foi nessa época que Cecilia Zioni foi liberada de vez para a reportagem. Ela era a primeira mulher a trabalhar como repórter de economia da *Folha de S. Paulo*. "Eu fiquei só na reportagem, porque antes eu fazia um pouco das duas coisas: pauta e reportagem. Na *Folha*, eu fui a primeira mulher. Na Economia do *Estadão*, não havia mulher. No Rio de Janeiro, eu não sei como é que estava."

Roberto Müller contribuiu para dar novo impulso à editoria de Economia, porque aprofundou a especialização. "O Müller cuidava da edição, do cotidiano, porque o que o Beting mais gostava era de fazer matérias especiais para o caderno de domingo, que estava sendo criado, e a coluna...", recorda Cecilia Zioni.

O time da Economia foi reforçado, ao longo do tempo e alternadamente, com repórteres do ramo como José Roberto Penido, Emilio Braga e José Trajano, além de Sidnei Basile. Depois de algum tempo, chegava Pedro Cafardo, para trabalhar inicialmente como *copy-desk*.

A crescente demanda por jovens repórteres de economia levou Pedro Cafardo à *Folha de S. Paulo* em 1970, embora ainda estudasse jornalismo[31].

---

[30] Depoimento em 22/09/2000. Paulistano de 1946, Basile entrou em 1969 no curso de Ciências Sociais da USP e, um ano depois, concluiu o curso de Direito. Não terminou, porém, o curso de Jornalismo na ECA.

[31] Depoimento em 09/04/1999. Pedro Cafardo nasceu em 1947 na cidade paulista de Taquaritinga e pertence à turma de Jornalismo de 1972 da ECA-USP.

"Quando eu fui trabalhar com o Roberto Müller, eu não sabia nada de economia. Nunca estudei economia. Não tinha nenhuma experiência. Eu gostava mesmo era de esporte. Se eu pudesse, eu ia trabalhar em esporte. Mas foi bom porque as cúpulas das redações, num determinado momento nos últimos anos, eram todas oriundas da área econômica. Quer dizer, todo esse pessoal que entrou no jornalismo pela porta da economia, no fim dos anos 60 e no início dos anos 70, que chegou na idade de chefiar, estava ocupando cargos nas redações. Agora, a esmagadora maioria dos jornalistas de economia dessa época não tinha nenhuma experiência, não fez curso de economia. Teve um aprendizado no trabalho, com as entrevistas. Eu, por exemplo, quando era jovem repórter, aprendi economia entrevistando pessoas, como o Simonsen, o Delfim Netto e o Bresser Pereira. Cada entrevista era uma aula porque tinha a liberdade de perguntar tudo, não tinha vergonha."

Nas páginas de economia, predominava o noticiário mais macroeconômico e financeiro. E os economistas eram demandados para explicar os assuntos econômicos técnicos, recorda Cafardo. "Quando se falava de investimentos, exportação, sobrevalorização do câmbio – naquela época, sempre havia uma defasagem cambial de 30%, qualquer que fosse a taxa de câmbio, como dizia o Laerte Setúbal –, sempre tinha que ter especialistas explicando como essa coisa funcionava. Não só economistas mas também empresários e executivos de empresas começaram a aparecer nos jornais, estavam todo dia na primeira página e falavam sobre tudo. Com a censura e a escassez de manifestação política, não se podia escrever sobre alguns assuntos, o que abriu espaço para a economia."

Foi também em 1970 que Rubens Mattos estreou a coluna sobre Imposto de Renda, que circulava na época da declaração ao fisco, de fevereiro a abril. Continuava, porém, no batente diário de fechar as páginas de economia. Mattos considera que Joelmir Beting abriu o campo para as matérias assinadas. "Até a época dele, assinar matéria era um negócio excepcional, porque senão o cara começava a se valorizar e a exigir aumento de salário. O Joelmir, na economia, arrebentou as porteiras, ao permitir matéria assinada, inclusive no caderno de economia que saía aos domingos. Desde que tivesse alguma contribuição pessoal, algum conteúdo. Desde que não fosse cópia de *press-release*."

As mudanças na economia brasileira levavam a profundas alterações no jornalismo econômico. Até então, advogados, funcionários de banco, professores de economia e especialistas em alguma área tinham o jornal como "bico", recorda Cecilia Zioni. "Eram pessoas que trabalhavam em algum lugar e que chegavam ao jornal a partir das quatro ou cinco horas da tarde. A seção de Economia foi se solidificando ao longo dos anos 70. A Economia começava às duas da tarde. Aquele pessoal que entrava mais tarde ou começou a chegar cedo ou então se tornou *copy*. E aí começou a ter pauta fechada mesmo."

Nesse meio tempo, Cecilia Zioni trocou o escritório da *EIU* pela sucursal paulista do jornal *A Tribuna*, de Santos. Começava a trabalhar na *Tribuna* às oito e meia da manhã. O diretor da sucursal do jornal santista, Luiz Alves, era também o chefe de reportagem de geral da *Folha*. "Então, de manhã o Luiz Alves estava na *Folha* e eu estava na *Tribuna*. E a gente invertia depois do almoço. Era uma coisa muito engraçada, porque ele me pautava da *Folha* e eu já ia falando para ele algumas coisas da *Tribuna*. Isto não era muito esdrúxulo, porque nesta época a *Tribuna* de Santos tinha uma parceria muito forte com o grupo Folhas."

Em 1973, o coordenador da sucursal de Brasília, Ruy Lopes, foi transferido para São Paulo onde assumiu o posto de diretor de redação da *Folha*. Logo em seguida, Lopes afastou a editora da Folha Feminina, Lenita Miranda de Figueiredo, e convidou Cecilia Zioni para editar o suplemento dominical feminino mais a Folhinha. "Eu levei o maior susto, porque eu nem lia – até hoje eu não leio – esse tipo de assunto... No primeiro momento, eu falei que não, mas, como ele prometeu dobrar o meu salário, eu entusiasticamente falei que sim. Mas a condição era não sair da Economia. Eu falei que ia trabalhar de manhã e de tarde – foi aí que deixei a *Tribuna* de Santos, porque eu ainda ficava lá de manhã. Então, de manhã eu fazia o suplemento, que não tinha fechamento diário, e de tarde, lá pelas três, quatro horas, mudava, inclusive de mesa, para a Economia."

Já a Folhinha era autônoma, o chamado calhau. Na mesa de Zioni na Economia, havia uma gaveta reservada para a Folhinha. Ela marcava as oito páginas que entregava ao diagramador. Depois de montadas as páginas, Maurício de Souza fazia a ilustração. "E eu olhava no final. Não dava dois dias de trabalho, porque os textos eram feitos basicamente por colaboradores. E colaboradores ótimos, como Maria Julieta Mastrone e J. Reis. O problema maior era achar a capa que o resto vinha normalmente. Com temas surgidos em cartas enviadas por crianças, por exemplo, eu podia fazer capas ótimas, tranquilamente. E havia uma secretária, a Vicentina, que cuidava do cotidiano..."

Mesmo deixando a Economia em 1974, para editar a página feminina diária Nova Mulher, criada dentro da Ilustrada para substituir a Folha Feminina, Cecilia Zioni encontrou espaço para tratar de assuntos relacionados com o setor. "Eu gostei muito do que eu fiz na Feminina, mas eu senti uma pungente dor, no fundo do coração, porque eu fiquei afastada da Economia... A Nova Mulher foi criada porque se estava preparando o primeiro ano internacional da mulher. E era um período muito interessante, porque se começava a falar em emancipação da mulher, trabalho da mulher, e isto foi a coisa que eu gostei de falar na página feminina. Tinha, é claro, moda, beleza, culinária, essas coisas, mas se falava muito de trabalho, profissionalização e tal."

Nessa mesma época, Celso Pinto, meio sem querer, optou pelo jornalismo econômico. Estudava Ciências Sociais e nem imaginava ser jornalista. Mas, por intermédio de um primo, resolveu fazer estágio na *Folha de S. Paulo*[32]. "E eu acabei entrando no jornalismo econômico porque era a área mais interessante na época, porque era uma área onde se podia trabalhar de verdade. A área de jornalismo político era submetida a censura prévia, com tanta limitação, tanta restrição, que era impossível trabalhar. E na área de economia, na verdade, era onde estavam acontecendo naquela época – por volta de 74 – as discussões mais interessantes do ponto de vista do modelo econômico dos militares, distribuição de renda, política salarial... Enfim, uma boa parte da discussão, até política, do país estava passando pela economia, o que atraía jovens como eu que certamente não tinham nenhum tipo de simpatia pelo regime militar. Eu entrei por aí e adorei. Quando eu entrei, nem tinha idéia de necessariamente continuar nessa área de jornalismo econômico ou sequer de jornalismo, mas foi maior que eu."

Celso Pinto começou a trabalhar na área de *commodities*, no momento em que havia intenso debate relacionando produção e exportação de matérias-primas com o menor nível de desenvolvimento dos países. "Na época, era interessantíssimo cobrir a área de *commodities*. Debates internacionais – que dividiam os países entre países em desenvolvimento e ricos – sempre passavam pela discussão sobre *commodities*, discussão sobre organização de produtores... Se devia ter ou não devia ter organização, ter preços mínimos... Enfim, era uma área muito interessante."

Os conhecimentos de economia de Celso Pinto eram pequenos, como os de todo jornalista que entra na área de economia. Fez no máximo dois anos de Economia dentro de Ciências Sociais. "É uma área que eu sempre gostei. Mas, na verdade, são raríssimos os jornalistas econômicos que tem formação de economia. Tem as mais variadas formações – de Jornalismo mesmo, Direito, Engenharia, Física –, mas economistas mesmo formados eu acho que são muito poucos. Então, no fundo a gente aprende na vivência... Aí a gente acaba se especializando, acaba fazendo uns cursinhos de especialização aqui e ali, vai lendo, enfim, vai se especializando na área. Mas o começo é sempre assim. A gente tem muito pouco conhecimento específico na área."

Em maio de 1973, o comando da Economia da *Folha de S. Paulo* passara para Matías Molina. "O Cláudio Abramo insistiu muito e me ofereceu para ganhar 25% menos do que eu ganhava. Mas eu achei excelente voltar ao jornal diário. Era economia e negócios..." O caderno de Economia ficou então na mão de um jornalista talentoso, define Alexandre Gambirasio. "Matías Molina é um homem modesto, retraído, mas muito informado, grande leitor de jornais estrangeiros, com uma visão muito organizativa da cobertura econômica. Tudo dividido por setor, mas muito eficiente na cobertura."

---

[32] Depoimento em Janeiro de 1999. Paulistano de 1953, Celso Pinto é formado em Ciências Sociais pela USP e em Jornalismo pela Faculdade Cásper Líbero.

Matías Molina proporcionou a Rubens Mattos – eterno subeditor para não perder o salário de chefe de departamento – a primeira e única oportunidade de viajar ao exterior, a serviço do jornal. "Eu fui fazer a cobertura da reunião do Fundo Monetário Internacional (FMI) em Washington, acho que em setembro de 73. — *Nós precisamos ter alguém na reunião do FMI. Afinal de contas, o jornal quer ser importante e não tem ninguém lá... Vai cobrir o FMI com a UPI, com a France-Presse? Não pode. Nós temos que mandar alguém. Vamos mandar o Rubens*, disse Molina."

Mattos viajou sem reserva de hotel, sem informação, sem instrução nenhuma. "Fui para o hotel onde era a reunião do FMI. Fui ao *check-in*, pedi um quarto, me deram... Quando os outros jornalistas descobriram que eu estava na sede da reunião do FMI, ficaram putos da vida, porque a imprensa credenciada estava num outro hotel, longe pra cacete. Tinha que ir de ônibus. E eu estava ali, dormindo, almoçando e jantando dentro do negócio. O centro de comunicações inclusive era no subsolo lá do hotel."

Pelo jornal *O Estado de S. Paulo* estavam Robert Appy, que escrevia artigos de fundo, e Marco Antonio Rocha, que cobria o dia-a-dia. Mattos estava preocupado. — *Olha, eu nunca fiz uma cobertura fora do Brasil*, disse a Rocha. Procurou, porém, explorar mais os bastidores, em matérias paralelas, uma vez que *UPI* e *France-Presse* enviavam o noticiário normal. "Para mim, foi bom porque o Marco Antonio lia os textos que eu mandava. Uma vez ele comentou: — *Olha, na hora que te puserem na rua na Folha, me procure lá no Estadão que você tem emprego garantido*." Mattos, porém, foi demitido do cargo de gerente geral administrativo de câmbio do Banco União Comercial, que acabava de ser adquirido pelo Itaú.

Quando deixou a Economia da *Folha* rumo à *Gazeta Mercantil*, Matías Molina indicou Rubens Mattos para o seu lugar. Ele foi pedir a opinião de Cláudio Abramo. — *Há quanto tempo, você é subeditor?*, perguntou Abramo. — *Há muito tempo*, respondeu. — *Já passaram muitos editores por lá e você continua subeditor, não é?*, questionou Abramo. — *Sim*, respondeu Mattos. — *Pois é. Se você quiser ser editor, não tem problema. Eu apoio. Agora, não sei por quanto tempo. E quando cair, vai perder o emprego*, sentenciou Abramo. — *Muito Obrigado. Continuo como subeditor*, falou Mattos.

Em 1975, Nair Suzuki ingressou na *Folha de S. Paulo*, como chefe de reportagem da Economia[33]. "O editor de economia era o Alexandre Gambirasio,

---

[33] Depoimento em 22/09/1999. Nascida em 1949 na cidade paranaense de Londrina, Nair Suzuki é da segunda turma (1968) de Jornalismo da ECA-USP, "que mal teve aula por causa do movimento estudantil". Estava no segundo ano de faculdade quando começou a fazer estágio na sucursal paulista do *Jornal do Brasil*. "Comecei fazendo de tudo. Cobri geral, fui setorista de trânsito, cobri muito buraco de rua, enchentes... Fiquei cinco meses fazendo estágio". Em 1970, Suzuki mudou para a *Agência Folha*, onde ficou dois anos como setorista de trânsito.

65

que estava sem pauteiro, sem chefe de reportagem. Com base na experiência que eu tinha no *Jornal do Brasil*, ele me convidou para ficar exclusivamente na área de economia. E eu nunca mais saí da economia"[34].

Em 1976, aconteceu um fato marcante na vida de Cecilia Zioni. "Era março. Eu tinha preparado uma matéria de como é que a mulher fazia declaração de Imposto de Renda. Se valia a pena fazer a declaração com o marido, ou não... O Rubens Mattos tinha me ajudado a fazer essa matéria, que por coincidência saiu na Nova Mulher no dia em que nasceu a minha filha. Foi numa segunda-feira – a matéria tinha sido fechada na sexta – quando alguém avisou que eu tinha dado à luz e disse: — *Tem matéria dela no jornal de hoje.*"

Zioni retornou da licença-maternidade por volta de junho, mas não foi para a página feminina devido a uma grande reforma na Folha Ilustrada. "O Tarso de Castro tinha assumido a Ilustrada e eu não voltei para a página feminina... Quando eu voltei, o Alexandre Gambirasio, que estava na editoria de Economia, me chamou: — *Vem cá um pouquinho.* Nós subimos para o arquivo, que ficava em cima, e ele me preparou para eu não ficar chateada, para eu não perder o leite: — *Se prepare porque você não vai voltar para a feminina....* E eu perguntei: — *Me mandaram embora?* Ele respondeu: — *Não. Você vai ter que voltar para a Economia.* Eu reagi: — *Jura? Oba...* Aí eu voltei para a Economia. E teve gente que achou que eu fiquei triste..."

Ao retomar as atividades na Economia, Zioni encontrou Isabel Dias de Aguiar que também acabava de retornar ao jornal. "Ela tinha voltado um pouco antes, porque a filha dela nasceu em fevereiro e a minha em março. Quando voltamos, eu me lembro bem de uma conversa que teve lá. — *Todo mundo já teve filho. Agora, vamos resolver quem fica com o que.* A Isabel saiu da Agricultura e foi fazer Indústria. E eu fiquei com a Agricultura."

Inicialmente, Zioni editava Agricultura ao mesmo tempo em que fazia a Folhinha e o Caderno de Domingo. "O Caderno de Domingo era uma mistura de uma porção de assuntos. Tinha uma página de energia, por causa da crise do petróleo nos anos 70. Tinham dois ou três colaboradores que escreviam sobre fontes alternativas... Então, precisava de alguém que editasse esse caderno. Tinha letras jurídicas, ambiente, energia, medicina, ciência... Então, eu fazia agricultura, um pouco de pauta e, na sexta-feira, fechava esse caderno. Eram assuntos que entravam na Ilustrada, mas que o Tarso tinha 'limado', limpado. Então, inventaram esse caderno." Além disso, o caderno trazia outras colunas.

Então, voltou à sucursal paulista do *Jornal do Brasil*, como pauteira. "E depois surgiu uma vaga para cobrir bolsa de valores, que marcou a minha entrada efetivamente na área de economia. Fiquei como setorista de bolsa, acumulando mais ou menos com a chefia de reportagem."

[34] Nair Suzuki foi uma das primeiras mulheres a fazer jornalismo econômico. Na *Folha*, foi colega de Cecilia Zioni, Fátima Belchior e Vera Saavedra Durão na década de 70.

"Eram coisas que vinham de acordos anteriores, dos anos de chumbo, e que estavam se diluindo... E eu fechava esse caderno porque tinha experiência de edição. O meu negócio era ficar olhando se chegavam esse artigos de colaboradores. Não tinha muito o que fazer. É um negócio que me deu experiência de ilustração, porque o título não podia mudar muito."

Pouco tempo depois, Cecilia Zioni deixou o Caderno de Domingo, mas continuou a editar Agricultura e a Folhinha.

XIII - O primeiro correspondente nos EUA

Antonio Marcos Pimenta Neves estava de volta à *Folha de S. Paulo*, no final de 1973, quando estourou a guerra entre Israel e os países árabes, que resultou na primeira crise do petróleo. "Eu aceitei o pedido do Cláudio Abramo para ir resolver uns problemas para ele lá. Resolvi os problemas, reorganizei a seção de Internacional... Eu passei na *Folha* uns três meses...".

Pimenta Neves estava, portanto, na *Folha* quando o mundo foi surpreendido com o choque do petróleo, pelo qual os árabes transformaram o combustível fóssil numa poderosa arma. "Numa entrevista que deu algum tempo atrás, o Cláudio referiu-se a um artigo que eu escrevi para a *Folha*, prevendo que os árabes iam usar a diplomacia do petróleo, iam realmente encostar os consumidores na parede a partir daquele instante, o que seria um fato inédito na história. Eu escrevi isso em 1973, no começo da guerra, quando eu tinha voltado para a *Folha*. Foi uma coisa profética. Mas infelizmente eu não tinha assinado o artigo."

O acordo com Cláudio Abramo previa que Pimenta Neves se tornaria correspondente da *Folha de S. Paulo* em Washington, tão logo cumprisse a tarefa assumida com o jornal. "Eu tinha estudado nos Estados Unidos e era casado com uma mulher americana. Já estávamos vivendo nove anos aqui no Brasil. Quer dizer, eu iria para a *Folha* desde que o acordo envolvesse essa decisão. A *Folha* nunca tinha tido realmente um correspondente fora e o que eles fizeram foi simplesmente manter o meu salário, como editor, e transformá-lo em dólares, o que deu uma porcaria. Trabalhei um ano para a *Folha* nos Estados Unidos."

Pimenta Neves considera-se, assim, o primeiro correspondente *full-time* de jornal brasileiro nos Estados Unidos. "Nenhum jornal tinha correspondente *full-time* em Washington. Só a revista *Veja* tinha um *stringer* em Washington, que depois foi efetivado como correspondente, que era o Roberto Garcia." Já em Nova York "havia uns americanos que escreviam, mas não tinha nenhum brasileiro correspondente mesmo".

O curto período de Pimenta Neves como correspondente da *Folha de S. Paulo*, porém, foi muito rico uma vez que coincidiu com eventos importantes, tanto políticos quanto econômicos. "Foi um momento importantíssimo para as relações Brasil-Estados Unidos, porque acabava de ser aprovada no Congresso, logo após a minha chegada, a nova Lei de Comércio dos Estados Unidos, que deu origem a um contencioso muito forte nas relações comerciais, de troca, entre os dois países. A lei continha vários itens de proteção aos interesses americanos, o que eu considero perfeitamente legítimo, contra exportações subsidiadas, *dumping*, essa coisa toda. Mas era uma lei muito dura e, dependendo da atividade dos *lobbies* protecionistas, ela acabava imperando, é claro. Então, abriu-se um contencioso muito forte entre Brasil e Estados Unidos."

Nem o fato de falar bem a língua, de ter estudado alguns anos nos Estados Unidos, impediu que Pimenta Neves cometesse uma gafe, o que acabou beneficiando o jornalista na cobertura de *Watergate*. "Eu tive sorte, também, porque eu cheguei no dia primeiro de janeiro de 1974 aos Estados Unidos como correspondente e cobri o *Watergate* para a *Folha de S. Paulo*. E tive momentos de muita sorte nessa cobertura. Claro, não na disputa com o *Washington Post*, o *New York Times*, a CBS na revelação das investigações. Mas em momentos de outros tipos. Eu era o único repórter na sala em que o Nixon se despediu do gabinete dele com lágrimas nos olhos, até por erro meu que, sem familiaridade com a Casa Branca, entrei no lugar errado. Eu acabei sendo premiado pelo meu erro. Isso me proporcionou uma história interessante, que foi publicada na primeira página da *Folha*."

Os jornais brasileiros não sabiam o que fazer com o correspondente, lamenta Pimenta Neves. "Uma das razões pelas quais eu saí da *Folha* naquele ano, o que me levou a tomar uma decisão de me desligar da *Folha*, apesar do Frias ter concordado com as minhas reivindicações, foi o fato de que realmente ele não tinha uma noção muito exata do papel que o correspondente deve exercer. Depois, ele reconheceu o erro dele, mas já era tarde. Eu me dou maravilhosamente bem com ele, aliás até hoje. Sou amigo do Octavinho, a quem admiro muito. Mas, naquela época, o velho Frias, que dava as cartas, esperava de mim uma coisa que eu não faria. Ele queria que eu pegasse a *Newsweek* ou a *Business Week*, que eram revistas semanais, e fizesse pequenas notas, resumos, assim de meia dúzia de linhas, dez linhas, das matérias. Eu disse que não ia perder tempo com aquilo, quando nós estávamos num fantástico momento, não só do *Watergate*, que continha muitas lições políticas para o Brasil, mas também o debate em torno da Lei do Comércio, das relações Brasil-Estados Unidos. Havia uma série de questões que exigiam atenção integral de um correspondente consciente. E que eu não faria isso. Eu escrevi uma carta ao Frias dizendo que eu não faria isso. Ele respondeu dizendo que compreendia, que concordava comigo. Mas aquilo me causou uma grande irritação. E também havia na *Folha* algumas editorias profundamente incompetentes..."

Pimenta Neves espelhava-se em grandes correspondentes internacionais para defender as suas posições. "Eu admirava muito os grandes correspondentes de jornal que a imprensa americana manteve nos diversos países ao longo da sua história, como o James Reston e muitos outros. Eu tinha também contato com os correspondentes americanos na América Latina, antes de viajar. Então, o meu modelo definitivamente não era o modelo que o Frias tinha em vista, que era na verdade um deboche do correspondente."

Foi com base nesse modelo de correspondente que Pimenta Neves cobriu a Lei do Comércio norte-americana e a crise do petróleo, com os seus reflexos sobre o Brasil. "Cobri bem essa parte comercial, embora ninguém no Brasil entendesse exatamente as implicações disso. Cobri evidentemente o conflito entre consumidores e produtores de petróleo, o drama da produção de petróleo. Viajei os Estados Unidos inteirinhos, os Estados petrolíferos, para fazer uma matéria. Na verdade, houve um enorme racionamento de petróleo. Peguei filas enormes em postos de gasolina. E foi um grande drama internacional."

Em 1974, Kissinger era o secretário de Estado norte-americano, quando tentou formar uma aliança de consumidores contra produtores de petróleo, relata Pimenta Neves. "E o Brasil, embora tivesse sofrido muito com os aumentos do preço do petróleo, talvez um dos países que mais sofreu, ficou calhordamente – por causa da costumeira covardia, insensibilidade, burrice e atraso do Itamaraty – ao lado dos produtores naquela doce ilusão – típica de militares mal formados, aliados a diplomatas de salão – de que o dinheiro do petróleo, os petrodólares, acabaria fluindo para o Brasil por falta de alternativas de investimento para os seus detentores. Era realmente uma fortuna que os países árabes acumulavam, que depois dispersaram... E o Ueki voltava com ilusões de que bilhões seriam investidos no Brasil. Não houve nada disso, evidentemente. Nós sofremos extraordinariamente nas mãos deles."

Pimenta Neves chegou a presenciar uma reunião, realizada no México, em que o secretário de Estado norte-americano tratou do cartel dos consumidores com os demais países da América. "Pela primeira vez, Kissinger ia reunir-se com todos os chanceleres americanos para discutir essa questão: se seria possível extrair uma aliança de consumidores contra produtores. Era uma coisa realmente difícil, porque os países consumidores tinham medo de um embargo. No caso do Brasil, também, essa dificuldade tinha de ser levada em consideração. E além disso, havia entre os países latino-americanos muitos produtores de petróleo, como Venezuela, Equador e Trinidad, eu acho, que eram exportadores de petróleo."

A *Folha de S. Paulo* enviou para essa reunião o correspondente diplomático dela, em Brasília, que sempre acompanhava o ministro, "com todas as despesas pagas pelo Itamaraty. Essa foi uma das grandes picaretagens da história da imprensa brasileira, alimentada pelo Itamaraty. E eu rompi isso, porque eu fui de Washington para lá. O Cláudio Abramo me mandou, é claro. Ele falou:

— *Olha Pimenta, você vai daí, porque não vai dar certo esse negócio.* Eu tinha sido aluno do Kissinger em Harvard. Então, eu fui admitido nos *briefings* da delegação americana, que sabia de tudo um dia antes da delegação brasileira. O ministro Gibson Barbosa, sabendo que eu não tinha nenhuma vinculação com o Itamaraty, e muito menos era um daqueles jornalistas de envelope de dinheiro, me barrava nos *briefings* da delegação brasileira. Depois do primeiro dia, ao ver o que eu escrevi sobre ele, ele me barrou dos *briefings*. Eu ia aos *briefings* dos Estados Unidos e escrevia as matérias. Aí o Cláudio falou: — *Você está mandando matéria um dia antes das matérias dos outros correspondentes.*"

Pimenta Neves considera essa relação promíscua da imprensa com o governo como questão muito mais institucional, embora também ética. "Veja bem, não era tanto culpa dos jornalistas. Era culpa da instituição. Também um pouco da formação pessoal. Eu, desde menino, nunca aceitei... Mas os jornais viam nisso uma grande economia e os jornalistas uma grande oportunidade de viajar para o exterior, a convite do Itamaraty. O Ministério da Fazenda fazia a mesma coisa, nas reuniões do Fundo... Eles levavam os repórteres, pagavam tudo, estadia... Domesticavam os jornalistas brasileiros, oferecendo cenoura. Aí, no México, ficou evidente o que um jornalista independente podia fazer, sem tomar conhecimento do que eles desejavam que fosse publicado. Eu presenciei, uma vez, um diálogo extraordinário dentro do automóvel entre o porta-voz do Itamaraty e alguns jornalistas brasileiros em que um dos jornalistas, protestou: — *Mas, agora, você quer ditar também o lead das nossas matérias?* Foi realmente um momento edificante na história do jornalismo pátrio."

PARTE 2

Uma Corrente Ortodoxa

I - Talentos europeus na Economia

Em 1943, chegou ao Brasil o alemão Gerhardt Ottobanaskiwitz – fugido da França, invadida pelos nazistas – no último navio que deixara a Europa durante a segunda guerra mundial[35]. Trouxe com ele a mania de assinar e ler publicações internacionais. Procurava interpretar de maneira crítica não apenas os editoriais mas também as notícias e reportagens. A partir dessa época, todas as manhãs tinha o hábito de ler os jornais, classificá-los e arquivá-los. A classificação era feita por setor e por empresa.

Naturalizou-se brasileiro com o nome Geraldo Banas e, em 1945, entrou para o jornal *O Estado de S. Paulo* por intermédio de Sérgio Milliet, então secretário de redação, iniciando uma longa e profícua carreira que o tornaria um dos mais influentes jornalistas econômicos brasileiros. Banas, juntamente com Frederico Heller, criou em 1946 a seção de Economia do *Estadão*. Dois anos depois, fundava a Editora Banas para publicar pesquisas econômicas. Em 1949, os dois criaram o primeiro suplemento de economia e negócios do *Estadão*, tablóide semanal de 12 páginas. Geraldo Banas chegava a escrever de 10 a 15 artigos para o Suplemento Comercial e Industrial, à média de dois artigos por

---

[35] Depoimento em 16/09/1998. Esse pioneiro do jornalismo econômico brasileiro nascera um ano antes da primeira guerra mundial em Berlim e estudara Social-Economia na Universidade de Humboldt, na mesma cidade. Não pôde terminar o curso porque mudou-se para a França em 1938 por decisão da própria mãe, que queria livrá-lo do nazismo. Em Paris, formou-se em Economia Política pela Sorbonne. Durante a ocupação nazista, conseguiu visto diplomático brasileiro pelas mãos do embaixador Souza Dantas. Fugiu para Portugal e depois, com ajuda da Igreja Católica, para a Espanha, de onde partiu em definitivo para o Brasil.

dia. Os artigos de Banas eram escritos em francês e traduzidos por Marcelino Ritter. "Eu tratava basicamente do processo de industrialização do Brasil, abordando empreendimentos voltados para a criação de infra-estrutura como exploração de petróleo e siderurgia."

O *Estadão* ficava na rua Barão de Duprat, perto do quadrilátero financeiro, no centro da cidade, formado pelas ruas Boa Vista, Quitanda, XV de Novembro e o Largo do Tesouro. Isto facilitava a mobilidade de Geraldo Banas entre as fontes de notícias no meio empresarial. No início dos anos 50, o jornalista mudou-se para a rua Sete de Abril, também no centro, quando ingressou nos *Diários Associados*. Assis Chateaubriand fez o possível e o impossível para levá-lo porque acreditava ser ele o melhor analista econômico do Brasil. Júlio de Mesquita Filho, do *Estadão*, nunca se conformou com a perda, como revelou a viúva de Geraldo, Elizabetha Banas.

Se o jornal O *Estado de S. Paulo* perdeu o alemão Geraldo Banas, ganhou o francês Robert Appy, que chegou em 1953, depois de ter trabalhado no jornal *Combat*, de centro-esquerda, criado pelo filósofo Albert Camus[36]. "Na época, você tinha que ser keynesiano", conta Appy. "Mas era um jornal cuja primeira equipe era fabulosa: o Albert Camus, o Jean Paul Sartre, o Raymond Aron..."

Se na França convivia com filósofos, no Brasil Appy iria juntar-se a dois jornalistas que também haviam estudado economia na faculdade. "Quando eu cheguei, só havia três jornalistas econômicos 'economistas': o Heller, o Banas e eu tínhamos feito estudos de economia. (Os outros) fizeram curso de especialização depois."

Robert Appy desembarcou no Brasil durante o segundo governo de Getúlio Vargas, eleito pelo voto popular. "Quando eu cheguei, acabava de ser aprovada a criação da Petrobrás, que foi em outubro de 1953. Eu cheguei em novembro. Mas também é bom lembrar que o monopólio da Petrobrás foi uma proposta da UDN mineira, e não do Getúlio. O Getúlio não queria uma Petrobrás monopolística. Depois, o que eu vivi, portanto, com o Getúlio foi a fundação da Eletrobrás. Para isso ele preparou bastante o terreno."

Quando chegou ao *Estadão*, Appy não encontrou propriamente um caderno econômico. "Havia artigos econômicos e havia noticiário que não se sabe bem quem colocava. Depois, melhorou um pouquinho e se organizou quem colocava. Mas ainda era disperso. Na época em que o Heller dirigia a equipe econômica, era muito restrita – tinha cinco ou seis pessoas. O principal era o editorial. Isso era sagrado. O velho doutor Júlio considerava que a terceira

---

[36] Depoimento em Setembro de 1998. Robert Appy nasceu em 1926 no sul da França. Engajou-se no movimento de resistência ao Nazismo na segunda guerra mundial. Quase no final do conflito, participou de ação armada. Quando estudava economia em Paris, foi colega de escola do ex-presidente do Fundo Monetário Internacional (FMI), Michel Camdessus, que o sucedeu na presidência do grêmio estudantil.

página era a coisa mais importante. Era curiosa essa página, porque tinha editorial de política nacional, que era redigido sob inspiração do doutor Júlio Mesquita. Tinha o de política internacional, sempre. O outro era de política estadual. Tinha o editorial econômico. Tinha o editorial médico, também, praticamente todos os dias."

O editorial econômico, inicialmente a cargo de Frederico Heller, passou a ser redigido também por Robert Appy. Eles se revezavam dia sim, dia não. Havia um outro comentário econômico dentro do jornal, mas Appy não se contentava com isso. "Eu pensava que precisava fazer um caderno econômico. Elaboramos com o redator-chefe da época, o Claudio Abramo, um programa para fazer esse caderno. Eu devo dizer que eu fiz um pouquinho contra a vontade do Heller. O Heller achava que isso iria nos chatear muito. Mas organizamos... O caderno não saiu."

A seção econômica acabaria surgindo mais tarde por sugestão de Appy, que achava melhor colocar o noticiário econômico, disperso, num único local. "Mas havia um problema. O noticiário econômico era colocado no fim do jornal, depois dos anúncios mortuários. Eu tinha costume de dizer: 'eu era o único vivo comido pelos mortos'. Era a época em que os anúncios mortuários eram imensos. Quando havia muitos mortos, me cortavam as páginas de economia. Eu tinha organizado até a primeira divulgação dos dados sobre as bolsas das ações, mas se havia um morto me cortavam isso. Quando eu saí da editoria de Economia, eles conseguiram ter um caderno isolado."

Até a época em que Appy passou a dirigir a seção de Economia, muitos assuntos, como reforma agrária e sindicalismo, acabavam indo para as páginas de política. "Foi uma das minhas exigências ser o chefe daquele que cuidava disso, que era um homem muito independente. Eu achava que era (assunto) muito ligado à economia. Então, passou a entrar no caderno sobre a minha responsabilidade – não existia na época a expressão subeditor de problemas trabalhistas."

II - Keynesiano inconsciente

As notícias do jornal *O Estado de S. Paulo* sobre economia, no período Juscelino Kubitschek, situavam no contexto da crítica à "inconsciência keynesiana" do presidente. Robert Appy atribui isto não propriamente ao fato de o jornal ter sido contra Brasília, mas especialmente por causa da maneira como a capital foi construída e financiada. As notícias, e mesmo a opinião do jornal, não se restringiam, porém, à construção de Brasília. "O Brasil era um exportador de produtos primários, mesmo com o Juscelino, porque a industrialização que ele fez era a um custo tal que não permitia conquistar mercado externo. Nada se podia exportar, nem celulose, que o Brasil poderia ter uma vantagem, por uma razão muito simples: o custo dos equipamentos era tão caro que absorvia todas as vantagens de ter a matéria-prima aqui."

O *Estadão* não era entusiasta de Juscelino. Na seção de Economia, predominava a crítica à política inflacionária do governo federal, testemunha Appy. "Mas a posição era muito mais política do que econômica. A vantagem de Juscelino é que era um homem cordial."

Crente na moeda e defensor do equilíbrio das contas públicas, Appy define Juscelino com um "keynesiano inconsciente", um desenvolvimentista. "Sempre é bom lembrar que quem preparou o programa de metas do Juscelino foi essencialmente o Roberto Campos... E que tinha um capítulo (no programa de metas) que era sobre o controle monetário. Isso o Juscelino esqueceu totalmente. Eu acho que realmente o desenvolvimentista foi o Juscelino, com uma vantagem sobre o Getúlio. Ele estava aberto ao capital estrangeiro. Ele ia buscar o capital estrangeiro, como, por exemplo, a indústria automobilística; com algumas exigências. Quer dizer, a exigência do conteúdo produzido no Brasil: o programa de nacionalização dos carros, que era uma coisa bem elaborada, bem calculada... Mas o Juscelino foi na realidade um discípulo da Cepal (Comissão Econômica para a América Latina e o Caribe), com maior abertura ao capital estrangeiro do que a Cepal. A Cepal queria a substituição das importações a qualquer custo. Juscelino também não se preocupou muito com o custo, mas pensou reduzir esse custo abrindo ao capital estrangeiro."

Juscelino Kubitschek conseguiu essa proeza porque era um homem imaginativo, na opinião de Appy. "Ele conseguiu fazer muita coisa sem dar impressão que estava criando inflação. É assim que ele vendia divisas, moeda estrangeira, a 360 dias. Se recebia o dinheiro em cruzeiros, ele entregava a moeda estrangeira em 360 dias. Mas se não, pagava logo à vista. Só que não foi ele que entregou divisas estrangeiras. Foi o sucessor dele. Então, realmente ele deu a impressão que não financiava com inflação. Mas ele financiava com inflação futura. É isso que foi a dureza para Jânio Quadros restabelecer..."

Além dos ministros em geral políticos, no período Kubitschek Appy já mantinha contato com os economistas Octávio Bulhões e Roberto Campos. "O Bulhões existia há muito tempo e tinha autoridade na Sumoc (Superintendência de Moeda e Crédito). Ele tinha grande autoridade e era um homem muito amável, que dava informações. Eu tive contato permanente com o Bulhões. O Roberto Campos eu conheci no BNDE (Banco Nacional de Desenvolvimento Econômico). A primeira luta nacionalista que ele teve foi sobre o petróleo da Bolívia, que ele queria explorar."

Outra fonte de Appy era Sidnei Latini, que dirigia o Grupo Executivo da Indústria Automobilística (GEIA). Appy, porém, pouco freqüentava a roda de economistas da Cepal, uma vez que o *Estadão* era contra o modelo econômico apregoado por aquela instituição. A exceção foi Celso Furtado, porque ele assumiu a presidência da Sudene no governo Kubitschek.

O carrancudo Jânio Quadros, que substituiu o alegre e otimista JK, enganou todo mundo, inclusive o jornal *O Estado de S. Paulo*, aliado de primeira hora. Robert Appy presenciou uma cena no mínimo bizarra. "O jornal apoiou o Jânio na campanha para presidente. Eu me lembro muito bem de um jantar na casa do doutor Júlio com o Jânio. Ele jantou rapidamente porque tinha um comício. Depois, olhamos o comício pela televisão e vimos o Jânio com um sobretudo todo rasgado, um pão com mortadela saindo do bolso. — *Eu que não tive tempo de jantar...*, disse no comício. Tinha acabado de jantar conosco. O doutor Júlio já começou a ficar desconfiado..."

Nem bem Jânio virou presidente da República, o *Estadão*, traído, tornou-se oposição a ele, recorda Appy. "No primeiro discurso econômico, o Jânio levantou o jornal Estado e disse: — *Esse jornal que ganha tanto dinheiro à custa da taxa cambial, agora vai sofrer...* Foi ele que mudou com relação à taxa cambial. O ministro da Fazenda dele era o baiano Clemente Mariani."

Jânio Quadros foi monetarista enquanto fez campanha eleitoral. Não teve, contudo, pleno êxito no controle da inflação – como testemunhou Appy – embora se apresentasse diferente de Kubitschek. "O Jânio era mais sério, mais responsável, do que o Juscelino. Eu diria que era o tipo de ministro da Fazenda que ele tinha. (...) Mas a grande virtude do Jânio foi a de fazer um estatuto do capital estrangeiro, que tinha só um artigo ruim – que foi corrigido no regime militar – mas que foi uma coisa importante. É o atual regime que permite investimentos. Mas o Jânio não ficou muito tempo. Então, não se pode realmente avaliar. Ele era um homem austero, vamos dizer assim. (...) Eu estou convencido que ele caiu porque quis dar um golpe. Ele não caiu por causa da austeridade."

Já a imagem que Appy guarda da política econômica no governo João Goulart não é das melhores. Chega a ser impiedoso na crítica. "Era a desordem absoluta, sem nenhuma visão. Realmente foi um período muito triste."

Se Appy transitava livremente na área de política macroeconômica desde a década de 50, o contato com os empresários era de maneira geral tímido, até por falta do que conversar. "A FIESP era muito fraca e a Confederação Nacional das Indústrias mais ainda. Devo dizer que durante muitos anos a FIESP não tinha muito o que dizer. Era uma representação bastante fraca. Coisa importante você tinha na Associação Comercial. A Federação do Comércio também era ouvida, menos talvez que a Associação Comercial... Havia quatro ou cinco empresas de porte no Brasil, como Votorantim e Matarazzo. Quando entraram as estrangeiras, elas ficaram *low profile* durante muito tempo."

Outra razão da pouca presença das empresas nas páginas do jornal era a resistência, principalmente de Frederico Heller. Apesar disso, o espaço na imprensa para as empresas – na visão de Appy – foi se ampliando, na medida em que se derrubavam barreiras e preconceitos. "Eu acho que, de repente, as empresas começaram por mandar notícia (para o jornal). E se verificou que era só propaganda. Então, se descobriu que valia a pena fazer contato com as empresas para ver a sua vivência, mas não depender só de *press release* que elas mandavam. Eu tinha uma briga com o meu amigo Heller, que não gostava de dar notícia sobre uma empresa, porque achava que era propaganda."

A primeira equipe econômica do regime militar era amiga da seção de Economia do *Estadão*, lembra Robert Appy. "Era o Roberto Campos e o professor Bulhões. Eu diria que tivemos um contato quase diário. A seção econômica era deles. Era um contato muito íntimo... Foi o governo Castelo que fez a grande reforma. A reforma tributária foi uma das mais profundas. Não se pode dizer que eles eram keynesianos, mas realmente fizeram reforma profunda e com muita responsabilidade. (...) A abertura (para o mercado externo) foi muito realista."

A simpatia que Appy nutria por Campos e Bulhões não parecia ser a mesma quando se tratava do ex-ministro do regime militar Delfim Netto, embora a seção de Economia também tivesse contato permanente com ele. "O Delfim visitava o Heller para discutir. Mas era perigoso discordar dele. (...) O Delfim não tinha política, mas era muito hábil. Foi ele que congelou o câmbio durante oito meses (...) Dizia que o câmbio era congelado, quando não era. A política econômica dele era uma política pragmática. Não a que seguia realmente um dogma."

Appy foi um dos primeiros jornalistas brasileiros a participar de reunião do FMI, no final dos anos 60, apesar de, na década anterior, o governo Kubitschek ter ameaçado romper com a instituição. "O Brasil não dava nenhuma importância para o Fundo Monetário. Na realidade, eu acho que eu comecei a fazer cobertura do Fundo em 1968. Antes disso, não se falava do Fundo Monetário. A grande descoberta do Fundo Monetário Internacional foi quando a reunião se realizou no Rio de Janeiro..."

Se o então ministro Delfim Netto visitava Frederico Heller para discutir as questões econômicas, Robert Appy era "mais engajado com Simonsen, a ponto de telefonar para ele todos os dias". Mário Henrique era então ministro da Fazenda do governo Geisel. "O Simonsen era um homem muito sério, que tinha a teoria econômica na base de suas atividades, com uma certa prudência. Podíamos discutir. Diferente do Delfim. Você podia discordar facilmente do Simonsen. Do Delfim era mais perigoso."

Appy teve artigos censurados no *Estadão* durante o governo do general Geisel. "Eu mandava os meus artigos a Mário Simonsen. – *Para que você saiba que eu fui censurado*. Ele reagia: — *Que cretinos!*"

No governo João Figueiredo, Simonsen foi nomeado ministro do Planejamento, uma espécie de superministro da Economia. "Mas como tinha o

Delfim num ministério econômico – o da Agricultura – Simonsen encontrava dificuldade. A única queixa que tive de Simonsen é que, na véspera da demissão dele, não me disse nada... Eu entendi, quando, no dia seguinte, ele me explicou que realmente não queria discutir a demissão dele. Não queria ter pessoa dizendo: fica."

III - Jornalista econômico por acaso

Em 15 de março de 1958, Alberto Tamer começava a fazer jornalismo econômico no *Estado de S. Paulo,* sem conhecer absolutamente nada do assunto[37]. Júlio de Mesquita Neto contratou Tamer por indicação do empresário e político Roberto de Abreu Sodré, que mais tarde se tornaria governador de São Paulo. "A única recomendação de Sodré é que eu era um sujeito honesto, que eu era íntegro, nada mais."

Ao receber Tamer no jornal, Mesquita Neto disse: — *Sinto muito, mas eu só tenho uma vaga por um mês.* A vaga era de um repórter de economia agrícola, chamado Manoel, mais conhecido como Maneco, que estava fazendo curso na Escola Superior de Guerra. Tamer aceitou o desafio. "Estava casado e desempregado. Ainda trabalhava como repórter político no *Correio Paulistano,* mas o jornal pagava muito pouco. E a minha raiva por ter sido demitido da *Folha* era

---

[37] Depoimento em 18/01/2000. Alberto Tamer nasceu em Santos (SP) em 1932. Depois de três vestibulares frustrados para a Faculdade de Medicina, Tamer foi trabalhar no Banco da América, de propriedade de Herbert Levy. Convidado para ser catador de boca-de-urna na eleição de Jânio Quadros, acabou no jornalismo. Antigamente, as rádios tinham catadores de votos. "Devo o meu primeiro emprego no jornalismo ao Jânio Quadros, a quem detestava. Eu estava catando votos quando ele apareceu. Tinha acabado de ser eleito. — *Doutor Jânio, o senhor podia dar uma entrevista para a minha rádio?* – eu perguntei. *Por que hei de dar para a sua e não para outra rádio?* – ele respondeu. — *Doutor Jânio, se o senhor der entrevista para a minha rádio, o senhor garante o meu emprego* – eu insisti. — *Então, vamos* – ele cedeu." Em vez de levar votos, Tamer levou o próprio candidato eleito. — *Esse cara aí tem jeito* – os colegas disseram. A partir de 1952, Tamer acompanharia Jânio Quadros, como repórter político, primeiro na prefeitura e depois no governo do Estado. Inicialmente, ligado à antiga rádio *Nacional* – mais tarde *Excelsior;* depois foi para o jornal *O Tempo,* que fechou as portas devido a uma crise financeira. Entrou então no jornal *Última Hora,* que também não pagava o salário. Antes de ir para as *Folhas,* passou pelo *Correio Paulistano,* onde escreveu a coluna "Janelas Abertas". No final de 1957, Tamer ingressou na *Folha da Noite.* Dois ou três meses depois, no início de 1958, Tamer estava em plena lua-de-mel – havia-se casado em 25 de janeiro – quando o grupo *Folhas* decidiu pela sua demissão. Ele era repórter político da *Folha da Noite* na ocasião em que a empresa resolveu cortar gente na redação. A *Folha* sempre desligava os últimos admitidos no emprego toda vez que havia aumento salarial do Sindicato dos Jornalistas. Tamer nunca perdoou José Nabantino Ramos e Octavio Frias por isso. "Eles sabiam que eu estava casando, sabiam que eu estava assumindo compromisso, sabiam que eu ia ser despedido e não me avisaram. Mas para mim foi bom porque eu deixei a política e entrei na economia."

tão grande que eu inclusive pedi para a minha senhora ir para a casa da mãe dela. — *Vá para a casa da sua mãe que eu vou trabalhar 18 horas por dia para garantir o emprego e para dar uma resposta à Folha.* Então, eu dava três, quatro, cinco furos por dia na *Folha*, não só porque eu queria me firmar mas também porque eu queria me vingar."

O chefe da seção de Economia do *Estadão*, Frederico Heller, não queria repórter para trabalhar com ele, muito menos repórter político. Diante da ordem do patrão, não teve alternativa. – Está bem, meu filho – disse a Tamer. "Eu falei pra ele: — *Olha, eu não entendo nada de economia. Sou repórter político. O meu negócio é falar com o Ulysses Guimarães...* Ele respondeu: — *Não se preocupe, meu filho. Eu também não entendo e vamos enganar os patrões.*

Quando Maneco voltou à atividade, Júlio de Mesquita Neto chamou Tamer e disse: — *Você não vai embora, não. Você está fazendo um trabalho muito bom. Você está contratado.* O fato ocorreu durante as férias do secretário-geral de redação, Claúdio Abramo. Foi a primeira vez que alguém era contratado sem a autorização de Abramo. Tão logo voltou de férias, ele tratou de demitir Tamer. "E o Heller foi à mesa de Abramo e disse: — *Claúdio, meu filho. Se você demitir Tamer, te parto a cara.* E o Cláudio ficou sendo meu inimigo. Quem fez a minha aproximação com ele depois foi o Perseu Abramo" – recorda Tamer.

"Eu tive um mestre excepcional que era o Frederico Heller" – reconhece Tamer. "O Heller e o Robert Appy me deram os conhecimentos mínimos que eu precisava... O velho Heller fazia aquilo que hoje o pessoal não faz: a pauta oral. Ele sempre me explicava o que eu tinha que falar, com quem e como. Então, eu saía com a pauta oral. Quer dizer, eu tinha que me preparar antes de ir."

Tamer reconhece que, naquela época, era mais fácil tratar de assuntos econômicos porque a economia brasileira era muito simples. Havia a Sociedade Rural Brasileira, a FIESP, a Federação da Agricultura do Estado de São Paulo (FAESP)... "O governo não tinha a menor importância. A economia brasileira era uma economia agrícola. Eu me lembro do meu primeiro furo. Numa noite, eu consegui ficar até mais tarde numa reunião da Secretaria da Agricultura. O Departamento de Economia Agrícola, depois de muitas pesquisas, tinha chegado à conclusão que era mais econômico e importante usar adubação química do que adubação animal na produção de café. Foi um rebouliço, uma revolução. Foi meu grande furo no jornalismo econômico. Tudo era simples. Nós tínhamos problemas de importar pneus, borracha... Para mim, foi mais fácil, primeiro porque eu tive grandes mestres – o Heller e o Appy – e, segundo, porque a economia era mais simples."

A cobertura de agricultura em geral estava dirigida para o café, tanto as notícias quanto os editoriais, relata Tamer. "Todo dia eu ia à Sociedade Rural Brasileira ouvir aqueles chatos darem entrevista. Era só café, café... O Heller fazia editoriais duros contra o pessoal do café, que só chorava a falta de preço, etc. Um dia, Francisco Mesquita, irmão do Júlio de Mesquita Filho, disse: — *Heller, meus amigos cafeicultores estão chateados porque você é tão crítico deles. Eles queriam que você os recebesse.* O Heller respondeu: — *Com muito prazer."*

Foi marcado um almoço com Herbert Levy e os cafeicultores paulistas que eram muito prestigiados pelo *Estadão*. O jovem Alberto Tamer recebeu uma importante incumbência de Frederico Heller. "Quando o Heller pegou a relação do almoço, ele me disse: — *Toma, meu filho. Procure saber quem é quem, quantas fazendas tem...* Então, eu fiz uma pesquisa detalhada... No dia do almoço, o velho Heller ouviu o pessoal apresentar todas as reivindicações. Eu, moleque de 27 anos, estava sentado ao lado dele. Quando todos terminaram de falar, ele disse: — *Bom, agora que vocês terminaram, vamos lá. O meu assistente, senhor Tamer, fez uma pesquisa. O senhor Herbert Levy, dez anos atrás, tinha uma fazenda. Hoje, tem quatro...* E foi citando um por um. — *Os senhores estão muito bem financeiramente. Todos estão ricos e mais ricos do que antes. Então, não há o que reclamar contra a política de café do governo e nem contra as posições do jornal O Estado de S. Paulo. Acabou a conversa.* E nós mantivemos as posições críticas. E eles continuam chorões até hoje."

Às vésperas de os militares tomarem o poder em 1964, Heller encheu a casa de comida, com medo de uma revolta popular. "Eu disse pra ele que não ia haver revolta nenhuma, que os militares iam tomar conta do governo e ninguém ia fazer nada" – lembra Tamer. "Aí nós apostamos, não me lembro quanto... Eu disse que não ia acontecer nada. E quando o Brizola fugiu para o Rio Grande do Sul e deu aquela famosa entrevista – *agora, não é mais a revolução por telefone; agora é a revolução de gaúcho macho* – o velho Heller me ligou da casa dele: — *Tamer, a aposta vale também para o Rio Grande do Sul?* Eu respondi que sim. Aí o Brizola fugiu."

IV - Debandada do Estadão

Alexandre Gambirasio estudava Direito, em 1959, quando foi trabalhar em esporte no *Estadão*, cujo editor era Perseu, primo do secretário-geral de redação Cláudio Abramo. "Eu comecei com o Perseu Abramo, como repórter esportivo. Depois fui para Brasília. Fiz parte da equipe que cobriu a inauguração de Brasília. Em Brasília, fiquei um ano cobrindo política. Peguei a época do Juscelino e, quando o Jânio Quadros assumiu, voltei para São Paulo."

Mais do que o esporte e a economia, o fim dos anos 50 e o começo dos 60 eram dominados pelas paixões políticas, pela luta entre os udenistas e os getulistas, observa Gambirasio. "A economia não tinha grande importância. Aliás, havia um certo desprezo pela economia. Havia pessoas como Jânio

Quadros, Carlos Lacerda e Juscelino que não entendiam absolutamente nada de economia. Havia, assim, os grandes tribunos, a grande política. E havia a luta ideológica, que dominava tudo. O marxismo era muito importante. Então, digamos que esses anos eram dominados pela ideologia e pela política. Por isso é que não havia jornalistas econômicos importantes. Mas havia jornalistas políticos importantes. Essa é uma diferença importante."

Era uma época em que a ideologia tingia tudo com fortes cores, prossegue Gambirasio. O FMI, por exemplo, era visto como o demônio a serviço dos interesses norte-americanos. "Para a esquerda, o FMI, o Tio Sam, o Wall Street eram o diabo. O FMI era demonizado, como se diz. Não era visto como mais um recurso normal de mercado, supridor de capitais", observa Gambirasio. "Alguns velhos jornalistas, como o Mauro Santayana, lembram-se muito bem dessa época que o FMI era o diabo. Mas eles não conseguem mais motivar a opinião pública para odiar o FMI."

Washington Novaes, que acompanhou Hideo Onaga na saída das *Folhas* em 1959, foi parar na seção de Esporte do *Estadão*, a convite de Cláudio Abramo. "O editor era o Perseu Abramo e eu fui trabalhar com ele. Era uma seção de Esporte diferente, a começar porque tinha editorial diário. O Perseu com freqüência me pedia para escrever os editoriais. Tentamos inovar em muitas coisas. Fizemos campanha contra o box profissional. Jogamos o assunto xadrez na primeira página do jornal, na disputa do título mundial... Dali é que eu fui parar, pela primeira vez, no jornalismo econômico." Novaes trocou o *Estadão*, em meados de 1961, pela revista *Visão*.

Nesta época, Antonio Marcos Pimenta Neves começava a trabalhar como correspondente do *Estadão* na sucursal de Brasília. O tema predominante era a política. "Houve momentos assim anteriores e posteriores de crises cambiais, essa coisa toda, dificuldades com os países detentores do capital e com as organizações multilaterais, como o Fundo Monetário Internacional e o Banco Mundial. Mas na verdade o que realmente predominava era a política. Os grandes jornalistas da época não eram jornalistas econômicos. Na sucursal de Brasília do *Estadão*, por exemplo, com exceção da minha modesta pessoa, que tinha algum interesse por economia, embora tenha feito jornalismo político, e até cultural, não havia mais ninguém que se interessasse por esse tema. Cobria-se orçamento um pouco, mas de maneira imprecisa. Algumas notícias assim mais gerais."

A sucursal do *Estadão* na capital federal, chefiada por Fernando Pedreira, era praticamente composta por grandes repórteres políticos, recorda Pimenta Neves. "O Pedreira era um repórter político e pouco entendia de economia. O irmão de Oto Lara Resende não entendia absolutamente nada de economia, embora fosse um excelente repórter político, exceto em momentos de crise quando ficava paralisado, não escrevia uma palavra. Quando a gente mais precisava dele, era o momento em que ele menos escrevia. O Evandro

Carlos de Andrade (que mais tarde foi para a *Globo*) também não entendia nada de economia... Por escolha pessoal deles, e não, evidentemente, por incompetência e por incapacidade de aprender. Então, era uma coisa curiosa isso."

Como repórter, em Brasília, Pimenta Neves fez algumas matérias sobre economia, embora na época raramente a economia freqüentasse as primeiras páginas dos jornais. "O jornalismo econômico era uma coisa muito limitada. Com exceção de certas publicações, como a revista *Visão* que dava ênfase maior em negócios em determinados períodos, e com exceção da seção econômica do *Estado* no tempo do Frederico Heller, do César Costa e do Robert Appy, o jornalismo econômico era uma coisa muito limitada. Cobria-se café, cana, um pouco de balanço de pagamentos, atividade industrial, algumas estatísticas... Mas era uma cobertura extremamente superficial, embora correta, precisa. Não se dava muito espaço à seção econômica. A única coisa de economia, digamos, que se cobria com uma certa freqüência era informação sobre orçamento. Orçamento era uma coisa importante. Sempre foi. Não era bem coberto. Nem hoje é. Não se sabe cobrir orçamento no Brasil até hoje."

São muitas as explicações para o fato de não se cobrir orçamento de maneira adequada, conforme Pimenta Neves. "Em primeiro lugar, é uma coisa muito chata. Em segundo lugar, é uma coisa muito minuciosa. Em terceiro, muito misteriosa. O orçamento cai ali naquele Congresso e ninguém mais sabe o que acontece. Antigamente era pior, claro. Havia vários orçamentos. Agora, as coisas estão mais unificadas. Eu me lembro que o orçamento foi capaz de ajudar a derrotar um candidato à presidência da República, não pelos motivos que você imaginaria, mas por outros. Isso corrobora a minha opinião de que orçamento realmente é uma coisa muito chata, e por isso as pessoas evitam cobrir orçamento. O general Henrique Lott (candidato à sucessão de Juscelino Kubitschek) uma vez desceu em Araraquara durante a campanha presidencial, mandou parar a comitiva, entrou na igreja, rezou bastante... Saiu, foi para a praça pública e praticamente leu o orçamento nacional, para uma multidão que se dissipava rapidamente diante dos olhos apavorados dos seus correligionários. Isso aí revelava ao mesmo tempo a importância do orçamento e a ojeriza que as pessoas têm por ele."

Pimenta Neves ainda estava no *Estadão*, quando, poucos meses antes do golpe militar, Alexandre Gambirasio retornou à redação do jornal para trabalhar com Cláudio Abramo. Ele voltava dos Estados Unidos onde fora bolsista da revista *Reader's Digest* (20 milhões de exemplares por mês, em várias línguas), logo depois de se formar em Direito. "Eu tinha nessa época uns vinte e três anos por aí. Passei um ano nos Estados Unidos estudando jornalismo e trabalhei num jornal de Chicago... A minha especialidade, o meu interesse, era mais sobre uma coisa que não existia no jornalismo brasileiro na época, que era o jornalismo de cidade, local, uma grande especialidade americana."

Entre fins de 1963 e começo de 64, Pimenta Neves deixou a sucursal do *Estadão* em Brasília e voltou a São Paulo. "Logo depois, aliás, eu me demiti. Pedi demissão porque estava muito difícil trabalhar no jornal. Era véspera da revolução. Havia um clima estranho no ar, um clima muito carregado."

Também Alexandre Gambirasio deixou o jornal às vésperas do golpe militar. "Cláudio Abramo, que era secretário de redação, foi posto para fora pouco antes do golpe, porque era um homem de esquerda... Como eu era visto também como uma criatura do Cláudio Abramo, não achei o ambiente no *Estadão* muito confortável, na época, e saí."

V - Experiência frustrada

No início da década de 1960, Alberto Tamer foi convidado para criar uma cadeira de jornalismo econômico na Faculdade Cásper Líbero. No curso de jornalismo havia a matéria economia, mas não havia jornalismo econômico. "Então, o pessoal saía da faculdade sabendo uma tintura de economia, mas não sabendo absolutamente nada de jornalismo econômico. Essa cadeira, pelo que eu vi, se deturpou. Hoje, o que se dá é teoria econômica. Não é jornalismo econômico. Quando eu criei essa cadeira na Cásper Líbero, o titular de economia era o Adib Casseb. A idéia era dar aos alunos aquelas informações associadas ao jornalismo que interessavam realmente ao público. Quer dizer, não adiantava você ficar falando de teoria de Keynes, etc... Eles saíam de lá sabendo uma porção de coisas, não digo inúteis – eram úteis sim –, mas saíam sem saber, por exemplo, quanto é que o Brasil produzia de petróleo, quanto é que importava de petróleo, quanto produzia de trigo, qual era o PIB brasileiro, como se media o PIB brasileiro, o que era agricultura no PIB brasileiro... Enfim, são aquelas informações que você precisa no dia-a-dia para trabalhar no jornalismo econômico. Era isso que eu dava lá. O pessoal gostava bastante."

Tamer pedia aos alunos para visitar empresas e fazer reportagem econômica, numa época em que o mercado de jornalistas econômicos era restrito. "Eles foram à Cosipa. Também visitaram uma fábrica de farinha de trigo para discutir o problema do trigo. Naquela época, o Brasil estava querendo ser produtor de trigo. Mas depois eu desisti dessa cadeira porque eu vi que eu não estava sendo honesto com os profissionais, na medida em que nós tínhamos dois ou três jornais apenas... Eu via que eles saíam dali absolutamente sem emprego. Eram quarenta alunos todos os anos saindo da faculdade sem emprego. (...) Eu sempre dizia para o pessoal lá na Cásper Líbero que o mais importante é que eles lessem os jornais. Um jornalista que não lê jornal, que não gosta de ler jornal, pode desistir que não é jornalista. Eu até dizia: — *Entre assistir a minha aula e ler a seção econômica dos jornais, eu prefiro que leiam a seção econômica dos jornais.*"

Depois da Cásper Líbero, Tamer foi convidado por uma faculdade de Santos para dar algumas aulas de jornalismo econômico. "Dei aula durante um ano e desisti pelo mesmo motivo. Até me convidaram como paraninfo. Eu via que se estava criando um volume de jornalistas sem mercado. Quer dizer, essa foi a minha experiência de professor."

O professor de jornalismo econômico Alberto Tamer foi vetado num concurso do Banco Interamericano de Desenvolvimento (BID) justamente por não ter faculdade de jornalismo. "Eu sempre tive o sonho de trabalhar fora. Eu me inscrevi no concurso do BID, para ser o homem de imprensa para a América Latina, ou coisa assim. E mandei o meu currículo. Eu já tinha escrito um ou dois livros sobre o Brasil. Eles responderam que o meu currículo era indicado, que eu era a pessoa ideal. Mas a única coisa que pegava é que eu não tinha feito a faculdade de jornalismo. Aí, eu fiquei meio irritado e respondi: — *Eu não fiz a faculdade de jornalismo porque, quando eu comecei, não havia faculdade de jornalismo. E quando criaram me convidaram para ser professor.* Aí eles me ofereceram o emprego de 800 dólares, que eu não aceitei."

VI - A primeira das grandes brigas

Alberto Tamer comprou várias brigas ao longo da sua vida profissional, como as brigas da Transamazônica, do petróleo, do acordo nuclear e de Itaipu. Porém, a mais antiga – e principal – é a do Nordeste, que resultou em vários livros.

O primeiro contato de Tamer com a seca nordestina foi em 1959, quando era repórter político do *Correio Paulistano* e repórter econômico do *Estadão*. "Eu fui no avião com o (governador) Carvalho Pinto, que levava comida, semente e tudo. O governador de São Paulo não entendia porque tinha gente querendo semente para plantar, se havia seca. Então, eu quis saber: — *Pra que semente se eles não podiam plantar?* Aí me responderam: — *Era para comer. Não era para plantar.* Foi uma coisa chocante ver aquela miséria. Foi quando eu acordei..."

Veio o golpe militar e Tamer voltou a escrever sobre o Nordeste. "Quando houve aquela seca, eu estava lá. Fiquei realmente chocado. Foi aí que escrevi o primeiro livro, mostrando a desnutrição infantil, a pobreza, a miséria. Quem me mandou fazer a reportagem foi o Júlio de Mesquita Neto, filho do velho Júlio de Mesquita Filho que ainda mandava no jornal."

No começo do governo Castelo Branco, surgiram denúncias de que os militares estavam espancando todo mundo. "Era uma violência total, que foi denunciada por dom Helder Câmara. Aí o Júlio Neto me mandou lá, para ver o que estava acontecendo. Se era verdade, ou não. Eu fiquei lá uns 10 dias, 15 dias e vi a desnutrição, a miséria. Assisti reuniões de sindicatos. E nunca me esqueço de uma reunião em que um sujeito disse para um outro: — *Vocês ficam aí falando, falando... mas na hora do pega mesmo, todo mundo foge e nós ficamos aqui apanhando sozinhos. Nós e o dom Helder. Até o senhor (Miguel) Arraes foi embora e nos deixou aqui levando pau. Meu filho morreu e não tinha ninguém para atender... Eu ouvi aquilo tudo.*"

Depois de registrar tudo, Tamer voltou a São Paulo para preparar matéria de capa da edição de domingo. Já na redação do *Estadão*, entrou na sala do Júlio Neto, que indagou.

— Então? É verdade o que o dom Helder falou?

— Não, Júlio. É pior.

— Como?

Tamer relatou tudo que viu e mostrou as fotos. Em seguida, perguntou a Júlio Neto:

— E agora?

— *Quantas matérias você precisa fazer para contar tudo isso?*

— *Olha, numas três ou quatro eu conto tudo.*

— *Então, vamos fazer o seguinte. Você conta tudo na primeira matéria. Se papai interromper, a gente já deu tudo.*

— Então, posso fazer?

— Pode fazer.

A Zona da Mata, a parte não seca, era área de domínio dos usineiros. Era uma pobreza total. Crianças com desnutrição infantil... "Não deu outra. Na terça-feira, o velho Mesquita mandou me chamar na sala dele. Era um aquário do *Estado*. O Júlio Neto também estava sentado ali na mesa. Aí, o velho Mesquita perguntou: — *Foi o senhor que fez esta reportagem?* Eu respondi: — Sim. O velho continuou: — *Eu tenho aqui um telegrama do meu amigo Cid Sampaio.* Eu disse: — Doutor Júlio, *se o senhor me permite, eu já sei o que está dizendo o telegrama.* O velho Mesquita olhou para mim: — *O que? Como é que o senhor sabe?* Eu respondi: — *Ele deve estar dizendo que eu sou comunista. É porque ele não tem nada para me acusar. Só pode ser isso. Eu sou um sujeito honesto. Fui lá, vi e contei o que eu vi.* O velho continuou: — *Realmente, ele está dizendo que o senhor é comunista e o diabo a quatro.*

Ocorre que, na reportagem, Tamer havia denunciado algumas usinas — inclusive a de Roçadinho de propriedade do ex-governador pernambucano (várias vezes) Cid Sampaio — de cobrar mais caro pelos alimentos vendidos aos empregados do que o comércio normal.

— Doutor Júlio. Eu estive lá e vi os preços que os usineiros cobram no barracão da usina (que atende os trabalhadores) e quanto custa na cidade mais próxima.

— *O senhor está querendo dizer que o meu amigo Cid Sampaio tem um barracão na sua usina, quer dizer, um armazém dele?*

— Sim.
— O senhor tem prova?
— Tenho.

Tamer havia feito um levantamento minucioso, no qual os preços dos alimentos no barracão das usinas eram o dobro dos preços cobrados nas cidades mais próximas. Para isso, contara com o apoio do Padre Crespo, que, ao lado de dom Helder, fazia "um trabalho muito bonito" na região do açúcar. O velho Júlio Mesquita então disse:

— *Então, vá buscar. A usina do doutor Cid Sampaio é a Roçadinho?*
— *É isso mesmo.*

Tamer voltou com as provas e as entregou a Júlio Mesquita, que reagiu.

— *Homessa! Até o açúcar é mais caro.*
— *Eu perguntei o porquê* – prosseguiu Tamer – *e eles me explicaram que é porque eles fabricam o açúcar na usina, vendem para a cooperativa dos usineiros, que vende de novo para a usina.*
— *Isso eu sei que não é verdade. O açúcar está ali* – disse o velho Mesquita, que calou, pensativo.
— *O que o senhor quer que eu faça?*
— *O senhor pode continuar e, quando terminar, eu vou fazer um editorial apoiando essa posição.*

Tamer levou um susto. Foi um momento de glória. Ao sair, perguntou a Júlio de Mesquita Neto.

— *O que o senhor achou, doutor Júlio?*
— *Benção do papa.*

Tamer foi considerado *persona non grata* pelos empresários e políticos nordestinos por atacar a oligarquia, principalmente os usineiros de açúcar. Além disso, criticava duramente a Superintendência do Desenvolvimento do Nordeste (SUDENE) por estimular projetos que não aproveitavam fatores de produção locais como matéria-prima e mão-de-obra: "Eu e os editoriais do *Estado* dizíamos que a SUDENE não era solução, porque estava aprovando projetos industriais, e não agroindustriais... Acontecia que o governo dava isenção de 50% do Imposto de Renda para que os empresários – de São Paulo ou de qualquer outro lugar – investissem no Nordeste. Eles pegavam a isenção mas usavam matéria-prima de São Paulo, mão-de-obra de São Paulo e vendiam em São Paulo. E nós denunciamos uma coisa mais grave: eles tinham as isenções e não cumpriam os projetos completos. Era uma verdadeira mamata".

Havia uma espécie de acordo entre a SUDENE e os empresários para entupir o Nordeste de projetos, observa Tamer. "A SUDENE estava sugando o Nordeste. Uma exploração generalizada que passou a ser integrada também pelos empresários paulistas. Via SUDENE, eles apresentavam projetos inviáveis. Muitos nem se realizavam. Começavam e paravam no meio... Um general que foi diretor da SUDENE dizia que queria ver o Nordeste como uma espécie de "lavoura de chaminés", produzindo industrialmente. (...) Eu me lembro que uma vez entrei na SUDENE e fiquei assustado porque tinha pilhas de projetos até na privada, pois todo mundo passou a entrar com projeto. E aquilo tudo era aprovado a toque de caixa."

Tamer estava convencido que a solução para o Nordeste era combater a miséria e a pobreza, como defendia o economista Celso Furtado. "Não se combate a seca. Você cria condições para que o lavrador, quando tiver seca, esteja preparado para enfrentá-la. A seca em si, como dizia Celso Furtado, não era o problema do Nordeste, era um problema natural. Para enfrentar o problema do Nordeste (a miséria e a pobreza), o Celso Furtado recomendava: fortalecer economicamente a região, para quando a seca viesse..."

A repercussão das reportagens e dos editoriais do *Estadão* foi grande e, ainda assim, Tamer voltou várias vezes ao Nordeste. "Quando me consideraram *persona non grata*, eu disse ao Júlio Neto: — Estou condenado. Ele falou: — *Então, pega o avião e vai pra lá*. Eu fui e fiz muitas palestras, dezenas de palestras, para estudantes. Fui para o Agreste, fui para o Sertão falar para o pessoal... Eu atacava principalmente a Zona da Mata, porque era onde eles exploravam mais. No Agreste e no Sertão, o pessoal ainda plantava, colhia e comia. Só sofria mesmo quando havia seca... Mas na Zona da Mata, principalmente de Pernambuco e Alagoas, o lavrador que trabalhava na cana era proibido de plantar um hectare sequer, porque eles tinham medo que o sujeito se fixasse na terra."

Nas palestras para estudantes, Tamer levantava o problema, não para gerar violência mas para mostrar ao resto do País – por meio de debates, manifestações pacíficas e declarações – a pobreza, a miséria e a exploração a que estava submetido o povo nordestino. A elite acabou assimilando as críticas pois percebeu que não valia a pena brigar com o *Estadão*. Chegou até a convidar Tamer para uma palestra na Associação Comercial do Recife. "Eu comecei falando do prédio da associação, que era de mármore de Carrara, em plena Recife. Mas o importante foi a reação dos estudantes. Eu senti que eles estavam angustiados... Mas sempre havia alguém que me provocava, havia toda uma estrutura de espionagem. Então, eu dizia: — *Quem é o agente provocador de hoje?* Então, um sujeito fazia tanta pergunta provocativa que eu disse: — *É você o agente do SNI (Serviço Nacional de Informação) aqui hoje?* Todo mundo deu risada."

Mas havia uma menina que chamou a atenção de Tamer, pois assistiu a palestra inteira e, embora muito atenta ao que se debatia, não fez pergunta alguma. "A minha palestra era um diálogo. Eles me interrompiam a qualquer momento para discutir... E tudo se concentrava nisso: 'O que fazer para que a pobreza e a miséria do Nordeste sejam superadas...' Então, essa estudante ficou calada, ouvindo tudo muito atentamente..."

De lá, foram para o Hotel Boa Viagem, onde Tamer estava hospedado, e continuaram a discussão. A menina foi junto e, como na reunião, ouviu tudo e não falou nada. Até que Tamer não se conteve:

— *Filha, eu estou estranhando que você ficou tão atenta e não perguntou nada. Se veio até aqui é porque está interessada...*

— *Eu gostei do que você falou. Mas você é de São Paulo* – ela respondeu.

— *E daí?*

— *Você vem aqui, fala, lança as idéias, pega o avião e volta para São Paulo. Nós é que ficamos aqui apanhando, nós é que enfrentamos o tranco...*

— *E o que você quer que eu faça?*

— *Eu só queria saber até onde você iria para defender essas suas idéias com as quais concordo?*

— *Até a segurança dos meus filhos* – disse Tamer depois de pensar um pouco.

— *Você não acha que é pouco?* – retrucou ela.

Tamer se deu conta de que já havia colocado a segurança de seus filhos em jogo, quando discutira com Júlio de Mesquita Filho por causa da exploração a que o usineiro Cid Sampaio submetia os seus empregados. "O velho Mesquita podia ter me mandado embora, quando o outro me xingou de comunista. E eu estaria desempregado. Eu tinha a proteção do Júlio Neto, mas eu não sabia até onde ele ia me defender."

O recado da menina calou fundo na alma de Tamer. — *Vocês todos estão brigando, mas não entram na briga. Vocês falam mas na hora do pega não vão aparecer.* Na sua simplicidade, a menina despertou a consciência do jornalista. "Tanto que aí eu insisti mais, mais e mais. E o *Estado* radicalizou, o Júlio Neto radicalizou a crítica aos usineiros, a ponto de não recebermos usineiro. O Júlio não queria saber de usineiro nordestino. Me recordo que quiseram falar com ele, mas ele não quis receber."

Assim, Tamer tornou-se editorialista do jornal *O Estado de S. Paulo* e, na esteira dessa briga, escreveu vários livros sobre a região. O primeiro foi "O mesmo Nordeste" (Editora Herder, 1968), em que aborda a miséria da Zona da Mata. Também escreveu "Nordeste, até quando" e "Nordeste, os mesmos caminhos", este último sobre os erros da política da SUDENE no combate à seca.

Tamer começava, assim, a reunir as três funções de um jornalista econômico. "O jornalista econômico que apenas relata o fato é um tipo de jornalista. O jornalista econômico que analisa o fato é outro tipo de jornalista. Há o repórter e mais alguém que explica o fato econômico. Nem sempre é o repórter. E, terceiro, um jornalista econômico que comenta o fato econômico. São três segmentos bem distintos, que às vezes se fundem. Há o repórter econômico. Há o repórter mais especializado que explica o fato econômico para o público – quais são as conseqüências, o que está certo e errado, ouve um, ouve outro –

e o que toma posição. Eu, desde cedo, reuni as três coisas. Eu sou um caso especial. Não se pede a um repórter econômico que está começando ou que é só repórter econômico que compre uma briga."

VII - Carreiras interrompidas

Em meados de 1967, o pernambucano Jair Borin ingressou na seção de Geral do *Estadão*, inicialmente como repórter e em seguida como *copy-desk*[38]. "Logo depois cobri algumas férias de *copy-desk* da primeira página e aí eu fiquei na primeira página... E ali acabei aprendendo bastante de jornalismo. E em 67 eu também entrei no curso de Jornalismo da ECA-USP."

Borin se transferira para a capital paulista no final de 1965, quando então foi trabalhar na agência de notícias Interpress onde teve os primeiros contatos com assuntos econômicos. A Interpress International Press Service era uma agência italiana de notícias terceiro-mundistas, ligada à empresa Santos e Santos Publicidade. "Na Interpress, que ficava na rua Herculano de Freitas, eu comecei como repórter mais de geral. Depois fui cobrir entidades como SESC, SENAC e SESI. E aí eu caí na FIESP, que era ali perto da catedral da Sé, no Palácio das Indústrias. E aí eu aprendi muito. A Interpress tinha, por exemplo, um manual de como usar o telex, como ser breve na transmissão das matérias pelo telex, porque naquela época o telex era muito caro – era via telefone, que tinha uma tarifa elevada."

Depois de passar o ano de 1966 na Interpress, Borin foi fazer a revista do grupo Moinho Santista, juntamente com Pedro Kalume, jornalista da *Folha* que mais tarde se formou advogado e virou juiz classista no Tribunal do Trabalho. Em meados de 67, Borin trocou a revista pelo *Estadão*.

Borin matriculou-se simultaneamente na Escola de Comunicação e Artes (ECA) e na Faculdade de Economia e Administração (FEA), ambas da USP.

---

[38] Depoimento em 19/12/2000. Jair Borin nasceu em 1943 na cidade de Três Lagoas, mas foi registrado em Birigui, interior de São Paulo. Estreou no jornalismo na primeira metade da década de 60, como ocorreu com vários outros jornalistas. "Eu era estudante de Sociologia e gostava muito de escrever. E colaborava eventualmente com uma ou outra pauta na *Última Hora*, quando o Eurico Andrade estava na *Última Hora* do Recife. Em função desse conhecimento – eu estava no movimento estudantil –, acabei conhecendo o Osvaldo Peralva e um pessoal do *Correio da Manhã* e do *Panfleto*, que era um jornal tablóide semanal editado no Rio pelos deputados da esquerda. E foi por aí que eu fiz as primeiras matérias. Depois veio o golpe e eu fui preso – fiquei quase um ano preso no Recife. Aí eu vim para Rio e São Paulo. Comecei no Rio com uma pequena experiência no *Correio da Manhã*." Com o golpe militar, Borin teve de interromper o curso de Sociologia no segundo ano. Libertado da prisão, instalou-se no Rio de Janeiro, onde cobriu férias de colegas e executou algumas pautas de matérias relacionadas com o movimento estudantil para o jornal *Correio da Manhã*.

"Só que, na Economia, eu não cheguei a me diplomar, porque no final, quando eu pedi a somatória de créditos, eu acho que faltou 'estudos de problemas brasileiros'... Me deram o histórico escolar. Eu fiquei com o histórico escolar e nunca fui buscar diploma..."

Foi na função de *copy-desk* do *Estadão* que Borin concluiu o curso de Jornalismo na ECA-USP. Em 1971, tornou professor de reportagem da mesma escola e, em 72, deixou o *Estadão*. "Aí fiquei fazendo alguns 'frilas' e dando aula, porque eu achava que aula era mais gratificante. Em 73, eu fui preso, em função da militância política, mais sindical do que subversiva mesmo. E fiquei preso dois anos, praticamente."

Na virada de 1969 para 70, Carlos Alberto Sardenberg também foi convidado para ocupar uma vaga de *copy-desk* na seção de Geral do *Estadão*[39]. "Na época, você tinha muito claramente a função de *copy-desk*. Era o cara que reescrevia mesmo as matérias dos repórteres. O *copy* fechava, fazia títulos, legendas e tal... Eu entrei no *Estado*, e assim foi. Começou meio por acaso a minha carreira."

Sardenberg pretendia fazer pós-graduação em Filosofia ou Ciências Sociais, depois de terminar o curso no final de 1968. Quando estava, portanto, no último ano, veio o AI-5 que mudou tudo. "Aí foram dizimadas as escolas de Filosofia e Ciências Sociais. Então, todos aqueles professores com os quais a gente trabalhava, com os quais tinha planos, projetos, tanto nas Ciências Sociais quanto na Filosofia, foram afastados da escola. Foram demitidos ou foram cassados ou informalmente afastados."

Sardenberg foi pressionado a não mais freqüentar a faculdade, assim como a não mais fazer política estudantil. "O movimento estudantil já estava dividido entre o pessoal que tinha ido para a guerrilha, para aquela idéia de luta armada, e outros que não. Eu estava entre os que não acreditavam nessa

---

[39] Depoimento em 19/04/1999. Sardenberg estudava Direito e Filosofia em 1966 na USP, quando passou no concurso para dar aula de filosofia num cursinho do Grêmio do Centro Acadêmico da Faculdade de Filosofia, Ciências e Letras. O cursinho pretendia preparar candidatos para o vestibular de Filosofia e Psicologia, treinar os alunos para a vida acadêmica e ao mesmo tempo fazer caixa para o Grêmio, além de desenvolver um departamento de estudos e pesquisas. Como na época não havia vestibulares unificados, "o cursinho do Grêmio, para usar linguagem de economista, tinha vantagem comparativa muito grande" – define Sardenberg. "Eram os próprios alunos da faculdade que davam aula. Então, o cursinho do Grêmio era um sucesso muito grande". Além de estudar filosofia e dar aula no cursinho – o curso de direito ficou para trás – Sardenberg tinha intensa militância em política estudantil, tornando-se dirigente do Grêmio da Faculdade. "Dedicava-me mais à filosofia, participava mais do movimento estudantil na Faculdade de Filosofia, e estava me preparando para a carreira universitária, que era o meu objetivo. Experiência jornalística na época era só nas publicações da Faculdade, do Grêmio, publicações estudantis, etc. Eu já escrevia bastante, mas nessas publicações. Eram artigos, defesas de teses, defesa de posições e tal".

opção. Então, a gente ficou assim meio afastado... Só poderia ir à escola, assistir aula e ir embora. E foi assim que a carreira universitária mixou." Quer dizer, deixou de existir a possibilidade de ganhar bolsa para o pós-graduação, tornar-se monitor do professor orientador da tese e fazer seminários. Ainda assim, Sardenberg terminou o curso de Filosofia, mas acabou desistindo do Direito. "Eu já estava muito decepcionado e sem interesse naquilo, e também sem tempo porque tinha que trabalhar, dar aulas..."

Paralelamente, houve a crise do cursinho do Grêmio, que resultou na dissidência que fundou o Equipe. "O cursinho do Grêmio foi, durante muito tempo, dirigido por uma determinada facção de política estudantil que era conhecida como Polop e que, como dirigiu o Grêmio muitos anos seguidos, ocupava as posições todas de controle. Inclusive a diretoria do cursinho do Grêmio era nomeada por este grupo há muito tempo. Aí houve uma eleição e este grupo perdeu. E o novo grupo que entrou fez uma intervenção no cursinho do Grêmio nomeando nova diretoria, novos professores, etc. E uma parte que estava no cursinho do Grêmio resolveu sair e fundar o Equipe. E eu estava neste grupo."

Com a unificação dos vestibulares, o fim dos exames orais e das provas de redação, perdeu sentido o cursinho específico de preparação para a Filosofia e a Psicologia. As possibilidades para Sardenberg estreitaram-se ainda mais. "Aí comecei a dar aula de história, conhecimentos gerais e tal, mas claramente aquilo não tinha futuro porque o objetivo de dar aula de filosofia era me preparar para fazer carreira universitária. Não tendo mais a carreira universitária aquilo não tinha futuro. Aí eu fiquei meio desnorteado..."

Nesse momento, um amigo sugeriu a Sardenberg: — *Por que você não vai ser jornalista? Você devia pelo menos ficar um tempo no jornalismo, você escreve bem...* Assim, Sardenberg foi indicado por Sérgio Pompeu para trabalhar no *Jornal do Bairro*, editado em Pinheiros por um grupo de intelectuais e de profissionais do *Jornal da Tarde*. Imitava o *JT* que era a grande novidade do jornalismo brasileiro na época. Tinha até o logotipo parecido com o do *JT*.

"O jornal era vinculado aos Nassar, grupo familiar que era dono do Bazar 13. Por alguma razão que eu não sei qual é, eles resolveram fazer um jornal do bairro, talvez até para veicular o próprio supermercado... E quem foi tomar conta do *Jornal do Bairro* era o Raduan Nassar, um dos membros da família que não tinha vocação para supermercadista. O Raduan na época já era escritor, mas cujos livros vieram a sair depois. O Raduan Nassar cercou-se de alguns amigos, que eram jornalistas e intelectuais, para fazer esse jornal, que tinha o noticiário do bairro, mas era uma coisa bem diferenciada. Aí eu fui trabalhar lá, entrei lá em 1969..."

Na redação do *Jornal do Bairro*, havia nomes como José Carlos Abate, que foi para o *JT*, e Airton Milanez, mais tarde na Abril, além do militante político (Luis Eduardo) Merlino, também do *Jornal da Tarde*, que foi assassinado naquela ocasião. Sardenberg ficou menos de um ano no *Jornal do Bairro*. "Era um jornal pequeno, um semanário. Eu fazia desde notinhas de aniversário dos membros do bairro até matérias maiores, mais animadas. Tinha cobertura ali do bairro: buracos de rua, reclamações de coisas e até matérias maiores. Tinha comentário de livros, cinema e algumas coisas mais de política, economia e tal. Entrava (na política) sempre com muito cuidado, porque a época era muito complicada."

VIII - Uma revolução conservadora

Em junho de 1965, Fábio Pahim Jr. ingressou no jornal *O Estado de S. Paulo* onde foi redator da área de Internacional durante alguns anos, quando então se transferiu para o *Jornal da Tarde*[40]. A sua ida para o *JT* coincidiu com a saída de Mino Carta. Foi pouco depois do surgimento do *JT*, criado para ser a "face moderna do *Estadão*". "Até tivemos um diálogo muito curioso. O Mino disse: — *Você está muito bem na sua posição*. Eu respondi: — *Sem dúvida nenhuma Mino, mas estarei melhor se um dia estiver na sua*. Quer dizer, com um salário dez vezes maior. Eu comecei a fazer jornalismo econômico no *Jornal da Tarde*, no tempo do Murilo Felisberto. Eu atuava inicialmente como redator na então seção de Política e Economia, que era dirigida pelo Rolf Kuntz. Ali foi um momento muito importante de aprendizado. Posteriormente, o Murilo Felisberto quis desenvolver no *Estado* e no *Jornal da Tarde* a seção Seu Dinheiro. Então, eu comecei na seção Seu Dinheiro. Algumas das primeiras reportagens de investimento, longas, foram feitas por mim naquela época."

Com o fim da seção de Política e Economia do *JT* – conta Pahim Jr. –, Celso Ming assumiu, no início dos anos 70, o Seu Dinheiro, incorporando-o à nova editoria de Economia, criada em 1975. Ming levava "uma grande experiência em editoria de outras publicações, que eu não tinha na época".

Assim, Fábio Pahim Jr. tornou-se repórter especial de economia, numa fase de grandes mudanças na economia brasileira. "Eu peguei essa fase extremamente rica e que era muito bem caracterizada pelo Delfim, quando dizia que a gente tinha que correr muito, para ficar no mesmo lugar."

Não que Pahim Jr. fizesse parte do grupo de jornalistas com quem Delfim Netto preferia conversar, embora tivessem um relacionamento normal... "Nem diria todos os motivos que o levavam a isso, porque são motivos que ele conhecia

---

[40] Depoimento em 13/01/2000. Nesse meio tempo, o paulistano Fábio Pahim Jr., que nasceu em 1944 e aos 18 anos começou no jornalismo na *Gazeta Esportiva*, formou-se em Direito pela Universidade Mackenzie.

e os próprios jornalistas deviam conhecer. Mas também o espaço que eles dispunham na imprensa e a forma de tratar o noticiário. O Delfim era um homem extraordinariamente inteligente, e o jornal onde eu trabalhava era um jornal, sempre foi, de oposição. Portanto, não havia um especial prazer em receber o *Jornal da Tarde* naquela época."

Celso Ming, o primeiro editor de economia do *JT*, deu seqüência ao trabalho iniciado na revista *Exame*, apesar das críticas que recebia quando falava, por exemplo, do *overnight*. "As pessoas diziam: — *Você está botando fogo na roupa dos caras. Está dizendo que é para todo mundo ir para o overnight. Isso é inflacionário. Se todo mundo for para o overnight, não se resolve o problema da economia, porque alguém precisa perder.* Mas tinha que exacerbar isso. Todo mundo tinha que ir para o *overnight*, todo mundo tinha que se defender para ter a solução maior. O jornalismo econômico atendia essa coisa. Deixou de ser um jornalismo de elites, um jornalismo de negócios, para atender a classe média emergente, que precisava de instrumentos para entender o que estava acontecendo e se defender."

Com Celso Ming, foram para o *JT* Mário Alberto de Almeida e Antonio Carlos de Godoy, como subeditores de economia. Deslocaram o eixo do jornalismo direcionado ao empresariado para a ponta dos interesses do consumidor, inclusive nas aplicações financeiras, explica Godoy. "As seções econômicas dos jornais não tinham preocupação de falar com um público mais amplo. Eram feitas para o mundo dos negócios, para os empresários... O Celso Ming inovou porque ele quis fazer um jornalismo de defesa do consumidor. Nós fazíamos matérias sobre vários assuntos de interesse do consumidor, como, por exemplo, produtos que estavam no mercado com problemas. Outra preocupação era traduzir os assuntos econômicos. As matérias do *Jornal da Tarde* tinham retrancas do tipo 'Entenda' ou 'ABC', para explicar as coisas, porque os conceitos econômicos não são acessíveis às pessoas que não estudaram economia formalmente. (...) A prestação de serviços estava começando, porque o Celso tinha uma vocação assim de jornalista financeiro."

Outro reforço para a economia do *JT* foi a contratação de Marco Antonio Rocha, numa dessas raras coincidências[41]. Para preencher a vaga deixada por Rolf Kuntz, convidado para trabalhar na *Visão*, Robert Appy sugeriu a Rui Mesquita buscar Rocha que acabara de pedir demissão da mesma revista. "Eu fui para o *Jornal da Tarde* como editorialista de economia e também participando da editoria de Economia, chefiada por Celso Ming. Fizemos um bom trabalho, inclusive essa seção 'Seu Dinheiro' que hoje é famosa. O Celso resolveu criar a seção. Conversou com o Mitre, que era diretor do jornal, e criamos a seção. Aí

---

[41] Depoimento em Novembro de 1998. Marco Antonio Rocha nasceu em 1936 na cidade paulista de Olímpia e se formou advogado pela Faculdade de Direito do Largo São Francisco.

foram trabalhar lá o Luis Nassif, a Regina Pitoscia e a Salete Lemos. Deu certo. Eu acho que é a seção mais lida do jornal."

Na virada de 1974 para 75, era a vez de José Roberto Nassar ser incorporado à equipe de economia do *JT*[42]. "Eles me convidaram como repórter e *copy* – eu fazia as duas coisas. O *Jornal da Tarde* tinha uma editoria de Economia forte e dinâmica... Nem sei bem se era aquilo que se devia fazer na época no *Jornal da Tarde*, mas enfim... O editor principal do jornal – Murilo Felisberto – nos prestigiava. A economia tinha um espaço bom lá. Mas tinha muita macroeconomia... Talvez precisasse ter um pouco mais micro. Tem que ter macro porque tem que ter a moldura, mas, para um jornal que tem um irmão mais velho (o *Estadão*) que é macro, talvez devesse predominar um pouco a interpretação do macro visto pelo micro. Quer dizer, o *lead* talvez devesse ser o micro e o macro, o box. No *Estadão*, talvez fosse o contrário. Então, foram dois anos – 1975, 76 – em que eu dei uma subida legal, um aprendizado legal."

IX - A briga da Transamazônica

Na grande seca do Nordeste em 1969, ocasião em que flagelados chegaram a comer rato por falta de alimento, o presidente-general Emilio Garrastazu Médici pronunciou em discurso a famosa frase *"Vim, vi e chorei"*. Então, os militares inventaram a construção da rodovia Transamazônica, como solução para o Nordeste, o que gerou outra das grandes brigas de Alberto Tamer. "O Júlio Neto me perguntou: — *O que você acha da Transamazônica?* Eu respondi: — *Eu acho que nordestino, que nunca teve no mato, não vai sair da seca para ir pra lá. Em todo caso, eles já foram na época da seringueira, na época da guerra. Então, eu acho que o ideal seria fazermos (o percurso) antes do trajeto onde a estrada vai cortar e ver o que tem lá, os núcleos nordestinos...* Ele disse: — Está bom. Então vá. Eu fui para Brasília de avião e lá peguei o fusquinha do *Estado*. Eu fiz toda a Transamazônica antes da Transamazônica ser construída. Eu fui sozinho, quando ainda não estava em obra. Eu viajei até de barco..."

Os militares acreditavam que, com a rodovia, resolveriam o problema da seca do Nordeste. "Pensavam que abrindo um buraco os nordestinos iam para a Amazônia. Aí, eu briguei novamente. Eu era contra a idéia de que a Transamazônica ia resolver o problema do Nordeste. Era uma loucura. Era uma farsa. Eu era contra a Transamazônica na medida em que a gente sabia – eu disse isso ao ministro (dos Transportes) Mário Andreazza – que qualquer

---

[42] Depoimento em 07/04/2000. José Roberto Nassar, que nasceu em 1946 na cidade paulista de Rifânia, formou-se em Direito em 1969 pela Faculdade de Direito do Largo São Francisco e em Jornalismo pela Faculdade de Comunicação Cásper Líbero.

produção fica a mil quilômetros de qualquer centro consumidor importante, ou seja, uma distância quase igual à de São Paulo. O pessoal prefere comprar de São Paulo a um custo menor."

Enquanto subia a rodovia Belém-Brasília, Tamer parava nas cidadezinhas de beira de estrada para conversar com as pessoas. "Foi assim que encontrei os jornalistas Miguel Jorge e Fernando Morais, como repórteres do *Jornal da Tarde*. Numa dessas cidadezinhas, o médico estava operando, no 'hospital', um sujeito que tinha levado uns tiros. Ele fazia a esterilização no forno. E nós, na porta, ouvíamos uns caras dizendo: — *Não adianta operar porque quando ele sair a gente mata. Esse era o clima.*"

O repórter do *Estadão* chegou em Marabá, entrou na Transamazônica e foi a cavalo conhecer os núcleos de nordestinos. "Todo mundo estava doente e abandonado no meio do mato, sem estrada, perdendo a safra... Percorri aquela região toda. Até brinquei: encontrei meia dúzia de nordestinos à beira da estrada vivendo do movimento do tráfego, queimando e fazendo a sua roça. Eles não entravam na mata, porque se avançassem muito seriam comidos pela malária, pela chuva, pela inundação. Então criei a frase 'Bandeirantes de beira de estrada'. A idéia era que a rodovia fosse colonizadora, como nos Estados Unidos, mas as condições da mata amazônica são selvagens."

Tamer chegou a brigar com os governadores do Nordeste por causa da rodovia. "Depois de uma reunião na SUDENE, o governador Nilo Coelho nos convidou para um jantar na casa dele. E eu disse: — *Vocês estão traindo o Nordeste, porque o (presidente) Médici está lançando a Transamazônica como solução para o problema nordestino, o que não é. Eu acabo de visitar essas regiões e todos que foram estão morrendo de malária e de fome, porque não tem estrada, não tem assistência, não tem nada. E vocês sabem que não resolve. Vocês estão fazendo o jogo dos militares: elogiando, apoiando e colocando no céu a Transamazônica.*"

Os governadores insistiram na idéia de que a rodovia iria deslocar parte da superpopulação do Nordeste para a região despovoada. Tamer e o *Estadão*, por sua vez, defendiam que, ao invés de uma estrada de cinco mil quilômetros, o governo devia criar pólos de desenvolvimento (agroindustrial, mineral, etc.), acompanhados evidentemente de infra-estrutura de apoio. O economista Celso Furtado chegou a criar um núcleo de colonização na pré-Amazônia, Estado do Maranhão, conta Tamer. "Eu fui visitar esse núcleo, percorri toda essa área e fiz dez ou doze reportagens, mostrando que estava tudo abandonado."

Após as reportagens, um coronel do Exército convidou Tamer para um almoço numa churrascaria de São Paulo. A certa altura, o oficial começou a dar recados ao jornalista:

— *Olha, o senhor está sendo muito duro conosco. A estrada é uma conquista nacional e o senhor está exagerando... Talvez seria bom o senhor mudar um pouco o tom, porque nós estamos conquistando a Amazônia contra o estrangeiro...*

— A terra não é boa. São poucos os núcleos de colonização... O gado vai chegar lá e encontrar só capim. E pecuária não coloniza nada, não cria emprego pra ninguém – argumentou Tamer.

— De qualquer forma, o senhor está sendo muito duro.

— Como é que o senhor acha que eu devo interpretar o que o senhor está dizendo pra mim? – indagou o jornalista.

— É uma observação – respondeu o militar.

— Mas o senhor está me alertando, fazendo uma observação ou trazendo um recado pra mim ou para o meu jornal?

— O senhor interpreta como o senhor quiser. Nós (o coronel sempre usava "nós") só estamos achando que o senhor está exagerando.

— Então, eu vou fazer o seguinte: vou levar tudo ao meu diretor, o doutor Júlio Neto, e deixar a ele a decisão.

Tamer foi para a redação do jornal e relatou tudo a Júlio de Mesquita Neto, que o orientou: "— Você já fez as reportagens. Agora, vamos continuar com os editoriais, um por semana. Aí ele me mandou fazer quatro editoriais que eram na verdade pura reprodução das reportagens. E depois ele mandou fazer outro, à medida que a coisa avançava. O que nós queríamos mostrar é que a Transamazônica era utópica e cortava uma área selvagem que ninguém conhecia. Que você não podia explorar uma extensão de cinco mil quilômetros de uma vez só. Que você tinha de ir aos poucos, como foi nos Estados Unidos, ocupando espaços... Então, a idéia era consolidar pólos de desenvolvimento e a partir daí ir ocupando a Amazônia. Tinha por exemplo um pólo mineral no Amapá; tinha um pólo agrícola em Altamira onde a terra é muito boa; e no meio é tudo areião."

Um dia, a caminho do aeroporto, o jornalista tentou convencer o ex-ministro do primeiro governo militar, Roberto Campos, a entrar na briga. De início, o economista, que já estava cansado de brigar contra os monopólios estatais como o do petróleo, relutou:

— Não, Tamer. Não vale a pena entrar nessa briga...

— Campos, se a gente não entrar na briga da Transamazônica, vai brigar por quê?

— Você tem razão – ele se convenceu.

E Roberto Campos foi mais longe. "Escreveu uma série de artigos e inventou a frase 'uma estrada que liga nada a lugar algum', o que provocou a ira brutal dos militares contra ele" – recorda Tamer. "O que ele quis dizer com o 'nada' é que a Amazônia era inconquistável pelo projeto que o governo tinha. E olhe que, naquela época, não havia ainda o problema ecológico."

Em outra viagem à Transamazônica – quando alguns empreiteiros já estavam trabalhando – Tamer verificou mais claramente a fragilidade do ecossistema. "Um dia, eu e um grupo atravessamos (um trecho) até um posto avançado – os engenheiros iam na frente com o pessoal de obra para abrir um campo de pouso para pequenos aviões e para formar núcleo – e ao voltar não pudemos passar porque havia chovido e tudo tinha desaparecido, um igarapé tinha comido tudo... Na maioria da Amazônia, o solo é pobre, é tudo areião. Eu vi aquelas árvores gigantescas, de 40 metros de altura, caírem quando o trator (da empreiteira) encostava nelas. Elas caíam sozinhas porque o solo era pobre... Um trator daqueles abria cinco, seis, dez quilômetros num dia... Era só abrir um buraco no meio da selva que a água vinha e comia tudo logo em seguida."

A Transamazônica cortava horizontalmente o Nordeste e o Norte, de maneira que a Cuiabá-Santarém era perpendicular, formando assim uma cruz – "a cruz da salvação" – no meio do Brasil. Na viagem de pré-inauguração, o então ministro Mário Andreazza levou um grupo de jornalistas, Tamer no meio. "Subimos a Belém-Brasília toda e em um dia e meio nós chegamos no rio Tapajós, já no meio da Amazônia – um rio lindo, azul, cheio de praias." E, num fim da tarde, o jornalista estava sozinho apreciando a beleza do rio quando Andreazza aproximou-se e o abraçou, dando início ao seguinte diálogo:

— *Que tal Tamer? Você que estava tão bravo, olha aí. Em um dia e meio, nós viemos até o coração da Amazônia.*

— *Eu sei ministro. Mas nós estamos a dois mil quilômetros de qualquer centro de consumo.*

— *Mas nós tínhamos que conquistar a Amazônia, antes que o estrangeiro chegasse aqui* – disse Andreazza, que parecia não ter argumento econômico (ele se referia ao Instituto Hudson, instituição norte-americana de caráter privado que falava em construir um grande lago na Amazônia para viabilizar o desenvolvimento da região).

— *Ministro, o senhor não se zanga se eu falar uma coisa?* – interpelou-o Tamer.

— *Não.*

— *O senhor promete que não se magoa?* – insistiu o jornalista.

— *De maneira nenhuma.*

— *Eu posso ser duro?*

— *Pode.*

— *Ministro, eu vou ser muito duro. Posso dizer?*

— *Eu quero ouvir você* – responde Andreazza.

— *Ministro, eu tenho mais medo do estrangeiro em Brasília do que aqui na Amazônia, porque lá, no seu gabinete, sem o senhor saber, ele faz lei; aqui ele tem que cumprir a lei, se tiver lei.*

Andreazza ficou meio sem jeito e Tamer prosseguiu:

— *O senhor disse que eu podia falar...*

— *Eu não estou magoado, mas não é tão fácil assim* – respondeu o ministro.

— *É só aprovar um projeto qualquer no Congresso e pronto: muda tudo. Mas a realidade é outra, é o pessoal que está aqui, abandonado, sendo dizimado pela malária...*

A viagem da comitiva do ministro terminou ali. Tamer ainda prosseguiu adiante, visitando os núcleos de nordestinos até Rondônia onde concluiu a série de reportagens. "Estava tudo abandonado. Havia alguns grupos de colonos nordestinos, e mais nada."

Na inauguração oficial, Tamer voltou ao assunto com o ministro Mário Andreazza, quando eles viram marcas de igarapé, ou seja, de correntes de água que se formavam por causa das chuvas... Os engenheiros colocavam grandes manilhas sob a rodovia por onde a água das chuvas devia passar, evitando assim a destruição da obra. "E nós passamos por algumas que estavam amassadas como se um trator tivesse passado por cima delas, tal o volume de água que caía na época de chuva, entre novembro e março. E eu mostrei: — *Olha, ministro, o que eu falei para o senhor.*"

A rodovia nunca foi asfaltada porque não havia condições econômicas para isso, não havia retorno que justificasse. "A chuva come tudo. É uma estrada que exige um grau de conservação muito grande, um investimento que economicamente não justifica." A briga de Tamer rendeu, além de reportagens, o livro "Tranzamazônica, solução para 2001", no qual ele critica a estrada como saída para o problema nordestino. Não deu outra. A estrada foi abandonada, restando entre 30 e 50 quilômetros transitáveis.

Tanto na briga do Nordeste quanto na da Transamazônica, e mesmo nas outras, o grande diferencial de Alberto Tamer era o de poder conjugar reportagens com editorial. "Era uma situação especial. Eu tinha a vantagem de que a reportagem minha era apoiada por mim mesmo no editorial, com a aprovação da direção."

Nesse meio tempo, mais precisamente em 1972, Tamer começou a trabalhar na *Rádio Bandeirantes*, onde também falava de economia. "A primeira vez que o Mauro Guimarães me colocou no ar, o pessoal disse: — *O Tamer não tem voz*. Ele insistiu: — *Mas eu vou pôr assim mesmo...* Até disseram para eu engrossar a voz. Aí eu fiz a *Rádio Bandeirantes*. Eu sempre fiz uma rádio e um jornal."

X - Espremida entre os classificados

Em 1974, Mário Watanabe foi trabalhar como redator na seção de Geral do *Estadão*, a convite de Francisco de Assis Barbosa – apelidado de "Águia de Mossoró" por Carlos Monforte, numa alusão ao Rui Barbosa, o Águia de Haia. Assis Barbosa era do Rio Grande do Norte e Rui Barbosa, da Bahia. Homem de confiança de Oliveiros S. Ferreira – chefe de redação –, Assis Barbosa era um *copy*, quase com funções de editor.

"A seção de Economia era um feudo, controlado com mão de ferro pelo Frederico Heller. E o Heller tinha lá umas tantas posições que desagradavam ao Oliveiros. Havia notícias que o Oliveiros achava importante. Mandava para lá e o Heller jogava no lixo. O Heller só publicava o que ele queria, aquela economia em tom meio oficial, aquela coisa puxa-saquista da indústria automobilística, da FIESP, aquelas coisas assim. Aí começou a haver uma disputa de poder e o Oliveiros acabou confiscando uma parte da economia para uma outra seção, que chamavam na época de Geral, mas que era uma seção de Economia dentro da Geral. Então, o noticiário sobre geadas, sobre agricultura, sobre os problemas econômicos, enfim, sobre o Brasil real saía na seção de Geral.

Com a saída de Frederico Heller, a cobertura de assuntos econômicos foi unificada na seção de Economia, sob o comando de Roberto Appy que convidou Rolf Kuntz para editor. Francisco de Assis e Mário Watanabe eram subeditores. "Só que o Rolf tinha de escrever editoriais, que era uma das funções dele. Então, na prática éramos eu e o Assis que acabávamos editando porque nós ficávamos ali mais na refrega do dia-a-dia. O Assis sempre cuidando mais da parte de agricultura e eu cuidando do restante. O Rolf dava uma supervisionada. Aí mudou porque passou a haver um comando, vamos dizer, efetivamente voltado para o interesse jornalístico mesmo, interesse da informação honesta tanto quanto possível..."

Watanabe diz que havia restrições da cúpula do *Estadão* para publicar assuntos que contrariassem as posições do jornal. Cita o exemplo dos contratos de risco de petróleo que estavam em plena discussão na época. "O *Estadão*, desde a primeira hora, apoiou os contratos de risco, porque era contra o monopólio do petróleo, sempre foi contra, achava um absurdo... Então, naquela época, a gente – quando saiu a discussão dos contratos de risco – a maioria da seção, eu inclusive, éramos contra esse contrato de risco. Então, opiniões contrárias ao contrato de risco, nossa tendência era jogar lá para cima. Nossa! A gente levava cada sabão ali. Enfim, havia uma orientação ideológica na seção de Economia do *Estadão*... Mas mesmo assim, dentro dessas limitações, acho que a gente conseguiu fazer uma grande seção de Economia. Tinha o Rolf, o Assis e eu, tinha o Jair Borin, o Antonio Machado de Barros... Acho que, sem sombra de dúvida, a melhor seção de Economia da grande imprensa na época era a do *Estadão*."

Jair Borin retomou as atividades jornalísticas na Economia do *Estadão*, no final de 1975 – depois de dois anos preso pelo regime militar –, por intermédio de Rolf Kuntz. Passou pela reportagem, foi *copy-desk*, ajudou na edição... "E me especializei em agropecuária, sobretudo em café. Já no *Estadão*, eu cheguei a fazer um livro para a Fundação Getúlio Vargas sobre o estudo do café no Brasil. A FGV tirou duas edições para seminários internos."

Rubens Glasberg foi outro que Rolf Kuntz também abrigou na editoria de Economia[43]. "Eu passei um tempo no *Estadão*, numa fase em que eu trabalhei

---

[43] Rubens Glasberg deixou a *Folha de S. Paulo* no final da década de 60, rumo ao *Estadão*, também para trabalhar na editoria de Internacional.

lá com o Rolf Kuntz e com o Appy, fazendo a pauta de economia. Na verdade, eu comecei a tomar conhecimento de economia fazendo a pauta de economia no *Estadão*, depois de ter saído da área de Internacional. Até lá, eu nunca tinha mexido com economia. Na verdade, o Rolf me trouxe para a economia porque foi uma época em que os Mesquita estavam na linha de frente do combate ao comunismo e achavam que eu era comunista, achavam que eu era do Partido Comunista... Aí me afastaram da editoria de Internacional quando eles reassumiram... Me tiraram a editoria de Internacional. Eu perdi mais ou menos metade do meu salário. O problema começou logo depois quando eles reassumiram a responsabilidade por todo o jornal mesmo... antes, eles punham (versos de) Camões e, no *Jornal da Tarde*, eram receitas... Aí eles resolveram caçar os comunistas por conta própria. Então, o Rolf me deixou lá na Economia, para não me mandarem embora, senão eu ia ficar desempregado. Não tinha para onde ir. O Rolf me deu guarida lá para eu não ficar sem emprego."

Mário Watanabe era o principal fechador das páginas de economia no dia-a-dia. "Era muito engraçado porque a economia ficava no segundo caderno, antes dos classificados. E os classificados eram aquela coisa: tinha dias que eram mais fortes, outros dias menos fortes, mas, enfim, você nunca sabia o tamanho do espaço que eles iam ocupar. E a seção de economia era o tapa-buracos. Faltavam classificados, tinha que entrar a seção de economia para fechar o caderno. As primeiras duas ou três páginas acho que tinham de fechar até 10 horas e os classificados fechavam tipo oito e meia da noite. Então, mais ou menos 15 para as nove, assim, o chefe da diagramação, o Gegê, recebia a informação de qual espaço tinha ocupado o classificado. E era um jogo que tinha de fazer lá. Eu lembro que era uma coisa maluca. Ele gritava: – *Mário, corta quatro*. Ou então: – *Mário, aumenta oito*. Oito colunas era um bocado. Então, na soma de quatro mais oito davam 12 colunas. Quer dizer, praticamente duas páginas de jornal. Isso faltando uma hora e pouco para o fechamento."

A tática da equipe, combinada com Rolf Kuntz, era sempre ocupar espaço, mostrar a importância da seção de Economia, conta Watanabe. "Então, a gente nunca deixava cortar. 'Corta quatro não. Aumenta oito. Avança oito.' Às vezes, avançava 12 e tal, até pedia mais... matérias que a gente ia preparando para ter com que encher aquelas colunas adicionais. A gente trabalhava feito doido. Acho que todo o tempo que eu trabalhei lá, tinha esse problema. Todo dia era essa loucura."

Em 1978, um ano antes da greve dos jornalistas, Mário Watanabe foi eleito, numa assembléia do Sindicato, delegado de salários no *Estadão*. Era a época das grandes greves do ABC paulista, com Lula e o Sindicato dos Metalúrgicos. "O objetivo desse movimento era conseguir um reajuste de salário para a redação. Mas, quando levamos pela primeira vez a pauta de reivindicações para a direção do *Estadão*, eles disseram que a empresa não estava em condições de dar aumento, até porque, se ela fosse dar aumento, não poderia jamais dar aumento só para a redação. Como empresa, o *Estadão* teria de dar aumento para todo mundo, inclusive para o pessoal administrativo, motoristas, faxineiros, departamento pessoal... Então, alegava a empresa, talvez até com razão, que não tinha verba para dar esse aumento para perto de quatro mil pessoas que era o *Estadão* na época."

O pessoal da redação não desistiu e continuou com a greve, prossegue Watanabe. "O movimento foi crescendo e envolveu as sucursais. Chegamos a fazer operação tartaruga, paralisação por períodos indeterminados... O mais engraçado nesse movimento é que tudo foi feito às claras. Recados meus para as sucursais eram passados ali por telex, tudo por escrito. Não tinha nada escondido ali. E nisso os Mesquita são admiráveis, porque a gente fazia esse movimento todo, usava o telex deles e tal. E eles não deram nenhuma ordem no sentido de não passar telex para sucursais, nem nada. Aguentaram firme. E tanto a gente insistiu que eles acabaram fazendo uma contraproposta. A gente insistiu e eles foram melhorando, até que fechamos um acordo em que havia um aumento escalonado. Assim, para quem ganhava mais, o aumento era menor; quem ganhava menos, tinha um aumento maior. Aí quem ganhava até 10 salários mínimos, se não me engano, teve um aumento bem razoável, porque naquela época a inflação não era tão alta. E o pessoal que tinha uma faixa de salário mais alta, caso em que estava eu, não ganhou nada."

Além de não ter aumento de salário, Watanabe pagou o preço pela greve da redação. "A partir daí, eu fiquei congelado e fui removido, vamos dizer, das funções que eu exercia lá, mas não fui demitido. Simplesmente deixei de ser subeditor da seção. E depois houve a greve dos jornalistas. A gente fez a greve também. Enfim, eu fiquei durante um bom período lá encostado. Aí, eu me cansei dessa situação e pedi as contas. Em 1979, eu saí de lá."

XI - Um foca na reunião da OPEP

Em 1975, Alberto Tamer foi para o exterior trabalhar como adido cultural e de imprensa na Embaixada de Londres, contratado pelo então embaixador Roberto Campos. "O jornal me deixou ir com o Campos, porque ele era muito amigo do jornal, escrevia inclusive para o jornal. Mas o que pagavam lá para eu ser adido cultural e de imprensa dele era uma ninharia. Eram 1.500 dólares. Havia uma dureza. Não é igual hoje. Então, eu ganhava 1.500 dólares quando pagava 700 dólares só de aluguel de casa. Então, o senhor Júlio Neto, disse: — *Olha, nós temos que colaborar com o Campos. Então, nós vamos pagar para você o salário*. Então, eu tinha o salário do *Estado* mais o salário de adido para poder viver lá fora. Eles me autorizaram isso, porque eles queriam primeiro ajudar o

Campos e segundo ter alguém que conhecesse um pouco de economia internacional. Eu comecei a entender um pouquinho de economia internacional depois que fui conviver com o Campos."

Como era funcionário da Embaixada, Tamer teve de usar pseudônimo para continuar atuando na imprensa. Com o pseudônimo de Altino Tavares, trabalhou como correspondente para o *Estadão* e para a *Rádio Bandeirantes*. "Fazia tudo: economia, basicamente, mas quando houve a crise de Suez, eu fiz a crise; quando mataram o presidente do Egito, eu estava lá. Eu cobri a coisa toda da Europa. Lá, eu cobri para a *Rádio Bandeirantes* não apenas economia, mas cobri também a guerra das *Falklands*, as reuniões de petróleo da OPEP quando explodiu com o preço... Eu fazia economia para o jornal, mas de vez em quando. Não era regular. Inclusive, com o pseudônimo, eu e o Campos fizemos muitos artigos criticando o governo. Para a rádio, era regular. Tinha um, dois, três boletins por dia."

A crise de energia que o Brasil passou a viver, conseqüência do choque do petróleo, levou Tamer a se especializar nessa área, a pedido do jornal. "Aí, como eu estava na Europa em 75, em plena crise do petróleo, eu passei por todas as reuniões da OPEP. A única que eu não fui foi a que seqüestraram os ministros."

Na verdade, a primeira experiência de Tamer na cobertura econômica internacional foi a reunião da Organização dos Países Exportadores de Petróleo (OPEP), em Genebra. "Quando eu cheguei lá, estava uma porção de jornalistas internacionais na porta – mais de 30 ou 40 – porque o petróleo estava explodindo, era a crise mundial. Muito ingênuo, cheguei, cumprimentei todo mundo — *Oi, tudo bem?* – e perguntei em inglês: — *Onde é que é? É lá em cima?* Eles responderam: — *É lá em cima, sim.* Então, eu perguntei: — *E onde é que a gente se credencia?* Eles responderam: — *É lá em cima.* Eu vi uma carinha meio safada do pessoal, mas... Era só um andar. Era a coisa mais simples de você entrar lá. Tanto que os seqüestradores entraram fácil."

Tamer subiu o único andar e se apresentou com a carta do jornal, assinada pelo secretário. "Entreguei para a moça, que disse: — *Pois não.* Aí ela me deu a credencial." Tamer então perguntou à funcionária da OPEP:

— *A senhora tem a pauta da reunião?*
— *A reunião não tem pauta.*
— *Tem sala de imprensa?*
— *Não tem sala de imprensa.*
— *E o assessor de imprensa?*
— *Não tem assessor de imprensa.*
— *Então, porque a senhora me deu a credencial?*
— *Eu não dei. O senhor pediu.*

Tamer então desceu a escada. "Foi uma gozação só. Era o foca. Aí eu descobri que tinha que ficar no bar da esquina a noite inteira, tomando uísque e esperando um ministro sair, para bloquear o ministro, segurar o ministro... Eu cobri todas essas reuniões, me especializei em petróleo e comecei a ficar irritado com o que acontecia por causa do petróleo do Brasil."

Em 1976, Alberto Tamer voltou ao Brasil. "O jornal me deu um xeque-mate." Com o retorno ao País, voz e nome se reencontraram, pois não havia mais razão para o uso do pseudônimo. Tamer retomava, assim, a rotina doméstica de fazer jornalismo econômico combativo no *Estadão* e de caráter mais geral na *Rádio Bandeirantes*.

Caminho inverso fez Antonio Carlos Godoy, que, depois de dois anos na seção de Economia do *Jornal da Tarde*, foi para Londres trabalhar na *BBC* e como correspondente *free-lance* do *Estadão* e do próprio *Jornal da Tarde*. "Eu fazia principalmente matérias econômicas em Londres. Cobri as reuniões da Organização Internacional do Café (OIC). E cobri também várias reuniões da OPEP, porque o mundo vivia a segunda crise do petróleo. E o petróleo era um assunto que interessava a todo mundo. Acompanhar a OPEP é uma coisa bem complicada. Mas você estando num centro como Londres fica mais fácil. A informação circula por muitos canais: canais diplomáticos, a própria imprensa..."

Depois de passar a fase de adaptação, Godoy ampliou o leque de cobertura de assuntos econômicos. "Quando você chega num lugar como Londres, você sofre muito no primeiro ano porque você tem que conhecer as pessoas. Naquele tempo, o Brasil fazia muitos empréstimos. Eu fiz muitas matérias sobre dívida externa, empréstimos que eram negociados lá na City de Londres. E ainda fazia matérias de geral. Eu fiz matéria, por exemplo, sobre o primeiro bebê de proveta que nasceu na Inglaterra. Como correspondente, você tem de fazer de tudo. Mas economia era o que mais me ocupava."

Nas reuniões da OPEP, Godoy juntava-se a 100, 200, às vezes até mais jornalistas, que se aglomeravam diante da porta fechada à espera de alguma notícia. "De vez em quando saía um ministro daqueles para ir ao banheiro. Então, você chegava no cara e falava: — *E aí? O que está acontecendo?* A gente ficava junto. Eu ficava junto com o pessoal da *TV Globo*, da *Folha*, do *Jornal do Brasil*. Nós ficávamos todos ali, os brasileiros, juntos, com os jornalistas estrangeiros. E a gente trabalhava muito para minerar as informações. Às vezes, uma frase de um ministro daqueles salvava o dia. Eu me lembro, uma vez, que, na hora em que ia começar a reunião da OPEP, eles disseram: — *Os jornalistas de texto não podem entrar. Só os fotógrafos e os cinegrafistas podem fazer imagem*. Aí, o Bob Feith, que era da *TV Globo*, não teve dúvida: botou uma câmera no pescoço e entrou com a maior cara de pau, fotografando os ministros. Chegou perto do xeque Yamani, que era o ministro do petróleo da Arábia Saudita, o maior produtor de petróleo do mundo, e perguntou para ele: — *Vai ser 20?* Aí ele respondeu: — *Não. Vinte é muito*. Esse '20 é muito' já foi ótimo... Já ganhamos o dia com isso, porque tinha um *lead*: 'O Yamani disse que 20 é muito'. Naquela altura, estava-se discutindo se o preço do barril ia para 20 dólares, ou não. Mas depois da reunião eles davam entrevista. Aí que a gente conseguia fazer as matérias. E havia muito interesse, é claro, porque o Brasil dependia muito mais de petróleo importado naquela época do que hoje."

No caso do mercado financeiro, Godoy aprendeu a buscar as informações diretamente nas fontes de mercado e políticas. "Os grandes bancos ingleses e americanos têm departamentos econômicos muito bons, economistas de primeira que faziam estudo não só sobre o Brasil como todos os países com os quais os bancos tinham negócios. Acompanhavam todos os indicadores da economia... Assim, eu conseguia lá em Londres estar tão bem informado sobre a economia brasileira como se eu estivesse aqui. Talvez até mais. Então, eu falava com fontes diplomáticas, falava com esses economistas dos bancos, falava com executivos dos bancos que faziam negócio com o Brasil ou que dirigiam fundos que investiam na economia brasileira. Já funcionavam aqueles fundos de ações de empresas brasileiras administrados lá fora. E eu fui desenvolvendo um relacionamento com essas fontes."

A fase européia de Godoy não ficou restrita ao trabalho. "Eu fiz pós-graduação em Economia na Universidade de Londres. E só não tirei o mestrado porque eu não terminei a cadeira de econometria. Eu nem tinha formação matemática suficiente para acompanhar porque era tudo em álgebra linear, modelos matemáticos só com matrizes. Enfim, era uma coisa muito pesada. Eu poderia até ter terminado se eu ficasse mais um ano. Quer dizer, eu fiz o curso de macroeconomia e de microeconomia. Eu fiz também matemática aplicada a economia. Por que fui estudar economia? Primeiro, porque eu sempre gostei de economia. Segundo, porque uma vez eu fui entrevistar o ministro Mário Henrique Simonsen, antes de eu ir para a Inglaterra, e ele anunciou para os jornalistas uma famosa fórmula dos reajustes salariais que ele bolou, que tinha um somatório... Um elemento da fórmula era a expectativa da inflação futura. Outro, a inflação passada... E aí dava uma fórmula dos reajustes salariais. Eu me lembro quando o Simonsen, que era um homem inteligentíssimo, disse: — *Com essa fórmula, eu vou destraumatizar os reajustes salariais.* Quer dizer, em vez dessas negociações complicadas... Ele mostrou aquela fórmula para os jornalistas e nós olhamos um para o outro e não entendemos nada, porque a gente não sabia aquela linguagem. Eu admito que, para a maioria dos jornalistas que estavam ali, se não para todos, era uma coisa ininteligível. Eu pensei: 'Está na hora de eu entender mais esse negócio'."

Godoy estudou, durante dois anos, no Birkbeck College da Universidade de Londres, onde lecionava o historiador Eric Hobsbawm. "Tinha professores muito bons tanto em economia neoclássica quanto em economia marxista." Ao todo, foram três anos em Londres. "No primeiro ano, foi muito difícil. No segundo, eu já conhecia mais pessoas. No terceiro, o relacionamento estava ótimo e aí eu voltei."

No mesmo ano em que Godoy foi para Londres, Fernando Pedreira, então diretor de redação do *Estadão*, montou uma equipe de repórteres especiais que reunia nomes como os de Carlos Alberto Sardenberg, Ricardo Kotscho e Sérgio Mota Melo. Eram encarregados de fazer grandes matérias, sobretudo de assuntos políticos, conta Sardenberg. "Apesar de ser matéria mais na área de política, aí já começou a misturar política e economia. A melhor matéria que eu fiz, por exemplo, foi uma sobre o começo da abertura. Quando começou a ter crise militar, o empresariado paulista começou a se movimentar contra o regime militar, que começou a perder a sua eficiência econômica. Então, eu fiz uma grande matéria que chamava 'Encruzilhada do poder'. Eram reportagens especiais mesmo. Saíam duas páginas por dia quatro dias seguidos. Para essa matéria, eu viajei o Brasil inteiro, falei com militares, políticos e empresários. A primeira matéria foi sobre os militares brasileiros, os sinais de ruptura... A segunda foi sobre os empresários contra o AI-5; depois, outra sobre a movimentação dos políticos; e a quarta sobre alternativas. Essa foi a melhor matéria que eu fiz e já misturava bastante política e economia."

Godoy voltara de Londres para ser editor de economia do *Estadão*, em substituição a Rolf Kuntz. "Fiquei uns três anos na editoria. E procurei ampliar o espaço da reportagem. Um problema da época, que atingia tanto São Paulo quanto o Rio, é que os jornais davam muita coisa que vinha do governo. Era sempre o que o Delfim falou. Quando não era o Delfim, era o Simonsen. E começamos a pensar: — *Vamos ver o que está acontecendo com a economia real. Precisamos dar o que o governo faz, a política econômica, as decisões de Brasília. Mas vamos ver o que está acontecendo com a indústria, com a agricultura, com o comércio. As vendas estão subindo, estão caindo? A produção está aumentando, está caindo? O que está acontecendo com a inflação, com as importações, com as exportações?* Quer dizer, fazer um trabalho para acompanhar a economia real, como uma espécie de contraponto com as coisas que vinham de Brasília, para dar ao leitor uma visão mais ampla das coisas. Foi isso que nós procuramos fazer, com muitas reportagens. Então, a gente cobria a indústria, a área financeira, a agricultura... A questão da dívida externa era importante. O Brasil praticamente quebrou em 1982. A gente acompanhava muito esses assuntos."

Com a promoção de Godoy para editorialista, em 1981, Jaime Matos[44] foi para o lugar dele. "E lá no *Estadão* era muito difícil, sempre foi muito difícil. O *Estadão* tinha uma cultura horrorosa... O *Estadão* é chapa-branquista. Adora governo. O *Estadão* tinha uma sucursal gigantesca em Brasília. E eu sempre fui da seguinte teoria: se eu tivesse um jornal, a primeira coisa que eu faria seria fechar a sucursal de Brasília. Não tem importância nenhuma aquilo. Eu não

---

[44] Depoimento em 14/01/2000. José Jaime Matos de Sá nasceu em 1943, na cidade mineira de Guaxupé, e nunca cursou faculdade.

quero saber de Brasília. A economia real acontece aqui. E foi muito difícil porque o pessoal era muito ruim. Além disso, era aquele sistema que eu não gosto, quer dizer, aquele sistema maluco que tinha nas redações que é a linha da desprodução. Você paga um repórter para ir lá fazer uma coisa e depois você paga outro para desmanchar tudo o que o repórter fez. Tem algum erro aí no meio, né. Não existe repórter e redator. Existe jornalista."

Outra dificuldade de trabalhar no *Estadão* – prossegue Matos – era o fato de que "não entrava na cabeça do pessoal o que era jornalismo econômico. Jornalismo econômico é a mesma coisa que qualquer outro. Não tem diferença. E então era aquela coisa lá, aqueles vícios e tudo que quem trabalhou na *Gazeta* alguma vez abomina. Quer dizer, entre ouvir o presidente do sindicato e um pequeno empresário, ouça sempre o pequeno empresário. Sem chapa branca. Então, foi muito difícil. Eu fiquei um tempo lá."

Jaime Matos saiu do *Estadão*, no fim de 1982, desgostoso com a maneira como foi tratado o famoso caso da porca assassina. "Foi uma matéria do Carlos Chagas. Ele foi falar com o Abi Ackel, que era ministro da Justiça, e tinha uma janela estilhaçada. Aí ele botou na cabeça que era um tiro. E era uma porca daqueles cortadores de grama – isso acontece muito em Brasília – ou uma pedrinha... dizem que aquilo bate. Ele bateu numa porca e jogou lá. E saiu uma manchete que tinha tido uma atentado contra a vida do Abi Ackel. Eu não fiquei puto por causa da manchete. Eu fiquei puto porque ninguém falou com a gente que tinha isso. Foi escondido da gente. Porque se tivesse falado, a gente ia argumentar. Quando eu vi aquilo, eu falei. Não dá. Qualquer cara que conhece o mínimo de Brasília, sabe que, para dar esse tiro, o cara precisava estar a 100 quilômetros de altura, que foi depois o que o Instituto Carlos Ébole falou. Precisava estar numa altura descomunal para ser um tiro aquilo. Então, eu fiquei muito desgostoso com isso aí, pelo fato da gente não ter sido consultado. Foi tudo feito na surdina."

XII - A briga do petróleo

Alberto Tamer não se conformava com o comportamento da Petrobrás, que impedia as companhias estrangeiras de investir no Brasil no auge da crise do petróleo. Por isso, iniciou uma briga sem tréguas contra a poderosa estatal. A munição utilizada incluiu o livro "Petróleo, o preço da dependência" (editora Apec), no qual Tamer criticava a posição do governo Geisel e da Petrobrás diante das crises do petróleo. Denunciava a estatal por recusar proposta para explorar petróleo na boca da crise.

O confronto ganhou tal dimensão que Shigeaki Ueki, então ministro das Minas e Energia e mais conhecido como "japonesinho do Geisel", procurou o *Estadão*. "Ele queria duas coisas. Primeiro, ele insinuou que Júlio Neto devia me despedir. O Júlio Neto, assim que chegou, mandou me chamar. — *Ô Tamer, eu almocei com o seu Ueki. Eu perguntei:* — *Alguma novidade? Ele respondeu:* — *Ele deu a entender que eu deveria despedir você. Eu perguntei dando uma risada:* — *Qual foi a sua resposta?. Ele falou:* — *Você tem ainda algum editorial para escrever sobre o assunto? Eu disse:* — *Tenho. Ele prosseguiu:* — *Então, escreva.* E depois de frustrada a tentativa de me despedir, o Ueki propôs que se fizesse uma mesa redonda com toda a diretoria da Petrobrás, coisa que era inviável porque os militares da Petrobrás não falavam."

A mesa redonda com a diretoria da Petrobrás, contudo, foi marcada para o Rio de Janeiro. "Eu me apavorei. O que eu conhecia de petróleo perto daqueles caras lá não era nada. Diretor de tecnologia, diretor de pesquisa, diretor de produção, diretor disso, diretor daquilo... Tudo macaco velho. E eu sozinho."

Júlio de Mesquita Neto escalou Marco Antônio Rocha e Robert Appy para acompanhar Alberto Tamer. "Mas os dois não eram do setor. Quem fazia editorial era eu. Então, fiquei meio apavorado. Não dormi aquela noite no Rio. Foi uma noite de cão. Juntei todo o material que eu podia para discutir com o presidente, com todo mundo da Petrobrás: uma mesa redonda grande – umas 30 pessoas – e eu ali. Preparei todo o material, botei numa pasta... E na mesa botei a pasta do meu lado e fiquei lá. Eu sei que eu dei uma surra neles que não tinha tamanho. Então, eu estava assustado. Não é possível. Os únicos argumentos que eu tinha: a empresa investiu pouco em pesquisa e produção, porque não davam lucro, e investiu muito em refino. E não deixava os outros investirem... Eu sei que eu dei uma surra neles e eles calaram"

Logo que voltou do Rio de Janeiro, Tamer encontrou Júlio de Mesquita Neto, que indagou: — *E aí?* Ele respondeu: — *Eu não entendi nada. Eu dei uma surra neles. Não sei o que aconteceu.* Bastante intrigado, Tamer então telefonou para um informante que tinha dentro da Petrobrás. Houve o seguinte diálogo entre o jornalista e o informante.

— *O que está havendo aí? Ficaram todos calados. Podiam ter me liqüidado, podiam ter me arrasado. Podiam ter citado dados técnicos e cifras que eu não conheço."*
— *Você estava com aquela pasta preta?*
— *Estava.*
— *Onde é que você botou a pasta?*
— *Do meu lado, em cima da mesa.*
— *Então foi isso. E você tirava alguma coisa?*
— *Quando eu precisava de algum número, eu tirava para discutir com eles.*
— *É a pasta.*
— *Mas o que tem a pasta?*
— *Enquanto você os chamou de burros, eles ficaram calados. Eles estavam com medo que você tivesse algum outro documento provando que eles eram desonestos. Eles estavam com medo que você tivesse alguma coisa mostrando que eles recebiam*

comissão na compra de petróleo. O medo deles era a sua pasta preta. Pensavam que você tinha alguma coisa sobre corrupção, internamente.

Tamer foi salvo pela pasta preta. Mas a briga contra a Petrobrás rendeu muitos dissabores a Tamer, até mesmo vingança da parte de funcionários da estatal. "Para se ter uma idéia de como eles eram rancorosos, quando saíam editoriais duros contra a Petrobrás, que o Júlio Neto pedia – sempre defendendo a abertura –, no dia seguinte eles ligavam para minha casa, chamavam minha mulher e diziam que eu tinha amante. E contavam toda uma história. Era um drama. E contavam coisas terríveis. Aí, eu me preparei. Quando eu ia fazer editorial, eu prevenia a minha mulher: — *Amanhã, vão telefonar. Aguarde.* Aí eles telefonavam.... Eles jogavam sujo para defender o dinheiro deles, aquela mamata: os caras se aposentavam com salário integral depois de promovidos no último ano. Depois voltam para trabalhar de novo... A diretoria toda era assim. Eles se aposentavam com o último salário de diretor, esperavam um pouco e voltavam contratados novamente. Então, eles tinham dois salários, entre 20 mil e 25 mil dólares."

XIII - A briga da energia nuclear

Alberto Tamer acompanhou também a entrada do Brasil no programa nuclear. "Eu fui falar com o pessoal que entendia de energia, o João Cotrim, por exemplo, que é de Furnas: — *Cotrim, eu não estou entendendo essa história da Nuclear. Nós estamos aí com a crise de petróleo, temos energia hidroelétrica sobrando, temos usinas hidroelétricas em construção paradas por falta de dinheiro.* E o Cotrim fez os cálculos e chegou à conclusão que ia custar 3 mil, 2 mil dólares o quilowatt da usina nuclear, quando o da hidroelétrica era 800 dólares, 700 dólares. Aí eu alertei o *Estado* que esse programa era maluco. Aí fomos descobrir que o programa no fundo era um programa militar, que tinha como objetivo a bomba também. E que o presidente tinha exigido dos alemães oito usinas. Quer dizer, oito usinas iam custar naquela época 32 bilhões a 35 bilhões de dólares. Então, era uma loucura porque o nosso problema não era de energia elétrica. O nosso problema era de energia líquida: era de petróleo, etc."

Foi outra briga com o ministro Shigeaki Ueki, que fechou o negócio com os alemães. "O Ueki e aquele embaixador, Paulo Nogueira Batista. Uma loucura. Tanto é que a usina custou 20 bilhões, a única usina. Não por culpa dos alemães, porque havia o financiamento externo. Foi dado 4 bilhões ou 5 bilhões de dólares. Não havia era dinheiro para pagar o salário dos trabalhadores. Parou por causa disso. Até a revista *Veja* publicou uma matéria interessante sobre isso. Então, houve a briga da energia nuclear."

A lista de brigas de Tamer é engordada pela contenda sobre Itaipu, no início dos anos 70. "Foi uma briga curiosa porque eu estava convencido que tinha que fazer a usina, que era importante Eu falei com todo mundo. Havia o interesse dos empreiteiros, é lógico. Mas tinha que fazer uma usina para aproveitar aquele potencial de 16 milhões de quilowatt/hora. Então, uma usina sozinha valia por 15 das outras usinas, comparando mais com a nuclear e aquelas coisas todas... E o Marcondes Ferraz, que era muito amigo dos Mesquita, queria vender a idéia que tinha de fazer não uma usina, mas várias usinas no rio Paraná... Ele pretendia fazer quatro ou cinco usinas naquela época, que iam dar o equivalente a Itaipu e seriam mais baratas."

Tamer, porém, era contra. "Não funcionava, primeiro porque, só de se falar em Itaipu, criamos uma crise com a Argentina, porque ia mexer na vazão da água. Era uma loucura, uma briga terrível de militares. Se a gente segurasse mais água, eles não podiam fazer a usina de Corpus, ou Corpus ia ter uma quantidade menor de energia. Se só com uma usina tivemos toda essa briga com os argentinos, imagina com quatro usinas. Aí, numa reunião, eu e o Marcondes Ferraz discutimos. Eu disse: — *O senhor me desculpe, mas o problema não é só econômico. O problema é geopolítico.* Quer dizer, na hora que nós fizermos um acordo com o Paraguai, o Paraguai sai da esfera da Argentina e passa para a esfera do Brasil. Nós vamos ter energia, vamos ter o Paraguai com mercado cativo, vamos ter o Paraguai como aliado em qualquer situação... Mesmo assim, o quilowatt/hora é mais barato."

Quando o *Estadão* escalou Tamer para cobrir a crise Brasil-Argentina, o jornalista disse: "— *Senhor Júlio, primeiro eu vou a Brasília ver qual é a posição do Itamaraty para não conflitar muito. Vamos saber o que eles pensam.* Aí, eu marquei uma entrevista com o Gibson Barbosa. Cheguei lá às três horas. Às quatro horas ele não tinha me atendido. Chamei a secretária e escrevi um bilhete. 'Quero informar ao senhor que estive aqui... Se o jornal *O Estado de S. Paulo* publicar alguma coisa que vá ferir os interesses do Brasil, a culpa não é nossa porque nós não sabemos realmente qual é a posição do Itamaraty. Estive aqui para isso e não fui atendido.' Assinei: Alberto Tamer. Quando eu já estava no elevador, o Dário Castro Alves, chefe de gabinete, chegou correndo atrás de mim. — *Por favor senhor Tamer...* Aí abriram as portas para mim. Então, eu tinha toda a cobertura possível e imaginável. E defendíamos Itaipu, na cota em que Itaipu foi feita. Defendíamos que a Argentina não ia ser prejudicada, que ela podia fazer Corpus, como fez."

Tamer confessa que se cansou de tantas brigas. "Briguei contra a Transamazônica, fizeram a rodovia. Briguei contra o programa nuclear, fizeram o programa nuclear. Conseguimos evitar, graças a Deus, que se comprassem oito usinas. Ficaram só duas, das quais uma está encaixotada. Briguei contra a pobreza do Nordeste, o Nordeste continua pobre. A Sudene não era a solução do Nordeste. O problema era agrário, agrícola, e não industrial. O pessoal continua morrendo de fome. Então, teve Nordeste, teve Transamazônica, teve petróleo, teve nuclear, teve Itaipu. E a briga do petróleo continua..."

PARTE 3

A Escola de Geraldo Banas

I – Ribeiro e Banas nos *Associados*

Foi no início dos anos 20, época bastante difícil para a imprensa oposicionista, que Assis Chateaubriand aproveitou a oportunidade para comprar *O Jornal* de Renato de Toledo Lopes. Com sede no Rio de Janeiro, *O Jornal* mantinha-se na oposição desde que começou a circular em 1919. Para adquiri-lo, Chateaubriand contou com o auxílio de Epitácio Pessoa, Alfredo Pujol e Virgilio de Melo Franco e ainda teve o beneplácito do presidente Artur Bernardes, eleito em março de 1922. A partir daí, Chateaubriand começou a construir o seu império jornalístico[45].

Logo cedo, Chateaubriand percebeu a importância de ter jornalistas voltados para questões econômicas. Tanto que, em 1924, convidou Pandiá Calógeras, Paulo Castro Maya e o engenheiro Ferdinando Laboriau para tratar de assuntos econômicos e financeiros em *O Jornal*[46].

Naquele mesmo ano, o jornal começou a promover uma série de campanhas, que acabariam por contribuir para aumentar o número de leitores e ao mesmo tempo gerar novas receitas. A primeira, que procurava estimular a população a usar cheque, tinha como endereço certo homenagear os banqueiros, a quem Chateaubriand recorreria muitas vezes nos momentos de dificuldades. Outras campanhas combatiam a carestia, as emissões desenfreadas de moeda pelo governo e a inflação (que mal passava de 1% ao mês). Havia as que promoviam temas como a criação do Instituto de Defesa do Café ou atacavam medidas

---

[45] Sodré, Nelson Werneck. História da Imprensa no Brasil, Martins Fontes, São Paulo, 1983.
[46] Idem.

governamentais como o entesouramento de moeda. Também havia aquelas a favor de maior crédito oficial para o comércio e a indústria[47].

Chateaubriand percebeu que, se quisesse pagar uma grande equipe de jornalistas, fazer um grande jornal e gerar filhotes pelo Brasil, precisava, além da venda em bancas, criar o hábito dos anúncios da indústria e do comércio. Um dos filhotes de O Jornal seria o *Diário da Noite*, que começou a circular em janeiro de 1925 em São Paulo. Outro filhote foi o jornal *Diário de S. Paulo*, lançado em janeiro de 1929, sob a direção de Rubens do Amaral. O jornal tornou-se logo sucesso junto ao público, integrando-se à poderosa "cadeia" encabeçada por *O Jornal*[48].

Assis Chateaubriand conseguia conciliar a paixão política com o instinto jornalístico. Tanto que, ao lado de repórteres políticos de grande expressão, tratou logo de reforçar a equipe com jornalistas de economia. Em junho de 1949, contratou Benedito Ribeiro como redator auxiliar do *Diário da Noite* (salário de 1.700 cruzeiros) e como noticiarista do *Diário de S. Paulo* (salário de 1.400 cruzeiros)[49].

Ribeiro começou a carreira em 1948 no pequeno *Jornal de São Paulo*, dirigido por Guilherme de Almeida. No mesmo ano em que Ribeiro estreava no jornalismo, morria no Rio de Janeiro o senador e ex-presidente da FIESP, Roberto Simonsen. A morte do líder empresarial, no dia 25 de maio de 1948 na sede da Academia Brasileira de Letras, foi uma das memoráveis coberturas jornalísticas de Benedito Ribeiro.

"Quando ele morreu, o corpo foi trazido de trem do Rio de Janeiro. O trem parou em Mogi das Cruzes. Eu e o fotógrafo do jornal, juntamente com outros jornalistas, pegamos o trem em Mogi. Quando chegamos na Estação Roosevelt, não conseguimos localizar o carro de reportagem, que não conseguia entrar. Aí aconteceu uma coisa curiosa. Entramos no carro do arcebispo de São Paulo, Paulo Rolim Loureiro, que o fotógrafo conhecia. Então, veio o féretro. Nós estávamos no carro do arcebispo quando o carro do J. J. Abdalla, que era secretário do Trabalho entrou na nossa frente. O arcebispo então começou a gritar: — *Esse filho da puta do turquinho.* Ele vinha o tempo todo gritando: — *Esse filho da puta do turquinho.*"

---

[47] Idem.

[48] Idem.

[49] Depoimento em 24/09/1998. Benedito Ribeiro nasceu em 1924 na cidade de São Pedro, interior paulista. Já na capital, obteve os primeiros conhecimentos de economia na Escola Livre de Sociologia e Política, que funcionava no Largo São Francisco. Depois fez curso de especialização em jornalismo, por cinco meses, na Universidade de Missouri, Estados Unidos. Numa época em que economista era espécime rara, foi convidado a filiar-se ao Sindicato dos Economistas do Estado de São Paulo. Foi, contudo, presidente do Sindicato dos Jornalistas em 1960 e 61.

Convidado por Moacir Correa e pelo secretário de redação Carlos Laino Junior, Ribeiro foi trabalhar sob a direção do "mestre" Rubens do Amaral. Logo cedo tornou-se repórter de economia. Viajava pelo interior de São Paulo e do Brasil e escrevia sobre agricultura, especialmente produtos como café e algodão. As reportagens de Ribeiro eram publicadas nos *Diários* mas também em outros jornais do grupo como o *Estado de Minas* e *O Jornal* do Rio de Janeiro. Depois, ele foi promovido a chefe de reportagem e editorialista.

Benedito Ribeiro conheceu Geraldo Banas nos *Diários Associados* na década de 50. "O Geraldo trouxe para o Brasil conhecimentos de economia que pouca gente tinha. Um dia ele escreveu sobre o Ex-Import Bank. O Rômulo Fonseca, um intelectual que era o subsecretário de redação do *Diário de S. Paulo*, veio me perguntar porque ele tinha colocado 'Ex'. Eu expliquei que o Geraldo se referia ao Banco de Importação e Exportação. Quer dizer, Rômulo não entendeu o sentido em inglês de 'Ex'."

Uma das ofertas de Assis Chateaubriand, para tirar Banas do jornal *O Estado de S. Paulo,* foi o primeiro andar (parte da frente) do prédio dos *Diários Associados* na rua Sete de Abril, espaço que mais tarde seria transformado no Museu de Arte de São Paulo (MASP). Ali, Banas instalou seus arquivos e começou a produzir os seus estudos e publicações. A esta altura, ele já tinha um departamento de pesquisa muito desenvolvido, base para estudos sobre os setores privado e público.

Geraldo Banas foi um grande inovador no jornalismo econômico, como testemunha Benedito Ribeiro. "Banas introduziu no Brasil um tipo de pesquisa econômica. Ele foi o primeiro a fazer pesquisa sobre a vida das empresas e a organizar o sistema de investimento industrial. Para isso, baseava-se no *Diário Oficial*. Ele assinava o *Diário Oficial* de todos os estados brasileiros, para acompanhar o comportamento da vida econômica do país. Mas ele fazia mais de uma assinatura do mesmo jornal para diferentes endereços, para garantir que algum chegasse, porque muitos estados recebiam o dinheiro da assinatura, mas não mandavam o jornal."

Assim, Banas chegou a ter uma das mais completas coleções de *Diário Oficial* no seu departamento de pesquisas, na sede dos *Diários Associados*.

Na década de 50, Banas chegou a ter oito empregos. Foi membro do Conselho Econômico da FIESP e assessor econômico da Bolsa de Valores. Produziu o boletim informativo da Associação Comercial e foi assessor de Ricardo Jafet, presidente do Banco do Brasil no governo Getúlio Vargas. Fez pesquisas para o comendador Pereira Inácio, fundador da Votorantim e sogro de José Ermírio de Moraes. Banas ainda produziu uma *newsletter* semanal mimeografada sobre mercado financeiro, novidades da indústria e notícias do exterior, além de fazer palestras em diversas faculdades.

Tanto Banas quanto Ribeiro acompanharam de perto o governo Juscelino Kubitschek, que estimulou o desenvolvimento industrial apoiado em investimentos estrangeiros. Isto refletiu na imprensa econômica, que até então priorizava *commodities* como café e açúcar ou enfatizava a abordagem política dos temas econômicos, como fazia Assis Chateaubriand. Tanto que, por muito tempo, houve nas redações dos grandes jornais preconceito contra matérias de negócios. Mário Mazzei Guimarães costumava dizer que quem escrevesse sobre empresas era chamado de "gaveteiro", aquele que estava na gaveta das empresas, fosse ou não verdade.

Geraldo Banas teve uma visão positiva, porém crítica, da época de Juscelino Kubitschek. Um governo que cometeu erros porque foi "muito progressista". Um presidente que era, antes de mais nada, "um ser humano". Um dos grandes erros de Juscelino, porém, foi a opção pela indústria automobilística e o esquecimento dos demais meios de transportes, como trem e cabotagem. "Com os automóveis, você tem um conflito do capitalismo. As montadoras produzem um milhão, dois milhões de carros... Mas não constróem nada de infra-estrutura. Isso fica por conta do Estado. De qualquer forma, o Brasil é um superpaís que exige um super-homem. Exige vinte gerações de Kubitschek, que comete erros mas toca pra frente."

O entusiasmo pela fase Kubitschek contagiou vários jornalistas, entre eles Benedito Ribeiro. "A época juscelinista foi a época dos projetos alucinantes. Mas era um negócio que trazia um certo orgulho. Então, todo mundo era Juscelino. Ele era muito simpático e hábil. E nós estávamos assim meio orgulhosos. Eu falo por mim."

Não foi o caso do ex-presidente Jânio Quadros, como diz Geraldo Banas: "Era uma figura com várias caras, mentiroso, vira-casaca... Tinha desprezo total pelo popular. Sequer era um intelectual. Não publicou nada. Era um impostor." E completa Ribeiro: "O Jânio era um demagogo. Soube aproveitar os problemas existentes na época para se eleger. O Carlos Lacerda, da UDN, usou o Jânio para derrotar o candidato do Juscelino. Mas o Jânio também usou o Lacerda e a UDN. Como não tinha compromisso com nada, renunciou."

Em 1962, Benedito Ribeiro foi ao México acompanhar, para os *Diários Associados*, a primeira reunião da Organização Internacional do Café (OIC), cuja sede seria posteriormente transferida para Londres. A partir daí, viajou várias vezes à Europa, quase sempre em companhia de Frederico Heller, do *Estadão*, para cobrir as reuniões de café em Londres. "Ficávamos sempre hospedados no hotel Camberland. O Heller era uma das pessoas mais tímidas que eu já vi. Inteligente e culto, mas tímido. Uma ocasião, em Londres, contou-me que, quando saiu foragido da Áustria, ele e os pais ficaram sem a roupa do corpo. Então, aqui em São Paulo, ele tinha 12 calças, 12 camisas, 12 paletós, porque nunca mais queria ficar sem roupa."

Benedito Ribeiro conheceu o empresário Horácio Coimbra, com quem viajou muito ao exterior, por intermédio de Assis Chateaubriand. Com a morte de Chateaubriand, em abril de 1968, Coimbra levou Ribeiro para ser assessor de diretoria da Companhia Cacique de Café Solúvel.

II - Revista e anuários

Em meados da década de 50, Geraldo Banas lançou a revista *Banas Informa* e os *Anuários*, inicialmente mimeografados e depois impressos em duas pequenas máquinas tchecas, o que permitiu aumentar o número de páginas e a tiragem. Os primeiros *Anuários* eram chamados de *Livro das Sociedades Anônimas* e, em 1957 e 58, de *Balanço das Sociedades Anônimas*. No final da década, os *Anuários* foram setorizados, o que mostrava o nível de industrialização já alcançado pelo país e a visão de Banas sobre a economia brasileira.

Para se ter uma idéia da profundidade e seriedade do trabalho desse pioneiro, basta ver uma das edições da revista *Banas Informa*, de julho (I) de 1960, que traz na seção "A marcha dos negócios" (página 4) análise do balanço do Banco Mercantil de São Paulo, sob o título "Pulam os lucros bancários". O Mercantil era o primeiro dos bancos "bilionários" a divulgar o balanço do primeiro semestre daquele ano. O texto deduzia que as características do balanço deveriam prevalecer para os demais estabelecimentos creditícios, "o que provavelmente demonstra a tendência nesse setor". O lucro líquido do Mercantil de São Paulo pulara de Cr$ 95,6 milhões no primeiro semestre de 1958 para Cr$ 208,5 milhões no mesmo período de 1960.

Na mesma edição (seção "Bolsa e Banco"), a revista anunciava o capital inicial de um milhão de dólares do novo Banco Interamericano, criado para "promover e incentivar o comércio entre os países da América Latina, garantindo créditos para produtores e consumidores e fazendo empréstimos para equilibrar as flutuações das balanças de pagamentos. O novo Banco financiará projetos de interesse público, tais como estradas e instalações hidro-elétricas. Para este fim, o Banco Interamericano possui um Fundo Especial de 150 milhões de US$..."

Em "Tendências" (página 5), a revista mostra que a Cia. Paulista de Estradas de Ferro era uma exceção aos "sempre deficitários" transportes ferroviários no Brasil. Era a única ferrovia que apresentava lucro líquido anual e distribuía dividendo de 8% cada ano. Mas a rentabilidade da empresa "não apresenta perspectivas de melhora, porque depende de uma receita que se baseia em tarifas fixadas pelo Poder Público, geralmente com atraso em relação à desvalorização monetária". Além disso, "as estradas de ferro sofrem a concorrência dos transportes rodoviários, que se amplia a olhos vistos".

Na página 9, *Banas Informa* relata que "o movimento nas Bolsas é ativíssimo", com "real interesse por parte dos operadores pelas transações no pregão".

Entre as razões para isso, lista a alta contínua das cotações de ações industriais (Belgo Mineira, por exemplo) devido à previsão de forte surto inflacionário no segundo semestre; compras especulativas com fortes oscilações de preços (exemplos: Vale do Rio Doce, Cia. Paulista de Estrada de Ferro e Panair do Brasil); e o aparecimento de ações ordinárias da IRF Matarazzo, a preços baixos no mercado no momento em que se inicia a venda de ações preferenciais. Em seguida, vem o comentário: "Estes acontecimentos, produzidos simultaneamente em pouco tempo, trazem para as transações bolsistas um ambiente de suspense, que é propício para operações especulativas. E isto exerce forte atração sobre o 'hot-money' local, sempre ávido em busca de fontes de renda mais elevadas do que as 'tradicionais'."

Na quarta edição de Julho (1960), Banas lembra aos leitores, na seção "Nossos Planos" (página 2), que edita "há tempos" uma edição inglesa, também semanal, da revista. "O propósito dessa edição é servir as Companhias com ligação no exterior, e que precisam remeter para a matriz ou para os associados um apanhado periódico da situação econômica no Brasil." O Serviço Banas em inglês fornecia ao homem de negócios "tudo o que ele precisa saber para acompanhar os acontecimentos econômicos no Brasil".

Na seção "Bolsa e Banco" (página 8), sob o título "À sombra dos Bancos mineiros", a revista diz que havia alguns anos que o sistema bancário paulista não dominava mais o cenário financeiro. Entre as razões para isso, aponta: o café não era mais o único produto cuja comercialização era financiada na base de preços mínimos fixados pelo governo; os bancos "de fora" penetravam, por sua vez, na região geo-econômica de São Paulo, iniciando intensiva competição com os estabelecimentos locais; e a intensificação da tendência inflacionária aumentava as necessidades de financiamento de tal forma que o dinheiro se tornava um artigo ultraescasso. Em consequência, subia a taxa de juros e os Bancos enfrentavam períodos de intensa prosperidade ("o 'buyer's market' parece se eternizar").

Prossegue a análise: "Nestas condições, trabalhar com uma matéria-prima predileta (como o café) não é mais vantajoso do que com qualquer outra, pois os empréstimos estão rendendo o máximo. Em outras palavras, o que determina o Lucro Líquido e as suas dimensões é o volume dos Depósitos. Neste particular, os Bancos mineiros superam os paulistas de longe. E este fato se reflete na rentabilidade." No final da análise, surge a pergunta: "por que os Bancos mineiros não lançam à subscrição as suas ações nos grandes centros financeiros do País?"

Na mesma edição, a revista anuncia a fundação da Sprecher & Schuh do Brasil S/A – Indústria de Aparelhagens Elétricas, com capital inicial de Cr$ 1 milhão, tendo como principal acionista a firma suíça Sprecher & Schuh S/A (90% das ações). Numa primeira fase, a empresa fabricaria toda a linha de produtos de alta tensão da matriz, começando pelas instalações elétricas para distribuição – disjuntores – e equipamentos complementares. No primeira ano de atividade, seriam investidos Cr$ 30 a Cr$ 40 milhões, inclusive nas instalações da fábrica em São Paulo.

Na indústria de calçados, a revista anuncia a concessão de prioridades, com isenção de taxas, para a importação de máquinas e equipamentos destinados à montagem de fábricas no Nordeste, de acordo com os planos da Sudene. Entre as firmas beneficiadas, estava a baiana Mirca S/A Indústria e Comércio, de Salvador, cuja fábrica produziria inicialmente 250 mil pares de calçados por ano, podendo chegar a 420 mil pares.

Na seção "Comércio Exterior" (página 6), *Banas Informa* noticia que o corte efetuado na cota de importação de açúcar cubana pelos Estados Unidos "animou o mercado internacional do produto. O **Cartel**, que controla praticamente todas as exportações mundiais (fora do mercado norte-americano), aumentou logo os limites de exportação e espera-se que os preços internacionais se mantenham no nível atual". A Rússia apresentou-se como o comprador maciço de açúcar cubano, escasseando o produto. E as 700 mil sacas que Cuba forneceria aos Estados Unidos foram distribuídas entre outros países, cabendo ao México (que até então era fornecedor marginal do produto) aumento de 210% na sua cota. "Este fato revela que no caso prevaleceram considerações extra-econômicas."

A primeira edição de julho de 1961 – portanto um ano depois – trazia, pela primeira vez, o nome do editor no expediente da revista. Era Benedito Ribeiro, que, mesmo sem deixar os *Diários Associados*, era contratado como redator-chefe de *Banas Informa* pelo salário de 80 mil cruzeiros. Outra inovação foi o início da venda de espaço para anúncios comerciais. Na linha das edições anteriores, apresentava notícias e comentários sobre setores da economia como bolsas, bancos, investimentos, editoras, energia, transportes, mineração/petróleo, siderurgia/metalurgia, máquinas/aparelhos e indústrias automobilística, têxtil, química/farmacêutica/plástico, de borracha e artefatos e de óleos vegetais.

Na mesma edição, Geraldo Banas anunciava a associação com a *Economist Intelligence Unit* – para oferecer serviços de consultas e pesquisas econômicas tanto no Brasil quanto nos grandes centros de negócios – e com a editora *McGraw-Hill* (dos Estados Unidos) para a publicação no Brasil da revista *Direção* e de outras revistas similares às editadas pela organização norte-americana. Com essa iniciativa, pretendia criar revistas técnicas, para colocar ao alcance dos empresários brasileiros as mais recentes conquistas da tecnologia nos diferentes campos de atividades industriais, de maneira a atender à necessidade do desenvolvimento manufatureiro nacional.

Na terceira edição de agosto de 1961, a revista anunciou a instalação no Recife de uma Agência da Banas, sob direção dos jornalistas Fernando Cordeiro Galvão e Telha de Freitas, para fazer levantamentos de mercado no Nordeste, a fim de oferecer aos empresários do Sul informações para a realização de investimentos. Na primeira edição de fevereiro de 1962, apareceu, pela primeira vez no expediente da revista, a relação completa do corpo redacional e dos correspondentes. Entre os nomes citados, apareciam os de Alzira Pacheco Lomba (secretária de redação), Mário Wilches, Ênio Squassoni e Carlos Franceschini. Os correspondentes estavam distribuídos por Recife (PE), Guanabara, Belo Horizonte (MG) e Salvador (Bahia).

Em 1960, o Serviço Banas já havia lançado 51 publicações. Em abril daquele ano, por exemplo, estavam à venda os seguintes Anuários: *O Brasil em 1958 (Marcha dos Negócios), Indústria de Autos e Autopeças, Indústria de Plásticos no Brasil, Nos Bastidores do Setor Bancário, Indústria de Papel e Celulose, O Brasil em 1959 (Marcha dos Negócios), Indústria Têxtil de Lã e Indústria Petroquímica no Brasil*. Estavam em fase de preparação: *O Capital Estrangeiro no Brasil, Anuário da Indústria Química, Indústria Siderúrgica no Brasil, Anuário dos Transportes (inclusive Indústria Automobilística)*.

De acordo com a publicação A Indústria Química no Brasil (1956-63), 502 empresas eram responsáveis pela produção química do País. A importação de equipamentos para a indústria era considerada modesta, mas se verificavam "fortes investimentos de empresários estrangeiros ("Diamond", "Montecatini", "Saint Gobain" e outros), que são capazes de acentuar a competição em vários setores básicos da indústria química." No conjunto, os capitais brasileiros eram responsáveis por aproximadamente 55% do potencial químico do País; aos europeus cabia a parcela de 29% e às companhias norte-americanas, 19%.

Na terceira edição do *Anuário A Indústria Farmacêutica no Brasil (1961)*, foram analisadas 302 empresas do setor, com dados sobretudo quanto ao volume de vendas. A publicação trazia ainda o "Quem é Quem" da indústria farmacêutica brasileira, reproduzindo uma relação dos dirigentes das empresas e dos farmacêuticos responsáveis. Já a quinta edição do *Anuário da Indústria de Papel e Celulose (1961)* apresentava visão retrospectiva da produção de 1953 a 1960, assim como a previsão de produção em 1961 e a projeção para o período 1962/63. "Um fato é certo: o Brasil caminha para a auto-suficiência em matéria de papel e celulose e dentro de quatro anos no máximo aparecerão as novas grandes usinas de Mogi-Guaçu, Canoas, Monte Alegre, Suzano, Guarapuava, como fornecedores dos mercados continentais."

O *Anuário Os Transportes no Brasil (A Indústria Automobilística), 1961*, em sua terceira edição, reúne monografias de 577 companhias fabricantes, com informações sobre produção, ligações e dimensões financeiras e outros aspectos de interesse dos leitores. Sobre a indústria automobilística, diz que "está assumindo a mesma importância que tem para os Estados Unidos: é um ramo fabril com profundas influências em amplos setores da vida econômica do País". Promoveu uma revolução no sistema financeiro (com a introdução do "acceptance") e influiu no aparelhamento de distribuição, por meio dos concessionários dos produtores de veículos. O crescimento da produção dessa indústria em 1960 foi bem maior do que nos anos anteriores, numa "bola de neve rolando pelas montanhas: cada vez mais se fortalece a manufatura automobilística". O mesmo não ocorria com o setor de material ferroviário, que "mantém ociosa uma grande parte de sua capacidade de produção". Conclui que as perspectivas dessa indústria estavam relacionadas ao estabelecimento do mercado regional latino-americano.

A segunda edição do *Anuário Bancos e Companhias de Investimento (1961)* traz parte descritiva dedicada ao sistema de crédito interno e comparações com o mundo exterior. Já os dois volumes da terceira edição de *O Capital Estrangeiro no Brasil (Quem controla o que)*, de 1961, mostram as peculiaridades de cada nação que investia no mercado brasileiro: procuravam determinar a importância da sua contribuição e assinalar os prováveis rumos que tomaria a atividade do capital estrangeiro nos anos seguintes. Apresentavam uma análise das dimensões dos investimentos estrangeiros, no conjunto da economia brasileira, e a tendência que caracteriza a sua evolução.

O *Anuário da Indústria Brasileira de Plásticos (1962)* afirma que o plástico constituía, no mercado brasileiro, um produto tão competitivo como em qualquer um dos países altamente industrializados. Penetrava vitoriosamente no campo do papel, do vidro e até da lata, como material de embalagem, ou mesmo disputando diretamente com as fibras têxteis naturais a satisfação do consumidor nacional. E a indústria nacional de resinas sintéticas continuava a ser o grande fator-surpresa na economia brasileira, prometendo ficar na dianteira por tempo não definido visto que o seu raio de atividades se ampliava rapidamente.

Já o *Anuário da Indústria de Material Elétrico e Eletrônico (1962)* analisa 300 empresas sediadas de norte a sul do País. Inclui todas as empresas representativas de cada setor. As monografias, como nos outros Anuários, eram feitas a partir de informações fornecidas pelos empresários em resposta a questionários.

A sexta edição do *Anuário A Marcha dos Negócios em 1961*, publicada em 1962, afirma que, apesar da agitação no campo político, os setores industriais registraram acentuada expansão. "O consumo de energia elétrica, referente a cada um dos setores analisados no presente relatório e às regiões em que se divide o país, evidencia o importante desenvolvimento verificado, provavelmente bem mais intenso não fosse a crise político-militar de agosto/setembro." Considera ainda "que grande parte dos empecilhos decorre do próprio processo de transformação do país 'essencialmente agrícola' em uma nação a meio caminho da sua virtual industrialização".

A publicação analisa ampla gama de setores em três capítulos: (capítulo I) câmbio, comércio exterior, capital estrangeiro e emissões de capital; (capítulo II) bancos, bolsas, transações imobiliárias, rádio/TV/jornais/publicidade, agropecuária, energia elétrica, transportes, mineração/petróleo, siderurgia, indústrias de máquinas/aparelhos, automobilística, de vidro/cerâmica/cimento, de construção/engenharia, têxtil, química, farmacêutica, de madeira, de artefatos de couro, de borracha, de óleos vegetais, de papel e celulose, gráfica, de gêneros alimentícios e plástica; e (capítulo III) regionalismos brasileiro e latino-americano.

Na abertura do capítulo I, sob o título "1961: Altos e baixos em um ano agitado", entre outros assuntos, a publicação traz o seguinte comentário sobre o atraso no desenvolvimento regional: "1961 devia ser o ano do Nordeste. Os resultados, porém, não correspondem às esperanças, apesar dos progressos registrados. Só no fim do ano foi aceito o Plano da Sudene. Resta a esperança de que os cortes orçamentários não atinjam esse programa financeiro, ainda insuficiente".

III - Preparativos às claras

Entre fins de 1962 e começo de 63, o espanhol Matías M. Molina começava a carreira jornalística como redator na revista *Direção*, publicação mensal de economia e negócios produzida pela Editora Banas em sociedade com a norte-americana McGraw-Hill.

Na revista *Direção*, Matías Molina encontrou Aloysio Biondi, que ocupava o cargo de secretário da redação, então chefiada por Aldo Pereira. Era uma versão brasileira da revista norte-americana *International Management*, que publicava basicamente matérias de administração, como explica Biondi. "As matérias seguiam os temas da revista norte-americana, com empresas e entrevistados daqui. Havia seis páginas de produtos e processos que normalmente a gente traduzia. A gente mantinha aquilo que fosse muito inovador, tecnologicamente. Se havia um método novo, por exemplo, a gente tentava descobrir se alguém usava aqui... Às vezes, se era uma coisa muito norte-americana, a gente substituía. Mas era mais na área de administração. Era uma revista que tinha matérias muito interessantes – de marketing, por exemplo."

O diretor da revista no Brasil era o norte-americano George Brown. Biondi acredita que ele mantinha ligações com a Central Intelligence Agency (CIA), sobretudo no período entre 1963 e 64. "Como a gente era ingênua. Havia toda a preparação. A gente via aquele negócio da marcha pela família e pela liberdade, do terço... Eu me lembro de ler os editoriais sobre a república sindicalista, no *Estadão* ou no *Correio da Manhã*. As esquerdas do Rio não sacaram por triunfalismo, porque achavam que tinham os milicos do lado... Um fenômeno coletivo. Nós não percebemos que havia um golpe em marcha... As pessoas eram tão pouco politizadas... Havia dois mundos. No Rio, havia o Iseb (Instituto Superior de Estudos Brasileiros), a Civilização Brasileira... Agora, aqui em São Paulo, quem não fosse quadro do Partido Comunista, quem não estudasse com certos professores, não tinha essa visão. E o George Brown era muito prudente... Eu e o Aldo Pereira, vendo aquelas matérias da *Business Week* sobre reformas na América Latina, discutíamos com ele as coisas que estavam acontecendo no País. E ele ria muito... Ele era muito risonho como todo americano. Depois é que eu fui entender que ele não estava rindo por simpatia... Ele estava se divertindo com a nossa ingenuidade, pois sabia o que estava sendo tramado. Devia estar no maior conchavo dentro da FIESP. Mas é impressionante como em 63, 64 a gente não sacou..."

Biondi recorda que cobriu, em 1963, uma reunião do economista Celso Furtado, ministro do Planejamento do governo João Goulart, com empresários da FIESP. "Furtado propôs, por exemplo, estímulos aos setores de base, de consumo popular, como comida, sapato, roupa, remédios e livro, porque na época não havia essa automação. Então, eram setores absorvedores de mão-de-obra. Você criava emprego e mercado ao mesmo tempo. Então, eu vi o Furtado na FIESP. Ele arrasou. Na quinta pergunta, ele disse: — *As perguntas aqui parecem querer insinuar que eu sou comunista. Eu acho melhor perguntar de uma vez*. Foi uma gargalhada geral naquele plenário da FIESP. — *É melhor perguntar de uma vez para a gente não ficar num clima formal aqui. Vamos botar as cartas na mesa, senão a gente não vai tomar as decisões que o país precisa.*"

Não havia, porém, vontade política da elite brasileira de promover reformas de base, como a reforma agrária, ainda que os Estados Unidos pressionassem os países latino-americanos, inclusive o Brasil, como testemunhou Biondi. "Os americanos, antes de promover os golpes, tentaram fazer reformas na América Latina, porque eles achavam que era a única forma de deter o avanço do comunismo e as esquerdas – como eles fizeram a reforma agrária no Japão, na Coréia... Em 64, eles estavam morrendo de medo do avanço das teorias de esquerda na América Latina. Então, eu me lembro direitinho de uma matéria, que eu traduzi na época, sobre as 18 famílias latifundiárias da Colômbia. Os americanos forçavam a Colômbia naquela época a fazer reforma agrária. Tinham umas missões, chamadas missões mistas Brasil-Estados Unidos... Eles queriam as reformas para salvar o capitalismo, porque eles achavam que se as desigualdades sociais continuassem... O Rockfeller já tinha sido vaiado quando percorria a América Latina. E quase foi linchado em Caracas, num quebra-quebra durante uma recepção feita para ele. Os Estados Unidos eram odiados..."

No caso brasileiro, mesmo antes do golpe militar – e também no início da ditadura militar –, houve tentativas de reformas por pressão dos Estados Unidos, como acompanhou Biondi. "A pressão deles começa exatamente muito em cima de 1962, 63. Então, por exemplo, a reforma tributária (...) Havia uma comissão mista Brasil-Estados Unidos também para a reforma tributária. Campos e Bulhões estavam lá. Havia esse imposto sobre herança e grandes fortunas...

O próprio Castelo Branco, no começo da ditadura... Eles tinham propostas de reformas para salvar o capitalismo."

Não que os economistas Roberto Campos e Otávio Bulhões, ministros do primeiro governo militar, estivessem propriamente preocupados com os pobres, observa Biondi. "Eles estavam preocupados com a desigualdade e com o avanço das idéias de esquerda... Eles adotaram políticas que são exemplos de como você pode solucionar as coisas sem concentrar a renda, que foi o que eles fizeram. Se você pegar 1964-68, havia uma tentativa, por inspiração dos Estados Unidos, de modernizar o capitalismo brasileiro. Então, a reforma tributária deles era aquilo: progressividade... Na época deles, o BNDE entregava dinheiro para empresa que tivesse no mínimo 1500 acionistas, para evitar aumentar só o patrimônio familiar ou individual. No mínimo, (o capital) tinha que ser pulverizado e cada um deles tinha que ter no máximo 2% do capital. Qual era a preocupação? Eles achavam que o capitalismo só seria defendido quando todas as pessoas fossem capitalistas e gostassem do capitalismo. Para isso, elas precisavam ganhar também no capitalismo. A preocupação nunca foi santa..."

Com o golpe militar, Geraldo Banas vendeu, em 1965, a revista *Direção* para a *Visão*, que pertencia ao grupo norte-americano *Vision Inc*.

IV - O legado de Banas

A América Latina e a Ásia sempre estiveram no centro das preocupações de Geraldo Banas, que desde cedo começou a escrever monografias sobre os países dessas regiões. Ele fazia artigos comparativos entre esses continentes subdesenvolvidos. "Inicialmente, eu achava que os asiáticos eram mais disciplinados, organizados e menos corruptos do que os latino-americanos. Mais tarde, os acontecimentos nos chamados 'tigres asiáticos' fizeram-me mudar de opinião, ainda que parcialmente."

Banas concentrou seu interesse inicialmente sobre a Índia, mas o país não se desenvolveu como esperava. Depois, voltou-se para a China e outros países do continente. "A política da Ásia – sob o ponto de vista da mentalidade européia, porque a gente não perde isso – foi, no fundo, a mesma da América Latina, com a diferença de que a América Latina era mais consumista, tinha, e ainda tem, uma elite parasitária. Com o tempo, todavia, eu percebi que a elite asiática era tão perdulária quanto a da América Latina."

No caso brasileiro, foi o descompasso entre avanços e retrocessos que levou o país a ser ultrapassado pelos "tigres asiáticos". Banas cita o exemplo da Coréia do Sul, um país dividido, com problemas, mas que conseguiu vencer os desafios. "Nos anos 50, não estava sequer no nível do Brasil. Depois ultrapassou nosso país e ingressou na OECD (sigla em inglês da Organização para a Cooperação e o Desenvolvimento Econômico). Mas o Brasil se distingue profundamente dos asiáticos – isso foi na minha época – porque sua atividade econômica é muito diversificada, não igualada por nenhum asiático. Quer dizer, é a multiplicidade das atividades que distingue o Brasil das demais nações em vias de desenvolvimento."

Aloysio Biondi nunca trabalhou diretamente com Geraldo Banas, mas acompanhou a trajetória dele. "Eu não sei porque ele não virou multimilionário. Ele tinha esse trabalho de análise de balanço. Foi um precursor. Fazia isso por setor. Ele lançava o anuário por setor, com análise de desempenho do setor. Mas ele nunca lançou um *Quem é quem*, como eu fiz na *Visão* em 1967. (...) Eu era leitor do Geraldo Banas nos *Diários* desde criança. Na minha casa, assinava-se a *Folha* e o *Diário de S. Paulo*. Banas era um cara fora da média em termos de política internacional."

Se não pôde contar com Biondi, Banas teve em suas fileiras Elpidio Marinho de Mattos, que chegou à editora em agosto de 1964. Até então, ele nunca escrevera sobre finanças. "Foi só em 1966, já estando na revista *Banas*, que o próprio dono e editor, Geraldo Banas, entregou-lhe um calhamaço chamado S/M, um índice das bolsas brasileiras administrado pelo Banco Crefisul de Investimentos (não havia Ibovespa). Empurrado pela necessidade, passou então a escrever sobre mercado de capitais, mercado financeiro em geral e balanços, campo que lhe viria dar, com o passar do tempo, o respeito do mercado e a admiração dos colegas"[50].

Mário Watanabe ainda estava na *Folha*, no final dos anos 1960, quando começou a acumular a atividade no jornal com outro emprego na Editora Banas. Coincidiu que em 1969 a revista *Banas Informa* teve o nome mudado para simplesmente *Banas*. "Foi quando eu conheci o Geraldo Banas. Na época, ele fazia a revista também chamada *Banas*. Era uma revista de economia, que chegou a ser até semanal. Era uma revista, vamos dizer, pioneira, no sentido de trazer empresários na capa, receita que outras revistas de economia imitariam muito tempo depois, como foi o caso da *Exame*. Então, eu fui trabalhar com o Banas nessa revista. Eu comecei como redator mas logo passei a ser redator-chefe."

Watanabe foi trabalhar com Vergniaud Calazans Gonçalves, que na época era o diretor de redação da revista *Banas*. "Ele era uma grande figura. Mas o meu guru mesmo era o Joaquim Rodrigues Matias, o segundo do Vergniaud e o redator-chefe da revista. Jornalista português, ele tinha sido secretário do Salazar nas Índias. Era um homem cultíssimo, escrevia maravilhosamente bem. Foi o

---

[50] Kleber, Klaus. "Aos 78 anos, falece o jornalista Elpidio Marinho de Mattos", Gazeta Mercantil, São Paulo, 10 de junho de 1996.

meu segundo mestre, depois do Emir Nogueira. O Matias foi um verdadeiro professor de texto para mim. E quando ele saiu da *Banas* – ele saiu para montar um negócio próprio – me indicou para o lugar dele, como redator-chefe."

A revista *Banas* era dividida em seções econômicas, abarcando áreas como finanças e empresas, relata Watanabe. "O forte da *Banas* era a microeconomia. Era mais a atividade das empresas. Engraçado, o Banas era um homem de tendências esquerdistas. Como intelectual, ele era um economista de esquerda. Mas na atividade dele, como jornalista, como dono de empresa jornalística, ele sempre foi um capitalista... É uma certa contradição na biografia dele. Mas eu sempre gostei muito dele." As informações abrangiam lançamentos de produtos e análise de balanços das empresas (desempenho, rentabilidade, etc.).

Era parte da política editorial da revista entrevistar um empresário para a reportagem principal, que abordava o perfil do dono da empresa e o negócio dele. O empresário escolhido era o destaque de capa da edição e o texto da reportagem era geralmente redigido por Joaquim Matias. "Ele conseguia manter o leitor interessado até o final, apesar de ser um assunto técnico", conta Watanabe.

A revista *Banas* trazia ainda o encarte Brasil em Números, criado para o Banco Santos, posteriormente Banco Safra, a pedido de Joseph Safra, de acordo com Geraldo Roberto, filho de Banas.

Watanabe deixou a revista para ser o editor dos anuários da Editora Banas, "uns escapassos, vamos dizer assim, sobre indústria, finanças... O *Brasil Industrial*, por exemplo, era um apanhado da indústria, setor por setor". Havia também monografias, que "eram fichas de empresas com razão social, nome do presidente, dos principais diretores, dados econômico-financeiros... Era o *Quem é Quem* do setor industrial. Ele fazia a mesma coisa no setor financeiro, com o *Brasil Financeiro*. A gente tinha de ir fundo na área de bolsas, de bancos e tal".

Watanabe trabalhou também no anuário *Imagens do Brasil e da América Latina*, publicado a primeira vez em 1972 quando o Ministério das Relações Exteriores encomendou uma publicação para ser distribuída na Feira Brasileira de Bruxelas "Brazil at Glance". Posteriormente, a publicação passou a ser atualizada anualmente, com a inclusão da América Latina para aproveitar os "enormes e caudalosos arquivos que Geraldo Banas possuía" – lembra o filho Geraldo Roberto – o que deu o título ao livro.

Mário Watanabe permaneceu cinco anos na Editora Banas, emprego que acumulou com a *Folha de S. Paulo,* num primeiro momento, e com a *Gazeta Mercantil* por alguns meses.

Rocco Buonfiglio começou o aprendizado de jornalismo econômico com Mário Watanabe nos anuários da Editora Banas[51]. "Foi um batismo de fogo. O

---

[51] Depoimento em 29/05/2001. Rocco Buonfiglio nasceu na Itália em março de 1945. Veio com quase seis anos para o Brasil onde estudou Filosofia e Direito mas não terminou nenhuma das

Mário chefiava o Departamento de Anuários. Eu já tinha um certo traquejo de escrever, mas, como todo cara que estava chegando na área de economia, não tinha a menor familiaridade com dados, quadros, gráficos, essa coisa toda. O Mário já tinha. Então, nós editamos na época um anuário novo. A Banas era famosa por editar anuários – ela tinha *Brasil Industrial*, *Brasil Financeiro*... E nessa época, em 71, eles resolveram lançar um anuário mais geral de grandes dados sobre o Brasil – demografia, um pouco de economia e tal – chamado *Imagens do Brasil*, que foi o primeiro anuário em que eu trabalhei. De lá, eu fui trabalhar no jornalismo diário, justamente no *Fato Econômico*, dos *Diários Associados*, que começou no segundo semestre de 1971."

Em 1972, Pedro Cafardo chegava à editora Banas para ser redator dos anuários[52]. Com a saída de Watanabe, um ano depois, foi promovido a redator-chefe dos anuários. Elpidio Marinho de Mattos era outro que deixava a editora Banas em 1973, de volta à *Folha de S. Paulo*. O mesmo destino tomou Pedro Cafardo, dois anos depois, para se tornar o editor de economia do jornal.

No mesmo ano, Gabriel Junqueira de Carvalho – que acabava de sair da Faculdade de Sociologia e Política – estreava na Editora *Banas*, ainda em tempo de conhecer Cafardo[53]. "Na *Banas*, eu fazia de tudo, tanto o trabalho de redação quanto o de reportagem, porque a revista era pequena. Eu trabalhei com o Vergniaud Calazans Gonçalves, que era muito experiente. O editor era o Alberto Paraíba Quartim de Moraes, que tinha sido secretário de redação do *Estadão*. O secretário era o Carlos Alberto Sardenberg. Eu aprendi muito ali. Do lado da gente, tinha o anuário Banas, dirigido pelo Mário Watanabe. Eu fiquei conhecendo também o Pedro Cafardo, que era redator-chefe do anuário."

---

faculdades. Entrou no jornalismo em 1967. "Na época, eu estava fazendo estágio na antiga *Última Hora* para ser aproveitado assim que abrisse uma vaga. E por acaso, no começo do ano – fevereiro ou março –, apareceu uma vaga na editoria de Esportes. Essa vaga era remunerada. E me perguntaram se eu topava trabalhar em esporte. Eu trabalhei em esporte seis ou oito meses na *Última Hora*. O primeiro convite que recebi fora da área de Esportes foi em 67 para ser *copy-desk* na Geral do *Cidade de Santos*, um jornal lançado pela *Folha* para concorrer com a *Tribuna* de Santos. Eu fiquei lá um tempo e depois fui para a *Folha da Tarde*, da mesma empresa, para ser repórter especial. Na *Folha da Tarde*, fiquei até o final de 69. Aí fui para a Itália – fiquei um período lá de quase um ano. Voltei em 70, trabalhei no jornal *A Gazeta*, como copy-desk. Então, fui para a Editora Banas."

[52] Depoimento em 09/04/1999. Pedro Cafardo nasceu em 1947 na cidade paulista de Taquaritinga. É da turma de 1972 do curso de Jornalismo da ECA-USP.

[53] Depoimento em março de 1999. Gabriel Junqueira de Carvalho nasceu em 1947 em Lins (SP). Abandonou, no segundo ano, o curso de Engenharia Civil, que freqüentava em Lins, e logo depois, em 1968, entrou em Jornalismo na Faculdade Cásper Líbero. Em 1969, foi enquadrado no decreto 477, da ditadura militar, por militância política. Foi expulso da Faculdade e respondeu processo na Justiça Militar. Por intermédio do professor De Lorenzo, que lecionava na Cásper Líbero, conseguiu transferência para a Fundação Escola de Sociologia e Política, da qual era o diretor. Logo em seguida, foi aceito de volta pela nova diretoria da Faculdade Cásper Líbero, quando então concluiu o curso de Jornalismo.

V - *Associados* entram na Bolsa

Com a morte de Chateaubriand em 1968 e o afastamento de Geraldo Banas para cuidar dos negócios da sua editora, os *Diários Associados* passaram a ser comandados por Edmundo Monteiro, o representante em São Paulo do condomínio que administrava o império decadente. O diretor do *Diário de S. Paulo* era Luiz Monteiro – nenhum parentesco com Edmundo Monteiro.

Nessa época, mais exatamente em fevereiro de 1970, José Roberto Nassar iniciou a carreira de jornalista na editoria de Geral dos *Diários Associados*. Na verdade, ele tinha de escrever para os jornais *Diário de S. Paulo* e *Diário da Noite*, além de gerar cópia do material para o Departamento de Jornalismo da TV *Tupi* que ficava no mesmo endereço, à rua Sete de Abril.

Logo Nassar deixou a reportagem do *Diário de S. Paulo* para ser subsecretário da segunda edição do *Diário da Noite*, que circulava a partir das 11h30 da manhã. "Eu era jovem e eles propuseram para alguns jovens: — *Vocês não querem chegar às 3 horas da manhã?* A idéia era pegar tudo aquilo que não entrou na primeira edição nem no *Diário de S. Paulo*, mais o material da *Agência Meridional* – que prestava serviços para os jornais, rádios e TVs do grupo... Era o rebotalho que os caras não tiveram saco para ler ou não souberam aproveitar. Até que a gente fez boas edições com aquele rebotalho. Esta fase durou três ou quatro meses até que acabou a segunda edição."

Em meados de 1971, o *Diário de S. Paulo*, seguindo a tendência da época, resolveu criar um caderno de economia, chamado *Fato Econômico*. Até então, o jornal publicava uma ou outra página com assuntos de economia, que o *Diário da Noite* reinterpretava para uma linguagem mais popular, lembra Nassar. "Naquela época, a bolsa tinha virado uma coisa comum no meio de certo segmento da classe média. Tanto que deu aquele *boom* de 1971 e depois aquele estouro. A mídia, inclusive rádio e TV, começou a cobrir muito a bolsa, também porque interessava, embora fosse uma cobertura desproporcional. Então, estava-se criando essa demanda para o jornalismo econômico. Primeiro, tem sempre um efeito manada nisso. Onde um vai, os outros vão. Segundo, devia haver um interesse difuso. Terceiro, talvez fosse uma maneira, na cabeça dos donos, dos diretores, de organizar um pouco mais essa coisa, porque o jornalismo econômico sempre foi, na cabeça das pessoas, associado ao 'malho', pelo fato de falar de empresas. O que ocorreu no período, portanto, foi uma quebra de herança cultural importante."

A direção dos *Diários Associados* propôs, então, a Nassar: — *Você não quer acompanhar economia?* Nassar admite que não sabia nada de economia, embora escrevesse bem. "O que eu tinha ouvido falar de economia, foi no curso de Direito."

Uma nova equipe foi montada no *Diário de S. Paulo*, da qual Nassar era subeditor. "Tinha um simulacro de pauteiro, tinha repórter... Às vezes pegava repórter da geral." O novo caderno tinha cerca de oito páginas, com forte cobertura de bolsa de valores. Havia também o noticiário normal e um pouco de economia internacional, material que vinha por telex das agências de notícias, explica Nassar. "Quem primeiro lançou essa idéia é um cara que não está mais no jornalismo, um economista que eu conheci nos tempos de movimento estudantil. Ele tinha acabado de chegar de Paris, onde havia feito mestrado. O Pedro d'Alessio, ou Pierre como a gente o chamava, formou-se em Economia no mesmo ano em que eu me formei em Direito. Aí ele foi para a França. Quando voltou, o Pedro propôs aos *Associados* fazer um caderno de Economia. Foi ele quem fez o primeiro projeto."

Pedro d'Alessio ficou pouco tempo como editor do caderno de Economia – um ou dois meses. Foi substituído por Carlos Gilberto Alves, que fazia parte da equipe, recorda Nassar. "Eu comecei como repórter. Aí ele me botou como uma espécie de subeditor. Ajudava a fechar, fazia matérias e tal. A gente pegava umas coisas da Geral, inclusive de alguns repórteres. Ainda era muito aquela coisa de cobertura de governo. A gente sempre mandava repórter numa reunião, num almoço, onde algum governante ia dizer alguma coisa. O Jaime Matos era repórter desse caderno. É um superjornalista, um excelente fechador, um grande texto. Nós dois tínhamos estado juntos na segunda edição do *Diário da Noite*. Também tinha o Rocco Buonfiglio."

Rubens Marujo engrossava a pequena equipe do caderno *Fato Econômico*. Havia, porém, a predisposição de conhecer o novo, lembra Jaime Matos. "Mas a gente era muito preocupado porque não entendia muito, não tinha formação. Aí a gente começou a fazer curso esporádico, a ir atrás para tentar entender economia. Aquele tempo tinha uma distorção: chamava-se economia a cobertura de mercado de bolsa, porque estava aquela euforia da bolsa..."

Rocco Buonfiglio recorda o dia em que foi lançado *Fato Econômico*. "O lançamento para o público, para agência de publicidade e tal coincidiu – foi uma coisa muito interessante – com o anúncio que o Nixon (então presidente dos Estados Unidos) fez, desvinculando o dólar da paridade com o ouro. Eu me lembro bem." No início, Buonfiglio acumulou as atividades na Editora Banas com o caderno de Economia do *Diário de S. Paulo*. "Eu trabalhava de manhã na Banas. E entrava no *Fato Econômico* duas ou três horas da tarde. Eu era repórter, mas ajudava no fechamento..." Em meados de 71, deixou a Editora Banas para ficar só no *Fato Econômico*. "Eu posso dizer que a minha carreira de jornalista econômico começou mais ou menos na Editora Banas e em seguida no *Fato Econômico*."

Era um verdadeiro aprendizado para aqueles garotos, que tinham mais dúvidas do que certezas, lembra Nassar. "Todos éramos meninos. Não tínhamos muito bem a noção da coisa. Sabíamos que tinha que dar bolsa, mas a bolsa era um problema. Naquela época, você tinha que recompor diariamente tudo aquilo.

Provavelmente, na oficina, ficava uma base com o nome das empresas que nem sempre mudava. Mas mudavam as cotações, mudava a posição... E um garoto tinha que ir à Bolsa todo dia buscar, no fim da tarde, o material. Aquilo ocupava praticamente duas páginas. O resto tinha que ser preenchido e às vezes só dava para ter seis páginas..."

Após cerca de seis meses de experiência, *Fato Econômico*, por razões de custo ou por problemas internos, foi incorporado ao primeiro caderno do jornal, porque "nem sempre aguentava 8, 10 ou 12 páginas", lembra Nassar. Em janeiro de 1973, os *Diários Associados* resolveram fechar o *Fato Econômico*, completa Buonfiglio. "Acho que eles colocaram muita expectativa em cima desse caderno de Economia, mas acontece que o *Diário de S. Paulo* já vinha em declínio... E o jornal quando vem num declínio não tem jeito."

Logo em seguida, José Roberto Nassar, Jaime Matos e Rocco Buonfiglio saíram dos *Diários Associados*. "Eu me lembro que nós três fomos demitidos na virada de 1972 para 73, no ano novo de 1973. Ninguém explicou nada. Eu me lembro até que eles já não tinham dinheiro na época e me fizeram assinar três promissórias, porque pagavam com promissórias. Eu tive que averbar essas promissórias na Caixa Econômica Federal, mas me pagaram", conta Nassar.

PARTE 4

Precursores do Jornalismo de Negócios

I - Revista dos homens de negócios[54]

Em 1952, um grupo de executivos do Rio de Janeiro, supervisionado por um empresário norte-americano, desembarcou em São Paulo. Hideo Onaga acabava de ser convidado para ser secretário de redação (equivalente a chefe de redação) da *Visão*, revista quinzenal que surgia no Brasil como publicação paralela à edição mexicana *Visión* da empresa norte-americana Vision Inc. com sede em Nova York. Onaga foi trabalhar com profissionais da estirpe de Nahum Sirotsky e Alberto Dines, mas para isso teve de pedir licença do grupo *Folhas*.

Pouco tempo depois, Hideo Onaga resolveu deixar a *Visão* e voltar às *Folhas*, quando então foi substituído na secretaria geral da revista por Nahum Sirotsky. Um dia, Onaga disse a José Yamashiro: — *Acho que a* Visão *serve muito bem para você. É uma publicação séria, trata de assuntos gerais, com ênfase na economia e indústria.* Yamashiro aceitou o desafio e em maio de 1954 começava sua longa jornada, de 14 anos, na redação da *Visão*, localizada então na rua Sete de Abril, centro da capital. Ele ainda conservava o "bico" na CAC e fazia traduções num escritório da rua Boa Vista, mantido junto com dois advogados. Na revista, entrou ganhando "um bom salário para os padrões da época".

Quando Yamashiro começou a trabalhar na revista *Visão*, Getúlio Vargas estava no último ano do segundo mandato presidencial (1950-54), "se assim

---

[54] Capítulo baseado no depoimento e no livro **Trajetórias de Duas Vidas**, de José de Yamashiro, Aliança Cultural Brasil-Japão/Centro de Estudos Nipo-Brasileiros, São Paulo, 1996.

se pode chamar, porquanto ele assumiu o poder pela primeira vez em 1930, pela força das armas...". No mesmo ano, Yamashiro fez sua primeira viagem fora do Estado de São Paulo, para cobrir a Primeira Feira Industrial do Rio Grande do Sul e Festa da Uva de Caxias. Visitou a exposição e viu amostras de faqueiros da Metalúrgica Eberle, da indústria têxtil local e de vinhos gaúchos. Em seguida, participou da entrevista coletiva que Vargas concedeu à imprensa. Dias depois, o presidente se suicidou no Palácio do Catete, Rio de Janeiro, com um tiro no coração.

Yamashiro começou a fazer reportagens para a revista nas indústrias e organizações econômicas. "Como ignorava quase tudo sobre o setor fabril, cada matéria – notícia ou reportagem – sobre indústrias representava sempre um novo desafio, um assunto novo a enfrentar. Lia, estudava, ouvia atentamente as pessoas que me transmitiam informações e dados, anotava com cuidado os pontos essenciais. E fazia incursões a outros setores, conforme a ordem da direção."

Em janeiro de 1956, Juscelino Kubitschek assumiu a presidência da República. E colocou em ação o plano de metas que mobilizava "empresários interessados em empreendimentos no setor do nascente parque fabril brasileiro, centrado principalmente em São Paulo, e em obras de infra-estrutura, como a construção de rodovias e de usinas hidrelétricas", como lembra Yamashiro.

A revista foi ampliando cada vez mais a cobertura do setor industrial. Yamashiro pôde, então, acompanhar de perto o processo de industrialização intensiva na segunda metade da década de 50. E assinou várias reportagens no biênio 1956-57. "Assim, por exemplo, realizei frequentes reportagens sobre a nascente indústria automobilística brasileira, centralizada no hoje famoso ABCD", referindo-se a Santo André, São Bernardo do Campo, São Caetano e Diadema.

Yamashiro, porém, fez incursões também em outras áreas. "Rondônia: borracha, minérios e aventura" (edição de 25 de abril de 1956) é o título da reportagem (quatro páginas na seção "Territórios") que conta a história da estrada de ferro Madeira-Mamoré (366 quilômetros), ligando a capital, Porto Velho, a Guajará-Mirim (cidade fronteiriça com a Bolívia), construída entre 1907 e 1911. Descreve a produção mineral e extrativa de borracha e os principais problemas da região, como transporte, energia elétrica e descontinuidade administrativa. Enumera as "enormes potencialidades econômicas de Rondônia" e conclui: "Os imensos recursos ainda por explorar aguardam a chegada de mais levas de homens dispostos a trabalhar para o enriquecimento do território e do Brasil".

Na edição de 25 de maio de 1956, *Visão* publicava a reportagem "Nasce a indústria automobilística nacional", assinada por Yamashiro. Previa "o seu futuro promissor, num tempo em que no seio da nossa população ainda reinava muita dúvida e até descrença na possibilidade de essa indústria desenvolver-se no país". O povo estava acostumado com os automóveis de passeio e caminhões importados. Havia a mentalidade "de que o Brasil jamais teria condições de criar sua própria fábrica de automóveis. No entanto, a revista jamais duvidou da viabilidade e êxito das fábricas que se instalaram aqui com capital e tecnologia adequada".

Na mesma edição, *Visão* publicava a reportagem "A nova capital depois da primeira missa" na abertura da seção "Notícias Nacionais". Yamashiro foi o primeiro repórter da revista a visitar Brasília. Depois da primeira missa de Brasília, celebrada no dia primeiro de maio, resolveu verificar o andamento das obras de construção da nova capital. O diretor-executivo da Novacap (empresa construtora de Brasília), Joaquim Bernardo Sayão, afirmava categórico: "O doutor Juscelino entregará ao seu sucessor a faixa presidencial aqui em Brasília".

Yamashiro reuniu grande volume de informações e dados, "inclusive da Cidade Livre, para onde afluíam trabalhadores de todos os cantos do país. Ali todos queriam ser o primeiro: o primeiro hotel, primeiro bar, primeira farmácia, primeiro barbeiro, primeiro jornal... O espírito pioneiro dominava todos os homens". Ao retornar ao "hotel", "coberto de pó da estrada, a pé, sob um céu cintilante de estrelas, procurei um chuveiro. O gerente-caixa-porteiro informou-me que só se tomava banho na bica 'ali adiante', na verdade ligada a uma pequena fonte". Ao se recolher, cansado, ao quarto, "sem forro, de chão batido, com cama 'patente' e colchão de palha, separado de outros cômodos por simples tabiques de tábua, ouvi até altas horas da noite conversa animada de homens de negócios, que discutiam as imensas possibilidades de Brasília, de mistura com tosses, roucos..." Esta foi a primeira cobertura *in loco*, que inaugurou uma série regular de artigos e reportagens na seção "Brasília", criada para acompanhar a evolução da construção da nova capital.

A agricultura, porém, estava ainda fortemente enraizada na pauta. Reportagem de Yamashiro e Nahum Sirotsky (edição de 6 de julho de 1956) trazia na capa a chamada "Será destronado o rei café?" e, na seção "Perspectivas Nacionais", o título "Adiada mas não afastada a crise do café". Depois de ouvir agricultores, consultar relatórios e recolher impressões de técnicos estrangeiros, os jornalistas concluíram que a prevista crise de superprodução foi frustrada pela geada no Paraná e pelas chuvas que afetaram a colheita na Colômbia e América Central. Com isso, os preços registraram relativa alta. Previa-se, contudo, aumento da produção mundial e séria crise dentro de dois ou três anos. Sempre que ocorria o fenômeno da superprodução, o governo comprava o excedente e formava grandes estoques. E para financiar a compra, recorria a empréstimos estrangeiros. Concluía então Yamashiro: "Como é sabido, o problema encontrou solução somente quando os lavradores adotaram a policultura e a industrialização avançou, chegando a conquistar divisas com produtos made in Brasil exportados".

Em "Monte d'Este: velha fazenda recuperada" (edição de 17 de agosto de 1956), Yamashiro narra a chegada ao Brasil, em 1926, do engenheiro agrônomo Kiyoshi Yamamoto, com a importante missão da empresa Tozan, ligada ao grupo Mitsubishi, de descobrir uma fazenda para investimento. Adquiriu três fazendas centenárias, na região de Campinas, que foram reunidas numa só com o nome de Fazenda Monte d'Este. Fez dela uma fazenda-modelo, com técnicas modernas, administração empresarial e organização racional do trabalho. Diversificou a área cultivada (café, algodão, cereais, pastos, reflorestamento) e introduziu pesquisas e experiências, assim como adotou a mecanização e a adubação orgânica combinada com adubos químicos. Yamamoto recebeu o título de professor-doutor em ciências agronômicas da Universidade de Tóquio pela tese sobre o combate à broca-do-café com o uso da vespa de Uganda, para "conservar o equilíbrio ecológico". Anos depois, a fazenda passou a colaborar com o Instituto Agronômico de Campinas (IAC).

Outra reportagem (edição de 3 de agosto de 1956) mostra a atuação da Associação de Crédito e Assistência Rural (ACAR) no apoio aos pequenos lavradores. Prestava "assistência técnica, financeira e educacional – orientadora ao capiau, caipira, caiçara, sertanejo, gaúcho ou nordestino, enfim ao nosso paupérrimo 'jeca-tatu', abandonado pelos poderes públicos". A ACAR surgiu em 1949 por meio da contribuição de US$ 225 mil, oferecida pela American International Association (AIA), do grupo Rockefeller, ao então governador mineiro Milton Campos, sob a condição de que o Estado de Minas entrasse com a mesma importância. Em 1948, "Nelson Rockefeller se interessava pelo estado de abandono do nosso homem do campo, compreendeu que precisava ajudá-lo a erguer-se da apatia que a doença e sobretudo a ignorância lhe traziam. Melhorar-lhe apenas a condição financeira por meio de crédito fácil para produzir mais não seria suficiente. Imprescindível era orientá-lo e educá-lo no sentido de viver melhor, dando-lhe noções de técnica agrícola, de higiene e de economia doméstica".

Em outubro de 1956, Yamashiro participou da viagem inaugural da primeira linha aérea Brasil-Estados Unidos, a convite da então Real Aerovias, juntamente com autoridades, empresários, figuras representativas da sociedade e jornalistas, num total de quase 50 pessoas. O DC-4, quadrimotor, que partiu de São Paulo às 15h30 do dia 4, com escalas no Rio, Belém e Caracas e pernoite em Miami, chegou a Chicago às 14 horas do dia 6. De volta no dia 17, Yamashiro escreveu a reportagem "Negócios à vista, Chicago ligada a São Paulo", na qual apresentava relação de indústrias de produtos pesados – aço, locomotivas, motores diesel, equipamentos eletrônicos, plásticos e outros itens importantes – e o grande centro de matadouros e frigoríficos, além do comércio variado e rico. Também falava do trânsito intenso, mas sem congestionamento devido à eficiente contribuição do metrô. Nesse vôo inaugural, estavam o jovem Paulo

Machado de Carvalho, filho do dono da *Rádio e TV Record*; o jornalista José Homem de Montes (*O Estado de S. Paulo*) e Dora Bloem (*Folhas*).

A edição de 26 de outubro de 1956 trazia a chamada de capa "Brasil prepara sua indústria de ferro e aço" e o título da reportagem "A luta do país contra a fome de ferro e aço". Yamashiro retratava a situação da indústria siderúrgica brasileira, liderada pela Companhia Siderúrgica Nacional, "de longe a maior produtora de lingotes do nosso ainda incipiente parque fabril (capacidade de produção em 1956: 750 mil toneladas)". Cita mais de dez usinas siderúrgicas em atividade, menciona outras em início de operação ou projetadas e fala da enorme soma de dinheiro necessária para a consolidação do parque siderúrgico nacional. Com base em opiniões de técnicos e empresários, conclui que seria indispensável "uma última cooperação entre governo e a iniciativa privada para que recuperemos o tempo perdido e possamos atingir pelo menos as metas estabelecidas, que estão ainda aquém das reais necessidades do país".

Em março de 1957, Hernane Tavares de Sá assumiu a direção de *Visão*, que foi transformada em publicação semanal e, em poucos anos, "na melhor e mais prestigiosa revista do país". Criou o departamento editorial para o qual nomeou como chefe José Yamashiro, que figurava na cabeça da relação dos redatores. Sob o nome pomposo de chefe do departamento editorial, era na prática um "chefe de reportagem, acrescido da função de chefiar os correspondentes nos Estados".

Yamashiro, porém, continuava fazendo reportagens de empresas e negócios, inclusive inúmeros artigos de capa (o principal trabalho jornalístico de cada edição). "Coube a este repórter a tarefa de escrever também artigo de capa, sobre assuntos os mais diversos, porém, em grande parte relacionados a atividades industriais e econômicas. (...) Em todas as matérias, a revista dedicava o máximo cuidado aos dados e objetividade da informação. Por isso, não só tais trabalhos (artigos de capa), como tudo que *Visão* publicou, oferecem ao leitor a qualidade indispensável da imprensa digna: seriedade, honestidade e objetividade, em suma credibilidade."

A edição de 7 de junho de 1957 apresentava reportagem sobre o grupo Romi com o título "Uma fábrica de tornos e automóvel". O texto dizia que a empresa Máquinas Agrícolas Romi S/A, a maior fábrica de tornos do continente e também a primeira indústria a construir um automóvel nacional, tinha sede em Santa Bárbara do Oeste, pequena cidade (10 mil habitantes) a 140 quilômetros da capital paulista. Mostrava ainda as características do minicarro Romi-Isetta, de três lugares, lançado oficialmente em 7 de dezembro de 1956, antes de qualquer das novas fábricas de automóveis que se instalava no ABC.

O grupo Romi – continua a reportagem – começou, em 1933, a produzir máquinas agrícolas (arados, grades, cultivadeiras, etc.), mas os tornos se tornaram os mais importantes produtos da empresa. Com a escassez de ferro provocada pela segunda guerra mundial, a firma passou a produzir tornos mecânicos (da marca Imor ou Romi ao contrário), que foram aperfeiçoados e ficaram conhecidos no exterior pela sua excelente qualidade. "Produzindo máquinas operatrizes de qualidade, a Romi contribuiu de modo decisivo para a implantação do parque nacional de indústria mecânica".

O grupo Romi voltaria a ser destaque em artigo de capa na edição de 11 de agosto de 1961. Com o título "Torno vai, divisa vem", a reportagem mostrava o êxito das exportações dos tornos Romi. E Giordano Romi – engenheiro mecânico e filho do fundador das Indústrias Romi, Américo Emílio Romi – seria escolhido "Homem de Visão de 1967" (edição de 14/12/67).

Duas notícias, com o título "900 fábricas de autopeças" (19/07/1957) e "Em foco a mais jovem indústria – Automóveis, caminhões e peças em produção acelerada" (2/08/1957), focalizavam a Exposição da Indústria Automobilística Brasileira, inaugurada no aeroporto Santos Dumont, do Rio, pelo presidente Kubitschek. Mostravam o desempenho e os planos das empresas Fábrica Nacional de Motores (caminhões FNM ou Fenemê), Alfa Romeo, Ford, GM, Mercedes-Benz, Vemag, Willys Overland (jipes) e Volkswagen. Yamashiro passou a falar frequentemente com o secretário do Grupo Executivo da Indústria Automobilística (GEIA), Sidney Alberto Lattini, sobre o progresso da indústria automobilística.

Também na edição de 19 de julho de 1957, José Yamashiro fez reportagem sobre a empresa Máquinas Piratininga, que fabricava máquinas agrícolas e blocos de motor e chassis. "A Revolução Constitucionalista de 1932 demonstrou que São Paulo já possuía uma tecnologia industrial relativamente avançada, pois que na época a fabricação de granadas, morteiros, projéteis e armamentos como o 'trem blindado', em oficinas improvisadas, constituía surpresa". Um dos responsáveis pela fabricação de alguns dos projéteis usados pelos revolucionários paulistas era o então jovem engenheiro Jorge de Souza Rezende, que se tornou presidente das Máquinas Piratininga S/A e da Associação Brasileira para o Desenvolvimento da Indústria de Base (ABDIB). Fundada em 1935, a empresa produzia diversos tipos de máquinas de beneficiamento de algodão, para extração e refino de óleos vegetais, transportadores mecânicos, carroçarias basculantes, equipamentos industriais em geral, como bombas hidráulicas para todos os fins, peças estampadas para veículos, etc. Era sócio do engenheiro Jorge Rezende o empresário Einar Kok, durante muitos anos presidente do Sindicato da Indústria de Máquinas do Estado de São Paulo.

Em duas outras reportagens de capa, *Visão* destacaria o presidente das Máquinas Piratininga. O artigo "Jorge Rezende, líder da indústria de base" (edição de 22 de maio de 1959) fala da reeleição do presidente da ABDIB (entidade por ele fundada) e aborda esse segmento industrial vital, na época em pleno desenvolvimento. No outro artigo de capa "Jorge de Rezende, Homem de Visão de 1960" (15/07/1960), Yamashiro cita uma série de cargos e funções por ele ocupados. Na foto, ele aparece experimentando morteiro durante a Revolução de 1932. Das 30 firmas associadas à ABDIB citadas na matéria, Yamashiro fez reportagem de muitas delas, como Arno S/A, Bardella Brown Boveri S/A, M. Dedini S/A, Fábrica Nacional de Vagões, General Electric, Mecânica Jaraguá S/A, Laminação Nacional de Metais, Máquinas Agrícolas Romi S/A, Sofunge e Aços Villares S/A.

Com o título "Villares produz 50 tipos de aços especiais", *Visão* divulgou reportagem sobre a empresa na edição de 2 de agosto de 1957. Na edição de 30 de agosto do mesmo ano, a revista mostra uma empresa estatal que funciona bem no artigo de capa "Feio transforma a Santos-Jundiaí". Assim escreve Yamashiro: "Construída pela The San Paulo Railway, sediada em Londres e com participação de um grupo de empresários paulistas, a ferrovia começou a funcionar em setembro de 1867. Em 1946 – já eletrificada entre São Paulo e Jundiaí – foi encampada pelo Governo Federal, com o nome de Estrada de Ferro Santos-Jundiaí. O engenheiro Renato Feio conseguiu – um raro exemplo numa empresa estatal – aumentar sua capacidade de transporte e melhorar seus serviços. E ainda reduziu o número de empregados de 12.422 para 8.400 em 1957." A reportagem, em quatro páginas, conta pormenores do funcionamento da ferrovia e mostra os seus problemas.

Em outro artigo de capa com a chamada "Prof. Damy e o 1º reator atômico da América Latina" (27/09/1957), Yamashiro revela que o reator do Instituto de Energia Atômica (IEA) da USP, cujo diretor era o professor Marcelo Damy de Souza Santos, ficou pronto em apenas 12 meses, porque havia pressa do governo em inaugurá-lo. Dizia o artigo que, "a partir do dia 16 de setembro de 1957, São Paulo e o Brasil passaram a dispor de um reator atômico, cuja importância histórica ninguém podia negar". Yamashiro fala da dificuldade de tratar de assunto "novo e complexo", o que exigiu muita leitura.

No último trimestre de 1957, *Visão* encarregou Yamashiro de várias tarefas. Numa delas, "a revista anunciava a estréia do motor Ford para caminhões, por ora", em 1958. Previa ainda o começo da indústria petroquímica nacional, para o mesmo ano. Na apresentação da matéria, dizia: "Um dos mais importantes fatores de progresso para o Brasil no próximo ano será o início da nossa indústria petroquímica". Em 1958, grandes empresas começarão a fabricação de produtos petroquímicos – fertilizantes nitrogenados (Fábrica de Fertilizantes de Cubatão), negro-de-fumo (Copebrás) e estireno (Cia. Brasileira de Estireno). Uma foto grande mostrava a Refinaria de Cubatão, que forneceria as matérias-primas necessárias à indústria nascente.

Com a chamada de capa "Macedo Soares: vencer a fome de aço" (edição de 22/08/1958), Yamashiro apresenta a segunda etapa de expansão da usina CSN, com empréstimo de US$ 35 milhões do Eximbank. O programa previa elevar a produção de 800 mil toneladas para um milhão de toneladas. A estatal dava lucro todos os anos, com uma organização considerada modelar.

A indústria automobilística volta a ser assunto de artigo de capa na edição de 4 de novembro de 1959. A reportagem conta a situação da nascente indústria, cuja implantação e desenvolvimento *Visão* acompanhou desde o início. Sidney Latini, secretário executivo do Geia, forneceu valiosas informações a Yamashiro. "Havia novidades, como o surgimento de sociedades de financiamento que, segundo Latini, dariam solução ao problema do financiamento que preocupava o setor industrial. Quanto às vendas, porém, eram as próprias indústrias que financiavam com recursos próprios." Na época, havia 11 fábricas de automóveis, com quase 30 mil empregados.

Em 1959, Hernane Tavares de Sá levou Hideo Onaga de volta à revista, para ocupar inicialmente a secretaria geral e a seguir o cargo de redator-chefe. "A *Visão* era uma revista de política e de economia, com grande ênfase na parte econômica. Naquele tempo, era praticamente a única revista que dava destaque aos assuntos econômicos e passou a ser a revista semanal mais importante do país. Era uma revista muito livre, independente. Os donos norte-americanos só queriam saber da publicidade que eles arrumavam nos Estados Unidos."

Nesse meio tempo, o jornalista carioca Jorge Leão Teixeira, que dirigia o bureau do Rio de Janeiro, assumiu a direção de *Visão*, no lugar de Hernane Tavares de Sá, convidado para ser o subsecretário de informação da ONU.

Em meados de 1961, Hideo Onaga levou Washington Novaes para reforçar a redação da revista. "Nessa época, a *Visão* dava muita ênfase a assuntos econômicos. Isso foi me levando progressivamente a entrar nessa área, a aprender questões de economia."

II - Duas grandes viagens[55]

Em outubro de 1959, a revista *Visão* enviou José Yamashiro à então República Federal da Alemanha (RFA), atendendo convite do governo de Bonn. Ele foi "ver, observar e contar o estado de recuperação (dos danos causados pela guerra) daquele país". Depois de passar 15 dias na RFA, de volta ao Brasil Yamashiro escreveu várias reportagens que foram publicadas entre 13 de dezembro de 1959 e 11 de março de 1960.

A segunda reportagem ("Alemanha Ocidental 1959") apresentou amplo retrato do fenômeno da recuperação germânica. De acordo com o relato, "numa década (1949-59), a Alemanha Ocidental reconstruiu quase todas as cidades, nas quais restavam apenas poucas cicatrizes da guerra. O povo veste-se bem,

---

[55] Idem

alimenta-se com fartura (3 mil calorias por pessoa), bons vinhos do Reno e Mosel regam fartas refeições. Nas rodovias (81 milhas) inclusive as invejáveis *autobahnen* (1.350 milhas) trafegam pesados caminhões e automóveis de todos os tipos. O padrão de vida do povo já alcançou o alto nível de 1939. Apesar da intensa industrialização, (o país) dispõe de boa produção agrícola, setor onde predominam pequenas propriedades, que contam com 600 mil tratores. Área média das propriedades: 7 hectares, contra 112 do Brasil, 45,2 do Reino Unido e 78,5 dos Estados Unidos. Os campos cuidadosamente cultivados são um deleite para a vista. (...) De maneira geral, os salários aumentaram nos últimos 9 anos mais de 60%, enquanto o custo de vida subiu apenas 15%. Isso significa substancial aumento do poder aquisitivo do trabalhador, o que estimula o consumo, quer dizer, a produção".

A reportagem mostra ainda que os alemães reconheciam o papel do auxílio financeiro norte-americano na recuperação do país. Não gostavam, contudo, de dizer que houve "milagre econômico", "pois isso seria desprezar a contribuição do árduo e persistente trabalho de todo o povo".

Yamashiro visitou as principais empresas germânicas que já tinham feito investimentos no Brasil, como Volkswagen, Mannesman AG, Hoechst AG, Schering AG, Bayer AG, Fried Krupp e Telefunken G.m.b.H.

Sobre a Volkswagen, publicou a reportagem sob o título "Vai de vento em popa a VW. Produzidos 3 milhões na Alemanha e 20 mil no Brasil" (na véspera, Kubitschek havia inaugurado oficialmente a fábrica de São Bernardo do Campo). No final da reportagem, uma coluna especial ("Matriz de Wolfsburg") traz um resumo das atividades da matriz, localizada a cerca de 100 quilômetros de Hannover. A empresa produzia mais de 3 mil carros por dia. Yamashiro, porém, não contou na matéria que, na matriz de Wolfsburg, ouviu a gravação do discurso de Hitler, pronunciado por ocasião do lançamento do carro popular Volkswagen (*Volks*-povo e *wagen*-carro) que se tornou conhecido na Alemanha e no Brasil.

Yamashiro entrevistou o ministro da Economia da Alemanha Ocidental, Ludwig Erhard, "o arquiteto da reconstrução econômica da República Federal da Alemanha", no governo do chanceler Konrad Adenauer, a quem sucedeu na chefia do executivo. Entre as causas fundamentais da recuperação alemã, o ministro citou "o desejo do povo alemão de afastar o resultado e as consequências funestas da longa guerra", mas também a ajuda norte-americana e a redução do papel do Estado na economia. Destacou ainda, segundo Yamashiro, "a presença da agricultura na economia do país para reduzir a dependência externa em matéria de alimentos".

Yamashiro foi também ao Japão como enviado especial de *Visão*, a convite do Ministério das Relações Exteriores, para "ver, observar e contar a espetacular recuperação daquele país da derrota e ruínas da guerra". Visitou indústrias do porte dos Estaleiros Ishikawajima-Harima, uma das mais modernas do mundo; Morinaga Confectionery Co., que processava café e cacau importados do Brasil (e estava preparando um refrigerante a base de guaraná); Toyota Motor Co., que acabava de fazer a primeira exportação a título experimental para os Estados Unidos; Howa Machinery Co. (conhecida pelos teares e fusos), uma das primeiras empresas japonesas a investir no Brasil; Kubota Iron & Machinery Works, que produzia tubos de ferro, equipamentos portuários, motores diesel e a gasolina, além de máquinas agrícolas (tratores pequenos); Kanebo, produtora de fios e tecidos de seda, algodão, lã, rayon, plásticos etc.; Fuji Iron & Steel (Fuji Seitetsu), com elevado grau de automação; e Nippon Usiminas.

Na reportagem "Do zero ao *boom*" (edição de 9 de junho de 1961), Yamashiro ouviu dezenas de pessoas dos círculos econômico e cultural, oficial e privado, para constatar: "O mais importante naquela fase da história recente do Japão era o *boom* econômico que começava a chamar a atenção mundial". O diretor-executivo e secretário-geral da poderosa Federação das Organizações Econômicas (Keidanren), Teizo Horikoshi, revela como os japoneses se reergueram de uma situação caótica, resultante dos bombardeios norte-americanos: "Com decisão, tenacidade e diligência, o povo se lançou à difícil tarefa de reconstrução. E contou com um inesperado auxílio decorrente da guerra na Coréia (1950-53): a renascente indústria nipônica ganhou impulso com o fornecimento de material de transporte e outros itens necessários às forças aliadas em luta na península coreana".

Em entrevista a Yamashiro, o professor Kazuo Okochi, da Universidade de Tóquio, falava que, com a derrota do império e a implantação do estado democrático, o povo japonês, principalmente a geração jovem, mudou de mentalidade: deixava a poupança, o estoicismo e o trabalho intenso para trabalhar para gastar, adquirir bens de consumo e objetos que aumentem o conforto pessoal e do lar, além de ter mais tempo para lazer e divertimento. Comenta Yamashiro: "A realidade, porém, demonstrou que o povo japonês continuou a poupar, contrariando a opinião do ilustre professor."

Da mesma forma – prossegue Yamashiro – diversos observadores preconizavam a abertura do comércio com a China, por exemplo, para escapar da excessiva dependência da economia norte-americana. Mas não foi bem o que aconteceu, dada a dificuldade de manter comércio com a China, embora "ativos homens de negócios estavam abrindo novos mercados e ampliando os existentes no Sudeste da Ásia, Oriente Próximo, na Europa, na Oceania, na África, nas Filipinas e na América Latina".

Voz discordante foi a do professor Ginjiro Shibata, da Universidade de Kobe, que na entrevista a Yamashiro apresentou ponto de vista crítico em relação ao *boom* econômico do país. "Fez sérias restrições à concentração de capital nas mãos de grandes grupos empresariais. Médios e pequenos empresários que trabalham para grandes continuam contribuindo para o engrandecimento destes. Mas, quando tentam fazer concorrência aos maiores, acabam dominados por eles. (...) Criticou a excessiva dependência dos Estados Unidos no tocante à economia e sugeriu abertura de comércio com a China e outros países."

Em Tóquio, o repórter Yamashiro foi entrevistado pelo redator do *Asahi Shimbun*, Yutaka Tsuji. A entrevista, em quase quatro colunas, foi publicada no diário com foto de uma coluna, na edição de 5 de abril de 1961. O maior interesse do jornalista parecia ser o futuro do Brasil sob o governo de Jânio Quadros. Em resposta, Yamashiro falou da transformação do país, "mediante a política corajosa de industrialização" de Kubitschek. As grandes obras de infra-estrutura, porém, como enormes usinas hidrelétricas, exploração de grandes jazidas de minério de ferro, petróleo e carvão, exigiam grandes investimentos, e portanto a cooperação de capital estrangeiro, e esses "imensos dispêndios do governo anterior acabaram provocando uma grave inflação. Diante dessa situação, o novo presidente, Jânio Quadros, adotou uma política de austeridade de gastos, contrariando com isso interesses de poderosos grupos".

Yamashiro acompanhou o ambicioso projeto de construção de Brasília, que teve até material de construção transportado por avião devido à falta de transporte terrestre e fluvial, e a subsequente mudança da capital federal. Os gastos gigantescos foram cobertos com empréstimos externos e emissão de moeda, cujo resultado foi a inflação galopante. "Os preços subiram 500% durante o mandato presidencial de JK." Ele fala, porém, da satisfação de ter trabalhado na *Visão* nesse período "turbulento porém fascinante" da história recente do país. Foi "uma experiência profissional e de vida das mais preciosas e gratificantes", no período em que "*Visão* cresceu e consolidou a sua posição de liderança como a revista semanal brasileira mais importante e influente do país".

Na década de 60, Yamashiro continuou fazendo reportagens sobre empresas e até mesmo ações de governo. Assim, a edição de 29 de janeiro de 1960 publicou artigo de capa sobre o Plano de Ação de Carvalho Pinto, que sucedeu Jânio Quadros no governo paulista. O plano, que realizaria ambicioso programa de obras, previa investimento de Cr$ 100 bilhões no quadriênio 1959-62. Carvalho Pinto contava com um Grupo de Planejamento, composto de jovens especialistas em administração, economia, direito e agronomia, cujo coordenador era Plínio Soares de Arruda Sampaio. Entre os jovens especialistas, figurava o então professor-assistente da Faculdade de Ciências Econômicas e Administrativas da USP, Antonio Delfim Netto, mais tarde ministro de governos militares.

Em Minas Gerais, a reportagem de *Visão* (edição de 4/03/60) identificou um surto de progresso na cidade de Contagem, próximo a Belo Horizonte, onde 12 novas indústrias entravam em atividade em apenas um ano. "Aquele núcleo de produção industrial começava a dar um passo decisivo no processo de industrialização de Minas".

"Nossos carros já têm peças" (edição de 24/06/60) era o título de artigo de capa que mostra como a indústria de autopeças – com a instalação da indústria automobilística – ressurgiu com vigor, depois de ter começado timidamente na década de 40 para atender à necessidade de reposição de peças de caminhões importados. Em 1959, havia 1.200 fábricas de peças.

Outro artigo de capa – "Nosso automóvel já tem salão" (25/11/60) – mostra o I Salão do Automóvel, aberto no dia 26 de novembro de 1960 no Pavilhão Internacional do Ibirapuera. Na ocasião, a indústria nacional de autoveículos já figurava entre as 10 mais importantes do mundo. Havia 11 fábricas instaladas no Brasil: Fábrica Nacional de Motores, Ford, General Motors, Mercedes-Benz, International Harvester, Scania Vabis, Toyota, Simca, Vemag, Willys Overland e Volkswagen, que produziam 24 diferentes tipos de veículos. A produção anual chegava a 213,5 mil unidades e o setor empregava 150 mil funcionários (33,6 mil operários).

Em artigo de capa da edição de 25 de maio de 1962, Yamashiro apresentava o jovem capitão da indústria Fernando Gasparian, de 32 anos, como uma "liderança em novo estilo". Fernando presidia o Sindicato da Indústria de Fiação e Tecelagem em Geral do Estado de São Paulo, além de dirigir, junto com o irmão Sérgio, oito empresas do grupo que tinha à frente o pai, Gaspar.

O empresário atuava ainda na encampação, pelo Estado, da Companhia Paulista de Estradas de Ferro, como assessor direto do veterano líder da indústria José Ermírio de Morais, nomeado presidente da empresa pelo governador Carvalho Pinto. Fernando Gasparian elaborou um plano de recuperação da Paulista, atendendo ao objetivo de dar nova diretriz à tradicional empresa que já fora exemplo de eficiência. Também teve participação ativa na reorganização da Confederação Nacional da Indústria (CNI). Como preservar o regime democrático e a livre empresa? – perguntou Yamashiro. Fernando respondeu que era preciso disciplinar o desenvolvimento com duplo objetivo: adotar o planejamento eficiente, capaz de minorar as tensões sociais mais fortes; e redistribuir de maneira mais equânime os sacrifícios impostos pelo enriquecimento do país.

Yamashiro também escreveu reportagens sobre o empresário José Ermírio de Morais e seu grupo industrial, então em expansão. Manteve contatos com os filhos José e Antonio, que já ocupavam cargos de direção nas diversas empresas do conglomerado.

A Grassi S/A Indústria e Comércio começava a exportar chassis e carrocerias de ônibus para a Argentina. Era o assunto do artigo de capa "Grassi vem do tempo dos tílburis" publicado na edição de 12 de outubro de 1962. Yamashiro conta a história de uma oficina de pintura e conserto de carrinho de padeiro em 1920, que chegou a uma empresa que fabricava ônibus monobloco, montava ônibus urbanos, rodoviários, trólebus e carrocerias para picapes. Os fundadores da empresa eram os imigrantes italianos Luiz e Fortunato Grassi, que chegaram ao Brasil em 1889 e passaram a montar tílburis, coches, troles e outras viaturas da época.

"Até a Aeronáutica é seu cliente" é o título da reportagem sobre a Metal Leve S/A na edição de 19 de abril de 1963. A empresa fabricava pistões para diferentes tipos de motores, inclusive aviões. Seu diretor, José E. Mindlin, revelou ao repórter José Yamashiro: "O controle de qualidade caracteriza, desde o início, o trabalho de nossa firma".

"Amazonas não quer ficar atrás" foi a capa da edição de 3 de agosto de 1963, cuja foto era uma carroça carregada de três tartarugas gigantes, puxada por um homem. Em Manaus, capital amazonense, Yamashiro mostrou a "forte vontade de superar as dificuldades inerentes ao meio: clima equatorial, carência de recursos humanos, financeiros e técnicos, além da distância continental dos grandes centros econômicos e culturais do país". Destacava a Zona Franca, implantada em setembro de 1960, que ainda funcionava em instalações precárias, no edifício da alfândega. Ao lado do cais, ficava o armazém, igualmente provisório. Para complicar, havia a falta de continuidade administrativa e o pouco espaço, como reclamava o secretário da Superintendência da ZF, Milton de Magalhães Cordeiro.

Em São Paulo, uma pequena oficina, que produzia caixilhos entre outras peças metálicas, deu origem à Bardella S/A Indústrias Mecânicas, fundada por Antonio Bardella. É o que revelava a reportagem "De caixilhos a pontes rolantes" na edição de 27 de setembro de 1963. Dirigida pelos filhos Aldo, Sérgio e Cláudio, "fabricava agora máquinas e equipamentos para usinas hidrelétricas, indústria de papel e celulose, siderúrgicas, etc., além de pontes rolantes".

Um rápido histórico do acidentado curso seguido pela Vasp – Viação Aérea de São Paulo era o destaque da edição de 30 de outubro de 1963, que marcava os "30 anos de carreira da empresa". No começo, eram apenas dois aviões Monospar, de fabricação inglesa, com capacidade para 500kg (três passageiros, um tripulante e bagagem) e 10 empregados. A evolução da empresa foi marcada pela expansão das linhas (no começo, fazia vôos São Paulo-São Carlos-Rio Preto e São Paulo-Ribeirão Preto-Uberaba) e a chegada dos jatos Caravelle.

No artigo de capa "Mato Grosso abre caminho" (11/02/64), o governador Fernando Corrêa da Costa conclamava homens de empresa a investir no Estado. "Recebemos de braços abertos capital, técnica e imigrantes que tragam contribuição ao nosso desenvolvimento." Na hora do cafezinho, ele insistiu: "Gostaria de encher de chaminés muitos pontos do nosso Estado". Na época, pouco se falava em poluição ambiental, como observa Yamashiro. "Fumaça de chaminés de fábricas significava progresso."

A indústria pesada voltava às páginas de *Visão*, na pessoa do líder empresarial Jorge de Souza Rezende, homenageado com o título de presidente emérito da ABDIB. Na edição de 21 de maio de 1965, Jorge Rezende – presidente da

ABDIB no período 1955-63 – citava dois marcos importantes na evolução industrial do Brasil: a I guerra mundial (1914-18) e a II grande guerra. "Na primeira, verificou-se o ímpeto proporcionado à indústria têxtil; a segunda sinalizou o início da diversificação industrial. A construção da Usina Siderúrgica de Volta Redonda (1946) e a criação da Petrobrás (1954), precedida pelo Conselho Nacional do Petróleo (1938), marcaram certamente passos decisivos para o avanço da indústria brasileira". Na reportagem, consta a relação das 45 firmas associadas à ABDIB, quase todas conhecidas de Yamashiro, por meio de contatos profissionais.

Em 1965, Hideo Onaga deixou a revista *Visão*. "Tive uma desavença com a direção comercial que queria meter páginas disfarçadas de anúncios como se fosse material editorial – eram anúncios sob a forma jornalística. Eu não aceitei aquilo e saí. Com a minha saída, a redação da revista mudou para o Rio (muita gente saiu), ficando sob o comando geral do Luis Alberto Baia, que era o comentarista político da *Visão*."

José Yamashiro permaneceu na revista por mais algum tempo. Nos 10 anos de funcionamento da usina metalúrgica da Companhia Brasileira de Alumínio, localizada na cidade paulista de Alumínio, a edição de 10 de setembro de 1965 publicava reportagem mostrando uma empresa em expansão. Integrada ao Grupo Votorantim, presidido pelo senador José Ermírio de Morais e os filhos Antonio e José, a empresa tinha como meta elevar a produção de 21 mil toneladas para 50 mil t por ano.

Yamashiro preparou para a edição de 29 de abril de 1966 artigo de capa sobre as atividades da Petrobrás no Nordeste brasileiro. Visitou o centro de operações da empresa no interior de Sergipe, percorreu o campo petrolífero, em companhia de técnicos, e obteve informações sobre o potencial de produção. Finalmente, entrevistou em Aracaju o engenheiro José Francisco Barroso Sobral, chefe do distrito de Sergipe, que falou do impacto positivo causado pelas atividades da Petrobrás na vida econômica da região. A população local, porém, queixava-se justamente do contrário: elevação do custo de vida devido à presença da Petrobrás; salários, aluguel de casa, preços de gêneros alimentícios, tudo subia acima do padrão normal a que ela estava acostumada.

O aniversário de Ribeirão Preto, interior paulista, foi comemorado com artigo de capa na edição de 17 de junho de 1966. Dizia a reportagem que a cidade vivia novo surto de desenvolvimento, passando "da monocultura cafeeira para a policultura, com predominância da cana-de-açúcar. (...) Ribeirão teve sua primeira fase de prosperidade, devida ao café, da segunda metade do século passado até a grande crise de 1929/30. O renascimento veio com a II Guerra Mundial, na esteira da renovação da lavoura e do surto industrial". Yamashiro visitou várias indústrias, entre elas a Companhia Cervejaria Paulista, fundada em 1914. "Levamos um grande susto, diante do impressionante aumento da procura da cerveja Niger, como resultado da campanha de promoção publicitária feita em 1965", declarou Jácob Rossi, diretor-gerente da empresa.

Yamashiro voltou à região para preparar o artigo de capa "Franca com os pés no chão" (edição de 6 de janeiro de 1967). O país enfrentava aguda crise econômico-financeira, devido à política de austeridade do governo federal. Mas o presidente da Calçados Samelo S/A, Wilson S. Mello, revelou: "No auge da crise de crédito, na nossa empresa não se botou ninguém na rua. Pelo contrário, admitimos 200 empregados...".

Além da saída de Hideo Onaga, profundas modificações foram introduzidas na orientação e na estrutura da revista *Visão*, entre 1965 e 1967. Em novembro de 1965, foram afastados Marco Antonio Escobar e Oriel Pereira do Vale, entre outros. Alexandre Gambirasio e Reginaldo Almeida Neves haviam saído antes. Com a transferência para o Rio de Janeiro, a redação carioca foi ampliada, enquanto a de São Paulo ficava reduzida. Com a extinção do departamento editorial, Yamashiro ficou como chefe e depois diretor do departamento de São Paulo. Entre os seus colaboradores, figuravam nomes como José Guarani Orsini, Tamás Szmrecsányi e Vladimir Herzog.

III - Confronto com Delfim

Quem resolveu acompanhar a redação da *Visão* foi Washington Novaes. "Eu queria mesmo sair de São Paulo. Então fui para o Rio trabalhar na *Visão* e na *Folha*. Dirigia a sucursal da *Folha* e continuava na *Visão*. Fiquei um tempo nessa duplicidade, até que me convidaram para ser diretor da *Visão*."

Aloysio Biondi tornou-se assistente de Cláudio Abramo na *Folha de S. Paulo* em substituição a Novaes. Mas quando assumiu a direção da *Visão*, por volta de 1967, Novaes não apenas deixou a sucursal da *Folha* como também levou Biondi junto, para ser o editor de economia da revista. "Fizemos um trabalho lá durante um ano e tanto. Foi uma experiência interessante. Nós começamos a fazer uma coisa interessante, que era o *Quem é quem na economia*. Na primeira edição de *Quem é quem na economia*, como éramos um grupo pequeno, nós nos valemos até de pessoas que na época eram assessores de Delfim, como o Paulo Graciano e o Eduardo Carvalho. Fizemos análises setoriais, mostrando a situação de cada setor. E o *ranking* nacional e setorial das empresas", relata Biondi.

Quando ainda chefiava a revista *Direção*, pouco antes de ser vendida por Banas ao grupo *Visão*, Biondi conhecera o repórter Paulo Sérgio Graciano, filho do pintor Clóvis Graciano e casado com Marília – filha de Osvald de Andrade. Biondi costumava jantar na casa de Paulo Graciano, perto do círculo militar, na rua Curitiba, em São Paulo. "Os amigos dele eram todos de esquerda, coisa que pouca gente sabe. Alguns deles eram da Ação Popular. Faziam até teatro popular na periferia. Quem era? Carlos Viacava, Edu Pereira de Carvalho, Affonso Celso Pastore... E o grande amigo deles chamava-se Geraldo Vandré. Eles eram alunos do Delfim Netto; não eram nem diplomados. Aí, eles vão para o Rio em 1967 serem assessores do Delfim. E quem indicou o assessor de imprensa do Delfim foi o Washington Novaes: um repórter vindo da sucursal da *Folha*, o Gustavo Silveira. Quando Delfim assumiu, ele se dizia socialista fabiano... E o país estava numa puta recessão provocada pela política do Campos e do Bulhões. Eu vi o governo baixar tarifas e teve aquela onda de importações..."

Nessa época, Said Farhat, que era diretor comercial do grupo Visão, comprou a revista do grupo *Vision Inc*. A *Visão* ficava bem próximo ao aeroporto Santos Dumont e o Ministério da Fazenda também era perto, na Avenida Antonio Carlos. A casa de Paulo Graciano era a ponte entre o ministro Delfim Netto e Biondi. "Então, chegamos lá pensando igualzinho. Os empresários são imediatistas, a política é recessiva (...) Tinha até um estudo deles de como reativar a economia. E eu até fiz uma matéria: fiz um quadro – que depois pegou na imprensa – que era medida, objetivo, as vantagens e os riscos... O Delfim adorou. Tanto que pediu cinco mil exemplares para distribuir para entidades empresariais (...) E todo final de tarde, lá pelas seis e meia, sete horas, eu dava um pulo lá para bater papo com o Paulo Sérgio e com eles. Eu me lembro direitinho do Viacava dizendo: — *Esses filhos da puta desses empresários...* Foi quando foi criado o CIP (Conselho Interministerial de Preços), porque eles tinham reduzido o preço da soda cáustica, da barrilha para fazer vidro, e aí eles chamavam os empresários para bronquear porque eles não tinham reduzido o preço do vidro... E eu comecei a ser cada vez mais crítico. Eu tinha, além da editoria, 'Tendências e bastidores', que era uma seção de notas de bastidores, que também acabou sendo totalmente opinativa."

A situação de Biondi com o grupo Delfim começou a ficar estremecida. "E eu até ganhei um prêmio Esso de economia nessa época da *Visão*, por causa de uma matéria que no fundo era econômica: 'O Brasil caminha para o deserto'. Eu critiquei a política de incentivos fiscais do Instituto Brasileiro de Desenvolvimento Florestal, que eu chamava de Instituto Brasileiro de Devastação Florestal, porque dava dinheiro de incentivo fiscal para o cara derrubar a mata e plantar eucalipto."

Biondi tinha uma fonte na CACEX que lhe fornecia os mapas de importação do País. Passava sábados e domingos analisando os mapas para avaliar as importações, uma vez que, na época, nem havia maquininha eletrônica de calcular. "Sessenta e Oito, para mim, foi uma crise cambial. Não foi crise política porra nenhuma. Quando o Delfim assumiu, o País tinha um bilhão e oitocentos milhões (de dólares) de reserva, que naquela época equivalia a um ano e meio de importação. E, como ele deixou as tarifas rebaixadas, torrou tudo. E eu sempre escrevendo o que ia acontecer. E o Delfim dizia: — *Nós estamos importando trigo*. Eu ia na CACEX, desagregava os dados e provava que não era. Tinha até ração para galinha, ração para cachorro. Em bacalhau, num ano nós gastamos 40 milhões de dólares; em maçã, gastamos 20 milhões..."

Novaes acompanhava de perto o trabalho de Biondi e percebeu que as críticas à política econômica não eram bem assimiladas. "O Aloysio, como é do temperamento dele, fazia uma seção bastante interpretativa, agressiva e isso foi levando a um choque progressivo com o governo, que foi culminar com uma matéria chamada 'Esse rombo de 800 milhões de dólares'. Naquele tempo, 800 milhões de dólares poderia ser considerado um rombo. O Aloysio vinha mostrando que a política de comércio exterior, liberação da importação, adotada pelo Roberto Campos e o Bulhões e acentuada pelo Delfim, provocou um rombo no balanço de pagamentos."

Um dia Paulo Sérgio Graciano contou a Biondi que, num final de tarde, o assessor de Delfim Netto, Villar de Queiroz, reclamou: — *Rapaz, você precisa dar um jeito no Biondi, porque não aguento mais conversar com os empresários. Ficam repetindo os argumentos da Visão...* Paulo Sérgio, então, propôs a Biondi: — *Será que você não podia ir conversar com o Delfim, mostrar para ele esses dados, esse mapa da CACEX?*

Pouco tempo depois, ao encontrar Graciano, Delfim Netto comentou: — *Paulo, minha mãe veio me dizer: 'filho, tem tanta coisa importada no supermercado'*. Ao ser informado, Biondi reagiu: — *Ah! Agora valeu!* Ele queria ver se realmente era verdade o que eu estava dizendo. Então, Paulo Sérgio explicou: — *Ele não confia no pessoal técnico do Ministério. Ele acha que eles estão sacaneando, porque ele pede os dados e não bate com o que você diz*. Biondi respondeu: — *Tudo bem. Claro*.

Aloysio Biondi e Washington Novaes decidiram, então, ir ao encontro de Delfim Netto. Foi uma conversa difícil, recorda Novaes. "Uma reunião no gabinete dele, o Aloysio e eu presentes, terminou num bate-boca: o Delfim dizendo que a matéria estava errada, que nós estávamos fazendo dupla contagem, e nós defendendo o que tínhamos feito."

Novaes e Biondi insistiam nos números. O fato é que terminou muito mal a reunião, lembra Biondi. "Aí é que entra o negócio da vaidade. O Delfim começou com aqueles sofismas dele. — *Importamos 40 milhões de maçã? O que tem de mais? Tem gente que acha que café é supérfluo. Se a gente for achar que os outros países têm de impedir a importação... Só que não é assim. Todos países têm tarifa de acordo com a essencialidade, acordos bilaterais... As tarifas aqui foram rebaixadas (...)* Aí o Washington disse ao ministro: — *Mas o Paulo Sérgio falou que o senhor queria ver esses dados. A gente veio por isso*. Ele respondeu: — *Tudo bem. Isso aí é cabeça. Vocês ficam querendo que tenha protecionismo (...) Na sociedade, quando melhora a situação de dez, melhorou a situação da sociedade como um todo*. Aí o Washington falou: — *Ministro, a gente veio aqui achando que o senhor realmente queria esses dados porque não confiava nos assessores. E não é o que o senhor está fazendo. Se o senhor quiser mandar uma carta para a revista, o senhor fique a vontade. Nós não temos mais nada para conversar. Vamos embora, Aloysio.*"

Nem bem os dois deixaram o Ministério, começaram os atritos. Coincidiu que a *Visão* mudou de controle. Passou das mãos de Braz Camargo, que morava em Miami, Estados Unidos, para as de Said Farhat. E a equipe da revista começou a sofrer pressões. "O Said Farhat achava que a revista era muito agressiva, provocativa." Novaes sentiu-se incomodado. "Um dia, que eu vim a São Paulo e fiz um acordo com ele, tentando encontrar um meio termo. Mas no dia seguinte, quando voltei ao Rio, recebi um *memorandum* dele, que criava um conselho editorial, encarregado de estabelecer qual a política da revista. E eu era um dos seis ou sete do conselho. Ou seja, na verdade, ele me demitiu do comando da revista. Eu então deixei a direção e voltei a ser o que era: redator da revista."

Said Farhat transferiu Washington Novaes para São Paulo como redator, apesar de ele ser registrado em carteira como diretor de redação. "Eu vim para São Paulo e fiquei um mês e meio trancado numa sala sozinho, sem nada para fazer. Então, fui para a Justiça do Trabalho, alegando demissão indireta. O processo terminou num acordo pelo qual fui indenizado."

Terminou assim de maneira melancólica um período de sucesso da revista *Visão*, observa Biondi. "Eles sabiam que o Washington ia para a Justiça e até adulteraram a ficha funcional dele. Quer dizer, a revista fez um puta sucesso ao publicar ensaios – publicou ensaio do Glauber sobre o cinema novo, genial... A revista estava com 12 mil exemplares e em seis meses passou para 100 mil. Capa sobre a pílula, todas aquelas coisas que em 1967 e 68 eram 'revolucionárias'. E ela começou a fazer o maior sucesso. Era a revista da badalação, dos economistas da CEPAL... Mas assim que a empresa levou um aperto, desfez a equipe. E eu fui mantido acho até que porque ficaria explícito... Eu fiquei até maio de 1968."

De volta a São Paulo, Biondi então começou a fazer *free lance* para a revista *Exame*. "Um ano e meio depois, fui fazer uma entrevista no Instituto de Resseguros. O assessor de imprensa, Luis Gonzaga Pillster Martus, que era casado com a filha do presidente, disse: — *Eu tinha vontade de te conhecer porque, um mês atrás, fomos visitar o porto de Tubarão no Espírito Santo. Estávamos lá no avião e, de repente, o Delfim virou para nós e falou: 'Pois é! Depois tem uns caras como esse tal de Biondi negando que o País cresça.'* Eu não aguento. Um ano e meio fazendo *free lance* para a *Exame* sem assinar e o cara vai lembrar de mim a três mil metros de altitude, sobrevoando Tubarão!? 'Realmente, eu posso tirar o cavalo da chuva, que não vou achar emprego', pensei".

IV - Diversificação e inovação

Em 1964, Isaac Jardanovski, sem deixar a *Folha de S. Paulo*, foi contratado para lançar a revista *Dirigente Construtor*, do grupo *Visão*, pioneira na época. Ao mesmo tempo, Francisco Crestana, também da *Folha*, assumia a direção da revista *Dirigente Industrial*, enquanto Kaoro Onaga, irmão de Hideo, ia para a *Dirigente Rural*. Pouco tempo depois, Isaac tornava-se diretor do grupo de revistas Dirigentes, que seria comprado por Said Farhat no início dos anos 70s.

Em janeiro de 1969, Antonio Marcos Pimenta Neves tornava-se redator-chefe da revista *Visão*, depois de curta passagem pela *Folha da Tarde*, onde promovera "reforma radical" a pedido de Frias. "Fiquei aproximadamente três meses na direção da FT. Pedi demissão do jornal e da empresa dez dias após o AI-5. Minha saída foi registrada na minha carteira de trabalho em 23 de dezembro de 1968."[56]

Por recomendação de Alexandre Gambirásio, Said Farhat convidara Pimenta Neves para uma conversa, da qual saiu contratado. "Oito meses depois, aproximadamente, fui promovido a diretor de redação, em substituição ao Hernane Tavares de Sá. Na *Visão*, então, foi possível restabelecer o meu interesse pela cobertura econômica. Foi uma época extremamente interessante para o Brasil, porque o mercado de capitais começava de fato a despertar em meio à extraordinária manipulação dos valores das ações... Talvez tivesse havido mais tramóias no mercado acionário, naquele período, do que em qualquer outro período na história do Brasil. Foi uma coisa realmente espantosa o que ocorreu. As pessoas chegavam a saber de flutuações no valor das ações, semanas antes

---

[56] Pimenta Neves conta que regressava de curso em Harvard (Estados Unidos) em agosto de 1968, quando foi informado de que Miranda Jordão estava deixando a direção da *Folha da Tarde* (então com seis mil exemplares diários). A convite de Frias, foi dirigir o jornal, embora preferisse permanecer na *Folha de S. Paulo* subordinado a Cláudio Abramo. "Mantive toda a redação da *Folha da Tarde*, com exceção de João Ribeiro, que era secretário de redação e resolvera sair com Miranda. Nomeei dois secretários de redação, um para acompanhar a abertura do jornal e o outro, o fechamento. Frei Beto foi o primeiro que escolhi. Mudei radicalmente o desenho do jornal e realcei a cobertura política, especialmente as atividades estudantis, na esperança de atrair os jovens e aumentar a circulação. Em pouco tempo, mas não de maneira sustentada, triplicamos a circulação do jornal, o que não queria dizer muito." Sem os recursos prometidos para ampliar a redação e melhorar os salários, Pimenta Neves pediu demissão, que não foi aceita por Frias devido a um abaixo-assinado da redação. "Nós havíamos feito uma belíssima primeira página com a morte do jovem no conflito da rua Maria Antônia (a fotógrafa foi contratada pela *Veja* pouco depois). Foi nessa época que o governo enviou censores à redação da *Folha da Tarde*." Poucos dias depois do AI-5, estudantes organizaram uma passeata "se não me engano liderada pelo José Dirceu". Uma ordem de Caldeira, que se revezava com Frias no comando da empresa, impediria que Pimenta Neves segurasse a impressão do jornal na gráfica à espera da passeata. Alguns dias depois, com o retorno de Frias, ele pediria demissão em caráter irrevogável.

de ocorrer. E ali nós formamos uma equipe muito coesa, muito competente na área econômica."

Pimenta Neves foi buscar Marco Antônio Rocha na revista *Realidade*, onde ele era redator de assuntos econômicos. Rocha deixou a revista da Abril para ser o editor de economia da *Visão*. Na equipe de Rocha figuravam nomes como Klaus Kleber e Roberto Müller Filho, além de contar com a colaboração de Hideo Onaga, Raimundo Pereira e Aloysio Biondi. A revista tinha muito prestígio, era muito respeitada, principalmente nos meios empresariais, lembra Rocha. "A gente podia fazer coisas na *Visão* que nos outros órgãos de imprensa não era possível. Os militares achavam que a revista era séria, ponderada. Então, a censura, embora fiscalizasse tudo, não fazia muita pressão. Houve uns três ou quatro incidentes... Mas eles respeitavam a revista. Eu me lembro inclusive que, na época, a gente fazia muita crítica ao Delfim, à política econômica do Delfim, negócios de dívida externa, política do café... Fizemos uma vez uma capa que deixou o Delfim bravíssimo, porque ele tinha aconselhado os produtores de café a segurar a produção alegando que o preço internacional do café ia subir. E ele ficou batendo nessa tecla durante meses e o preço despencou. O pessoal do café ficou todo de tanga na mão, cheio de sacas de café e sem preço no mercado internacional. Então, fizemos uma matéria de capa sobre isso e fizemos até uma charge, com o gráfico do café subindo, sementinhas de café subindo, grãos de café subindo, e o Delfim na frente de uma banda de música, animando todo mundo. E depois, quando a curva desceu, o Delfim lá no alto parado e a banda rolando... Ele ficou uma vara, falou com o Farhat para que policiasse mais a revista..."

Pimenta Neves levou também Robert Appy, que passou a ser consultor editorial e para assuntos econômicos, sem deixar de ser editorialista do *Estadão*. "O Appy realmente ajudou a fazer belas pautas e belos trabalhos. Foi provavelmente a primeira pessoa a escrever sobre a ameaça da dívida externa. A *Visão* foi a primeira revista a alertar sobre as implicações do acúmulo da dívida, que era evidentemente uma coisa ridiculamente pequena – uma minúscula fração daquilo em que se transformou depois. Mas foi naquele momento também que, conversando com o Appy sobre essa questão, me interessei muito por esse assunto, que eu depois cobriria por pelo menos 13, 14 anos como correspondente em Washington."

Também faziam parte da equipe da revista Antonio Carlos de Godoy, Klaus Kleber, Ciro Franklin de Andrade, Luís Weiss, Zuenir Ventura, Rodolfo Konder e o editorialista do jornal *O Globo* Luiz Garcia.

Godoy passou a acumular a revista *Visão* com a *Folha de S. Paulo*, onde trabalhava na Economia desde 1967. "Eu tinha dois empregos nesse tempo. Na *Folha*, eu era *copy-desk* à noite. E durante o dia eu trabalhava na *Visão*." Godoy, que se tornou subeditor de negócios da revista, revela que aprendeu muito na escola de Sebastião Advíncula, de Pimenta Neves e de Robert Appy. Na seção de Economia do *Estadão*, Appy concentrava-se nos editoriais e nas pautas, sem abandonar o trabalho de campo, recorda Godoy. "Appy era editorialista mas gostava de fazer (e fazia muitas) reportagens. E na *Visão*, aprendi muita coisa com o Appy. Ele me ensinou a fazer matérias de negócios. Aprendi também com o Pimenta. Da mesma forma que na *Folha* aprendi muito com o Sebastião Advíncula."

Foi na revista *Visão* que Godoy começou realmente a fazer jornalismo de negócios. "Eu fazia reportagem porque lá o subeditor também ia para a rua. A gente fazia reportagem, fechava a própria matéria, fechava a matéria dos repórteres e, quando o editor estava em férias, substituía o editor também. Na *Visão*, se tratava tanto dos temas macroeconômicos, dos temas da economia internacional, quanto dos temas de negócios: empresas, indústrias... A gente fazia matéria sobre grupos financeiros, grupos que tinham empresas tanto no setor financeiro quanto no setor industrial. Fazíamos matéria sobre propaganda também. Cobríamos todas as atividades ligadas aos negócios."

Godoy pegou a fase da economia em ascensão e a do jornalismo em transição. A dupla Campos-Bulhões já havia controlado a inflação e promovido as reformas para lançar as bases de nova etapa do crescimento econômico. "Antes de 1964, os grandes jornalistas brasileiros eram jornalistas políticos. Havia gente como o Hermano Alves e o Castello Branco. A seção de Economia era uma seção pequena nos jornais. Depois de 64, houve o 'congelamento político' do País, um congelamento em que a temperatura foi diminuindo cada vez mais, principalmente depois do Ato 5. A política estava em baixa."

A economia, contudo, estava em alta com Delfim Netto no Ministério da Fazenda. O chamado "milagre econômico" influiu nos rumos jornalismo, observa Godoy. "Os militares mantinham a ditadura e procuravam legitimar o regime por meio do sucesso econômico. O sucesso da economia naquela fase, com o aumento das taxas de crescimento, obviamente acabou se refletindo na imprensa. Então, apareceram grandes jornalistas econômicos..."

O diretor de redação da *Visão*, Pimenta Neves, muitas vezes fazia pautas de economia e até escrevia matérias sobre o assunto. A cobertura de negócios era marca da *Visão*, mas houve a preocupação de acompanhar a política macroeconômica. "Eu sempre me interessei muito por macroeconomia. Não apenas cobrimos isso muito bem, como fomos além. Fomos capazes de fazer também economia política na *Visão*. Mostrar o interrelacionamento que existia entre interesses econômicos e interesses políticos, as influências cruzadas que se exerciam naquela época. A revista foi muito respeitada..."

Depois de algum tempo desempregado no jornalismo, Klaus Kleber recebeu duas propostas de trabalho, quase simultaneamente. Uma, num sábado, do Geraldo Banas e a outra, na segunda-feira, de Pimenta Neves. "Depois de uns dias eu resolvi. (...) Aí, fui para a *Visão*. Lá, eu era encarregado de fazer o mercado de capitais, finanças e bancos. Foi um período muito interessante. A *Visão* nunca teve uma orientação de esquerda. Mas era uma revista que defendia um ponto de vista liberal, que frequentemente se chocava com o governante na ditadura. A *Visão* não tinha censura prévia, mas frequentemente tinha problemas com o regime. As pessoas eram vigiadas..."

Embora a orientação não fosse contra o projeto econômico de Delfim, isso não eximia a *Visão* de fazer críticas, lembra Kleber. "Quando houve aquele processo de fusão e incorporação de bancos no tempo do Delfim, o que aconteceu na época é que o governo patrocinava essa fusão. A gente prestava muita atenção nisso. Dava matérias, numa linha mais analítica do que o resto da imprensa brasileira. Nós fizemos a capa 'Ascensão e queda dos bancos mineiros'. Os bancos mineiros praticamente desapareceram ou se transformaram em outros bancos. A origem do Real é o Banco da Lavoura de Minas Gerais, que passou a ser Real. O dono era o Aloysio de Faria (...) Mas muitas coisas que a *Visão* dizia naquela época realmente ocorreram. O sistema estava ficando cada vez mais concentrado. Num determinado ponto, havia uma abertura para o capital estrangeiro. Era uma das matérias constantes. O Delfim chegava a admitir mesmo que os bancos brasileiros precisavam ser grandes, para ter porte suficiente para competir no mercado internacional. A gente fazia análises mostrando como era a chamada economia real, como estava se comportando naquele momento. Muitas pessoas do governo discordavam. Diziam que o objetivo não era esse. Havia uma forte corrente militar que era nacionalista. Lá dentro do Exército havia uma corrente de direita mais nacionalista... A *Visão* era muito respeitada. No campo econômico, ela fazia com muita seriedade...".

Klaus Kleber vê o final dos anos 60s como o período em que, de certa forma, ocorreu a consolidação do jornalismo de economia e negócios, com as revistas *Visão*, *Exame* e *Banas*. "Graças ao Pimenta, ali começou-se a fazer um jornalismo de economia e negócios. (...) Não quero dizer que não houvesse anteriormente jornalistas de negócios, mas geralmente se dizia que era o osso que se dava para o cachorro. A partir dessa época, da *Visão*, da *Exame*, da *Revista Banas* (...) começou o jornalismo de negócios. O Pimenta assustou todo mundo quando ele pôs na capa uma latinha de cerveja, se eu não me engano da Brahma. Conseguir, numa revista da respeitabilidade da *Visão*, fazer uma matéria de capa sobre a cerveja em lata chegando ao Brasil era uma mudança considerável."

A *Visão* teve papel ativo e inovador na cobertura do mercado de ações, nos momentos do *boom* e, em seguida, do *crash* da bolsa brasileira de valores, no início da década de 70, recorda Kleber. "Nós cobrimos esse período importante da história das bolsas no Brasil. A *Visão* inclusive deu uma matéria de capa sobre o problema da bolsa. Quando é que chegaria ao fundo do poço..."

Pelas mãos de Klaus Kleber, José Roberto Nassar teve a primeira subida de degrau no jornalismo para se aproximar da grande imprensa. Foi convidado a substituir Kleber como subeditor de economia da revista *Visão*. "Eu conheci o Klaus Kleber num boteco. Os *Diários Associados* e a *Visão* eram na rua Sete de Abril (no centro velho da cidade). Só que a *Visão* ficava no começo da Sete de Abril, perto do Banco do Brasil... Ao lado da *Visão*, tinha um restaurante chamado Picadilly. Um quarteirão adiante, em frente aos *Associados*, tinha um restaurante chamado Costa do Sol, onde a gente comia e tomava cerveja no começo da noite. E quando tinha um pouquinho mais de dinheiro, eu ia a um bar chamado Paribar, virando ali na praça da Biblioteca, que na época era fino, gostoso e legal. As pessoas, os executivos da época, iam lá. Ali nessas imediações, eu conheci o Kleber. Ficamos amigos. Acho que foi com o Kleber que eu tomei o meu primeiro Old Eight, um sinal de que eu tinha dado uma subidinha na vida, porque até então o máximo que eu tinha bebido era Drurys."

Nassar e Kleber passaram a se encontrar não apenas no bar, mas também em coberturas jornalísticas. Até que, em abril ou maio de 1973, Klaus Kleber deixou a *Visão* para se juntar à equipe de Hideo Onaga na nova fase da *Gazeta Mercantil*. "O Kleber saiu um mês antes e indicou o meu nome. Eu fui lá e conversei com o Marco Antonio Rocha (editor de economia), que aceitou a indicação do Kleber. O Luiz Garcia (que era o chefe de redação) também gostou de mim. Aí eu fui contratado pela *Visão*. Eu e o Godoy éramos repórteres. Depois fomos promovidos a editores assistentes."

Poucos meses depois, Nassar passava a acumular a *Visão* com o jornal *O Estado de S. Paulo*, onde era *copy* da editoria de Educação, Saúde e Telecomunicações, chefiada por Ethevaldo Siqueira. No *Estadão*, trabalhava com Carlos Alberto Sardenberg, de quem fora colega na universidade. "A minha experiência no *Estadão* durou cerca de dez meses. Eu tinha que ir de manhã e de tarde à *Visão*. Saía da revista na rua Sete de Abril, comia um pastel na Galeria Metrópole, que era frequentável na época, e chegava no *Estadão*, que era na rua Major Quedinho."

Na *Visão*, Nassar cobria mercado de capitais, principalmente mercado financeiro. "Eu fazia muita matéria de fundo de investimento. A bolsa estava começando a dar uma subida, começando a se preparar para deixar de ser aquela coisa errática... E tinha muita matéria também desse simulacro de previdência privada que eram os montepios e que quebraram todos. Então, era um pouco de mercado de capitais, investimentos e um pouco de finança pessoal. E o Godoy, por seu lado, fazia negócios, business, marketing, investimentos de empresas, mercados... E o Marco Antonio Rocha fazia matérias de economia, mais macro, embora todos o ajudassem. E tinha os repórteres. Uma grande repórter era a Vanessa Giacometi de Godoy."

Nassar voltaria a juntar-se, em meados da década de 70, a Godoy e Rocha no *Jornal da Tarde*, que desenvolvia a própria experiência de jornalismo de serviço.

Pimenta Neves, que deixara a revista *Visão* no final de 1972, conta que foi convidado por Roberto Civita, da Editora Abril, para criar uma editora separada que publicasse revistas de negócios (nova denominação das revistas técnicas) e livros de administração e de economia, assim como promovesse seminários sobre temas relacionados com a área. Ele ficou cerca de um ano na Abril, mas, na última hora, houve problema com a transferência da revista *Exame* para a nova editora... "O Mino Carta queria mais tempo para melhorar a revista, antes de transferi-la. Eu já tinha participado de várias reuniões para a reforma. Então, achei isso incorreto. Disse ao Roberto que seria absurdo entregar-me um trem sem a locomotiva. Eu precisava de *Exame* para transformá-la numa espécie de *Fortune* ou *Business Week* do Brasil... Uma revista que pudesse realmente cobrir bem os temas não apenas de negócios, mas de economia. E que ajudasse a impulsionar o grupo todo. Ele tentou me convencer a aceitar de qualquer maneira comandar esse grupo. Então, tive uma reunião com ele, que se prolongou até uma ou duas da manhã. Eu saí daquela reunião sem lhe dar uma resposta definitiva. Na manhã seguinte, eu fui para a Abril e escrevi um bilhete para ele: 'Obrigado. Não.' Peguei as minhas coisas e fui embora."

V – Entre militares e Delfim

Em 1968, Washington Novaes foi produtor geral de notícias, por três meses, do *Correio da Manhã*. Nem esquentou a cadeira porque, em meados do mesmo ano, uma editora relançou a antiga *Senhor* e criou uma revista de economia chamada *Fator*. Dessa vez, a situação inverteu-se: foi Biondi quem levou Washington Novaes para a *Fator*. "O Aloysio fez uma revista econômica independente. Uma revista econômica muito forte, interpretativa. Mas não era o que os donos queriam. Creio que, pela primeira vez, se usavam com muita propriedade gráficos no jornalismo econômico. Já no número zero, a capa, sob o título 'A suave invasão', mostrava o ator do cinema novo Joel Barcelos com a boca escancarada e tendo empurrado goela abaixo um pacote de dólares. A foto era do Pedrinho Moraes, filho do Vinicius."

Para a matéria da capa, Aloysio e a equipe passaram noites e noites somando, uma a uma, as importações no mapa da Cacex, com o intuito de provar que o país estava desperdiçando uma fortuna para importar supérfluos. Era a continuidade, na *Fator*, da briga com Delfim Netto, lembra Novaes. "Na época, não havia informática e muito menos os métodos de contabilidade que se tem hoje. Então, nós precisávamos pegar todos os mapas passados pela

CACEX, de exportação e importação, classificar aquilo e fazer fichas para depois somar tudo, todas as importações do país. Nem o Delfim tinha isso. E saiu uma matéria extremamente contundente, mostrando quanto se gastava com penas de avestruz, escargot, chocolate, etc."

Novaes e Biondi trabalharam juntos na *Fator* o tempo de três números, até dezembro, uma vez que a revista acabou no mesmo ano em que foi criada. A revista foi morta pelo Ato Institucional número 5, conta Biondi. "Eu continuei teimoso. Estava no auge aquele período dos coronéis, do Albuquerque Lima. Havia aquela efervescência na Escola Superior de Guerra, no período que antecede o Ato 5... Eu nunca vi os caras, eu nunca vi o Albuquerque Lima. E todo mundo me dizia que o Albuquerque Lima só lia a minha revista e andava com ela debaixo do braço, mostrando os dados. E era uma revista com um texto muito livre..."

A Escola Superior de Guerra (ESG) – prossegue Biondi – era um núcleo de debate dos militares, geralmente originários das camadas pobres da sociedade. "Grande parte do pessoal que fez 1964 não queria o comunismo, mas também queria a chamada reforma social. Então, eu fiquei nessa revista até dezembro, quando acabou, foi fechada. (...) Aí entramos numa fase negra da imprensa, não só por causa da censura mas também por causa do conluio dos empresários com o Delfim."

Com o AI-5, prevaleceram os chamados "entreguistas" – a ala do general Muricy – sobre os "nacionalistas", liderados por Albuquerque e Lima. Os militares fecharam a *Fator* e, junto com ela, outro projeto de Washington Novaes foi por água abaixo. "Com a revista, morreu outra, chamada *Direta*, que eu estava planejando na época, junto com o Jânio de Freitas, o Flávio Tavares, o José Augusto Ribeiro e a Vera Gertel. Essa não chegou nem a sair. Foi abortada pelo Ato Institucional número 5. Quando veio o AI-5, foram tempos muito difíceis. Eu era tido como esquerdista, ou qualquer coisa desse tipo, e não conseguia emprego. Acabei preso, brevemente."

Um dia, a recém-nascida *Veja* abriu as portas da redação para Washington Novaes. "A revista me convidou para assumir, em São Paulo, as páginas amarelas, que então eram sobre investimentos. Fiquei uns três meses lá. Quando eu saí, indiquei o Aloysio."

Biondi foi para a revista *Veja* em 1969, com a missão de escrever sobre bolsa de valores e investimentos no "caderninho" das páginas amarelas. "Era a primeira seção de serviços para o investidor na imprensa. Aí eu fiquei nesse caderninho da *Veja*. Eu pegava, por exemplo, as maiores altas da semana e dava a ficha de cada um: *América Fabril: pura puxada porque teve prejuízo nos últimos três balanços. Petrobrás: caiu 2% por causa de mal resultado no trimestre...* Então, era serviço mesmo. Até mesmo porque naquela época ninguém sabia o que era bolsa, ação..."

Depois de uns quatro meses, a direção da revista começou a insistir para que Biondi também editasse economia. Ele acabou por se render ao apelo, apesar do fantasma sempre presente de Delfim Netto. "Eu dizia que não dava certo porque eu não ia falar de 'milagre'. Mas insistiram muito..." E Biondi passou a acumular a chefia das editorias de Economia e de Investimentos. "Havia um subeditor de investimentos, mas eu fazia as duas. Como aliás acontecia na *Folha*, onde eu chefiava Economia e as sucursais de interior e correspondentes." Biondi ainda arranjou tempo para fazer matérias, como *free-lance*, para a revista *Exame*. "O Molina, que editava a *Exame*, tinha sido meu redator na *Direção*. E aconteceu que o Delfim ligava para a *Veja* perguntando se a posição, nas matérias de economia, era da revista ou do Biondi."

Biondi ficou cerca de quatro meses na economia, resistindo à grande pressão de Delfim Netto. A gota d'água foi uma matéria sobre o financiamento liberado pelo Banco Mundial (BIRD) para Sepetiba, que foi dado para o ramal ferroviário da Hanna junto com o grupo Antunes. "E que, na minha época da *Visão*, eu lembrava que o Banco Mundial tinha vetado porque era antieconômico. A Central do Brasil ia transportar minério para eles e ia ser antieconômico. Eu tinha visto o parecer. Eu disse no texto que a Central do Brasil ia ter prejuízo para a Hanna ter lucro. Na segunda-feira, o Robert me chamou, contrariado. E eu disse a ele: — *Eu avisei que não dava certo.*"

VI - Pioneirismo nas revistas técnicas

Em 1962, Marco Antonio Rocha foi trabalhar nas revistas técnicas da Editora Abril. Rocha, conhecido como Marquito entre os colegas, entrou no jornalismo em 1959, pela reportagem geral do jornal *Última Hora*, enquanto estudava na Faculdade de Direito do Largo São Francisco. "Eu sou o fundador da *Transporte Moderno*, que existe até hoje. A Abril depois vendeu a revista para os funcionários. Eu era redator-chefe da revista e depois diretor de redação. A Abril tinha uma revista sobre transportes, uma revista sobre mecânica – a *Máquinas e Metais* – e uma revista sobre química – a *Química e Derivados*. Revistas especializadas, técnicas. Depois eu passei de *Transporte* para *Máquinas*.

Marco Antonio começou então a frequentar a indústria. "Muita fábrica – indústria siderúrgica, indústria metalúrgica... Comecei a notar que, se eu não soubesse alguma coisa de administração e economia, eu não ia entender nada do que aquelas empresas estavam fazendo. Então, comecei a me interessar pelo assunto economia, do ponto de vista jornalístico." Tinha noções de economia obtidas nas cadeiras de ciência das finanças e de economia política da Faculdade de Direito. E ainda chegou a frequentar os primeiros anos do curso de economia na Faculdade de Economia da USP. Abandonou, contudo, o curso, porque a faculdade mudou da rua Dr. Vila Nova, no centro da cidade, para a Cidade Universitária, no bairro do Butantã. Também achava que as matérias básicas eram suficientes para atuar como jornalista. "O Delfim me criticava muito. — *Você precisa voltar, para completar o curso.* Eu respondia: — *Completar o curso para quê? Para trabalhar com o senhor?*"

Em 1965, Raimundo Pereira entrou no jornalismo profissional pela redação das revistas técnicas. Escreveu inicialmente para a revista *Médico Moderno*, a convite do jornalista Ítalo Tronca, e logo em seguida foi trabalhar em *Máquinas e Metais*, da Editora Abril[57]. Pereira quase formou-se em Engenharia, mas fora impedido pelos acontecimentos relacionados com o golpe militar de 1964. Expulso do Instituto Tecnológico da Aeronáutica (ITA), deixou para trás não apenas o curso incompleto como também o jornal estudantil, cuja característica era a provocação. "Esse jornal era muito interessante, muito divertido: histórias locais, brincadeiras... Era um jornal de muito ibope. Nós tínhamos colunistas... O José Presciliano Martinez, por exemplo, era engraçadíssimo. Ele recebia cartas da rainha da Inglaterra, comentando as coisas do ITA. Ele inventava mil e uma. Uma das razões da minha expulsão eram certas coisas meio anarquistas que nós fizemos. Eu fiz a matéria 'Considerações cépticas sobre a vida sexual dos iteanos'. Isso provocou ódios assim dos mais terríveis." Pereira seria o responsável pela ida de Martinez para a revista *Transporte Moderno*.

Também em 1965, Matías M. Molina entrava na Editora Abril pela porta das revistas técnicas. Foi direto para a *Transporte Moderno*, da qual se tornou editor dois anos depois. Na sequência, foi guindado a editor das três revistas técnicas. Nesse ínterim, a Abril resolveu criar um suplemento encartado nas revistas técnicas. Era um caderno de 16 páginas, que Molina editava sozinho – o embrião da revista *Exame*.

Com a transformação do caderno nessa revista, Molina levou Arlindo Mungioli, que perdera o emprego de chefe de reportagem no Departamento de Informação, Comunicação e Serviço (DICS) da *Folha*, em consequência do AI-5 em 1968. "E, embora a gente fizesse muito mais matérias administrativas,

---

[57] Depoimento em 10/07/2001. Raimundo Rodrigues Pereira nasceu em 1940 em Exu (Pernambuco). Aos catorze anos, mudou para São Paulo e foi estudar Engenharia, porque gostava muito de matemática. "O sujeito que gosta de matemática vai ser engenheiro e tal. Mas não tinha nada a ver..." Entrou duas vezes no ITA. A primeira vez, em 1959, não pôde iniciar o curso porque não passou de ano. "Fiz uma coisa meio extravagante. Eu estava lá e tive que sair para fazer de novo o terceiro científico." Pereira entrou novamente no ITA, em 1960, quando então tomou conhecimento da existência do movimento de esquerda Ação Popular (AP). "Em 64 no ITA, houve uma indicação do CPC, da UNE, para me nomear representante lá. Como eu era ligado ao teatro da escola, eu me lembro que a turma do partidão quis me indicar. Mas o pessoal da AP, que mandava lá, indicou um cara ligado a eles, como sendo o representante do CPC lá. Eu era amigo do Ulrich Hoffman, um cara do partidão que agora é secretário do PPS, e o Hoffman foi assim uma espécie de padrinho meu como calouro lá."

vida executiva, etc., de vez em quando tinha lá uma materiazinha sobre economia. Como na época, existia pouco jornalista que entendia de economia, então foi mais fácil começar uma carreira, especializar-se... E então começamos por aí. Logo depois o encarte ganhou uma meia vida própria. Ele continuou circulando nas revistas, mas tinha uma separata que era distribuída para um mailing vip. Eu lembro que fiz a primeira capa dessa separata. Era uma matéria sobre golfe, esporte dos executivos..."[58]

Foi Molina quem também abriu as portas da revista *Transporte Moderno* para a entrada de João Yuasa, que na época trabalhava na assessoria de imprensa da Alcântara Machado Congressos, especializada em promoção de eventos, entre eles o Salão do Automóvel[59]. "O meu chefe na Alcântara Machado era o José Figueiredo Magalhães Chaves. Ele foi a pessoa com quem eu aprendi o que eu sei de assessoria de imprensa. Ele era muito amigo do Molina. E numa certa ocasião o Molina falou que estava precisando de alguém para trabalhar na Abril. Ele era o diretor de redação da *Transporte Moderno* e estava começando o projeto da revista *Exame*. Aí o Magalhães me recomendou."

Na revista *Transporte Moderno*, Yuasa começou em 1971 como repórter, mas logo em seguida se tornou redator e redator principal. "Eu trabalhei com o engenheiro Neuto Gonçalves dos Reis, que foi um dos integrantes daqueles grupos de estagiários do início da *Veja*. Com a saída do Molina, assumiu a revista o José Elias Gonçalves Neto, que ficou pouquíssimo tempo porque foi

---

[58] Depoimento em 29/08/2001. Arlindo Mungioli nasceu em abril de 1943 na cidade de São Paulo. Entrou no jornalismo por acaso. No começo de 1964, foi trabalhar na administração do jornal *Brasil Urgente*, jornal alternativo fundado pelos padres dominicanos com o movimento católico. "Eu tinha me engajado – coisa de moleque – na campanha de venda de ações, etc. Depois eu fui trabalhar na área de administração que era a área que me interessava. Eu tinha 20 anos. Quando veio a revolução de 64, claro que fechou o jornal e eu perdi o emprego... E o Josimar Moreira, que tinha sido o redator-chefe do jornal *Brasil Urgente*, voltou a ser diretor da *Última Hora* em São Paulo – a origem dele era a *Última Hora*. E eu fui procurá-lo: - Josimar, eu estou desempregado... Eu queria um lugar na administração, se você me arrumasse. Ele falou: — Olha, eu lamento mas na administração eu não mando nada. Se você quiser na redação, eu dou um jeito. E foi assim que eu virei jornalista. Arrumei um emprego, comprei o livrinho 'Jornalistas em ação' e comecei a aprender ali as coisas." No final dos anos 60s, Mungioli chegou a estudar dois anos de Ciências Sociais na Faculdade de Filosofia da USP, que funcionava na rua Maria Antônia no centro da capital. Na época, já trabalhava no jornal *Última Hora*.

[59] Depoimento em 30/01/2001. Paulistano de 1942, Yuasa começou no jornalismo em 1967 como repórter da Agência Sul-Americana de Notícias (Asa Press), vinculada à Conferência Nacional dos Bispos do Brasil (CNBB). A agência vendia notícias para rádios e pequenos jornais do interior e da capital. Então, eles assinavam contrato com a agência. "A primeira cobertura que eu fiz foi a visita ao Brasil do filho do imperador japonês, que hoje é o imperador. Eu tive que arranjar uma gravata emprestada de amigos..." Em 1968, Yuasa foi para a *Folha de S. Paulo*, como repórter de geral no plantão noturno. E, na mesma época, ingressou no *Popular da Tarde*, do *Diário Popular*, onde foi chefe de reportagem e colunista de assuntos policiais e de educação.

designado para fazer a revista *Comércio Exterior*, do Ministério de Relações Exteriores. E com isso o Neuto, que era redator, virou o redator-chefe também muito rapidamente. E eu fui com ele. Em três meses, de repórter passei a redator principal da revista. O Molina acompanhou o meu trabalho, mesmo que um pouco à distância, porque ele foi guindado a outros postos lá dentro da Abril."

Nem bem terminou o curso de Jornalismo, Cida Damasco também foi parar nas revistas técnicas da Abril[60]. "Eu nem sabia que isso existia. Para mim, Abril era *Realidade*, era *Veja*, eram as grandes revistas. Essa parte das revistas técnicas eu desconhecia. Cheguei lá, prestei um teste e acabei ficando como '*frila* fixo', uma coisa que começava a se institucionalizar naquele momento e que a Abril teve grande responsabilidade. Não era contratada, era *free-lance*, mas trabalhava como se fosse contratada..."

Um dos grandes mestres de Cida Damasco, nas revistas técnicas, foi João Lima Santana. "Ele tinha vindo da área de Geral do velho *Diários Associados*, tinha trabalhado na *Última Hora* e estava já madurão nas revistas técnicas. Era um cidadão extremamente quieto, taciturno e sabia tudo de redação. Eu me lembro que eu ficava espantada e boquiaberta com a capacidade que ele tinha de traduzir textos técnicos em português. E eu, 'foquíssima', ficava lá do lado quietinha observando como é que ele conseguia essa arte. Era uma grande figura."

Nesse meio tempo, Cida Damasco acabou ficando em uma das três revistas – a *Química e Derivados* –, cujo redator-chefe era Emmanoel (Mané) Fairbanks, "um magnífico sujeito, engenheiro químico mas com alma de jornalista". Ela estava fazendo, sem perceber na época, uma opção pelo jornalismo econômico. Beneficiou-se assim do marcante papel que as revistas técnicas tiveram no desenvolvimento do jornalismo econômico. "Parecia até estranho, até mentiroso a alguns entrevistados na época, o fato de a gente fazer uma matéria, contar o perfil da empresa e, no final da entrevista, não cobrar. As pessoas perguntavam: — *Quanto custa*. A gente respondia: — *Nada. É uma reportagem. Não tem nada a ver com publicidade*. E não tinha nada a ver, efetivamente. Era eticamente irrepreensível e eu considero que esse núcleo das

---

[60] Depoimento em 22/09/1999. Maria Aparecida Damasco nasceu em 1950 na capital paulista. É da turma de 1971 da Faculdade Cásper Líbero. O que ela sonhava mesmo era fazer jornalismo político, mas as circunstâncias a conduziram ao jornalismo econômico. Cursava o segundo ano de faculdade quando recebeu o convite para trabalhar no *Notícias Populares*. "Eu nunca havia pensado em fazer jornalismo policial, mas fui lá e acabei achando ótimo. Trabalhei um ano mais ou menos e aprendi muito. Ainda era a velha redação comandada por Jean Mellé, que tinha sido o criador do jornal. Uma redação com não muito recomendável convivência, 'amigável', entre jornalistas policiais e policiais mesmo. Mas, do ponto de vista de escola de vida, cem por cento. Foi uma barra, mas foi excelente. Para estudante, um batismo de fogo. Com um adendo: éramos em três ou quatro mulheres na redação e éramos as primeiras mulheres que entraram no *Notícias Populares*."

revistas técnicas tenha tido uma importância muito grande na profissionalização do jornalismo empresarial, do jornalismo de negócios."

Na revista *Transporte Moderno*, João Yuasa fazia matérias técnicas e operacionais da área de transporte de cargas, com destaque para as tabelas de preços de caminhões usados criadas no início dos anos 70s. "Nós fazíamos levantamento de valor de caminhões dos vários modelos, vários anos e quanto custava, se tinha preço para locação, quanto o dono do caminhão gastava em manutenção... Aí a gente montava as tabelas. E todo mês a revista saía com a tabela... Na época, era uma coisa que chamava a atenção porque não tinha nada panorâmico dessa área específica de transporte de cargas.

Transporte Moderno também fazia testes com caminhões, lembra Yuasa. "Eu fui o primeiro jornalista a testar o Scania de cara chata. Eu fiz uma viagem de São Paulo a Porto Alegre, fazendo tudo o que era possível e imaginável fazer com o caminhão: freadas nas curvas, subidas, manobras, enfim tudo o que era possível, para preparar as matérias para a revista. E isso foi uma experiência muito interessante, porque *Quatro Rodas* fazia isso para automóvel, mas para caminhão não tinha nada. *Transporte Moderno* entrou nessa área operacional de transporte de carga de uma forma bem aprofundada."

A revista atuava ainda nos setores de transporte ferroviário e transporte marítimo (cabotagem e marítimo de longo percurso). E Yuasa aproveitava o *know-how* adquirido na área de construção pesada. "Além de *Exame*, foi criado um suplemento da área de construção pesada. A Abril achou que poderia lançar posteriormente uma revista do setor de construção. Como eu fiquei encarregado de fazer esse caderno, especializei-me nessa área de construção pesada. Visitava fabricantes de equipamentos e empresas de engenharia... A gente fazia levantamentos dos tipos de equipamentos e tabelas de tratores, com preços, custos, enfim, tudo que ele consumia e o que ele produzia..."

Antonio Félix acabava de se formar em Jornalismo, em 1974, pela Fundação Armando Álvares Penteado (FAAP), quando foi trabalhar como *free-lance* na *Transporte Moderno*[61]. A revista mantinha um encarte sobre transporte de materiais e movimentação de cargas, chefiado pelo engenheiro Marcos Manhanelli. "Foi muito boa a experiência, até porque era muito difícil começar naquela época, principalmente na Editora Abril. O nível de exigência era muito grande, tanto que, para entrar na Abril, você fazia uma bateria de testes, psicotécnico, mil coisas... Mas foi muito interessante a experiência porque a revista era conceituada. A revista fazia pesquisa com as empresas para saber o custo do pneu, por exemplo. Depois, fazia a planilha de custo geral de um caminhão Mercedes ou Scania. Nós também fazíamos muita reportagem de política de transporte. Havia coisa como

---

[61] Depoimento em Fevereiro de 1999. Antonio Félix nasceu em 1951 na cidade de São Paulo.

ferrovia *versus* rodovia, trem *versus* caminhão. Mas eu acho que a revista pendia um pouco para o lado do caminhão..."

A explicação para essa preferência era comercial, além da tendência histórica. Era uma forma de viabilizar financeiramente a revista, diz Félix. "Até do ponto de vista comercial, quem seria o consumidor de uma revista sobre ferrovia? Não se vai falar de peças de vagões de trem. Vai-se falar de peças de caminhão. E tinha toda a indústria automobilística... A revista tinha também uma seção que publicava todos os modelos, preços e tudo o mais. E tinha até um caderno que cuidava da parte de construção, como retroescavadeira e outras máquinas pesadas, que o João Yuasa acompanhava."

As revistas técnicas seriam transferidas para a Abril Tec, criada pelo grupo Abril em 1975. A criação da Abril Tec Editora Ltda. para editar as revistas técnicas, relata Arlindo Mungioli, era uma tentativa de viabilizar "revistas pobres, com poucos anúncios e circulação gratuita", fora da estrutura pesada da Editora Abril. "As técnicas e a revista *Exame*, que vinha sendo editada na Divisão Veja-Exame, passaram para a Abril Tec, que comprou também a (editora) Expansão", explica.

Era muito difícil, numa editora de grande porte como a Abril, dar tratamento especial para três publicações pequenas, relata Guilherme Velloso[62]. Ao mesmo tempo, "eram, de certa forma, oneradas pelo peso da estrutura da Abril. E tinha uma série de custos que eram distribuídos, em proporção, entre todas as publicações. A idéia foi criar uma unidade de negócios – que acabou sendo uma empresa até com razão jurídica separada – e fazer uma tentativa de ver se, dentro de uma outra estrutura de empresa – e portanto não amarrada às mesmas políticas da Abril –, isso não seria mais viável e mais rentável".

O rompimento do cordão umbilical com a Abril foi inclusive físico, com a mudança para um prédio localizado no bairro paulistano da Lapa, relata Velloso. "Nós fomos para um escritório teoricamente mais barato, que era na rua Aurélia. Não era assim um escritório muito fino, mas era grande. A Abril Tec foi (para a Lapa) dentro desse espírito de que nós tínhamos inclusive esse tipo de autonomia. Quer dizer, a Abril Tec foi para lá porque era mais barato do que ficar no prédio da Abril, pagando aluguel pelo espaço ocupado. A lógica foi mais ou menos essa. E todos nós que já trabalhávamos na Abril na realidade fomos demitidos e recontratados pela Abril Tec, assumindo enfim as obrigações

---

[62] Depoimento em 17/12/2001. Guilherme Velloso nasceu no Rio de Janeiro em 16 de outubro de 1944. Formou-se em 1967 em Sociologia e Política na PUC do Rio, onde foi colega de turma de Paulo Henrique Amorim durante parte do curso. "O Paulo Henrique Amorim é meu amigo pessoal de longa data. Nós fomos companheiros no Rio de juventude, de curso colegial e tal. Mas eu comecei a minha vida profissional mais tarde do que ele numa editora que existe até hoje no Rio, que é o Zahar. Primeiro, eu comecei a trabalhar numa agência de publicidade. Depois, trabalhei no Zahar por um período." Só então Velloso transferiu-se para São Paulo.

anteriores... e depois, da mesma forma, nós voltamos para a Abril, tempos depois, quando a Abril Tec foi extinta."

Antes, porém, de Francisco Crestana Filho vender a editora Expansão para a Abril Tec, Cida Damasco deixou o grupo Abril para trabalhar na *newsletter Análise da Economia para Homens de Negócios*[63]. "Eu fiquei alguns meses trabalhando nessa empresa independente, até que a Abril comprou a empresa e a *Exame* incorporou a *Expansão*. A *Análise* passou a ser feita pela Abril e eu voltei no pacote (da Expansão) para a Abril. Eu ainda fiquei um tempo trabalhando nessa *newsletter*."

Em 1976, Arlindo Mungioli ingressava na Abril Tec, como redator do boletim *Análise*[64]. Nem bem tinha tomado pé da situação, Mungioli recebia uma proposta inesperada. "O Hélio Gama, o Alexandre Machado e o Mário Alberto de Almeida foram convidados para trabalhar na *Gazeta Mercantil*. Até foi engraçado porque eu estava numa festa de uns amigos comuns e apareceu lá o Alexandre. Eu sabia que eles iam ter uma reunião naquele sábado. Aí ele me chamou de lado e disse: 'Nós estamos saindo e indicamos você para ser redator-chefe'. Eu respondi: 'Vocês estão loucos. Tem outros, tem a Cida... Bom, se eles não quiserem, eu aceito'."

Com a saída de Crestana da Abril Tec, Mungioli passou a responder por todos os produtos, exceto a revista *Exame*. "De um lado, tinha o Guilherme Veloso fazendo a revista *Exame* – inclusive *Brasil em Exame* – e, de outro lado, tinha o Arlindo Mungioli editando *Análise*, *Business Trends*, a revista do Itamarati – que tinha versões em francês, espanhol e inglês – que era *Comércio Exterior*, o *Anuário Análise*, uma revistinha para a Bayer, uma revistinha para a

---

[63] A *Análise* semanal, que tratava de macroeconomia, foi criada em 1972, por Francisco Crestana, e no ano seguinte surgia o primeiro *Anuário Análise* – um balanço anual da economia setor por setor – então editado por Celso Ming. A origem da *newslettter Análise*, assim como da revista *Expansão*, é do norte-americano Harvey Popell, que era sócio de Crestana na operação brasileira e tinha Análise no México e na Argentina.

[64] Mungioli trabalhara na Abril por cerca de dois anos até que *Exame* se tornou independente das revistas técnicas. Na primeira metade dos anos 70, chegou a voltar à Abril para trabalhar, durante cerca de seis meses, como redator na última fase da revista *Realidade*, cujo editor era Milton Coelho da Graça, o diretor, Ulysses Alves de Souza, e o secretário de redação, Mário Andrade. Também participou da criação do jornal alternativo *Opinião*, "a princípio em São Paulo – chefiando a sucursal, que era eu – e depois no Rio, editando economia durante um tempo". E ainda fez o jornal *Investimento*, da *Gazeta Mercantil*, por indicação de Celso Ming. "Eu saí meio brigado. A empresa estava querendo fazer alguma coisa. E eu preparei um relatório dizendo a minha opinião... Eu disse: 'Olha, esse jornal Investimento para mim não tem saída do jeito que está.' Quer dizer, jornalão mensal, uma coisa completamente fora do enfoque na ocasião. 'Vamos transformar numa revista e aí incorporar gente especializada ou, o que eu acho mais conveniente, fecha-se o jornal e vamos investir na *Gazeta Mercantil*.' Já tinham um plano para transformar a *Gazeta Mercantil* num jornal importante... Mas eu era jovem e portanto tinha muita pressa. Então, eu fui embora."

Eternit, Agendas e o resto. Todo esse resto não equivalia à metade da *Exame*, que já era parruda..."

A Abril Tec chegou a ter uma área de seminários, como parte do conceito de diversificação de produtos e serviços, acrescenta Velloso. "Quer dizer, de se ter publicações ou produtos, porque nem todos eram publicações, que tinham em comum um foco no mesmo público. Então, a lógica da criação da Abril Tec foi essa: criar uma empresa separada, com uma estrutura diferente do que era a estrutura da Abril, mais enxuta, para torná-la mais viável do ponto de vista econômico. Tanto que a Abril Tec tinha políticas diferentes da Abril."

A estreita margem de lucro, porém, talvez seja a explicação para o fato de o grupo Abril ter decidido vender as revistas técnicas para o próprio pessoal da redação. E foi assim que Mané Fairbanks acabou virando dono de *Química e Derivados*, lembra Cida Damasco. "E como a indústria de plástico e petroquímica estava se expandindo muito na época, eles resolveram desmembrar e criar uma revista específica para plásticos. Chamava inicialmente *Plásticos e Borracha* e depois *Plásticos e Embalagens*. E eu fui contratada como repórter, um 'frila fixo', para essa revista que começava a nascer. Quem cuidava dela era a engenheira química Julieta Pêrego, que acabou casando, quando teve dois filhos, e abandonando a carreira. E eu me especializei muito em química e petroquímica, fiz vários cursos... Mas depois de algum tempo achei que era me especializar demais para o começo de carreira."

Antonio Félix e João Yuasa, por sua vez, deixaram *Transporte Moderno*, diante da decisão da Abril de desfazer-se das revistas técnicas. Yuasa chegou a ser convidado para participar da empresa criada para assumir *Transporte Moderno*. "O Neuto inclusive me disse: — *João, você não quer ser sócio na nova editora que nós vamos abrir.* Só que a minha condição não permitia. Eu não podia arriscar porque eu tinha quatro filhos. No mês seguinte, se eu não tivesse a receita, eu estava ferrado. Ia faltar comida em casa. Eu não podia correr esse risco. E aí eu não entrei. Me arrependo. Se eu tivesse condições, eu teria entrado."

Depois de *Transporte Moderno*, João Yuasa ficou um ano e meio na Engetec-Empresa Nacional Gráfica e Editora Técnica, onde fazia duas revistas na área de engenharia industrial e de construção pesada. Foi então contratado pela Ascorp, empresa de assessoria de imprensa e relações públicas do grupo Levy, dirigida por Henrique Araújo e Omar Bittar. A Ascorp era especializada em atender entidades empresariais como Associação Brasileira para o Desenvolvimento da Indústria de Base (ABDIB), Associação Brasileira de Engenharia Industrial (ABENI), Associação Brasileira da Indústria Ferroviária (ABIFER) e Associação Brasileira da Indústria Elétrica e Eletrônica (ABINEE), entre outras de destaque na época.

Com o fechamento da Ascorp por volta de 1978, Yuasa passou a prestar assessoria de imprensa diretamente para essas associações. "Depois de um ano que eu estava lá, a Ascorp acabou porque era um mau negócio e ela não era rentável como empresa. Como a *Gazeta Mercantil* estava se reestruturando, o Henrique Araújo foi chamado para uma posição de direção lá na empresa e resolveram fechar a agência. E as entidades para as quais eu estava designado a atender pediram para eu continuar como pessoa física."

Em agosto de 1980, *Análise* passaria às mãos de Arlindo Mungioli. Numa dessas épocas de planejamento anual da Abril, houve a decisão de fechar a Abril Tec. Mungioli então propôs comprar a *Análise*, mas esbarrou no grande número de interessados. Por fim, a maioria desistiu e sobraram os sócios Mungioli e Roberto De Grandes. "Eu, de um lado, fazendo a revista (*Análise*) e o Roberto e o sócio dele, do outro lado. Em seis meses, eu botei as cartas na mesa. — *Olha, moçada. Vendo a minha parte por tanto, compro a parte de vocês pelo mesmo valor. Vocês resolvem. Essa é uma sociedade esquisita, porque não é capital e trabalho. É trabalho e nada.* Não tinha capital. Não tinham posto nada. Então, eles resolveram comprar. Aí, no dia seguinte, resolveram vender. Então, eu comprei também a parte deles, porque eu ainda estava pagando a Editora Abril. O contrato com a Editora Abril era de 24 meses. E eu pagava lá um dinheiro para eles. Aí na compra, fiz lá um rolo, entrou um terreninho que eu tinha... e comprei a parte desses sócios e fiquei sozinho."

Logo em seguida, Mungioli lançou *Análise Financeira*, um projeto que apresentara à Editora Abril que o tinha ignorado. "Então, lancei *Análise e Fazenda*, de curta duração... *Análise Financeira* foi digamos o grande negócio da pequena Análise Editora. A Análise, na verdade, talvez tivesse sendo muito mal administrada. Quando eu assumi, nós tínhamos algo como 700 assinantes ativos e uma barafunda. Para ter o número contratual de assinantes ativos, tivemos que fazer um levantamento contábil: nota fiscal, porque não tinha registro... Eu disse: 'Os ativos estão lá'. E tinha 1600 caras, dois mil caras, que não sabiam qual a situação deles. Então, mandei cobrança para todo mundo, fora os ativos. Alguns reclamaram. Os que reclamaram, eu aceitei sem discussão. E a maioria pagou, porque não pagava há muito tempo. Então, em dois meses saiu de 800 ativos para 1400, coisa assim, o que deu logo de cara um fôlego para a empresa. Depois, *Análise e Fazenda* foi bem. E a *Análise Financeira* foi indo, até ter uma circulação paga de sete mil exemplares, que não era pouca coisa, principalmente levando em conta que o preço era caro"[65].

---

[65] Trabalharam com Mungioli na Análise Editora jornalistas que estiveram com ele na Abril, como Airton Ribeiro, Cláudio Cerri e Luís Weiss, além de Marcos Gomes, ex-editor de economia dos jornais alternativos *Opinião* e *Movimento*, Reinaldo Domingos Ferreira, que atuava em Brasília, e Teodomiro Braga, seu sucessor.

VII - Celeiro de jovens talentos

Antes de entrar na economia, Emilio Matsumoto aceitou o desafio do amigo Ulysses Alves de Souza e foi parar na edição dominical de esportes do *Estadão*, chamada Estadinho, então dirigida por Mino Carta. — *Você não quer fazer um "bico" ao domingos, fechando a edição do Estadinho?*, perguntou. — *Tudo bem. Vamos lá*, respondeu Matsumoto. Assim, por volta de 1965, Emilio Matsumoto passou a integrar a equipe de Mino Carta.

No começo de 1968, Mino Carta foi convidado por Victor Civita para criar a revista semanal de informação *Veja*. E carregou Matsumoto com ele. "O Mino topou porque ele tinha uma experiência do passado na Editora Abril como o criador da *Quatro Rodas*, uma revista bem-sucedida na época. O Mino aceitou o convite e resolveu levar algumas pessoas da equipe que estava trabalhando com ele no *Estadinho*. Aí, ele me convidou para ir para essa revista. Mas colocou uma condição: — *Agora você tem que largar tudo que você faz fora para ser realmente um jornalista em tempo integral. Eu topei.* A revista começou a sair, no segundo semestre, por volta de setembro ou outubro."

Quem também participou da criação de *Veja* foi Marco Antonio Rocha. Nesta época, ele estava na revista *Realidade*, onde era redator de assuntos gerais, inclusive matérias econômicas. Tentativa derradeira de salvar a revista, que começava a afundar, foi a edição especial "Realidade Brasileira", feita por Rocha. "Passei mais de um mês na Fundação Getúlio Vargas, fazendo pesquisas para aquela edição sobre economia brasileira."

Marco Antonio Rocha treinou um dos cinco grupos de futuros repórteres, em que Mino Carta dividiu os 100 jovens jornalistas aprovados no concurso nacional para integrar a primeira redação da revista *Veja*. "Foi uma experiência muito interessante. Eu fiquei uns dois meses com esse pessoal, fazendo matérias para o número zero da *Veja*."

Nesse grupo de jovens universitários ou recém-formados, selecionados para o projeto da revista *Veja*, estava Guilherme Velloso. "Justamente estava se procurando pessoas que tivessem formação universitária, mas não especificamente em jornalismo. Foi aí que eu fui parar no jornalismo. Em primeiro lugar, eu fiz parte do grupo selecionado para fazer o curso, que foi uma experiência muito interessante que até hoje não foi repetida nem pela Abril nem por nenhuma outra empresa. Mas, para nós que participamos dela, foi muito interessante, muito rica. Então, teve um processo todo ao longo de três meses desse curso e depois uma parte dos profissionais foi selecionada para trabalhar ou na *Veja* ou em algumas outras áreas da Abril, principalmente na área de pesquisa, e eu acabei ficando na *Veja*. Não em economia especificamente, porque eu comecei na Geral. Aliás, eu comecei numa editoria que parece que se chamava

Especial, que era muito interessante porque era uma editoria que fazia grandes matérias e coisas fora às vezes do dia-a-dia... E eu comecei lá como repórter-pesquisador, que era o título. Foi um título chupado do *Time*, que era o propósito original disso tudo."

Emilio Matsumoto integrava a editoria de Brasil, comandada por Sebastião Gomes Pinto, mais conhecido por Tão Gomes Pinto. "Eu ligo muito essa coisa com o advento do 'milagre brasileiro'. Duas coisas começaram a assumir uma importância muito grande: assuntos econômicos e assuntos de bolsas, de investimentos. Tanto é que a *Veja* acabou criando uma seção de Economia, que depois absorveu a área de negócios e virou Economia e Negócios. E criou um caderno de investimentos, que na época tinha até uma cor diferente. Era chapado em amarelo, exatamente parecido com o da página de entrevistas. Nessa ocasião, quando foi criada formalmente a editoria de Economia e Negócios, o Mino pegou o Paulo Henrique Amorim e a mim e disse: — *Vocês vão cuidar dessa parte.*"

Novamente, estava presente a influência de Aloysio Biondi, como revela Matsumoto. "Nós acabamos assimilando tudo: economia, negócios e investimentos. E aí pegamos um repórter que trabalhava na própria *Veja* para cuidar mais especificamente da área de investimentos, que voltou a ser independente de novo. Daí para frente, a gente se enveredou definitivamente para o campo da economia."

Em 1969, a revista *Veja* cometeu a ousadia de destacar na capa matéria sobre o preenchimento do Imposto de Renda. "E a gente ganhou o prêmio Esso de informação econômica", conta Matsumoto. "Em 1970, nós repetimos a dose da matéria do Imposto de Renda. Se eu não me engano, eu acho que ganhei o segundo prêmio numa parceria com o Aloysio Biondi. Então, pegamos dois prêmios Esso de informação econômica, consecutivamente, em 1969 e 70. Em 1971, o Paulo Henrique Amorim, que era o meu companheiro de editoria, ganhou o prêmio Esso com uma matéria sobre distribuição de renda, com base no trabalho do Langoni, que teve grande repercussão. Quer dizer, nós emplacamos três prêmios Esso de informação econômica naquela época."

Na equipe de economia da *Veja*, havia ainda nomes como Roberto Müller Filho, Glauco Carvalho e Celso Ming.

Foi exatamente na revista *Veja*, onde integrou em 1968 a turma de jovens jornalistas contratada por Mino Carta, que Celso Ming começou fazer jornalismo econômico. "Eu fiz o curso da *Veja* que selecionou jornalistas para tocar a revista, e aí eu me encaminhei para a economia."

Glauco Carvalho e Roberto Müller Filho, conhecidos da *Folha de S. Paulo*, voltaram a encontrar-se em *Veja*, onde trabalhavam juntos na editoria de Brasil, dirigida por Tão Gomes Pinto. Müller cobria macroeconomia e Glauco, negócios. Glauco fez o curso de treinamento de jovens jornalistas na revista *Veja*, após curta temporada no *Estadão*[66].

Roberto Müller Filho era da primeira equipe de Mino Carta na revista *Veja*. Foi indicado a Mino Carta por Carlos Souliê do Amaral, não tendo feito, portanto, o curso de treinamento dos novos repórteres. "Eu estava respondendo processo de IPM na 2ª Auditoria Militar. Aí fui para a *Veja* nos números zeros. (...) Ficamos fazendo vários números zeros. Eu cheguei já com os repórteres escolhidos, entre os alunos selecionados."

Veja contratou como consultores os economistas João Manuel Cardoso de Mello e Luiz Gonzaga Beluzzo, com quem Müller iria travar duradoura amizade. "Era para não deixar a gente escrever bobagem. Eu, o Celso Ming e o Glauco éramos repórteres. Aí, me passaram para repórter especial, que era uma categoria odiosa, porque eram repórteres 'mais iguais que os outros'. O editor da economia eu acho que era o cientista político gaúcho e professor Eduardo Kugelmas, que foi exilado muito tempo e depois voltou... Ficamos muito amigos, eu, o Beluzzo e o João Manuel. Somos compadres. Eles são padrinhos de dois dos meus três filhos."

Da *Veja*, Müller foi para a *Realidade*, também da Editora Abril, onde teve de abandonar uma reportagem em andamento por causa da ditadura militar. "No meu tempo ela estava em declínio, mas era uma revista fantástica. É um mistério ela ter desaparecido. Eu fiquei lá uns poucos meses. Trabalhavam lá grandes jornalistas como Zé Hamilton Ribeiro, Audálio Dantas, Eurico Andrade e Luiz Weiss. Não havia ninguém na economia. Todo mundo fazia tudo. Eu fiz uma matéria sobre o garimpo de xelita no Rio Grande do Norte. Eu estava começando a fazer uma matéria sobre poluição, quando soube que, afinal, ia ser julgado. E tinha uma informação de que ia ser condenado."

Rodolfo Konder, repórter mais experiente, assumiu o trabalho de Müller. "Ele tocou a matéria e eu fugi. Fiquei escondido na casa do advogado e grande amigo Eros Grau. Mas essa é uma outra história de como eu fui absolvido. Não houve julgamento – foi adiado – mas todos nós ficamos com prisão preventiva decretada. Eu já era casado. Meu sogro, Benedito de Oliveira Bueno, um grande advogado, trabalhou sem que eu quisesse para mim, e meus companheiros, para que quebrasse a preventiva, senão não poderíamos mais ir e vir."

A defesa de Müller foi obra de gênio, que envolveu até médico. "Eu sempre tive cálculos renais. Eu já expeli alguns e tal... Havia um médico comunista, num hospital aqui em São Paulo, que era urologista. A alguém, que eu

---

[66] Glauco Carvalho vinha da seção de Economia do *Estadão*. "O Flávio Gleizer, que também trabalhou no setor de suplementos da *Folha*, foi para o *Estado*. Então, eu perguntei a ele: — *Não tem uma vaga aí para mim?* Ele falou com o Oliveiros. Logo me chamou para ser *copy-desk* da primeira página dele."

não me recordo quem, ocorreu a idéia de fazer um raio X sem contraste. Na radiografia sem contraste, você não vê a pedra no rim. Eu tinha um raio X antigo com contraste com a pedra. Não havia data no raio X. Eu fui a esse médico e contei a história e ele falou: — *Esse pessoal do Exército não entende nada. Façamos um raio X sem contraste e eu te dou um laudo dizendo que você nesse dia teve uma cólica renal (raio X 1) e expeliu (raio X 2)*. Então, eu juntei isso com o laudo dele, dei ao meu sogro, que juntou na Auditoria e aí relaxaram a minha preventiva."

A essa altura, Müller já tinha perdido o emprego na revista *Realidade*. Acabou indo trabalhar na *Visão* a convite de Antonio Pimenta Neves, que havia conhecido na *Folha de S. Paulo*. "Eu fiquei trabalhando lá um bom tempo, fazendo mais economia, mas fazendo política também."

Müller participou da grande redação da *Visão*, chefiada por Pimenta Neves, que reuniu nomes como Vladimir Herzog, Luis Weiss, Rodolfo Konder, Marco Antonio Rocha e Robert Appy. "Tinha também o Miguel Urbano Rodrigues, comunista notório português, que era editorialista do *Estadão*. Exilado no Brasil, protegido do doutor Julinho Mesquita, fazia os editoriais mais conservadores possíveis. Um profissional. Quando houve a revolução dos cravos, ele voltou para Portugal. Se ele estiver vivo – eu espero que sim – ainda deve ser alto dirigente do Partido Comunista Português."

No final dos anos 1960, Müller foi convidado para ser assessor de Dilson Funaro, secretário de Planejamento do governo Abreu Sodré. Passou a acumular a *Visão* com o governo. "Conheci o Funaro quando eu era repórter da *Folha*... Aí o Funaro me convidou. Eu respondi: — *Não posso. Eu tenho um IPM e eu não quero trabalhar no governo do golpe*. Foi uma das tantas lições que eu aprendi com Funaro. Ele, que não era político nem nada e morreu sem ser, me disse: — *O Sodré me disse que eu tenho carta branca*. Eu respondi: — *Não faça isso, Funaro. Eu não quero*. Ele não falou nada, mas à noite ele ligou para mim: — *Eu falei com o Sodré e ele disse que 'tudo bem'*. Aí eu tive que aceitar. Ele abriu um organograma e disse: — *Olhe, vamos escolher o cargo*."

Müller escolheu ser oficial de gabinete, que era o cargo mais baixo. Ajudou a montar o gabinete de Funaro. Foi quando reencontrou João Manuel, Belluzzo e Eduardo Kugelmas, que também foram trabalhar com Funaro. Inicialmente, no Planejamento e, mais tarde, na Secretaria da Fazenda, por decisão de Sodré. Além de João Manuel e Beluzzo, fazia parte da equipe de Funaro o economista e jornalista Sebastião Advíncula. "O Sebastião seguiu com o Funaro para a Secretaria da Fazenda e, depois, para a Trol, onde ficou até morrer. Quando foi para a Fazenda, Funaro foi buscar o Carlos Lessa, a Maria da Conceição Tavares e o advogado Eros Grau, em cuja casa eu fiquei escondido ..."

Mas havia a pendência do julgamento. "No meu julgamento eu fui de carro oficial. Saí do gabinete de Funaro, parei na porta da auditoria militar e desci. O guarda não sabia se me cumprimentava ou se me prendia. E meu sogro nos absolveu a todos. Um grande advogado, mas você não dava nada para ele. É da mesma safra do Sodré e do Jânio Quadros na Faculdade São Francisco..."

No processo contra Müller, havia a acusação de que ele era comunista desde menino. Numa das sustentações orais no Tribunal, o advogado Benedito de Oliveira Bueno foi brilhante. Lembrou a infância do genro em Ribeirão Preto. Um dia no ginásio, fizeram um júri simulado sobre Calabar, no qual Müller foi o promotor. Outro promotor era Sérgio Arouca, mais tarde advogado, médico sanitarista da Fiocruz e membro do Partido Comunista. "Li tudo sobre Calabar", conta Müller. "Eu acho que eu estava errado. Ele é um herói." Müller tinha intensa vida política. "Fui diretor do grêmio do ginásio, que se chamava Centro Nacionalista Olavo Bilac. Quer dizer, se você buscar na história, você vai ver que o positivismo teve forte influência sobre os militares, a direita, a esquerda – o partidão."

Então, o advogado Benedito de Oliveira Bueno concluiu: "*...Ou os senhores estão dizendo que nós estamos aqui diante de um gênio. Sabem os senhores que idade tinha esse moço? Tinha 14 anos. Se os senhores acham que ele já era um perigo para a República, nós temos que reverenciar... Ou não será que houve um grande equívoco?* Bueno pegou algumas fotos, em que Müller aparecia, como repórter da *Folha*, ao lado de Castelo Branco, Costa e Silva, Paulo Egídio e Roberto Campos na inauguração de Jupiá, Ilha Solteira... *Vejam os senhores. Quantos líderes da revolução esse jovem não teria matado, se desde os 14 anos ele fosse um perigoso comunista...*"

Müller acompanhou Dilson Funaro até o final do governo Abreu Sodré, não sem presenciar fatos envolvendo a repressão do regime militar. "Quando Funaro ainda era secretário do Planejamento, a Operação Bandeirante (OBAN) saiu à procura do Eduardo Kugelmas, que era assessor dele. O Eduardo era um desses meus amigos que ficaram amigos do Funaro e que topavam fazer aquele projeto dele de 'salvar o Brasil'. Então, eu fiquei até o fim do governo Sodré e depois eu voltei para a *Folha*."

VIII - Enfoque do cliente

Em 1969, Molina estava transformando o suplemento das revistas técnicas na revista *Exame* e precisava de um redator. Coincidiu que Glauco Carvalho foi indicado por Roberto Müller Filho a Roberto Muylaert, então diretor das revistas técnicas da Abril. E Glauco foi parar na nova revista. "Molina estava de férias, mas ele tinha deixado algumas pautas. Eu comecei fazendo várias experiências. Quando o Molina voltou, já havia algumas matérias prontas. Nós nos demos muito bem e eu fiquei lá dois anos e meio."

Com a criação da revista *Exame*, em 1970, Molina formou a primeira equipe de redação com Glauco Carvalho e Arlindo Mungioli. Posteriormente, engrossaram o time Ítalo Tronca, José Gonçalves Elias Neto, Mário Alberto de Almeida e Celso Ming, este em substituição a Glauco Carvalho.

Na *Exame*, Celso Ming viveu a mudança de enfoque no jornalismo econômico, com o começo do jornalismo de empresa. "Mas o enfoque do jornalismo de empresa não era um enfoque do produtor, era um enfoque do consumidor. Isto é, você escrevia para o cliente e não para o produtor, porque, na hora em que você escrevesse para o cliente, você já atingia todos. Então, o enfoque era do consumidor e do cliente."

Exame forneceu as bases para Celso Ming dar outros vôos: primeiro rumo ao caderno *Investimento*, produzido pela Gazeta Mercantil; em seguida, para editar a revista *Análise*, da editora Expansão. Tudo isso até a eclosão da primeira crise mundial do petróleo em 1973. Depois do primeiro choque de oferta do petróleo, quando Ming já estava no *JT*, o mundo não foi mais o mesmo. "A crise do petróleo trouxe os petrodólares, a abundância de recursos externos, a tomada de empréstimos externos, a ajuda externa, os planos de impacto de Geisel, aquela coisa toda. Então, foi aquela zoeira, aquela confusão toda, a inflação... Isso mexeu com tudo. Com a crise, a inflação, surgiu a necessidade de defesa. E surgiu também a necessidade de explicação, de saber para onde se vai, o que eu tenho que fazer para defender o meu dinheiro, para me defender da inflação que estava crescendo. Pela primeira vez, começa-se a falar de opções de investimento para uma classe média desprotegida. Eu fui um dos primeiros a falar dessas coisas, a popularizar o *overnight*."

Antes de os países da OPEP darem o primeiro susto no mundo, porém, Glauco Carvalho aproximava-se de Cláudio Abramo na *Folha de S. Paulo*. Foi numa de suas férias que ele ouviu de Abramo o canto da sereia: — *Você pode me ajudar na economia?* Carvalho aceitou prontamente. "Eu saí da revista *Exame* e voltei para a *Folha de S. Paulo* na época do Cláudio Abramo. Depois, fui embora novamente."

Também antes da crise do petróleo, Mino Carta, a quem *Exame* estava subordinada, delegou a José Roberto Guzzo a missão de dirigir a publicação. Logo em seguida, Guzzo seria convocado a engrossar as fileiras da recém-criada *Veja* e, para a sua vaga, Mino Carta indicaria Paulo Henrique Amorim[67]. Ele

---

[67] Depoimento em 03/02/2000. Paulo Henrique Amorim nasceu no Rio de Janeiro em fevereiro de 1943. É formado em Sociologia e Política pela Fundação Escola de Sociologia e Política de São Paulo.

tinha a tarefa de reformar e dinamizar a revista. "Foi uma fase muito interessante. Eu me lembro que o meu trabalho era 'quinzenalizar' a revista. Eu participei de um período dela ainda como revista mensal e logo em seguida fomos para a quinzenalização."

Com a chegada de Paulo Henrique Amorim, "a idéia da Abril era um pouco enobrecer, digamos, o noticiário de negócios, porque até aquele momento o tratamento que era dado, sobretudo nos jornais, era muito mais macro do que micro. Quer dizer, o que era importante era a cotação do café...", lembra Guilherme Velloso. "O noticiário de negócios propriamente dito era uma coisa que tinha pouco e era meio malvisto, porque tinha sempre aquela questão de envolver empresas, interesses de empresas e tal. Então, a idéia era um pouco, seguindo o modelo do jornalismo de negócios americano, dar um tratamento mais nobre a esse noticiário. Tanto que, na primeira fase do projeto, uma das mudanças foi nas capas da *Exame*, que foi uma coisa marcante porque eram todas histórias ligadas a grandes empresários. Enfim, histórias na maioria dos casos de sucesso. E o símbolo disso era que as capas eram quadros a óleo. Durante um bom período, as capas da *Exame* mensal eram quadros a óleo de um empresário que estivesse retratado na capa. Inclusive, ele recebia depois o original do óleo."

Em 1972, a revista *Exame* admitiu José Roberto Alencar, por intermédio de Luiz Nassif. "Quando o Talvane foi para a *Exame*, ele falou: — *Você não tem uma indicação...?* Eu respondi: — *Eu tenho um amigo que é excelente*. O Zé estava pensando em trabalhar como motorista de caminhão... Quando eu falei com o Zé, ele quase entrou em pane. — *Jamais. Não vai dar certo*. Eu disse: — *Claro que vai dar certo, rapaz*. Seis meses depois, o pessoal estava louco com ele. O Zé, para texto técnico, não tinha coisa igual"[68]. Não apenas o texto técnico era inigualável, mas "qualquer texto", diz Matías Molina.

De Molina, seu novo chefe, Zé Alencar recebeu como primeira tarefa levantar a história da falência da fábrica de metralhadoras INA (Indústria Nacional de Armas). Foi em 1972. "Aí mandaram eu ir para lá. Era um galpão abandonado em Santo Amaro, numa rua de terra... Estava cheia de carros de reportagem – da *Folha*, do *Globo*... Eu pensei: 'Estou ferrado'. E não tinha ninguém para falar nada. Então, entrei no bar do outro lado da rua... Fiz amizade com um cara que estava lá no bar. Puxei assunto com ele. Ele me perguntou o

---

[68] Depoimento em 19/04/2001. José Roberto de Alencar nasceu em 1944 na capital paulista, mas foi registrado em Santa Rita de Caldas. Fez de tudo, menos faculdade, antes de se tornar jornalista: lidou com gado, dirigiu táxi e caminhão, foi garçom, mecânico e bancário. Tinha acabado de sair de um sanatório, onde passou algum tempo se curando de uma tuberculose, quando Luís Nassif foi buscá-lo em Poços de Caldas. "No curso de Química que eu fiz lá em Poços, em nível técnico, fui presidente do grêmio e criei um jornalzinho chamado A Retorta... O Nassif achava que eu tinha embocadura pra coisa."

que eu estava fazendo. Respondi que estava ferrado e contei... Bom, ele pediu para eu esperar no bar e saiu. Dali a pouco, ele voltou e falou: 'Eu tenho um presente para você'. Eu larguei a minha DKW na porta do bar, entrei no fusca dele... Ele era o motorista do general Paes Barreto, que era o dono da INA e que estava sumido. Não falava com ninguém. Como a firma faliu, o cara tinha perdido o emprego. Mas o general gostava dele. Então, na primeira matéria, eu dei um furo em toda a imprensa, quer dizer, numa revista mensal eu dei um furo na imprensa diária por pura sorte."

Zé Alencar voltou para a redação da revista *Exame*. "Evidentemente, tinha uma outra questão, essa bem mais grave, que era a questão de texto. O meu texto, para um jornalzinho de estudante, era excelente. Agora, para uma revista da grande imprensa... E foi aí que o Nassif começou a trabalhar. O Molina mandou eu escrever. Eu escrevi. Só que em vez de entregar para o Molina, dei para o Nassif, que deu uma lida e mandou eu reescrever de outro jeito. O que eu fiz e entreguei para ele. Ele deu outra lida e mandou eu reescrever... Lá pela décima vez, já deu para ele consertar o texto com a caneta. Aí ele consertou, eu rebati e entreguei limpinho para o Molina... Bom, com isso espalhou a minha fama de (1) furão – ninguém acredita na sorte; acha que é a qualidade do repórter; e (2) de belo texto – claro, o texto não era meu, era do Nassif... Bom, passei seis meses ali... Tive outras sortes..."[69]

Em 1973, Paulo Henrique Amorim foi buscar Guilherme Velloso na redação da revista *Veja*. O mesmo Paulo Henrique, que levara Velloso para a editoria

---

[69] Como não tinha registro de jornalista, Zé Alencar foi demitido por José Roberto Guzzo. "Foi a única vez que eu fui demitido na vida. E o Molina me pegou na hora que eu estava saindo e me mandou na revista *Química e Derivados*. Quando eu cheguei lá, descobri que o Molina tinha mentido pra burro a meu respeito e o Emmanoel Fairbanks tinha reservado para mim simplesmente a capa do próximo número da *Química e Derivados*. Eu lembro até o título. Chamou 'Poluição, um problema de cadeia'. Era um problema de cadeia carbônica dos detergentes que fazia espuma no Tietê. A mesma matéria eu publiquei também no *Opinião*. Só que, além disso, o Molina me indicou nos fascículos da Abril (chamavam *Ciência Ilustrada*), que eram do outro lado do Rio, na Rua do Curtume. Lá nos fascículos, eles (Molina e Nassif) tinham mentido tanto a meu respeito que o Gambirasio me deu não só o *free-lance* do texto, mas também o *frila* de traduzir do italiano para o português. E mais: como o Molina disse que eu era químico, só porque eu tinha feito a escolinha de química em Poços, então me deram o *frila* de consultor técnico também. Cada um desses era 450 – não lembro a moeda da época. E mentiram para ele que eu era editor – eu nem sabia o que era edição. Mais 450 para eu entregar a matéria editada. Bom, aí eu matei o Nassif de tanto trabalhar. Eu tinha uma namorada que falava italiano. Então, dessa parte ela cuidava. Eu passei o *frila* para ela. A parte de química, o Mané Fairbanks me ajudou. E tinha o primo Fantozi – um professor lá de Poços – que me ajudava também. E na parte de texto, aí o Nassif se lascou. E na edição também o Nassif se ferrou porque aí mentiram que eu era editor. Lógico, eu fui aprendendo... E eu nessa altura ganhava três ou quatro vezes mais do que o Nassif, porque eu ganhava um salário do Nassif por fim-de-semana. Esses *free-lances* eram só de fim-de-semana."

de Economia da *Veja*. "Na época, eram dois editores de economia (na *Veja*): o Paulo Henrique e o Emilio Matsumoto. E eu acabei indo para a Economia nessa época. Eu devo ter ficado talvez uns dois anos na Economia e aí eu fui ser, embora eu não tivesse esse título na época, chefe de reportagem, ou o equivalente a isso na estrutura da *Veja*. As editorias tinham a sua própria equipe e havia uma equipe separada de repórteres que atendia um pouco de tudo. Então, eu fui chefe dessa equipe que foi o meu último cargo na *Veja*." Com a transferência, Amorim completou o triunvirato, que iria dirigir *Exame* nessa nova fase, com Matías Molina de redator-chefe e Guilherme Velloso, de editor-executivo.

No começo do mesmo ano, Amorim contratou José Paulo Kupfer para integrar a sua equipe[70]. Kupfer começou trabalhando como *free-lance*. "A *Exame* era mensal, dirigida pelo Guzzo, que foi colocado lá pelo Mino Carta, e tinha como editor-chefe o Matías Molina. Tinha uma tremenda redação com nomes como Talvane Guedes, Luiz Edgard de Andrade, Ricardo Gontijo, Alexandre Machado e uma menina do Rio de Janeiro chamada Sonia Coelho", além de Mário Alberto de Almeida e Dirceu Brisola.

Era a revista *Veja* tratando de temas econômicos, prossegue Kupfer. "Tinha reportagens monumentais, mas setoriais. Eram grandes reportagens, textos de craques, mas uma revista para o não-público. Com o Paulo Henrique, ela vai ser aquela *Exame* mensal conhecida como tal – a revista que saiu em março de 1973 com retrato em óleo de empresários na capa. Deixou de ser uma *Exame* com a cara, o jeitão, o estilo da *Veja*, para ser uma *Exame* diferente, com a cara da *Forbes*, lombada quadrada como a *Cláudia* e a *Play Boy*."

Com a saída de Matías Molina, abriu-se assim a oportunidade para a promoção de Guilherme Velloso, que foi guindado ao cargo de redator-chefe. Para a vaga aberta de editor-executivo, foi escolhido José Paulo Kupfer.

Era uma revista mensal de perfis empresariais e notícias de negócios e com um pequeno começo de macroeconomia, de política econômica, recorda Kupfer. "Era uma maneira de trazer os empresários, que eram arredios... Era uma forma também de homenageá-los... A primeira capa não foi um óleo. Foi o Amador Aguiar, porque não se conseguiu que ele pousasse para uma foto que depois ia virar óleo... Mas aí eram grandes empresários, grandes nomes... É um espanto que se conseguia fazer isso."

A linha de capas a óleo seria mantida até a quinzenalização de *Exame*, lembra Guilherme Velloso. "As capas tinham quadros a óleo em geral de empresários conhecidos. A história era ligada a um empresário ou a uma mudança

---

[70] Depoimento em Dezembro de 1998. J. P. Kupfer nasceu em 1948 no Rio de Janeiro. É formado em Economia pela Faculdade de Economia e Administração da Universidade de São Paulo (FEA-USP).

que tivesse ocorrido... Eu me lembro, por exemplo, que uma das capas foi quando o Unibanco se tornou Unibanco. Ele mudou de nome: de União de Bancos Brasileiros para Unibanco. Eu me lembro que nós fizemos uma capa explicando o porquê dessa mudança, que não era meramente uma mudança cosmética e de nome e tal... E obviamente o personagem da capa era o embaixador Walter Moreira Salles."

Foi assim que José Paulo Kupfer entrou na imprensa econômica, de onde não saiu mais. "Primeiro, porque era um lugar que pagava melhor, de maior prestígio, e depois porque era uma área nova, especialmente de negócio, que o Paulo Henrique procurou fazer". Kupfer era editor-assistente, "nome que se dava na Editora Abril ao repórter que fechava a própria matéria. Repórter-redator-fechador, porque na revista não tinha redatores", no sentido de pessoal que "copidescava". Quem copidescava eram os editores-assistentes e os editores.

Vivia-se a época do "milagre". A economia começava a ganhar corpo, recorda Kupfer. "Primeiro, porque ela vinha sendo modernizada. Era ditadura, mas ela fez esse trabalho. Mas também porque a censura jogou a economia na linha de frente. Era o que se podia fazer, também com mais liberdade, mais amplamente e até – não sou ingênuo – por certo gosto da própria ditadura, porque era uma coisa que estava indo bem. Vários colegas meus fizeram nome nessa época por conta disso. Eu me lembro bem que o Aluísio Maranhão se especializou na cobertura de Petrobrás. Sabia tudo porque ele tinha acesso a um negócio fechado, complicado e que dava notícia à beça, furos e tudo o mais. Mas ele sabia também onde estava pisando. Era onde dava para andar mais folgado, porque a área política estava restrita não só pelos fatos como pela censura, ou direta ou auto-censura..."

Também professores de economia viram esta oportunidade e, no início da década de 70, começaram a fazer parte do cotidiano de *Exame*. A revista tinha uma área chamada conjuntura e uma área que acompanhava política econômica, recorda Kupfer. "A gente fez um convênio com a FIPE (Fundação Instituto de Pesquisas Econômicas), que era o seguinte: a Abril pagava umas tantas bolsas de pós-graduação em economia e os diretores e os principais economistas-pesquisadores tinham a obrigação de uma reunião mensal comigo, com o Guilherme e com o Paulo Henrique, para discutir conjuntura econômica. Eu acho que aí é que começa a história de os técnicos entrarem como fonte nas matérias da área econômica, porque o que aconteceu ali foi muito interessante. A gente ganhou um certo rigor que os caras nos impunham. Quem eram eles? O Affonso Celso Pastore, o João Sayad, o Fernando Homem de Mello, o Adroaldo Moura da Silva, o Roberto Macedo, o Guilherme Dias, o José Roberto Mendonça de Barros... Eram professores universitários, que estavam chegando em bloco de Yale, de Chicago, de Princeton..."

Esses economistas, que mais tarde desembarcariam no governo, "eram pesquisadores que não tinham, ou não queriam ter, canal na imprensa. Com essa reunião mensal, eles começaram a perceber como falar com a imprensa. Eles falavam com a gente. Eu e o Guilherme dizíamos: — *Não entendi nada. O que você está querendo dizer com isso?* Enfim, o canal se fez. Eles aprenderam os nossos interesses mais superficiais, mais rápidos. Eles descobriram que temas seriam interessantes, porque nós pautávamos a reunião. E nós percebemos algumas coisas do funcionamento deles. Eu me lembro que quem primeiro percebeu isso foi o Adroaldo. Ele descobriu o discurso que atendia a imprensa, o discurso menos acadêmico e ainda técnico."

Em 1975, a revista *Exame* foi incorporada à Abril Tec, criada para administrar as revistas técnicas da Editora Abril. De certa maneira, era a volta de *Exame* às origens, recorda Guilherme Velloso. "O que aconteceu é que provavelmente se percebeu logo de cara que, só com as revistas técnicas, isso também seria muito pouco para sustentar a editora que seria a Abril Tec. Então, nasceram outras publicações e era natural que a própria *Exame*, que tinha nascido de dentro das revistas técnicas – ela começou como suplemento das revistas técnicas –, fosse incorporada a isso."

E no final de 1975, com a incorporação da revista *Expansão* pela *Exame*, José Roberto Nassar foi parar na revista que na época era editada pela Abril Tec[71]. "Eu já tinha feito alguns *frilas* antes para o Paulo Henrique Amorim. Ele gostava de mim. Aí ele falou: — *Você vem para cá. Você vai ficar aqui.* Aí fui incorporado pela *Exame*."

A primeira fase de Nassar na *Exame* coincidiu com a fase final da revista mensal. "A *Exame* mensal era aquela coisa tradicional: no começo, atualidades até onde era possível porque você fechava um mês antes; depois aquele miolo, algumas seções de notas, e depois um miolo de matérias em que não tinha uma blocagem fixa. Eram matérias de seis, sete, oito, às vezes dez páginas – você tinha sete ou oito matérias naquele miolo e tinha uma cobertura aberta. Quer dizer, você dava tudo: dava um pouco de finanças, um pouco de investimento, bastante *business* – compra de empresa, investimentos de mercado, essas coisas..."

Uma das capas da *Exame* mensal que marcou Nassar foi a que destacou a mudança na Lei das Sociedades Anônimas. "Naquela época, tinha tido a nova lei porque a anterior era de 1940. Aí, em 75, eu fiz uma matéria de capa

---

[71] Em meados de 75, Nassar foi trabalhar na *Expansão*, revista de negócios e economia – pertencente a Francisco Crestana – que foi dirigida por Roberto Müller Filho e Sidnei Basile. Com a ida de Müller e equipe para a *Gazeta Mercantil*, Hélio Gama assumiu a direção de *Expansão* e da newsletter de economia chamada *Análise*, do mesmo grupo. "Então, o Alexandre Machado era o redator-chefe da *Expansão*, sub do Helio Gama. Aí ele me convidou. Dois meses depois, a Abril comprou a editora da *Expansão*. E eu fui um dos incorporados pela *Exame*, que assumiu a *Expansão*."

com os caras que redigiram a lei. Então, ela tinha uma cobertura geral – tinha *business*, finanças, investimentos, cobertura de estatais, tinha um pouco de macro, até onde dava por causa da periodicidade. E naquele tempo efetivamente a última matéria era fechada um mês antes da revista circular. Mas ela era dividida, assim, naquelas coisas estanques como ainda hoje a maioria é, quer dizer, por setores da economia: indústria, comércio, agricultura, esse tipo de coisa."

Uma inovação marcante na trajetória de *Exame* foi o lançamento da publicação *Melhores e Maiores* em 1973, que passava a fazer dobradinha com *Brasil em Exame*, esta última dedicada a discutir temas macroeconômicos, como conta Guilherme Velloso. "Quer dizer, uma coisa mais para reflexão. Nós encomendávamos artigos para economistas, para grandes personalidades... Discutíamos os grandes temas do país, digamos assim... E nós tivemos, durante algum tempo, uma linha de seminários, que era apoiada no lançamento de *Brasil em Exame* para discutir esses mesmos temas, basicamente com empresários e economistas. E a gente fazia isso em diferentes regiões do país. O que obviamente era um veículo de promoção da própria revista, que certamente ajudou a consolidar inclusive fora de São Paulo."

Melhores e Maiores foi idealizada, a partir de *L'Expansion*, por Paulo Henrique Amorim, que queria lançar um equivalente brasileiro da lista tradicional das 500 maiores empresas da *Fortune*, lembra Velloso. "E aí houve uma feliz coincidência porque naquele momento acabou havendo um contato com o Stephen Kanitz, que tinha acabado de chegar (dos Estados Unidos). Ele fez a graduação dele em Harvard e estava querendo fazer um projeto também parecido com esse. Então, juntou a idéia com a pessoa capaz de executá-la, porque isso exigiu todo um trabalho contábil inicial muito complicado, quer dizer, até a revista *Melhores e Maiores* estar consolidada e aí fluir mais naturalmente. Mas havia todo um trabalho de análise de balanços que não era feito basicamente aqui (no Brasil), a não ser por empresas, algumas poucas especializadas nisso que faziam para outros fins. Mas a idéia básica de *Melhores e Maiores* era fazer um *Fortune* 500 brasileiro, inclusive com uma classificação, que foi a primeira vez que se fez isso. Já existia naquela época a lista das maiores empresas da revista da Fundação Getúlio Vargas lá do Rio, mas se não me engano por patrimônio..."

Dessa forma, a *Exame* passou a ter como estratégia publicar uma edição especial tipo *Fortune* no primeiro semestre, que era *Brasil em Exame*, e outra no segundo semestre que era *Melhores e Maiores*. Havia várias razões para a criação das duas publicações, de acordo com Velloso. "O *Melhores e Maiores* surgiu num período de grandes taxas de crescimento econômico – não vamos entrar no mérito da questão política nesse momento – e um período em que houve, de alguma forma, muito incentivo para as empresas, por exemplo, as empresas exportadoras... Então, havia um clima favorável realmente para se lançar uma publicação desse tipo. O *Brasil em Exame* era mais institucional, era mais para se ter um espaço para discutir grandes temas, que exigiam, enfim, artigos, ensaios... Mas eu acho que *Melhores e Maiores*, especificamente, nasceu de alguma forma no momento certo, porque foi um momento em que, da parte do próprio governo, houve um estímulo grande às empresas, notadamente as exportadoras, mas não só elas. Então, se você olhar nesse período, a *Veja* mesmo deu muita capa ligada a economia e negócios, basicamente pelas mesmas razões."

IX - A meteórica Mundo Econômico[72]

Um dia, em 1967, numa conversa informal, José Yamashiro falava do sucesso da revista *Coopercotia* no meio rural. O então poderoso diretor-superintendente da Central da Cooperativa Agrícola de Cotia (CAC), Fábio Yassuda, perguntou-lhe como quem lança um balão de ensaio: — *Você não quer pensar numa revista econômica, como uma publicação paralela à Coopercotia?* Surpreso, Yamashiro respondeu que "o assunto era muito sério e, por isso, precisava pensar bem antes de tomar uma decisão". E que, "para aceitar o desafio de tentar fazer uma nova revista de economia, iria consultar alguns jornalistas e amigos".

Como em outras vezes, Yamashiro conversou com Hideo Onaga, que gostou da idéia. "Logo começamos a pensar como deveria ser a nova revista", lembra Yamashiro. Onaga tinha sido assessor de imprensa, por poucos meses, do candidato ao governo do Estado de São Paulo, Carvalho Pinto. Mas o Ato Institucional número 2 do regime militar acabou com a eleição direta de governador. Desempregado, foi para a Editora Abril onde teria ajudado a lançar a revista *Realidade*, "que ateou fogo ao país, mas depois desapareceu". Então, colocaram Onaga na chefia de redação de *Quatro Rodas*, que ele logo deixou por achar a área "muito limitada".

Novo encontro, agora formal, foi marcado com Fábio Yassuda. Dessa vez, ele estava acompanhado da cúpula da cooperativa, inclusive o diretor-presidente Gervásio Inoue. Bateram o martelo, como recorda Yamashiro. "Resolveu-se então publicar uma revista mensal de economia de alto padrão, porém de fácil leitura, capaz de atrair leitores medianamente cultos e até estudantes universitários." Com o nome de *Mundo Econômico*, "a revista falava de economia e de política naquilo que influenciava a economia", completa Onaga.

O sucesso das publicações *Coopercotia* (mais de 50 mil exemplares em 1967), *Guia Rural* e *Lavoura e Cooperativismo* abriu as portas para o lançamento

---

[72] Capítulo escrito com base no depoimento e no livro **Trajetória de Duas Vidas,** de José Yamashiro, Aliança Cultural Brasil-Japão/Centro de Estudos Nipo-Brasileiros, São Paulo, 1996.

de *Mundo Econômico*. Yamashiro e Onaga começaram a reunir jornalistas e economistas dispostos a aderir à iniciativa. A experiência e o conhecimento de Hideo Onaga facilitaram os contatos e os convites.

Concluída a fase de formação da equipe, José Yamashiro, o editor, foi incumbido de visitar Nova York, Paris, Genebra, Bruxelas e Londres para fazer contatos com organizações internacionais relacionadas com economia e contratar correspondentes. "Hideo, escolhido redator-chefe, o futuro coordenador técnico de *Mundo Econômico*, Tamás Szmrecsányi, e eu organizamos o programa de viagem, a fim de preparar o futuro quadro de colaboradores internacionais, incluindo correspondentes nas principais capitais. O nosso sonho era uma publicação realmente bem equipada em todos os sentidos, inclusive o quadro de seus colaboradores."

A primeira viagem de Yamashiro foi para os Estados Unidos, em outubro de 1967. Lá procurou Gilberto Rizzo, chefe do serviço de imprensa da assembléia geral das Nações Unidas, que lhe apresentou a jovem funcionária da Organização, Flávia Brasil Esteves. Convidada, ela aceitou ser correspondente em Nova York.

Dos Estados Unidos, Yamashiro voou para Paris no dia 6 de outubro. Raul Ryff, ex-secretário de imprensa do governo João Goulart e exilado na França, aceitou ser correspondente de *Mundo Econômico*. Mas fracassou a tentativa de encontro com o economista Celso Furtado, que, por telefone, se recusou a escrever para a nova revista. "Explicou que só poderia considerar sua colaboração para *Mundo Econômico* depois que ela começasse a circular. Não quis receber a carta de recomendação escrita por Antonio Callado, a nosso pedido. Nem livros enviados por Florestan Fernandes", lembra Yamashiro.

Raul Ryff trabalharia como correspondente da revista nos primeiros dois números, transferindo então a função para o filho Tito.

Em Londres, Yamashiro encontrou-se com Vladimir Herzog e com Oriel Pereira do Vale, que trabalhavam na *BBC* junto com outros jornalistas brasileiros. Oriel aceitou a tarefa de ser o correspondente de *Mundo Econômico*.

Yamashiro considera que a viagem alcançou em grande parte os objetivos traçados: a aproximação de organizações internacionais (ONU, OIT e União Européia) e de órgãos de governos e do setor privado de interesse para as atividades da revista, assim como a nomeação dos correspondentes internacionais.

Por sugestão das diretorias da CAC, da Fundação Coopercotia (que cuidava das publicações editadas pela cooperativa) e da Divulgo (Cooperativa de Divulgação Jornalística), Yamashiro visitou em seguida o Japão, para propagar o lançamento de *Mundo Econômico* e estabelecer contatos de cooperação com entidades oficiais e do setor privado. "A idéia era manter elos efetivos com pessoas e organizações econômico-financeiras e culturais do País."

Yamashiro encontrou-se com dirigentes da Zenkyoren – a Confederação das Cooperativas Agrícolas do Japão – e com figuras importantes da vida política, empresarial e cultural do Japão. O material reunido seria posteriormente transformado em reportagens. Entrevistou Yasuhiro Nakasone, na época já cotado como futuro primeiro-ministro, o que ocorreria bem mais tarde, no período 1983-86. Do professor Hajime Mizuno, do Centro de Pesquisas Econômicas do Japão, ouviu que o governo de Tóquio estava desiludido com o Brasil, que, por sua desorganização, não cumpria os contratos firmados. Também disse que o Japão, tradicional importador de tecnologia ocidental, já começava a exportar seus conhecimentos técnicos mais avançados. O empresário Sakae Oshimoto, presidente da Cia. de Engenharia de Obras Elétricas de Kanto S/A, previu que no futuro a economia japonesa teria de recorrer a trabalhadores estrangeiros (1968 era ano de pleno emprego no país).

Para correspondente de *Mundo Econômico* em Tóquio, Yamashiro convidou Tsuneo Ota, que havia trabalhado no *Jornal Paulista* na década de 50.

De Tóquio, José Yamashiro seguiu para a Índia. Em Nova Delhi, compareceu à II UNCTAD (United Nations Conference on Trade and Development), que reuniu, durante oito semanas, mais de três mil representantes de 132 países e de 41 organizações do mundo inteiro. Na edição de maio de 1968, *Mundo Econômico* publicaria matéria sobre a conferência, na seção Análises, com o título "Ricos e pobres estão cada vez mais distantes". A revista lembraria que, na I UNCTAD (Genebra, 1964), buscou-se fixar uma orientação dos países em desenvolvimento em assuntos de comércio internacional. Foi o berço do Grupo dos 77, que já somavam 86 países na II UNCTAD.

O número zero de *Mundo Econômico* foi publicado em novembro de 1967. Escreveu o editor no Diálogo – a saudação de abertura da edição – que a revista "nascia para informar os brasileiros sobre os problemas econômicos, a palavra econômico entendida num sentido amplo, que englobasse o social e o político". Prosseguia Yamashiro: "Numa linguagem concisa (a revista) pretendia informar – expor, interpretar, comentar com clareza e imparcialidade, num esforço para servir o homem de empresa, o político, o universitário, todas as pessoas interessadas em compreender, nas suas motivações mais profundas, o mundo em que vivemos". A edição trazia colaborações especiais do então ministro da Fazenda, Delfim Netto, e do ex-ministro do Planejamento Roberto Campos.

O número um saiu em abril de 1968. O editor repetia o Diálogo escrito na edição experimental, porém ampliado. A partir do número dois, coube ao redator-chefe Hideo Onaga assinar o Diálogo. Além do Diálogo, a revista tinha seções de Cartas, Porque acontece, Reportagens, Artigo de capa, Personalidades, Depoimentos (artigos escritos por colaboradores especiais), Livros, Análises (escritas por colaboradores, mas não-assinadas), Mercado e Giro (notícias curtas). A seção Mercado, em oito das 70 páginas de edições normais, era dedicada a tabelas, gráficos e análises da conjuntura econômico-financeira.

O expediente da edição número um trazia os nomes de José G. Orsini (supervisor técnico); Tamás Szmrecsányi, Marco Antonio Escobar e Oswaldo Guerrero (redatores); Newton Carlos, Klaus Kleber, Zélio e Ziraldo (colaboradores); Neyde Garcia (secretária de produção) e Mário Takano (assistente de produção). Figuravam como correspondentes Oriel Pereira do Vale (Londres), Flávia Brasil Esteves (Nova York), Raul Ryff (Paris), Tsuneo Ota (Tóquio), M. Vilela Magalhães (Brasília), Estela Lachter (Guanabara), Waldemar P. Coronha (Belo Horizonte) e Antonio Barata (Porto Alegre). Os economistas Delfim Neto e Mário Henrique Simonsen eram colaboradores especiais.

Ivan Nakamae[73], que chegou a participar da equipe de *Mundo Econômico*, acredita que o momento era propício para a revista deslanchar, uma vez que "começava a haver, dentro do próprio governo, um crescimento da importância do lado econômico, do próprio desenvolvimento do país. Então, a revista foi uma resposta a essa demanda. Nessa época, o Aloysio Biondi também inventou uma revista que chamava *Fator*. As duas revistas chegaram a aparecer juntas. Eu me lembro até que o Biondi foi sondado para trabalhar no *Mundo Econômico*".

O sucesso de *Mundo Econômico*, assim como o da *Coopercotia* e do *Guia Rural*, podia ser medido pelo rápido crescimento da circulação, conta Yamashiro. "Animadas com o sucesso comercial, as revistas redobravam esforços no sentido de melhorar ainda mais a sua situação: *Coopercotia* lançava uma campanha de assinaturas que, segundo se previa, aumentaria em 30 mil o número de assinantes nos próximos meses e *Mundo Econômico* planejava idêntica campanha para o começo do ano seguinte."

Aconteceu, no entanto, o inesperado, que constituía grave ameaça às revistas, no relato de Yamashiro. "Numa carta datada de 26 de novembro de 1968, alertando a diretoria da Fundação Coopercotia a respeito do absurdo da ameaça de fechamento das publicações detectada na alta direção da entidade, eu demonstrava com números que *Coopercotia*, com 60 mil exemplares mensais, já era a revista agrícola de maior circulação do país; que o *Mundo Econômico*, cujo primeiro número circulara em abril daquele ano, já contava com 13 mil assinantes e a venda nas bancas alcançava cerca de 10 mil exemplares. Essa argumentação pareceu não ter produzido nenhum efeito naquele movimento dentro da direção da Fundação, o que se manifestava pela falta, há alguns meses, de recursos destinados a despesas operacionais rotineiras, como por exemplo o pagamento de colaboradores e correspondentes das revistas."

---

[73] Depoimento em 19/01/2001. Ivan Jun Nakamae nasceu em 1940 na cidade de São Paulo. Estudou Filosofia na USP e na PUC-SP.

Em reunião da diretoria da Fundação – explica Yamashiro – foi lida uma carta da diretoria da Cooperativa Central da CAC, "determinando que as despesas das revistas fossem reduzidas em 50%. Como se as duas publicações gastassem dinheiro sem controle. Agravava a situação a diferença de conceito entre nós e a diretoria da CAC quanto à natureza dos dispêndios: por exemplo, verbas de promoções publicitárias, que para nós constituíam investimento, para ela representavam apenas despesas".

A essa altura, Fábio Yassuda tinha deixado a superintendência da Central da CAC, para ocupar o cargo de secretário de Abastecimento do Município de São Paulo. Yamashiro perdera o amigo e aliado. "Alguns membros da diretoria da CAC não compreendiam que, além de tudo, o êxito alcançado pelas revistas representava poderoso meio de aumentar o prestígio da organização e, indiretamente, favorecia o movimento cooperativista. Sem falar no serviço que prestavam ao país."

Terminaram infrutíferas todas as reuniões realizadas entre a Divulgo e a direção da Fundação Coopercotia. Foi então que Yamashiro e equipe resolveram partir para a luta, a fim de garantir a sobrevivência das revistas. Surgiu então a idéia de se promover uma grande festa por ocasião do primeiro aniversário de *Mundo Econômico*, em abril de 1969. Decidiu-se fazer um banquete no Museu de Arte Moderna do Rio de Janeiro e oferecer a festa aos formandos da turma de 1967 das escolas de Economia e Administração de Empresa de todo o país. "Naquela época, economistas e técnicos em administração começavam a se projetar tanto no governo quanto no setor privado, abrindo novos horizontes para a nova geração de jovens que buscava as universidades para a sua ascensão profissional e social."

Na abertura do Diálogo da edição de aniversário, Hideo Onaga escrevia: "Neste número de abril, comemorativo do primeiro aniversário de *Mundo Econômico*, uma boa parte da edição está dedicada aos profissionais do desenvolvimento, como podem ser chamados os economistas e administradores de empresa, os quais, simbolicamente, vão ser homenageados no Banquete do Jovem Economista e Administrador, a se realizar no dia 15 do corrente no Rio, no Museu de Arte Moderna".

Na mesma edição, Delfim Netto escreveu um artigo especial para a seção Depoimento, com o título "Economia é uma técnica de pensar". O artigo de capa da revista falava de economistas e administradores, como "Duas profissões que crescem com o país".

Cerca de 300 pessoas compareceram à festa, incluídos os 47 primeiros colocados (três não puderam comparecer) das turmas de formandos de escolas de Administração e Economia do ano letivo de 1967 e seus padrinhos. Entre os presentes, governador, ministros, secretários e empresários, como José Mindlin, Fernando Gasparian e o próprio presidente da Central da CAC, Gervásio Inoue.

Ao agradecer a presença dos convidados, José Yamashiro destacou a missão de *Mundo Econômico*, assim como de suas irmã mais antiga *Coopercotia*, de prestar serviços à comunidade econômica e ao país: "Sua linha de ação é, em síntese, a da objetividade na opinião, coragem na crítica, procurando, dentro de suas possibilidades, somar esforços com todas as forças vivas da nação, na construção de um Brasil cada vez melhor".

Na edição de maio, o editor informava que *Mundo Econômico* fora admitida como sócia da Sociedade Interamericana de Imprensa (SIP). E Hideo Onaga e Tamás Szmrecsányi foram indicados para integrar a comissão de redação da *Revista de Ciências Econômicas* da Ordem dos Economistas de São Paulo. "Todavia, o grande sucesso da festa e as excelentes perspectivas que se abriam para *Mundo Econômico* não foram suficientes para deter, dentro da CAC-CC, o movimento pela sua extinção ou redução de seu tamanho. (...) Sucederam-se muitas reuniões do staff das revistas e da diretoria da Divulgo com a direção da Fundação. Foram complexas, demoradas e exaustivas reuniões. Esgotamos nossos argumentos a favor da continuidade da publicação de *Mundo Econômico*, *Coopercotia* e outras revistas. Tudo em vão."

A Central da Cotia – prossegue Yamashiro – "decidiu impor uma drástica redução nos gastos com as revistas, num momento em que o próprio *Mundo Econômico* vislumbrava o equilíbrio financeiro em dois anos, tempo médio considerado indispensável para uma nova revista como ela alcançar sua auto-suficiência econômico-financeira".

Em setembro de 1969, foi editado o último número tanto de *Mundo Econômico* quanto de *Coopercotia*. Em seguida, a Divulgo entrou em processo de liquidação. O Diálogo da última edição – cujo artigo de capa tratava da Copa do Mundo – terminava com a mensagem de despedida: "Finalmente, desejamos fazer uma comunicação aos nossos amigos do *Mundo Econômico*: estamos deixando a revista. Razão: necessidade alegada pela empresa de alteração na estrutura da revista e nas condições de trabalho, com a qual não podíamos concordar. Assim procedendo, deixamos aqui nossos agradecimentos a todos os que – companheiros, colaboradores, empresários e autoridades – nos ajudaram nesta caminhada dura, mas nem por isso despida de alegrias e entusiasmo, em busca de um objetivo sempre válido, fazer uma grande revista de economia". Assinaram José Yamashiro e Hideo Onaga.

Quando Yamashiro e Onaga deixaram a direção da revista, Oriel e Raul Ryff (Rio de Janeiro) já haviam voltado ao Brasil. Integravam a redação, ao lado de Escobar e de Klaus Kleber. Tamás substituíra Orsini como supervisor técnico e Antonio Baikauskas Filho era o assistente de produção. Tito Ryff era o correspondente em Paris, na vaga deixada pelo pai.

Hideo Onaga acredita que, com o AI-5, contribuiu para a agravar o estado de incompreensão da diretoria da CAC a denúncia de que havia vários jornalistas de esquerda na redação de *Mundo Econômico*. "Havia essa acusação de que havia muita esquerdinha lá. Era o Washington Novaes. Era o Raul Ryff, que era do PC do B e trabalhava no Rio como correspondente..."

Em 1970, Onaga tornou-se assessor especial de Fábio Yassuda, que aceitara o convite para ser ministro da Indústria e Comércio. Mas Yassuda não durou quatro meses no cargo. Teve um desentendimento com Delfim Netto e acabou deixando o governo.

Foi o *Mundo Econômico* que levou Klaus Kleber de volta ao jornalismo de economia. Kleber, que acumulava o novo trabalho com o Banco do Brasil, vinha da revista de medicina *Atualidades Médicas* e da editora Pioneira. Foi trabalhar com Onaga que conhecera na *Folha de S. Paulo*. "Foi no *Mundo Econômico* que eu conheci também o Tamás, que é professor da Unicamp (Universidade Estadual de Campinas). O Tamás trabalhava no *Estadão* e também no *Mundo Econômico*. O Tamás foi muito importante para mim. Eu estava começando minha formação... Ele selecionou um certo número de livros, que ele achava que era bom que eu lesse. E eu li esses livros. Eu aumentei meu escopo de conhecimento." Foi assim que Kleber tomou contato com autores como Paul Samuelson, Celso Furtado e Caio Prado Jr.

Klaus Kleber permaneceu na segunda fase da revista *Mundo Econômico*, que passou a ser editada pela EDC Edições Culturais de José Guarani Orsini. "O *Mundo Econômico* passou para a nova equipe. Não éramos inimigos, mas era uma outra equipe que estava fazendo a revista."

Nakamae atribui à reforma tributária do regime militar o fracasso de *Mundo Econômico*, uma vez que secou a fonte de receita proporcionada pelo incentivo fiscal. "A Fundação Coopercotia teve um desenvolvimento muito grande principalmente porque havia aporte financeiro, que permitia pagar essa turma toda: meia dúzia de repórteres, mais correspondentes em vários Estados, inclusive fora do País. Mas esse foi um período em que havia possibilidade das empresas e também das cooperativas de extornar o antigo IVC – o avô do ICMS – para uma aplicação do tipo desenvolvimento da agricultura... Enfim, havia lá algumas chaves em que se podia encaixar. E, no caso da Cotia, o IVC que ela deixava de recolher era investido na revista. Então, havia essa grana rolando... E foi dentro dessa onda que apareceu inclusive o *Mundo Econômico*, quer dizer, uma revista para ser comercial, para viver de publicidade. Mas, quando houve a reforma tributária, entrou o ICM e acabou a irrigação. Aí ficou complicado. Ao mesmo tempo, começou a haver dissensões entre Cotia, o pessoal da Fundação, a cooperativa dos jornalistas... De alguma maneira, entramos naquele esquema de 'onde não tem pão, todo mundo grita e ninguém tem razão'."

A equipe de José Yamashiro e Hideo Onaga ficou "tecnicamente desempregada", recorda Klaus Kleber. "O Hideo foi muito leal. Não podia se comprometer a arranjar emprego para todos nós. Alguns tinham emprego, como o

Marco Antonio Escobar, que era também da *Folha*. Eu era do Banco do Brasil. Quer dizer, não ficamos na rua da amargura. O Tamás nessa época já estava completando o seu mestrado ou doutorado. Estava encaminhado para a carreira de professor. Em suma, cada um se virou como pôde. O José Yamashiro foi fazer a revista *Indústria e Desenvolvimento* da Federação das Indústrias do Estado de São Paulo."

X - Experiência a serviço da indústria[74]

Após três décadas de trabalho na imprensa, Yamashiro ficara desempregado. Em 1962, demitira-se do quadro de tradutores públicos juramentados e não mais escrevia para o *Jornal Paulista*. Chegou até a pensar na aposentadoria. Mas a amizade com empresários e dirigentes de empresas e de entidades de classe, como José Mindlin, cultivada ao longo dos anos de trabalho na revista *Visão*, e as "excelentes relações" com Humberto Dantas, secretário-geral da FIESP, impediram que Yamashiro pendurasse as chuteiras. "Numa conversa com Humberto Dantas, vim a saber que a diretoria tencionava melhorar, dar uma nova estrutura e feição à revista *Indústria e Desenvolvimento-ID*. Perguntei-lhe se não haveria possibilidade de minha equipe tomar parte ou se encarregar da reestruturação e inovação daquela publicação (mensal). Dantas achou boa a idéia e ficou de consultar a diretoria, presidida por Theobaldo De Nigris."

Dias depois veio a resposta. Yamashiro deveria apresentar proposta que contemplasse um plano de reformulação da revista. Como de outras vezes, buscou a colaboração de Hideo Onaga para a elaboração do projeto. Concluído, o plano foi apresentado à diretoria da FIESP por meio de uma carta.

"De acordo com entendimentos verbais anteriores, estamos encaminhando à apreciação de Vv.Ss. o projeto de revista da FIESP. Trata-se naturalmente de um primeiro esboço e como tal sujeito a alterações e modificações que serão feitas dentro da orientação e das possibilidades reais da entidade. Na elaboração deste projeto contamos com a eficiente colaboração do colega Hideo Onaga."

Abaixo da assinatura, a carta trazia a seguinte solicitação: *At. dos drs. José Mindlin e Humberto Dantas*. O empresário José Mindlin era então vice-presidente da FIESP.

O plano – denominado "Um projeto de revista" – foi aprovado pela diretoria da entidade empresarial. E José Yamashiro começou a trabalhar em janeiro de 1970. "Por intermédio do secretário-geral Humberto Dantas, os

---

[74] Capítulo escrito com base no depoimento e no livro **Trajetória de Duas Vidas**, de José Yamashiro, Aliança Cultural Brasil-Japão/Centro de Estudos Nipo-Brasileiros, São Paulo, 1996.

contatos com os diretores e funcionários da casa aconteceram com toda naturalidade. O próprio presidente Theobaldo De Nigris, que eu já conhecia, me recebeu muito bem. E logo na primeira audiência tomou uma decisão importante: autorizou-me a dirigir-me diretamente a ele, quando surgisse algum problema sério relacionado com a revista. Assim, o presidente da FIESP me colocava à vontade para dirigir a revista."

O responsável pela revista era o jornalista Samuel Santos, chefe do Serviço de Publicações da FIESP-CIESP, que tinha como diretor o empresário Pery Bomeisel (sucedido em julho de 1973 por Guilherme Quintanilha de Almeida).

Na edição de janeiro de 1970, Humberto Dantas escrevia na abertura da revista: "Amplia-se *Indústria e Desenvolvimento*. Nossa revista, a partir do próximo número, entrará em nova e importante fase de expansão... A entrada em nova fase de *ID*, com a criação do Conselho Editorial, presidido por Theobaldo De Nigris e composto por Paulo Mariano dos Reis Ferraz, Hans Ludwig Aschermann, José E. Mindlin, Luiz Rodovil Rossi, Sérgio Roberto Ugolini e Dilson Domingos Funaro, contará com a colaboração, além de outros, dos veteranos jornalistas cujos nomes dispensam referência, José Yamashiro e Hideo Onaga. O primeiro como diretor de redação e o segundo como redator-chefe (temporariamente dirigindo a sucursal da publicação na Guanabara)."

Na edição de fevereiro, era a vez de o presidente da FIESP escrever a mensagem "Nova Etapa". Dizia que "a revista sofria alterações de forma que refletiriam também no conteúdo, no sentido de uma participação cada vez maior do empresariado brasileiro no processo do nosso desenvolvimento". Sobre a contribuição que a revista poderia oferecer nessa corrida contra o tempo, escreveu: "queremos fazer uma revista que, informando e esclarecendo a classe empresarial, se imponha e sirva ao país pela importância dos assuntos nela contidos, pela sua objetividade, clareza e oportunidade, pela independência e liberdade no debate das idéias, pela coragem de criticar e defender".

No final da mensagem, informava: "Para o enquadramento técnico desta nova fase, procedemos à reformulação da equipe de redação, nela introduzindo elementos dos mais capacitados de nossa imprensa especializada".

Estava novamente em ação a turma de *Mundo Econômico*, que foi reforçada pelo pessoal que já trabalhava no Serviço de Publicações. Eram redatores Djales Rabelo, Roberto R. Coelho, Frederico R. Adensohn, Vicente Capuli Sobrinho, J. B. Godoy Moreira, Eurípedes Formiga, José R. Vieira, Álvaro A. de Faria e Carlos G. Alves. Neyde Garcia era a secretária de produção e Antonio Baikauskas Filho, assistente de produção. Na pesquisa, ficou Osvaldo Guerrero e na fotografia, Benedicto J. Duarte e Nelson Jurno.

Em 1974, Djales Rabelo assumiu o cargo de secretário de redação. E no mesmo mês ingressou na revista, como redator, Paulo de Tarso Ribeiro Pompeu, filho de Paulo Pompeu, que fora chefe de redação da *Coopercotia* durante vários anos. A entrada de Herms Gazabini completou o quadro de redatores da revista.

Yamashiro contava com a colaboração dos jornalistas Robert Appy, Tamás Szmrecsányi, Klaus Kleber, Joelmir Beting, Rolf Kuntz, Roberto Müller Filho e Gastão Tomás de Almeida, entre outros. "Robert Appy, de *O Estado de S. Paulo*, (que) inicialmente só assinava R. A., foi o mais constante contribuinte da seção. Um dos primeiros jornalistas de economia de nossa imprensa, conhecia profundamente o assunto. Uma valiosa colaboração. Tamás e Kleber, companheiros do tempo de ME, foram outros dos mais assíduos colaboradores, escrevendo para Análises e Comentários e Publicações, inclusive assinando críticas de livros."

Líderes empresariais, como José Mindlin, Einar Alberto Kok, Laerte Setúbal Filho, Olavo Egydio Setúbal e o próprio De Nigris, também escreviam em Análises e Comentários. A seção Destaque era feita principalmente por dirigentes e técnicos de departamentos especializados da FIESP-CIESP, como os de Economia e de Comércio Exterior, este último dirigido por José Mindlin.

A seção Reportagens divulgava as atividades do campo industrial, que se desenvolviam em ritmo intenso e se diversificavam em numerosos ramos. Um desses ramos industriais, muito familiar a Yamashiro, era o automobilístico que completava então 13 anos. "Uma das primeiras reportagens de fôlego foi escrita por Joelmir Beting. Com o título 'Nosso automóvel investe no presente e aposta no futuro', a matéria ocupava excepcionalmente toda a seção de Reportagens." A reportagem de Joelmir Beting, publicada na edição de novembro de 1970, continha entrevista com Oscar Augusto de Camargo, presidente do sindicato do setor automobilístico.

A consagração do trabalho veio com a edição de julho de 1973, comemorativa aos cinco anos da revista *Indústria e Desenvolvimento*, que trazia 216 páginas, inclusive 29 reportagens especiais.

As reportagens setoriais abrangeriam, ao longo dos anos, assuntos como investimentos em energia elétrica, política agressiva de exportações, recuperação do tempo perdido da petroquímica, ampliação do espaço das autopeças no mercado estrangeiro, crescimento da indústria alimentícia, expansão do setor de borracha, desafios do setor de papel e celulose (auto-suficiência e exportações), maturidade do setor de bens de capital, álcool como resposta ao desafio do petróleo, pujança e modernização do parque industrial de óleos vegetais. As matérias não se limitavam às reportagens, conta Yamashiro. "É preciso lembrar que havia ainda as seções de Noticiário e Jornal FIESP-CIESP, que faziam coberturas de empresas, empresários e setores industriais, em notícias ou pequenas notas, em número considerável."

As reportagens regionais seguiam a trilha das delegacias do CIESP. Abordavam a indústria de calçados de Franca, a construção do distrito industrial de

São José do Rio Preto, a nova explosão industrial em Sorocaba, a indústria têxtil de Americana, a criação de idéias e indústrias sofisticadas de São José dos Campos, o binômio ensino-indústria de São Carlos, a agropecuária como base da expansão de Araçatuba e a indústria alimentícia em Marília. Também abrangiam a criação de distritos industriais pelo interior paulista.

Mesmo na direção da revista, Yamashiro nunca abandonou a reportagem. "Nas reportagens regionais, contava com a colaboração dos redatores do Serviço de Publicações. Eu, que já conhecia algumas cidades interioranas, também gostava de viajar e rever os locais e pessoas conhecidos. Fazia igualmente reportagens setoriais e de empresas, nos quais conhecia muita gente, do tempo de *Visão* e de *Mundo Econômico*." Yamashiro sempre acreditou que a reportagem bem feita e trabalhada constitui a alma da imprensa. "Por isso, sempre gostei de fazer reportagens sobre assuntos os mais diferentes. Sempre um grande desafio profissional."

Durante os 11 anos de Yamashiro na direção de *Indústria e Desenvolvimento*, a revista publicaria cerca de 30 reportagens setoriais e quase outro tanto de reportagens regionais. Foram, porém, centenas de matérias, nas diferentes seções, sobre empresas e empresários. "Assim, por exemplo, no setor automobilístico, além da reportagem setorial já referida, foram focalizadas muitas empresas, inclusive de autopeças e as grandes, como Volkswagen, General Motors, Ford, Mercedes-Benz, Scania Vabis e outras."

Nos demais setores, as reportagens lembravam velhas conhecidas de Yamashiro como Indústrias Romi, Embraer e Máquinas Piratininga (dos diretores Jorge de Souza Rezende e Einar Kok), Duratex e Grupo Villares. Ele registrou ainda a expansão da Sharp na Zona Franca de Manaus e a performance da Cia. Americana Industrial de Ônibus-CAIO, da Zanini S/A Equipamentos Pesados e da Lorenzetti S.A., entre outras.

Ainda que em menor intensidade, Yamashiro refez o trajeto das viagens dos tempos de *Visão* e mesmo de *Mundo Econômico*. Foi, por exemplo, ao Nordeste conhecer a atuação de empresas paulistas na instalação de fábricas em alguns Estados da região, "aproveitando os incentivos que a Sudene oferecia a investimentos destinados a contribuir para a solução do problema do subdesenvolvimento. Os investimentos de vulto foram devidamente noticiados pela revista".

Em janeiro de 1975, José Yamashiro foi eleito vice-presidente da Associação de Jornalistas de Economia de São Paulo (AJOESP) na chapa de Klaus Kleber de Souza e Silva. Em outubro do mesmo ano, estourou o caso Vladimir Herzog-Vlado, morto na prisão do DOI-CODI (Departamento de Operações Internas – Centro de Operações Internas). Yamashiro recorda daquele triste episódio. "A diretoria da AJOESP reuniu-se em sessão extraordinária para redigir um documento de protesto contra a violência da opressão ditatorial. Na ausência do presidente Klaus Kleber, coube ao vice presidir a reunião, na qual já foi redigida a moção de protesto."

XI - Surge o Diretor Econômico

No final da década de 1960, Washington Novaes deixou a revista *Veja* para chefiar a redação do jornal *Última Hora*, a convite de Samuel Wainer. "Eu morava no Rio. Estava difícil vir para São Paulo e voltar toda semana. Fiquei um tempo na *Última Hora*, acho que uns seis ou sete meses, até me desentender com o Samuel. Aí fui para o *Correio da Manhã*. Mas eu estava muito desencantado com o jornalismo. Não queria chefiar mais nada. Então, fui ser pauteiro. Mas não fiquei nem uma semana, porque o Zuenir Ventura me 'obrigou' a aceitar a editoria de Nacional. Passei alguns meses."

Um dia, em meados de 1970, o diretor de redação Reynaldo Jardim fez um desafio a Novaes: — *Vamos fazer um caderno econômico diário?* Ele respondeu: — *Pode ser interessante.* Retrucou Jardim: — *Então, vamos fazer. Começa domingo. Um caderno de oito páginas.* Era uma quarta-feira. Novaes ponderou: — *Reynaldo, mas a gente nem pensou ainda o que vai ser...* Jardim insistiu: — *Então, amanhã você me traz o projeto.* Novaes perguntou: — *Mas e as pessoas?* Disse Jardim: — *Pode escolher na redação quem você quiser e começa domingo.*

Novaes conseguiu montar uma equipe de mais de 20 pessoas. "O meu segundo era o Alberto Coelho de Souza, que era um filósofo, cassado em 1968. Fui buscá-lo lá na pesquisa do *Correio*." Entre os profissionais escolhidos, estavam o editor de comércio exterior Flávio Pinheiro, que era auxiliado por Roberto Mello; os repórteres Ana Maria Mandim (que fazia horóscopo), Anamárcia Weinsencher, Concetta Castigliola, Eloá Miranda, Eliane Schiller Reis, Fabiano Villanova, Graça Derengowski, José Carlos Braga, José Barbosa do Rosário, José Roberto Arruda, Luiz Antonio Prado, Marta Costa Ribeiro e Rosa Kass; os *copydesks* Vicente Marinho, Cirdes L. Góes, Roberto Carneiro e Carlos E. Marcier; e os diagramadores Virginia Augusta da Costa (com quem Novaes se casou mais tarde) e José Carlos Martins. "O Fabiano Villanova, deputado cassado, cobria a área de turismo. E começamos a fazer um caderno diário de oito páginas, que deu muito certo. Como não existia um caderno de economia diário, funcionou. Mas eu precisava reforçar a equipe. Então, me autorizaram a contratar algumas pessoas. E eu chamei o Aloysio Biondi para fazer mercado de capitais", conta Novaes.

Na mesma época, os irmãos Marcelo, Maurício e Mário Alencar, donos da empreiteira carioca Metropolitana, teriam consultado, em São Paulo, o experiente Hideo Onaga sobre a possibilidade de transformar o *Correio da Manhã* num jornal de economia. Atrelados à candidatura do coronel Mário Andreazza à presidência da República, os irmãos Alencar haviam arrendado o *Correio da Manhã* da proprietária Niomar Sodré, viúva de Paulo Bittencourt. Onaga garante que foi procurado pelos empreiteiros, mas que reagiu com outra proposta.

"O *Correio da Manhã* é o jornal mais importante de política no Brasil e alterar a feição dele não dá. Vamos fazer um suplemento econômico. Aí, como tudo que era nome estava registrado, colocamos o nome no suplemento de *Diretor Econômico*. O meu trabalho foi de direção do jornal, mas com ênfase nesse suplemento econômico. Eu tinha que ir toda semana ao Rio, mas a atuação era em São Paulo por ser o centro econômico. Aí, me alugaram uma casa no Jardim Europa, com motorista, copeiro, jardineiro e o diabo. O *Diretor Econômico* pegou imediatamente. Eu conhecia todo o mundo econômico de São Paulo – secretário da Fazenda, os diretores da FIESP, etc. – a quem convidava para almoço, jantar, etc. em minha casa."

O *Diretor Econômico* logo tornou-se conhecido. O sucesso do caderno, porém, durou cerca de 10 meses, quando começaram as interferências, lembra Onaga. "Logo os donos aprendem, acham que aprendem e querem meter a colherzinha lá. Eu tinha dito: — *Eu quero carta branca para fazer as coisas*. Eles quiseram fazer um contrato comigo de cinco anos, com as melhores condições do mundo. Eu disse: — *Eu não faço contrato desse tipo, porque daqui um mês vocês podem não concordar com a minha direção e eu quero ter liberdade de sair e vocês também querem ter a liberdade de me dispensar*. Estávamos fazendo um suplemento muito interessante. Aí, o Marcelo Alencar, esse que foi governador mais tarde, resolveu interferir no jornal. Ele ficava lá, sempre atento e querendo mexer no jornal. Até que um dia eu disse: — *Como você está querendo mexer na redação, então fique com ela*. E saí."

Donos da maior empreiteira do Brasil na época, os irmãos Alencar preocupavam-se unicamente em abrir caminho à candidatura do ministro Mário Andreazza. Ainda assim, o *Diretor Econômico* conseguiu desenvolver um trabalho ousado na área econômica. E atingiu o auge em 1971, como revela Biondi.

"Inclusive, nós aproveitávamos para publicar documentos da ONU, da CEPAL, etc., porque era a abertura que tínhamos na época. O Washington editava o caderno inteiro e eu editava três páginas diárias de bolsa e mercado financeiro. A bolsa estava no auge. Todo mundo entrou na bolsa naquela época. Eu fui até denunciado pela Bolsa do Rio como inimigo, porque mostrava que a alta estava sendo especulativa. Por exemplo, os corretores faziam sacanagem. No pico, pegavam uma ação podre e empurravam para o pequeno. Então, eu peguei uma repórter que foi a corretores dizendo que o pai tinha morrido e que a mãe – eles eram do Mato Grosso – tinha um dinheiro para aplicar. Eu dei uma página dupla – 'O outro lado do mercado' – com o depoimento dela mostrando a sacanagem que as corretoras faziam com o pequeno investidor. Ela dizia ter 10 mil para aplicar e eles mandavam comprar as porcarias. E eu, do lado de cá, dava a verdade. E nós éramos tão loucos! Só tinha máquina de calcular manual de manivela. Nós publicávamos todo dia a variação, nas páginas de fundos de investimentos, da cotação do dia, dos três últimos dias, na semana e no mês, tudo calculado aqui."

O *Diretor Econômico* remava contra o vento, uma vez que a imprensa em geral estava totalmente fechada com Delfim Netto, lembra Biondi. "O *Jornal do Brasil* era um jornal totalmente de *lobby*. Já estava em má situação financeira, como sempre esteve. Tinha o *lobby* da indústria petroquímica. Aí sim. Tinha repórter para cada área. Tinha o *lobby* do mercado de capitais, porque a bolsa não caía no *Jornal do Brasil*. Quando a bolsa entrava em queda, uma ação que subisse eles davam no título. Ele era totalmente comprometido. O *Jornal do Brasil*, em particular, era tão governista que eles lançaram uma revista de economia que chamava Brasil S.A. Na cabeça deles, *estava tudo certo, maravilhoso; quem não está entendendo que nós estamos indo para a modernidade, está por fora...*"

Com a doença do marechal Costa e Silva, o projeto de Andreazza morreu e os irmãos Alencar ficaram sem saber o que fazer com o *Correio da Manhã* arrendado. O jornal dava prejuízo, que era coberto pela Metropolitana de Maurício Alencar, relata Novaes. "E os irmãos não tinham o menor talento para essa área. Houve um momento em que me chamaram, dizendo que queriam transformar o *Diretor Econômico* num jornal à parte e esvaziar o *Correio da Manhã*. Então, queriam transformá-lo em jornal independente e matar o *Correio da Manhã*, que era uma espécie de símbolo da oposição na época. E eu não quis fazer isso. Pensei comigo: *Não vou matar um jornal que é hoje uma das poucas coisas de oposição no país*. Então, isso iniciou um processo de desgaste. Além disso, havia algumas pessoas que trabalhavam no *Diretor Econômico* e eram ligadas à esquerda mais radical, que queriam fazer revolução mesmo. Em certo momento, isto começou a ser um problema. As diferenças de posição ideológica, de visões de mundo, tudo foi contribuindo para uma crise que se agravou."

A situação complicou para Novaes quando os irmãos Alencar compraram a *Última Hora* e foram buscar Ari de Carvalho, na *Última Hora* de Porto Alegre, para dirigir o jornal. "O Ari, acho que desde essa época tinha um projeto de esvaziar o *Correio da Manhã*, para reforçar a *Última Hora*. Foi o que acabou acontecendo. Eu acabei me atritando com o Ari nesse processo, porque ele começou a esvaziar o *Correio* e a querer esvaziar o *Diretor Econômico*."

A crise culminou com a decisão dos irmãos Alencar de demitir toda a equipe do *Diretor Econômico*, Biondi no meio. "Eu acho que talvez eu e o Washington tenhamos cometido um equívoco político. A área de mercado de capitais começou a fazer muito anúncio financeiro. E o *Diretor Econômico* era um grande sucesso; como a *Veja* nos primeiros tempos, que acabava se aguentando com balancete semestral do mercado financeiro, porque ela não tinha publicidade institucional. Todo mundo adorava o *Diretor Econômico*. Eu fiz inclusive a primeira edição do caderno anual que se chamava '100%', que equivalia a 'Quem é quem' do mercado financeiro."

Biondi e Novaes chegaram a pensar em resistir à tentativa dos irmãos Alencar de transformar o *Diretor Econômico* em jornal, acabando com o *Correio da Manhã*. "Nós e nossa equipe estávamos assegurados. Mas acabava o jornal e ia o resto da redação inteira. Não concordamos. Talvez tenha sido um equívoco político porque a gente estava conseguindo fazer muita coisa, no *Diretor Econômico*, em pleno governo Médici. Nós não aceitamos essa história. E aí dançamos todos."

Sempre irrequieto, Aloysio Biondi foi dirigir, em 1972, o *Jornal do Comércio* do Rio de Janeiro. "Naquela época, eu frequentava a casa do Newton Carlos – o comentarista internacional – e quem ia muito lá era o Edmar Bacha, o Pedro Malan, a (Maria da) Conceição, o (Celso) Furtado, o (Carlos) Lessa... O próprio (Antonio) Barros de Castro estava lá. A Liana, casada com o João Manuel, ia lá. O Celso Furtado brincava comigo: — *O teu jornal está ótimo. Eu e o Castro compramos os dois únicos exemplares que sobraram na banca. Quem chega por último, nunca acha...* A gente fez o primeiro jornal a falar em concentração de renda, em plena ditadura. Tirava quatro mil exemplares, mas circulava na Escola Superior de Guerra. E eu tenho certeza que foi decisivo para o grupo Geisel ganhar o governo. Toda a podridão do modelo apareceu ali, muito antes de o Banco Mundial falar em concentração da renda..."

Nessa época, a direita começou a manobrar para derrubar Allende no Chile. Falava-se vagamente que a CIA participava dos golpes para derrubar governos, observa Biondi. "O povo achava que essa teoria era coisa de esquerda, de comunista... Isso só veio estourar no Watergate. Aí o mundo acreditou. Antes não acreditava. E quando começou o negócio do Chile, quando pararam o Chile, quando teve o caminhonaço, eu dei de manchete no *Jornal do Comércio*: 'Direita começa o cerco a Allende'. Já havia começado a chegar notícia de falta de papel higiênico, de falta de cigarro..."

Em plena ditadura, o Brasil acompanhava os acontecimentos no país vizinho. Alguns manifestavam otimismo, como o economista Celso Furtado ao encontrar Aloysio Biondi nas ruas do Rio de Janeiro.

— *Biondi! Você enlouqueceu?*

— *Por que?*

— *Você não sabe como é que está lá. O Allende está com toda a força...*

— *Olha Furtado, a manchete não está torcendo para que ele caia. Ao contrário, é uma denúncia. O cobre despencou. Os Estados Unidos derrubaram a cotação do cobre... É todo um quadro de desestabilização. Nós não aprendemos nada nesses oito anos, que é assim que eles fazem? Derrubaram a cotação do cobre. Caiu consequentemente a entrada de dólar e caiu a cobrança de impostos. (...) Começa a faltar tudo. O povo fica achando que a culpa é dele. Agora, esse caminhonaço... Você tem dúvida?*

No *Jornal do Comércio*, Biondi acompanhava tudo, inclusive o que estava acontecendo no mercado financeiro. E ainda arrumava tempo para cuidar, durante a madrugada, da editoria de Economia do recém lançado jornal *Opinião*, até que aparecesse alguém. "Então, eu ia direto da redação do *Jornal do Comércio* para o *Opinião*. Inclusive havia repórteres do *Jornal do Comércio* que faziam matéria para o *Opinião*. Como repórteres, havia o Idalo e o Ricardo Bueno, um cara fantástico. Depois, veio de Belo Horizonte o Marcos Gomes, que ficou como editor. Aí, eu fiquei só com uma coluna."

Biondi deixou o *Jornal do Comércio* em setembro de 1973, casando-se logo em seguida. Embarcou no projeto de relançamento do *Diário de Notícias*, capitaneado por Jânio de Freitas. "Para não ficar parado, eu fazia uma coluna diária para o *Diário de Brasília*, que era do mesmo cara que queria relançar o *Diário de Notícias*."

XII - Luiz Nassif entra em cena

Com Paulo Henrique Amorim na *Exame*, Emilio Matsumoto – os dois fizeram dupla por mais de dois anos – foi guindado a editor de economia da revista *Veja*. Foi nessa época que Matsumoto teve a idéia de levar Luís Nassif para a economia. "O Luís Nassif trabalhava na *Veja* como repórter de variedades. Ele toca muito bem cavaquinho. É um emérito tocador de cavaquinho. A nossa equipe era constituída de editor, editor-assistente e um repórter. Nós estávamos precisando de um repórter na área e nos ocorreu usar o Nassif para isso. O primeiro contato que ele teve com o jornalismo econômico foi por nosso intermédio. Aí, ele foi ser repórter de economia, começou a se sair muito bem, começou a se interessar pelo assunto, começou a se aprofundar... Eu considero o 'turco' uma cria minha."

Luís Nassif desembarcou na capital paulista em 1970[75]. Tudo indicava que se preparava para alçar vôos no campo da música. Em 1969, ganhara, em São Paulo, uma das eliminatórias do festival da Feira Permanente da Música Popular, do qual participaram compositores como Jorge Ben e Gonzaguinha. E, no ano seguinte, venceu um festival de música brasileira em Poços de Caldas,

---

[75] Depoimento em 20/11/2000. Luís Nassif nasceu em Poços de Caldas em 1950. Na capital paulista, terminou o clássico e em seguida prestou vestibular na Escola de Comunicação e Artes (ECA-USP). "Eu e o Aloysio Biondi estudamos na mesma escola primária. O Biondi é de Caconde. E o pai dele comprou uma pensão em Poços, que é a Pensão Bandeirantes. E o Biondi foi estudar na Escola Sete de Setembro, da dona Nicolina, uns 15 anos antes que eu. Nós passamos pela mesma escola primária, da Dona Nicolina."

do qual foi jurado o crítico de música da revista *Veja*, Paulo Cotrim. "Eu já estava em São Paulo, mas não estava trabalhando ainda. O Cotrim foi jurado lá e me chamou. Ele queria me orientar na minha carreira como compositor. Ele falou: — *Quando você for para São Paulo, você me avisa... Você vai fazer carreira como compositor...* Eu o encontrei uns dois anos depois. Eu era jornalista e ele era crítico de culinária. Eu falei: — *Cotrim, nem eu tinha vocação para compositor e nem você para crítico de música*." Paulo Cotrim – conta Nassif – teve um papel cultural muito importante, "porque pegou aquela música de vanguarda, aquela música concretista, os tropicalistas... E ficou uma espécie de porta-voz dessa nova vanguarda que surgia aí... Ele era um agitador. Já era guru do Luiz Carlos Bresser Pereira e do Fernão Bracher no tempo de faculdade. Era ligado à esquerda cristã, esquerda católica...".

Luís Nassif foi indicado à revista *Veja* por Luiz Fernando Mercadante, que também havia estudado em Poços de Caldas. "O Mercadante casou com a minha tia – eles eram muito novos. E ele se separou da minha tia e sumiu. Nunca mais eu tive contato com ele. Aí teve um festival de música em Casa Branca e a jurada era uma repórter da *Realidade*. E quando chegou em São Paulo, ela falou: — *Teve um repórter de Poços que ganhou o festival lá...* Quando ela citou o meu nome, o Mercadante disse: — *É o meu sobrinho*. Aí, ele me indicou para o *Jornal da Tarde*, mas no primeiro semestre eu estudava à tarde e não deu certo. Então, ele me indicou para o Talvane Guedes da Fonseca, que estava surgindo na chefia de reportagem da *Veja*, e eu comecei lá."

Nassif começou a trabalhar na revista *Veja* em primeiro de setembro de 1970. "Foi o primeiro estágio que a *Veja* abriu, porque a *Veja* tinha começado três anos antes. Ela fez uma redação supercheia de gorduras. Então, ela foi demitindo, demitindo... E reabriu estágio em 1970. Os três primeiros que entramos lá fomos a Angela Ziroldo, o Dailor Varella e eu. Em janeiro, o Tárik saiu de férias e eu o substituí. E eu recebi uma proposta para ser repórter. Uns quatro meses depois, recebi uma proposta para ser repórter especial. Mas fui bloqueado pelo secretário de redação, o Ulysses Alves de Souza, que disse: — *Torneiro mecânico leva dez anos para aprender. E não é um fedelho que vai virar jornalista em seis meses.*' Filho da mãe! Mas eu sempre fiquei nessa área de comportamento, variedades, música... Em 74, eu fui pelo desafio. Eu sabia que economia era uma área muito mais complexa. Eu pensei: 'Bom, se eu quiser aprender coisas, aprofundar, tem que ser nessa área. Não vai ser na música'."

Nassif puxou a fila de um grupo de jornalistas mineiros que se instalou em São Paulo e enveredou para a economia. "Da região de Poços, tem o Zé Alencar, que é um belíssimo repórter. Eu conheci o Alencar do jornalzinho que ele fazia lá em Poços, que era a *Retorta*, um jornal do Instituto de Química. Quando eu li o jornal, eu pensei: 'Nossa, esse aqui sabe escrever'. Ele escrevia que era uma beleza. Eu falei: — *Zé, na hora que você se soltar, você vai ver, rapaz.*

O Zé era gozado. Ele tinha uma falta de confiança... Mas, desde cedo, ele sempre teve texto ótimo. Ele é tão autodepreciativo, que soltou um livro aí dizendo que eu fiz para ele umas quatro ou cinco capas da (revista) *Química e Derivados*. Eu fiz uma capa para ele, porque ele estava inseguro. O resto ele fez tudo. Então, eu falei: — *Zé, larga de mentir contra você, rapaz...*

No rastro de Nassif e Zé de Alencar vieram outros, como Antonio (Tonho) Furtado, Claudionor Domingues e Murilo Carvalho. "Tudo começou com o Mercadante. O Mercadante passou lá em Poços, casou com a minha tia... Aí ele me chamou para cá. Eu falei com o Zé Alencar. E o Zé chamou os irmãos Furtado", lembra Nassif. "O Tonho não era jornalista e nem queria ser. Deu que fazer para convencer o Tonho a aceitar um emprego que o Nassif conseguiu para ele. O Tonho não vinha", completa Alencar. "Na cola do Tonho, vieram os dois irmãos dele, Deca (José Maria) e Rogério. Eu fui trazendo... O Murilo Carvalho era publicitário, muito bem pago. Era escritor e publicitário. Chegou a ganhar o prêmio da Fundepar, no Paraná. Na hora que ele estava riquíssimo, bem de vida, com salários altíssimos e tal, eu convenci ele a largar mão de tudo para ser um pobre repórter do *Movimento*. E ele foi cobrir guerra do Araguaia de ônibus. É um puta jornalista..."[76]

Tonho Furtado formou com Célia Valente e Zé Alencar a equipe de "bagrinhos" da redação da revista *Exame* no início dos anos 70s. Os peixes grandes eram – além de Guzzo e Molina – o cearense Luís Edgar de Andrade, o "posudo" Dirceu Brisola, Mário Alberto e Alexandre Machado. Professores do texto e dotados de rara paciência, como recorda Zé Alencar.

Em 1974, Luís Nassif foi trabalhar com Emilio Matsumoto na Economia da revista *Veja*. "Eu estava numa indecisão danada, embora eu nunca tivesse tido integração com economia. Quando eu vim para São Paulo, pensava em fazer ou economia ou... mas sempre voltado para o jornalismo. E a *Veja*, no começo, tinha um grupinho que controlava a reportagem geral que era complicado. Tinha esses jogos políticos que eu nunca apreciei muito."

Os novos, como Nassif, não tinham muito espaço para progredir. "Então, entrou o Paulo Totti como chefe de reportagem, secretário de redação... E daí mudou o ambiente... Eu tinha uma proposta para ser redator de música. Era do que eu gostava, o que eu conhecia... Eu teria condição de cara de ser um bom crítico de música pelo conhecimento que eu tinha. E de economia eu não manjava nada. Mas crítico de música estava um horror, porque você tinha

---

[76] Antes de ser preso pela ditadura militar, Tonho Furtado trabalhou alguns meses, em 1964, na revista *Granja*, de Porto Alegre. Fazia de tudo, até venda de anúncios. Na verdade, "queria mesmo era ser correspondente de guerra". Em 1972, porém, depois de algum tempo afastado do meio, virou jornalista econômico. Rogério Furtado chegaria em São Paulo quatro anos depois, para a editoria de Conjuntura da *Gazeta Mercantil*. Mas não parou aí, conta Nassif. "O Tião (Sebastião Magalhães), eu indiquei para tomar conta do banco de dados da *Veja*."

censura, ditadura... Então, o pessoal descontava tudo na crítica de música. Então, toda crítica era ideológica. Se você achasse que tal música tinha uma entrelinha de protesto, você dizia que o compositor era genial. Era aquele padrão *Pasquim* de patrulhamento que o Henfil trouxe. Fez um mal muito grande às artes de uma maneira geral, porque o único critério que se exigia de alguém era que fosse participante... E quem não fosse participante era alienado. Uma coisa horrorosa, um fascismo... Embora eu já tivesse atividade sindical, isso para mim era um horror. Eu pensei: 'Isso é um aborrecimento do cacete... Se é para questionar o modelo, você vai onde é o foco do poder: a política ou a economia.' Não havia jornalismo político naquela época por conta da censura. Aí, eu fui para a economia. Então, o meu primeiro chefe foi o Matsumoto."

Nassif considera este "um período muito ruim, porque a *Veja* fazia praticamente só matérias de negócio. O Paulo Henrique Amorim, que dividia com o Matsumoto a editoria, foi para a *Exame*. E a parte de conjuntura, que me interessava mais, era muito oficialista. Era quase uma aula oficial do Delfim Netto, na época... O Mino Carta começou o processo de independência alguns anos depois, talvez 1976, 77, quando ele cresce e vira uma grande liderança civil. Mas, naquele período, a maior brincadeira era dizer que o presidente Médici lia a *Veja*... E todo jornalista tinha que ter telefone de ministro na carteira para ser valorizado. Então, eram muito ruins as matérias de negócio. Eu levei algum tempo para começar a tomar gosto pela economia. Mas era importante a parte de texto. O Matsumoto era um mestre em textos objetivos. Ele não chegava a ser criativo, digamos, em termos de texto, mas ele e o Sérgio Pompeu arredondavam muito o texto. Eles te ensinavam a escrever de uma maneira clara, de uma maneira sintética... Então, esse período foi um aprendizado".

A área de economia da *Veja*, porém, não se livrou da censura, conta Matsumoto. Se não era possível driblá-la, ou se partia para o protesto ou se aceitava as regras do jogo. "Na época que o *Estadão* saía com as receitas e os sonetos de Camões, nós saíamos com diabinhos para cobrir os espaços que eram censurados. A parte de economia principalmente era muito censurada. Por isso mesmo, a gente acabou cultivando, até por uma falta de alternativas, uma convivência com o poder, que na época basicamente se chamava Antonio Delfim Netto, que era o czar da economia."

Conseguir um espaço na agenda de Delfim Netto tornou-se a coisa mais importante na época, lembra Matsumoto. "Durante todo o reinado dele, realmente as coisas eram decididas da cabeça dele. Tinha muita coisa que os assessores não sabiam, que só ele estava elucubrando. Então, era muito importante a gente manter um relacionamento desse tipo com os ministros da área de economia. Nesse sentido, era relativamente fácil falar com o ministro da Fazenda, com o ministro do Planejamento."

O contato com ministro poderoso da área econômica na ditadura militar era mais uma questão de falta de opção do que de confiança entre jornalista e fonte de informação. É possível que nem os jornalistas confiassem em Delfim Netto e nem o ministro confiasse nos jornalistas. Matsumoto viveu este drama. "Essa questão de confiança é uma coisa muito engraçada. Se um ministro dissesse: — *Olha, o nível de exportação está assim, ou está assado, os nossos recursos em moeda estrangeira estão em tal nível,* ou você acreditava, ou você não tinha como checar. Não era uma coisa tão transparente... Então, tinha um pouco isso nessa época. Você realmente tinha pouco campo de manobra para analisar dados ou verificar se os dados eram procedentes."

Nos fins-de-semana, o então ministro Delfim Netto tinha o hábito de se instalar no prédio do Ministério da Fazenda na avenida Prestes Maia, centro velho da capital paulista. Ali costumava receber alguns jornalistas, individualmente, para trocar idéias. Entre eles, Emilio Matsumoto. "Nesse tipo de coisa, participavam os vários jornalistas. Eu, acho que o próprio Aloysio Biondi, o Rolf Kuntz, o Élio Gáspari, que naquela época já era da Abril, o Robert Appy... Era engraçado porque a gente cruzava com esses colegas na sala de espera. O jornalista entrava por uma porta e saía pela outra porta... Quem coordenava isso era o capitão Salim, uma espécie de chefe de gabinete aqui em São Paulo."

Delfim Netto conduzia com muita habilidade essas conversas com jornalistas, explica Matsumoto. "Ele não somente jogava com isso, como também esse período serve de lição para os jornalistas novos. Eu sempre falo, brincando, que, quando você ia falar com o Delfim, se você entrasse na sala dele e dissesse: — *Bom dia, professor. Quais são as novidades?*, essa era a pergunta mais fora de propósito que você podia fazer. Se ele respondesse: — *Não tenho novidades*, o papo acabava ali. Então, eu dizia para o pessoal: — *Quando vocês vão falar com o Delfim, precisam ir preparados. São vocês que têm que provocar. Professor, aquele negócio que o governo está fazendo... Eu acho muito estranho porque estão acontecendo tais e tais coisas. O senhor não acha?* Então, tinha um pouco isso. O Delfim, com a sabedoria dele, sabia lidar com os jornalistas. Eu acho que ele administrava realmente isso. Ele distribuía as informações de acordo com o seu interlocutor. Eu sei que ele fazia isso, plantava coisas, só que era um jogo mais ou menos admitido pelas partes. Você sabia e ele sabia. Então, não havia esse tipo de coisa de você estar sendo enganado. Às vezes, até podia estar sendo enganado. Mas, pelo menos em princípio, era um jogo meio franco, meio aberto."

Nesse tipo de conversa, o jornalista poderia aproveitar as informações de Delfim Netto, prossegue Matsumoto, "mas nunca dizer que foi ele quem as deu, a não ser que ele autorizasse. Esse papo que ele tinha com a gente era para a gente se informar e eventualmente até podia transformar em matéria, mas, se ele não autorizasse, você não podia dizer que foi o ministro. Então, tem coisas que ele falava e eu ia checar com os assessores dele e os assessores não sabiam, porque ele decidia a maior parte das coisas sozinho. Eu tenho certeza que eles realmente não sabiam porque, além de serem assessores, eram meus amigos. Quer dizer, dava até uma certa insegurança. Será que eu dou essa notícia? E normalmente você ficava sabendo depois que era verdade, porque ele confirmava. E você se arrependia amargamente de não ter divulgado antes. Isso aconteceu várias vezes".

A informalidade das conversas com Mário Henrique Simonsen, ministro da Fazenda do governo Geisel, contrastava com os encontros formais com Delfim Netto, recorda Matsumoto. "Você chegava a ser considerado quase um amigo. O Simonsen recebia a gente na casa dele e fazia certo tipo de confidência que você achava ótimo. (...) Eu me lembro, logo no começo do governo, que eu fui falar com o Simonsen em Brasília. Ele estava evitando de tomar uísque, mas bebia cerveja. Então, ele disse: — *Eu estou tomando só cerveja porque o poder já me embriaga...*" Nós nunca deixamos a formalidade de lado com o Delfim. Era o jornalista com o ministro. Mas o diálogo com o Simonsen era extremamente informal. Ele parecia um amigo da gente..."

XIII - Trapalhada na Visão

Com a compra do grupo Visão, em 1974, pelo empresário Henry Maksoud, Marco Antonio Rocha deixou a revista *Visão*. "Eu estava para ir para a assembléia do Fundo Monetário Internacional, que era no começo de outubro. Então, o Maksoud me chamou lá na Hidroservice para dizer como é que eu devia cobrir a assembléia do FMI, coisa que eu vinha fazendo há séculos. Aí, eu pensei com os meus botões: *Eu não vou ficar aqui*. Eu fui e fiz a cobertura do Fundo, voltei e pedi demissão."

Maksoud, porém, manteve Said Farhat no comando por alguns meses. Então, contratou Ewaldo Dantas para dirigir a revista, o que durou apenas seis meses. Da equipe de Dantas, faziam parte nomes como Rolf Kuntz, Carlos Brickman e Ricardo Sette.

Antonio Marcos Pimenta Neves foi convidado por Maksoud a voltar à *Visão* como correspondente em Washington, capital norte-americana. "Me ofereceram condições muito melhores, como salário maior e uma sala no National Press Building. Então, eu saí da *Folha* e fui para a *Visão*. Naquele momento, o Müller estava indo para reorganizar a *Gazeta Mercantil*. E me convidou também para ficar como correspondente da *Gazeta* nos Estados Unidos. Mas eu tinha acabado de fazer um contrato com o Maksoud. Era um contrato de um ano, renovável. E era um contrato estranho, porque, se eu pedisse demissão antes do fim do contrato, eu tinha que pagar a ele o equivalente ao meu salário em dólares até a data final. Se ele me demitisse, a mesma coisa. Ele teria que me pagar o salário até o fim do contrato. E eu acabei cumprindo o contrato contra a minha vontade..."

Uma crise com Maksoud levou a equipe de Ewaldo Dantas a pedir demissão. Pimenta Neves diz que, na mesma época, chegou a ser convidado por Maksoud para voltar a São Paulo e assumir a revista. "E eu recusei. Eu disse que viria ao Brasil ajudar a fechar um número da revista, isso em perfeito entendimento com o pessoal que estava lá, mas que certamente não reassumiria a direção da revista. Ele chegou a telefonar até para a minha mulher e usou um amigo meu para tentar me convencer. Mas a minha mulher sabia o que eu pensava e disse: — *Essa é uma decisão que só o Antônio pode tomar.*"

Maksoud então tentou contratar Cláudio Abramo para dirigir a revista, conta Isaac Jardanovski. "A sugestão foi minha. Depois não deu certo. O Cláudio Abramo, que era muito meu amigo, quis trabalhar na *Visão*. O Maksoud quis trabalhar com ele. Ele foi levado por mim para conversar com o Maksoud. Os dois se afinaram. O Cláudio não viu incongruência em defender economia de mercado ou livre iniciativa. Queria apenas mudar a embalagem do produto. Não deu certo porque o Cláudio Abramo advertiu o Maksoud que a revista ia ter muitos problemas, porque o DOPS na ocasião não ia permitir que ele dirigisse uma revista de economia política."

É possível que Maksoud tenha também conversado com Pimenta Neves sobre o nome de Cláudio Abramo. "Eu recomendei o nome do Cláudio Abramo, que estava insatisfeito com a *Folha* naquela época, para dirigir a revista. E recomendei o nome do Roberto Müller Filho para ser secretário de redação. Eu disse: — *Se um deles não aceitar, eu recomendo o nome do Washington Novaes para qualquer uma das funções.* Ele de fato convidou o Cláudio."

Roberto Müller Filho recorda o dia em que foi conversar com Maksoud na Hidroservice. Era uma Sexta-feira. "Foi uma conversa muito complicada. Ele estava muito atrapalhado. Ele ficou implicando porque eu fumava. Eu fiquei muito atrapalhado. Não deu para concluir a conversa e eu fiquei de ir domingo à casa dele, depois do almoço. Eu fui à casa dele... E subi por uma escada de caracol que tinha na casa dele, onde havia um escritório. Era uma espécie de mezanino. E ele ficou insistindo que eu devesse fumar... Eu me lembrei da traumática reunião da sexta-feira. E ele insistiu, insistiu... E acabou que desceu a escada, pegou um pacote de Benson e começou a fumar comigo. Eu já não estava com vontade, mas com medo. Ele ficou falando que jornalista não gostava de currículo, que isso era um absurdo. Conversa meio insólita."

Nesse meio tempo, tocou a campainha. Lá do mezanino, Müller pôde ver Cláudio Abramo entrando na casa de Maksoud. "Eu vi o Cláudio e fiquei confuso. O Maksoud foi para algum lugar e eu desci. Eu virei para o Cláudio e perguntei: — *E aí Cláudio?* Ele me contou que estava lá porque recebeu convite para dirigir o grupo *Visão*. Ele perguntou o que eu estava fazendo ali. Eu disse para ele que eu achava que estava ali para o começo de uma conversa que eu nem queria muito. Mas que achava que estava ali porque o Maksoud, sabendo da minha amizade por ele, achou que eu deveria dirigir a redação sob a direção dele."

Cláudio Abramo não disse nada. E em seguida apareceu Maksoud. Müller subiu com ele ao escritório e falou que não queria mais ficar ali. "Eu disse que tinha pensado naquele momento. Eu realmente não gostava de revista. Depois, eu não sei o que aconteceu..." Müller não sabia que ele e Cláudio haviam sido indicados a Maksoud, como revela o próprio Pimenta Neves. "O Maksoud não tem muita idéia do que é função dentro de uma redação. O que faz o secretário, o que faz o diretor, o redator-chefe. Ele não conhece essas coisas. Ele não é um homem muito bem informado. E eu só falei com o Müller posteriormente que eu tinha dado o nome dele."

A advertência de Cláudio Abramo sobre os problemas com o SNI deve ter impressionado Maksoud. De acordo com Pimenta Neves, ficou combinado que Abramo deveria comunicar a Octavio Frias do convite e em seguida desligar-se da *Folha*. "No dia seguinte, o Maksoud me disse que havia um problema. Eu perguntei: — *Qual?* Ele respondeu: — *Eu conversei com os generais do SNI, e eles vetam o nome do Cláudio*. Eu disse: — *Você fez o que?* Ele insistiu: — *Eu conversei com o SNI. O que você esperava que eu fizesse? Eu tenho que dar satisfações...* Eu falei: *Mas isso é uma ignomínia. Isso é uma coisa absurda. Você convidou o Cláudio. Você disse a ele que ele poderia desligar-se da Folha. Agora você vem me dizer que não pode entregar a direção a ele porque ele foi vetado pelo SNI? Pelo telefone?* Ele respondeu: — *Não, mas... Se por acaso ele pediu demissão da Folha, eu dou o emprego a ele aqui*. Eu falei: — *Ora. O Cláudio não precisa do seu emprego*. E saí da sala dele, peguei um táxi e fui direto para a *Folha*."

Pimenta Neves foi levar a notícia a Cláudio Abramo. — *Cláudio, aconteceu um negócio inacreditável. Sente aí que eu vou te contar*, disse. "Eu era como um irmão do Cláudio. Nós tínhamos grande liberdade. Foi o meu melhor amigo. Aí eu contei a ele. Então, o Cláudio respondeu: — *Pimenta, não se preocupe. Não tem importância nenhuma. Eu não pedi demissão da Folha. Eu só falei para o Frias que eu tinha um convite. E isso aí já mudou a minha sorte aqui. Você não sabe o bem que você me fez, me inventando esse convite.*"

Washington Novaes também chegou a falar com Maksoud por recomendação de Pimenta Neves. "E não tendo dado certo com nenhum deles, Maksoud convidou o Muylaert para dirigir a revista. O Muylaert então sucedeu o Ewaldo na direção da revista. E me pediu que, como ex-diretor da *Visão*, almoçasse com o Muylaert, explicasse a revista a ele, o que fiz como correspondente, evidentemente, em Washington. Mas, naquele momento, eu sabia que só ia cumprir o contrato por obrigação contratual, porque eu não podia pedir demissão porque eu não tinha dinheiro para pagar o Maksoud. E no último dia do contrato eu sairia. E foi o que eu fiz. E aí já com o convite do Müller para assumir o posto de correspondente em Washington da *Gazeta Mercantil*."

No curto período como correspodente da *Visão*, Pimenta Neves fez várias matérias políticas e algumas matérias econômicas. "Eu fiz uma matéria enorme para a *Visão*, sobre o aniversário de 200 anos da independência dos Estados Unidos (de 1776 a 1976), que, modéstia à parte, eu acho que ficou muito interessante. Num dos trechos da matéria, eu me referia aos *robber's barons*, que tiveram grande importância na fase do capitalismo selvagem, na formação dos Estados Unidos - da indústria americana, da infra-estrutura americana... E com a ignorância que lhe é peculiar, Maksoud imaginou que eu estivesse chamando os grandes 'entrepreneurs', capitalistas americanos, de ladrões. Ele ficou escandalizado, mandou tirar aquela parte da matéria... E, depois disso, fez uma coisa sórdida: pediu para um assessor americano – um militar que ele tinha contratado – para escrever uma carta em nome dele, Maksoud, à Embaixada americana me denunciando, dizendo que, 'se eu fosse correspondente da Tass, eu não poderia prestar melhores serviços à União Soviética, dentro dos Estados Unidos'. Primeiro, ele ficou com raiva porque eu escrevi esse artigo – ele pensou que eu estava fazendo propaganda antiamericana. Mas ele ficou mais irritado ainda quando eu pedi demissão. Eu tinha alertado a *Visão* que eu sairia no fim do meu contrato."

Pimenta Neves disse que foi avisado da existência da carta por um funcionário do governo norte-americano. "Depois de alguns meses, eu pedi demissão. Mas o Maksoud ficou furioso com aquele texto – a história dos Estados Unidos. Ele publicou na íntegra, exceto aquele trecho que ele pediu para o Frederico Branco reescrever. Mas eu já tinha também ficado muito irritado porque ele tinha prometido que não demitiria ninguém da minha ex-equipe. E ele demitiu. Eu pedi explicações ao Muylaert sobre a origem dessa carta, mas ele disse que não sabia da carta, que não teria permitido que isso ocorresse. Ele não poderia provavelmente fazer nada. Mas me acusar de espião da Tass é uma coisa tão estúpida que ninguém acreditou."

Roberto Muylaert substituiu Ewaldo Dantas, mas ficou pouco mais de um ano na direção da *Visão*. Em 1976, Maksoud convidou Isaac Jardanovski – que trabalhava na empresa desde 1964 e se tornara diretor das revistas especializadas *Dirigentes*, adquiridas em 1971 e 72 por Said Farhat – para assumir a direção geral do grupo *Visão*.

PARTE 5

Um Jornal de Economia e Negócios

I - Um empreendedor[77]

A crise financeira de 1929, devido à falência da Bolsa de Nova York, empurrou o jovem Herbert Victor Levy para o ramo editorial e jornalístico. A crise atingiu o Brasil, especialmente o negócio do café no qual a firma Percy D. Levy & Irmãos, Corretora de Câmbio e Títulos "tinha forte posição". Percy, o irmão mais velho, foi dirigir o escritório da corretora no Rio de Janeiro, passando o controle dos negócios em São Paulo ao irmão mais novo Herbert. Ele começou então a publicar diariamente o *Boletim Comercial Levy*, ao qual acrescentou, em 1931, a *Revista Financeira Levy* para explorar o mercado de informações na área de câmbio, títulos, movimento bancário, ações, etc.[78]

Os irmãos Levy – menos Eduardo, então convalescente de tuberculose – lutaram na Revolução Constitucionalista de 1932. Mas tiveram forças também para sanear a empresa, que "resgatou o pesado endividamento com todos os juros devidos e ainda havia sobras de caixa para novos negócios".

---

[77] Capítulo baseado em Lachini, Claudio. **Anábase História da Gazeta Mercantil**, Lazuli, 2000. O autor nasceu em Alfredo Chaves (ES) em 1941. É advogado de formação mas jornalista por vocação. Ingressou na *Gazeta Mercantil* em 1974.

[78] Herbert chegara a trabalhar antes como balconista de um depósito de material elétrico. Foi ainda tradutor de filmes americanos e, em seguida, se tornou jornalista, responsável pela seção de esportes, do *Diário Nacional,* órgão do Partido Democrático de São Paulo. Como repórter, fez cobertura de polícia e de secretarias de Estado e até crítica de ópera nos jornais *Diário da Noite* e *São Paulo Jornal.*

Em meados da década de 30, Herbert Levy, sempre atento às oportunidades, comprou por 60 contos de réis o *Boletim Diário de Informações Gazeta Mercantil e Industrial* do italiano Pietro Pardini, que assumira o controle da publicação depois de "atribulado processo de expansão e modernização conduzido sem capital próprio".

A *Gazeta Mercantil* fora lançada em 3 de abril de 1920 pelo também italiano José Francesconi. Ao deixar o Banco Francês e Italiano, onde fazia lançamento de cadastros e de informações comerciais, Francesconi resolveu criar a Agência Comercial e Financeira, para vender notícias sobre movimentação de mercadorias na cidade de São Paulo. O jornal, mimeografado em tamanho ofício, surgiu numa época em que o mercado paulista já liderava a economia nacional. Apenas três funcionários produziam a *Gazeta* em um escritório da rua da Quitanda, 17, no centro da capital.

Ao adquirir o jornal das mãos do sucessor de Francesconi, Herbert Levy acrescentou ao título a palavra "Financeira". Com isso, a publicação ganhou o nome de *Gazeta Mercantil Comercial Industrial e Financeira*.

Mais do que jornalista, Herbert Levy desde cedo revelou-se um misto de empresário e político. Em 1943, criou o Banco da América com o capital inicial de 20 mil contos de réis. Na década de 40, já estava na linha de frente da União Democrática Nacional, integrando o grupo de líderes que formaria a "banda de música" da UDN na luta contra a ditadura Vargas. Foi eleito suplente de deputado federal em 1946, mas logo em seguida assumiu a cadeira.

Herbert Levy acumulava a intensa atividade política como deputado federal da UDN com o cargo de diretor-responsável da *Gazeta Mercantil Industrial e Financeira*. No dia 17 de abril de 1950, o jornal, que ainda era distribuído diariamente como boletim mimeografado, vencia importante etapa. Tornava-se *Gazeta Mercantil Industrial Financeira e Econômica* e passava a ser impresso em máquinas planas, no tamanho de 27 x 36 centímetros, diagramado em seis colunas. A tiragem modesta, de cerca de seis mil exemplares, era distribuída na capital paulista e nos pólos mais dinâmicos do interior. A estampa da *Gazeta Mercantil* mudava pela primeira vez em 1954, ano do 4º Centenário de São Paulo, com a aquisição de uma impressora rotoplana e novos linotipos.

II - Fase romântica

Em 1959, Antonio Fernandes Neto começou a trabalhar como revisor, ao lado de Dalmo Pessoa, na sede própria da *Gazeta Mercantil* na rua do

Gasômetro[79]. Era a época em que se abusava do "gillettepress" (recortes de matéria para colagem e publicação), tanto em rádio quanto em jornal, recorda Fernandes Neto.

Em 1960, a *Gazeta Mercantil* entrou na era da impressão em rotativa. Já então com 40 anos, o jornal apresentava "faturamento estável, proveniente de um bom leque de clientes de publicações legais, como balanços, editais, atas, convocações, encaixando-se confortavelmente num nicho próprio de mercado", conta Lachini[80]. No processo de separação das atividades empresariais da família Levy, a *Gazeta Mercantil* ficou com Herbert e seus filhos. Luiz Fernando e Paulo Roberto Levy tornaram-se mais tarde os acionistas majoritários do jornal.

Com o passar do tempo, Fernandes Neto foi transferido para a redação onde atuou inclusive como repórter. Paralelamente, fez política estudantil como simpatizante da UDN e, em particular, de Carlos Lacerda. Atuou ao lado do deputado Herbert Levy e do filho Luiz Fernando e chegou a fazer comício na porta da Universidade Mackenzie onde se formou em direito em 1962. Era chamado por Luiz Fernando de o "nosso Jânio Quadros", lembra. "Cheguei a participar de movimento político com o Luiz Fernando e apoiei o pai dele. Na época, eu era extremamente reacionário e conservador. Udenista e lacerdista. Com o tempo verifiquei quantos enganos cometi."

Fernandes Neto era advogado criminalista com escritório no centro velho da cidade de São Paulo. Mas transferiu o escritório para um amigo após receber proposta da direção da *Gazeta Mercantil* para dedicar tempo integral ao jornal. Considera-se o criador da seção de Legislação, a então primeira página do segundo caderno. Por ser advogado, tinha facilidade de lidar com os meandros jurídicos. Em geral, divulgava em primeira mão as novas leis, além de apresentar comentário de especialista quando o assunto assim o justificava. "Era uma página de legislação que eu conseguia esquentar e os grandes jornais não faziam. Na intervenção no Banco Halles, por exemplo, eu fui procurar o Fábio Comparato para a interpretação (do fato) e publicamos uma matéria polêmica."

No início dos anos 1960, a *Gazeta Mercantil* já apresentava um esboço de redação, comandado por Paulo Lima Castro, ex-redator do *Estadão*. O jornalista Gastão Tomás de Almeida, então funcionário da Secretaria de Agricultura do Estado, exercia o cargo de secretário de redação. O então estudante de direito na Faculdade do Largo São Francisco, Antonio Possidonio Sampaio, acompanhava a luta do governo para conter a inflação, às vésperas do golpe militar de 1964. Todas as tardes, passava pela regional do governo federal em

---

[79] Depoimento em 02/05/2000. Antonio Fernandes Neto, que nasceu em 1934 em Areia Branca (RN), fora apresentado por um amigo ao deputado Herbert Levy. Entrosou-se nas fileiras da UDN e teve a porta aberta para o seu ingresso na redação da *Gazeta Mercantil*.
[80] Lachini, Claudio. **Anábase História da Gazeta Mercantil,** Lazuli, 2000.

São Paulo, encarregada de administrar os preços, em busca de novidades. E, na edição do fim-de-semana, escrevia a coluna "7 dias na semana". Outro integrante do grupo era Geraldo Gomes Gatollini, o GGG, que cobria indústria na FIESP. O professor Meyer Stilmann, catedrático da USP e amigo de Delfim Netto, escrevia artigos e editoriais sobre economia, especialmente café. Completava a equipe o redator Luiz Clério Manente.

Mário Watanabe era redator-chefe da revista *Banas*, quando surgiu a oportunidade de trabalhar à noite na *Gazeta Mercantil*, ainda na rua do Gasômetro. Foi antes da reformulação geral promovida no jornal por Hideo Onaga e por Roberto Müller Filho. Watanabe ficou poucos meses, o tempo suficiente para acreditar que não iria acontecer mudança alguma.

"Eu fui para lá porque, já nessa época, se falava que a *Gazeta* ia mudar e que eu seria um dos primeiros a fazer parte da nova equipe. O Omar Bittar – executivo da *Gazeta Mercantil* e homem de confiança do doutor Herbert Levy –, quando me convidou, disse que havia grandes planos de investimento na *Gazeta*. Aí, ele deixou por minha conta, para eu editar, a última página do primeiro caderno, que era o caderno quente, o espaço nobre das notícias – porque o segundo caderno era daquelas coisas de cartório, falências e concordatas... Eram assuntos especiais, como se fosse um caderno de fim-de-semana feito diariamente naquela última página. Discutiam-se grandes temas... Como geralmente eu ia lá à noite, pegava o chamado prato feito. Muitas vezes, eram traduções de publicações estrangeiras, que eu completava com uma ou duas retrancas para fechar a página. Mas eu tascava aquelas ilustrações grandes, porque não dava para ficar ali todo dia escrevendo uma página de jornal."

Watanabe ficou na *Gazeta Mercantil* durante seis meses fazendo a última página. As dificuldades eram muitas, o local desagradável e a perspectiva quase nenhuma. "Eu me desestimulava porque a *Gazeta* ficava num prédio velho, sem elevador, na rua do Gasômetro. Se eu precisava de alguma imagem, tinha de pegar uns clichês antigos com o 'seu Márcio'... Se a matéria era sobre ferrovia – por exemplo, uma discussão sobre a economicidade da ferrovia *versus* a rodovia –, tinha de pôr aqueles trenzinhos velhos do clichê do 'seu Márcio' para ilustrar a página. E a rotativa, velhíssima, ficava no térreo... Tinha lá um senhor que era o piloto daquela rotativa... Não poucas vezes, surpreendi esse senhor dando umas pancadinhas com uma vareta na rotativa, quando ela enguiçava. Então, a *Gazeta Mercantil* era uma coisa muito rudimentar. Aí, como esse tal plano de investimento não acontecia nunca, quer dizer, a tal mudança parecia que não ia acontecer, eu acabei desistindo e pedi as contas."

A mudança da redação para o quinto andar do prédio número 425 da alameda Barão de Limeira, ao lado da *Folha de S. Paulo*, era o primeiro sinal de que Watanabe tomara uma decisão precipitada. Começava a surgir o embrião de um grande jornal econômico. Antonio Fernandes Neto dirigia a redação, cuja equipe, com cerca de seis jornalistas, já se aventurava a fazer cobertura, por exemplo, de bolsa de valores e análises econômicas, além de entrevistas especiais. "Começamos a organizar uma boa redação. O Gastão levou a sua visão e grande experiência profissional. O Teodoro Meissner, que se dedicava à bolsa, foi a grande revelação em mercado de capitais. O editor de indústria era Ademar Cantero, que mais tarde foi para a Bolsa de Valores e se tornou assessor do ministro da Indústria e Comércio, Camilo Pena, e diretor da ANFAVEA... O Rubens Marujo, que depois foi para o *Globo*, era o braço direito de Meissner na seção de Finanças e Investimento. A Miriam Cassas fazia internacional."

O jornal era diagramado pelo artista plástico Tide Hellmeister, "o maior nome da colagem brasileira", como define Teodoro Meissner. Durante anos, mais tarde, Tide ilustraria a página de Paulo Francis no *Estadão*, acrescenta Fernandes Neto. "Começamos a fazer reportagem, a acompanhar os acontecimentos. Estávamos fazendo um jornal com grande entusiasmo, mas havia resistência, porque não tinha ainda o charme de um jornal com maiores recursos. Nós fizemos a transição da *Gazeta*, vamos dizer assim."

Teodoro Gottfried Meissner chegou à redação da *Gazeta Mercantil* em 2 de junho de 1972[81]. Foi apresentado a Fernandes Neto por Gatollini. "A *Gazeta Mercantil* tinha um jornal chamado *Investimento*, que era feito pelo Celso Ming, também em início de carreira. Mas o Celso tinha saído para ir para um jornal maior. Aí eles resolveram acabar com o jornal e incluir a seção Investimento dentro da *Gazeta Mercantil*. Então, precisavam de um editor para essa área. E me chamaram. Um dos filhos do Herbert Levy, o Paulo Roberto, que era dono da corretora, foi quem me entrevistou para saber se eu entendia mesmo de mercado. Apesar de ele ser corintiano e eu santista, nos demos bem e começamos a trabalhar juntos. Ele me dava umas noções sobre mercado, mas a parte jornalística ficou para mim."

Meissner entrou no jornalismo pelas mãos de Floreal Rodriguez Rosa, que, no final de 1969, mudara para a capital paulista. "Era uma máfia mogiana, que trabalhava na Bolsa de Valores de São Paulo, cujo vice-presidente era o Raimundo Magliano, o corretor número um da Bolsa. A bolsa estava começando a explodir, até que houve o *boom* da bolsa, seguido da grande queda em 1971. Então, a corretora Magliano resolveu lançar uma revista sobre mercado de capitais, chamada *Mercado e Bolsa*. E conversou com o Sérgio Pinheiro, o assessor de imprensa da Bolsa, que convidou o Floreal para tocar essa revista. E o Floreal convidou o Júlio Moreno para ajudá-lo, mas o Júlio não queria

---

[81] Depoimento em Maio de 2000. Teodoro Meissner fez Faculdade de Economia em Mogi das Cruzes, onde tinha passado a juventude e construído laços de amizade. Ao cursar o clássico, foi colega de Júlio Moreno com quem fez jornal estudantil. "O Julio Moreno sempre quis ser jornalista." Foi por intermédio de Moreno que Meissner veio a conhecer o também mogiano Floreal Rodriguez Rosa.

saber de economia. Detestava economia. Mas o Floreal queria contratar um mogiano... Então, o Júlio falou de mim para ele."

Era plena ditadura militar, época da repressão política. Meissner tinha uma cerâmica e era líder estudantil, portanto bastante conhecido na cidade. Um dia, a sua secretária pegou um recado de Floreal Rosa. Queria conversar com ele em São Paulo. Depois de trocar idéias com os amigos e companheiros, decidiu procurar Floreal Rosa. "Aí o Floreal me ofereceu para ir para lá como repórter da revista. Para saber se eu ia ser contratado ou não, ele me deu uma matéria para fazer. E se eu fizesse bem a matéria, ele iria me contratar. A matéria era sobre propaganda no mercado de capitais. A matéria virou capa da revista e eu fui contratado. Fiquei nessa revista até o fim dela, em meados de 71. Aí eu me casei. O Floreal foi meu padrinho de casamento."

Floreal Rosa transferiu-se para a revista *Mundo Econômico*, editada pela EDC Edições Culturais, que na época tinha muito prestígio, relata Meissner. "Aí ele me levou para essa revista. Mas o empresário, o José Orsini, era um grande jogador, no sentido de que gostava muito de jogo, mas perdia muito dinheiro... E levou a empresa à falência. Ele deu um golpe em todos nós. Nem pagou os nossos salários... Não dava para penhorar mais nada, porque as máquinas de escrever já estavam penhoradas... Aí então eu saí de lá. Nem baixa na carteira eles deram."

O *Diário Comércio e Indústria-DCI* foi o novo destino de Teodoro Meissner, em março de 1972. Um período curto, embora suficiente para ele começar a se destacar. A pequena redação e a gráfica, ainda da época do chumbo, funcionavam na rua 25 de março, próxima ao centro da capital. "Era um jornal mais de colagens e recortagens do que de reportagem... Era basicamente feito com trabalho de agências e de recortagens de matérias de revistas... Ali, eu era redator. Eu não era repórter."

Quando entrou na redação da *Gazeta Mercantil* pela primeira vez, no prédio da alameda Barão de Limeira, Meissner encontrou ali uma equipe formada. José Jaime Matos de Sá foi um dos que aportaram na *Gazeta Mercantil* antes da grande reforma, iniciada por Hideo Onaga. "Nessa fase, a *Gazeta* era muito pequena, tinha pouquíssima gente... Era um jornal artesanal, que não tinha cinco mil exemplares. Eu era repórter. Fazia tudo, menos finanças de que eu nunca gostei. Fazia muita reportagem, perfil de empresas... Aí o Hideo foi para lá. Ele até me convidou para ficar, mas nós não nos entendemos e eu decidi sair."

Jaime Matos era o braço direito de Ademar Cantero, na seção de Indústria. Mais ou menos o que Rubens Marujo era para Teodoro Meissner na seção de Finanças e Investimento.

Uma reclamação comum dos leitores da *Gazeta Mercantil* na época era sobre a precariedade na distribuição, responsável pelos irritantes atrasos na entrega. Até que Omar Bittar chegou para mudar tudo, como testemunha Antonio Fernandes Neto. "Nós estávamos fazendo o jornal com muito entusiasmo, quando ele chegou para gerenciar a parte empresarial da *Gazeta*. A primeira vez que ele falou comigo, disse que era a pessoa que mais gente tinha demitido de uma só vez pelo Fundo de Garantia. Aí eu pensei: *Meu Deus, com quem a gente vai tratar.*"

A redação do jornal já apresentava um mínimo de estrutura, incluindo agências internacionais, recursos visuais como ilustrações e gráficos, mas ainda faltavam os investimentos, lamenta Fernandes Neto. "Eu acredito que foi exatamente o nosso trabalho que entusiasmou os proprietários a perceber, juntamente com outros empresários e capitalistas, que a *Gazeta*, com o mesmo nome, podia se transformar num grande jornal. Um grande entusiasta da *Gazeta* era o Haroldo Levy, muito ligado ao comércio internacional. Inclusive, escrevia artigos na primeira página. O próprio Herbert ia à redação em dia de festa. O Luiz Fernando sempre conversava comigo. Mas foi quando o Luiz Fernando chamou o Omar Bittar que eles começaram a investir um pouco."

A incorporação do jornal *Investimento* à *Gazeta* era um indicador importante de que a família, principalmente o "doutor Herbert", já pensava grande, atesta Teodoro Meissner. "O jornal tinha um bom conceito. O Décio Bazin, pseudônimo de um jornalista que ficou milionário aplicando em ações, disse que aprendeu a aplicar na bolsa comigo, lendo a minha coluna que chamava 'Blue Chip'. Tinha muitas dicas de investimento, esse jornalismo de serviços financeiros que hoje tem bastante no *Jornal da Tarde*, na *Folha*... A gente começou a fazer isso na época, o que era absoluta novidade."

Meissner já estava na *Gazeta Mercantil* quando apareceu Omar Bittar, para ser o homem de confiança da família. "Ele não ficava na redação, mas dava umas incertas por lá. Essa redação era bastante alcoólica, toda ela. Ainda eram os tempos românticos do jornalismo. Na sala do Fernandes havia uma geladeira bem abastecida. Todo mundo bebia bem. Mas o Tide bebia mais bem do que todo mundo. Ele parou de beber, mas quem é alcoólatra uma vez, é alcoólatra sempre. Quem bebia bem era o Tide, eu, o Fernandes, o Jaime... E o Carlinhos – office-boy da redação – é quem ficava meio como o nosso espião. Se ele visse o Omar chegar, ele dava o aviso para dar tempo de a gente refazer o cenário, tirar os indícios comprometedores."

Uma vez, porém, o office-boy falhou e Omar Bittar apareceu de repente na redação, relata Meissner. "Ele chegou na nossa mesa. Eu e o Tide estávamos fechando a edição, um caderno de final de semana, uma coisa maior e tal. Era o antigo jornal de investimento dentro da Gazeta... A gente trabalhava fechando e tomando cerveja, latinha de cerveja, uma coisa recém-lançada. Aí, quando ele chegou, ele viu... O Fernandes não sabia o que fazer... O Omar pediu uma cerveja, tomou a cerveja, achou a cerveja ótima, gelada... Enfim, não aconteceu nenhuma catástrofe. Então, o Omar era uma pessoa que gostava muito de opinar na minha área... Ficamos amigos até hoje, não próximos, mas o respeito mútuo permanece até hoje."

A chegada de Omar Bittar pôs fim à "fase romântica" da *Gazeta*, que somava receita financeira com muita liberdade, recorda Meissner. "O doutor Herbert brincava, dizendo que ele tinha um jornal de protesto. Naquela época, pagava-se para publicar os protestos. Essa era a grande fonte de receita da *Gazeta*. Então, ele dizia que tinha que ter algumas matérias ali para circundar os protestos. Era um jornal feito, digamos, de maneira romântica. Se pensarmos em termos de jornalismo moderno, (era feito) de maneira não rigorosamente profissional. Mas com ampla liberdade. Eu nunca tive tanta liberdade como na *Gazeta*. Com o Tide, que era o chefe de arte, a gente fazia o que queria em termos gráficos. Todo dia a gente inventava uma cara nova para o jornal, mantendo a cara global, mas não com essa rigidez que a manchete tem que ter... Não havia isso. E saía um jornal bonito. O Tide foi do *Jornal da Tarde*... Então, era um jornal, assim meio romântico, que tinha boa penetração nos meios financeiros, principalmente. Era um jornal respeitado. Não era um jornaleco, embora feito com muito romantismo, muita liberdade... Talvez liberdade até em demasia, hierarquia fraca e serviços auxiliares fracos. Nós não tínhamos sucursais, nós não tínhamos correspondentes..."

Valdo Nogueira é outro que ingressou na *Gazeta Mercantil*, em 1972, no final da fase romântica do jornal[82]. "Foi o meu primeiro emprego. Eu fazia umas coisinhas lá. Agora, uma grande preocupação minha é escrever claro. Sempre aprendi isso. Eu dava para minha mulher ler as coisas. Se ela não entendesse, eu refazia. Você pega uma matéria sobre finanças na *Gazeta Mercantil*, por exemplo. Se você não for do ramo, você não entende... Então, eu sempre procurei escrever pensando que o leitor não sabe de nada do assunto. Explicar tudo claro, claro, claro... E isso vale para qualquer assunto, inclusive os assuntos mais complexos. E evitar usar palavrão... Dizer para que serve e pronto, acabou."

III - Um gesto impensado

Com o fim do governo Abreu Sodré em 1971, Roberto Müller Filho voltou para a editoria de Economia da *Folha de S. Paulo*, a convite de Octavio Frias e de Cláudio Abramo. "O Cláudio e o Frias tinham uma relação fantástica de amor e ódio. Os dois se admiravam. O Cláudio tinha uma grande nostalgia do *Estadão*. Era como se fosse filho do doutor Julinho. Era uma coisa nostálgica.

---

[82] Depoimento em 22/09/1999. Valdo Nogueira nasceu em 1944 na cidade de Carmo de Minas, no circuito das águas minerais, e estudou jornalismo na ECA-USP.

Ele dizia para irritar o Frias: jornal é o *Estado*. O Frias estava havia pouco tempo nessa área. Tinha comprado a *Folha* do Nabantino Ramos. Fiquei lá um tempo. Nesse período eu convivi muito com o Frias. O Frias é o maior estrategista que eu conheço na área editorial. Enquanto pessoa, irresistível, de grande encanto pessoal. A gente almoçava com o Frias quase todo dia."

Em meados de 1972, Müller foi convidado por Francisco Crestana para lançar a revista *Expansão*, de economia e negócios. "Eu conheci o Crestana em 1964 quando ele dirigia a revista *Médico Moderno* onde trabalhava o José Roberto Guzzo. O Crestana tinha um texto primoroso, lia e escrevia português, inglês e espanhol. Ele me chamou para ser diretor de redação de uma revista que era dele e de Harvey Popell, o sócio majoritário, que eu considero um gênio do marketing. Eu ia ser diretor de redação de uma revista que ainda não existia, que ainda não tinha o número zero."

Müller aceitou a proposta e resolveu deixar a *Folha*. Para o seu lugar, indicou Glauco Carvalho que estava na revista *Exame*. Octavio Frias, Cláudio Abramo e Alexandre Gambirasio consideraram uma aventura a decisão de Müller. "Aí o Frias bancou um aumento de salário para mim. Eu fiz uma coisa desleal com o Frias. Eu contei para os meus chefes sobre o meu salário e saí. Fiz tudo o que eu não faria hoje. Eu não faria isso outra vez. Se um dia eu puder, eu peço desculpas para ele. Eu me lembro que o Alexandre Gambirasio disse: — *Devemos isso a você*. Aí o Frias teve que aumentar todas as pessoas que, embora em cargo superior, estavam ganhando menos. Eu iria ganhar mais do que alguns dos meus chefes. Não se faz isso, mas eu era um jovem, com a generosidade e as tolices de um jovem. Aí, fui fazer a *Expansão*. Levei o Sidnei Basile, o Tom Camargo, o Celso Ming, o Floreal Rodriguez e o Claudio Lacchini, com quem trabalhei no princípio da *Veja*."

Era a época do "milagre brasileiro". *Expansão*, publicação efetivamente de negócios, contava histórias de sucessos e fracassos (*cases*), recorda Müller. "A revista fez tanto sucesso que foi vendida para a Abril, porque estava atrapalhando muito a vida da *Exame*. Mas eu saí antes. (...) Fiquei na *Expansão* exatos dois anos. No meu lugar, na direção da redação, ficaram Sidnei Basile e Cláudio Lacchini. Depois voltei para a *Folha*." Sidnei Basile atuava como repórter na revista. Com a saída de Müller, foi promovido a chefe de redação, cargo que ocupou até 1975.

Müller ainda estava na *Expansão*, quando um dia recebeu um telefonema do executivo Omar Bittar, superintendente da *Gazeta Mercantil*. — *Decidimos transformar aquele jornal de concordatas e falências num jornal de negócios*, disse ele a Müller.

A família Levy contratara Omar Bittar, ex-diretor da Associação Brasileira da Indústria de Base (ABDIB), para ser o diretor-superintendente da empresa editora jornalística *Gazeta Mercantil*. Em 1972, vendeu a velha máquina rotativa (de 1918) e o prédio da rua do Gasômetro, no bairro do Brás, onde funcionavam a redação e a oficina, para investir o dinheiro na contratação de talentos. Conta Lachini que Luiz Fernando Levy aproveitou o *boom* econômico do momento (crescimento de cerca de 10% ao ano e entrada de dólares em abundância) para colocar em prática o sonho de transformar a *Gazeta Mercantil* numa espécie de *The Wall Street Journal*[83].

Bittar então convidou Müller para um almoço no restaurante Rubaiyat, da rua Vieira de Carvalho, centro velho da cidade de São Paulo. "Ali fez o convite para eu dirigir o jornal da família Levy. Isso foi antes do Hideo Onaga. Eu disse que tinha o maior interesse, pois tinha um jornal na cabeça. Eu achava que tinha. Eu tinha sido editor de economia da *Folha*. Nós fazíamos sete, oito, dez páginas de economia brasileira. O noticiário de economia crescia muito, rapidamente. Foi um período que, eu acho, tinha a ver com o começo de um processo que ainda não terminou, de passagem das empresas familiares a profissionais. De outro lado, começou uma inflexão da economia brasileira, com muitos investimentos em projetos (dos militares) para o desenvolvimento da indústria de base..."

A pretensão do jovem Müller deve ter impressionado Omar Bittar. Tanto que levou o jornalista para conversar com Luiz Fernando Levy. "Conversamos longamente. — *Tenho um jornal na cabeça*, eu disse. — *Você pode fazer. A minha família vendeu as máquinas na rua do Gasômetro para fazer uma redação. Você topa?*, perguntou. — *Topo*, respondi. Ficamos de voltar a conversar e nunca mais falaram comigo. Aí um dia eu soube que fizeram um jornal, contrataram o Hideo. Eu tenho o maior respeito pelo Hideo."

Ao saber que Müller havia deixado a revista *Expansão*, Cláudio Abramo comentou com Frias: — *O Müller está desempregado.* "O editor de economia era o Matías Molina. O Ruy Lopes, que era o chefe de redação, tentou fazer uma manobra, passando o Molina para a Internacional. Sabendo disso, eu disse: — *Não quero ser editor de economia.* Eu não aceitei o cargo e o Molina quase se demitiu. Aí eu fiquei uma espécie de editor especial, sem repórteres."

Müller ficou entre três e quatro meses como editor especial, uma espécie de ministro sem pasta. "O Cláudio Abramo e o Frias me davam matérias para fazer. Mas era uma situação desconfortável porque o Ruy Lopes não me dava matéria."

Uma saída e uma entrada ocorreram na redação da *Gazeta Mercantil*, entre 1972 e 73. Em junho de 72, Teodoro Meissner deixou o jornal. "Eu saí da *Gazeta* por duas razões. Mas a principal delas foi um convite irrecusável da Bolsa de Valores de São Paulo. Embora a *Gazeta* tenha me aumentado seguidamente o salário, a oferta da Bolsa era quase o dobro. (...) Eu era o diretor de

---

[83] Lachini, Claudio. **Anábase História da Gazeta Mercantil,** Lazuli, 2000.

comunicação social da Bolsa. Fazia todo o trabalho de relações com a imprensa e de relações públicas. Também fazíamos a revista mensal, eu e o Elcio Martins. A gente trabalhava muito com *free-lances*."

No mesmo ano, Hideo Onaga fora convidado por Herbert Levy e Omar Bittar para reformar a Gazeta Mercantil. — *Você seria capaz de transformar a Gazeta num novo jornal?*, perguntou Levy. — *Isso é a coisa mais fácil do mundo. Não tem nenhum jornal econômico*, respondeu Onaga.

Diretor Econômico continuava em circulação, mas os donos, os irmãos Alencar, pensavam que o *Diretor Econômico* era importante por si mesmo, explica Onaga. "Era importante também porque estava no *Correio da Manhã*. Aí eles compraram a *Última Hora* e encartaram o *Diretor Econômico* lá. Só que o leitor de *Última Hora* era um leitor classe C."

Onaga, porém, disse a Levy e a Bittar que não podia aceitar porque trabalhava na *Construção*. "Era uma revista muito setorizada, mas que me deu chance num momento muito difícil, eu disse."

Onaga fora para a revista *Construção*, dos irmãos Pini, em 1970, após curta passagem pela Economia da *Folha de S. Paulo*. "Era uma revista que apresentava os preços de tijolo, cimento etc. Eles queriam fazer uma redação daquilo. Eu aceitei e formei lá uma pequena redação. Estava indo muito bem e eu fiquei trabalhando lá. (Para elaborar os textos) era preciso conversar, criar fontes. Eu formei uma boa redação. Foi relativamente fácil, pois, com quase 30 anos de imprensa, conhecia todo mundo."

Onaga disse, portanto, que os donos da *Construção* estavam muito contentes com ele. Sugeriu, então, que Levy e Bittar convidassem Washington Novaes ou Aloysio Biondi. "Eu acho que eles foram conversar com os dois, mas não deu certo a conversa. Eu sei que depois de algum tempo eles voltaram a mim e disseram: — *Tem de ser você mesmo*. Então, eu falei com os diretores da *Construção* que estava recebendo aquele convite. Eles responderam: — *Desde que não prejudique a sua atuação aqui na revista, você pode aceitar*. Eu fui lá e expus a eles que ia continuar na revista."

Assim, Hideo Onaga tornou-se, em 1973, diretor de redação da *Gazeta Mercantil*, que dividia com o jornal *Cidade de Santos* o quinto andar do prédio anexo ao edifício-sede da *Folha de S. Paulo*, na alameda Barão de Limeira. Ali organizou uma pequena equipe, da qual faziam parte Floreal Rodriguez Rosa, como secretário de redação, Klaus Kleber e Pedro d'Alessio. "Lançamos a *Gazeta* com muito êxito e, logo depois, eu vi que não dava para tocar as duas coisas. Aí, falei com o pessoal da *Construção*, pedi desculpas e saí. E me dediquei inteiramente ao jornal."

Klaus Kleber encontrava-se em casa quando Hideo Onaga chegou com a notícia de que tinha recebido o convite para reformular a *Gazeta Mercantil*. "Aí o Hideo me convidou para ir para a *Gazeta Mercantil*. O jornal tinha no máximo 24 páginas e cinco páginas editoriais. O Hideo entrara no jornal com o compromisso de fazer 12 páginas editoriais. E um segundo caderno poderia usar publicidade legal, sendo que a primeira página do segundo caderno era a editoria de Legislação. Então, no primeiro caderno eram 12 páginas de redação. O Hideo pediu um projeto gráfico do jornal para o Zélio. (...) Acontece que poucas pessoas se animaram a ir para a *Gazeta Mercantil*. Elas não acreditavam na possibilidade de se fazer um jornal diário de economia."

Um desses "aventureiros" foi Frederico Vasconcelos, que entrou no jornalismo econômico por influência de Hideo Onaga[84]. "A minha entrada no jornalismo econômico foi acidental. Eu fiz duas reportagens naquela época, como *freelance*, para a revista *Construção em São Paulo*, que era dirigida pelo Hideo Onaga. (...) Então, o Hideo Onaga gostou muito das minhas reportagens e, quando ele foi para a *Gazeta Mercantil*, ele me convidou. Eu estava em processo de afastamento do escritório da OEA... Eu disse para ele que ainda ia demorar pelo menos uns dois meses para poder assumir. Ele então 'segurou' o meu lugar. Ele foi muito correto. Então, eu assisti o primeiro processo de mudança da *Gazeta Mercantil*, com o Hideo Onaga."

A *Gazeta Mercantil* – lembra Vasconcelos – circulava muito nas mesas de contadores e advogados. Era um jornal voltado para a empresa, "mais naquele aspecto menor, da falência, do protesto de títulos. Não tinha a dimensão que o jornal tem hoje. Só um detalhe que eu acho muito sintomático. A *Gazeta Mercantil* tinha um fotógrafo que tinha escrito no cartão de visitas: 'Gazeta Mercantil, fulano de tal, fotógrafo.' E embaixo, completava: 'Aceita-se encomendas para casamentos e batizados.' Isso dá idéia de como era precário o jornal naquela época".

Rocco Buonfiglio integrou a primeira equipe montada por Hideo Onaga[85]. "Nessa primeira turma que o Hideo levou para lá tinha o Klaus Kleber, o Floreal, eu, o Pedro D'Alessio, tinha o Ives... e repórteres que eles foram contratando. A *Gazeta Mercantil* tinha duas páginas – a primeira e a última – e o resto eram

---

[84] Frederico Vasconcelos começou no jornalismo em Recife, como estagiário na sucursal da revista *Manchete*. Logo que se formou jornalista em 1968 na Pontifícia Universidade Católica de Pernambuco, mudou para São Paulo onde entrou na reportagem geral da revista *Veja*. Foi uma passagem relâmpago pela revista pois, logo em seguida, afastou-se da grande imprensa para dar assessoria ao escritório paulista da Organização dos Estados Americanos (OEA).

[85] Rocco Buonfiglio trabalhava, desde o começo de 1973, na *Telenotícias* APEC, uma pequena agência de noticiário econômico que imprimia três boletins diários. "Esses boletins eram distribuídos para um certo número de assinantes, que normalmente eram bancos, escritórios e tal. Então, tinha o *Panorama Econômico*, com uma edição por dia; tinha um de metais e siderurgia e tinha um financeiro. Nós recebíamos as notícias e elaborávamos os boletins, que eram mimeografados e distribuídos para os assinantes." Rocco passou a acumular a *Telenotícias* com a *Gazeta Mercantil* a partir de meados de 1973. "Eu saí da *Telenotícias* no final de 76 e depois, em janeiro de 77, eu saí da *Gazeta Mercantil*."

os editais... Aonde sobrava espaço, tinha uma ou outra notícia, sem o maior critério. Então, ela passou a ter uma primeira página, uma página de editoriais, uma página de política econômica, uma página de finanças, uma página de empresas, uma página de cotações e bolsa, uma página especial de reportagens sobre algum setor ou vários setores. E um segundo caderno que continuava com os protestos...".

Buonfiglio era o segundo de Klaus Kleber na editoria de Política Econômica. "No começo, com o Hideo, o editor fazia as reuniões de pauta, dava as coordenadas... o que vinha do noticiário, o que vinha da reportagem, etc. Mas quem fechava de fato a página era o subeditor. Isso durou um ano mais ou menos, um pouco menos de um ano. Logo depois, veio o Müller, que completou a reformulação do jornal. Com Müller, os editores de cada setor pensavam a editoria deles e o jornal. Então, tinha um editor da primeira página, o secretário do jornal... E os editores das áreas pautavam os seus próprios repórteres, pensavam artigos, circulavam, iam a almoços e tal. E tinha o secretário (o subeditor que chamava secretário) de cada editoria, que era quem fechava de fato, na prática, no dia-a-dia, cada uma das editorias. Então, eu fechei durante o período que eu trabalhei lá, que foi de três anos e meio mais ou menos, quase quatro anos. Eu fui subeditor de política econômica, com o Klaus Kleber que era o editor."

Para substituir Teodoro Meissner na cobertura de mercado financeiro, Hideo Onaga foi buscar Gabriel Sales na *Folha da Tarde*[86]. "Eu era repórter da geral quando, um dia, o rapaz que acompanhava bolsa saiu. Nesse mesmo dia

---

[86] Depoimento em 06/02/2001. Josail Gabriel Sales nasceu em 1947 em Santa Adélia, interior paulista. Deixou o sítio aos 14 anos para terminar o ginásio e estudar o clássico. Iniciou a carreira em Catanduva como revisor do jornal *A Cidade*, ainda composto em linotipo "onde a gente fazia tudo". Em 1967, Sales foi para a *Folha de Rio Preto*, que acabava de ser lançada. Pouco depois, em 1968, mudou para a capital paulista e se tornou repórter do *Diário Popular*, encarregado de cobrir a área militar. "Naquela loucura de encontrar comunista em todo lugar, o regime militar passava a fazer as tais manobras antiguerrilha. Se na época a gente já achava ridículo, hoje é uma coisa completamente sem sentido. Todos os jornais tinham. Era uma coisa especificamente para agradar os militares. Como leitura, não tinha o menor interesse. Era sempre a mesma coisa." Sales acompanhava as manobras militares Brasil afora, menos as realizadas na própria capital onde o jornal tinha setorista nos quartéis das três armas. "Com o tempo, a gente descobriu que na verdade a paranóia anticomunista não se justificava tanto assim. É que o militar, em manobra, ganhava o soldo dobrado. Ele ganhava como se estivesse em guerra." Dar a notícia, nem pensar. "Havia também casos de acidentes com morte... E o regime estava no auge. Não havia a menor condição." Foi numa dessas manobras, no Vale do Ribeira, que Sales conheceu Lamarca, na ativa. "Depois ele voltou lá já como guerrilheiro." Logo que chegou na capital, Sales pensou em prestar vestibular para a ECA-USP, mas desistiu porque foi regulamentada a profissão. "Então, quem tinha um ano comprovado em carteira, ou dois ininterruptos, tinha direito a registro. Aí eu consegui o registro... Foi um erro. Eu lamento ter pego o registro e ter desinteressado. Ficar fazendo cursos isolados, eu acho que não resolve muito."

à tarde, o chefe lá, o Carlos Dias Torres, me chamou e disse: — *A partir de amanhã, você vai fazer bolsa*. Eu respondi: — *Tudo bem. Muito obrigado*. Mas eu não tinha a menor idéia. Eu nunca tinha passado em frente da Bolsa de Valores. Como quem estava saindo era muito amigo meu, ele passou a noite me explicando. Já estava aquele clima (de *boom* da bolsa). O tal *boom* da bolsa foi uma das coisas falsas do milagre, que todo mundo entrou e perdeu dinheiro."

Gabriel Sales ainda era repórter de assuntos militares no *Diário Popular*, quando começou a acompanhar o mercado de ações na *Folha da Tarde*. "Eu fiquei cobrindo bolsa na *Folha da Tarde* até o final de 1973. Daí para frente foi só isso." De lá, mudou para a *Gazeta Mercantil*, onde foi cuidar de bolsa de valores e de bancos.

A pequena equipe de Onaga encontrou, na redação da *Gazeta*, outro grupo igualmente pequeno, integrado por Ademar Cantero, Jaime Matos, Miriam Cassas, Valdo Nogueira e Antonio Fernandes Neto. O mérito de Onaga, segundo Lachini, foi fazer um jornal de 12 páginas de texto, no primeiro caderno, com uma pequena redação e o noticiário das agências, quando ninguém acreditava, exceto Luiz Fernando Levy.

Fernandes Neto conta que, na prática, continuou tocando a redação porque Hideo Onaga ficou como coordenador, preparando a grande reforma da *Gazeta*. Logo no primeiro contato entre os dois, Fernandes Neto decepcionou-se. "Ele me ligou um dia para reclamar de uma crase errada na segunda página. Não foi erro nosso, mas ele foi comunicar à direção. Aí eu vi logo quando a gente lida com mitos. Ele foi contratado para fazer aquilo que o Müller fez. Mas deu com os burros n'água. Era uma pessoa mais de cúpula. Hideo era um monstro sagrado. Era um grande talento, comandou revistas importantes, mas essa passagem pela *Gazeta* foi triste, um fracasso. Tinha um jeito burocrata, de mandão. É o perigo de se criar mitos."

Em 1974, com a nova fase do jornal já consolidada, Hideo Onaga deixou a *Gazeta Mercantil*. "Começaram as interferências na redação e eu então pedi demissão e saí." Onaga largou o jornalismo, para ser assessor de Shigeaki Ueki, que se tornara ministro das Minas e Energia do governo Geisel. "Quando eu saí da *Gazeta*, houve uma coincidência. O meu amigo Ueki, que era diretor-financeiro e comercial da Petrobrás, foi levado a ser ministro com a ida do Ernesto Geisel para a presidência. Ele me disse: - *Eu estou precisando de você*. E fui eu para lá trabalhar com ele no Ministério. E depois na Petrobrás."

IV - Um jornal austero

Roberto Müller Filho estava na incômoda posição de repórter especial da *Folha de S. Paulo*, quando um dia foi procurado por Omar Bittar, da *Gazeta*

Mercantil. "Omar Bittar me ligou de novo, nove meses depois daquela conversa que tivemos no Rubaiyat. — *Lembra daquela conversa? Você topa?*, perguntou. — *Vamos conversar*, respondi. Aí fui conversar com ele. — *O Hideo está saindo*, ele disse. — *O que houve?*, perguntei. — *Um problema*, respondeu."

Müller tinha informação sobre os reais motivos da saída de Onaga da *Gazeta Mercantil*. Mesmo assim aceitou o desafio, porque Bittar lhe prometeu total liberdade de ação. — *Para fazer o projeto que eu tenho na cabeça?*, perguntou. — *Sim*, ele respondeu. Müller então voltou à redação da *Folha*. Cláudio Abramo e Octavio Frias queriam que ele continuasse no jornal.

Em outra conversa com Müller, Bittar abriu o jogo sobre o salário de Hideo Onaga. Müller então aceitou a oferta e mudou para o prédio ao lado, na mesma alameda Barão de Limeira. "O salário não era muito melhor do que o da *Folha*, mas era um desafio. O jornal rodava na *Folha*. A redação era um pedaço de um andar no prédio ao lado da *Folha*."

Müller então foi comunicar a decisão a Cláudio Abramo. — *Vá, meu filho. É uma gente direita. É um lugar onde dá para você trabalhar uns dez anos*, disse Abramo. Müller também foi falar com Octavio Frias. "Ele ficou puto. Disse que eu era maluco. Eu não podia contar ao Frias que estava indo em parte porque estava muito difícil a minha vida ali. Eu não sou canalha. Então, não ia entregar os meus companheiros. Tinha aquele constrangimento de não voltar para a Economia... Então, mudei para a *Gazeta Mercantil* em abril de 1974."

O projeto Müller começou com uma equipe de pouco mais de uma dezena de jovens na faixa dos 30 anos, oriundos das mais diversas carreiras (advogados, químicos, economistas, contadores e bancários)[87]. Ao grupo da época de Hideo Onaga, Müller incorporou, num primeiro momento, novos valores como Glauco Carvalho, Dirceu Brisola e Zé Alencar, além do próprio Lachini.

Müller chegou à *Gazeta Mercantil* para colocar em prática o projeto de jornal que tinha na cabeça. "Era um jornal de negócios – deveria chamar-se de negócios, não de economia – mas muito forte também em política econômica, porque eu achava – ainda acho – que num país como o Brasil é inútil querer fazer só microeconomia. Eu tinha vivido a experiência do crescimento das seções de economia dos jornais mais gerais. Acho que a economia brasileira vivia um momento em que se criava a demanda reprimida por informações, sem sucumbir a esse falso dilema de separar negócios de política econômica, sobretudo num país como o Brasil onde o Estado é ainda muito forte. O que não tinha era quem tratasse de negócios e tratasse de política econômica voltada para negócios, porque a política econômica era tratada como decisões políticas. Então, o que nós tínhamos na cabeça? Um jornal que seria estrategicamente de negócios, baseado na premissa da demanda reprimida."

---

[87] Lachini, Claudio. **Anábase História da Gazeta Mercantil,** Lazuli, 2000.

Müller achava que não havia gente preparada para tratar negócios de maneira competente. "Então, nós tínhamos que especializar o jornalista. A *Gazeta Mercantil* foi constituída como se cada editoria fosse uma *newsletter*. Eu costumava dizer para as pessoas do jornal que havia uma coisa geral de política que não é política. É poder. Como é que está a correlação de forças? Era uma seção de poder que se chamava Política, porque eu tinha escrúpulo de chamar poder. Ficaria arrogante. Mas o que eu dizia para os jornalistas de política é que eu gostaria que eles fizessem uma página de poder. Como tinha seções de Matérias-Primas, de Finanças, de Tecnologia..."

Müller constatou que os empresários começavam a se modernizar, eles tinham de se modernizar. "O jornal primeiro precisa parecer que tivesse 100 anos, para que os empresários vissem no seu jornal a tradição que eles não tinham. Então, a cara austera da *Gazeta Mercantil* decorre dessa concepção, que pode ter sido equivocada, mas era a concepção que eu tinha naquela idade: de fazer uma coisa provecta, austera, sem fotos. Isto por duas razões: por essa concepção e porque era muito difícil encontrar fotógrafos que fizessem boas fotos de uma cena econômica. Era melhor mostrar a cara das pessoas. Mas eu não fui original. Eu fui ver o que estava sendo feito. O *Wall Street Journal* e o *Financial Times* faziam isso. Então, comecei com bico de pena. Só podia ter um por página. Depois mudou. Era a idéia de que a cara do sujeito fosse ao mesmo tempo uma ilustração e uma informação. Melhor do que botar uma puta foto que não tem nada a ver com a circunstância da queda de ações na bolsa – mostrar uma foto da bolsa: um cara desesperado, o gráfico caindo, enfim, uma mesmice."

Müller bateu no liquidificador os jornais *Wall Street Journal* e *Financial Times* e colocou uma pitada de Macunaíma. Saiu a *Gazeta Mercantil* com um amplo leque de *newsletters*, ou editorias, que posteriormente foi desdobrado em *Commodities*, Finanças, Agropecuária, Política... Para cada uma delas foi indicado um editor.

Um fato marcante dessa nova fase da *Gazeta Mercantil* foi a renúncia, em 8 de agosto de 1974, do presidente dos Estados Unidos, Richard Nixon, por conta do escândalo de Watergate que culminaria com o seu *impeachment*. Naquela noite de quinta-feira – relata Lachini – o pequeno grupo de jornalistas assistira pela televisão o desfecho da crise política norte-americana. Mas não havia nenhuma pressa em fechar a primeira página da edição que circularia na sexta-feira, dia 9. Todos sabiam que a *Gazeta Mercantil* seria o último da fila, de pelo menos uma dezena de jornais, a ser rodado nas impressoras da empresa Folha da Manhã S.A. Assim, o horário de circulação seria incerto, mas certamente não antes de o sol raiar.

Beneficiada pelo fuso horário – duas horas mais cedo em Washington; quatro horas mais tarde em Londres – a equipe de Müller não só teve acesso antes às manchetes dos grandes jornais norte-americanos e brasileiros, como também pôde esperar a manchete do *Financial Times* enviada pelo correspondente do jornal. "Nixon renuncia; Ford assume", "Gerald Ford é o novo presidente dos EUA" e "Nixon renunciou" eram algumas das manchetes. A conclusão do grupo foi unânime: "Estão batendo a carteira do leitor".

Os liderados de Müller queriam muito mais, resume Lachini. "Era preciso fazer um retrato de maior fidelidade aos acontecimentos, entrelaçar os fatos, dizer como se comportaram os principais mercados, o dólar, as *commodities*, os efeitos imediatos, o significado para o Brasil e para a América Latina, as consequências políticas para o mundo, que vira o presidente Nixon aproximar-se da China Comunista em plena Guerra Fria. Eles buscaram a excelência, e foi o que eles conseguiram." Assim, às 4h10 da madrugada do dia 9 de agosto descia para a composição, montagem e impressão a manchete criada por Glauco Carvalho. Naquela manhã, a *Gazeta Mercantil* foi para as bancas e para os assinantes com o título "Especula-se em Wall Street".

Como os cerca de 8 mil leitores (dos quais 4 mil assinantes), o vice-presidente executivo do jornal, Luiz Fernando Levy – o diretor-presidente era seu pai, o deputado federal Herbert Levy –, só leria a manchete do jornal na manhã do dia 9. Conforme Lachini, essa postura "revelar-se-ia o pulo-do-gato no processo de evolução de seu jornal. Mantida até hoje, significa a liberdade de imprensa como o direito do leitor em ter as informações obtidas e editadas pelo jornalista, e não a liberdade do dono em ver publicado somente o que é de seu alvitre".

V - Biondi e Molina na Gazeta Mercantil

Tão logo soube que Müller fora para a *Gazeta Mercantil*, Zé Alencar apareceu na redação para procurar emprego[88]. "E falei com o Müller: — *Eu*

---

[88] Ao deixar *Química e Derivados* em 1973, Zé Alencar passou um mês na decadente revista *Realidade*, convidado pelo então diretor de redação Ulysses Alves de Souza. Logo foi chamado por Celso Ming para trabalhar na revista *Análise*, de Francisco Crestana (o mesmo dono da revista *Expansão*). "Indo para a *newsletter*, eu poderia assinar matéria em *Opinião* e depois em *Movimento*, o que a Abril não me permitia. Tanto que eu assinava J. Caldas Alencar. Além disso, o salário era muito maior. Era uma newsletter aonde trabalhavam o Cláudio Gomes Conceição, a Ana Baccaro, o Paulo Ludmer, que depois se tornou o presidente da Associação dos Grandes Consumidores de Energia Elétrica, e eu. E o Celso Ming mandava. Lá era uma coisa fantástica. Você tinha que analisar um setor inteiro da economia numa semana, em 25 linhas de 42 toques. Aí você aprende a escrever, porque você não escreve mais alimentação onde cabe alimento, não escreve alimento onde cabe comida, não escreve comida onde cabe pão. Porque aí você tem que economizar toque. E o Celso foi um ultraprofessor. O Celso me ensinou a escrever enxuto, enxugando. É aquele negócio do Drumond, eu acho: 'Escrever é

quero trabalhar com você. Ele perguntou quanto eu queria ganhar. Eu falei um valor absurdo. Ele disse. — *Mas esse é o preço de dois editores*. Eu respondi: — *Tudo bem. Você me dá duas editorias*. E eu sabia um pouquinho, mas... Aí ele me deu Agropecuária e Matérias-Primas. Quem trabalhava comigo era o Frederico Vasconcelos e o Gil Cardoso."

Foi nessa dupla função que Zé Alencar roubou documentos confidenciais da sede da Associação Brasileira da Indústria Química (ABIQUIM), pouco antes de uma reunião de empresários com o ministro da Fazenda[89]. Ele aguardava na recepção vazia quando surgiu uma "morena embalada a vácuo, seios firmes e bonitos", carregando três grossos volumes encadernados em tamanho ofício. Ao se aproximar de Alencar, ela perguntou: — *O senhor já foi atendido?* Ele respondeu que não, pois havia sumido todo mundo. "Queria falar com um dos empresários que, trancafiados no auditório à direita, esperavam o ministro da Fazenda. Todo ano precisavam convencer o governo da necessidade de importar matérias-primas. A política de substituição de importações estava no auge e o ministro era osso duro de roer. Eles o aguardavam exatamente para essa reunião anual."

Para se livrar de Zé Alencar, a morena disse: — *Estão reunidos com o ministro*. Percebendo a mentira, ele insistiu: — *O ministro ainda não chegou, moça. É urgente. Por favor...* Ao que ela respondeu: — *Espere aí*. E colocou os livrões na mesinha da recepção, desaparecendo em seguida. De repente, ao encostar na mesinha Zé Alencar dá de cara com o carimbo no livrão de cima: *confidencial*. Puxou os outros dois livros e viu o mesmo carimbo. Folheou e percebeu que havia matéria-prima preciosa. Ao som das primeiras sirenes da comitiva ministerial, que chegava lá de fora, Zé Alencar deixou rápido o local, mas sem demonstrar afobação. Jogou os livrões no banco de trás do carro e arrancou, enquanto o primeiro carro oficial ocupava a vaga.

Na redação da *Gazeta*, Matías Molina e Aloysio Biondi analisaram os livrões e mandaram Zé Alencar "traduzir" o terceiro livro, que continha uma tabela com o quanto cada empresa gastava de produtos químicos e quanto pretendia importar em 1975, de cada insumo. "Mosca! As multinacionais empurravam o encalhe, a altos preços, nas filiais brasileiras. O Brasil que engolisse mico e prejuízo." A matéria, publicada na edição de 4 a 6 de outubro de 1975, informava, por exemplo, que "o estoque de dietanolamina da Bayer e da Sunbeam sextuplicou em 1974. Em março de 1975, elas tinham dietanolamina para quatro anos. E importam mais. O estoque de bicarbonato de sódio da

---

cortar palavras'. Isso levado a extremos é cortar letras das palavras, cortar tudo. Mas aí o Müller saiu da *Expansão*, ficou um tempo na *Folha* e foi para a *Gazeta Mercantil*." E Zé Alencar deixou *Análise* depois de cerca de quatro meses.

[89] Alencar, José Roberto de. **Sorte e Arte,** Editora Alfa Omega, São Paulo, 1999.

Quimbrasil, da Sunbeam e da Liquid Carbonic cresceu vinte vezes no ano passado. E suas importações de molibdato de sódio e de cobre tetrafenilporfirina triplicaram de 1973 para 1974."

A maior surpresa, porém, não estava nos livrões confidenciais da ABIQUIM, mas sim no *Guia Interinvest*, como constatou Zé Alencar. O diretor-presidente da Sunbeam "era ninguém menos do que Herbert Levy, dono da *Gazeta Mercantil*". Dias depois, Alencar perguntou ao editor-chefe, Roberto Müller Filho, "se o uso da primeira página para dar pauladas no dono do jornal não lhe causava problemas". Müller respondeu, segundo Alencar, que "dores de cabeça estão incluídas no salário de editor-chefe" e que o papel do repórter é buscar informação, "pensando só no leitor, a única entidade com a qual o repórter pode – e deve – ter compromisso". Além disso, disse que "o bom repórter precisava ser ladrão", quer dizer, "ladrão suficientemente honesto para publicar toda informação roubada. Os 60 mil leitores da *Gazeta* valiam, segundo ele, muito mais do que o próprio emprego da secretária gostosa", completa Alencar.

Aloysio Biondi foi a primeira contratação de peso feita pelo jornal, em meados de 1974[90]. Müller soube que Biondi estava desempregado no Rio de Janeiro. Então, propôs a Luiz Fernando que cortasse uma das agências de notícias, cujo teletipo produzia um barulho infernal na redação e era grande devorador de papel, para contratar Biondi com o dinheiro. Biondi ficou tão entusiasmado com a idéia que sugeriu contratar mais três jornalistas, além do salário dele, com os 12 mil cruzeiros economizados da agência de notícias. O resultado foi imediato. Em pouco tempo, a redação em São Paulo era inundada de matérias de macroeconomia e exclusivas.

Biondi ficou no Rio até outubro, quando foi convidado a voltar para São Paulo... "Eu era pauteiro, chefe de reportagem, articulista e editorialista. Como os empresários ainda não escreviam na terceira página, eu escrevia quase todos os dias. Aí, lá pelas oito da noite, me pediam para fazer um artigo, porque não tinha nenhum para pôr, e, às vezes, o editorial. E sempre o textão da manchete. Aliás, me pediam isso na sucursal do Rio. Me mandavam as matérias para eu fazer (o textão da manchete)."

Biondi ainda era chefe da sucursal do Rio quando escreveu um artigo sobre a ciranda financeira. Recebeu então um telefonema de Müller, da sede do jornal em São Paulo: — *O velho quer conversar com você.*

Müller acompanhou Biondi ao escritório do deputado Herbert Levy. O encontro foi relatado pelo próprio Biondi. "O homem foi de uma dureza... Ele falou: — *Eu sou professor de economia. O senhor está enganado. O over existe nas aplicações de caixa. Não existe especulação financeira. Eu espero que tenha sido*

---

[90] Lachini, Claudio. **Anábase História da Gazeta Mercantil,** Lazuli, 2000.

apenas um equívoco do senhor porque na nossa empresa as pessoas têm de ser responsáveis pelo que fazem. E esses erros comprometem o jornal (...)"

Biondi saiu deprimido do encontro. "Eu pensei: 'Esse tempo todo brigando com a ditadura do Delfim. Agora, esse cara vem me dizer essas coisas'. Então, eu disse: — *Müller, o sapo não desce*. Ele respondeu: — *Pelo amor de Deus, Aloysio. Já imaginou se você sai do jornal uma semana depois que você entrou?* Eu falei: — *Está bom*."

Dois meses depois desse encontro, os fatos deram razão a Biondi. "Estourou o Banco Econômico, que era a câmara de compensação de todo o rolo. E esse banco é tão sem vergonha... As cartas de recompra eram todas compensadas na câmara de compensação do Econômico na Candelária (...) Você sabe quem movimentava o mercado financeiro inteiro? O gerente da agência? Ninguém sabia. O Banco Central não sabia, o ministro não sabia. Mas aí o velho teve uma atitude digna. Ele me chamou e disse: — *Olhe Aloysio, eu peço desculpas. Nunca imaginei que a especulação atingisse esse ponto... E nós vamos fazer um seminário no Sheraton com o Simonsen, o pessoal todo das instituições financeiras...* Então saiu aquela resolução 266, para ir reduzindo gradativamente as cartas de recompra. Não dava para dizer: 'A partir de hoje não tem carta de recompra'. Desabava tudo. Então, o velho pediu desculpas e fez um seminário."

Convencido por Müller a mudar para a sede em São Paulo, Aloysio Biondi assumiu e reorganizou a editoria de Agropecuária, cuja chefia foi transferida para Frederico Vasconcelos. "As coisas sempre foram acidentais. Eu fiz uma reportagem de três páginas, mostrando como era a economia real em Campinas, Americana e, se não me engano, Piracicaba. Eu fiz um retrato da economia que funcionava, embora o discurso todo na Capital fosse de uma realidade diferente. O Aloysio sempre teve muita sensibilidade para essa coisa, que é a realidade da economia agrícola, o problema mais sério das áreas de produção, uma visão social apurada. O Aloysio viu aquela matéria e me indicou para editor de agropecuária. Eu nunca tinha visto um pé de café!"

Zé Alencar não só deixou a Agropecuária como também foi substituído por Bernardo Kucinski, que voltava de Londres para assumir Matérias-Primas. "O Bernardo refez a editoria que ficou uma coisa boa também."

Apesar de odiar Brasília, Zé Alencar passou duas semanas na capital federal em 1974, como chefe interino da sucursal, a mando de Müller. "Eu chego às 10 horas da manhã, de manga de camisa, um calor desgraçado, quando liga o Dirceu Brisola, de São Paulo, bravo, me dá o maior esporro, dizendo que teve uma puta de uma geada, que acabou com o cafezal do Paraná e que nós não tínhamos dado nada. Aliás, esse episódio, divertidíssimo, foi que encerrou a minha carreira lá como chefe da sucursal. Aí eu falei: — *O Paraná é vizinho de São Paulo. Aí é que a coisa deve estar feia. Aqui está calor*. Então, o que eu fiz? Larguei a sucursal aberta, atravessei a rua, entrei no IBC (Instituto Brasileiro do Café), que era em frente, e disse que queria falar com o Camilo Calazans, que era o presidente. Aí responderam: — *Ele não pode atender agora porque está numa reunião com a direção do IBC.* Eu falei: — *Diga para ele que é um emissário do doutor Herbert Levy.* De certa forma, era. Daí ele mandou eu entrar para a reunião. E eu entrei. E ouvi a reunião. Depois que acabou a reunião, eu cheguei nele e falei: — *Olha, o doutor Herbert mandou eu vir aqui, porque certamente o senhor vai para o Paraná para efeito da geada e ele quer que o senhor me leve no avião.* Aí o Calazans me levou no avião. Foi uma puta de uma matéria, porque lá no Paraná, depois de ter sobrevoado, depois de ter pego tudo o que a cúpula falou, eu desci do avião, daí fui entrevistar fazendeiro e tal... Depois voltei de trem, onde os flagelados da geada já estavam vindo embora para São Paulo... A matéria ficou uma coisa linda."

De volta a São Paulo, Zé Alencar recebeu outra incumbência da direção. "O Müller me mandou criar uma editoria chamada Energia. Aí eu criei e o José Antonio Severo assumiu na sucursal do Rio. Então, eu pedi para o Severo me levar para o Rio. Ele perguntou: — *Mas editor no Rio?* Eu respondi: — *Sim.* É no Rio que tinha tudo: Petrobrás, Esso, Shell, Nuclebrás, Ministério, Elebrobrás, aquelas coisas todas do carvão... Daí eu fui para o Rio como editor (de energia). A Rose Mallet, mulher do Teodoro Meissner, ficou como sub em São Paulo. Logo depois, o José Carlos Thomé virou editor de energia em São Paulo. Então, a gente rachava a editoria... Dava bem. A gente batia uma boa bola. Do Rio, eu editava. O Thomé tinha pouco a fazer aqui além de botar na página."

Antonio Fernandes Neto sentia-se um peixe fora d'água na redação da *Gazeta Mercantil*. Sem acesso ao que ele chama de "aquário de Müller", continuava no seu canto, alheio aos acontecimentos. "O grupo de Müller era fechado. Ninguém tinha acesso a ele. Havia uma espécie de luz vermelha na entrada da sala dele." Na demissão de Fernandes Neto, por recomendação da família Levy, Müller teria oferecido uma carta de referência. — *Não preciso de carta de referência de vocês,* respondeu Fernandes Neto.

Teodoro Meissner – que voltou à *Gazeta Mercantil* em junho de 1974 pelas mãos do amigo Floreal Rodriguez Rosa – acredita que, se existe algum culpado na demissão de Fernandes Neto, é a família Levy. "Por tudo o que fez pela *Gazeta Mercantil*, pela sua lealdade, pela pessoa boa que ele é, eu acho que a família devia ter mantido o Fernandes, ainda que numa senatoria qualquer. Agora, é verdade que o Fernandes não ajudou muito. Como o Fernandes não aceitou, primeiro, a substituição dele pelo Hideo e, depois, pelo Müller, ele também complicou um pouco a vida dos dois (...) Eu acho que o Fernandes ficou realmente com uma mágoa muito grande. Mas eu acho que ele deve ter mágoa é da família Levy, do Omar, sei lá. Essas pessoas é que deveriam ter feito alguma coisa para ele permanecer. Enfim, há várias maneiras de você fazer isso..."

Saía Fernandes Neto, chegava Matías Molina. Depois de tirar férias em janeiro de 1975, Molina mudou de emprego. Deixou a *Folha de S. Paulo,* onde era editor de economia e negócios, desde 1973, levado por Cláudio Abramo, e ingressou na *Gazeta Mercantil.* "Fui editar finanças e depois internacional. Fui para Londres como correspondente e, quando voltei, me pegaram para coordenar a secretaria geral do jornal."

Matías Molina se tornaria o "provedor de conteúdo" da nova *Gazeta Mercantil,* nas palavras de Roberto Müller Filho. "Era o mestre-mór disso tudo. — *Não escreva errado, não misture milhão com bilhão, não confunda o preço do cobre...*"

Contam nas redações que Molina sistematizou a cobertura diária do mercado de *commodities* (produtos homogêneos comercializados no mercado internacional), numa época em que não havia computador e internet nem se falava de agronegócio. De acordo com essa versão, todos os dias, ele separava, pacientemente, em pequenas pilhas por produtos (café, soja, cobre, níquel, etc.) os telegramas das agências internacionais de notícias que chegavam via telex à redação e, em seguida, os entregava ao repórter do setor, para que ele redigisse a notícia e também utilizasse as informações nas entrevistas do cotidiano.

Na sua mesa de trabalho não muito distante, Aloysio Biondi também juntava os telegramas ou telex sobre agropecuária que caíam em suas mãos. Era uma nova previsão de safra divulgada pelo Departamento de Agricultura dos Estados Unidos (USDA) ou uma notícia de catástrofe, como enchente num país concorrente, ou ainda de seca e geada... Naqueles telegramas, ele anotava algo como *"Atenção"* ou *"Fale comigo"* e os encaminhava ao repórter do setor. O foco de Biondi era mais o fornecimento de informações para o produtor agrícola tomar decisão de plantio, testemunha Frederico Vasconcelos. "A partir daquela informação, a gente telefonava para os produtores, economistas agrícolas, corretoras ou ainda empresas multinacionais que operavam na área... E aquele pequeno fato, às vezes de duas ou três linhas, dali a pouco virava notícia. E não havia esse tipo de trabalho na imprensa em geral... E tudo era muito precário porque não havia internet... E o Aloysio tinha uma preocupação muito grande com aquela coisa da manipulação das informações pelos grandes produtores americanos, de soja por exemplo..."

Vasconcelos identifica visões de mundo em Molina e Biondi, que, embora diferentes, se complementavam para o enriquecimento da redação do jornal. "Talvez o Molina fosse o jornalista de economia mais preparado, com uma visão assim internacional, mais ampla, mais aberta; com uma certa visão de mercado, do jornalismo que era feito lá fora... Talvez o *Financial Times* e o *Wall Street Journal* fossem modelos assim para serem introduzidos; um jornalismo de muita utilidade para o leitor. E, se eu lembro bem, ele não tinha um certo nacionalismo, vamos dizer assim, no sentido de brigar pelas coisas do produtor, da visão de prejuízo... O Aloysio era muito mais o defensor da mandioca... Ele tinha bandeiras... O Aloysio era muito apaixonado, comprava brigas... "

Gabriel Sales teve o privilégio de ser um dos alunos de Molina na *Gazeta Mercantil*, uma vez que o aprendizado se dá no dia-a-dia. "Às vezes, por iniciativa própria. Você se interessa por um seminário ou por um curso... Mas também por meio de contato com pessoas mais antigas na área. Uma pessoa que conhecia muito finanças, talvez um dos últimos professores nisso, foi o Matías Molina. Ele sempre acompanhou bem essa parte. Quando o Müller assumiu, na nova estrutura na redação eles criaram o tal secretário de editoria, que seria o subeditor. Eu fiquei um bom tempo na editoria de Finanças – uma editoria já mais organizada... O editor era o Molina."

A ida de Molina para Londres foi fruto de um acerto proposto por Müller. "Ele queria ir para Londres. Eu fiz um acordo com ele. — *Você fica um ano aqui lendo o jornal para mim, para não deixar sair bobagem, e depois você vai para Londres como correspondente*. Ele, por razões pessoais, acabou ficando mais tempo aqui. Depois foi para Londres e acabou ficando mais tempo que o combinado."

Também Celso Pinto deixou a *Folha de S. Paulo* em 1975 para integrar a equipe de Müller na *Gazeta Mercantil*. Inicialmente, era subeditor de matérias primas, a mesma área em que trabalhava na *Folha*. Depois de um ano, virou editor de finanças, um "desafio enorme, o que foi excelente. Eu conhecia muito pouco da área de finanças, mas eu acho que, das áreas econômicas, é certamente a mais especializada, no sentido de ter um universo linguístico, de operações e de comportamento que é totalmente diferente das outras. E foi muito importante para mim ter entrado logo nessa área, porque é uma área que eu gosto muito. Eu gosto muito também obviamente de economia internacional, principalmente finanças internacionais – é uma área que eu venho acompanhando há muito tempo...".

Em 1975, a redação da *Gazeta Mercantil* já estava dividida em 12 editorias especializadas, ou *newsletters* como são denominadas por Müller: Matérias-Primas, Agropecuária, Finanças, Mercados, Administração e Serviços, Legislação e Indústria, entre outras[91].

A Klaus Kleber foi atribuída a tarefa de acompanhar macroeconomia na editoria de Nacional. O jovem sociólogo Paulo Esmanhoto foi contratado como editor de internacional. Ana Márcia Vainsencher chegava para ser secretária editorial, passando depois a secretária-adjunta de produção. De volta de Londres, Bernardo Kucinski cuidava da editoria de Matérias-Primas. Dirceu Brisola foi contratado para implantar a editoria de Indústria. Glauco Carvalho passou a editar Administração e Serviços, enquanto Gabriel Sales secretariava Finanças e Mercados, sob a orientação de Kleber.

---

[91] Lachini, Claudio. **Anábase História da Gazeta Mercantil,** Lazuli, 2000.

Biondi foi promovido a secretário de redação adjunto, com a missão de fazer a pauta a ser distribuída aos editores e sucursais. Os resultados eram avaliados às cinco horas da tarde, para uma primeira definição do que seria destacado na capa. A criação da secretaria adjunta de edição levou à indicação de Dirceu Brisola para a função. Para a sua vaga na Indústria, foi contratado José Carlos Thomé. Para a capa do caderno de Publicidade Legal (segundo caderno), foi criada a editoria de Insolvências, associada à editoria de Legislação (primeiro caderno) editada pelo jovem advogado português Antonio Gouvêia Jr., formado na Faculdade de Direito do Largo São Francisco. Floreal Rodriguez Rosa, secretário de redação de Hideo Onaga, foi promovido a redator-chefe por Müller, com quem trabalhara na revista *Expansão*.

Não estava prevista a editoria de Reportagem criada por conta e risco de Zé Alencar, sob as barbas de Müller. Depois de livrar-se das editorias de Agropecuária e de Matérias-Primas e da odiosa Brasília, deu um golpe em todo mundo. "O Müller me mandou ver o que eu ia fazer. E eu mandei fazer um cartão... Um dia, eu entrei na sala do Müller para conversar qualquer coisa e dei o meu cartão para ele. Estava escrito no cartão: "Editor de Reportagem". E o Müller não leu o cartão, claro. Um repórter dar um cartão para o diretor de redação... Ele ia ler para quê? Seis meses depois, o Floreal me chama para perguntar o que eu estava fazendo. Eu falei que já tinha feito um caderno especial sobre petróleo, sozinho; um caderno especial chamado 'A ameaça da carne', sozinho; um caderno especial sobre carvão, sozinho... Eu disse: — *O Müller sabe. Eu dei o meu cartão para ele.* O Müller nem lembra dessa história de cartão. Isso era uma coisa que ninguém sabia o que era. Então, ninguém mandava em mim e eu não mandava em ninguém. Foi a vida que eu pedi para Deus. Eu inventava as matérias que eu quisesse... "

Floreal Rodriguez Rosa riu muito, conta Zé Alencar. "O trabalho era bom. Como eu não tinha chefe para me apressar e não tinha repórter para me atrasar, era uma beleza. Eu fazia tudo sozinho. E chegava para o Floreal e pedia para ele me autorizar viagem. Eu sempre escolhia um momento em que ele tivesse muito ocupado, que era para não dar tempo de ele fazer pergunta. Então, chegava na hora de fechamento, nas piores horas... Ele assinava. Pronto. Já estou eu pegando grana, carro etc. E viajando... Bom, foi assim que eu caí no jornalismo de economia." Zé Alencar ficou cerca de sete meses como "editor de reportagem".

Por algum tempo, Müller manteve as 12 páginas de texto do primeiro caderno. Segundo Lachini, ele adotou o princípio de fazer um jornal simples, tradicional, em oito colunas e de fácil leitura. As ilustrações, por meio de gráficos, era inspiradas no *Financial Times*.

Diz Lachini que a "turma" da esquerda ia tomando conta da redação do jornal. Eram filiados do Partido Comunista Brasileiro (em minoria), trotskistas, anarquistas ou mesmo intelectuais "festivos". Com eles, foram introduzidas as chamadas "caneladas", que era o "contrabando de notícias", sem escrever nas entrelinhas para ludibriar a censura da ditadura militar. Por isso, foi dada a Glauco Carvalho a tarefa de ler cada matéria pronta para descer à composição do jornal. Ele levava as "caneladas" para o secretário de redação, que as mandava reescrever ou as submetia à decisão do editor-chefe. Glauco Carvalho cuidava também do texto, que muitas vezes tinha de ser reescrito pelo repórter.

Glauco Carvalho sempre esteve ligado à secretaria do jornal. Com a chegada de Matías Molina à *Gazeta Mercantil*, passou a ler a primeira página antes de ir para a impressão. "Aliás, quando começamos, eu e o Molina líamos o jornal inteiro. Esse era o segredo. Via todas as matérias, todos os gráficos... Eu escolhia algumas matérias para ler com mais vagar. Chamava o repórter e o editor para conversar com eles. A gente sempre teve o maior respeito com todas as pessoas." Glauco teve, contudo, outras atividades na *Gazeta Mercantil*. "Fui editor de várias seções ao mesmo tempo, ou isoladamente."

Se Glauco Carvalho encontrou na *Gazeta Mercantil* a sua casa definitiva, o mesmo aconteceria com Elpidio Marinho de Mattos que chegava ao jornal, depois de sua segunda fase na revista *Banas*, entre outubro de 1975 e fevereiro de 77.

VI - Mudança nas regras do jogo

Teodoro Meissner voltou à *Gazeta Mercantil* com a missão de montar a sucursal do jornal em Brasília, que estava começando a ser de fato a capital do País. Meissner deixara o emprego na Bolsa de Valores, onde ganhava bem, por causa de atritos com o presidente Alfredo Rizkhalah. "As nossas cabeças não funcionavam na mesma freqüência."

O presidente Ernesto Geisel praticamente obrigava os ministros de seu governo a ficarem em Brasília, lembra Meissner. "E com o processo de abertura política, a *Gazeta* achou que era o momento de abrir a sucursal. Isso coincidia com essa nova fase do jornal, cuja grande diferença eram os investimentos da família Levy. O jornal passa a ser realmente um negócio importante para a família. Aí eu fui para Brasília montar a sucursal. Então, eu fui primeiro fazer relações públicas, me apresentar às principais pessoas com quem eu ia me relacionar. Uma vez eu fui conversar com uma pessoa do Itamaraty... — *Ah, sim, a Gazeta Mercantil, jornal do doutor Herbert. Sempre que o Herbert está aqui, nós jogamos tênis juntos...* Eu pensei: 'Finalmente, uma fonte que conhece o jornal...' Aí ele perguntou: — *Me diga uma coisa: a Gazeta é quinzenal ou semanal?* Eu concluí: 'Realmente, o negócio aqui está ruim.'"

Meissner montou uma equipe na sucursal da *Gazeta Mercantil* em que não predominavam profissionais da área política, diferente do usual nas sucursais dos outros jornais. "No nosso caso foi o inverso: foi a área econômica. Inclusive, eu fui um dos fundadores da Associação dos Jornalistas de Economia de Brasília. Então, o nosso enfoque era realmente mais econômico e, como a nossa equipe era muito pequena – eu comecei com duas pessoas –, nós não seguimos também a regra de Brasília, que é de cobrir prédios e de não dar furos. Naquela época, isso era bastante respeitado. Não dava para cobrir prédio porque não tinha gente para botar em cada prédio da cidade."

Meissner valeu-se do fato de que a *Gazeta Mercantil* não era vista como jornal concorrente. Então, quebrou essa segunda regra "sem fazer inimizade e demos vários furos". Ele ficou na sucursal entre um ano e um ano e meio, quando voltou a São Paulo por insistência da família e de Müller. "E, por incrível que pareça, eu gostei de Brasília. Eu não ia ficar lá até o fim da vida, evidentemente, mas naquele momento eu não queria voltar. Eu não achava interessante voltar. Várias pessoas tentaram me convencer a voltar. Como ninguém me demoveu da idéia, um dia foi o próprio Müller. Ficamos até de madrugada, num bar do Hotel Nacional, conversando, ele tentando me convencer a voltar. Ele argumentava que em Brasília eu já tinha atingido o auge, já não tinha mais como crescer. Eu estando em São Paulo, eu podia crescer... Eu disse que eu tinha uma oferta e que ele ficasse totalmente a vontade para me substituir. Ele respondeu: — *Eu cubro qualquer oferta que tiver*... Eu até hoje não sei se isso foi verdadeiro ou não. (...) Ele era muito amigo da minha mulher na época. Aí os dois uniram forças... E o meu filho mais velho, que tinha quatro ou cinco anos, também começou a pedir para voltar para São Paulo, se bem que a vida para ele em Brasília era o paraíso. Era uma Brasília bem diferente da Brasília de hoje. Uma cidade pacata, gostosa de morar."

Em São Paulo, Meissner tornou-se editor de uma nova publicação destinada ao comércio internacional. "Aí eu comandei o lançamento do primeiro subproduto da *Gazeta* na fase do Müller. Era um semanário chamado *Mercado Mundial*, que falava basicamente de importações e exportações e transportes internacionais de cargas." Apesar da folha de serviços, Meissner foi demitido da *Gazeta Mercantil* seis meses após a volta à sede do jornal, em São Paulo.

O sucessor de Meissner em Brasília foi Sidnei Basile. "O Sidnei elogiou muito o trabalho que eu fiz lá. Tanto que manteve toda a minha equipe. Então, foi aí que o jornal começou realmente a ganhar esse prestígio que ele tem hoje. E isso deve ser creditado ao Müller, com quem, aliás, eu não mantenho boas relações... Eu acho que o nome do Müller fica na história do jornalismo econômico pelo tanto que ele fez na *Gazeta Mercantil*. Eu acho que ele é o grande responsável pelo que a *Gazeta Mercantil* é hoje. Ele é um grande chefe de equipe, um grande montador de equipe."

Os novos costumes adotados na sucursal da *Gazeta Mercantil* na capital federal foram bons para o jornalismo, na visão de Meissner. "O jornal passou a ser importante, já na gestão do Sidnei Basile em Brasília. Já tinha um peso, já era visto como concorrente. E seguiu o mesmo esquema. Depois a *Folha* entrou também. Eu acho que se continuou a cobrir prédios, mas não esse esquema da troca de informações – eu apuro uma matéria e você apura outra; depois nós dois trocamos; se eu fiz duas matérias no dia e você também fez duas matérias, na verdade eu só fiz uma e você só fez uma; considerando dez jornalistas, era uma produção enorme por dia. Isso era uma felicidade geral: os jornais ficavam contentes, os jornalistas ficavam contentes. Ninguém tomava esporro da sede, porque ninguém era furado. Então, ficava tudo no melhor dos mundos."

VII - Embrião das revistas técnicas

Em 1976, Jaime Matos voltou com Mário Alberto de Almeida para a *Gazeta Mercantil*[92]. "O Mário foi para a *Gazeta* ser editorialista. Então, eu passei a fechar junto com ele a página de Opinião, que era só a página 3 – tinha um noticiário curto ali que eu fazia e havia uns artigos ali para editar ou até para escrever. E nós ainda sistematizamos uma coisa que já tinha saído esporadicamente: o relatório que o *Financial Times* tem. E aí eu editava relatórios especiais..."

Uma das principais características desses relatórios era a de serem burocráticos, explica Matos. "Burocráticos no sentido de que eram muito óbvios: tinham dois dos bancos, tinha indústria automobilística, essas coisas que a gente nem faz mais. Uma coisa que a *Gazeta* sempre fez foi *Relações Brasil e...*', mandando repórter para os países e tudo. Então, toda vez que tinha alguma coisa assim de o presidente do Brasil ir a algum lugar, a gente fazia um relatório do país. Mas mesmo assim deu para plantar uma coisa muito interessante. Nós tínhamos dois relatórios por ano que chamavam *Indicadores de Negócios*, no começo e no meio do ano. E sempre dentro de uma coisa que a *Gazeta* também

---

[92] Quando deixou a *Gazeta Mercantil* em 1973, Jaime Matos foi para o *Jornal da Tarde*. "O *Jornal da Tarde* era muito confuso porque economia era junto com política. Era uma editoria que chamava Brasil, que misturava o diabo lá. Aí eu trabalhava na edição, à noite. O Celso Ming era editor, o Godoy era subeditor durante o dia e o Mário Alberto de Almeida era subeditor à noite. E aí eles montaram lá uma equipe razoável de tamanho... O Murilo Felisberto, que era o diretor de redação, queria que eu ficasse (na economia)... Eu falei: — *Não. Eu acho esquisito. O Celso não me conhece. Ele deve chamar as pessoas que ele conhece.* Aí eu fiquei na política porque já tinha esse povo lá na economia. Eu dava uma mão para eles, mas eu nunca trabalhei com eles não. Aí eu fiquei fazendo política um tempo. Logo depois eu voltei para a *Gazeta*, porque tinha muito pouca estrutura também lá no *Jornal da Tarde*."

223

inovou, ensinou – eu acho que não ensinou os outros o suficiente – que é nunca fazer retrospectiva de nada. A gente só joga coisa para frente. Nunca fala do passado. Passado é história. Então, esse *Indicadores* era uma coisa assim muito importante."

A produção do relatório *Indicadores*, por exemplo, era um processo rudimentar, amador e trabalhoso, revela Matos. "A gente fazia, por pesquisa, quais eram as expectativas que os empresários viam para os próximos seis meses e dentro disso a gente fazia matérias e tal. Era vendo assim para que lado que a fumaça estava soprando. Mas a maneira de fazer isso é uma piada. Éramos nós mesmos que fazíamos. E não tinha, evidente, internet, computador, nada. Aí era um desastre, porque a gente mandava os questionários por telex. Como era um negócio enorme, a gente podia mandar só em fins-de-semana. Então, o telex trabalhava 24 horas nos fins-de-semana para que a gente pudesse mandar essa coisa para as empresas para ter uma amostragem boa. A gente não tinha assim um número certo (de questionários). Era o que desse para passar. Mas dava uma resposta sensacional, altíssima. A gente recebia quase tudo de volta. Eu lembro que alguém de estatística falou que estava excelente, estava fora do comum... A *Gazeta* percebeu que as pessoas estavam querendo participar. Não tinha eleição no Brasil, não tinha nada. E na hora que voltavam essas respostas – tipo 'qual é a sua expectativa para a inflação?' –, era no braço mesmo. Não tinha outro jeito. Era um negócio muito amador."

Outra peculiaridade dos relatórios era o envolvimento de toda a redação, embora aparentemente Jaime Matos fizesse sozinho o trabalho. "A *Gazeta* sempre teve uma cultura de envolver todo mundo em tudo. Então, se eu precisava fazer determinada coisa, eu precisava de repórter, eu requisitava. Se fosse sucursal, pedia da sucursal. E era assim. E era uma característica minha. Eu me dava muito bem assim também de trabalhar sozinho. Mas depois eu cansei disso. Aí eu fui fazer coisas diferentes. Chegou num ponto que eu falei: — *Eu não faço mais nada aqui*. Eu fazia muita coisa, mas aparentemente eu não fazia porque estava fora do dia-a-dia."

Em 1977, Jaime Matos foi para a secretaria do jornal, o equivalente hoje ao cargo de redator-chefe. Não se distanciou, porém, do projeto das revistas. Tanto que se envolveu na criação do *Balanço Anual*. "Eu tive uma participação porque nós éramos poucos. Então, todo mundo fazia tudo ali. Não tinha muita compartimentação não. E a gente era muito entusiasmada também para fazer coisa nova e tal. E foi uma bela experiência. Naquele tempo, tinha-se a grande revista que dava a vida das empresas, o grande ranking, que era o *Quem é Quem da Visão*. A *Exame* não era importante. Aí a *Gazeta* decidiu então – com aquela coisa dos relatórios, dos *Indicadores*, que a gente fazia – lançar o *Balanço Anual*. Era outra revista de ranking."

Para o projeto editorial do *Balanço Anual*, Roberto Müller Filho contou com a experiência de José Presciliano Martinez, que fora editor de *Maiores & Melhores* da Editora Abril. E, para reforçar a equipe das revistas da *Gazeta Mercantil*, Martinez foi buscar Rubens Glasberg, que deixava a *Folha de S. Paulo*[93]. "Aí foi que eu realmente tomei contato assim mais direto com a economia. Na *Gazeta Mercantil*, tinha várias publicações de economia na época. Tinha o *Balanço Anual*, o *Balanço Financeiro* – de bancos. Eu acho que o Martinez era o editor das revistas e eu era o subeditor."

Jaime Matos, por seu lado, até a greve dos jornalistas em 1979 ocupou a secretaria da redação, enquanto Cláudio Lachini era o secretário geral de redação. "Aí nós dois nos afastamos porque as relações tinham mudado muito lá dentro. E não dava mais. Aí nós ficamos sem ter o que fazer, o Lachini e eu. Então, nós fomos fazer umas revistas malucas na própria *Gazeta*. Em 79, tinha entre 8.500 e nove mil computadores no Brasil inteiro, uma coisa desse tipo. Quer dizer, não existia mercado ainda e nós tínhamos uma revista de informática. O negócio é o seguinte: o SERPRO tinha uma revista de informática. Aí o Reis Velloso, que era ministro do Planejamento, baixou uma portaria proibindo o governo de ter publicações. A exposição de motivos dele estava assim: 'O governo governa. O governo não edita publicações'. Aí nós pegamos essa revista do SERPRO. Nós tínhamos também uma de marketing, que chamava *Administração e Serviço* – era o nome de uma seção da *Gazeta* –; e uma de finanças que chamava *Balanço Financeiro*. E mais o *Balanço Anual*."

A revista de informática, adquirida do Serviço de Processamento de Dados (SERPRO) do governo federal, chamava *Dados e Idéias*. O trabalho na nova divisão de revistas da *Gazeta Mercantil* foi uma grande experiência para Jaime Matos, muito mais pelas limitações do que propriamente pelo produto, "que era fraco. Você tinha que seguir os padrões da *Gazeta*. Por exemplo, não podia dar foto. Imagine fazer uma revista sem foto. A gente apanhava que nem cachorro. Só podia dar ilustração e bico de pena. Mas mesmo assim a gente conseguiu... Era uma operação fantástica porque era muito enxuta. Cada revista tinha dois caras, que faziam tudo. Evidente que a gente dispunha de *free-lance* e tudo... Eram três revistas mensais. Então, eram seis caras. Tinha um secretário geral que era eu, um editor de artes, que era o Luiz Carlos Matos, e mais uma

---

[93] Rubens Glasberg deixara a Economia do *Estadão* para voltar à *Folha*, mais uma vez por intermédio de Cláudio Abramo. "Primeiro, eu fui fazer a primeira página. Depois, eu fui editor de política da *Folha*, naquele período do Cláudio à frente do jornal. Foi um período fantástico. Pode-se dizer que, dentro da *Folha*, no breve período militar, nós fizemos a abertura na imprensa. Foi ali que se fez a abertura da imprensa." Com o afastamento de Abramo e a chegada de Bóris Casoy, Glasberg deixou a *Folha de S. Paulo*.

diagramadora com ele. Então, nós éramos nove, dez pessoas. Fazíamos três revistas. Funcionava. Nunca saímos depois das sete horas da noite. Essa foi uma das coisas que eu coloquei lá. Não pode ficar de noite. E dava para fazer numa boa".

Mário Watanabe e Antonio Félix eram os dois jornalistas encarregados de fazer a revista mensal *Balanço Financeiro*.

Mário Watanabe era editor das revistas e, mais diretamente, de *Balanço Financeiro*[94]. "Eu fui cuidar das revistas na *Gazeta Mercantil*. Aí eu retomei o antigo hábito de fazer anuários. Eu toquei o *Balanço Anual*, que é o 'Quem é quem' da *Gazeta Mercantil*, além das revistas mensais. Então, eu e o Félix fazíamos a revista de finanças. A gente fazia perfis de bancos, coisa assim de sete páginas de revista, de mais de mil linhas. Eram matérias imensas. A gente achava que nossas revistas eram clandestinas, que ninguém lia aquelas revistas. Aí, um dia, eu e o Félix estávamos almoçando num boteco, acho que na galeria Metrópole, quando olhamos para baixo – do mezanino onde nós estávamos. Exatamente na mesa de baixo tinha um sujeito com um monte de *Balanços Financeiros* ali na mesa, comendo e folheando a revista. Foi a glória. Eu e o Félix nos sentimos realizados. Nós descobrimos um leitor da nossa revista, porque aquela revista não era vendida em banca, mas era distribuída para assinantes. Nós não sabíamos quem lia a revista, não víamos a cara do leitor. E, quando descobrimos nosso primeiro leitor, ficamos felizes."

Uma vez, Watanabe foi a Brasília falar com o presidente do Banco do Brasil, Oswaldo Conin, para fazer o perfil da instituição financeira estatal. "Não é que o homem me disse que lia todo o *Balanço Financeiro*! E ele não mentia porque citava trechos de matérias que nós tínhamos feito. O presidente do Banco do Brasil, que era uma potência, tinha lido mesmo a revista inteirinha. O presidente da instituição financeira mor do governo militar disse que lia o *Balanço Financeiro* de cabo a rabo. E me deu uma entrevista de manhã até as seis da tarde. Depois fui para o Rio complementar a entrevista.[95]"

---

[94] Antes da *Gazeta Mercantil*, Mário Watanabe passou pela revista *Isto É* em 1979. Mino Carta não só transformara a revista de mensal para semanal, como também decidira fundar um jornal socialista nos moldes do *La Republica* italiano. Watanabe foi chamado para ser editor de Economia da *Isto É* e acabou se juntando a nomes, como Rolf Kuntz, Cláudio Abramo e Antonio Machado, no *Jornal da República*. "O *Jornal da República* começou bem com os anúncios, mas, no segundo dia, esses anúncios começaram a diminuir, no terceiro, rarearam ainda mais, no quarto começaram a sumir e no quinto o jornal começou a dar prejuízo. Sei que seis meses depois o Mino não aguentou, precisou fechar o jornal e aí demitiu todo mundo. Foi sorte porque eu recebi, quase em cima do bilhete azul, o convite da *Gazeta Mercantil* para trabalhar nas revistas. Elas tinham acabado de virar mensais. Elas tinham começado trimestrais."

[95] Em 1982, Mário Watanabe recebeu convite para trabalhar no grupo Brasilinvest, do empresário Mário Garnero. "O Mário Garnero era uma estrela do mundo empresarial, um homem que

Antonio Félix era editor assistente do *Balanço Financeiro*. "Inicialmente, éramos o Mário e eu. Depois passou a ter mais repórteres. Eram reportagens mesmo. A capa geralmente era o perfil de um banco. No *Balanço Financeiro*, a gente fazia também um encarte muito interessante. A gente fazia o ranking dos bancos, sobre vários itens: ativo, patrimônio líquido, depósitos... Era um encarte mensal e vinha com comentário, uma resenha e tal. Então, era feito com base nos balancetes dos bancos. Isso era uma coisa muito procurada."

---

fazia eventos onde comparecia o presidente da República... Ele tinha um coordenador de comunicação que era o Mauro Ribeiro, mas ele precisava de alguém que cuidasse do contato com a imprensa. Aí ele me chamou, oferecendo um salário que era duas vezes e meia o que eu ganhava na *Gazeta*. Confesso que eu balancei, mas quem me segurou foi o Lachini. — *Você não dá para isso, você nunca fez assessoria*. Eu respondi: — *De fato, eu nunca fiz assessoria na minha vida. Acho que não vou me dar bem mesmo com essa história de ser porta-voz do Mário Garnero*". Eu disse ao Mauro que não ia. Ele respondeu: — *Você é louco*. Aí continuei lá nas revistas. Foi sorte porque, assim que assumiu a Nova República, o Francisco Dornelles decretou a intervenção do Brasilinvest e deu aquele rolo, aquele negócio de empresas fantasmas...".

PARTE 6

Jornalismo Agrícola: do Academicismo à Profissionalização

I - Agroeconomia e agronomia[96]

A semente do *Suplemento Agrícola* do jornal *O Estado de S. Paulo* foi plantada em 1918, logo após a primeira guerra mundial. O agrônomo Manoel Lopes de Oliveira Filho, mais conhecido como Manequinho Lopes, passou a escrever às quintas-feiras uma coluna semanal com o título de "Assumptos Agrícolas". Durante 20 anos, ele abordou temas como o mercado internacional do café, o aprimoramento da criação de zebus e a prática adequada da fruticultura. Manequinho Lopes veio a dar o nome ao viveiro de plantas municipal, criado no Parque do Ibirapuera na cidade de São Paulo. Ao mesmo tempo, o pesquisador em silvicultura e reflorestamento Navarro de Almeida defendia, nos seus artigos no *Estadão*, o plantio de eucalipto (base da agroindústria de papel e celulose) e o crescimento da citricultura paulista.

No início dos anos 50, Júlio de Mesquita Filho e Francisco Mesquita resolveram concretizar "um velho sonho" de criar um suplemento que cuidasse de agricultura e pecuária. Até porque técnicos colaboradores do *Estadão* – agrônomos, veterinários e pesquisadores – transmitiam regularmente, nas páginas do jornal, as novidades de lavouras e centros de pesquisa do país e do exterior a lavradores e criadores. Assim, no final de 1954, Júlio de Mesquita Filho anunciava a publicação de "uma verdadeira revista agrícola moderna,

---

[96] Capítulo baseado na reportagem *30 anos de Suplemento Agrícola*. Suplemento Agrícola, O Estado de S. Paulo, 04/10/1985, e em depoimento.

redigida em linguagem simples e clara, que O *Estado de S. Paulo* oferece ao agricultor brasileiro...".

No primeiro número do *Suplemento Agrícola*, de 5 de janeiro de 1955, a reportagem principal, assinada pelo editor Edgar Fernandes Teixeira, mostrava a "moderna agricultura paulista". Tomava como modelo a Fazenda Rio Prata, em Valinhos, interior paulista. Segundo o agrônomo, a fazenda possuía "orientação técnica adequada ao preparo, conservação e refertilização das terras, reunindo num mesmo programa as lavouras de milho, algodão, batata e leguminosas, com criação de porcos, de gado leiteiro e de galinhas". Também na edição inaugural, 19 especialistas escreveram artigos sobre diversos assuntos como "semeação da cebola", vantagens do pequeno trator na mecanização agrícola, experiências com cafeeiros, novas variedades de uvas, desbaste de algodoais e condições de um bom galinheiro. A capa, sem nenhuma chamada, era inteiramente ocupada por uma foto de corte da alfafa numa propriedade do município de Chavantes.

Em 1956, o agrônomo Jorge Bierrenbach de Castro, colaborador regular do semanário, substituiu Edgar Teixeira na direção do *Suplemento Agrícola*. "Edgar e eu éramos colegas de turma, dos anos 30, na Escola Superior de Agricultura Luiz de Queiroz, assim como boa parte dos colaboradores. Estávamos afinados com a linha do jornal, e o convite para conduzir o *Suplemento* foi irrecusável, já que Edgar não podia conciliar as atividades do jornal com sua atuação no Serviço de Fomento Agrícola do Governo do Estado de São Paulo", conta Jorge.

Os assuntos abordados nas primeiras edições do *Suplemento Agrícola* – explica Bierrenbach de Castro – revelam em parte o que era a agricultura brasileira na época, sobretudo na região Centro-Sul. Lavouras experimentais de café, desbaste de algodão, produção de carne em pastagens artificiais, condições ideais do galinheiro e produção de milho estavam entre os principais assuntos. "O café, por sinal, ainda era o principal produto de exportação do Brasil, embora as lavouras paulistas e paranaenses não apresentassem a mesma vitalidade dos anos 20 e 30."

Na década de 60 – recorda Bierrenbach – o *Suplemento Agrícola* era parte integrante do dia-a-dia dos produtores rurais, sobretudo nas áreas de agricultura mais tecnificada, onde as informações "valiosas, publicadas no semanário, supriam a falta de uma efetiva assistência técnica no campo". Os assinantes do jornal *O Estado de S. Paulo*, que pertenciam às classes A e B, continuavam recebendo, compulsoriamente, todas as quartas-feiras, como brinde, o *Suplemento Agrícola*.

A grande maioria das reportagens era feita por agrônomos em fazendas-modelo, em geral com o acompanhamento de técnicos da Secretaria da Agricultura, explica José Carlos Cafundó de Moraes[97]. O *Suplemento Agrícola* era bastante vinculado às áreas oficiais. Refletia, assim, o trabalho da Escola Superior de Agronomia Luiz de Queiroz (ESALQ), de Piracicaba, do Instituto Agronômico de Campinas (IAC) e de outros órgãos da Secretaria da Agricultura... Vários técnicos que escreviam para o *Suplemento* eram professores e doutores de universidades e de órgãos de pesquisa e extensão rural. Eram artigos extensos e profundos, de boa qualidade, e que, de certa maneira, davam o tom agronômico da agricultura brasileira, especialmente nessas áreas em que o Brasil era mais forte, como café, algodão e pecuária leiteira. Os artigos assinados no *Suplemento Agrícola* eram agregados ao currículo desses agrônomos e valiam pontos na carreira.

O *Suplemento Agrícola* cumpriu, assim, o papel de desbravador na agricultura brasileira como veículo de informação, reconhece Cafundó. Ao longo do tempo, Bierrenbach foi se cercando de tantos especialistas, que o *Suplemento* passou a ser um caderno extremamente técnico, analisa. Assim, para alguém publicar um artigo no *Suplemento Agrícola*, tinha de ser no mínimo agrônomo. Bierrenbach trabalhava basicamente com colaboradores, em geral amigos dele, que atuavam nas instituições de pesquisa. Com isso, o *Suplemento Agrícola* deixou de ser um veículo abrangente, aberto e diversificado, pois refletia a característica dos professores e doutores que nele escreviam. Estava atrelado ainda a alguns poucos assuntos agrotécnicos, embora o *Suplemento* mantivesse o alto nível e a equipe fosse muito respeitada na sociedade agronômica.

Só que a agricultura, com o passar do tempo, mudou muito, observa Cafundó. Incorporou uma série de novas tecnologias e sobretudo uma nova mentalidade... A terra deixou de ser apenas reserva de valor. Acabou aquele negócio de o filho mais inteligente ir estudar Direito ou Medicina e o menos preparado ficar no campo. Com o passar dos anos, começou-se a perceber que havia um distanciamento entre aquilo que o *Suplemento Agrícola* publicava, até de uma forma bastante sofisticada, e aquilo que estava realmente acontecendo no campo.

II - Uma revista de tecnologia, na Cotia

Em 1960, José Yamashiro tornou-se colaborador da revista mensal *Coopercotia*, editada pela Cooperativa Agrícola de Cotia (CAC). Um ano depois,

---

[97] Depoimento em Maio de 2000. José Carlos Cafundó de Moraes nasceu em 1947 no município paulista de Itapetininga, mas cresceu em Osasco onde começou a trabalhar, no final dos anos 60, no pequeno jornal *A Região*. Na época, foi criado o Conselho de Desenvolvimento da Grande São Paulo (CONDEGRAN) dentro de uma política de integração regional da capital com os municípios vizinhos. E o *Estadão*, acompanhando a tendência, colocou correspondentes para cobrir melhor a região. Além de Cafundó em Osasco, na mesma época Ermano Henning tornou-se correspondente do *Estadão* em Guarulhos.

era nomeado chefe de redação da revista. Além de *Coopercotia*, a CAC editava outras publicações como as revistas *Lavoura* e *Cooperativismo* (em japonês) e dois jornais internos semanais (um em português e outro em língua nipônica). Também mantinha um programa na Rádio Piratininga sobre a situação do mercado, que divulgava cotações diárias de preços. Era voltado para os agricultores do cinturão verde da capital, numa época em que nem havia a CEASA.

A edição de julho de 1960 de *Coopercotia*, por exemplo, foi escrita basicamente por técnicos (engenheiros agrônomos e veterinários) e pesquisadores/professores universitários. Ao assumir a redação, Yamashiro procurou dinamizar a parte jornalística. "Aos pouco fui melhorando a qualidade editorial da *Coopercotia*, levando para seu quadro redatorial jornalistas experimentados como Paulo Pompeu, que trabalhava no caderno agrícola da *Folha da Manhã*, para ser redator-chefe. A revista contava com colaboradores do Instituto Agronômico de Campinas, ao lado de especialistas de outros centros de pesquisa. Técnicos agrícolas da CAC inclusive escreviam na revista, orientando os cooperados sobre assuntos agronômicos. A revista era dedicada a assuntos agropecuários e cooperativismo rural."

O time de Yamashiro era formado por Djales Rabelo, secretário de redação; Irene Meyer, subsecretária de redação; e os redatores Yoshihiro Watanabe, ex-*Jornal Paulista*, Jaime F. Gonçalves, Heitor Koyama, Alfredo Iamauti e o jovem Ivan Nakamae.

Ivan Nakamae cursava o segundo ano de Filosofia na USP, quando foi pedir emprego para Yamashiro – um conhecido da família – na redação da revista *Visão*. "O Yamashiro perguntou se eu já tinha trabalhado, se eu sabia escrever alguma coisa. Respondi que eu não sabia escrever nada. Ele disse que na *Visão* não havia chance. Mas, além de trabalhar na *Visão*, ele estava praticamente fundando uma revista na Cooperativa de Cotia. Ele perguntou se eu toparia ir para lá. Eu topei. Fui lá e comecei recortando jornal. Depois fui ajudar a fazer a revisão. Isso foi em 1962. A *Coopercotia* estava começando a virar uma revista, inclusive voltada para o público externo, porque até então era uma revista feita de uma forma amadora e para o associado."

Nakamae estudava na Faculdade de Filosofia na rua Maria Antonia, centro da capital, dava aula, com perspectiva de seguir carreira acadêmica, e trabalhava na revista *Coopercotia*. "Aí eu precisava me decidir o que ia fazer da vida. Eu acabei optando pelo jornalismo. As aulas, eu parei. E o curso começou a ficar muito complicado porque nós já estávamos vivendo um pré-golpe. E eu fazia política estudantil... Depois veio o golpe. Aí melou tudo. Então, eu fui trabalhar como jornalista. Faltavam umas duas ou três matérias que eu não fiz. Fui acabar o curso na PUC depois de uns 10 anos, na parte propriamente da Filosofia."

O jornalismo agrícola foi a porta que se abriu para Nakamae, que mergulhou de cabeça na nova atividade. "Comecei a viajar muito e o Brasil se abriu para mim, principalmente essa coisa da realidade rural." Embora a CAC tivesse na época uma equipe técnica de mais de 100 agrônomos, a redação tinha uma certa autonomia. "Nós nos apoiávamos muito no Instituto Agronômico. E eu, especialmente, que viajava muito pelo país inteiro – passava fora pelo menos 15 dias por mês –, me apoiava mais na extensão rural, que na época eram as ACARES (Associações de Crédito e Assistência Rural) – antecessoras da EMATER.

A extensão rural era basicamente crédito orientado, prossegue Nakamae. "Crédito em que o agrônomo fazia o projeto técnico – geralmente um projeto de melhoramento, seja tecnológico mas também social, quer dizer, um projeto para melhorar a vida do sujeito, melhorar a casa onde ele morava, por exemplo. Então, o agrônomo ia lá, fazia o projeto e levantava o dinheiro no banco. Embora a associação de crédito não tivesse o dinheiro, ela encaminhava o pedido de crédito via projeto. E a assistência juntava com o crédito. Então, o dinheiro chegava para o sujeito, mas o agrônomo, que fez o projeto técnico, tinha que acompanhar aquilo."

A circulação da revista *Coopercotia* ultrapassava os limites do quadro de associados da CAC, seus leitores naturais, conta José Yamashiro. "Interessados não-cooperados liam e elogiavam o seu conteúdo técnico, tratado de maneira compreensível aos leigos. A qualidade da revista era comentada por diretores da CAC nos encontros com autoridades governamentais e por técnicos do IAC, entre outros."

O setor de publicações cresceu junto com a organização. Para evitar problemas legais, a CAC resolveu criar a Fundação Coopercotia, destinada a cuidar das publicações até então editadas diretamente pela cooperativa. De sua parte, os jornalistas fundaram a Cooperativa de Divulgação Jornalística (Divulgo), que assinou um contrato coletivo de trabalho com a Fundação. Ambas as organizações, registradas como pessoas jurídicas, constituíram suas diretorias. José Yamashiro estava diretamente envolvido na iniciativa.

"A vida da Divulgo, uma experiência sem precedentes entre jornalistas, foi agitada e tumultuada. Basta dizer que em curta existência de cerca de dois anos teve três diretores-presidentes: José Yamashiro, Paulo Pompeu e Jayme Ferreira Gonçalves, além de demissão de associados e troca de diretores. Tratou-se em última análise de uma tentativa de achar novos e melhores rumos para a atividade da profissão de jornalista. (...) Da minha parte, devo dizer que, apesar do resultado negativo dos nossos porfiados trabalhos, profissionalmente constituiu-se em uma experiência muito valiosa, rica em ensinamentos."

Ao lado da revista mensal, havia o *Guia Rural*, uma edição especial da *Coopercotia*. Era uma publicação anual volumosa, analisa Yamashiro. "Uma edição realmente rica em artigos técnicos orientadores sobre os mais diferentes assuntos relacionados com a atividade agropecuária. O *Guia Rural* da CAC foi o precursor de outras publicações similares e até de mesmo nome lançadas, anos depois, por importantes editoras."

Foram três edições de *Guia Rural* sob a direção de Yamashiro: as de 1965/66, de 1966/67 e a última, de 1967/68, com 270 páginas. O sucesso do *Guia Rural* era o próprio sucesso da revista *Coopercotia*. Relatório do exercício de 1967, apresentado aos associados da Divulgo, mostrava que a tiragem mensal da revista passara de 48.800 exemplares em janeiro de 1967 para 53.600 exemplares nos últimos meses do ano, com previsão de 60 mil em janeiro de 1968.

Em novembro de 1968, a edição especial de *Coopercotia* trazia a manchete de capa "Agricultura 2000". O editorial falava das transformações que estavam por vir na produção industrial, na organização das cidades e na educação graças à tecnologia. Para falar da agricultura do início do século XXI, a revista recorreu à colaboração de especialistas do setor, como José Augusto Ribeiro (revista *Fatos & Fotos*), Mário Mazzei Guimarães (jornal *Correio Agro-Pecuario*) e o engenheiro agrônomo José Gomes da Silva (Secretaria de Agricultura do Estado de São Paulo.

Mazzei Guimarães, por exemplo, era pessimista quanto ao futuro dos países subdesenvolvidos, porque continuariam com a safra disponível per capita inferior à das nações desenvolvidas; o aumento da produtividade continuaria a ser desproporcional nas áreas desenvolvidas em relação às não-desenvolvidas; o agricultor de regiões como a América Latina continuaria a receber menos pelo que colhe e a pagar mais pelo que compra, em confronto com o da América do Norte, por exemplo; e a terra virgem não resolveria o problema por causa do aumento da produção justamente nas terras liberadas pelo êxodo rural; da mesma forma, a diversificação e o tamanho útil da propriedade não seriam solução.

Como remédios possíveis à agricultura dos países subdesenvolvidos, Mazzei propunha preço efetivo mais remunerador (relação de troca mais favorável) ao empresário rural; ocupação racional das terras novas; absorção proveitosa nas cidades dos excedentes humanos no meio rural; redução do nível da população ativa no campo em confronto com a população ativa em geral; e reformulação da unidade territorial de trabalho, evitando-se os tamanhos antieconômicos, conforme a região e o tipo de exploração.

Ivan Nakamae permaneceu cerca de 10 anos na *Coopercotia*, até que a revista entrou em crise e mudou de mãos... Uma briga entre a CAC e a Fundação Coopercotia fez com que esta desistisse de editar a revista *Coopercotia*, assim como as demais publicações. A equipe de José Yamashiro desligou-se da Fundação, que perdeu a autonomia em relação à CAC. Nakamae então foi trabalhar com José Guarani Orsini, que substituiu Yamashiro. "De certo modo, o Orsini arrendou a revista... Quer dizer, a Cotia permitiu que ele usasse o título e tocasse a revista. Aí ele criou uma empresa. Saímos da Cotia. E eu fui contratado pelo Orsini. Fiquei um ano e meio... Quando os salários começaram a atrasar três, quatro meses, eu resolvi ir embora."

Nakamae passou um período de pouco mais de um ano na revista *Avicultura Brasileira*, de Lauriston von Schmidt que foi presidente da União Brasileira de Avicultura (UBA). "Era uma revista que tinha gráfica própria. Era *off-set*, que estava começando naquela época. A funcionária batia numa IBM que nem retificava nada, fazia o *past-up*, o fotolito... E pau na máquina. As edições saíam com 150 páginas. E a impressora dele rodava quatro de cada vez. Quando saía uma revista, já estava fechando a outra. Levava um mês pra fechar. Eu me lembro nitidamente que a última seção era uma espécie de visitas à redação, acontecimentos sociais. E funcionava que nem jornal, porque era a última página a ser rodada. Quando a revista saía, era notícia do dia anterior."

Apesar do pouco tempo, *Avicultura Brasileira* foi uma escola para Nakamae. "Eu aprendi muito porque foi a primeira vez que eu tive contato com o processo inteiro da revista. Na *Coopercotia*, que era uma revista já profissionalizada, o máximo de aproximação que eu tive foi passar um tempo fazendo revisão. Eu acompanhava o Rui Onaga. Eu ia lá fazer revisão com o Rui, bater prova... E eu não conseguia entender como era feita a coisa, a partir do texto... Quer dizer, eu nunca acompanhei o processo todo. E lá na revista do Schmidt foi diferente. Quer dizer, a revista era tão grande e tão bagunçada... Era uma loucura. Então, tinha que fazer um boneco físico mesmo. Não tinha diagrama da página... Nós colávamos o anúncio na página..."

III - Dirigente Rural, a irmã gêmea

Ainda na redação de *Coopercotia*, Ivan Nakamae acompanhava a trajetória da outra revista de tecnologia – *Dirigente Rural*, do grupo Visão –, que foi criada no início da década de 1960.

J. M. Nogueira de Campos foi um dos primeiros jornalistas a ingressar na redação da revista *Dirigente Rural*. "Eu saí da *Folha* em agosto de 1961 por causa dessas confusões muito comuns em redação de jornal... E quem saía procurava levar mais gente porque se queria esvaziar o jornal, uma pretensão tola porque jornalista nunca acabou com jornal nenhum. Mas havia essa idéia na época. Então, me convidaram para ir para uma publicação que eu podia escolher. Ou uma revista feminina ou uma revista dirigida ao meio agropecuário."

Nogueira optou pela revista *Cláudia*, que ia ser lançada na época. "Mas a coisa não deu certo por desencontro de pessoas. E eu então fui reclamar com quem tinha me convidado para sair da *Folha*, que era o Hideo Onaga. Na época, ele trabalhava no grupo Visão. Falei dos desencontros que tinham acontecido. Ele disse: — *Então, me ajude aqui que eu estou trabalhando numa publicação* que vai ser lançada dirigida ao meio rural... E eu estou atrasado com o programa. A revista tem que ser lançada em outubro... E me deu lá umas dez laudas de uma matéria sobre cebola no Rio São Francisco que eu tinha que reduzir para 15 linhas. Não entendia de cebola, mas li a matéria, compreendi o que estava escrito e produzi as 15 linhas que ele queria. Então, ele falou: — *Vamos começar a partir de amanhã. Você precisa me ajudar a resolver o problema.*"

Hideo Onaga era o diretor de redação da revista *Visão* e o irmão dele Kaoro Onaga, com quem Nogueira foi trabalhar, era o secretário de redação de *Dirigente Rural*. "O Kaoro Onaga estava tão perdido que o Hideo tomou a frente do negócio para a coisa andar. O diretor de redação era um agrônomo do Instituto Biológico, o Sebastião Gonçalves da Silva, que ainda estava em exercício no Instituto Biológico, mas próximo da aposentadoria. Era um sujeito que escrevia maravilhosamente bem... E ele então era o diretor, mas licenciado. Eu fui nomeado assessor do diretor e o Kaoro Onaga era o secretário da redação."

A revista *Dirigente Rural* revolucionou o meio jornalístico da área agrícola, testemunha Nogueira. "Na época, havia praticamente *Chácaras & Quintais*, que era um formato até de bolso e era chácara e quintal mesmo. O pessoal escrevia dizendo que tinha duas jabuticabeiras no quintal, uma produzia e a outra não produzia. E queria saber porque... E alguém lhe dava uma resposta. *Dirigente Rural* veio para revolucionar essa área. Papel couchê, quatro cores... E com uma característica diferenciadora de tudo o que se conhecia. Quer dizer, era um técnico que escrevia a matéria, um jornalista que reescrevia e outro técnico que revia o que o jornalista escrevia, o que era muito bom porque para nós hectare e alqueire era a mesma coisa. E com isso a gente foi aprendendo."

A preocupação do grupo Visão com a revista era tanta que dois técnicos vieram dos Estados Unidos. Nogueira começou a trabalhar com esses norte-americanos. "Um deles veio só para cuidar da diagramação da revista, que era um negócio sério. E tão sério que, posteriormente, a gente chegou à conclusão que esse americano cometia besteiras. Numa das primeiras edições da revista, por exemplo, se falou sobre um sistema novo de irrigação e o americano diagramou lá uma série de fotos pequenas e mandou fazer um texto-legenda embaixo, que não dava para explicar o sistema de maneira nenhuma. Mas era obedecido religiosamente. Não se podia discutir isso."

O outro americano era o agrônomo Carson Geld, que revia o material jornalístico. Nogueira diz que aprendeu muito com ele. "O Carson Geld era americano de nascimento mas há muitos anos no Brasil. Ele cria Santa Gertrudes. A mulher dele, a Elen, escrevia também para publicações nessa área, como o *Suplemento Agrícola* e o *Correio Agro-Pecuario*. Carson então é quem revia as matérias. Ele botava a gente sentado e explicava o porquê das coisas... Isso ajudou a gente de modo fantástico, porque cada conversa com ele era uma aula que a gente tinha. Ele explicava o que achava que a gente estava dizendo no que tinha escrito e o que a gente deveria dizer... Embora o português dele fosse arrevesado, por causa da origem dele, a lição valia tremendamente."

Completava a redação de *Dirigente Rural* o jovem Antonio Carlos de Godoy, que na época era estudante de Sociologia. Lá ele ficou até 1967, fazendo jornalismo agrícola, o que de certa forma não deixa de ser jornalismo econômico, especializado em agricultura. "A revista era mais técnica que econômica, mas tinha alguns artigos econômicos também, notadamente sobre o café que era o produto dominante na época. A soja não era tão importante ainda e a cana já despontava para a grande participação que viria a ter nas décadas seguintes no Brasil. Escrevíamos também sobre as plantas cítricas, a laranja... O Brasil não era o grande exportador de laranja que é hoje. Trabalhei seis anos no *Dirigente Rural*, porque foi conveniente para mim. Eu ainda estudava. Naquele tempo, trabalhávamos sete horas. Entrava às 12h30 e saía 19h30. Então, dava para eu estudar de manhã e à noite ir para a faculdade", lembra Godoy.

O surgimento de duas revistas de tecnologia na área agrícola, no início da década de 1960, não é casual, na visão de Ivan Nakamae. "Não é por acaso que apareceram as duas revistas que tiveram uma longa vida, relativamente... Quer dizer, são os primeiros passos da tal revolução verde. As fábricas de tratores vêm para o Brasil em 1959, 60 – vêm junto com a indústria automobilística. É o caso da Ford que vem rápido, mas vêm também a Massey Ferguson, a Valmet... E outras fábricas se constituem... Algumas fecharam logo. Então, tem-se um processo de mudança na agricultura, vamos dizer, numa perspectiva tecnológica. E essas revistas não são mais do que um braço desse processo. Elas participam de um processo de mudança. Por isso que elas assumem um viés tecnológico."

As revistas de tecnologia eram diferentes das revistas que existiam antes, como a *Rural*, da Sociedade Rural Brasileira, e a *Lavoura*, da Sociedade Nacional da Agricultura, prossegue Nakamae. "Elas tinham uma visão muito mais política da categoria. Eram porta-vozes de posturas políticas de cafeicultor, de boiadeiro, enfim... Sempre pegavam pelo lado, vamos dizer, da opinião política, da postura política. Era a reivindicação ao governo de mais preços, mais isso, mais aquilo... Quer dizer, de tentar pressionar o governo no sentido de criar instrumentos de defesa da categoria e tal."

Coopercotia e *Dirigente Rural*, ao contrário, faziam questão de deixar, de alguma maneira, para segundo plano a postura política de defender a classe, continua Nakamae. "A questão não era defender a cafeicultura, seja lá o que fosse, mas era de fé na tecnologia. Estava dentro de uma postura muito ideológica que vinha vindo, embora não se percebesse isso no momento em que se fazia isso. (...) Havia um processo de modernização. Havia na verdade uma tentativa de fazer uma mudança por via da tecnologia. Isso porque as fábricas de veneno estavam chegando – algumas já eram antigas, mas, com o aparecimento de novos princípios e tudo o mais, começavam pelo menos a formular o produto aqui no Brasil. Então, era aquele tipo de agricultura baseado na química, no fertilizante e na máquina. Então, foi um processo organizado dessa agricultura dita moderna que correspondia já à influência norte-americana no Brasil. Então, teve um bando de jornalistas, do qual eu fiz parte, que ficou dois meses, nos Estados Unidos, visitando fazenda americana, universidade americana, fábricas... Tudo isso com subvenção americana, com dinheiro vindo para cá para capacitar a turma e tudo o mais..."

A revista *Coopercotia* – irmã gêmea de *Dirigente Rural* – era assim até porque a própria Cooperativa era assim, lembra Nakamae. "A Cotia, aliás, foi a primeira a usar intensivamente adubo químico... Batateiro não conseguia produzir batata sem lançar veneno violentamente. Quer dizer, todo o processo de preparo de solo, aquilo tudo, começou a ser feito intensivamente na Cotia, com máquina. Do ponto de vista de assimilação da tecnologia, a cooperativa sempre foi, pelo bem ou pelo mal, não digo pioneira, mas... Com 14 mil associados ditos agricultores avançados, ela deu um empurrão nessa tal agricultura moderna muito fortemente. E a revista, de certo modo, vista desta perspectiva, era uma bula de como usar o insumo. E como é que era a sustentação dela? Era via anúncio justamente dos próprios fabricantes desses insumos."

IV - Associação de jornalistas e extensionistas

Em meados da década de 1960, foi criada no Rio de Janeiro a Associação Brasileira de Informação Rural (ABIR), como parte da consolidação do modelo de extensão rural, inspirado nos norte-americanos, e de profissionalização das redações das revistas de tecnologia.

O Brasil criou um tipo de assistência ao produtor rural muito parecido com o norte-americano, lembra Ivan Nakamae. "A extensão rural tinha inspiração direta no modelão 'land college' dos Estados Unidos, quer dizer, a extensão rural integrada às universidades... E as revistas, trabalhando nessa direção, sempre entenderam que o jornalista era um braço auxiliar dessa modernização da agricultura, sob inspiração da agricultura química, enfim, da mecanização intensiva e tudo o mais. Então, houve um estímulo para a criação da ABIR, que, de alguma maneira, congregava jornalistas que trabalhavam nessa área e também agrônomos que tinham feito especialização em comunicação e que cuidavam, na extensão rural, de jornalzinho, programa de rádio – naquela época não havia televisão –, enfim todos aqueles recursos que pudessem ser orientados justamente para transferir tecnologia para o produtor. Então, foi criada essa associação, que teve inspiração direta também dos Estados Unidos..."

Durante encontro nacional de técnicos em informação agropecuária, em 5 de maio de 1966 na cidade mineira de Viçosa, foi aprovado o Estatuto da

ABIR, que tinha por finalidade principal congregar os profissionais que se dedicavam à informação rural, assim como promover o seu aperfeiçoamento profissional. Além disso, pretendia buscar soluções para os problemas de comunicação no campo, valorizar e defender os interesses dos associados, contribuir para o aperfeiçoamento dos métodos e técnicas de comunicação rural, valorizar a ciência e a arte da comunicação e prestar assistência aos associados.

Uma das primeiras atividades da ABIR foi organizar um programa de viagem aos Estados Unidos para 18 especialistas (jornalistas e agrônomos) em informação rural, sob o patrocínio do Research Institute, Inc. (IRI), de Nova York. Organização sem fins lucrativos fundada em 1950 por Nelson e David Rockefeller, o IRI tinha o objetivo de melhorar o nível de vida no campo por meio do aumento da produtividade agrícola.

Durante dois meses (setembro e outubro de 1966), o grupo visitou o Departamento de Agricultura dos Estados Unidos (cuja sigla em inglês é USDA) e universidades dos estados de Cornell, Iowa e Michigan, além de outros centros de pesquisa e fazendeiros. O programa da visita enfatizava o fortalecimento das instituições agrícolas brasileiras, através da pesquisa aplicada, do treinamento e da extensão. Entre os participantes, além de Nakamae da revista *Coopercotia*, estavam Jorge Bierrenbach de Castro, editor do *Suplemento Agrícola*; Sebastião Gonçalves Silva, editor de agricultura do *Diário de S. Paulo*; Daniel Caetano da Silva, redator do jornal *O Globo*; João Pessoa de Castro Araujo, diretor de *O Ruralista*, de Minas Gerais; José Julio P. C. da Silva e José Sergio da Costa Leite, respectivamente redator agrícola e chefe da *Rádio Rural* do Ministério da Agricultura. O grupo, cujo líder era o engenheiro agrônomo Carson Geld, representante do IRI no Brasil, tinha ainda representantes das ACARES de vários estados.

A *Carta da Abir* 2/69, de 30 de abril de 1969, anunciava a viagem aos Estados Unidos de cinco sócios da entidade, para observar, durante oito semanas, como funcionava o Serviço de Mercado Agrícola daquele país. A iniciativa era do Serviço de Informação do Mercado Agrícola (SIMA) do Ministério da Agricultura.

Novidade foi o surgimento da publicação mensal mimeografada *ABIR Informa*, em maio de 1969, que incorporou a *Carta da ABIR*. O boletim noticiou a edição pelo governo do Ato Institucional n. 9, de 25 de abril, "criando novas condições para a realização da reforma agrária, ao estabelecer que o pagamento das indenizações por desapropriação de terras será feito 'em títulos especiais da dívida pública, com cláusula de exata correção monetária, resgatáveis no prazo máximo de vinte anos, em parcelas anuais sucessivas, assegurada a sua aceitação a qualquer tempo, como meio de pagamento de até 50% do imposto territorial rural e como pagamento do preço de terras públicas'." O novo instrumento legal permitiria "corrigir as falhas da estrutura agrária do País", que tinha 2,6 milhões de minifúndios, 746 mil latifúndios por exploração, 76 mil empresas rurais e 223 latifúndios por dimensão, no total de quase 3,4 milhões de imóveis rurais, segundo levantamento do Instituto Brasileiro de Reforma Agrária (IBRA).

O *ABIR Informa*, de Agosto/Setembro de 1975, revela que o então presidente da entidade, José Resende Peres, acumulava o cargo de secretário de Agricultura e Abastecimento do Rio de Janeiro. Dessa forma, a ABIR ganhou "uma boa sede gratuita" colocada à disposição pela Secretaria do governo fluminense.

A ABIR fazia dupla com a Associação Brasileira de Crédito e Assistência Rural (ABCAR) – a cúpula das ACARES. Com exceção do Departamento de Fomento Agrícola (DFA) de São Paulo, cada Estado tinha uma Acar, na qual Ivan Nakamae sempre se apoiava nas suas reportagens. "Como isso apareceu por inspiração americana, havia uma espécie de parceria entre o governo brasileiro e o governo americano. Sempre se pensou que a iniciativa privada pudesse fornecer apoio financeiro inclusive a essas associações. Então, não podia ser uma repartição pública. Por isso, criou-se uma associação. Ela era responsável também por aqueles clubes quatro S, que eram clubes da juventude de produtores. Ali tinha muita subvenção de empresas. E tinha recurso do governo brasileiro também para tocar isso..."

As duas revistas de tecnologia eram as representantes mais legítimas da nova linha difundida tanto pela ABCAR quanto pela ABIR, explica Nakamae. "Foi mais ou menos nessa linha da tecnologia, porque todo mundo fazia isso mesmo. E acho que o grau de consciência de que eventualmente se poderia fazer um outro jornalismo era muito reduzido. Na época, achava-se que o caminho era por aí mesmo. E eu acho que, dentro do que se propôs, pelo bem ou pelo mal, as publicações conseguiram fazer isso. Eu acho que houve profissionalização... Antes de *Coopercotia* e de *Dirigente Rural*, não havia propriamente nenhum veículo voltado para a agricultura que tivesse uma equipe de profissionais. Geralmente, era um pessoal curioso... Agrônomo que gostava de escrever. Era mais ou menos por aí que a coisa corria. Eu acho que a *Coopercotia*, nesse aspecto, inovou juntamente com o *Dirigente Rural*. Quem dirigia a revista era jornalista, que por sua vez tinha um corpo de redatores e de repórteres trabalhando exclusivamente para isso. Nessa fase, talvez uma das características importantes era exatamente a profissionalização."

Coopercotia e *Dirigente Rural* tinham um caráter que se poderia chamar de moderno, no sentido em que elas estavam afinadas com a tendência da agricultura da época, analisa Nakamae. "No caso do *Dirigente Rural*, assim como vieram as fábricas americanas de veneno e vieram as fábricas americanas e européias de máquinas, um grupo editorial que tinha uma revista agrícola, que tinha preocupações agrícolas, fundou a revista. Então, acho que *Dirigente*

Rural é o caso mais típico de como a revista fez parte do pacote. Quer dizer, a *Vision* americana nitidamente percebeu, naquela época, que o investimento, vamos dizer, no *agribusiness* era exatamente nessa direção. Por isso eles fizeram a revista durante muito tempo. Então, eu acho que não dá para desvincular as revistas – a filosofia delas, a embocadura delas – dessa época, desse cenário de desenvolvimento agrícola do período."

V - Um jornal para defender o setor

Em meados da década de 1960, o jornal *Correio Agro-Pecuario* mudava de dono, mas assumia como principal bandeira a defesa da posição política da agricultura. Mesmo deixando a tecnologia para segundo plano, o *Correio Agro-Pecuario* era mais arejado do que os outros jornais da classe, de acordo com Ivan Nakamae. "A percepção que eu tinha é que não era, vamos dizer assim, tão míope como os próprios setores nas suas respectivas publicações. Quer dizer, o Mário Mazzei era um cara mais aberto... Mas não deixava de ter uma postura de defesa da classe. Eu acho que era o forte do jornal dele."

Em junho de 1966, Mário Mazzei Guimarães foi procurado por um pessoal que queria vender o jornal *Correio Agro-Pecuario*. "Acabei comprando o jornal junto com uns amigos da agricultura, inclusive gente a favor da revolução e que sabia que eu era contra. Comecei a trabalhar. Foi difícil, pois o jornal estava muito anarquisado, uma confusão danada."

Quando adquiriu o *Correio Agro-Pecuario*, Mazzei afastou-se do Sindicato dos Jornalistas. "Eu era dono de jornal. Embora não fosse propriamente patronal, eu achava meio esquisito. Pedi demissão do sindicato, que relutou em me dar. Depois que vendi o *Correio*, voltei. O meu número de matrícula ainda estava vago. Continuei com o mesmo número de associado."

Mazzei foi um dos primeiros jornalistas econômicos, especializados em *commodities*, que Antonio Carlos de Godoy conheceu. "O Mário Mazzei Guimarães, por exemplo, que fazia jornalismo econômico há muito tempo, tinha muito mais interesse na agricultura do que na indústria. Ele conhecia profundamente café." Ao lado do açúcar, o café era o principal produto de exportação brasileiro da época.

Tanto Godoy quanto Nogueira – que deixara a revista *Dirigente Rural* para voltar à *Folha de S. Paulo* – aderiram logo no início ao projeto de Mazzei. Lembra Nogueira que "Mazzei já tinha saído da *Folha* nessa época, mas estava lá como colaborador. Ele adquiriu o *Correio Agro-Pecuario*, que era uma publicação oficial, mal-feita e tudo o mais. Era de um sujeito bem-intencionado chamado Salvador Lauria, que continuou com o Mazzei durante algum tempo na área comercial, porque ele era publicitário. E o Mazzei então passou a reformular isso".

A ida de Nogueira para o *Correio Agro-Pecuário* também foi obra de Aloysio Biondi. "Na verdade, o Aloysio se dispôs a ajudar o Mazzei de início. E ele trabalhou bem lá na edição de julho e agosto. Mas, como o Aloysio era bastante pressionado em termos de tempo por causa da *Folha*, ele pediu que eu o ajudasse particularmente. Então, eu ia lá. O Mazzei nem tomava conhecimento de mim. Ele não podia admitir – isso é típico do Mazzei – que eu estivesse lá, porque senão ele teria que assumir algum compromisso comigo. Então, ele fazia de conta que eu não existia lá. Eu ficava do lado do Aloysio, ajudando... Mas o Aloysio logo teve que deixar, até porque ele não gostava da parte de secretaria. E eu, por causa do *Dirigente Rural*, tinha mais experiência nisso. Ele trabalhou lá na edição de julho e agosto. Aí eu continuei no lugar dele, oficialmente e já como secretário da redação. Nessa época, eu já tinha entrado como acionista porque a gente gostava muito do Mazzei."

Depois de reorganizar o *Correio Agro-Pecuário*, Mazzei partiu para o ataque. Fustigou, sempre que pôde, o governo Médici, no auge da ditadura. Num primeiro instante, aproximou-se do ministro da Agricultura, Cirne Lima. "O Cirne Lima, por exemplo, me levou a Altamira, no Pará. Ele era aberto comigo, apesar do Médici. Dizia até que o país tinha de marchar para a democratização", diz Mazzei.

Logo em seguida, desafiou a censura que era implacável com grandes jornais como o *Estadão*. "Fiz o jornal à minha maneira, o mais possível, e no tempo da ditadura. Quando o Cirne Lima pediu demissão do Ministério da Agricultura no governo Médici, que foi o presidente mais ditatorial que houve no período, o jornal *O Estado de S. Paulo*, que imprimia o *Correio Agro-Pecuário* na ocasião, não pôde publicar a machucativa carta demissionária. Botou um verso de Camões, ou coisa assim, no espaço vago. E eu publiquei a carta."

Mazzei estava na oficina do *Estadão* conferindo a matéria e preocupado com o caso Cirne Lima, quando alguém do jornal questionou:

— *O Estado não pode publicar a carta do Cirne, mas como é que o* Correio Agro-Pecuário *pode?*

— *Como você faz um negócio desse?*, reagiu Mazzei depois de xingar a mãe do interlocutor.

— *Estou brincando*, retrucou ele.

— *Eu não estou autorizado a censurar o* Correio Agro-Pecuário, interferiu o censor que ouviu a conversa.

A resposta a essa "burocracia da ditadura" foi a publicação da carta de Cirne Lima no *Correio Agro-Pecuário*, acompanhada de comentário a favor do ministro e contra o governo Médici. "Por incrível que pareça, embora achem que a classe dos empresários rurais seja reacionária, conservadora, o pessoal que me apoiava no jornal, me estimulava. Sentia-se frustrado porque estava vendo que a agricultura continuava na mesma situação; compunha como que uma nova classe rural ainda imatura... Os produtores de café continuavam sendo confiscados. E ninguém se batia contra. O único que se batia contra era o *Correio Agro-Pecuario*."

Mário Mazzei Guimarães gostava de dizer que o *Correio Agro-Pecuário* era o único jornal que combatia a política agrícola do governo, do alto dos seus 80 mil exemplares de circulação.

VI - Surge o informativo da Nestlé

J. M. Nogueira de Campos ainda trabalhava na *Dirigente Rural* quando, a pedido de Aloysio Biondi, idealizou um boletim informativo para o serviço de assistência Nestlé distribuir a produtores de leite. A primeira edição do boletim circulou em 1962. "Na época, a Nestlé tinha uns 30 mil fornecedores de leite. Entre as características desse boletim, uma era determinante: o boletim deveria publicar tudo que pudesse ser baseado numa realidade. Em outras palavras, se fosse falar, por exemplo, de uma doença e de como curar o gado ou prevenir a ocorrência dessa doença, se deveria procurar um produtor que estivesse fazendo isso, ainda que o produtor não o fizesse de modo absolutamente correto, porque aí se diria qual seria o modo correto de fazer a coisa, sem necessariamente dizer que o produtor estava errado."

Assim, Nogueira passou a fazer o informativo da Nestlé onde quer que estivesse trabalhando: na *Folha de S. Paulo*, no *Correio Agro-Pecuario* ou em qualquer outro lugar. "Eu viajava no fim-de-semana para fazer o material do boletim e, tranquilamente, era uma coisa que me dava muito prazer. Era muito agradável fazer o boletim."

De volta à *Folha de S. Paulo* em 1966, Nogueira acumulou o jornal diário com o *Correio Agro-Pecuario* e o informativo da Nestlé. "Na *Folha*, eu fui chefe da reportagem e estive um tempo em Brasília cobrindo a presidência da República." No *Correio Agro-Pecuario*, Nogueira colaborava com Mazzei sobretudo porque acreditava na causa. "Aí acabava meu dinheiro e eu tinha que cuidar um pouco mais da minha vida. O Mazzei compreendia isso e me liberava tranquilamente, sem traumas, porque ele sabia que, assim que pudesse, eu voltaria para lá."

Em 1969, Nogueira deixou a *Folha* e o *Correio Agro-Pecuario* rumo à revista *Banas*. "Mas não gostei. O esquema era muito amarrado. Havia dificuldade de sair para fazer matéria, embora eu tivesse sido convidado para assumir a chefia da redação. Eu fiquei por cerca de quatro ou cinco meses, mas não aguentei. E aí fui para a Nestlé."

Depois de anos a serviço da Nestlé, Nogueira foi finalmente contratado pela empresa. "Mas era uma multinacional que não tinha o cargo de assessor de imprensa, criado dentro da estrutura organizacional dela. E como era uma posição diferenciada do ponto de vista salarial e tudo mais, precisava de autorização da Suíça. Então, ficaram num chove-não-molha lá durante quatro meses até definir isso. Mas exigiam que eu não assumisse compromisso nenhum, porque eu iria para lá. E continuei fazendo o boletim que a Nestlé distribuía aos fornecedores de leite dela, mesmo durante o tempo que eu trabalhei lá, que foram uns sete anos."

Nogueira deixou de fazer o boletim da Nestlé apenas no último ano em que esteve vinculado à empresa, "por uma questão particular: tive lá uma encrencazinha com alguém e disse que não fazia mais. E foi contratada uma outra pessoa. Uma das pessoas que fizeram esse boletim foi o Elpídio Marinho de Matos, que trabalhava na área de economia agrícola também[98]. Quando eu saí da Nestlé, fui trabalhar na Revista dos Criadores."

VII - Da tecnologia ao econômico

No início dos anos 1970, Ivan Nakamae transferiu-se para a revista *Dirigente Rural*, como subeditor na parte de agricultura. Foi convidado por Paulo Pompeu, que trocara a *Coopercotia* pela *Dirigente Rural* quando a equipe de Yamashiro rompeu com a Fundação da CAC. *Dirigente Rural* já começava a entrar em decadência, segundo Nakamae. "Na época em que eu fui pra lá, a revista já tinha uma redação muito limitada. Trabalhava mais com 'frila' (*freelance*)... De fixo mesmo, havia três jornalistas: o Paulo Pompeu, que era o editor; um subeditor, que também era repórter, redator e tudo, cuidando de agricultura; e um outro subeditor cuidando da parte de pecuária. E eventualmente se pedia algum 'frila' e tal... E a crise estava tão forte lá naquelas bandas que a revista tinha passado a ser bimestral. E continuou bimestral até a fase do Maksoud."

Pouco depois da chegada de Nakamae, a revista foi vendida para Said Farhat. "Tanto que nós nos mudamos para a redação da *Visão*. O *Dirigente Rural* era uma espécie de enteado que foi junto, no momento em que se tentava fazer uma campanha de fortalecimento da *Visão*, do *Dirigente Industrial*. A revista *Dirigente Rural* já estava meio decadente. Havia ainda a orientação técnica. Eu acho que a revista meio que continuou fazendo o que sempre se fazia. A demanda é que foi mudando. Houve um processo de mudança na agricultura

---

[98] Foi na revista *Banas* que J. M. Nogueira de Campos conheceu Mattos. Nogueira conta que ele trabalhava com comércio exterior e traduzia qualquer texto do inglês para o português, além de atuar no mercado de ações. "Ele era muito cioso das suas fontes de informação e tinha um texto muito claro e bom. Escrevia com muita eficiência e correção na área de bolsa de valores e mercado de capitais, que exige muita consciência para não se prestar a jogadas que beneficiem este ou aquele grupo de interesse."

e, de alguma maneira, a revista meio que ficou no tempo. Então, a publicidade já não era tão forte... Ninguém acreditava que a revista *Dirigente Rural* fosse capaz de dar lucro para a editora. Então, eles preferiam canalizar recursos naquela época para a própria *Visão* e para as outras revistas do grupo."

Ao mesmo tempo, a imprensa diária começava a ampliar os espaços destinados à agricultura. Também, no início da década de 1970, Joelmir Beting resolveu revigorar o assunto agricultura na *Folha de S. Paulo*. Foi quando o jornal agregou à Economia o suplemento semanal *Folha Agrícola*, que Nelson Maenaka fechava toda sexta-feira para circular na edição de sábado. Quer dizer, a *Folha Agrícola* deixou de ser autônoma, passou a ser feita dentro da economia.

Segundo Cecilia Zioni, "foi Beting, junto com Nelson Maenaka, que fez essa grande reforma do jornalismo de agricultura. Uma coisa que marcou bem essa época foi que se começou a criar capa de caderno. A *Folha* estava criando também um grupo de diagramadores, comandado pelo Zélio Alves. Nada disso existia antes. O Zélio, que é um artista, fazia páginas lindíssimas. Então, a inovação veio primeiro pela agricultura que já tinha caderno, o que não havia ainda na economia".

A *Folha Agrícola*, logo na sequência das páginas de economia, reunia um misto de assuntos econômicos e agronômicos. As colunas fixas "Notas Avícolas" e "Notas Agrícolas" eram circundadas por uma diversidade de matérias, conta Zioni. Predominava a economia agrícola entre as matérias produzidas na capital, enquanto os aspectos agronômicos afloravam nas reportagens e notícias enviadas do interior do Estado. Outra novidade foi a criação de uma coluna sobre leilões – hoje com enorme espaço nos mais importantes suplementos.

J. S. Vanni foi um colaborador assíduo da *Folha Agrícola*. Era incumbido de fazer uma página por edição. Em geral, ele tratava de um produto ou assunto de cada vez. "Abacaxi foi uma página inteira. Escrevi sobre abelha; apresentei a nectarina brasileira para os brasileiros. Escrevi sobre babaçu, escrevi muito sobre mamona, basicamente sobre o óleo."

É evidente que alguns assuntos, como a mamona e o seu potencial de fonte alternativa de energia, transitavam entre a página agrícola e a coluna sobre comércio exterior – também escrita por Vanni. "O óleo de mamona serve inclusive para a aeronáutica... Eu combati muito os Estados Unidos porque eles fizeram o diabo para comprar mamona em baga do Brasil. Mas o Brasil não podia exportar mamona em baga. Só o óleo, tendo em vista a sua importância estratégica. E tivemos aí bons entreveros. Mas pelo menos, enquanto eu estava lá, não saía mamona em baga. Uma vez, autorizaram a exportação de mamona em baga... A CACEX tinha autorizado um negócio ilegal. Eles fizeram uma fajutagem para parecer legal. Eu fiquei uma vara. Fui à CACEX e falei: — *Que história é essa? Breca esse negócio aí porque senão eu vou em cima de vocês.* Mamona em baga não podia não, por ser fonte renovada de energia, atividade agrícola de alta importância. O óleo de mamona era um item importante na pauta de exportações do Brasil. Os Estados Unidos, que não conseguiram colher mamona no oeste, financiavam plantações em outros países. Foram alugar terra até lá na África."

Com a saída de Nelson Maenaka, Gastão Tomás de Almeida assumiu a *Folha Agrícola*. Ocorre que Gastãozinho foi eleito para um cargo na diretoria do Sindicato dos Jornalistas em meados da década de 70, deixando para Isabel Dias de Aguiar, e depois para Cecilia Zioni, a tarefa de editar a *Folha Agrícola*.

Nos dois anos que editou a *Folha Agrícola*, Cecilia Zioni começou a dar ênfase à cobertura dos aspectos econômicos da agricultura. "Começou a ter tanto leilão que nós inventamos uma coluna para os leilões. É uma coisa que não tem nada a ver com agronomia. Então, tinha matéria de agronomia mas o básico era economia agrícola. Eu ia todo dia à Federação da Agricultura para acompanhar aquelas reuniões das comissões técnicas. Eu ia sempre às reuniões do Alto Conselho Agrícola na Secretaria da Agricultura, que acabavam tarde, mas a gente cobria bastante. Era principalmente economia agrícola. A gente se matava para conseguir o Prognóstico Agrícola, do Instituto de Economia Agrícola, antes do *Estadão*."

VIII - Abastecimento, o outro lado da moeda

No *Estadão*, Jorge Bierrenbach de Castro fazia o *Suplemento Agrícola* tradicional, quando, em 1973, José Carlos Cafundó de Moraes era admitido na reportagem de Geral[99].

Cafundó entrou na redação do *Estadão* contratado como provisionado porque não tinha o diploma de jornalista. Mas o todo poderoso chefe das sucursais e correspondentes, Raul Martins Bastos, chamou Cafundó e disse: — *Olha, se você quiser fazer carreira aqui nessa profissão, tem que fazer a Faculdade de Jornalismo, se não você vai ficar eternamente como provisionado. É difícil você concorrer com o pessoal que está saindo da faculdade, que vem com diploma... Eu não dou muita bola para isso. O importante é que você seja um bom repórter, saiba escrever, seja honesto...*

---

[99] Uma reportagem para o *Estadão* sobre um grande surto de meningite em Osasco rendera a Cafundó o convite para se transferir para a capital. Depois de passar dias percorrendo hospitais e pronto-socorros, resolveu escrever uma matéria na qual mostrava que a meningite era mais um problema no quadro de insuficiências da cidade; que morriam muito mais crianças por causa de outras doenças, como desidratação e tosse comprida, por exemplo, do que por conta de meningite. Toda a força de saúde da cidade, porém, estava voltada para a questão da meningite. "E todo mundo deixou de lado aquilo que realmente era problema na cidade, que começava desde os quilômetros de esgoto a céu aberto, por exemplo."

Isso é o que me importa. Infelizmente, tem esse agravante. O Sindicato vai encher o saco do jornal... Cafundó, que estudara Geografia na USP, prestou vestibular na Faculdade Cásper Líbero, formando-se em Jornalismo em 1976.

Era a época em que os assuntos econômicos se sebressaíam, porque os temas políticos "foram jogados na vala" pelo regime militar, recorda Cafundó. "Eu mesmo, na Geral, cheguei a fazer matéria sobre o esquadrão da morte, uma coisa proibida e que virou versos de Camões no jornal. E foi aí que a gente passou a fazer muita economia, traduzindo aqueles grandes pacotes econômicos do governo revolucionário".

Cafundó foi trabalhar no *pool* de repórteres do *Estadão,* que reunia cerca de 45 a 50 profissionais de primeira linha. A Economia era a única editoria que tinha repórteres próprios. "Eles tinham lá uma meia dúzia de repórteres que só faziam economia. E quem cobria preferencialmente abastecimento era o Cláudio Amaral. Todas as outras seções buscavam informação através do *pool* de repórteres. Tinha o Carlos Manente, o Sérgio Motta Melo, o Ricardo Kotscho, a Zélia Borges, o Everton Castro Freire, que fazia esportes, o Paulo Andreoli, a Silvia Sayão, enfim, tinha um timão."

Porém, sempre que surgia algum problema na área econômica e a equipe da seção não dava conta do recado, buscava-se apoio no *pool* de repórteres, lembra Cafundó. "E dentro do *pool,* eu já cobria abastecimento para a Economia, mesmo não sendo da Economia. (...) A gente fazia um jornalismo muito voltado para consumidor. A questão do abastecimento estava fervilhando na nossa porta. Era uma questão de tempo para a gente perceber que o problema do abastecimento não era o açougueiro, não era a padaria. Se faltava carne no açougue e pão na padaria, é porque havia problema de produção de carne e de trigo." As atenções de Cafundó começavam, assim, a se voltar para as causas dos gargalos existentes no varejo de alimentos.

Um fato corriqueiro, desvinculado das questões cotidianas de abastecimento, ocorreu em 28 de janeiro de 1974: o *Suplemento Agrícola* – preocupado com a produção – completava mil edições. Embalado pelo sucesso, encabeçou duas campanhas com ampla repercussão no setor agrícola, que acabaram salvando a atividade de centenas de produtores: a do combate à ferrugem do cafeeiro e a do controle do cancro cítrico, que destruíam as lavouras mineiras, paranaenses e paulistas. O reconhecimento podia ser medido pela manifestação dos leitores, como testemunha o editor do caderno, Bierrenbach. "Recebíamos cartas de todo o País, num contato constante com o público rural, o que serve de testemunha da importância do *Suplemento* não só no Brasil, mas também no exterior." Ele conta que era comum o *Estado* atender dúvidas de pecuaristas ou lavradores argentinos, uruguaios e até venezuelanos[100].

---

[100] *30 anos de Suplemento Agrícola.* Suplemento Agrícola de O Estado de S. Paulo, 04/09/1985.

Ao completar 20 anos, dia 5 de janeiro de 1975, o *Suplemento Agrícola* lançou uma edição histórica, contando o desenvolvimento de um século de agricultura (1875-1975). O Brasil vivia o auge do chamado "milagre econômico", com a atividade agrícola beneficiando-se de crédito abundante e a juros subsidiados. No balanço dos 100 anos, Bierrenbach dizia que, no fim do século XIX, a agricultura estava praticamente concentrada na orla marítima, desde o Rio Grande do Sul até o Pará. Em São Paulo, a cana-de-açúcar já era a principal cultura do Vale do Paraíba e, em pouco tempo, chegaria ao planalto. "De maneira geral, os métodos de cultivo eram rotineiros e se limitavam ao plantio e trato com enxada. Havia, ainda, culturas que se destacavam mais pela grande quantidade de adubação orgânica que recebiam, do que pela característica de lavoura bem conduzida." A introdução de modernas técnicas de manejo da cultura e preparo racional do solo – no País – promoveu o avanço da produção agrícola, o que levou Bierrenbach a prever acertadamente. "Com tudo alicerçado na ciência, o Brasil está em condições de se tornar, dentro de poucos anos, o maior produtor de citros, como também o maior exportador de suco concentrado."[101]

Também em 1975, Cafundó era transferido para a seção de Economia do *Estadão*. Era uma espécie de departamento cujo chefe era Robert Appy e o editor de Economia, Rolf Kuntz. Em pouco tempo, Cafundó passou a acompanhar abastecimento e agricultura. Tanto que, no mesmo ano, ganhou o Prêmio Esso pela cobertura jornalística da geada que arrasou o cafezal brasileiro. Nos anos seguintes, Cafundó ajudaria a edificar a ponte que encurtava o caminho entre a agricultura e o abastecimento. Nada mais do que buscar na produção (ou na falta dela) uma das possíveis explicações para a escassez gerada na ponta do varejo de alimentos.

"Quando eu percebi, disse para o pessoal: 'A gente tem que cuidar lá da área de produção'. Aí comecei a me interessar, por exemplo, pela avicultura, que era uma coisa emergente. Fui conhecer o sistema de integração, que estava começando no Sul. Fui conhecer Bastos, no interior de São Paulo... Eu tinha uns quatro anos de prática na seção econômica do jornal – deve ter sido por volta de 1978 –, quando houve no Brasil uma grande crise de oferta de carne. Então, a Sunab queria fechar açougue porque o preço estava muito alto, porque o açougue estava escondendo carne... Era um problema de abastecimento. E eu fui encarregado de fazer uma reportagem sobre isso. Então, a primeira idéia que eu tive foi fazer aquilo que todo foca faz. Peguei um fiscal da SUNAB e saí junto com ele de açougue em açougue. Mas, para sorte minha, eu percebi que açougueiro não estava vendendo carne porque não tinha carne para vender. Aí eu imaginei. Por que não tem carne? De onde vem essa carne? Onde é que está o rebanho nacional?"

---

[101] Idem.

Então, Cafundó propôs ao jornal fazer uma reportagem que mostrasse se o rebanho nacional estava (ou não) produzindo carne em quantidade suficiente para suprir o consumo doméstico. "Aí eu fui para o interior, fui lá na região de Araçatuba, que era o pólo de ressonância... Naquela época, Araçatuba já não era mais o grande centro produtor. A produção já estava indo para Goiás, Mato Grosso e tal... Mas, de qualquer maneira, era ali que os negócios eram feitos. Aquilo refletia bem o que acontecia no país em termos de pecuária de corte. E assim comecei a fazer matérias na área de produção agrícola, e não mais na área de abastecimento."

Cafundó tinha por hábito frequentar as reuniões mensais de comissões técnicas na sede da FAESP, onde líderes agrícolas de todo o Estado discutiam os problemas de produção e comercialização de café, algodão, laranja e cereais, entre outros. "Um belo dia, um deles me disse: — *Puxa vida. Há uma diferença gritante entre o que sai publicado na seção de economia do Estadão e no Suplemento Agrícola. O Suplemento está muito atrás...*'."

Ao voltar à redação, Cafundó procurou Miguel Jorge, o editor-chefe do jornal na época: "— *Eu acho que vocês poderiam dar uma olhada melhor no Suplemento Agrícola, porque há uma distância muito grande entre aquilo que estão publicando e aquilo que está realmente acontecendo na economia agrícola. Quem sabe a gente pudesse juntar as duas coisas. Não jogar fora completamente a informação técnico-científica que o Suplemento hoje tem, mas buscar o equilíbrio.* Aí ele me disse: — *Então, faça um projeto.* Eu fiquei surpreso e falei: — *Mas, eu, fazer projeto?* Ele respondeu: — *Sim.* Aí eu fiz um projeto."

Cafundó fez o projeto com a ajuda do jornalista Moacir Castro, que tinha afinidades com a agricultura pois o sogro era fazendeiro. "Nessa época, eu era chefe de reportagem da seção econômica. Mas o Miguel Jorge pediu que eu saísse da seção econômica. Ele falou: — *Eu quero que você pense só no Suplemento Agrícola.* E me mandou ocupar uma mesa que tinha lá no meio da redação. Na época, o Fernão Mesquita foi designado para ser o coordenador de suplementos. E eu me entendia diretamente com ele. Acabamos o projeto e o Miguel Jorge pediu que, antes de mudar, a gente ensaiasse bastante, paralelamente ao *Suplemento Agrícola* que estava circulando. Essa idéia de ter um coordenador de suplementos não avançou e ele foi cuidar do *Jornal da Tarde*. Mas pelo menos, durante o tempo que eu fiquei ensaiando, e eu acho até que um ano ou dois anos depois de o Suplemento já estar na minha mão saindo regularmente, o Fernão era o coordenador."

As reportagens sobre produção agrícola, na Economia do *Estadão*, deram a Cafundó os conhecimentos básicos para a concretização do projeto editorial de reforma do *Suplemento Agrícola*. "Acho que, pela primeira vez, um jornal – que naquela época não tinha concorrência – mantinha quase que uma página diária sobre informações econômico-rurais. E foi essa prática que eu adquiri na seção de Economia que depois eu levei para o *Suplemento Agrícola*. E foi nesse período, em que estava na seção de Economia, que a gente começou a refletir esse fervilhar da economia agrícola."

Em 7 de abril de 1983, o novo *Suplemento Agrícola*, em formato tablóide, começava a circular encartado no *Estadão*, com duas características principais: prestação de serviços ao agricultor/pecuarista e agilidade para informar e analisar os acontecimentos da semana. O caderno tinha cinco seções fixas: reportagens especiais, acompanhamento semanal da economia agrícola, cartas e ensinamentos, ciência/técnica/tecnologia e leitura[102].

O novo *Suplemento Agrícola* encontrou terreno fértil para crescer. Estudo da CBBA junto a proprietários e administradores rurais mostrava que sete em cada dez leitores do *Estadão* liam o caderno agrícola, dos quais 52% de São Paulo, 20% do Paraná, 17% de Minas Gerais, 9% do Mato Grosso e 2% de outros Estados. Além disso, de cada dez leitores, apenas três costumavam jogar fora os exemplares lidos. O destino mais comum era o *Suplemento Agrícola* ser colecionado pelo leitor. E mais: sete a cada dez leitores costumavam comentar e discutir o conteúdo do caderno com outras pessoas (fazendeiros ou pessoas da família)[103].

IX - De progressista a revolucionário

Em 1976, J. M. Nogueira de Campos voltou ao *Correio Agro-Pecuario*. "Era uma publicação bem feita, briguenta, puxando realmente pelos interesses do produtor e falando a linguagem dele, procurando ser o mais abrangente possível e acima de tudo com uma circulação bastante ampla. Mas era distribuída gratuitamente. (...) De qualquer modo, o que aconteceu dá uma idéia da seriedade do Mazzei. O *Correio Agro-Pecuario* era a menina dos olhos dele. E ele, para manter o *Correio Agro-Pecuario*, abriu o capital, constituiu a companhia editora Juruês, e acionou diversas pessoas tanto do meio da produção, especialmente na área de pecuária, que eram pessoas que reconheciam no Mazzei uma importância muito grande, uma seriedade muito grande, e que entraram no negócio, botaram dinheiro como acionistas, sem pretensão de receber dividendos nem nada. Apenas porque acreditavam no Mazzei e acreditavam na importância do trabalho dele. Ao lado desse pessoal da produção, havia jornalistas, havia amigos do Mazzei e tal."

---

[102] *Notas & Números*, Boletim Informativo dos Jornais O Estado de S. Paulo e Jornal da Tarde, Ano 3, nº 26, Abril/83.
[103] *Notas e Números*, Boletim Informativo dos Jornais O Estado de S. Paulo e Jornal da Tarde, Ano 2, nº 16, Junho/82.

Mário Mazzei conta que então resolveu importar uma máquina impressora para montar uma gráfica. "Em 1976, já estava com a rotativa aqui para ser instalada. A parte da composição eletrônica estava funcionando e eu imprimia no *Estado*. Durante algum tempo, fiquei com a rotativa guardada porque não tinha lugar para instalar. Depois, eu procurei por aí dar destino à impressora. A minha empresa – a Juruês – tinha um terreno em Osasco. E fui conversar com o Francisco Rossi, que era prefeito lá. O prefeito só falava dele próprio. Havia uma fila de gente pobre entrando pelos fundos para cumprimentá-lo e ele, todo sorrisos, dizia: — *Esse povo me adora!"*

Mazzei estava interessado mesmo era no terreno "que ficava num determinado lugar onde não havia rua na frente. Eu queria saber se ia haver rua ali e, se não estivesse prevista, se ele podia estudar a possibilidade de fazer a rua. Mas ele nem ligou. Estava haurindo cumprimentos e talvez pedidos... Então, eu andei São Paulo inteira atrás de um lugar para ficar. Achei, na Vila Santa Catarina, um barracão que dava para instalar a gráfica. Acertei com o proprietário, aluguei o prédio e instalei a máquina lá – pelos fins de 77. Então, comecei a imprimir o jornal. Compunha e imprimia tudo. Mas eu não tinha parceiro. Os companheiros que tinha eram companheiros que me ajudavam com palpite, dinheiro, essas coisas, mas não se interessavam profissionalmente pelo negócio. Não eram do meio".

O grande gargalo do *Correio Agro-Pecuario* sempre esteve na área comercial, reconhece Mazzei. "Empatávamos o capital, que periodicamente aumentávamos, e arrumávamos anúncios e assinaturas para o dia-a-dia. Eu tinha de cuidar da parte gráfica, da parte redacional e da parte comercial. Nunca consegui arranjar uma pessoa especializada para cuidar da parte comercial. Não tenho muita queda para o comércio. Eu tinha um rapaz que, depois verifiquei, fazia várias coisas e não funcionava bem. E a parte gráfica era muito trabalhosa, complicada, tinha sempre problema. Todos os jornais de esquerda acabavam parando lá, porque não conseguiam imprimir nem nos *Diários Associados*, já com a gráfica usada por terceiros. Jornal de direita, eu imprimia também. Não tinha problema. Imprimi jornal até para a polícia. Era trabalhoso demais."

A grande dificuldade de Mazzei era conciliar questões administrativas e comerciais com a necessidade de fazer jornalismo. "Continuei viajando, tinha que viajar. Fui ao Acre, fui à fronteira de Mato Grosso com a Bolívia, bati estrada pelo Paraná, por Santa Catarina e Rio de Janeiro, voltei ao Nordeste algumas vezes, sobretudo a Pernambuco, fui à Bahia, a exposições que havia em Esteio, Alegrete e Uruguaiana, no Rio Grande do Sul. Andei pelo Amazonas, pelo Pará e pelo Maranhão. Fui à Argentina fazer uma reportagem sobre um grupo brasileiro que tinha uma fazenda em Santa Fé. Mas isso ficava muito pesado e comecei a perceber que o jornal estava ficando rançoso."

O *Correio Agro-Pecuario* não tinha uma linha editorial revolucionária, mas sim progressista, define Mazzei. "Era, por exemplo, simpática à reforma agrária, desde que realista, à abolição do confisco do café, à nacionalização das empresas frigoríficas e à extinção do IBC e do IAA (Instituto do Açúcar e do Álcool) e contra a intervenção excessiva da SUNAB no mercado de carne... A Sunab tomou conta do frigorífico do Tião Maia em Araçatuba e anarquizou aquilo tudo; pagava muito baixo o preço ao pecuarista e a carne não barateava aqui para o consumidor; o pessoal segurava o gado, não vendia direito e faltava, muitas vezes, matéria-prima suficiente para atender o mercado em determinado período."

Mazzei ganhou a confiança dos produtores, até mesmo daqueles que apoiaram o golpe militar de 1964. "Os produtores rurais tinham mais liberdade de falar comigo do que de falar com a *Folha*. Os produtores, que foram favoráveis à revolução, começaram a ficar decepcionados e me davam material. Eu publicava coisas que os outros jornais não publicavam." Mesmo diante das divergências, Mazzei tinha um comportamento ético, abrindo espaço para os críticos. "Se viesse artigo assinado, manifestação, carta de leitor, eu publicava. Nunca deixei de publicar uma carta, inclusive metendo o pau no jornal. Mas me defendia."

Nem se falava em cadeia produtiva, mas Mazzei já fazia reportagem sobre o processamento de produtos agrícolas e a agroindústria. "A começar dos frigoríficos. Elaborei várias reportagens e muitos comentários sobre as atividades da indústria da carne. Aliás, antes de fazer o *Correio Agro-Pecuário*, e quando estava saindo ou saído das *Folhas*, mais ou menos de 1962 a 1967, assessorei uma entidade de classe de abatedouros nacionais, que se organizaram para defender as empresas nativas emergentes (antigos marchantes e charqueadores) contra a concorrência e os desígnios monopolistas das companhias de origem externa. Era a Associação dos Abatedores de Gado e Frigoríficos do Brasil Central (ABGFRAL), que reunia indústrias de São Paulo e estados vizinhos e tinha posições diferentes do Sindicato do Frio, que reunia só as grandes empresas. Até um boletim mensal foi por ela editado, a redação e a pesquisa a meu cargo."

Mazzei também abriu as páginas do *Correio Agro-Pecuario* para a indústria do leite, o processamento de aves e o setor sucroalcooleiro. "Percorri as zonas leiteiras, com instalações de pasteurização e anexas. Fui visitar uma cooperativa pasteurizadora em Serrana, Sul de Minas. Fiz, por exemplo, reportagem de um matadouro de aves que havia em São Carlos, SP. Nos tempos ruins, o açúcar era o mais forte. Eu era muito amigo do Biagi, dono da Santa Elisa, de Sertãozinho. Acompanhei outras usinas também."

Mazzei recebeu o PROÁLCOOL nas páginas do *Correio Agro-Pecuario* com certa reserva. "Achava que era difícil pegar. Mas verifiquei que os usineiros e os fazendeiros estavam interessados. Numa ocasião, fui a Araçatuba visitar pecuaristas plantadores de cana, que alternavam o canavial com o pasto. Verifiquei que estavam montando uma usina de álcool e eles começavam a produzir cana para fornecer à usina. Mas a gente tinha pessimismo porque, embora o álcool fosse beneficiar um setor agrícola como o canavieiro, criava problemas para outras produções, talvez mais necessárias, sobretudo as de cereais. Mas nunca fiz uma campanha contra o PROÁLCOOL. Acompanhei a experiência com certo respeito e até certa simpatia. Achava que no fundo era difícil brigar com o petróleo, que é uma arma poderosa."

A força do *Correio Agro-Pecuario* como porta-voz do setor era ao mesmo tempo a sua fraqueza, analisa Nogueira. "Primeiro, a dificuldade que se tem que enfrentar nessa área, até de aceitabilidade da publicação como alguma coisa de importância para o próprio meio. O *Correio Agro-Pecuario*, por exemplo, era na verdade a única tribuna que o setor tinha para falar com um pouco mais de ênfase, com a voz um pouco mais grossa. E o Mazzei tentava fazer isso, com as limitações que tinha. Uma delas: o grande meio em que ele se baseava como sustentação para a própria publicação era a pecuária de corte. E ao mesmo tempo, entre os acionistas e até diretor, um dos diretores da publicação era dono de frigorífico, que também tinha a parte de pecuária dele, mas era dono de frigorífico. Então, havia uma certa necessidade de ajeitar algumas arestas ali. Segundo aspecto: não havia na área da tal aceitabilidade, por parte do próprio meio recebedor da informação, noção da importância de alguma coisa desse tipo e da necessidade de suportar publicações que se dispusessem a fazer isso. Até para que, cada vez mais, elas adquirissem mais independência... O *Correio Agro-Pecuario* era distribuído gratuitamente. E eu tive uma visão mais ampla, mais panorâmica dessa problemática, porque no *Correio Agro-Pecuario*, por exemplo, se deixou de falar de colméia e de orquídeas e se passou a cuidar de problemas como a peste suína que quase dizimou a criação de porcos do Paraná."

Por todas essas contradições é que o *Correio Agro-Pecuario* entrou em decadência. Um dia, dois irmãos interessados em comprar o jornal procuraram Mazzei. "Eu imprimia um periódico para certo pessoal de esquerda, que era muito rico: eram os filhos do Donato Andrade, do grupo Andrade Gutierrez – o Flávio e a Marília. Os dois, estranhamente, eram tão esquerdistas que pertenciam a uma das 14 ou 15 correntes políticas que existiam na época dentro do PT."

Perseu Abramo estava pegando jornais do PT, impressos pela Editora Juruês, para levar à sede do partido. Mazzei estava no primeiro andar, acertando detalhes do negócio com Flávio, quando, da janela, viu Perseu recolhendo os jornais no pátio externo. "Então, perguntei ao Flávio: — *Você não vai ajudar o seu companheiro? Ele está lá sozinho fazendo o serviço.* E o Flávio respondeu: —

Companheiro, não. Me espantei: — *Mas você não é do PT?* Ele esclareceu: — *O PT tem muitas facções e eu sou de uma delas. E o Perseu é um reacionário desgraçado.* Falou meio brincando. Depois acrescentou: — *Mas eu vou aceitar a sua sugestão e vou ajudar o Perseu.* Eles não eram brigados, mas ele não queria ser ideologicamente solidário com o companheiro de partido."

Mazzei vendeu aos filhos de Donato Andrade as ações do *Correio Agro-Pecuário*, ou seja, da Cia. Editora Juruês. "Nessa época, em virtude das dissidências que houve na diretoria anterior, eu acabei ficando como o maior acionista. Avisei todos os mais de 200 acionistas que estava vendendo para o Flávio e a Marília. A maioria concordou com a venda e recebeu o valor das ações, corrigido. O que eles receberam era bem mais do que haviam pago, apesar da inflação na época. O Flávio e a Marília me levaram até para ver a fazenda do pai no Sul de Minas, em Calciolândia. Ele tinha outra fazenda no Norte de Minas, em Porteirinha, que também visitei. Boas fazendas. O pai deles queria que eu continuasse dirigindo o jornal. Fiquei um mês e pouco, mas não foi possível continuar. Eles faziam uma bagunça danada. Não briguei com eles mas saí.."

Nogueira também chegou a ser convidado por Marília para, "em primeiro lugar, assumir a redação do *Correio Agro-Pecuario*; depois, para assumir o *Correio Agro-Pecuario* como algo meu, desde que eu me dispusesse a garantir as assinaturas que já estavam vendidas e alguma publicidade que já estava pré-paga e tal; e, num terceiro momento, até a dizer para ela quanto eu queria para assumir o *Correio Agro-Pecuario*. Mas eu disse a ela que para mim o *Correio Agro-Pecuario* tinha morrido. Realmente, uma publicação, depois de entrar na descendente, dificilmente se consegue recuperar. E o *Correio Agro-Pecuario*, no meu entender, tinha ido por esse caminho. Então, não tinha mais solução, como realmente se provou que não teve solução. Foram feitas várias tentativas: Jair Borin como diretor de redação, depois uma cooperativa de jornalistas..."

A tentativa derradeira foi feita por Daniel Costa, prossegue Nogueira. "O *Correio Agro-Pecuario* então chegou a sair, na mão dele, eu acho que umas três ou quatro edições. Depois, deu origem à empresa chamada DBO Sul, criada exatamente para tocar o *Correio Agro-Pecuario*, com sede em Londrina. De qualquer modo, nenhuma das tentativas deu certo e a publicação desapareceu. E a DBO Sul continua..."

DBO Sul é independente da publicação DBO Rural, para onde se transferiria Nogueira. "A DBO Rural é dos irmãos Odemar Costa, Daniel Costa e Demétrio Costa. A DBO Sul é exclusiva de Daniel Costa. E a Rural Grafic, que é uma empresa que presta serviços para as duas, por exemplo, na área de fotolito e também para terceiros, é exclusiva de Odemar Costa. Então, os três continuam na DBO Rural e um só na DBO Sul...".

X - Espaço para abastecimento, na Folha

Em 1977, Borin transferiu-se da Economia do *Estadão* para a *Folha de S. Paulo*, a convite do Cláudio Abramo. Dois anos depois, passou a acumular a edição da *Folha Agrícola* com as atividades de repórter especial para a editoria de Economia. A página agrícola dava mais ênfase a aspectos da produção, explica Borin, "a parte digamos 'hard' da agricultura, que era a produção, a tecnologia produtiva, extensão, difusionismo... E a economia ficava com a parte de política econômica: abastecimento, exportação de produtos agrícolas, etc."

No regime militar – lembra Borin – abastecimento, por exemplo, era assunto sensível porque tinha a ver com inflação, índice de custo de vida, enfim com o sucesso (ou o fracasso) da política econômica. "Durante todo o período militar, havia uma preocupação muito grande com a questão dos índices de preços ao consumidor, que chegaram a ser manipulados tanto pelo Delfim Netto como pelo Mário Henrique Simonsen. E o José Tiacci Kirsten, que era da FIPE e que era na ocasião encarregado dos índices de preços, admite que, realmente, em 1972, 73, eles puxaram os índices para baixo – o IBGE também contribuiu – para dar uma inflação menor do que ela era. E essa preocupação em controlar preços e segurar um pouco a inflação estava na raiz do modelo dos militares. E eles mascaravam muito."

Crises de abastecimento – e alguns pontos percentuais a mais na inflação – recebiam as mais diversas denominações, recorda Borin. "Mário Henrique Simonsen chamou de inflação gregoriana aquela inflação que vinha com os preços dos hortifrutigranjeiros no início do ano – o chuchu, etc. Com o excesso de chuvas, por exemplo, os preços tendem a subir... A dificuldade (era) de tirar o feijão da safra das águas, do interior para o abastecimento das capitais, das grandes cidades... Então, essa preocupação era muito constante durante o regime militar, dentro dos ministérios econômicos. E havia, coincidentemente, sazonalidades na oferta de produtos agrícolas muito mais acentuadas do que hoje. Houve um período em 78, 79 que se fizeram filas enormes para o abastecimento de feijão no Rio de Janeiro, com impacto social forte. As pessoas às vezes se revoltavam por ter que enfrentar uma fila para comprar feijão."

As crises de abastecimento acabaram ganhando espaço tanto na *Folha de S. Paulo* quanto na *Agência Folha*, criada no final dos anos 1970. Embora não fosse da *Agência*, Jair Borin, como repórter especial da *Folha*, fez várias matérias sobre abastecimento. "Eventualmente, essas matérias saíam também na *Agência*."

Cecilia Zioni também viveu o processo de ampliação da cobertura do setor de abastecimento. Apesar da relevância do assunto, abastecimento não era considerado assunto propriamente de economia na *Folha*. "Varejo, consumo ou abastecimento, seja lá o nome que se der, eram tratados mais como crise de escassez. Fila do leite, por exemplo, ia para a Geral. Não entrava na Economia. Era uma coisa meio ilógica. Se faltava leite ou feijão, por exemplo, era por algum fator de produção, ou então era especulação... Com a *Agência Folha*, quebraram-se as editorias, os blocos de repórteres dentro de editorias. Era uma sala inteira com blocos de mesa... Tinha-se o cuidado de não colocar junto todo mundo que fazia economia, como era convencional, tradicional. Então, ficava, um ao lado do outro, um repórter que fazia economia, outro que fazia política, outro que fazia educação, outro que fazia esporte... A Jane Soares, que era da Geral, fazia abastecimento. Era bem o projeto da *Agência Folha*: quebrar toda a estrutura anterior, até para recompô-la, se fosse o caso, mas de forma diferenciada."

Na *Folha de S. Paulo*, Octavio Frias decidiu modernizar e ampliar a *Folha Agrícola*, de olho na concorrência com o *Suplemento Agrícola* do *Estadão*. Para o novo projeto, resolveu aproveitar os conhecimentos de Jair Borin. "O *Estadão* começou a reformular o *Suplemento Agrícola*, que era standard, já tinha cores e saía em seis, oito páginas. Na última página, quem escrevia muito era o pessoal da ESALQ, mais para currículo. E eu me lembro de uma página dessas onde o título era: 'A *Bixa orelana* vai bem no Brasil'. Bixa com 'x' era o urucum. Era o nome latino do urucum. O Jorge Bierrenbach fazia um jornalismo mais tradicional. E estava tão desligado que nem percebia os trocadilhos e o efeito... Aí o José Carlos Cafundó de Moraes propôs um projeto de transformar o *Suplemento* em tablóide e fazer uma reformulação. Então, eu falei para o Frias, que gostava muito das matérias que eu fazia sobre agropecuária: — *O Estadão vai lançar um suplemento novo, tablóide...* Ele perguntou: — *E tem publicidade para isso?* Eu respondi: *Tem. Vale a pena.* Ele disse: — *Então, pense num suplemento para a Folha.* O Caio Túlio Costa, que era o secretário de redação, deu muito apoio ao projeto. Mas eu não fiquei na continuidade do projeto."

Em 1983, Jair Borin trocou a *Folha de S. Paulo* pela Secretaria de Agricultura e Abastecimento do Estado, a convite do engenheiro agrônomo José Gomes da Silva. "A gente tinha essa experiência anterior de quase dez anos de jornalismo econômico e jornalismo agropecuário, simultaneamente. Eu conheci o Zé Gomes já no fim do período dele na Coordenadoria de Assistência Técnica Integral (CATI), em Campinas, mas não tínhamos aproximação maior. Eventualmente, a gente fazia matéria sobre a CATI como repórter... Ele chegou a dirigir a CATI, mas já estava se aposentando. Depois, ele foi indicado agrônomo do ano, em 1978 ou 79, pela Associação dos Engenheiros Agrônomos do Estado de São Paulo, presidida pelo Walter Lazzarini. E foi nesse período que eu comecei a ter um relacionamento muito mais próximo com o Zé Gomes."

Borin foi conquistado pela revolução das idéias de José Gomes da Silva. "O Zé Gomes, na verdade, veio de uma visão um pouco conservadora da agricultura e da política para morrer como borboleta no Partido dos Trabalhadores, com toda a combatividade que o caracterizou. E isso depois dos sessenta e tantos anos de idade. E nesse aspecto ele foi uma figura notável. Eu acho que ele ficou jovem depois de velho. E nesse ano que ele foi engenheiro agrônomo, a gente deu destaque na *Folha* para o evento. E, quando ele foi nomeado pelo governador Franco Montoro para a Secretaria de Agricultura, ele nos convidou para trabalhar na Assessoria de Comunicação da Secretaria. Eu pensei bem. Era uma experiência um pouco diferente. Eu achava que, com o governo Montoro, a gente poderia iniciar um processo de redemocratização do país. Me fascinou essa idéia."

A experiência, porém, foi curta, porque poucos meses depois à frente da Secretaria de Agricultura e Abastecimento, José Gomes da Silva teve um infarte, lembra Borin. "Até estávamos juntos em Batatais (interior de São Paulo), quando ele lançava o Plano Agrícola Municipal. Depois dele, veio o Nelson Nicolau, com quem a gente colaborou um pouco. Aí eu voltei novamente para a economia da *Folha de S. Paulo*, no fim de 1984 por aí, como colaborador especial, num esquema de produção própria de matéria."

Com a vitória de Tancredo Neves, José Gomes da Silva foi indicado, com o apoio do governador Franco Montoro, para a presidência do Instituto Nacional de Colonização e Reforma Agrária (INCRA), relata Borin. "Aí ele me ligou em casa, dizendo que estava indo para Brasília discutir se aceitava ou não o cargo. E falou que precisava muito da minha ajuda. Eu estava meio de férias. Então fui com ele para Brasília em fevereiro de 1985. Ele foi nomeado em março pelo Sarney presidente do INCRA e, no dia seguinte, me nomeou chefe do gabinete dele, sem muita discussão. Até hoje, eu tenho o bilhete dele: 'Pela confiança, pela capacidade e pela ética, eu estou te nomeando'."

XI - Da tecnologia à ideologia

O *Suplemento Agrícola* surgiu num contexto de inserção mais ampla da agricultura na economia. Da redação da decadente *Dirigente Rural*, Ivan Nakamae observava esse movimento. "Eu acho que começou a haver um processo de contestação do método agrícola, dos procedimentos de se fazer agricultura... Eu acho que começou a haver um processo de mudança na agricultura com a preocupação do meio ambiente. E acho que começou a ganhar força o aparecimento de métodos alternativos, talvez já no começo dos anos 80."

Nakamae permaneceu na revista *Dirigente Rural* durante toda a segunda metade da década de 1970 e os primeiros anos da década de 1980. Poucos meses depois de ingressar na revista, ele presenciou a transferência do grupo Visão, em 1974, das mãos de Said Farhat para o controle do empresário Henri Maksoud.

Nakamae admite que a imprensa começou a dar maior ênfase ao aspecto econômico, em detrimento da tecnologia, na medida em que os jornais passaram a cobrir a agricultura sob o enfoque do abastecimento. E revistas como *Dirigente Rural* não acompanharam esse processo. "Existia um movimento inverso. Quer dizer, os setores da economia começavam a encarar a agricultura de uma perspectiva diferente, que é a perspectiva do consumidor. De repente, a agricultura é vista pelo outro lado. Quer dizer, aparece como a fornecedora de alimentos ou de produtos para exportação. Então, a agricultura é alvo de atenção quando tem a famosa carestia – a inflação do chuchu, por exemplo – ou ela pesa na balança comercial – escassez de carne, de feijão... o arroz que precisa ser importado, o trigo que não vem... Por isso é que começava a fazer sentido essa coisa de faltar gênero, de amarrar a inflação na comida, este tipo de coisa. Mas eu acho isso muito mais um movimento de fora, quer dizer, das editorias econômicas, das revistas gerais ou dos jornais ao passarem a abordar essa questão a partir de uma visão de consumidor, do que propriamente das revistas (especializadas) invadirem esse terreno."

A perda da importância relativa da agricultura iria refletir-se na perda da importância relativa da revista voltada para a agricultura dentro das grandes editoras, prossegue Nakamae. "No caso da editora Visão, a própria revista *Visão* e os outros Dirigentes estavam, de alguma maneira, mais adequados do ponto de vista de promoção e tudo o mais, na medida em que o país atravessava uma fase de construção de infra-estrutura. Era a fase Andreazza, era o tempo do milagre. Se o período era de construir viaduto e ponte, o *Dirigente Rural* tinha de ser deixado de lado. Então, houve um deslocamento, porque a preocupação com a urbanização e com o crescimento dos outros setores da economia e a perda relativa da importância da agricultura iriam se refletir na importância que as editoras davam principalmente na parte comercial."

Ironicamente, *Dirigente Rural* – que surgiu como uma revista voltada para a divulgação de tecnologia, em alternativa às publicações de entidades classe – teve acelerado o processo de decadência na transição da ditadura militar para a abertura política, quando passou a defender posições políticas sectárias. "É interessante – recorda Nakamae – porque curiosamente a atenção do Maksoud sempre esteve voltada para a revista *Visão*. Aliás, acredito que ele comprou a *Visão* como uma tribuna para manifestar as idéias que ele tinha a propósito de regime político, essas coisas. Então, ele não dava muita atenção para as revistas técnicas, apesar de ser engenheiro e tudo o mais. Quer dizer, normalmente deveria como empresário até olhar para as outras revistas, mas ele jamais fez isso. As revistas técnicas seguiram por moto próprio. Mas no momento em que as coisas começaram a se abrir, em termos de regime, enfim a democracia de volta, eis que de repente aparece o Maksoud apoiando a TFP (Tradição, Família e Propriedade), movimento de direita, e o Ronaldo Caiado, aquela coisa toda. Então, a única ocasião em que a revista mereceu atenção da parte do Macsoud foi no movimento anti-reforma agrária, liderado pelo Caiado (da União Democrática Ruralista, a UDR). Para quem conseguiu passar engolindo chumbo quente e tudo o mais ao longo de toda a ditadura, era demais..."

Era o governo do general João Batista Figueiredo, continua Nakamae. "Nessa época, o *Dirigente Rural* começou a ser um braço da *Visão* na defesa de posições absolutamente reacionárias. E eu ali, como editor da revista, porque o Paulo Pompeu já estava afastado. O Pompeu ficou doente eu acho que em 1983, 84... Aí, o *Dirigente Rural* virou a revista da anti-reforma agrária. Bom, pedi demissão. Aliás, é curioso porque eles não queriam que eu fosse embora. Então, teve uma sessão de umas três horas com o Maksoud: ele me explicando o que era demarquia e porque eu não deveria ir embora. Uma conversa quase insuportável. E eu não falei nada. Foi curioso porque, primeiro, eu disse que ia embora. Eles falaram: — *Não. Você não vai embora. Você tira férias.* Eu respondi: — *Não. Eu decidi ir embora.* Aí me propuseram férias por período indeterminado. Eu disse: — *Não, não quero.* Eles falaram: — *Então, tire uma licença.*"

A decisão de Nakamae de deixar o grupo Visão coincidiu, "porque o ar estava irrespirável", com a preparação da tese de doutorado de sua mulher. "Ela estava doente e tal. Então, ela disse: — *Se você não me ajudar, não vai sair tese. Eu vou desistir.* Eu combinei com ela que eu poderia ajudá-la e tal, mas só se ela me sustentasse. (...) E foi assim que eu pedi demissão. Eles falaram: — *Então, você fica fora enquanto durar a tese da sua mulher.* Eu respondi: — *Não. Eu quero ir embora mesmo.* Eles disseram: — *Então, vamos acertar o Fundo de Garantia.* Eu falei: — *Não. Deixa o Fundo de Garantia lá que é meu.*"

E assim Ivan Nakamae deixou a revista *Dirigente Rural*, do grupo Visão, em meados da década de 1985.

XII - Uma boa idéia, fora do tempo

No início da década de 1980, um grupo de jornalistas do setor agrícola, reunidos na garagem da casa de Jair Borin, constituiu a Associação dos Jornalistas de Agropecuária de São Paulo (AJOAGRO), que congregava repórteres, redatores e editores de agropecuária. A entidade nascia com a finalidade de reunir e unir a classe de jornalistas agropecuários, para estimular o debate e estudos dos problemas econômicos e sociais da agricultura do país.

Antes disso, porém, ocorreram duas reuniões importantes. A primeira reunião para formar a AJOAGRO aconteceu na casa de Jorge Reti[104], no início

---

[104] Jorge Reti nasceu em Curitiba (PR) em 1949 e cedo mudou-se para São Paulo onde se formou em Ciências Sociais na USP e em jornalismo. Começou em 1973 no *Dirigente Rural*, do grupo Visão, indo depois para a Editoria de Agropecuária da *Gazeta Mercantil*, *Correio Agro-Pecuário* e Assessoria de Imprensa da Associação Brasileira das Indústrias de Óleos Vegetais (ABIOVE). Em Brasília, trabalharia ainda no Suplemento do Campo do *Jornal de Brasília* e como correspondente das revistas *DBO* e *Leite Brasil*, além de assessorar a Organização das Cooperativas Brasileiras (OCB).

de 1984. Um segundo encontro ocorreu na sede do Sindicato dos Jornalistas do Estado de São Paulo. Estavam presentes, nessas duas ocasiões, além do próprio Reti, Alex Branco, Antonio Reche, Cecilia Zioni, Coriolano Xavier, Demétrio Costa, Gabriel Romeiro, Gil Cardoso, Ivaci Mathias, Ivan Nakamae, Jair Borin, João Castanho Dias, José Luiz de Godoy, Nivaldo Manzano, Olga Kan, Paulo Vieira Lima, Reinaldo Ramos e Vladimir Andrade Sobrinho, entre outros.

Nos primeiros anos, a AJOAGRO não tinha uma diretoria formal, mas as atividades da entidade eram coordenadas por alguns profissionais da área, entre eles Borin. "Foi uma experiência muito gratificante. Junto com o Gil Cardoso, o Jorge Reti, o Antonio Reche... nós tivemos a oportunidade de fundar a Associação. O Gil Cardoso estava na *Gazeta Mercantil* e foi um grande batalhador da AJOAGRO, que ganhou muito vulto. Ela chegou a ter mais de 100 jornalistas associados, nas cooperativas, nas redações... Foi um grande momento do jornalismo agropecuário, porque a associação deu vida (a ele), discutiu muito o que era jornalismo agropecuário. Criamos até alguns grupos de estudo para discutir em profundidade o jornalismo agropecuário."

Borin atribui o surgimento da AJOAGRO ao período "muito promissor para a cobertura de agropecuária no fim dos anos 70 e início dos anos 80. Primeiro, porque as *commodities* tiveram uma recuperação muito forte de preço nos mercados internacionais e, segundo, porque o número de *commodities* oferecidas tanto no mercado de curto de prazo quanto no mercado a termo também cresceu aqui no Brasil. Veio o mercado do boi gordo, o mercado a termo de café e de outras *commodities*. E o interesse pelas publicações agrícolas também cresceu muito. A gente chegou a ter mais de 15 suplementos agrícolas no Brasil todo. Inclusive, a gente fez um congresso só para discutir os suplementos agrícolas. Bahia, Pernambuco, São Paulo, Rio Grande do Sul, Santa Catarina, Mato Grosso, Mato Grosso do Sul, Paraná... a maioria dos jornais tinha um suplemento agrícola de qualidade. E havia várias *newsletters* de produtos agrícolas, feitas por jornalistas para grupos especializados nas áreas de algodão, de café, de açúcar... Enfim, foi um período muito fértil, muito promissor para a atividade do jornalista em agropecuária. Isso deu sustentação para a entidade."

Reti acredita que um dos motivos que levaram à criação da AJOAGRO não era dito abertamente, para não criar problemas ou mal-entendidos com os colegas da economia. "Mesmo porque muitos dos jornalistas de agricultura também faziam parte da economia e eram sócios da AJOESP (Associação dos Jornalistas de Economia do Estado de São Paulo), pois cobriam ou já haviam coberto aspectos econômicos da agricultura, como Cecilia Zioni e Jair Borin (ambos pela *Folha de S. Paulo*), José Carlos Cafundó de Moraes (*O Estado de S. Paulo*), Gil Cardoso, Jorge Reti e Olga Sérvulo da Cunha (pela *Gazeta Mercantil* e depois os dois primeiros no quinzenário *O Indicador Rural,* fundado no Rio pelo Ismar Cardona), Ricardo Abramovay (DCI) e Maria Cândida Vieira (*O*

Globo), entre outros. Mas justamente esses colegas – o pessoal da economia que cobria agro – é que sofriam algumas discriminações, ainda que sutis e não descaradas. Muitos jornalistas da economia, principalmente alguns editores da grande imprensa, não davam o devido espaço ao noticiário agro. Na cabeça de alguns fundadores da AJOAGRO, esta entidade seria mais uma força de pressão para mostrar aos dirigentes dos grandes veículos e ao pessoal da economia o que era a agricultura brasileira e assim obter mais espaço nesses órgãos."

Ivan Nakamae faz um paralelo entre o surgimento da AJOAGRO e a experiência da ABIR na década de 1960, embora reconheça que o contexto fosse completamente diferente. "No caso da ABIR, eu faço uma relação direta com o próprio processo de desenvolvimento da agricultura, essa ênfase na modernização e num determinado tipo de agricultura. E aí o jornalismo agrícola é visto como caudatário desse movimento e braço auxiliar ou conseqüência. Mas, ao mesmo tempo, ele mesmo, com a sua atuação, influencia esse processo agrícola. Eu já não vejo o movimento de criação da AJOAGRO dentro de um contexto de relação direta com a agricultura."

Nakamae acredita que o movimento "tinha mais a ver com o número relativamente grande de jornalistas trabalhando em veículos agrícolas, na ocasião, e com uma certa necessidade de haver um contato maior desses profissionais, do que propriamente algum reflexo direto ou indireto do processo agrícola ou do processo político, ou seja lá o que for. Então, eu sou muito mais inclinado a achar que havia essa necessidade de contato porque a cidade nesse período cresceu demais. Houve um processo de descentralização de escritórios e tudo o mais. Nesse período, começava uma dispersão, porque antes disso, em determinada hora, estava todo mundo lá na rua Vieira de Carvalho (centro velho da cidade). Todo mundo gravitava ali: ou ia embora por ali ou ia tomar cachaça ali perto. Quer dizer, era fácil de encontrar as pessoas."

De repente, editoras como a Visão e a Abril deixaram o centro velho da capital, rumo a bairros mais distantes, prossegue Nakamae. "E começou um processo em que não se encontrava mais as pessoas. Então, um grupo de jornalistas imaginou que se poderia fazer um clube – acho mais apropriado chamar de clube – para trocar figurinha. Juntar na hora do *happy-hour*, tomar uma cachaça, falar bobagem, fofocar... Era mais ou menos por aí a idéia da associação. Mas havia um outro grupo – no qual eu me incluía – que achava que se poderia pensar nesse clube para objetivos principalmente de aperfeiçoamento profissional e coisas assim, voltados para os sócios. Eu sempre insisti nisso."

Nakamae preferia a idéia de fazer da associação um centro de estudos ou um meio de fornecer bolsa para um associado, ou ainda outra forma de aprimoramento profissional, do que simplesmente criar um clube para promover almoços com convidados. "Essa idéia de almoço era cópia da AJOESP, da qual eu fui sócio durante muito tempo. Eu tirava dinheiro do bolso para pagar a mensalidade dos outros lá na Visão. Depois eu é que ficava com o trabalho de recolher deles. E alguns não pagavam, até o dia em que eu briguei com a moça que fazia cobrança. Eu disse: — *Você está me fazendo de empregado. Eu não vou pagar mais. Vou cair fora dessa Associação*". Nakamae solicitou desligamento do quadro de associados da AJOESP em 16 de dezembro de 1977.

Os almoços da AJOESP, no auge da ditadura militar, tinham sentido, observa Nakamae. "Não se podia falar nada. E o pessoal da economia, principalmente, estava sob marcação cerrada dos donos dos jornais, do próprio regime, quer dizer, todo mundo em cima, de olho... Então, a AJOESP teve um papel fundamental na formação interna do jornalista. Não se podia escrever, mas se ficava sabendo. Então, essa coisa do off tinha expressão nessa época. Agora, já numa fase de abertura política, não fazia sentido convidar alguém para um almoço. Então, de repente, mesmo na AJOESP, quem pagava a conta do almoço era o convidado. Aí descaracterizou completamente. Imagine que a AJOESP, com todo aquele prestígio por conta do passado, estava trazendo banqueiro... Enfim, quem pudesse bancar o rango era convidado. E virou assim quase que uma entrevista coletiva, uma coisa formal. De repente, a AJOESP estava fazendo o papel da empresa de convidar a imprensa." A AJOAGRO adotou o mesmo modelo da AJOESP, só que num contexto histórico e político completamente diferente. "Já numa fase de abertura política, a AJOAGRO ameaçava virar isso."

A AJOAGRO foi formalmente constituída em assembléia geral no dia primeiro de agosto de 1984, na rua Formosa, 367, 19. andar, centro velho da cidade de São Paulo, que aprovou o estatuto da entidade e elegeu a primeira diretoria. O primeiro presidente da Associação foi o jornalista Antonio Reche Medrano, que tinha como vices-presidentes Romeu Gil Cardoso e Jorge Reti; diretor-secretário, Ivan Jun Nakamae; e diretor-tesoureiro, Olga Kan.

O primeiro almoço da AJOAGRO, com Reche na presidência, foi com o então secretário de Agricultura do Estado de São Paulo, José Gomes da Silva, no Governo Franco Montoro. Teve inclusive a presença de Lu Fernandes, então presidente do Sindicato dos Jornalistas, lembra Reti. "Convidamos o pessoal do Sindicato e da AJOESP porque todos éramos filiados às duas entidades e também para evitar melindres e fuxicos sobre 'divisionismo' na categoria. (...) Naquele almoço, Zé Gomes, como era mais conhecido, mostrou uma de suas fraquezas humanas: negou-se terminantemente a declarar a sua idade e não quis nem mesmo dizer a época de seus primeiros trabalhos com soja (muitos de nós sabíamos que estes datavam de 1947 ou 1948). José Gomes foi depois o primeiro titular do Ministério Extraordinário do Desenvolvimento e Reforma Agrária, criado em 1985 pelo então presidente José Sarney..." Era "Extraordinário" porque estava "previsto para ser desativado em relativamente pouco tempo", segundo Reti, coisa que nunca ocorreu

Para Antonio Reche, a AJOAGRO foi uma entidade que teve papel importante na medida em que promoveu a troca de informações, em assuntos como agrotóxicos, reforma agrária e a própria linguagem utilizada, tanto entre os jornalistas do setor quanto com autoridades e especialistas convidados[105]. Não tinha, na prática, vocação para promover estudos acadêmicos, mas estimulava a ampliação do leque de conhecimentos por meio de discussões.

A AJOAGRO promovia encontros e debates duas vezes, até três vezes, ao ano, segundo Borin. "E fizemos até um encontro patrocinado por uma entidade americana. Foi no Hotel Caesar Park, na rua Frei Caneca (centro da capital). Foi um grande encontro internacional para discutir jornalismo agropecuário. Tinha gente do Chile, da Bolívia, do Paraguai..." Borin considera que o auge da AJOAGRO foi no período de 1983 a 85. "Foi quando nós conseguimos uma sede própria no Parque da Água Branca. Era uma sala cedida pelo secretário da Agricultura, Nelson Nicolau. Pena que o pessoal acabou não aproveitando bem essa oportunidade e a sala ficou com a Associação de Criadores de Abelhas, que se apropriou dela."

Reti destaca o apoio da AJOAGRO a jornalistas de agricultura do Paraná que à mesma época se movimentavam para formar uma associação estadual do mesmo gênero. A primeira reunião dos jornalistas paranaenses se deu em Londrina, na sede do IAPAR (Instituto Agronômico do Paraná), em 1984. Foram convidados para essa reunião os jornalistas paulistas Antonio Reche e Jorge Reti. Ambos compareceram e levaram ao grupo paranaense algumas dicas de como o pessoal estava se organizando em São Paulo. "No Paraná, onde já existia a AJOEP – Associação dos Jornalistas de Economia do Paraná, os jornalistas de agro eram numerosos, tanto em jornais como em assessorias de imprensa, principalmente de cooperativas e de órgãos públicos", conta Reti. "Naquela época, o jornalismo de agro do Paraná, ao contrário de São Paulo, estava bem diversificado geograficamente, com atuação não só em Curitiba e Londrina, mas em diversas cidades..."[106]

---

[105] Antonio Reche nasceu em 1952 na cidade de São Paulo. Abandonou a Faculdade de Direito no terceiro ano, para se tornar "foca" do *Jornal da Tarde* em 1971. Durante um ano fez de tudo na redação, desde artes/espetáculos até economia. No período 1972-74, morou em Londres (Inglaterra) de onde colaborou com o jornal *Última Hora* e outras publicações brasileiras. De volta ao Brasil, entrou no jornalismo agropecuário pela revista *Agricultura Hoje* – mais tarde, *Manchete Rural* – onde trabalhou cinco anos. Em 1979, mudou para Curitiba (PR) para montar o departamento de comunicação da empresa New Holland. No ano seguinte, retornou à capital paulista para atuar como assessor de imprensa da empresa Agroceres. De lá, Reche participou das articulações para criar a AJOAGRO.

[106] Campo Mourão, Capanema, Carambeí, Cascavel, Castro, Cornélio Procópio, Francisco Beltrão, Foz do Iguaçu, Guarapuava, Goioerê, Lapa, Mandaguari, Maringá, Medianeira, Palotina, Ponta Grossa, Rolândia, Toledo, Ubiratã e outras. Entre os nomes que na época se destacavam

De qualquer forma, Nakamae credita o fim da AJOAGRO ao fato de a entidade "estar descolada talvez de uma demanda mal percebida em relação a aperfeiçoamento profissional. A entidade colocou nos seus estatutos o que iria fazer, inclusive ser uma espécie de uma representação do pessoal que trabalhava nas publicações agrícolas. Isso inclusive deu algum enrosco com o Sindicato. 'Vocês estão fazendo uma linha paralela. Vocês são jornalistas ou não são?' Tanto que tinha até o problema de o Sindicato nos fornecer a sala para nos reunirmos. Então, nós tivemos que caracterizar a coisa mais como uma entidade eventualmente de estudos..."

Nakamae recorda que a decoração da sede, cedida por Nelson Nicolau no Parque da Água Branca, foi obra de alguns gatos pingados. "Brocha, tinta, lixa saíram da minha casa. Pintamos aquilo direitinho, compramos alguns móveis para deixar lá, mas ninguém aproveitou. A ponto de simplesmente tirarem as coisas de lá e alguém ocupar a sala. Então, essa coisa, que se considerava importante, que era a reunião social para convidar pessoas interessantes para falar, não fazia mais sentido.... Para fazer esses encontros, não precisava de associação nem de almoço. Eu sempre fui contra esses almoços. Então, realmente não vingou."

---

no jornalismo agrícola paranaense, Reti cita Adroaldo Bombardelli, Altamiro Souza, Ana Paula Rodrigues, Antonio Diniz, Antonio Ramos Cordeiro, Bernardo Bittencourt, Celso Nascimento, Creso Moraes, Dagoberto Frederico Leitner, Dalva Gapiski, Dante Bonin, Eloy Setti, Fernando Sérgio Silvestre, Ivan Anzuategui, Ivan Schmidt, Ivo Pegoraro, Jailson Viana Miranda, Jean Luis Féder, Jota Oliveira, João Silveira Filho (da Secretaria da Agricultura), Luís Dolms (Secretaria da Agricultura), Lurdes Tirelli, Nara Moreira, Osmani Costa (Acarpa/Maringá), Oswaldo Petrin, Olécia Plathyn (Acarpa/Curitiba), Ramón Ennes Ribeiro, Regina Toledo, Rogerio Recco, Samuel Milleo Filho, Sandra Zambudio, Sérgio Schmit, Sérgio Spada, Sônia Bittencourt, Sônia Poltronieri, Vânia Casado e Violar Sarturi. Juntaram-se ao "grupo agro do Paraná", alguns anos depois, Adriana Panizzi, Amália Mizerkowski, Benedito Francisquini, Carina Gomes, Carolina Avancini, Cláudia Barberato, Cristina Cortes, Dalva Barboza, Edison Lemmos, Edmilson Gonçalves Liberal, Eloi Pires Ferreira, Elvira Fantin, Gerson Sobreira, Humberto Schwab, Ivanir Bortot, Kátia Pichelli, Lebna Landgraff, Maristela Moraes, Marli Aires, Miriam Gasparin, Nadia Fontana, Nilson Herrero, Roberto Nicolato, Rosane Henn, Silvio Oricoli, Tânia Empinotti, Valdir Brod e Vanderlei Camargo.

Parte 7

Sotaque Carioca

I - Da Polícia à Economia

Ao terminar a Faculdade de Direito, em 1962, na Universidade Federal da Bahia, Noenio Spinola foi fazer o curso de pós-graduação da Comissão Econômica para a América Latina e o Caribe (CEPAL)[107]. Não pôde, porém, terminar o curso que era uma espécie de mestrado em economia, com especialização em SUDENE. Então, prestou concurso para promotor público, tendo sido aprovado em quarto lugar. "Peguei o primeiro emprego da minha vida via concurso, o que me obrigou a me afastar do jornalismo. Mas eu pedi demissão do cargo e fui enfrentar o jornalismo da forma como podia. E a forma como eu podia foi via um jornal que equivaleria em São Paulo ao *Notícias Populares*."

Assim, Noenio tornou-se repórter de geral no jornal *Luta Democrática* do Rio de Janeiro, que pertencia a Tenório Cavalcante. "O emprego que eu encontrei foi para cobrir crime na Baixada Fluminense, em 1963, 64. Cobri a morte do Cara-de-cavalo e as peripécias do Mineirinho, na época em que o jogo-do-bicho era o grande caso no Rio de Janeiro, e não a cocaína, ou a maconha, como é hoje. Aqui houve um corte drástico na minha vida porque fui considerado comunista. Eu não era comunista, mas a campanha (de alfabetização do Paulo Freire) foi considerada comunista e eu fui no bolo."

---

[107]Depoimento em 18/02/2000. Baiano, de Amargosa, Noenio Spinola ainda estudava Direito, quando começou a escrever para o suplemento literário do *Diário de Notícias*, cujo editor era o colega de turma Glauber Rocha. "O Glauber Rocha sentava do meu lado. Eu escrevia os meus artigos e ele publicava." Na mesma época, Spinola era diretor da campanha de alfabetização do educador Paulo Freire.

Spinola parece que já nasceu predestinado ao jornalismo econômico. "Eu acho que eu nasci em cima da Harley-Davidson do meu pai. O meu pai era um *trader*. Na época em que eu nasci, o meu pai estava numa cidade no interior da Bahia, chamada Amargosa, onde ele estava montando um armazém de compra de café despolpado. Como não tinha colégio lá na região, eu fui educado num colégio interno. Na realidade, eu fui mandado para um colégio interno de padres maristas franceses, na Bahia, Salvador. O resto da minha vida foi entre o Rio de Janeiro, São Paulo e o mundo."

Em 1965, no Rio de Janeiro, Noenio foi para a *Tribuna da Imprensa*, fazer a coluna "Informe Econômico". "Aí eu voltei à minha vertente de análise econômica. Esse período coincidiu com todas as mudanças que aconteceram na economia e na política brasileiras. Eu era repórter da *Tribuna* e comecei a escrever uma coluna, substituindo uma pessoa que saiu de lá, que se chamava Edil Rodrigues do Vale. Até, de certa forma, foi por acaso que eu comecei no jornalismo econômico, porque saiu um jornalista e precisava de outro."

Na *Tribuna*, Noenio acompanhava áreas do governo federal, como o Ministério da Fazenda e o do Planejamento e o Banco Central, que naquela época funcionavam no Rio de Janeiro. "Os ministros iam a Brasília uma vez por semana. O resto da semana, passavam no Rio de Janeiro. E havia uma inter-relação muito grande entre economia e política. Todos se lembram da cassação do Carlos Lacerda, dono da *Tribuna da Imprensa*, da cassação do Juscelino Kubitschek, do plano econômico do governo Castelo Branco. Tudo aquilo era uma mistura de política e de economia em alta tensão, porque eram os anos mais complicados da vida política do país."

Da *Tribuna da Imprensa*, Noenio foi para a *Última Hora*, a convite de Jânio de Freitas que estava promovendo uma reforma no jornal enquanto Samuel Wainer se encontrava em Paris. "Então, também fui dirigir a parte econômica da *Última Hora*, acho que em 1966. Aí eu comecei a fazer uma coluna de tendência da economia na revista *Fatos e Fotos*, pois na época a *Manchete* era um grupo bastante influente. E fui trabalhar no *Boletim Cambial*, que era uma publicação dirigida para o mercado financeiro. Isso mais ou menos ao mesmo tempo, porque jornalista naquela época trabalhava em dois, três lugares. Saía de um e ia para outro, porque os salários eram muito magros. Mesmo para os especializados era um salário pequeno. Então, eu fazia uma coluna na *Fatos e Fotos* uma vez por semana, escrevia no *Boletim Cambial* e trabalhava na *Última Hora*."

Noenio recebeu, então, dois convites, simultaneamente: um de Mino Carta, para ser um dos editores de economia da revista *Veja*, e outro de Alberto Dines para ser o editor de economia do *Jornal do Brasil*. "Por uma questão pessoal, resolvi ficar no Rio de Janeiro, porque meus pais se aposentaram e estavam vivendo lá. No *Jornal do Brasil*, fiquei editor econômico de 1966 a 76, quando fui para Washington como correspondente (...) O jornalismo econômico naquela época não existia como tal. Existiam algumas colunas aqui e ali, mas não havia uma especialização no jornalismo econômico. Eu entrei no *Jornal do Brasil* com a minha missão de criar uma grande editoria de Economia. E foi exatamente o que eu fiz. Eu criei uma grande editoria de Economia com especialização por área."

Noenio aproveitou os conhecimentos obtidos no curso de pós-graduação da CEPAL. "Por intuição, ou porque as coisas estavam acontecendo, criei especializações. Quando eu cheguei lá, havia duas páginas diárias de economia. Quando eu saí desse cargo, havia 12 páginas diárias. O *Jornal do Brasil*, nessa época, era o maior jornal brasileiro, o mais influente. Tinha 90% dos anúncios classificados no Rio de Janeiro, para se ter uma idéia. Equivalia no Rio à soma do *Estado de S. Paulo* e da *Folha*, se isso fosse possível hoje, já que ele tinha praticamente o monopólio dos classificados lá. O *Correio da Manhã* acabou, o *Globo* não tinha a proeminência que tem hoje, a *TV Globo* não existia como a gente conhece hoje – a rede de maior influência no Brasil ainda eram os *Associados*, que depois da morte do Chateaubriand começaram a definhar. A revista mais importante era *O Cruzeiro*. A *Veja* não existia. A *Exame* não existia. A *Gazeta Mercantil* praticamente não existia."

Como a sede do governo era praticamente no Rio de Janeiro, o *Jornal do Brasil* refletia intensamente esta realidade. "O escritório dos ministros Campos e Bulhões era no Rio de Janeiro. O Conselho Monetário reunia-se no Rio de Janeiro. Depois veio o Delfim Netto, que passava 80% do tempo dele no Rio de Janeiro. O Ernane Galveas, do Banco Central, também ficava no Rio."

Em 1971, Noenio fez um estudo inédito sobre o funcionamento das bolsas de *commodities* no mundo, por encomenda do Instituto Brasileiro do Mercado de Capitais (IBMEC). "E por que eu me interessei por *commodities*? Por uma razão de família. Meu pai era um *trader*. Em 1938, a minha primeira foto como um ser vivo, com um ano de idade, era sentado no volante da Harley Davidson do meu pai. E o que o meu pai fazia com aquela Harley Davidson? Ele ia de moto pelo interior de Minas, sul da Bahia, aquela região, comprando café, cacau, o que ele encontrava. Ele era um *trader* e exportava. Ele trabalhava com uma firma exportadora. Então, desde criança eu via na minha casa o meu pai ouvindo rádio. 'Alô, alô repórter Esso... O café tipo Santos 4, na Bolsa de Nova York, subiu 200 pontos...' Ou 'caiu 100 pontos...' Eu via a cara do meu pai alegre ou triste em função da Bolsa de Nova York. Então, a minha infância foi dentro de armazéns de café, de fumo, de milho e de cacau. Quando eu tinha 9 anos de idade, o meu pai abriu um grande armazém de compra de cacau. Então, desde a infância, o negócio do *trader* ficou no meu ouvido. E eu gostava disso."

A tradição da família e o curso de análise econômica da CEPAL deram suporte a Noenio para escrever o estudo sobre as bolsas de valores, que incluiu uma pesquisa baseada no desvio padrão dos preços da soja. "E eu percebi que o preço da soja brasileira sempre caía no período da safra. O Brasil, um país com inflação muito alta, nunca teve mecanismo de defesa de preços como os americanos. Então, eu estudei isso através das guias de exportação da CACEX, para ver qual o desvio do preço brasileiro em relação ao preço de Nova York. Esse é talvez o primeiro estudo de caso no Brasil do desvio padrão da soja brasileira. E chega à conclusão de que a inexistência de mecanismos de proteção para o produtor brasileiro tinha como conseqüência uma perda de renda muito grande no interior do país."

II - Da Sociologia à Economia

O golpe militar de 1964 pegou Paulo Henrique Amorim convertendo-se da Sociologia para a Economia na Universidade de Brasília (UnB). Na verdade, ele começou estudando Sociologia e Política na PUC do Rio, mas no meio do curso foi para Brasília onde entretanto ficou pouco tempo. "E aí, depois disso, eu comecei a trabalhar. Voltei a estudar um pouquinho, mas acabei me formando em Sociologia e Política, depois de barbado, na Fundação Escola de Sociologia e Política de São Paulo. (...) Antes de 1964, trabalhei como "foca", mas é uma coisa irrelevante do ponto de vista da minha experiência como jornalista econômico."

Amorim era correspondente da revista *Veja* em Nova York quando, na virada da década de 60 para a de 70, voltou para o Brasil. O general Médici estava tomando posse como o terceiro presidente da ditadura militar. Começava a fase do "milagre econômico" conduzida pelo então ministro Delfim Netto, lembra Amorim. "Era o *boom* do jornalismo econômico. Foi quando nasceram de fato as editorias econômicas, como nós as conhecemos hoje. Nesse sentido, a *Veja* é até um pouco pioneira. (...) Eu não me lembro das editorias de Economia do *Estadão*, da *Folha* ou do *Jornal do Brasil* e muito menos do *Globo*, como sendo relevantes, autônomas, distintas, separadas."

Havia uma única vaga na editoria de Economia da *Veja*, recorda Amorim. "Era o único emprego que eu podia pegar na redação. Eu tinha uma família, embora pequena, para sustentar. Mesmo não tendo nenhuma experiência em economia, fui fazer jornalismo de economia... A minha experiência na *Veja* como jornalista econômico foi uma combinação de duas coisas: uma foi o lado do adestramento profissional, digamos operacional, o lado da carpintaria da profissão. Estávamos todos numa empreitada maravilhosa desse ponto de vista, que era experiência de fazer uma revista de atualidades que não havia no Brasil, sob o comando de um jornalista fantástico que é o Mino Carta. Então, era uma aventura profissional muito gratificante, muito recompensadora. Do lado do conteúdo, havia evidentemente restrições de toda ordem. Estávamos vivendo debaixo de uma censura furiosa. Mas o jornalismo econômico era a janela positiva do regime. Então, o jornalismo econômico se contaminou e cobriu e foi reflexo dessa fase do 'milagre' e da expansão da economia. Abria-se diante do país uma perspectiva de crescimento acelerado no longo prazo, que efetivamente não aconteceu. No início da década dos 80, viu-se que isso tudo era, em boa parte, uma quimera, porque o país não resistiu à crise da dívida deflagrada pelo México. E entramos na chamada década perdida."

Depois de um período na *Veja*, Paulo Henrique Amorim foi indicado por Mino Carta para ser o editor-chefe da revista *Exame*.

III - Do Esporte à Economia

No início de 1967, o jovem de 18 anos José Paulo Kupfer ingressava na Faculdade de Economia da Universidade Federal do Rio de Janeiro (UFRJ)[108]. "A idéia que me levou à economia foi a mesma que me levou ao jornalismo, que era a idéia de transformar o mundo. Era a idéia – não só minha mas de um grupo de colegas – de como estudar, trabalhar com sociologia, com ciências humanas, ciências sociais, com algum rigor exato. Para mim, a economia somava essas duas coisas."

Ainda no primeiro semestre, Kupfer comentou com os amigos que queria trabalhar. Era uma turma de garotos cariocas que viviam e comiam juntos. "Um dos meus amigos era o Franklin Martins – que veio a ser jornalista muito depois – cujo irmão mais velho, Nilo Martins, esse sim jornalista, eu conhecia também. O Nilo – mais o Hedyl Vale Junior, um importante jornalista especialmente de esportes – foi um dos criadores da *Placar* e trabalhou na *Globo* muitos anos. Eram da mesma turma deles, do mesmo colégio – o Colégio de Aplicação do Rio de Janeiro –, o Paulo Henrique Amorim e o Guilherme Veloso, que não é mais jornalista, mas que dirigiu a *Exame* muitos anos..."

---

[108] Embora fizesse jornalismo estudantil desde garoto, Kupfer nunca pensou em ser jornalista. Tanto que fez o curso de datilografia para trabalhar em banco. "Eu queria trabalhar para ter a minha renda própria, e me desligar pelo menos nesse sentido da minha família. Tudo que eu imaginava seria um lugar mais adequado para começar qualquer coisa e, para isso, precisaria saber bater a máquina. Eu nunca imaginei que isso eu usaria – embora não saiba bater a máquina direito – no jornalismo." Como secundarista no Colégio Pedro II, Kupfer participava ativamente do movimento estudantil. "Era um colégio grande, público, importante, no Rio de Janeiro. Fiz jornal no Pedro II no primeiro e no segundo ano clássico. Um jornal que era um espanto, que tinha dois cadernos, 16 páginas e mais de 10 mil exemplares distribuídos gratuitamente. Jornal tablóide pago com os anúncios dos comerciantes da área do jornal. Era um colégio enorme, tinha um mercado muito grande. Nós mantemos esse jornal dois anos, e o deixamos lá. Chamava *Vanguarda Estudantil*." Ainda assim, Kupfer continuava achando que não seria jornalista, que não tinha nada a ver com isso.

Por meio de Franklin Martins, Nilo mandou um recado para José Paulo Kupfer: — *Vai na* Fatos e Fotos *que tem uma vaga lá.* A vaga era do jornalista Paulo Henrique Amorim, que se estava transferindo para São Paulo. "E eu fui na *Fatos e Fotos* e conversei com o Nei Bianchi, que era o chefe de reportagem. A primeira coisa que o Nei perguntou era se eu sabia bater a máquina. Gaguejei loucamente. Então, ele disse: — *Assim não vai dar.* E me pediu: — *Já que você sabe bater a máquina, sente ali e me faça cinco pautas. Você sabe o que é pauta?.* Eu respondi: — São temas, são assuntos. Aí eu sentei e pensei: 'Quer testar o meu conhecimento geral, saber se eu leio jornal'. Mandei bala cinco pautas: uma era sobre a guerra do Vietnã..."

Kupfer escreveu aquilo que acreditava ser o que Nei Bianchi queria saber dele. E mostrou para o chefe de reportagem que reagiu:

— *Não, seu idiota. É para você fazer. Não é isso, não é Vietnã. É para você fazer.*

— *Como para fazer? Então, eu não sei escrever* – respondeu Kupfer.

— *Você quer ser jornalista? Então, vai lá e faz cinco matérias, pautas que você possa desenvolver.*

Kupfer nunca mais esqueceu de uma das pautas, até porque acabou virando matéria: chamava-se "Os novos baianos"... "Não eram os novos baianos Baby, Pepeu... Eram o Caetano, o Gil, a Betânia que estavam chegando no Rio de Janeiro naquela época, em 1967. Aí eu fiquei na redação como 'frila fixo'. Não era nem isso. Eu fiquei lá. Eles me adotaram e disseram: — *Fica aí. O que pintar, você faz.* E eu ganhava 50 cruzeiros novos (em moeda da época) por matéria que publicava. O salário do pessoal ali era 400 cruzeiros novos..."

A primeira grande cobertura, da qual Kupfer participou, foi o enterro do primeiro presidente do golpe militar, o marechal Castelo Branco. "Foi todo mundo fazer. Era um cortejo que ia da Cinelândia, do Clube Militar se eu não me engano, até o cemitério São João Batista, lá em Botafogo. E eu sobrei na redação. Alguém, eu acho que o Nei, disse: — *Você quer fazer esse negócio?* Eu respondi: — *Claro.* Ele falou: — *Então, você vai lá e fala com o Ronald* – que era o Ronald de Carvalho que estava coordenando o trabalho. Então, eu cheguei e, quase como um soldado, me apresentei. Ele virou para mim e disse: — *Então, acompanha o caixão.* E eu corri da Cinelândia até o cemitério São João Batista, alguns quilômetros atrás do féretro."

Kupfer ficou na revista *Fatos e Fotos* até que começou a emplacar oito matérias por mês, o correspondente aos 400 cruzeiros de salário do pessoal da redação. "E eles perguntaram se eu não queria ser contratado por 250 cruzeiros. Eu respondi na hora que sim. Então, a minha carteira está assinada a partir de primeiro de novembro de 1967 na *Fatos e Fotos*, da Bloch. Daí, eu virei jornalista.. E foi uma maravilha. No primeiro ano, eu acho que tive cinco aumentos. Quando terminou o meu primeiro ano de exercício, ali pelo final de 1968, eu estava ganhando 1.100 cruzeiros. Dali para frente, eu entrei na linha. A coisa começou a ser natural. Resultado: eu fui repórter geral na *Fatos e Fotos*."

Nesse meio tempo, a atuação política, mais do que propriamente o jornalismo, fez com que Kupfer parasse a Faculdade de Economia no segundo ano. "Mas depois eu parei por conta da profissão e vim retomar mais para a frente, também por culpa da profissão."

No final de 1969, Kupfer trocou a revista pelo jornal *Correio da Manhã*, que estava fazendo aquela que seria a sua última grande reformulação. Foi quando surgiu o *Diretor Econômico*, com o *boom* da Bolsa de Valores, que reuniu jornalistas como Zuenir Ventura, Jânio de Freitas, Washington Novaes e Aloysio Biondi... "Mas eu fui para lá para ser redator de esporte. Fui convidado pelo João Máximo, que ia editar o Esporte. Uma das coisas que chamava um pouco a atenção era o meu texto. Desde o começo eu sabia escrever. Naquele tempo, aquilo era um valor... As pessoas em geral escreviam melhor do que escrevem hoje e a carreira de redator era mais valorizada. É interessante. Naquele tempo, tinha uma carreira clara: você tinha de ser repórter, redator, subeditor, editor... Era esse o caminho. Para ser editor, era indispensável ser redator. E ganhava mais. O redator era mais bem pago do que o repórter, coisa que hoje está invertida. Enfim, João Máximo me convidou para ser redator de esporte. Eu era repórter..."

Da mesma forma que o *Diretor Econômico*, também o esporte do *Correio da Manhã* reunia grandes jornalistas. Na equipe de João Máximo, figuravam nomes como José Trajano, Márcio Guedes e Fernando Calazans. Foi nessa escola que José Paulo Kupfer aprendeu a editar matéria, a fazer texto... "O João Máximo, para mim, é um dos maiores jornalistas que esse país já teve. Pelo menos da década de 50 para cá. Um texto brilhante. Com o João Máximo eu aprendi a escrever. O João formou o tipo de jornalista que escrevia reportagem, que fazia uma edição, entendendo a dramaticidade, ou a comédia das notícias. Então, o nosso esporte era um esporte diferente... Os grandes textos que a gente produzia, as grandes histórias que a gente contava, estavam longe daquele esporte que hoje voltou a ser o que era, contra o qual eu me insurgia na época, de cobertura treino-jogo, treino-jogo, treino-jogo, algum perfil boboca e estamos conversados. Mas o drama dos grandes goleiros, a solidão dos centroavantes, as grandes histórias que o esporte propiciava, o futebol e outros, eu vejo raramente, o que é uma pena; e ali se fazia. Eu dei sorte, tive uma carreira de muita sorte, porque eu tive professores na *Fatos e Fotos*, professores no *Correio da Manhã*..."

É curioso que Kupfer não tenha bandeado para o lado da economia. "Eu estava do lado. Eles tinham uma sala própria, com porta. Eles tinham um espaço na redação. Fazia um 'L', eu me lembro perfeitamente. Nós fomos transferidos para lá na cobertura da copa de 70. Entramos num pedaço do *Diretor Econômico*.

Ali a coisa era quente. E eu estava do lado. Mas eu não estava participando disso nem um pouco. Era assistente lateral, como o Flávio Pinheiro, que fazia internacional, que trabalhou na *Exame* junto comigo... Nós estávamos num cantinho. Eu me lembro que, até fisicamente, a redação era um cantinho. Tinha uma pilastra. Nós estávamos numa área um pouco maior e ambas as áreas eram próximas da sala com porta da economia do Aloysio Biondi. Mas nós estávamos na margem."

Em março de 1972, Kupfer acompanhou Celso Iberê – então editor do "Balaio" no segundo caderno do próprio *Correio da Manhã* – na montagem da nova equipe de esportes do jornal *O Globo*. "Uma outra sorte da minha carreira, da minha personalidade como jornalista, é a paixão pelos novos projetos. Fechava o olho, deixava o que estava legal, talvez, e ia embora arriscar num novo projeto. Então, lá fui eu num novo projeto do *Globo*..."

A aventura de Kupfer aconteceu no momento em que o *Globo* e o *Jornal do Brasil* romperam o acordo então existente e passaram a circular sete dias na semana, o primeiro também aos domingos e o segundo, matutino tradicional, também às segundas-feiras. "E para isso o *Globo* fez uma reformulação enorme, inclusive no esporte. E lá fui eu para a equipe que o Celso Iberê acabou montando. Os velhos foram saindo aos poucos do novo esporte do *Globo*, que também teria uma edição aos domingos. Fui ganhando uma grana: 4.200 cruzeiros, que era um salário altíssimo na época, porque eu era o redator principal, o chefe do texto do esporte. Digamos que um repórter ganhasse 2.100, 2.500 cruzeiros. O meu negócio era transformar o texto do esporte, uma estrutura de quatro ou cinco *copy-desks* que hoje está em extinção. Era uma posição assim: o terceiro homem na equipe. Havia o editor, o subeditor e eu."

Kupfer estava próximo de completar 24 anos de idade e cinco de profissão. No Esporte do *Globo*, afirma que foi o primeiro a exigir que se escrevesse "gol", em substituição a "tento" ou "goal", e "pênalte" em português. "Enfim, fui o primeiro redator a mudar a terminologia do esporte e brigar com a idéia da cobertura da época, que era treino-enfermaria-jogo, e a mexer na estrutura da setorização do repórter. Simplesmente, o cara não era mais setorista do Flamengo, porque tinha gente que estava há 30 anos cobrindo o Flamengo. Ia lá todo dia de manhã. Nem pegava pauta nem nada. Dizia o que tinha acontecido e a gente dava um jeito. Quem trouxesse uma notícia mais interessante, ia para a manchete da editoria e o resto ia entrando para o clube. Então, começamos a pautar e a fazer rodízio. Os caras ficaram loucos. Não agüentaram."

Kupfer começou a trabalhar no *Globo Esporte* pensando em transferir-se para São Paulo. Durante os seis meses que passou no jornal carioca, procurava emprego na capital paulista. "Antes de ir para o *Globo*, eu tirei férias no *Correio da Manhã*, em fevereiro de 72, porque na época o jornal só estava pagando os direitos com maior facilidade para quem tirasse férias, para ter um ônus a menos... Então, nas férias, eu resolvi subir o rio São Francisco quando conheci a minha mulher, uma paulista. Quer dizer, eu fiquei procurando emprego aqui. Vinha todo fim-de-semana. A ponte aérea acabou, eu vinha de ônibus. Vinha namorar e decidido a vir morar aqui. Muito por ela e um pouco também pelos meus amigos... A coisa política tinha dado um refluxo ferrado. Um estava preso ou tinha morrido, outro estava exilado. E uns tantos tinham se enveredado por um caminho que eu não quis. E me senti muito solitário, muito sozinho, muito angustiado com aquele cenário..."

Antes da decisão de mudar para São Paulo, Kupfer chegou a recusar emprego oferecido por Murilo Felisberto para trabalhar no Esporte do *Jornal da Tarde*. "E quando eu quis vir, ele disse: — *Olha, o que eu tenho é aquela vaga de antes, aquele salário que era baixo*. Eu resolvi esnobar, fiquei esperando e começou a complicar. Eu acabei vindo em julho para a sucursal do *Globo*. O redator-chefe na época era o José Augusto Ribeiro. Eu disse para o Evandro (Carlos de Andrade): — *Olha, é um caso pessoal, é um caso de mulher, de paixão. Quero ir para São Paulo. A primeira vaga que aparecer, me mandem*. Ele respondeu: — *Bom, se é assim, não vamos nem discutir. A primeira vaga que tiver, a gente passa para você*."

A vaga apareceu em julho de 1972. — *Eu pego*, disse Kupfer sem pensar duas vezes. "O salário era dois paus e meio. Eu ganhava quatro." Tornou-se repórter de geral da sucursal paulista do *Globo* onde ficou outros seis meses. "Me desentendi com o novo chefe – hoje meu amigo –, o Moura Reis. E comecei a procurar emprego, ali por volta de novembro."

No final do ano, Kupfer procurou Paulo Henrique Amorim, editor de economia da revista *Veja*, "meu amigo, amigo dos meus amigos do Rio de Janeiro. Isso foi em setembro ou outubro. — *Olha, não tenho nada agora. Mas no começo do ano vai ter coisa*, disse Paulo Henrique."

IV - Da cozinha da redação para a Economia

Em 1969, Suely Caldas era presa no Rio de Janeiro pela repressão da ditadura militar[109]. Ela trabalhava, desde 67, na sucursal da *Folha de S. Paulo*, onde fazia reportagem geral. "Mas muitas vezes eu era destacada para cobrir assunto político ou assunto econômico. Em época do AI-5, por exemplo, eu

---

[109] Depoimento em 29/09/1999. Natural de Belém do Pará, Suely Caldas começou como estagiária no jornal *O Globo* em 1963. Mesmo ano em que entrou na Faculdade de Jornalismo na antiga Universidade do Brasil, atual Universidade Federal do Rio de Janeiro (UFRJ). Era pau para toda obra, indo atrás de buraco de rua, subindo morro... Suely, porém, teve de arranjar emprego em expediente integral para ganhar dinheiro e ajudar a família. Passou, assim, a estudar à noite. Não sobrava mais tempo para trabalhar em jornal.

fiquei cobrindo o Itamaraty, onde aconteciam todas as entrevistas principais do governo militar. O Magalhães Pinto era o chanceler na época. Eu era muito destacada para fazer matéria nessa área. Também estava lá o Elio Gaspari, que foi meu colega de segundo grau. A gente estudou junto."

Nesta época, os jornalistas convergiam para o Itamaraty por obra e graça do diplomata Ítalo Zappa, que era o secretário geral do Ministério. O Itamaraty cumpria o papel de transmitir a concepção filosófica, política e ideológica dos governos militares, lembra Suely. "O Ítalo Zappa era um diplomata de primeira linha. Muito inteligente, muito culto e ao mesmo tempo muito popular – fumava um cigarro atrás do outro. E era muito amigo de todos os jornalistas. Ali no Itamaraty, passavam-se muito mais assuntos políticos. Era o período de 1968, 69."

Após três meses presa por militância política, Suely Caldas foi trabalhar, ou se esconder, na redação do *Jornal do Brasil*. "Eram tempos bicudos, tempos muito duros, em que você saía estigmatizado da cadeia... O meu marido estava preso – ficou quase três anos preso – e eu com duas crianças para criar. Mas havia um movimento de solidariedade nas redações. Eu não podia ser repórter. Eu não podia sair na rua. Eu não podia entrevistar autoridade, porque eu era uma militante política. Eu tinha saído da cadeia. Então, o *Jornal do Brasil* me acolheu, porém me botou como redatora da área de Internacional. Depois, eu fui para a *Agência JB*. Foi um período que eu tinha que ficar meio escondida na cozinha da redação por questões políticas. Eu fiquei no *Jornal do Brasil* uns quatro ou cinco anos. Era o período Médici, o mais bravo da ditadura militar."

Depois desse período de ostracismo, surgiu a oportunidade de Suely Caldas ingressar definitivamente no jornalismo econômico. Em 1974, foi chefiar a agência de notícias econômicas *APEC*, que fora comprada pelo grupo *Visão* de Henry Maksoud. "Era uma agência de notícias que produzia boletins impressos para o mercado financeiro e para grandes empresas. Eram três boletins por dia. Olha que coisa incrível! A gente apurava as matérias, via cotações de bolsa, algumas cotações internacionais, como de café e de açúcar, e produzia aquele boletim de umas quatro páginas, que era rodado no mimeógrafo. Depois mandava uma equipe de boys levar nas empresas."

Entre os profissionais que trabalhavam na equipe de Suely Caldas, estavam Fátima Belchior, então estagiária, e Vera Saavedra Durão, que mais tarde iria para a *Gazeta Mercantil*, além de outros redatores, um tradutor de material das agências internacionais de notícias e um único repórter de economia. "Um dia, lá pelos idos de 1976, o Roberto Muylaert, que estava na *Visão*, me chamou a São Paulo para conversar com ele. — *Olha, eu queria que você demitisse todo mundo. Você vai ficar*, disse. Naquela época, eu tinha uma visão meio quixotesca do jornalismo. — *Não. Que fique todo mundo. Saio eu*. Aí eu pedi demissão. E a *Gazeta Mercantil* me chamou logo em seguida."

V - Dos pampas ao eixo Rio-São Paulo

Paulo Totti trabalhava, desde 1960, no jornal *Última Hora* de Porto Alegre quando veio o golpe militar[110]. "A *Última Hora* mudou de dono. O Samuel Wainer foi preso, houve aquelas confusões... Eu saí de jornal e trabalhei um tempo numa agência de propaganda, até ir para a *Folha da Manhã*, que era um jornal da Companhia Jornalística Caldas Júnior – Correio do Povo. O atual *Correio do Povo* ainda é herança daquele período. Eu trabalhei até 1967 na *Folha da Manhã* quando a *Veja* começou a recrutar gente." Na *Folha da Manhã*, Totti era editor da única página de internacional do jornal.

Com a criação da *Veja*, Paulo Totti foi contratado, em fevereiro de 1968, para ser o chefe da sucursal da revista em Porto Alegre. "Eu fiquei em Porto Alegre até 1973, quando vim para São Paulo para ser editor de Brasil na *Veja*. O Elio Gaspari era o editor de política, uma espécie de supereditor. E eu, sob a chefia dele, fazia a parte de Brasil. Quando o Gaspari foi para o Rio, para o *Jornal do Brasil*, eu passei a chefiar a reportagem da *Veja*."

---

[110] Depoimento em 14/02/2001. Paulo Totti nasceu em 1938 na pequena Veranópolis, cidade de colonização italiana situada entre Bento Gonçalves e Caxias do Sul, mesmo cenário da filmagem de "Quatrilho". Aos quatro anos, mudou com a família para Passo Fundo onde estudou até a idade de 19 anos. "Com 14 anos, comecei a trabalhar no departamento de notícias de uma rádio lá no interior do Rio Grande do Sul." Totti foi contemporâneo do senador Pedro Simon e do ex-senador José Richa no movimento estudantil, embora em lados opostos. Em 1956, o grupo esquerdista de Totti venceu a eleição para a direção da UNE numa disputa com os aliados de Pedro Simon. "O meu grupo ganhou a eleição em 56, quando nós tiramos a direita da UNE – durante todo o tempo da ditadura do Getúlio, até 56, a direita mandava na UNE –, porque o Simon, que era um grande orador, estava afônico. E nós ganhamos por apenas seis votos. Então, se ele pudesse discursar na apresentação da candidatura que ele apoiava, se ele conseguisse quatro votos, nós perdíamos a eleição. Depois, ele mudou. Outros mudaram. Inclusive alguns, que estavam do nosso lado, passaram para o outro." Totti estudava na Faculdade de Direito de Passo Fundo, quando, em 1958, foi eleito um dos vice-presidentes da UNE. "Em 1959, fui para o Rio de Janeiro para assumir na UNE e ficar um ano lá no exercício do mandato." Era presidente da UNE o paulista João Manuel Conrado Ribeiro, que mais tarde teria se tornado procurador do Ministério do Trabalho e, posteriormente, expurgado do funcionalismo público pelo golpe militar de 1964. No Rio, Totti pediu transferência para a Faculdade Nacional de Direito. Na ocasião, fez amizade com o pessoal do jornal *Última Hora*, de Samuel Wainer. "Quando acabou o mandato lá na UNE, voltei para o Rio Grande do Sul e, por indicação do pessoal que eu tinha conhecido no Rio, fui trabalhar na *Última Hora* de Porto Alegre. Abandonei o Direito para virar jornalista. Eu sou então rábula. Houve um momento em que eu pensei em voltar a fazer Direito. Mas pensei: 'Eu me formo, recebo o diploma e no outro dia, às dez horas da manhã, estou no jornal. Fico lá até meia-noite...'" Totti reconhece, porém, que o pouco de Direito que estudou foi útil. "Os primeiros anos de curso foram bons, porque não entravam naquela especificidade do Direito. Discutíamos teoria geral do Estado, tínhamos filosofia, história do direito penal, história do direito civil, direito constitucional... No segundo ano de Direito, na minha época, já tinha direito financeiro, mas eram teorias... E essas coisas são muito boas."

Outro gaúcho, Ismar Cardona, começou a fazer estágio no *Jornal do Comércio* de Porto Alegre, de propriedade da família Jarros, dois meses antes do golpe militar[111]. "Acho que meu trabalho estava agradando a chefia de redação porque, na noite do dia 30 (ou 31) de março de 1964, fomos juntos –

---

[111] Ismar Cardona nasceu em 1941 em Santa Maria da Boca do Monte, cidade entroncamento ferroviário, centro universitário e principal centro militar do Rio Grande do Sul. "Minha terra natal por adoção, no entanto, é Passo Fundo, centro de uma das principais regiões agrícolas do Estado. Lá passei minha adolescência e lá despertei meu interesse pelo jornalismo." Cardona começou a mexer em jornal aos 14 anos quando fazia ginásio no Colégio Estadual Oswaldo Cruz, de Passo Fundo. Ajudou a criar o jornal *O Arauto*, nome dado indiretamente pelo pai que era ferroviário e sempre que o trem apitava ao longe costumava dizer: "Aí vem o arauto do progresso". O relativo sucesso do *Arauto* entre os estudantes chegou ao conhecimento do recém-eleito presidente da União Passofundense dos Estudantes Secundários (UPES), Ivo Almeida, que convidou Cardona para dirigir o *Jornal dos Estudantes*, da entidade. O jornal tinha sido dirigido três anos antes por Paulo Totti, no início de sua carreira de político estudantil. "Totti foi o primeiro comunista que conheci ao vivo. (...) Aliás, mais ou menos nessa época, Totti trabalhava na Rádio Municipal de Passo Fundo, aonde escrevia e produzia o programa Anoitecer no Rio Grande apresentado pelo célebre cantor Teixeirinha, autor do não menos célebre 'Churrasquinho de Mãe'." Um dos colaboradores do *Jornal dos Estudantes* era Tarso de Castro, que assinava uma coluna de fofocas com o pseudônimo de Tedecê. Passo Fundo – lembra Cardona – foi sempre um tradicional centro fornecedor de jornalistas. Exemplos são os irmãos Mauricio e Jaime Sirotsky, criadores da RBS, além do veterano Nahum Sirotsky. Também o jornalista Roberto D'Avilla passou grande parte de sua adolescência na cidade, embora não tivesse nascido lá. No final do primeiro ano de curso clássico no Colégio Marista Nossa Senhora da Conceição, Cardona transferiu-se para o Colégio Júlio de Castilhos em Porto Alegre, uma espécie de Colégio Pedro II do Rio de Janeiro. Lá ajudou a criar o jornal *O Clássico*, que seria financiado com contribuições da própria mãe e do governo do Estado, na época chefiado pelo engenheiro Leonel Brizola. Desde o ginásio, Cardona era fascinado pelo tribuno gaúcho Gaspar Silveira Martins, que foi chefe do grupo dos federalistas (maragatos) na Revolução de 1893, ministro do Império e uma espécie de patrono do Partido Libertador. Mas seu "batismo de fogo ideológico" aconteceu na época do Clássico. Marcos Faerman, o Marcão, que estudava no mesmo colégio e mais tarde atuaria na imprensa alternativa em São Paulo e no *Jornal da Tarde*, chocou Cardona com um discurso anti-Silveira Martins, no qual apontou as mazelas do tribuno. "Vocês estão homenageando um reacionário. Ele era um escravocrata." Se não deu o braço a torcer naquele momento, mais tarde, já na faculdade, Cardona abandonou o ideário Silveira Martins. Às vésperas de entrar no curso de Jornalismo da UFRGS, começou a frequentar as rodas da Federação dos Estudantes da Universidade do Rio Grande do Sul (FEURGS), dirigida por Fúlvio Petracco, "um dos maiores agitadores e oradores de massa que conheci". Deste grupo fazia parte, entre outros, Marco Aurélio Garcia, na época vice-presidente da UNE e que viria a ser alto dirigente do Partido dos Trabalhadores. Desse grupo surgiu o jornal *Universitário*, dos moldes do *Metropolitano* da União Metropolitana de Estudantes do Rio de Janeiro, do qual um dos diretores era Arnaldo Jabor. Durante três anos, até o golpe militar de 1964, Cardona dirigiu o *Universitário*, função que acumulava na FEURGS com as de ator do grupo de teatro Centro Popular de Cultura (CPC) dirigido pelo ator Paulo César Pereio, de professor de cursinho de alfabetização de adultos e de assistência a movimentos de sem terra. E no último ano de faculdade, começou a trabalhar na *TV Gaúcha* como assistente de estúdio e figurante de telenovela, além de dirigir o programa infantil Rio Grande Universitário.

vários repórteres mais o diretor e o chefe de reportagem do jornal – assistir ao comício do Brizola, pronunciado na sacada da Prefeitura de Porto Alegre. No caminho, o diretor de redação me disse então que estava gostando do meu trabalho e iria providenciar minha contratação nos próximos dias. Da sacada, iluminado pela luz forte de holofotes, Brizola agitava para a multidão um revólver, com movimentos da direita para a esquerda, e gritava: 'Sargentos, prendam os gorilas'. Um dia ou dois dias depois, foi o que se viu."

Pouco mais de uma semana depois, o chefe de reportagem do jornal chamou Cardona a um canto da redação e disse: "— *Olha, Ismar, a gente pensou bem e concluiu que você ainda está muito verde para ser contratado e não vamos também poder mantê-lo como estagiário. Desculpe.* Na hora, eu não entendi nada. No dia seguinte, um conhecido que trabalhava na administração do *Jornal do Comércio* e que era colunista de cinema da *Última Hora*, o Goidanich, o Goida, me procurou com uma informação preocupante: — *Olha, Ismar, o velho Jarros foi ao comandante do III Exército levar uma lista com os vermelhos da redação e o teu nome está na lista. Acho bom você se mandar.*"

Cardona não pensou duas vezes: evitou "dar sopa pelas ruas" e decidiu deixar Porto Alegre, "pois eu estava queimado". Cardona mudou para o Rio de Janeiro em julho de 1964, à procura de emprego, dois dias depois de formado em Comunicação Social pela Universidade Federal do Rio Grande do Sul (UFRGS). "Logo após chegar ao Rio, que não conhecia, comecei a estagiar na revista *Manchete*, graças a uma carta de recomendação de um conhecido meu, o Gilberto Martins, sobrinho do diretor da revista, Justino Martins. Dois meses após, passei a trabalhar no *Diário Carioca*, graças a uma carta de recomendação do ex-redator do jornal Ibsen Pinheiro, que tinha voltado ao Rio Grande do Sul para trabalhar como advogado. No *Diário Carioca*, o único lugar disponível era o de separador de telegramas internacionais para o editor de internacional José Augusto Ribeiro. Dois meses depois, graças à boa vontade de José Augusto eu já assinava matérias com comentários sobre a crise no Congo e as eleições italianas. No *Diário Carioca*, eu trabalharia com alguns cobras do jornalismo carioca como Zuenir Ventura, Milton Coelho da Graça, Sebastião Nery, José Ramos Tinhorão e Ana Arruda. Lá fiquei até o fechamento do jornal, no dia 31 de dezembro de 1964."

O fechamento do *Diário Carioca* empurrou Cardona para a reportagem da sucursal carioca da *Folha de S. Paulo*. Lá, especializou-se na cobertura de assuntos estudantis. "Vivia-se na época uma grande fermentação entre os estudantes contra o governo militar. Fiquei lá por um ano cobrindo a movimentação política dos estudantes." Com isso, Cardona ganhou a confiança das lideranças estudantis. "Acabei virando porta-voz informal da direção da União Nacional dos Estudantes (UNE) que se encontrava na clandestinidade. Muitas vezes, quando a direção da UNE, ou seu presidente, queria dar alguma declaração, me chamava e passava o que queria dizer e eu reunia os repórteres para passar a informação. Algumas vezes, eu também promovi entrevistas do presidente da UNE, Luiz Carlos Guedes, com correspondentes estrangeiros." Conseguir tal acesso, contudo, não foi de graça, prossegue Cardona. "Acho que consegui isso por manter um nível de correção nas matérias que redigi."

Uma vez, Cardona foi preso e espancado pela PM em meio a uma passeata de estudantes no cruzamento das avenidas Rio Branco e Presidente Vargas. "Eu ainda não tinha sido contratado pela *Folha* e não possuía credencial de repórter do jornal. O diretor da sucursal, Washington Novaes, me deu uma folha de papel com uma declaração, informando para os devidos fins que eu era repórter da *Folha*. Quando um PM me segurou pelo braço achando que eu era estudante, tirei o papel com a declaração de Washington e tratei de ir logo gritando: *Sou jornalista. Sou jornalista.* O PM parece não ter entendido bem o que eu estava dizendo e começou a gritar para seus companheiros: *Comunista! Peguei um comunista.* Foi o que bastou. Em alguns segundos, eu já estava levando cacetadas e pescoções de uns seis PMs. Acabei preso e levado de camburão para o Quartel da PM na Evaristo da Veiga. A prisão me valeu, além do respeito das lideranças estudantis, um terno dado pela *Folha de S. Paulo*, já que o meu foi rasgado pelos PMs e todo manchado de sangue."

Cardona ainda estava na *Folha* quando, em março de 1966, foi indicado por um amigo para trabalhar na Assessoria de Imprensa da Esso. Seis meses no novo emprego e Cardona avisou ao chefe que iria sair. "Para mudar minha decisão, o gerente de Relações Públicas da Esso, Sérgio Pinheiro, me acenou com a possibilidade de assumir a coordenação nacional do Repórter Esso, rádio e televisão. Era o ano de 1967. Aceitei ficar, passando a acumular a coordenação nacional do Repórter Esso com a de chefe da Assessoria de Imprensa da Esso. Fiquei nessa função praticamente dois anos. A experiência do Repórter Esso acabaria sendo para mim, então com 25 anos, uma das mais ricas de toda a minha vida profissional."

As atividades em São Paulo restringiam-se ao Repórter Esso na rádio *Globo*, até então coordenado pela McCan Ericsson. Na nova função, Cardona, junto com Sérgio Pinheiro, tentou negociar a volta do Repórter Esso a uma emissora paulista de televisão. "O programa, desde o início de sua existência, tinha sido transmitido pela TV Tupi, que pertencia ao grupo dos *Associados*, que em São Paulo era dirigido por Edmundo Monteiro. Ao lado de João Calmon, Edmundo tinha comandado um fogo pesado contra a Esso, que acabou levando as sobras pela decisão do *Time Life* de investir na *TV Globo*, de Roberto Marinho. Os *Associados* não se conformavam com essa decisão do *Time Life*, pois achavam que, devido aos bons serviços prestados pela organização, os investimentos deveriam ser destinados à *Cadeia Associada* e não ao *Globo*, que na época era apenas um jornal carioca, sem dimensão nacional."

Serenado o tiroteio, o diretor da Esso, Nabuco de Araújo, ao qual estava ligado o Repórter Esso, achou que era hora de o programa voltar a São Paulo, o principal mercado da empresa no Brasil. Cardona e Pinheiro foram então conversar com os diretores de cada uma das emissoras paulistas de TV – Record, Excelsior e Tupi. "A família Paulo Machado de Carvalho não demonstrou o maior interesse em ter o Repórter Esso em sua programação. A Record tinha então sua programação alicerçada nos famosos musicais. Na Excelsior, conversamos com Edson Leite, então o homem forte da emissora. Nunca vou esquecer o seu conselho: — *Vocês querem um conselho de quem conhece os gostos e preferências dos paulistas como poucos? Eu, se fosse a Esso, desistiria da idéia de trazer de volta o Repórter Esso para São Paulo. O paulista não gosta de notícias.* Na Tupi, como não deixaria de ser, a negociação foi difícil. No horário das dez para as oito, que tinha sido tradicionalmente ocupado pelo Esso, com a sua saída passou a ser ocupado pelo Repórter Ultra, patrocinado pelo grupo Ultra. O único horário vago disponível era o das onze e meia da noite."

Cardona pensava em tentar uma experiência com um novo tipo de programa. "O Repórter Esso, desde seus primeiros tempos, marcou seu estilo em cima dos noticiários nervosos, gritados, marcados pela tonitroante fanfarra do programa. Eu queria aproveitar o horário disponível na Tupi para mudar o feitio do Esso. Tínhamos encontrado um apresentador ideal para o novo perfil. Tratava-se do jornalista Nemércio Nogueira, que tinha trabalhado no Estado de S. Paulo e tinha acabado de voltar de um estágio de três anos na TV BBC de Londres. Lá ele chegara a apresentar um programa. Careca, tranquilo, voz coloquial, Nemércio era a antítese do apresentador normal de um noticiário de televisão como o Esso. Ao contrário dos apresentadores tradicionais, que eram declamadores de notícias, especialmente o do Rio, Gontijo Teodoro, Nemércio tinha realmente um estilo diferente. Quando ia falar sobre combate no Vietnã, por exemplo, ele levantava-se de sua mesa e ia até um mapa pendurado na parede para fazer comentários. O único problema era que o programa jamais conseguiu ir ao ar antes da uma hora da manhã. Como não podia deixar de ser, a Esso acabou desistindo do programa de televisão em São Paulo."

Nem havia ainda a Embratel e a Esso já mantinha programas de TV e rádio no Rio, em Salvador e no Recife. Como coordenador nacional do Repórter Esso, a maior preocupação de Cardona era dinamizar a pauta do noticiário que ia ao ar pela TV Tupi do Rio, que tinha importância para o Grande Rio (que incluía até grande número de cidades mineiras) comparável à do Jornal Nacional da TV Globo. "É bom lembrar que, nessa época, o Rio de Janeiro ainda não deixara de ser de fato a capital do País, pois Brasília tinha sido inaugurada sete anos antes e a maioria dos ministérios mantinha seu núcleo básico no Rio, ficando em Brasília apenas um apêndice. Os ministros ficavam a maior parte do tempo no Rio, indo a Brasília apenas para despachos presidenciais e para não dizer que não iam à nova Capital. O Rio era ainda, como dissera certa vez o presidente Getúlio Vargas, 'o tambor do Brasil'."

Entre as memoráveis coberturas do Repórter Esso, Cardona cita a entrevista com Nelson Rodrigues, em que o teatrólogo "defendeu ardentemente o uso do palavrão no teatro. Choveram telefonemas irados de ouvintes tradicionais do programa, reclamando contra a presença de Nelson e do tema por ele abordado". Também foi dada especial cobertura à morte de Che Guevara, em filme feito por cinegrafista da *Tupi* especialmente para o programa, "mostrando o corpo do guerrilheiro morto nas selvas da Bolívia pelo exército daquele país".

Em combinação com Marcos Reis, editor-chefe do Repórter Esso, Cardona cobriu intensamente o movimento estudantil francês de 1968, com a apresentação diária de filmes produzidos pela *UPI* sobre enfrentamentos com a polícia. "No dia em que foi morto pela PM o estudante Edson Luiz, numa manifestação no Calabouço, o Repórter Esso dedicou vinte minutos a mostrar filmagens do corpo do estudante morto sendo levado pelos seus colegas, detalhes de sua camisa ensanguentada, dos estudantes chorando, com os punhos levantados", recorda. A insistência em mostrar o movimento estudantil valeu a Cardona um bilhete do diretor da Esso, Nabuco de Araújo, ao então chefe de Relações Públicas da empresa, Petiz Fernandes, "estranhando a insistência dada pelo Repórter Esso às manifestações estudantis. (...) Guardo até hoje esse bilhete em um quadro".

Cardona veio a saber, pouco depois, que o trabalho agressivo do Repórter Esso na cobertura do movimento estudantil tinha também chamado a atenção do general Sizeno Sarmento, então comandante do I Exército, "que cogitava criar um Inquérito Policial Militar (IPM) para investigar a atuação do programa. Mais ou menos nessa época, Petiz Fernandes chegou esbaforido em minha sala. Tinha acabado de chegar de um almoço na Câmara Americana de Comércio aonde o assunto do dia tinha sido o Repórter Esso. – *O que está acontecendo com o Repórter Esso?*, perguntaram-lhe alguns empresários. Nervoso, Petiz me pediu que providenciasse junto à produção do programa cópias de filmes sobre manifestações de estudantes que tinham sido divulgados pelo Esso. Ele deu ordens para que aquele tipo de cobertura jamais se repetisse".

Era início de 1969 – o AI 5 tinha sido editado em dezembro do ano anterior, lembra Cardona. "A partir daí, decidi seguir o conselho de uma música que era o grande sucesso da época, de autoria de Geraldo Vandré: 'Quem sabe faz a hora não espera acontecer'." Cardona estava maduro para novos desafios, desta vez no campo do jornalismo econômico.

VI - Da experiência doméstica à visão de mundo

Com o *boom* da bolsa nos anos 70, as empresas do setor privado foram atraídas pelas novas oportunidades do mercado e começaram a investir em ações. Até então, as estatais dominavam a Bolsa de Valores do Rio de Janeiro, lembra Noenio Spinola. "Nos anos 60, todo o petróleo era estatal. Todas as refinarias, todos os portos, toda a navegação de cabotagem, quase toda a navegação de longo curso, todo o sistema ferroviário, eu acho que 70% do sistema financeiro eram estatal. O café respondia por 80% da balança comercial brasileira. Um produto único que dominava as exportações. Em resumo, a Bolsa de Valores do Rio de Janeiro, que era a maior bolsa do país, era dominada por Banco do Brasil, Vale do Rio Doce, Petrobrás e as outras estatais. Telebrás veio depois. Um conjunto de cinco ou seis empresas estatais movimentava 90% do volume."

No *Jornal do Brasil,* Noenio começou a abrir a editoria de Economia para as empresas do setor privado. "Eu criei um índice de empresas privadas dentro do *Jornal do Brasil.* Eu publiquei o primeiro índice montado para calcular a performance de empresas privadas em bolsa. Só que era um índice que refletia uma parcela muito pequena do mercado. Então, faltavam notícias nos jornais sobre as empresas privadas. Eu comecei a dar notícias de empresas privadas com o objetivo também de participar de uma discussão maior que era a reforma da Lei das Sociedades Anônimas. Quem trabalhou no projeto de reforma da Lei das Sociedades Anônimas foi o Alfredo Lamy, com o Bulhões Pedreira e outros. E o objetivo daquela lei na época era democratizar mais a propriedade no Brasil, permitindo que as empresas privadas brasileiras freqüentassem o mercado de ações e se capitalizassem, via investimento direto em vez de investimento financeiro."

Noenio considera, assim, que o *Jornal do Brasil* teve papel relevante na abertura da imprensa às empresas do setor privado. "Eu atribuo ao *Jornal do Brasil* a iniciativa de começar a ouvir o empresário. — *Fale. Conte a história da sua empresa...* Nessa época, era muito delicado dar notícia de uma empresa no jornal porque parecia jabaculê. O termo era jabaculê. Então, eu conversei com o editor-chefe, que era o Alberto Dines, e chamei toda a reportagem e disse: — *Nós temos que criar uma sociedade mais aberta. Por que a cadeia de supermercados X não deve ser notícia, se ela está lidando com o dia-a-dia dos preços na vida das pessoas? Se ela deu um lucro extraordinário, ela deu esse lucro por que ela foi eficiente ou por que ela especulou com estoque? Vamos começar a falar de empresas.* Foi a partir daí que nós começamos a abordar muito diretamente as empresas. E a criação desse índice de empresas privadas, nas páginas de economia do *Jornal do Brasil*, contribuiu para levar o foco também para as empresas."

Do estímulo ao investimento em ações, por meio do decreto 157, ao colapso da Bolsa, ainda que o mercado fosse pequeno, os jornalistas passaram a ter de explicar as novidades ao público, relata Noenio. "Houve uma enxurrada de dinheiro. As ações se supervalorizaram e, no momento seguinte, houve o famoso colapso da Bolsa, que deixou um rastro de destruição durante muitos anos. Eu acho que aquilo foi a crise da adolescência do mercado de capitais brasileiro, ou da infância do mercado de capitais brasileiro. Nessa época, passaram as leis do mercado de capitais e do sistema financeiro; foram criados os bancos de investimento, o sistema de crédito de investimento e o sistema de crédito imobiliário. Criou-se o Sistema Financeiro da Habitação e apareceu o BNH. Na realidade, houve uma revolução no Brasil tanto em termos de quartéis quanto em termos de leis. E aquelas novidades todas exigiam tradutores. E os tradutores eram os jornalistas."

Foi nesse contexto que o estudo de Noenio Spinola sobre as bolsas de *commodities* acabou se transformando no livro "O preço do futuro", prefaciado por Delfim Netto. "Na época o Delfim Netto – uma pessoa que também estudava esse assunto – estava fora do governo. E eu pedi a ele que lesse o livro e ele gentilmente fez um prefácio, sem que eu nem sequer tivesse pedido... Eu não quis pedir o prefácio a ele porque eu sabia que ele não fazia... E ele acabou fazendo. Foi uma gentileza da parte dele."

O livro traz um desenho que teria fornecido a idéia para a criação do pregão da Bolsa de Mercadorias & Futuros (BM&F). "Eu acho que o livro foi um dos auxiliares para a formulação do projeto da BM&F, porque quem editou o livro na época – o Horácio Mendonça, que era diretor do IBMEC – não era um especialista em *commodities*. Depois, ele foi para a Bovespa, como superintendente geral, e eu imagino que ele leu esse livro. Foi quando surgiu o grupo de estudos, do qual se originou a BM&F. Eu tenho certeza de que algumas pessoas leram esse trabalho, como o Dorival Rodrigues Alves, que veio a ser o superintendente que mais tempo ficou na BM&F. E esse livro deve ter andado de mesa em mesa...".

Noenio Spinola trabalhou três anos em Washington (de 1976 a 79), antes de se transferir para a Europa. "Fui correspondente em Moscou de 1979 a 81. Depois fui correspondente em Londres de 1981 a 83. Nesse período, eu não fazia obviamente economia. Eu fazia política internacional, mas nunca abandonei o foco econômico, tanto nos Estados Unidos quanto na Rússia porque nós vivíamos o auge da guerra fria. E a guerra fria eram dois sistemas econômicos e dois sistemas políticos em choque. Não havia apenas um sistema político em choque, nem um sistema militar. Havia duas teorias econômicas. De um lado, uma teoria econômica de mercado, ocidental, comandada pelos Estados Unidos. A Europa ainda estava em recuperação. Não havia começado o movimento pró-Euro. Não existia a União Européia. O grande centro hegemônico eram os Estados Unidos. O que havia era uma tendência muito grande na França, liderada por De Gaulle, de dar mais importância e influência à

Europa vis-à-vis os Estados Unidos. Do outro lado, havia a Rússia tentando estruturar o Comecon, aquele comércio comum dos países do Leste que tinha sede em Moscou e reuniões em Varsóvia. O Comecon era a versão econômica das economias que giravam em torno do Fundo Monetário Internacional, dos acordos de Bretton Woods do pós-guerra, do Banco Mundial... E tinha o Pacto de Varsóvia, que era a versão militar da Organização do Tratado do Atlântico Norte (OTAN)."

A experiência anterior de Noenio foi fundamental para a percepção dos acontecimentos, que antecederam a queda do muro de Berlim e o fim da União Soviética. "Eu fiquei em Moscou nos anos da guerra fria e da perestroika. O livro básico da perestroika, um dos livros que mais circularam em Moscou naquela época, se chamava, traduzindo do russo, 'Passagem para o mercado', ou 'Transição para o mercado'. Enfim, quando você quer atravessar uma rua de um lado para outro, você tem uma descida, com escadas, e você passa por baixo da rua, um pequeno túnel que leva até o outro lado da rua... Se você não tivesse o mínimo de cultura econômica, como você ia poder escrever sobre a perestroika, o que estava acontecendo naquela época?"

VII - A Economia na nova fase do Globo

Para um jornal que aspirava a modernidade e maior presença no mercado, era inconcebível não possuir uma editoria de Economia que brigasse de igual para igual com o *Jornal do Brasil*. A reestruturação da editoria de Economia foi uma das primeiras preocupações do novo diretor de redação de *O Globo*, Evandro Carlos de Andrade. E para essa tarefa foi buscar Ismar Cardona. "O jornal já tinha um núcleo básico operando como editoria de Economia. Mas o Evandro queria dar uma abrangência bem mais ampla para o setor."

O grande desafio da reforma do *Globo* era tornar o jornal mais moderno e mais competitivo, lembra Cardona. "Naquela época, 1972, o *Jornal do Brasil* reinava soberano. Era o jornal da classe média, da Zona Sul e da intelectualidade. A imagem do *Globo* era muito ruim nessas áreas. Era a imagem do jornal chapa branca, ligado aos militares e aos interesses do capital americano. A propósito, o pessoal do *Pasquim* chamava o jornal de *The Globe*."

Uma editoria de Economia ágil, moderna e agressiva era fundamental para a nova fase do *Globo*, opina Cardona. Com tais características, "o jornal poderia passar a disputar os balanços com o *Jornal do Brasil*, que tinha o monopólio de sua publicação. Sem uma editoria de Economia eficiente, o jornal ficava sem os balanços e sem eles não tinha acesso ao filé mignon da receita publicitária dos jornais em alguns meses do ano. É bom não esquecer também que estávamos vivendo o auge do chamado 'milagre brasileiro'."

Sem experiência de fechamento e do que vinha a ser uma editoria de Economia, Cardona foi buscar, para ser seu subeditor, Johnson Santos – biólogo de formação mas há vários anos atuando no jornalismo – que trabalhava na seção de Economia do *Jornal do Brasil*. Johnson passou a ser peça chave na montagem da equipe e nos anos seguintes da nova editoria. "Teimoso, brigão, ele era um apaixonado em tudo que fazia e um estudioso de matéria econômica", lembra Cardona.

Aos poucos, Cardona e Johnson foram dando à editoria a conformação que ela passaria a ter ao longo dos 10 anos seguintes. Em vez de cobrir as principais áreas da economia por zona – relata Cardona – "nós chegamos a ter, no mínimo, um repórter especializado para cada uma ou duas das principais áreas da economia: construção naval, construção civil, BNH, seguros, Ministério da Fazenda, Ministério do Planejamento, Banco Central, mercado de capitais (era o tempo áureo da ABECIF), Bolsa de Valores, Petrobrás, energia, mineração, petroquímica, BNDES (Banco Nacional de Desenvolvimento Econômico e Social) e abastecimento. É bom lembrar que, em boa parte dos anos 70, os centros de decisão da política econômica ainda estavam localizados no Rio de Janeiro".

Em Brasília, a editoria de Economia chegou a ter sete repórteres e em São Paulo, cinco profissionais. Mesmo assim, "não foi fácil encarar de frente a Economia do *JB*, pois além da imagem excelente do concorrente eles contavam com uma equipe que trabalhava há vários anos junto", explica Cardona.

No segundo ano como editor, Cardona recebeu da direção do *Globo* a incumbência de editar o Panorama Econômico, um suplemento especial que até então era feito pela APEC para o jornal. "O Panorama foi um sucesso editorial – sem falsa modéstia – e publicitário. Chegou a ter mais de 200 páginas. Escolhíamos um tema central e distribuíamos as pautas entre os membros da editoria, embora também pedíssemos matérias para gente de fora do jornal. Um dos colaboradores do Panecão, como o suplemento era chamado, foi o Wellington Moreira Franco, recém chegado de seu exílio dourado em Paris e ainda embalado por uma militância na extrema esquerda. O tempo passa, o tempo voa. Ele fez, entre outras coisas, uma análise do Plano Econômico do ministro Roberto Campos para a edição de décimo aniversário da redentora, visto pelo enfoque econômico."

Cardona procurava conciliar a alta qualidade da maioria dos trabalhos publicados no Panecão com o nível supra-ideológico dos entrevistados. "Os grandes pensadores da economia brasileira daquela época, da direita à esquerda, estão lá analisando, pontificando e discutindo o que se passou com a economia nos 10 anos dos militares no poder."

O sucesso do Panecão refletia, de certa forma, o trabalho que era feito pela equipe de economia no dia-a-dia do jornal, explica Cardona. "Entre os temas anuais do Panecão, lembro dos que trataram de tecnologia (o novo e o velho), novas fronteiras, concentração industrial e desenvolvimento urbano. A capa do Panecão sobre tecnologia foi feita pelo pintor Carlos Vergara. O Panecão sobre novas fronteiras teve a colaboração da repórter, hoje cineasta, Lúcia Murat, que fez uma magistral matéria de campo, acompanhando durante quase um mês famílias de migrantes, que saíram de ônibus de Ponta Grossa em direção ao novo Eldorado da época que era Rondônia. Não havia estrada decente ligando Rondônia com o resto do país. Publicamos fotos incríveis mostrando os passageiros empurrando o ônibus."

Uma das marcas do jornalismo praticado, na época, pela editoria de Economia do *Globo* eram as viagens, relata Cardona. "Como os nossos repórteres viajavam pelo país e pelo exterior! No primeiro choque do petróleo, enviamos um repórter – o Luiz Alberto Bittencourt – para cobrir a crise na Arábia Saudita e nos Emirados."

A questão do desenvolvimento urbano era tema frequente nas páginas do caderno de economia. Certa vez, o *Globo* promoveu um encontro entre os prefeitos das principais capitais, que contou com a presença dos administradores do Rio, de São Paulo, de Belo Horizonte, Salvador, Recife, Curitiba e Porto Alegre. Mas Cardona teve de deixar o auditório antes do fim do debate. "Nesse dia, se eu não me engano, eu não pude assistir a toda a mesa redonda, pois tive que ir depor no DOPS, acompanhado pelo doutor Rogério Marinho. Eu era um dos apontados como integrante da base do PCB na redação."

Outra mesa redonda, reunindo os maiores especialistas do País em desenvolvimento urbano e publicada no Panecão, ainda é atual, na opinião de Cardona. "Vivíamos na época os tempos pervertidos da explosão urbana, destruindo e moldando ruas, avenidas e praças para dar passagem mais fácil para o automóvel e dar emprego à mão-de-obra não especializada. Em nome da modernidade, foram cobertos 400 km de linhas de bonde no Rio de Janeiro."

Era preciso ser criativo para fechar até 14 páginas de matérias por dia, sobretudo em épocas de balanço, e outras tantas nas edições de domingo, conta Cardona. "As edições de domingo marcaram uma fase importante na vida da editoria, como de resto de todo o jornal. Era um ritmo de trabalho infernal. Às sextas-feiras, eu costumava chegar por volta das nove horas da manhã... Preparava a edição de sábado e a edição de domingo que seria fechada no chamado pescoção da madrugada. Na fase heróica do pescoção, todo mundo participava do fechamento da edição de sábado, que se prolongava até por volta das 11h30 e meia noite. Íamos em seguida jantar com todo o grupo e depois voltávamos para a redação, lá por volta de uma e meia. Na verdade, o fechamento era uma festa. Que fantástica resistência! O pescoção se prolongava até quatro, cinco ou seis horas da madrugada. Teve dias em que ainda filávamos o café da manhã distribuído para a equipe da madrugada do jornal. Ainda me lembro das madrugadas saindo do jornal e passando pela Lagoa de carro, vendo o sol nascendo. 'Leia o *Globo*, edição de domingo. Que lindo!', dizia o comercial da *TV Globo*. Eram tempos de novidade no ar, daí a forma festiva com que encarávamos o pescoção."

Evandro Carlos de Andrade estimulava os debates promovidos pela editoria de Economia, lembra Cardona. "Ele costumava delegar aos seus editores mas, quando algum deles pisava na bola ou publicava alguma matéria que não caía no seu gosto, tinha de se ver com suas pesadas e terríveis cobranças. Certa vez, ele cobrou de mim a ênfase que eu estava dando a matérias contrárias ao contrato de risco com empresas estrangeiras para a exploração de petróleo, que o presidente Geisel acabaria autorizando. 'Não confunda sua posição pessoal com a posição do jornal', esbravejou ele. Dois dias depois, mais calmo, ele me chamou para perguntar o que eu achava que o jornal poderia fazer para discutir de forma não facciosa o assunto. Sugeri que nós fizéssemos uma mesa redonda, em Brasília, juntando parlamentares a favor e contra o contrato de risco. Ele topou de saída."

O jornal juntou, entre outros, os senadores José Sarney, Franco Montoro e Saturnino Braga, relata Cardona. "Foi a primeira vez que Saturnino, velho desafeto do doutor Roberto, por conta da CPI do *Time Life*, voltou às páginas (do jornal) em alto estilo, depois de anos de afastamento. Na verdade, o repórter Luiz Alberto Bittencourt já tinha colocado discretamente Saturnino pouco antes nas páginas de economia do *Globo*, em matéria sobre o BNDES. É óbvio que isso tudo era conversado antes com o diretor de redação."

O *Jornal do Brasil*, por sua vez, era militante agressivo na defesa dos contratos de risco, lembra Cardona. "No dia em que foi à televisão defender os contratos de risco, o general Geisel ligou para o doutor Roberto pedindo o apoio do *Globo* para a sua posição. Naquele dia, Evandro me perguntou se eu achava que a nossa posição contrária ao contrato de risco tinha sido correta. Eu disse que sim. Eu era um ferrenho defensor da Petrobrás. O primeiro choque do petróleo provocou uma ofensiva dos investimentos públicos em áreas estratégicas, como a de insumos básicos (petroquímica, fertilizantes, mineração etc.) e de bens de capital. A partir daí, o Brasil assistirá a um aumento da presença do Estado na economia."

A polêmica em torno do contrato de risco – conta Cardona – faria parte do contexto da discussão que se seguiu em torno do papel do Estado e do capital estrangeiro, da qual a editoria de Economia do *Globo* tomou parte ativa. "Defendemos o Cobra, primeiro minicomputador brasileiro, e a reserva de mercado para a indústria de informática estatal. Achávamos que no momento era a coisa mais sensata que se podia fazer. O problema foi que a reserva de mercado acabou estendendo-se por um tempo longo demais."

Certa vez, a IBM, preocupada com a posição do *Globo* em relação à reserva de mercado, convidou Evandro, Luiz Garcia (editorialista e subchefe de redação) e Cardona para um almoço. "Estava presente, entre outros, o diretor-geral da IBM para a América Latina, que colocou a posição da empresa em relação ao assunto. Não pediu o apoio do jornal mas ficou implícito que gostaria de tê-lo. No final, o Evandro limitou-se a pedir minha opinião sobre os pontos de vista do diretor-geral da IBM e nunca mais me perguntou nada sobre o assunto. Continuamos, como antes, defendendo a reserva de mercado, sem sermos cobrados de nada."

A editoria de Economia do *Globo* cobriu, "com grande atenção", a briga entre os fornecedores de equipamentos nacionais para o setor elétrico contra os fornecedores estrangeiros, relata Cardona. "Em todo o tempo, torcemos para os nacionais. É preciso lembrar que os empresários do setor de bens de capital nacionais eram também os grandes defensores da abertura política. Naqueles anos, a discussão sobre política estava concentrada na discussão dos grandes temas econômicos."

Um grande momento da história da editoria do *Globo* foi a cobertura da primeira grande greve dos metalúrgicos liderada por Lula, relata Cardona. "Começamos dando uma pequena matéria, depois fomos aumentando e, como Evandro não reclamou, fomos aumentando, aumentando e no final chegamos a dar duas páginas. Em nenhum momento, o Evandro mandou que parássemos a cobertura. Acho que era uma questão de sintonia com o momento que o país estava vivendo, fruto das horas de conversa com Evandro. A greve era uma espécie de ensaio geral da abertura que estava por vir anos depois. O *Globo*, articulado com a posição do governo Geisel, estava engajado nesse processo. É bom não esquecer que a resistência de grupos militares de peso contra a abertura era feroz. O *Globo* liderou de longe a cobertura da greve, tanto em relação ao *JB* como aos jornais paulistas. Foi tão flagrante a nossa liderança que, quando realizamos uma mesa redonda em São Paulo, no Hotel Jaraguá, com a participação de Lula e de outros dirigentes sindicais, repórteres que cobriam a área sindical para O *Estado de S. Paulo* e *Folha de S. Paulo* pediram para assistir."

Na área de abastecimento, a editoria de Economia lançou uma experiência que chamou a atenção das donas-de-casa da Zona Sul do Rio de Janeiro, como revela Cardona. "Tudo começou quando fizemos matérias junto aos mercados dos produtores de Pati do Alferes, mostrando o caminho percorrido pelos hortigranjeiros, desde a hora em que o produtor fazia sua colheita de tomate, abóbora, alface, repolho, couve e frutas até a chegada desses produtos nas quitandas, armazéns, feiras livres e supermercados. Registramos oscilações superiores a 1.000% num mesmo produto, no mesmo dia, de uma ponta a outra do mercado. Para tentar resolver tamanha distorção, sugerimos e ajudamos a organizar grupos de produtores fluminenses que passaram a vender seus produtos diretos aos consumidores em feiras especiais em Laranjeiras, Flamengo e Ipanema. A experiência funcionou durante algumas semanas, mas a pressão dos intermediários e a falta de estrutura dos produtores acabaram implodindo-a".

A agricultura foi o destino de Cardona, quando deixou o jornal depois de 10 anos como editor de economia. Junto com um colega do próprio *Globo*, montou o jornal quinzenal *Indicador Rural*, uma gráfica, um programa na *TV Bandeirantes* e um programa de rádio. "Os anos que passei no *Globo* serviram pra me mostrar que havia um grande espaço vago na cobertura do agronegócio no Brasil. Os grandes jornais nacionais, com maior acesso aos centros de decisão de política agrícola, não davam, como ainda não dão, a devida importância ao setor enquanto que os jornais das regiões agrícolas não têm o mesmo acesso a esses centros. Com isso, abria-se um espaço para um jornal especializado em economia e política agrícolas que tivesse esse acesso." Cardona tornou-se, assim, editor de um jornal especializado em economia e política agrícolas, "um dos temas de minha especial predileção".

VIII - A Escola de jornalismo econômico

Em 1976, Suely Caldas ingressou na paulista *Gazeta Mercantil* para continuar no Rio de Janeiro. "Eu sempre trabalhei no Rio e em jornal de São Paulo. Foi na *Gazeta Mercantil* que eu aprendi realmente o jornalismo econômico. É uma grande escola de jornalismo. E uma grande escola também para você entender o país. O diretor da sucursal era o José Antônio Severo. Depois, ele foi substituído pelo Paulo Totti. E tinham vários repórteres. Passaram por lá o Anselmo Goes, o Jorge Vidor, o Alaor Barbosa, o Reginaldo Heller, a Vera Durão, que eu levei para lá... Foram para lá também a Fátima Belchior, o Sérgio Danilo, a Cristina Borges... Enfim, jornalistas que também aprenderam muito ali na *Gazeta Mercantil*."

Na *Gazeta Mercantil*, Suely Caldas cobria a área de comércio exterior, que praticamente abrangia toda a economia, uma vez que o país já começava a diversificar a pauta de exportações. "Naquela época, a economia era muito planejada. E as empresas não eram sofisticadas como são hoje. Então, o comércio exterior era administrado pela CACEX do Banco do Brasil. Eu era conhecidíssima na CACEX. Eu fiz muitos amigos na CACEX, porque eu ia lá todo dia. É como se eu tivesse trabalhado lá. Mas me deu assim um *background* muito bom para entender o processo de produção das empresas, valorizar o capital humano, o capital do trabalho, o capital financeiro. Enfim, esse aprendizado que eu tive, do que era a estrutura da economia naquela época, foi riquíssimo cobrindo comércio exterior."

Logo Caldas começou a perceber as distorções decorrentes do programa de diversificação da pauta de exportações, idealizado pelo ministro Delfim Netto. "A pauta de exportações diversificou muito, porque o Delfim fez um programa em que ele entregava dinheiro para as empresas exportarem. Ele criou o chamado crédito-prêmio em que as empresas teriam dinheiro para exportar. Esse dinheiro inclusive elas aplicavam no mercado financeiro e não aplicavam no produto exportável. Esse tipo de incentivo criou distorções sérias."

Caldas acompanhava também a área de *commodities*. "O café, naquela época, era 30% da pauta de exportação. Então, eu cobria café e açúcar, que eram as *commodities* brasileiras mais importantes, suco de laranja... Eu escrevia sobre isso. Tinha umas quatro páginas de *commodities* em que eu fazia análises de café, açúcar, suco de laranja, cacau, carne, pescado... E também o trigo, que era importado. Enfim, as *commodities* agrícolas todas ficavam comigo. O café foi uma cobertura à parte, porque o IBC naquela época era um lugar muito importante. O IBC e a Petrobrás. Eram dois, vamos dizer assim, instrumentos do Estado que eram muito usados politicamente. Eu freqüentava também a sede do IAA..."

Todos esses órgãos tinham sede no Rio de Janeiro, embora a capital federal fosse Brasília. Sueli viveu momentos marcantes na convivência com a área econômica do governo. "Houve passagens muito engraçadas. O IAA naquela época era dominado pelos militares. Tinha um general que estava lá desde 1964. Esse general ficou amigo dos usineiros, dava dinheiro para os usineiros... Havia corrupção brava ali. Aí, ele foi substituído por um coronel do SNI, que foi lá levar a disciplina militar do SNI para acabar com a corrupção. Bom, esse coronel tinha feito uma proposta assim meio *sui generis*. Ele queria trocar o território do Amapá pela dívida externa. Então, ele propôs ao governo que oferecesse para os credores o Amapá, que é rico em minério, que é rico em caulim... Os credores consideravam paga a dívida externa recebendo o Amapá. É incrível isso na cabeça de um militar, que vê a soberania do país acima de tudo."

Suely Caldas logo caiu nas graças do novo dirigente do IAA, que passou a fazer comentários indignados sobre a promiscuidade entre a autarquia e os usineiros. "Esse coronel mal sabia que eu tinha passado por prisão política. Mas ele gostava de mim. Ele dizia: — *Como você acha, minha filha, que eu vou tratar os usineiros aqui?* Um dia, ele me mostrou o estatuto do IAA, que era de 1937, do Estado Novo. O Getúlio Vargas criou o IAA e o IBC porque eram produtos importantes de exportação brasileira. Quer dizer, privilegiava cafeicultor, exportador de café e usineiro. O IAA tinha o monopólio da exportação de açúcar. O estatuto do IAA dizia o seguinte: quando uma usina de açúcar estiver insolvente, o usineiro estiver devendo para todo mundo, para a rede bancária, e não conseguir mais tocar os negócios dele, o IAA tem que intervir naquela usina, saneá-la, pagar todas as dívidas dela e depois que ela estiver zerada, devolver para o antigo dono. Quer dizer, o paternalismo do Estado chegava a esse ponto." O coronel do SNI não conseguiu acabar com a corrupção, "com o privilégio das classes políticas dominantes do Nordeste e também de São Paulo. Não só não acabou como ficou pouco tempo lá...".

Derrotado o coronel do SNI, Suely Caldas continuou presenciando as práticas paternalistas do IAA. "Os usineiros tinham uma cultura de que o Estado era o protetor deles. Então, eles contraíam dívidas e o IAA avalizava essas dívidas. Eles não pagavam. Eles não tinham cultura de pagar o IAA, ou de pagar as dívidas com banco... Tomaram muito dinheiro emprestado. Em 1976, por exemplo, teve um *boom* do preço do açúcar no exterior. O preço do açúcar chegou a 1700 dólares a tonelada. E o IAA, como tinha o monopólio das exportações, repassava o dinheiro para os usineiros. Os usineiros tomavam dinheiro emprestado no exterior, com o aval do IAA. E não pagavam um tostão. O IAA pagou tudo. E eles pegavam o dinheiro e mandavam o filho para a Europa, compravam o carro do ano... Eles aplicavam no seu bem pessoal. Não aplicavam nas suas empresas. Eles recebiam rios de dinheiro para modernizar uma usina de álcool e não modernizavam. Então, eu vi isso aos borbotões."

Com o café, a única diferença é que os cafeicultores pareciam mais modernos do que os usineiros. "A coisa do café me marcou muito, porque a gente conhece a prática dos empresários, a falta de apego, de amor maior pelo país, a coisa de privilegiar o seu negócio pessoal, usando de todos os meios, inclusive ilícitos, às vezes principalmente ilícitos. Esse pessoal que operava café tinha muito isso. O pessoal do café era diferente dos usineiros porque era mais moderno, tinha uma visão mais moderna porque exportava." Suely Caldas observava esses fatos e ouvia revelações de funcionários e dirigentes do IAA e do IBC, mas não podia divulgá-los. "Eu não consegui escrever uma linha disso. Primeiro, porque havia censura e, segundo, porque a *Gazeta Mercantil* era um jornal sério, em que o empresário não é bandido."

E as dificuldades não se limitavam ao café e ao açúcar, lembra Caldas. "Em 1978, por aí, os pátios da Volkswagen estavam lotados de carros. Saía carro pelo ladrão. Tinha que exportar aqueles carros porque não havia consumo aqui dentro para eles. Aí, a Interbrás, que era subsidiária da Petrobrás para o comércio exterior, foi encarregada de vender os carros da Volkswagen. Já foi no tempo do Geisel. E havia um cidadão aqui no Rio, chamado comandante Braga, que tinha sido agente do CENIMAR. Ele dizia que foi ele quem tinha arranjado a ida para a Argélia dos exilados brasileiros, que foram trocados pelo embaixador; que foi ele que negociou com a Argélia para receber os exilados brasileiros. O comandante Braga era amigo do Milton Temer, esse deputado que também foi marinheiro."

Um dia, Suely Caldas foi conversar com um diretor da Interbrás, que fez a seguinte revelação: "A Interbrás foi a campo para oferecer os carros da Volkswagen. Então, o Delfim Netto, que era embaixador em Paris, veio com uma proposta. — *Olha, a Argélia quer comprar*. A empresa respondeu: — *Já estamos negociando com a Argélia*. O comandante Braga também apareceu e disse: — *Os meus amigos argelinos querem comprar os carros da Volkswagen*. Para encurtar a história, a Argélia queria comprar os carros em troca de vender um fosfato para o Brasil. O fosfato estava podre, era imprestável. Era para jogar no lixo. Mas ela colocava como condição vender o fosfato. A Interbrás então foi lá e fez o negócio, para viabilizar a venda dos carros da Volkswagen. Quer dizer, vendeu os carros e pagou pelo fosfato."

Os setores velho e novo da economia adotavam práticas parecidas, resume Suely Caldas. "O resultado final era o mesmo. Era o Estado bancando tudo. Naquela época, havia na CACEX esses comitês de exportação que o Gustavo Franco tanto critica. O Benedito Moreira, que era o diretor da CACEX, reunia os empresários e perguntava: — *Qual é a dificuldade que vocês têm? Por que vocês não podem exportar?* Eles respondiam: — *A minha dificuldade é crédito*. Ele dizia: — *Toma crédito*. Só que era crédito subsidiado. Outro dizia: — *A minha dificuldade é pagar projeto de engenharia*. Ele respondia: — *Toma o dinheiro*. As grandes empreiteiras – a Odebrecht, a Mendes Júnior... – foram para o exterior. A Mendes Júnior foi para o Iraque, com a proteção dos governos militares e depois do compadre José Sarney. A empresa levou os seus equipamentos e crédito do Banco do Brasil. E não pagou um tostão ao banco. Como o débito estava muito grande, a Mendes Júnior arrendou os equipamentos que tinha lá no canteiro de obras para o Banco do Brasil, que ainda encontrou um saldo para dar para ela. E a Mendes Júnior não pagou uma prestação do arrendamento. E depois o banco ainda alugava os equipamentos para a Mendes Júnior. Ela não pagou um tostão do aluguel. Aí, quando teve a guerra entre Irã e Iraque, foram bombardeados os equipamentos e o canteiro de obras da Mendes Júnior, que veio cobrar do Estado brasileiro aqui. Então, existia uma cultura dos empresários de proteção do Estado..."

O Estado privilegiava também a classe média com financiamento da casa própria altamente subsidiado, recorda Suely Caldas. "E a classe mais pobre? Zero. Essa era a concepção dos governos militares: uma concepção muito parecida com a do Getúlio Vargas no início do século. É uma concentração de renda; quer dizer, é entregar a renda do país para a classe empresarial, sem fiscalizar o que ela faz com aquilo. O que se via na época dos créditos de UTI do senhor Delfim Netto, em que ele dava dinheiro para as empresas exportarem, era as empresas aplicarem no mercado financeiro, comprando uma casa nova, uma mansão, porque não havia controle nenhum. A correção dos financiamentos do BNDES era de apenas 70% da correção monetária. Trinta por cento eram doados para os empresários. Então, tinha essa concepção, em que o Estado era provedor da classe empresarial e da classe média. Só não era provedor dos pobres."

Nas suas andanças pela CACEX, Suely Caldas presenciou a força descomunal do poder burocrático no controle das importações. O mesmo poder que favorecia empresários nas exportações... "Essa coisa de restringir importação no gabinete é uma coisa altamente danosa para a economia, para as empresas, para todo mundo, porque você entrega poder na mão de um burocrata. Ele encerra um poder gigantesco em que ele pode deixar na gaveta ou então tirar dela. Com isso, ele pode ganhar muito dinheiro. As empresas estão dispostas a pagar. Então, é um chamariz de corrupção muito arriscado. Tudo assim que é artificial é muito ruim porque você entrega poder a uma só pessoa. Então, o Delfim era o que mais tinha poder nesse país. E sabia usar."

Houve o caso, relatado a Suely por um ex-diretor da CACEX, da represália a uma metalúrgica de porte médio que fez acordo salarial em separado com os seus empregados para evitar greve. O governo mandou engavetar guias de importação de peças de reposição da empresa, que eram fundamentais para operar as máquinas e garantir a entrega de encomendas da fábrica. A empresa desobedecera uma ordem oficial cujo objetivo era forçar as empresas a endurecer o jogo para acabar, por inanição, com uma greve bem-sucedida no ABC paulista, humilhando assim os operários.

Informações desse tipo, que não podia publicar na *Gazeta Mercantil*, Suely encaminhava para os jornais alternativos, de oposição ao regime militar. "Eu escrevia muito para o *Movimento* e o *Opinião*, que era onde eu podia fazer escapar informações que me chegavam. Depois, tinha um jornal de economia aqui no Rio chamado *Relatório Reservado*. Eles pagavam uma merreca, mas a gente colocava ali as coisas que a gente não podia botar no jornal que nos pagava melhor. Então, eu colaborei muito com eles também. Era a forma de eu informar, por mais que o público leitor fosse muito mais restrito. Era a forma de desovar aquilo que me chegava."

IX - Totti no jornalismo econômico

Paulo Totti deixou a revista *Veja* em 1976, juntamente com Mino Carta, mas tomou rumo diferente. Voltou ao Rio de Janeiro, desta vez para ser editor de política e de nacional no jornal *Globo*. "Eu fiquei dois anos no *Globo*. Eu fui recordista porque todos os meus antecessores não tinham completado dois anos no cargo. Era um período duro da ditadura. No *Globo*, era mais forte a presença do regime militar. Então, era uma coisa complicada ser editor de política e de nacional do *Globo*, como porta-voz do regime militar. Nessa época, eu já conhecia muita gente na *Gazeta Mercantil*, por contato político, por relação de amizade... Alguns deles tinham trabalhado comigo na *Veja*..."

Em 1978, Totti assumia a direção da sucursal da *Gazeta Mercantil* no Rio de Janeiro, a convite de Roberto Müller Filho. "Eu lia esporadicamente a

Gazeta. A cada quinzena, mais ou menos, eu dava uma olhada no jornal. Os assuntos estritamente econômicos não eram da minha área de interesse. Eu me lembro que, na semana em que eu aceitei ir para a *Gazeta*, eu comecei a ler com atenção o jornal. E todas as manchetes daquela semana, feitas pela Suely Caldas que era repórter na sucursal do Rio, falavam em contingenciamento do café. E eu não entendia o que era aquilo."

As notícias apresentavam o assunto como algo já sabido. A discussão sobre os fatos desenrolava-se assim em torno dos efeitos do contingenciamento do café, lembra Totti. "Aí eu procurei o Cardona, que era o editor de economia do *Globo*, e falei: — *Vem cá. Eu vou trabalhar na Gazeta. Me explica o que é contingenciamento de café. Eu nem conheço o assunto mais importante de economia da atualidade. Fica uma coisa complicada*. Aí ele me explicou que era uma decisão do Delfim Netto, na qual, para cada saca exportada, tinha que ficar duas aqui no Brasil para garantir o abastecimento interno, segurar preço e tal. Aí, na segunda-feira, eu assumi na *Gazeta Mercantil*. A manchete do jornal naquele dia era: 'Acabou o contingenciamento do café'. Era 1978. E nunca mais se ouviu falar em contingenciamento do café."

A primeira coisa que Totti aprendeu de economia no jornalismo não lhe serviu para nada. "Nunca mais se falou, nunca mais apareceu escrito no jornal essa expressão 'contingenciamento do café'. Mas a minha experiência de jornalismo econômico foi exatamente na *Gazeta*. A preocupação do Müller não era ter um cara que entendesse de economia. Era um cara que tivesse uma visão mais política sobre o desenrolar da crise brasileira não só na área econômica, mas especialmente no que ia acontecer naquele período em que o país estava abrindo – aquela abertura lenta, segura e gradual da época do Geisel. E depois teve a época do Figueiredo. E o Müller queria alguém que raciocinasse mais globalmente sobre o país, por considerar que a equipe que cobria os assuntos econômicos da *Gazeta* no Rio era de gente muito boa... Havia uns quatro ou cinco bons repórteres de setores de economia lá. Então, eu assumi a chefia da sucursal."

Até então, o interesse de Totti pela economia era o de um simples leitor. Não conhecia a realidade da atividade econômica, a cobertura de setores, enfim a economia real. "Acreditava que entendesse de economia como todo cara que vinha de um marxismo bastante forte. Eu tinha militância política e achava que a economia determinava tudo. Mas o meu interesse era político. E o acompanhamento da economia era um acompanhamento de leitor. Eu trazia comigo o preconceito – não chega a ser um preconceito, mas o mal-entendido, a má informação – que tem todo cara que não cobre economia. O de achar que o sujeito que trabalha numa editoria de Economia, no setor de economia, entende tudo de economia. Só dentro da economia é que você percebe que o sujeito que cobre o mercado financeiro entende tanto quanto você de agribusiness."

Este equívoco sempre foi cometido pelas emissoras de televisão, por exemplo, observa Totti. "Elas acham que o noticiário delas está superficial, fútil... E todas as vezes que elas têm necessidade de ter uma cobertura econômica mais consistente, vão na redação de um jornal, pegam um sujeito simpático, um rosto bonitinho e levam para lá... Aí ele tem que entender de todos os assuntos de economia. E o cara fica maluco lá dentro. Era essa a mesma visão eu tinha antes de ir para a *Gazeta*."

A experiência anterior, contudo, viria a ser de grande valia para Paulo Totti no jornalismo econômico, nos anos seguintes. "Em qualquer área, nós temos que ser sobretudo jornalistas. Temos que ser inquietos, que ter a desconfiança própria do jornalista. Isso vale para o esporte, para a política, para a economia, para os cadernos 'B' da vida, vale para qualquer outra área do jornalismo. Essa desconfiança, a permanente suspeição da fonte que te alimenta, que só faz isso porque ela tem interesse, isso vale para todas as áreas. Eu já tinha que fazer esse exercício antes de fazer economia."

Naquela época, o Rio de Janeiro tinha uma importância econômica destacada no contexto brasileiro, recorda Totti. "Era a sede de todas as empresas estatais, que eram importantíssimas. O Estado-político estava em Brasília, mas o Estado-empresário estava no Rio de Janeiro. Ali estavam a Petrobrás, a Vale do Rio Doce, a Embratel, a Telebrás, a CACEX que era importantíssima... A Bolsa de Valores do Rio era mais importante do que a de São Paulo. Os bancos estavam no Rio. Surgiram o Bradesco e o Itaú em São Paulo, é verdade, mas ainda tinha a importância do Banco Nacional, do Banco do Brasil... O mercado financeiro – o *open-market*, o *over-night* – era no Rio. Então, esse tipo de cobertura ficava uma cobertura bastante nacional. A importância econômica do Rio era muito grande."

Quando Totti começou a trabalhar na sucursal carioca da *Gazeta*, Delfim Netto ainda era o homem-forte na área econômica. "Delfim, Galveas e Langoni inclusive determinavam a política dos jornais. É claro que dentro dos jornais, nas editorias de Economia, havia uma espécie de resistência. Sempre que um repórter podia botar uma pedrinha no calçado deles, ele botava. Mas, como instituição, os jornais, e as editorias em si, estavam a serviço deles. Eles determinavam... Na *Gazeta*, a gente sentia a influência do poder, porque a *Gazeta* nunca foi um jornal de grande solidez financeira e econômica. Então, em cima da *Gazeta* eles poderiam inclusive exercer represálias, que seriam mais fortes do que se fosse para cima do *Estadão*. A *Gazeta* teve frequentes problemas com o Delfim. O nosso relacionamento com ele sempre foi atritado. Com o Galveas, a mesma coisa. Eu acompanhava mais a presença do Galveas no Rio. Ele fazia uma pressão muito forte. E o Langoni queria conduzir a informação."

A *Gazeta Mercantil*, contudo, combatia a tentativa de controle da informação com a mesma arma: repórteres bem-informados. Totti admite que, aquilo que deveria ser o comportamento normal, foi uma surpresa para ele. "Tinha, por exemplo, lá na sucursal do Rio o repórter Sérgio Danilo, que cobria matérias-primas – essa coisa meio estranha –, especialmente o setor mineral. Então, o César Cals, quando assumiu o Ministério de Minas e Energia, chegou no Rio de Janeiro dizendo que ia privatizar tudo. E começou a citar duas ou três empresas e dizer que existia uma série de empresas ali que vegetavam em torno da Vale do Rio Doce. Aí o Sérgio Danilo, que conhecia muito bem o setor, começou a perguntar ao ministro: — *Mas o senhor sabe que os japoneses só entraram de sócio da Cenibra porque era estatal? Que eles só queriam ser sócios do governo porque as experiências que eles fizeram anteriores aqui, em associação com grupos privados, não deram certo? E que eles ficaram decepcionados?*"

César Cals ignorava tudo isso, prossegue Totti. "Ele já tinha umas orelhas grandes. E os olhos dele ficaram tão grandes quanto as orelhas. Daí, nas próximas entrevistas, ele começou a levar anotações de produção, de exportação... tudo para ficar preparado. Quando o Sérgio Danilo fazia perguntas, ele tirava as anotações do bolsinho, assim, da lapela do paletó, e lia esses números."

PARTE 8

Jornalismo Econômico na Imprensa Alternativa

I - Primeiras experiências

Logo cedo, Raimundo Pereira começou a dividir o tempo entre a atividade profissional e o jornalismo de militância política, que "não dava dinheiro, não remunerava ninguém". Em 1967, uniu-se ao ex-colega do Instituto Tecnológico da Aeronáutica (ITA) José Arantes de Almeida, então presidente do Grêmio da Faculdade de Filosofia da USP, para criar o semanário *Amanhã*. Pereira, assim como Arantes, havia se matriculado no curso de Física da USP, onde conheceu Bernardo Kucinski que foi incorporado à redação do *Amanhã*[112]. "E eu fui o editor desse jornal e colaboraram muitas pessoas que depois iriam parar em vários projetos da imprensa alternativa", conta Pereira. "Tinha o Ricardo Maranhão, o Ítalo Tronca, o Tonico (Antonio Carlos Ferreira), o Luiz Eduardo Merlino, o Renato Pompeu eu acho que foi colaborador... O diagramador era o artista plástico Cláudio Tozzi, que depois ficou famoso. Esse foi o primeiro desenho que ele fez."

Com o *Amanhã*, Raimundo Pereira credenciou-se a ser o cabeça dos projetos de jornalismo de frente política que surgiram ao longo da década de 70, segundo Bernardo Kucinski. "A história dos jornais alternativos políticos dos anos 70 é basicamente a história da evolução dessa

---

[112] Depoimento em 12/07/2001. Bernardo Kucinski é paulistano de 1937. Concluiu o curso de Física na USP em 1968, mas nunca exerceu a atividade. Desde menino, tinha vocação para o jornalismo, manifestada na elaboração de jornais estudantis.

linhagem fundada por Raimundo Pereira, e de sua articulação com os partidos clandestinos"[113].

Como em todo projeto de imprensa, havia interesses políticos por trás do jornal *Amanhã*, admite Raimundo Pereira. "O meu negócio era jornalismo. Eu sempre tive contato com gente dos grupos de esquerda. Havia vários grupos. Acho que, na época, os meus contatos maiores eram com o pessoal da POLOP (Organização Marxista-Leninista Política Operária). Quer dizer, era um setor da esquerda oposicionista. Eu tinha as minhas preferências. Eu era meio esquerdista também..."

Pereira descarta, contudo, a existência de uma frente política, articulada, de partidos e correntes de oposição atuando nos bastidores do jornal. "Era um bando de jornalistas que fazia a publicação... Dentro da Física, dentro da Filosofia havia disputas. Eu acho que esse grupo que apoiava o jornal era da dissidência do partidão (Partido Comunista Brasileiro) – Arantes, Zé Dirceu, esse pessoal que vai desembocar no PT. Que esse pessoal era dono do jornal, não tinha dúvida. Não era a Ação Popular, por exemplo, que mandava na Filosofia. A AP tinha perdido as eleições (do Grêmio) para esse grupo. Mas não existia vínculo político assim imediato. Nós fazíamos o jornal, nós mesmo distribuíamos... tinha uma venda em banca bem interessante, coisa de oito mil exemplares em São Paulo."

O jornal *Amanhã* também foi o berço da primeira grande experiência jornalística de Bernardo Kucinski. Logo cedo, ele manifestou inclinação para o jornalismo alternativo. Fez parte, assim, da equipe de estudantes ativistas políticos que produziram esse jornal para ser lido pela classe operária. Tanto que a criação do FGTS ocupou quase todas as edições do jornal[114].

O jornal tinha preocupação com questões políticas e econômicas, lembra Pereira. "Com economia, menos. Mas, digamos, a economia vinha por essa área sindical. Nós fazíamos cobertura sindical. Era um jornal popular, que tinha manchetes do movimento sindical. O Antonio Nunes, que era colunista do *Notícias Populares*, fazia, por exemplo, matérias sobre a denúncia do sindicalismo do Joaquinzão, do Fundo de Garantia, etc. e tal. Eu acho que ele fez algumas manchetes denunciando principalmente o peleguismo... Eu lembro também de uma manchete: 'Cinco golpes do Fundo de Garantia'. Depois veio a propaganda meio sub-reptícia da luta armada... que cobria os movimentos da luta armada na América Latina. Então, o jornal tinha um pouco essa característica de buscar a classe operária."

---

[113] Kucinski, Bernardo. **Jornalistas e Revolucionários – Nos tempos da imprensa alternativa,** Scritta Editorial, São Paulo, 1991

[114] Idem

O jornal *Amanhã* durou menos de um ano, recorda Pereira. "Ele acaba exatamente com o AI-5. Eu acho que um pouco antes. A polícia vai à gráfica buscar os originais. Aí o pessoal fica com medo, ou não vai pegar... E o jornal acaba, porque todos eram profissionais que estavam ali, não podiam se expor... Nós não tínhamos um esquema profissional maior..."

Em 1968, o Grêmio da Faculdade de Filosofia lançou o novo jornal *Grêmio Informa*, basicamente com a mesma equipe do *Amanhã*. Raimundo Pereira fez o projeto a pedido de José Dirceu. "Eu era o coordenador. Tinha uns jornalistas que colaboravam e tal... Eu lembro que eu e o Tonico fizemos vários *Grêmio Informa*. Eu era a pessoa que tinha a ligação política com o Arantes e depois com o Zé Dirceu. O *Grêmio Informa* era da dissidência do partidão."

O trabalho de Raimundo Pereira no *Grêmio Informa* rendeu-lhe o convite do editor Paulo Patarra para escrever na revista *Realidade*. "Eu me lembro de um *Grêmio Informa* que era uma edição para os calouros, que o Paulo Patarra viu e aí ele ficou me conhecendo e me convidou para fazer um teste na *Realidade*. Eu lembro também que eu fiz um número sobre a morte do Edson Luiz, aquele estudante da passeata dos 100 mil. Na época, o Tonico – que era um cara muito bom nessa parte gráfica – introduziu o jornal feito em off-set."

Foi nessa ocasião que Pereira conheceu o jornalista Carlos Azevedo, com quem trabalhou na *Realidade*. "A primeira matéria que eu fiz – uma grande matéria – foi um trabalho com o Azevedo. Eu, o Fernando Portela, o Celso Kinjô... nós fomos fazer uma grande matéria que o Azevedo era o coordenador, um grande trabalho sobre prostituição no Brasil. Cada um foi para um canto... Depois, eu fiz alguns outros textos para a *Realidade* e logo em seguida fui para a *Veja*. Eu acho o Azevedo saiu da *Realidade* para fazer a APML – Ação Popular Marxista-Leninista... Quando eu conheci o Azevedo – ele nunca me disse isso na época, ele não me conhecia – ele estava fazendo um plano de ir para a clandestinidade."

A redação da revista *Realidade* era uma salada, embora na época Raimundo Pereira não tivesse clareza disso. "Eu não sabia que a *Realidade* era uma mistura. Tinha gente de todas as cores políticas. O Patarra, por exemplo, era do partidão. Além do Azevedo, tinha vários caras da AP, na *Realidade*. O Duarte Pereira, por exemplo, era um dos dirigentes da AP. Acho que o Duarte foi o primeiro a sair"[115].

Raimundo Pereira também viveu uma curta porém intensa experiência de jornalismo crítico na *Folha da Tarde* no período que antecedeu ao AI-5. "Eu saí da Editora Abril para ser editor de texto da *Folha da Tarde*." Além de Pereira, participaram desse projeto jornalistas como Ítalo Tronca e Luís Eduardo Merlino,

---

[115] Raimundo Pereira só iria conhecer Duarte Pereira bem mais tarde, por ocasião das articulações para a criação do jornal *Movimento*.

bem como o dominicano e escritor Frei Betto. Miranda Jordão era o chefe de redação e tinha como chefes de reportagem Arlindo Mungioli (pela manhã) e Vicente Wissenbach que comandava a maior parte da produção. Segundo Bernardo Kucinski, "era um jornal assim meio ligado ao público de esquerda, ao público estudantil. Era um jornalismo assim geral e político. Só com o AI-5 é que a *Folha da Tarde* virou uma publicação de direita".

Em 1968, Raimundo Pereira voltou à Editora Abril para fazer jornalismo científico na revista *Veja*, que acabava de ser lançada. "Eu fui o primeiro editor de ciência da *Veja*. Eu estava na equipe inicial da revista." Pereira divulgou a chegada do homem à lua, nas páginas de *Veja*. "A chegada à lua foi coberta com uma série de fascículos dentro da revista. Isso era uma forma de prender o público, porque *Veja* estava em crise. A revista estava meio sem rumo. Então, o Luiz Fernando Mercadante e eu fizemos a capa durante um período. Depois, quando o (presidente) Costa e Silva morreu – teve aquele acidente cerebral –, a equipe que eu dirigia, de reportagem, se transformou na equipe de política."

Assim, em dezembro de 1969, Raimundo Pereira tornava-se o editor de política da revista *Veja*. "(A equipe de repórteres de política) tinha o Dirceu Brisola, o Elio Gaspari, o Almir Gajardoni, o José Ramos Tinhorão, o Luiz Gutemberg, o Bernardo Kucinski durante algum tempo... Então, essa equipe fez uma série de trabalhos muito importantes.... Eu fiz várias capas..."

Pereira levara para a revista *Veja* alguns dos jornalistas do antigo *Amanhã*, como Ítalo Tronca e Bernardo Kucinski. O primeiro emprego de Kucinski na Abril, porém, foi na revista técnica *Máquinas e Metais*. "E já era uma coisa puxando um pouco para o econômico, tecnológico, mas falando de empresas, indústrias, processos industriais." De lá, Kucinski foi para a editoria de Ciência da *Veja*, onde também escreveu sobre vida moderna e política. "O nosso grupo teve um papel muito importante na revista, até que o espaço ali se fechou e houve uma debandada."

Kucinski acompanhou Raimundo Pereira na transferência para a editoria de Política da *Veja*, em 1969. A equipe, porém, foi afastada da revista no início de 1970, depois de duas reportagens denunciando a tortura no Brasil. As reportagens foram feitas num período em que a censura ainda era esporádica, conta Pereira. "No começo do governo Médici, nós fizemos a capa 'Torturas no Brasil' na revista *Veja*, que é uma coisa antológica. Era um trabalho de equipe... São duas capas: 'O presidente não admite torturas' e em seguida 'Torturas no Brasil', que é um levantamento sobre a tortura no Brasil. Inacreditável. E nós soltamos repórteres no país inteiro... Nós começamos a fazer a matéria, por uns truques nossos lá internos, decorrentes da primeira etapa que a gente tinha feito que era 'O presidente não admite tortura'. O Buzaid (então ministro da Justiça) entendeu que o Médici estava realmente contra as torturas e disse para nós que ia apurar. Aí, com base na notícia dele que ele iria apurar, o que era uma cascata completa – a matéria já era meio cascatosa, porque um assessor do Médici disse que ele não admitia a tortura –, nós colocamos isso na capa. Aí criou um fato, o Buzaid entrou no fato. O Gaspari pegou esse fato, levou para a redação. Aí, a partir da quarta-feira, o Mino mandou desligar os telefones para a censura não nos avisar e nós termos o álibi de que nós não tínhamos sido avisados e conseguimos sair com a capa desse jeito. Foi uma coisa assim incrível."

Em Belo Horizonte, Marcos Gomes procurava conciliar o curso de Economia, na Universidade Federal de Minas Gerais, com a militância político-estudantil e o trabalho na *Rádio Tiradentes*, do sistema Globo[116]. "Eu fazia parte daquele informativo 'O seu redator chefe', que era muito grande: eram edições de uma hora. E eram aqueles informativos divididos em política, economia, nacional, internacional, polícia... Eu fazia a parte mais ou menos de política e de economia, porque eu também era estudante de economia. Apesar de ser uma rádio do sistema Globo, a gente trabalhava em condições precaríssimas porque não tinha nada. Então, eu gravava os noticiários internacionais da *BBC*, da *Rádio Pequim*, da *Voz da América*..."

Eleito vice-presidente da UNE em 1966, Marcos Gomes passou a ter problemas de frequência no terceiro ano de economia por causa das atividades estudantis. Tanto que em 1967 não prestou a prova final. "Aí eles me deram um monte de frequências. E no final de 68 eu fiquei preso dois meses. Aí eu não pude fazer as provas e fui jubilado." Então, trocou Belo Horizonte pela capital paulista. "E eu fui preso em São Paulo no final de 69 pela repressão política. Eu fiquei dois anos no presídio Tiradentes. E aí, na prisão, eu comecei a me interessar pelo jornalismo econômico. Eu fiz um plano de estudo para mim e passei a ler todo dia as seções de economia dos grandes jornais. A gente recebia. Era permitido. Então, eu comecei a ler, de maneira sistemática mesmo. Era ditadura, época do milagre econômico, aquela coisa toda. Então, isso me motivou, pois eu era estudante de economia, militava, já trabalhava em jornalismo... Então, eu pensei: 'Se esse troço está acontecendo aí e eu quero entender, então vou ler, vou acompanhar tudo'."

Já Bernardo Kucinski deixou o Brasil, em 1970, rumo à Inglaterra. "E foi na Inglaterra que eu realmente mergulhei nessa questão do econômico, porque ali é fascinante, o próprio ambiente lembra a revolução industrial – as fábricas, a indústria, as ferrovias, o operariado. E coincidiu que lá eu também tinha

---

[116] Depoimento em 16/07/2001. Marcos Gomes nasceu em 1945 em Belo Horizonte. Iniciou a carreira de jornalista em 1963, na capital mineira, como repórter e crítico de livros em *O Diário*, jornal da Diocese que não existe mais. "Um jornal que teve muita tradição em Belo Horizonte." Em 1964, ingressou na Faculdade de Ciências Econômicas da UFMG. "Aí eu entrei para a UNE, fiquei trabalhando no *Diário* algum tempo e me afastei... Em 67, eu me casei e fui trabalhar na *Rádio Tiradentes*."

muito tempo, primeiro porque no começo eu tinha pouco trabalho; e segundo porque, mesmo quando se tem trabalho, sobra muito tempo para ler. Lá se trabalha das 10 às 5 e acabou. E não é igual aqui que a gente perde quatro horas no transporte."

Na época, surgia em Londres a coleção de livros de divulgação da Pelican e da Penguin, que tratava de temas de economia como defesa do consumidor e energia nuclear. Livros que apareceriam no Brasil 20 anos mais tarde com a coleção *Primeiros Passos*. "Os ingleses eram livros mais encorpados, escritos numa linguagem muito acessível, mas muito precisa. Livros bastante densos, mas muito gostosos de ler." E Kucinski mergulhou na leitura desses livros. "Aprendi muita economia e me fascinei também pela leitura do *Financial Times*, que é o melhor jornal do mundo, o mais bem escrito, o mais claro... Eu lia todos os dias o *Financial Times* e então comecei a entrar nesse mundo."

Raimundo Pereira, sufocado pela censura, pediu demissão de *Veja* logo depois da Copa do Mundo de 70, porque não havia mais condições de permanecer na revista. A partir daí, passou algum tempo trabalhando como *free-lance*. "Eu fiz um grande *free-lance* para a *Veja*, que foi a ida do (general-presidente Emílio Garrastazu) Médici à Transamazônica. Eu fui antes e fiz uma grande matéria."

Pereira preparou ainda uma reportagem especial sobre a Amazônia para a revista *Transporte Moderno*, que serviria de base para uma edição especial encomendada por *Realidade*. "Então, fiz uma pauta para a *Realidade*, junto com o Hamiltinho (Hamilton Almeida Filho). Aí, fizemos a 'Realidade da Amazônia'. Foi um puta sucesso." A edição de *Realidade* sobre a Amazônia é de outubro de 1971. Pereira não parou aí e, a convite de Carlos Azevedo, produziu "Nossas Cidades", edição especial sobre cidades brasileiras que é de maio de 1972. "Ele entrou em contato comigo... Então, fizemos a 'Realidade Cidades'. Ele já estava semiclandestino, mas fez esse trabalho profissional para a *Realidade*..."[117].

Carlos Azevedo caiu na clandestinidade, mas continuou a encontrar Raimundo Pereira inclusive para desenvolver projetos no campo profissional. "Entre os meus vários amigos na oposição clandestina, o Azevedo foi o cara com quem eu mantive relações assim regulares. Digamos assim, duas vezes por ano, eu me encontrava com o Azevedo. Me encontrava com ele porque é um amigo meu, era um grande jornalista, que continuou colaborando... Ele escreveu coisas ótimas nesse período todo."

---

[117] Segundo Bernardo Kucinski, com a fusão da Ação Popular com o PC do B em 1971, Carlos Azevedo aderira ao novo partido, caindo na clandestinidade.

II - Surge o jornal *Opinião*

Bernardo Kucinski estava em exílio voluntário em Londres quando o empresário Fernando Gasparian, auto-exilado em Oxford, falou da sua intenção de lançar o semanário de oposição *Opinião*. Kucinski não apenas teria sugerido o nome de Raimundo Pereira para dirigir o jornal, como também, a partir daquele momento, tornou-se o seu correspondente na capital inglesa. "E comecei a escrever um pouco sobre economia para o *Opinião*, que foi formado mais ou menos nessa época, até por uma articulação da qual eu participei."

O jornal *Opinião* surgiu em 1972 fruto de uma aliança da esquerda com o empresário nacionalista Fernando Gasparian, que financiou o projeto, explica Kucinski. "Mas era um jornal do Fernando Gasparian. Ele é que bancava o jornal. Tinha um viés nacionalista, de resistência à ditadura". Gasparian era porta-voz da chamada burguesia nacional, um grupo de empresários dos setores têxtil, metalúrgico e mineral aliados do governo João Goulart. Com o golpe militar de 1964, esse grupo foi alijado do poder e Gasparian teve que se desfazer da tecelagem América Fabril. Gasparian era também ligado a intelectuais e políticos da esquerda nacionalista perseguidos pelo regime. Fora colega de colégio de Fernando Henrique Cardoso e do jornalista Fernando Pedreira e era amigo de Celso Furtado, Oscar Niemeyer e Luciano Martins[118].

Do grupo de jornalistas que trabalhara com Raimundo Pereira em outros projetos, apenas Tonico Ferreira foi para o *Opinião*. Outros tomaram os mais diversos rumos. "As pessoas que tinham trabalhado mais junto – um grupinho mais próximo – eram o Tonico, eu, a Téia (Maria Stela Magalhães), o (Júlio César) Montenegro, que era um colega lá do ITA, o Elifas Andreato... Vários eram jornalistas profissionais e não foram fazer o *Opinião*: Eurico Andrade, Matías Molina... Fomos eu, o Tonico, o Cássio Loredano que o Elifas indicou... o próprio Elifas ficou indo e vindo... e o jornal foi feito assim." Carlos Azevedo viria a ser colaborador do *Opinião*, já escrevendo sob pseudônimo.

Arlindo Mungioli conta que estava na primeira turma que planejou e montou o jornal, ao lado de Raimundo Pereira, Tonico Ferreira, Dirceu Brisola e Júlio César Montenegro. A princípio, Mungioli trabalhou em São Paulo, "mais ou menos chefiando a sucursal, e depois no Rio, editando economia durante um tempo, mas também fazendo mais ou menos de tudo." Na época, pertencia à Ação Popular. "Cada um era de uma linha política. Eu era da AP, o Dirceu Brisola era do PC... Mas era mais uma relação de amizade, de solidariedade, uma relação de costura política, mas não partidária. Tanto que, numa das crises mais sérias do *Opinião*, o Raimundo Pereira falou: 'Eu vou sair da chefia e

---

[118] Kucinski, Bernardo. **Jornalistas e Revolucionários – Nos tempos da imprensa alternativa,** Scritta Editorial, São Paulo, 1991.

quero que você assuma'. Eu respondi: 'Eu lamento, mas eu não me sinto com competência para assumir o jornal. Se há alguém que poderia assumir no seu lugar, eu acho que é o Dirceu Brisola'."

Aloysio Biondi era o nome previsto inicialmente para ser o editor de economia de *Opinião*, mas, devido à incompatibilidade do cargo com as suas atividades na imprensa diária, acabou ficando como colaborador na área econômica, como lembra o então editor do jornal Raimundo Pereira. "Então, o nosso editor de economia foi o Marcos Gomes, um menino que tinha sido dirigente da UNE. Um dos melhores editores de economia que eu conheço. Ele se formou com a gente, mas foi um grande editor."

Quando deixou a prisão, no final de 1971, Marcos Gomes foi direto para o Rio de Janeiro. "Trabalhei lá em publicidade, até que me encontrei com o Raimundo, o Gasparian... a turma que estava fazendo o jornal. E comecei a colaborar inicialmente como redator da parte de economia e, depois, como editor assistente e editor de economia do jornal. Isso foi rápido porque algumas pessoas que estavam previstas, que iriam de São Paulo para o Rio, acabaram não indo. Então, eu acabei assumindo mesmo. E tive a sorte também de conviver com pessoas que tinham uma longa tradição nessa área, como o Aloysio Biondi, que era um excelente colaborador, o Washington Novaes e o próprio Fernando Gasparian que era um empresário muito bem informado... Aprendi muita coisa com o Gasparian: ler uma notícia, ler um balanço, compreender o que está por trás de certas rubricas... Ele era muito arguto e era um homem com muita familiaridade com números. Ele era um grande empresário da área têxtil, de oposição... por isso que ele estava fazendo o jornal *Opinião*. Ele também tinha uma preocupação macro, além do problema da microeconomia, da empresa, do mercado financeiro... Então, dava para eu entender um pouco o que estava acontecendo..."[119]

Biondi foi um dos maiores expoentes do *Opinião* na área de economia, na visão de Marcos Gomes. "O Aloysio tinha um conhecimento excepcional especialmente dessas questões da microeconomia, da carestia, do controle do grande capital sobre certos setores. Ele acompanhava tudo com muito detalhe. Tem algumas capas do *Opinião* que ele fez que são assim lembradas pelo pessoal até hoje... O Delfim Netto dizia que o Aloysio o perseguiu por todos esses

---

[119] Por causa da repressão política, Marcos Gomes nem sempre podia assinar as matérias de economia. Daí o expediente adotado por Raimundo Pereira de colocar o nome abreviado do editor de economia no pé das matérias. "O meu nome verdadeiro é Luiz Marcos Magalhães Gomes. Então, porque eu editava, ele pegou meu segundo prenome e meu último sobrenome... Lá em Belo Horizonte, o pessoal até brincava porque não entendia muito porque eu assinava dessa maneira. As pessoas tiravam onda... Mas o foi Raimundo que começou a assinar no pé com esse nome, porque eu evitava colocar o meu nome. Aí eu passei a ser conhecido no Rio e em São Paulo profissionalmente como Marcos Gomes."

jornais. Um deles foi o *Opinião*. O Aloysio fez diversas matérias acompanhando a política do Delfim."

Opinião, que reuniu experientes jornalistas como Aloysio Biondi e projetou novos valores como Marcos Gomes, antecipou-se à grande imprensa na defesa do consumidor e do meio ambiente, além de provocar uma Comissão Parlamentar de Inquérito (CPI) sobre abusos na comercialização de medicamentos, a partir de denúncia de Bernardo Kucinski. A publicação atraiu o apoio de grande número de jornalistas da grande imprensa, que enviavam colaborações muitas vezes não assinadas para evitar retaliações de seus chefes[120].

Opinião foi o primeiro jornal a levantar o problema da dívida externa brasileira, quando ninguém se preocupava com isso, revela Raimundo Pereira. "O Gasparian viu o balanço de pagamentos do país, o governo tomando muito dinheiro lá fora e tal... E o que todo mundo apresentava como sendo um grande feito do Brasil – que tinha tomado um monte de dinheiro – ele viu como sendo o crescimento da dívida externa do país. Então, ele trouxe uma sugestão... Ele mostrou isso para nós e nós fizemos a primeira capa sobre a dívida externa do Brasil. Se não me engano, foi novembro de 1972. A capa, muito bonita, inclusive, é 'Dívida externa do Brasil: 10 bilhões de dólares'. Para mim, isso foi um achado porque eu não entendia de balanço de pagamentos, de economia mesmo... Tinha umas noções e tal, gostava do assunto mas não entendia nada. Então, a matéria foi uma revelação. Trabalharam nela o Washington Novaes, um grande jornalista econômico, o Marcos Gomes e eu ajudei a editar. Quando isso saiu, o Paulo Henrique Amorim – que era o editor de economia de *Veja*, tinha sido meu colega em *Veja* – me telefonou e disse: — *Vocês estão malucos. A dívida está completamente sob controle. Vocês estão fazendo sensacionalismo.* De fato, aquela foi a primeira grande matéria sobre a dívida externa do Brasil, porque 72 estava perto do final do milagre econômico – o milagre vai até 73; foi o crescimento da economia e tal. Mas essa matéria mostra que o país já estava crescendo com base no endividamento externo, tinha enormes problemas..."

O problema da dívida externa aflorou no interrelacionamento do Brasil com o sistema financeiro mundial, complementa Marcos Gomes. "E quando eu cheguei no Rio, esse era um dos principais problemas que estavam sendo discutidos. A entrada maciça de capitais naquela época era sobretudo na forma de empréstimos. A forma de empréstimos era muito mais, digamos, expressiva do que os investimentos diretos. E tinham aquelas resoluções 63... A lei que regulamentava os investimentos estrangeiros, os empréstimos em moeda forte, foi toda modificada pela ditadura. E sobre esse problema específico da dívida externa, parece que havia nos jornais quase que nenhum espaço para você

---

[120] Kucinski, Bernardo. **Jornalistas e Revolucionários – Nos tempos da imprensa alternativa,** Scritta Editorial, São Paulo, 1991.

discutir... Então, era um assunto tabu mesmo. Era um assunto que eu também já vinha trabalhando um pouco. E como fruto de discussões que eu tive com o Washington Novaes, com o Aloysio Biondi e com o Fernando Gasparian, no número 5 publicamos um artigo tentando atualizar mesmo toda a discussão da dívida. Inclusive, fomos atrás dos números, fomos atrás também de intelectuais do IPEA (Instituto de Pesquisas Econômicas Aplicadas) lá no Rio de Janeiro que trabalhavam essas coisas, muitos dos quais não queriam aparecer."

As preocupações de *Opinião*, entretanto, não se restringiam à dívida externa. Até porque o *Opinião* não era um jornal apenas com muitos recursos materiais, empenhados por um grande empresário, conta Pereira. "O jornal também juntou os principais intelectuais da resistência à ditadura, desde Fernando Henrique, que era o principal redator, principal comentarista de política, até grandes colaboradores na área de economia como Celso Furtado. Na área de internacional, escrevia o Paulo Francis, que estava no exterior. Nós tínhamos os direitos de transcrição do *Le Monde* e do *New York Review of Books*, esse grande jornal dos intelectuais americanos mais liberais. Nós tínhamos o direito de reprodução do *Washington Post*...[121] Então, era um jornal com uma grande quantidade de recursos jornalísticos. E ele se destacou pela sua parte de cultura e por uma parte social muito relevante, que tinha grandes redatores... E tinha novelas policiais sensacionais. O nosso principal redator de polícia era o Aguinaldo Silva, esse redator das novelas da Globo. Era um cara que escrevia brilhantemente. E o redator de matérias de esporte era o Mauricio Azedo, um dos maiores redatores desse tema no país."

Na área de economia, *Opinião* tinha colaboradores como Paul Singer, Celso Furtado e Chico de Oliveira. A abordagem da economia, nas páginas do jornal, refletia a preocupação da própria oposição no sentido de resolver o problema teórico e prático relacionado com o sucesso do "milagre econômico", relata Marcos Gomes. "Ainda era o governo Médici. Quer dizer, tinha uma grande polêmica na própria oposição, porque o Brasil estava registrando altas taxas de crescimento econômico, etc. E havia até um certo clima de que aquilo, digamos assim, não era a expectativa dos economistas de oposição, pelo menos a maioria. Então, foi um momento de muita elaboração teórica... O que estava acontecendo? As saídas, etc. E a preocupação do jornal *Opinião* foi muito no sentido de incentivar esse debate, mostrando os caminhos que o regime militar tinha encontrado, uma modernização conservadora que ele fez, como acabar

---

[121] O *Opinião* não tinha uma editoria de Internacional. O material, oriundo de várias publicações, era traduzido na própria redação. "Nós tínhamos uma edição semanal brasileira do *Le Monde* – quatro páginas dentro do *Opinião*. A gente traduzia muito o *The New York Review of Books*, que é essa publicação de intelectuais americanos, e tinha o *Guardian* de Londres. O *Guardian Weekly* tinha uma separata do *Le Monde* dentro, como nós."

com a estabilidade, implantar o Fundo de Garantia, financiar o BNH... as formas de arrocho salarial – praticamente a ditadura conteve a luta sindical."

Opinião também retratou o processo de aquisições e fusões de empresas e o surgimento de grandes grupos, que progressivamente passaram a investir no Brasil, prossegue Gomes. "O jornal *Opinião* acompanhava muito também esse processo de monopolização. Tinha um estudioso no Rio de Janeiro, Jean Bernet, que fazia um atlas econômico do Brasil (*Guia Interinvest*) com todos os grupos e suas interpenetrações, suas ligações... A gente recorria muito a ele. E tinha também toda a modernização do mercado financeiro – e aí a experiência do Aloysio Biondi e do Washington Novaes foi muito importante, porque eles tinham acompanhado esse processo desde o começo. Enfim, a gente acompanhava então as questões de caminhos de modernização conservadora, o processo de monopolização, de fusões etc. que a economia brasileira passou a viver."

O jornal destacou também a atuação do Estado no processo de modernização conservadora, continua Gomes. "O Estado entrou violentamente na retaguarda da ação desses grandes grupos... Tanto que muita gente não entende hoje que foram o Roberto Campos e o Bulhões – respectivamente ministros do Planejamento e da Fazenda dos primeiros governos militares – que estatizaram toda a área de energia elétrica e toda a área de telecomunicações e essas áreas, num processo de modernização do Brasil, tinham de sofrer um negócio rápido, porque elas estavam estranguladas. E o Estado assumiu esse papel. E também todo o processo de perda de direitos sociais, que atingia desde o direito de greve, inclusive greve por aumento de salário, aquelas formas do arrocho... enfim, o fim da estabilidade, o problema do Fundo de Garantia vinculado ao Banco Nacional da Habitação.... E também uma nova postura do governo brasileiro no seu relacionamento com o centro do capitalismo: Estados Unidos, Europa e tal. Então, a gente também tinha essa preocupação de entender um pouco o que estava ocorrendo no mundo. E também muita reflexão sobre os direitos trabalhistas, caminhos que a ditadura estava encontrando para sair, para criar brechas..."

Além das análises do "milagre brasileiro", *Opinião* apresentava resenhas dos principais livros de economia da época, lembra Raimundo Pereira. "O Gerson Toller Gomes era o nosso resenhista. Ele resenhou os principais livros de análise do 'milagre': da Conceição Tavares, do José Serra, etc. Esse trabalho todo está lá, como um trabalho de muito bom acabamento, especialmente no período inicial do *Opinião* quando a censura ainda não era tão violenta. Mas em termos de temas nós fizemos também a questão do capital estrangeiro na economia brasileira e a desnacionalização, essa questão da dívida externa, do controle do capital estrangeiro na economia, dos grandes grupos econômicos, os monopólios... Nós fazíamos perfis de grandes grupos tipo Antunes, os bens do Rockfeller no Brasil, os grupos nacionalistas... Também sistematicamente, quase todo ano, nós fazíamos um balanço. Pegávamos essas edições que a imprensa brasileira produz já muitos anos, tipo 'Maiores e Melhores' e 'Quem é Quem', que dão um balanço, fazem um inventário dos balanços, do controle acionário e tal... Nós sempre fazíamos um trabalho de reportagem, transformávamos em artigo pesquisas mais complicadas, com circulação muito restrita e às vezes não acabadas na forma jornalística. Então, nós sempre tivemos um jornalismo de aprofundamento de assuntos bem desenvolvido, além dos trabalhos de análise desses assuntos específicos que nós cobríamos."

A censura prévia, branda no início do *Opinião*, brutalizou depois de pouco mais de meio ano de existência do jornal, recorda Raimundo Pereira. "No início, a censura no *Opinião* era também na redação. Dava tempo. O cara cortava, você colocava outro. Você argumentava com o cara. Quando foi começo de 73, ela se transformou numa censura total para a imprensa popular, para os jornais mais à esquerda. O material tinha que ser mandado para Brasília na terça-feira. Então, o jornal ficava relativamente precário porque não passava quase nada. O cara pegava o jornal e cortava dois terços. Não tinha mais prazo, porque era um semanário..."

A partir da edição número 23, em abril de 1973, a censura prévia, imposta na primeira semana de janeiro do mesmo ano (edição número 9), tornou-se devastadora. Eram cortados principalmente os textos dos intelectuais e as caricaturas de Loredano e Trimano. Da edição 37 em diante, a censura prévia tornou-se total. Em novembro (edição 55), o material enviado à Polícia Federal em Brasília foi mutilado com tal intensidade que Gasparian decidiu suspender a edição e fazer uma denúncia pública[122].

III - Incursões londrinas

Um dia de 1972, em Londres, Christopher Roper escreveu um artigo, no conceituado jornal *The Guardian*, sobre o "milagre econômico", um artigo que elogiava Delfim Netto, "assim meio sem pensar muito", conta Kucinski. "Eu tinha acabado de chegar na Inglaterra. Eu me sentia meio exilado, aquela coisa da ditadura... E eu mandei uma carta para o *Guardian*, desancando ele. Então, ele disse que queria me conhecer e tal. Aí ele me pediu para escrever sobre o Brasil e tal. Eu escrevi uma vez, ainda em Londres, um artigo para o *Guardian* que eles pediram. Depois, eu me juntei ao grupo... Então, nessa ocasião eu decidi: — *Eu vou escrever, mas em inglês*. Eles disseram: — *Não faz isso. A gente traduz.* Foi a decisão mais sábia que eu tomei, porque eu escrevia um

---

[122] Kucinski, Bernardo. **Jornalistas e Revolucionários – Nos tempos da imprensa alternativa,** Scritta Editorial, São Paulo, 1991.

inglês macarrônico, dificílimo, complicadíssimo, ruim... mas ele foi melhorando, melhorando...".

Foi assim que Bernardo Kucinski conheceu os jornalistas Christopher Roper, Richard Gott e Hugh O'Shaughnessy, que eram especialistas em América Latina e trabalhavam no *The Guardian*. Era uma época em que a América Latina fascinava o mundo inteiro, relata Kunciski. "Era um continente exótico. Foi quando saiu o livro do Gabriel Garcia Marquez, *Cem anos de solidão*, que ganhou o prêmio Nobel. O pessoal da Europa inteira vinha aqui visitar a América Latina. Era uma coisa de interesse mundial. E o Richard Gott, que é um jornalista muito importante – ele lançou na Inglaterra a coleção do Penguin sobre a América Latina –, criou o Penguin Latin American Library. Surge nessa época uma coleção sobre a América Latina, da Penguin Books. O Ricardo Gott publicou vários livros. Ele era dono desse assunto América Latina, principalmente guerrilhas de esquerda."

Esse grupo de jornalistas do *The Guardian* havia criado uma pequena empresa, que funcionava no sótão da Bolsa de Mercadorias de Londres e publicava as newsletters *Latin American Political Report* e *Latin American Economic Report*. Kucinski tornou-se colaborador eventual dessas *newsletters*. "E eu ganhei muito prestígio com eles uma vez. Eu escutei na Embaixada de Londres que o Barclays ia formar um banco internacional com a junção de três bancos, um deles brasileiro. Era época de eurodólar, aquela euforia dos empréstimos... E eu fiz a matéria sobre esse banco que era um furo. E o correspondente da *Visão* em Londres chupou a minha matéria e publicou na revista aqui no Brasil. Aí eu reclamei e ele teve que se retratar. E eu fiquei com um certo prestígio com eles por causa dessa matéria. E comecei a colaborar com eles eventualmente..."

Bernardo Kucinski era o correspondente do jornal *Opinião* na Inglaterra – além de colaborador de *Veja* e da *BBC* de Londres nas áreas de ciência e geral –, quando surgiu a crise do petróleo, em setembro de 73. "Então, eu comecei a acompanhar a crise e me apropriar daqueles conceitos novos que apareciam, tipo *royalty*, preço *spot*... todo mundo novo de conceituações sobre o mundo do petróleo. E eu escrevia matérias didáticas sobre isso, explicando isso para os leitores, e fizeram muito sucesso."

Também em Londres, Kucinski começou a se interessar por assuntos como defesa do consumidor. "Essa época em Londres foi interessante. Era uma época em que se fazia muito o 'Anti-report'. E o que é o 'Anti-report'? É o relatório de uma empresa feito com um viés crítico, como por exemplo o 'Anti-report' da General Electric. Como é que ela atua, o papel que ela tem nas guerras, as sacanagens que ela faz... Ou então o 'Anti-report' da Unilever. Como surgiu o grupo Unilever... E eu comprava esse material, mergulhava nele e tal. Sempre com aquela minha posição de uma visão radical e crítica. E esse trabalho sobre defesa do consumidor foi muito bom, porque foi nessa época que surgiu o movimento do Ralph Nader. Aliás, o livro que eu escrevi é prefaciado pelo Ralph Nader."

O livro que tem o prefácio de Ralph Nader é "Fome de Lucros" (sobre as multinacionais na América Latina), de 1973, escrito por Bernardo Kucinski e outros três jornalistas de diferentes países. Tudo começou com um trabalho de pesquisa sobre a atuação das multinacionais no Brasil no campo de medicamentos e de alimentos por uma entidade americana de defesa do consumidor. "Eu fui convidado para fazer a pesquisa, que resultou no livro sobre essa questão do consumidor e que resultou em muitas matérias também sobre medicamentos. Então, eu entrei nesse campo da indústria farmacêutica, como é que ela atua, que é um campo também muito importante."

Com a ida de Roberto Müller Filho para a *Gazeta Mercantil* em 1974, Bernardo Kucinski foi convidado para ser o correspondente do jornal em Londres, "em função das minhas matérias no *Opinião*. Aliás, eu seria o primeiro correspondente internacional deles. Aí eu peguei a crise do petróleo realmente no seu apogeu e fazia muitas matérias interessantes sobre isso. Fizemos também uma edição especial sobre como surgiu o Lloyd's, a Bolsa de Londres, a City londrina, essas coisas todas. Foi assim que eu fui entrando."

Ao voltar em definitivo ao Brasil, Kucinski foi direto para a redação da *Gazeta Mercantil*. "Aí, então, dei continuidade ao trabalho. Fui ser editor de *commodities*. Discutiu-se muito a questão das *commodities* na época. Tentou-se criar naquela época uma OPEP do café, que eu acompanhei... Eu acompanhei para a *Gazeta Mercantil* as reuniões do Acordo Internacional do Café em Londres. Aí eu começo também a escrever para o *Latin American Political Report* e o *Latin American Economic Report*. Depois eu descobri que eles tinham também um *Andean Report*." De colaborador eventual em Londres, Kucinski passava assim a colaborador assíduo das duas *newsletters*, escrevendo sobre economia e política. "Inclusive, duas vezes eu fui para Londres a convite deles para ficar uns tempos. Eu escrevia matérias muito quentes sobre a crise econômica, a crise do milagre..."

IV - *Movimento*: "um jornal popular"

Em 1975, houve uma crise no jornal *Opinião* entre Fernando Gasparian e Raimundo Pereira, que acabou envolvendo a redação. "O Gasparian achava que eu não estava editando o jornal como devia e que nós não nos entendíamos bem e tal... No final, se transformou numa crise entre ele e a redação inteira. Ele me demitiu, a redação inteira saiu e nós fomos fazer o *Movimento*."

A crise do jornal *Opinião* veio na esteira da escolha do general Ernesto Geisel para a presidência da República, lembra Pereira. "O governo Geisel começou uma política de distensão e de atração de setores oposicionistas. Procurou muita gente... e começou a se formar uma confusão, que até hoje existe, de que ele era um governo nacionalista. Nós nos empenhamos em demonstrar, primeiro, que o Geisel era um político... Nós fizemos uma capa com a votação de Geisel nos julgamentos do STM (Superior Tribunal Militar). Ele tinha votado sempre pela linha dura. Fizemos uma capa com a política da Petrobrás, mostrando que ele não desenvolveu a prospecção de petróleo no Brasil. Pelo contrário, ele embarcou nesse negócio, da Braspetro, de procurar petróleo no exterior... e deu tudo errado. Tanto é que a produção de petróleo no Brasil só vai crescer depois da crise do petróleo. Ele foi surpreendido pela crise do petróleo. A gestão dele não foi de um nacionalista... E o Gasparian querendo participação...".

Na mesma época, o grupo político autêntico do antigo MDB (Movimento Democrático Brasileiro) aproximou-se explicitamente do *Opinião*, de acordo com Pereira. "Tinha o Lisâneas Maciel, um dos deputados mais combativos do grupo autêntico, que foi eleito deputado federal pelo MDB do Rio de Janeiro, o Chico Pinto, o Marcos Freire... então, esse pessoal se aproximou de nós. Nós fizemos a campanha da anticandidatura do Ulysses Guimarães. Tem lá uma capa muito bonita que o Elifas fez. Então, era um negócio muito amplo. É ali que o pessoal começou a se dividir. Então, tinha um grupo mais à esquerda, onde se incluíram inúmeras correntes. Ficaram conosco até o fim também gente, por exemplo, do partidão, como o Nelson Werneck Sodré, que foi nosso colaborador no *Opinião* e no *Movimento*."

A divergência no seio da oposição acabou por forçar Ulysses Guimarães a participar da farsa do colégio eleitoral, quando a função da anticandidatura era de promover uma campanha de denúncia contra o regime militar, de acordo com Pereira. "O grupo autêntico denunciou, porque já havia diferenças. Existia o setor mais moderado, a ala adesista do MDB... e esse grupo de esquerda, autêntico. Nós, visivelmente, nos situávamos nessa ala esquerda. Tanto é que a nossa aliança era com o Chico Pinto, o chefe da redação de Brasília... O Alencar Furtado estava no conselho... Nós éramos um grupo mais à esquerda mesmo. Mas não éramos só nós. Era um monte de gente."

As divergências com Gasparian tornavam praticamente inviável a permanência de Raimundo Pereira no *Opinião*. A gota d'água da demissão foi um incidente envolvendo o grupo autêntico de Minas Gerais, relata Pereira. "Um colaborador nosso – o Luiz Bernardes, jornalista – fez uma matéria denunciando um deputado do MDB, o Marcos Tito, que tinha sido eleito como autêntico e, logo depois que se elegeu, ele renegou... ficou mais moderado... Aí o Bernardes fez uma notinha tascando o Marcos Tito. Nós viemos descobrir depois que esse cara tinha sido apoiado pelo Gasparian, inclusive com ajuda financeira, porque o cara que fazia discurso para o Gasparian fez um discurso para ele. Aí o Gasparian tentou me demitir por causa dessa matéria. Ele queria que eu demitisse o Bernardes. Eu não demiti. Eu disse que precisava ver se a matéria estava certa ou não. Houve mediações e tal. Aí a coisa foi indo. Na sequência desses incidentes, eu fui demitido. Mas já refletia diferenças de pontos de vista. Eu já não editava mais o jornal como ele queria. Ele queria um jornal que apoiasse o governo Geisel, apoiasse essa via..."

A demissão de Pereira, seguida de debandada na redação, não significou o rompimento definitivo com Gasparian na gestação do jornal *Movimento*. "Era tudo dentro da oposição e nós não queríamos brigar completamente. Então, depois da briga veio a separação amigável. E ele ficou nosso sócio. O Fernando Henrique foi meio o mediador dessa cisão e ficou como conselheiro dos dois jornais. E no final criou-se o *Movimento* sem acabar o *Opinião*. O *Movimento* já era uma publicação mais popular, até porque a forma de propriedade foi uma cooperativa. Nós tínhamos uns 500 sócios: jornalistas, o pessoal do grupo autêntico do MDB, uns poucos empresários, mas a grande maioria de pequena burguesia que tirou um trocado do bolso e fez o capital inicial do jornal."

Tal qual Gasparian no *Opinião*, ainda que em circunstâncias diferentes, Sérgio Motta foi a grande figura na criação do *Movimento*, revela Raimundo Pereira. "De certa maneira, ele vai substituir o Gasparian, mas não com dinheiro – o Sérgio não pôs dinheiro. Nós viemos para São Paulo, porque o Rio de Janeiro é uma cidade com um clima oposicionista mais conciliador. Nós achávamos que tínhamos que vir para cá, porque aqui tem a classe operária, tem a possibilidade de um apoio mais na base do movimento popular. Então, viemos para cá. Mas aqui não tínhamos quem nos apoiar. Então, o Chico de Oliveira me levou ao Sérgio Motta. O Chico, que era do CEBRAP (Centro Brasileiro de Análise e Planejamento), era colaborador do *Opinião*. Quando houve a cisão, o Chico de Oliveira ficou conosco, contra o Gasparian, e me apresentou ao Sérgio Motta. Meses depois, quando fizemos campanha, etc. e tal, nas vésperas de sair o jornal, é que o Duarte Pereira me foi apresentado."

A diferença básica entre o papel de Gasparian no *Opinião* e a ação de Sérgio Motta no *Movimento* foi o apoio operacional da Hidrobrasileira, empresa de Serjão, continua Pereira. "O Sérgio mobilizou a empresa dele para dar o apoio de infra-estrutura, para instalar o jornal aqui. Então, o Sérgio fornecia eletricista, contador, administrador, assessoria financeira... O Luiz Carlos Mendonça de Barros não só deu assessoria financeira como também escreveu boas matérias sob pseudônimo. A empresa do Sérgio fez instalação, montagem, etc. e tal. Contabilidade: ele fez a contabilidade. Contratos: nós queríamos fazer uma empresa que tivéssemos o controle de um conselho de redação. O Sérgio é quem bolou os contratos. O Sérgio é que todo mês se reunia conosco, administrava, fazia o balanço. Na história do jornal, estão lá, mês a mês, os balanços feitos pela mão do Sérgio Motta, manuscritos. Ele era uma pessoa muito generosa..."

Só bem mais tarde, Pereira veio a saber que Sérgio Motta tinha sido ligado à Ação Popular. "Eu não sabia que ele tinha sido da AP. A essa altura, o Sérgio já estava fora da AP. Ele estava seguindo outro caminho, esse caminho que ia levá-lo a ser um grande empresário. Mas em torno do Sérgio Motta gravitavam a Clara Scharf, que foi mulher do Carlos Marighela[123]; o Duarte Pereira, que era da AP; o Aldo Arantes, que era do PC do B; o ex-AP Mendonça de Barros... tinha gente de todos os tipos. Foi aí que eu conheci o Duarte, que fazia trabalho para o Sérgio Motta."

O jornalista Duarte Pereira, que estava na clandestinidade, passaria a escrever os famosos "Ensaios Populares" do *Movimento*, seção inspirada na imprensa norte-americana, conta Pereira. "Eu sou um aficcionado da imprensa americana. Então, o *Movimento* nasceu com duas seções: uma chamada 'Cena Brasileira' e outra 'Ensaios Populares', que eu copiei do *Time Magazine*, que tinha o *Time Essay* e tinha o *American Scene*. Só que nós aqui viramos isso tudo para o lado popular. Para 'Cenas Brasileiras', achamos um grande repórter, que era o Murilo Carvalho, que saía por aí fazendo cenas da vida dos trabalhadores. Depois, ele fez vários livros. E os 'Ensaios Populares' eram coisa assim como é o ensaio: uma pensata qualquer, assim jornalística, em torno de temas da atualidade. Eu procurei vários caras para fazer isso, entre eles o Luiz Weiss, que era da *Visão*. Eu queria que ele fosse para a redação. O Weiss não foi. Quando eu conheci o Duarte, ele me deu algumas contribuições, que eu publiquei sem assinatura. E elas foram fazendo sucesso, sem assinatura. Se fosse uma porcaria qualquer, ninguém nem reparava. Como elas eram excelentes trabalhos, começaram a repercutir muito."

Esses textos repercutiram basicamente por duas razões, segundo Pereira: "primeiro, porque o pessoal do PC do B, que estava dentro do jornal, achava que eu era um cara ligado ao PC do B e que eu fazia aquilo articulado com a direção do PC do B; e a oposição, que começou a se formar – o *Movimento* tinha grupos trotskistas que eram contra o PC do B, era uma frente que tinha tudo quanto era corrente de esquerda –, também achava isso. E não era nenhum dos dois: era um sujeito que tinha sido da AP. A AP tinha se desmanchado porque a turma correu para o PC do B. Mas o Duarte não foi. Ficou sozinho."

Foi assim que Duarte Pereira tornou-se o verdadeiro autor dos "Encontros Populares", embora oficialmente fosse Raimundo Pereira o responsável pela seção, que era publicada sem assinatura. "O Duarte é um dos melhores redatores que eu conheço. E ele fazia coisas maravilhosas. Aí começou uma polêmica sobre isso. Claro que uma certa altura (começaram a questionar): — *É você que faz?* Eu respondia: — *Sim, sou eu.* Eles falavam: — *E por que não assina, então?* Eu respondia: — *Não assino porque não são propriamente minhas. São*

---

[123] Líder guerrilheiro da Aliança Libertadora Nacional (ALN) no final dos anos 60s.

pensatas do movimento popular que eu tiro dos clássicos – sugerindo que era dos clássicos marxistas. — *Não são idéias minhas. São pensatas muito gerais e tal.* E aí criou-se uma comissão para debater. (...) A confusão era tão grande que logo depois, para diferenciar do PC do B e com a minha anuência, nós publicamos uma matéria assinada do Duarte, se não me engano na seção de cartas, sobre as eleições na Albânia, que tinham dado 99 vírgula não sei o que... E ele fez um texto dizendo que isso devia ser besteira. Evidentemente que não existe essa aprovação. Isso saiu e o pessoal do PC do B ficou violentamente contra mim e contra o Duarte. O sujeito, que antes admirava, passou a detestar porque começou a reinterpretar para ver as maldades que havia. Essas bobagens..."[124]

Marcos Gomes foi um dos que acompanharam Raimundo Pereira na mudança para São Paulo e continuou como editor de economia também no *Movimento*. Bernardo Kucinski resolveu deixar a *Gazeta Mercantil* para se integrar ao *Movimento*. "Eu achei que tinha que sair. Aliás, foi uma decisão da qual depois eu me arrependi. Eu não precisava ter saído do jornal." Ricardo Bueno, que era o subeditor de economia do *Opinião*, continuou colaborando com o *Movimento*. Aloysio Biondi, o mais conhecido e o mais destacado colunista do *Opinião*, segundo Marcos Gomes, já não foi assim tão assíduo no *Movimento*. "Ele escreveu alguns artigos, mas ele já estava dirigindo outros jornais diários que consumiam o tempo dele mais integralmente." Nesse período, opina Raimundo Pereira, "Marcos Gomes, Aloysio Biondi e Ricardo Bueno eram os três grandes nomes do jornalismo econômico dessa área popular, com uma visão assim mais nacional, mais popular, alguns deles mais à esquerda..." Também colaboraram com o *Movimento* os jornalistas Klaus Kleber, Luiz Nassif e José Roberto Alencar.

Além de jornalistas do *Opinião*, o jornal *Movimento* arrastou também intelectuais de esquerda, como Celso Furtado, Chico de Oliveira e Maria da Conceição Tavares. Esses colaboradores "estavam analisando, elaborando mais ou menos o que tinha acontecido", lembra Gomes. "Tem aquele famoso artigo da Maria da Conceição Tavares: 'Além da estagnação'... quer dizer, ao contrário do que uma certa corrente tinha pregado – que o Brasil ia entrar logo num impasse e ia ficar estagnado –, isso não ocorreu. O regime encontrou saídas, apesar que não foram saídas... Então, tudo isso incentivava a gente a se debruçar mais na parte econômica. Foi isso que me motivou..."

O jornal *Movimento* já nasceu amordaçado, como relata Raimundo Pereira. "Ao contrário do *Opinião*, o *Movimento* já saiu com uma censura feroz, desde o número zero, que é uma apresentação da equipe. Antes de sair o número

---

[124] Só mais tarde, Raimundo Pereira iria revelar o verdadeiro autor dos "Ensaios Populares". "No *Movimento*, quer dizer, logo que veio a Anistia, eu fiz uma entrevista com o Duarte Pereira na qual fiz uma introdução contando essa história. Por que eu fiz nessa época? Porque era a época em que se podia fazer."

um, nós já estávamos sob o regime de censura. O número um já saiu censurado. O jornal não teve tempo de se apresentar com uma cara livre. Ele saiu já deformado. Você mandava o material para a censura e eles cortavam dois terços. Então, você fazia o jornal de restos. Na economia, a censura era menor. A censura maior mesmo era a questão das liberdades políticas. Mas era uma censura errática, porque de vez em quando ela visava o jornal não ter qualidade."

A diferença entre os jornais *Opinião* e *Movimento* era grande, na visão de Bernardo Kucinski. "O *Movimento* já é fruto da ruptura dessa aliança... O PC do B parte para um projeto mais popular. Ele quer um jornal que atinja os movimentos sociais. Então, ele tem um viés mais popular, quase popularesco. O conselho editorial puxa mais para o ativismo político do que para o intelectual. Então, tem ativistas de direitos humanos, ativistas de movimentos sociais... E ele tem uma estética também mais popular. Nessa época, tinha o movimento do custo de vida que já era um movimento também sob influência do PC do B. Então, era um jornal voltado muito mais para os movimentos populares, movimentos sociais. Nesse sentido, era um pouco mais agressivo."

Por conta da censura, o problema econômico sempre dominou as páginas de *Movimento*, com o foco em temas como a crise econômica, a soberania nacional, a tecnologia e os interesses do consumidor, observa Kucinski. "No *Movimento*, já entram questões de defesa do consumidor. Eu escrevia muita matéria sobre isso." A marca fortemente popular do *Movimento* estava presente na cobertura das lutas contra o alto custo de vida, reforça Pereira. "Nós fazíamos artigos e fazíamos palestras nos bairros e acompanhamos a luta contra a carestia..." Marcos Gomes lembra que, nesse período, o *Movimento* publicou ainda uma espécie de cartilha da inflação, para atender à pressão do chamado movimento contra a carestia. "Eles nos colocavam muitas exigências e nós tentávamos responder. A cartilha saiu inicialmente no *Movimento*. Nós sentamos com eles, porque a discussão da carestia estava ganhando as periferias, evidentemente mais mobilizadas nos grupos... Eu me lembro também que o Paul Singer publicou um conjunto de artigos sobre a inflação, que depois virou um livro dele que vendeu feito água."

Além disso, foi feita uma reportagem numa comemoração de primeiro de maio, na fase inicial do *Movimento*, que ligava a questão do custo de vida com a situação dos operários, explica Gomes. "Nós pegamos um conjunto de coisas dos sindicatos, do DIEESE (Departamento Intersindical de Estatísticas e Estudos Sócio-Econômicos)... Então, eu redigi uma longa matéria sobre a situação da classe operária. E passou (pela censura). Conseguimos publicar. E teve muita repercussão nos sindicatos. Então, a gente fazia às vezes uma síntese... Muitas vezes, esses artigos saíam até sem o autor indicado."

Havia a preocupação didática com os textos, "sem perder a complexidade do fenômeno", por parte de Raimundo Pereira, Washington Novaes e

Aloysio Biondi, continua Gomes. "A gente queria fazer um esforço para que o jornalismo econômico fosse uma coisa assim menos comprometida com o mercado financeiro, com aquele linguajar, aquela coisa toda. Não que a gente achasse que aquele noticiário ou aqueles artigos iam ser lidos por todo o povo. Mas a gente queria ampliar. E o jornal *Movimento* refletiu o esforço de aprofundar isso. Tanto que, num determinado momento, ele publicou um jornal chamado *Assuntos*, que era distribuído diretamente em áreas operárias, e que a gente fazia em cima do jornal que saía. A gente escolhia determinados temas e reescrevia esses artigos, que iam para esse jornal que a gente tentou desenvolver. Ele era ligado muito a dirigentes de oposição sindicais. No jornal, constituíam-se grupos de discussão em torno dele. E ele era distribuído em Santo Amaro, no ABC... E grupos de militantes sindicais iam lá na redação pegar... Mas ele acabou sendo estrangulado porque nós não tínhamos condição de fazer um semanário, como era o *Movimento*, e ao mesmo tempo fazer um jornal que se pretendia ainda mais popular como era o jornal *Assuntos*. Mas foi uma experiência muito interessante."

A censura, porém, impôs ao *Movimento* uma grande contradição: a necessidade de se fazer um jornal popular numa linguagem hermética, quase intransponível. Bernardo Kucinski confessa que até foi prejudicado por isso. "Aí desenvolvemos aquele estilo meio pernóstico, com umas aberturas meio complicadas. Era um estilo para derrubar o censor, para ver se ele dormia de sono. E era um estilo muito pouco jornalístico. Matérias muito rançosas e meio pernósticas. Eu fiquei um pouco pernóstico nessa época. Eu escrevia meio como se eu entendesse muito das coisas. Na verdade, eu não entendia muito. Mas eu sempre tive boa intuição." Conseguiu-se fazer jornalismo, sem se comprometer, mesmo sob o rigor da censura, complementa Raimundo Pereira. "Nós que fizemos um certo sucesso nesse tipo de jornalismo, tivemos que escrever de um certo jeito para passar, mas não escrever para ser censurado. Nós escrevíamos já sabendo que não passava. Então, a imprensa nesse período tem um certo viés que você tem que dar um desconto. Ela não é muito clara. Certas coisas ela meio que esconde."

Outra herança do jornal *Opinião* foi a cobertura da dívida externa, de maneira sistemática, continua Pereira. O *Movimento* começou a fazer capas sobre a dívida externa, "a cada novo salto da dívida. Eu acho que nós temos no *Opinião* e no *Movimento* umas seis capas muito relevantes, que foi quando a dívida chegou a 100 bilhões já na época do *Movimento* em 78 – nós temos lá uma capa: 'Dívida externa: 100 bilhões de dólares'. Então, nós fomos acompanhando... e isso só foi possível porque existia um ponto de vista nacionalista... E o *Movimento* já era mais que nacionalista, era uma coisa popular, onde era capaz de se ver o assunto por outro ângulo. Não existe, na *Veja*, na *Isto É*, qualquer revista que seja, nenhuma capa sobre esse assunto que é da maior relevância. E não existe por causa do ponto de vista. 'A dívida é ótima coisa. Endividar nunca foi problema. Está sempre sob controle.' E não é verdade. Quer dizer, com os militares a dívida estava sempre sob controle e o país quebrou em 82. Essas coisas só vê um jornal que tenha um ponto de vista diferente da imprensa – parece meio fora de moda – dessa burguesia dependente, desse pessoal todo que está atrelado ao esquema das grandes empresas..."

Diferente da dívida externa, a questão da reforma agrária foi um elo mais fraco entre o *Opinião* e o *Movimento*, observa Pereira. "O *Opinião* nem tanto, mas já o *Movimento* fez muitos trabalhos sobre a questão agrária. Toda vez que saía um grande censo agrícola, nós tínhamos uma matéria. Nós pusemos repórter para andar pelo país para ver os problemas da terra, para ver conflito agrário... Então, eu acho que esse tipo de imprensa teve uma importância muito grande para ver alguns desses assuntos que são extremamente importantes para o país e que a imprensa ligada às grandes empresas, a despeito de ter muito recurso, de certa forma não consegue nem entender direito, porque ela está sempre minimizando os problemas. Ela está sempre vendo errado. Ela não tem um ângulo direito para compreender a questão. Se coloca num lugar que não dá para enxergar o assunto."

Movimento publicou ainda artigos sobre distribuição de renda, "que também era uma das marcas da nossa preocupação na editoria de Economia", fala Marcos Gomes. O assunto era abordado por Gerson Toller Gomes, jornalista de formação econômica que fez grandes matérias sobre distribuição de renda para o jornal, depois de entrevistar muita gente. "E isso repercutiu muito, inclusive nas universidades – prossegue Gomes – porque a imprensa tradicional, de uma maneira geral, não tratava desses assuntos dessa maneira. Havia uma espécie de um véu sobre esses assuntos. Nós também fomos um ponto de convergência para aqueles intelectuais, professores, etc. do Rio, de São Paulo e de outros lugares que estavam discutindo esse tema."

Embora editasse economia, Marcos Gomes enveredou também na área política. "Como sempre, os grandes temas políticos estavam misturados, envolvidos com os grandes temas econômicos. Deve-se lembrar que o presidente Geisel lançou o segundo plano nacional de desenvolvimento. Então, eu também me voltei muito para a área política, mas sempre continuei ali na área econômica. E aí a gente passou também a acompanhar o II PND, esse plano do Geisel, que em grande parte deu com os burros n'água, porque a curva ascendente da economia brasileira já estava entrando no ciclo de crise. Tanto que grande parte dos grandes investimentos que Geisel começou, em obras enormes como a ferrovia do aço, quase nada foi terminado."

A censura era mais tolerante com a publicação de alguns assuntos, como a dívida externa, diz Pereira. "Mesmo na época da censura, fizemos algumas capas sobre a questão da dívida. A questão da propriedade da terra também...

Nós aceitamos um jogo difícil com a censura, porque havia uma alternativa... tinha uma outra opção que era ficar na clandestinidade e fazer a imprensa livre, que é o que muita gente fez. Mas as denúncias de desnacionalização... essas eles também não aceitavam. Quando a Petrobrás assinou os contratos de risco, houve uma resistência grande até dentro do governo... o Severo Gomes saiu, eles censuraram a edição. E com a edição censurada, nós fizemos uma edição com os textos que voltaram e ela foi apreendida depois de censurada, porque eles não gostaram da forma de editar, de organizar o trabalho cortado. Isso foi uma coisa muito sensível para eles, quer dizer, acusá-los de estar vendendo o país... eles que se achavam os campeões do nacionalismo."

V - O racha do *Movimento*

Em 1977, a oposição começou a se dividir, o que repercutiu em cheio na redação do *Movimento*, como conta Raimundo Pereira. "Tinha uma corrente ampla que passou a definir as bandeiras da redemocratização do país, onde nós estávamos: eu, o Duarte Pereira, o PC do B, o grupo autêntico do MDB, a igreja progressista... Essa corrente defendia o que? Constituinte livre e soberana e anistia ampla geral e irrestrita. Essas eram as duas bandeiras da redemocratização do país. Esses setores da esquerda (correntes trotskistas, etc. e tal) achavam que a constituinte era uma bandeira burguesa – muitos desses setores foram participar da fundação do PT, efetivamente – e atacavam essa coisa como sendo uma coisa da burguesia, etc. e tal."

Essas diferenças políticas afetavam o ponto de vista editorial, que é sempre uma questão crucial numa publicação, prossegue Pereira. "Ninguém vê a realidade sem estar de um ângulo. Então, você pode ver do ângulo de uma frente, que tem que ter o objetivo de coisas comuns... e para nós era assim: existia um setor da burguesia, os trabalhadores da cidade, do campo, etc. E esse setor da burguesia tinha o interesse na democratização do país. Então, as coisas que eram comuns eram essas. E tinha o grupo que não: 'Isso é coisa da burguesia. Constituinte é coisa da burguesia'. Mesmo em torno da reforma agrária, da luta contra o capital estrangeiro... Então, você ia escolher os assuntos... Nós sempre fizemos isso. A questão agrária: nós fizemos inúmeras matérias, nós mostramos que o latifúndio aumentava... Mandamos repórteres para o campo, para descrever as cenas do campo..."

A impossibilidade de convivência na mesma redação levou ao grande racha com a formação de dois grupos, segundo Bernardo Kucinski: de um lado, o que continuava defendendo a necessidade de união em torno do *Movimento* na resistência à ditadura e, de outro, o que considerava essa fase superada. Fruto desse racha, surgiram dois jornais dissidentes do *Movimento*. "O *Em Tempo*, do qual eu fui editor, e depois um jornal que se chamava *Amanhã* – pegou o nome do antigo *Amanhã*. O *Amanhã*, que era basicamente o Chico de Oliveira e o Ricardo Maranhão, só durou dois números. Era um projeto que também rejeitava o esquema do PC do B, mas tinha um pouco de desconfiança do reaparelhamento no novo jornal por parte dos grupos trotskistas. Então, o Chico de Oliveira preferiu esse outro projeto, mas depois ele acabou se aproximando... E o que ficou foi o *Em Tempo* mesmo."

O jornal *Movimento* navegou nas águas turvas da censura até por volta de 1978, conduzido por Pereira. "Por sorte nossa, foi quando também o movimento dos trabalhadores impulsionou a abertura política. Então, com a abertura, nós fizemos um jornalismo sem censura, com mais liberdade para tratar das questões políticas, que eram mais censuradas, mas também com mais liberdade para tratar das questões econômicas. Foi quando nós fizemos toda a cobertura do movimento grevista que antes era proibida. Você podia fazer uma matéria sobre economia e se referir a questões mais gerais, mas você não podia falar em greve. E a partir de 78, nós pudemos falar e nós fizemos uma grande cobertura sobre as reivindicações dos trabalhadores."

Com o fim da censura, o jornal *Movimento* pôde acompanhar livremente o movimento grevista, prossegue Pereira. "Nós cobrimos todas as lutas no ABC. Quando das primeiras greves, a partir de 78, nós já estávamos tendo ligação com o movimento operário, com o movimento popular de São Paulo, depois com o movimento do ABC... Então, nós fizemos uma grande cobertura das greves, das comissões de fábrica... Nós fizemos muito esse jornalismo de economia mais ligado às lutas populares, tanto a luta contra a carestia quanto pelo reajuste salarial, pelos direitos dos trabalhadores nas fábricas... Tem matérias nossas antológicas sobre esses grandes episódios, as grandes greves, matérias muito bem feitas sobre a comissão de fábrica de São Bernardo..."

As posições adotadas pelo jornal *Movimento* diante das greves operárias são exemplificadas por Raimundo Pereira com um episódio envolvendo o então líder sindical Luiz Inácio da Silva, o Lula. "Quando o Lula, na célebre greve de 79, comandava, sem uma consulta mais ampla às bases, um recuo da greve, o *Movimento* contou essa história. E o Lula não tinha razão. Ele mesmo reconheceu isso posteriormente. Então, nós defendemos as greves operárias assim... Teve uma polêmica no jornal: de um lado eu e, de outro, o David Capistraho, em torno do fim da grande greve do ABC... nós ficamos até o fim defendendo o movimento grevista."

Houve uma fase em que a direção do *Movimento*, preocupada em aumentar as vendas, resolveu partir para um jornalismo de cunho sensacionalista, o que provocou a reação da esquerda. Uma dessas ocasiões foi a publicação dos documentos da guerrilha do Araguaia, que provocou a reação das chamadas bases do PC do B contra o jornal, relata Pereira. "Colaboradores do jornal – o

José Genoino, o Vladimir Pomar, o Oseas Duarte que foi secretário de imprensa do PT –, que eram do PC do B, levaram para a redação os documentos da guerrilha. Havia o debate interno da guerrilha do Araguaia. E nós publicamos esses documentos para descontentamento geral da direção do PC do B, que passou a nos atacar. Aí, bases que antes achavam o jornal o máximo, passaram a achar o jornal contra-revolucionário, etc. (...) Eu ouvi isso de operários do PC do B na periferia... começaram a dizer: 'Os operários não gostam mais do jornal...'."

Em outro momento, Pereira contou com a colaboração da equipe de Hamilton de Almeida (Hamiltinho) – Mylton Severiano (Miltainho), Sérgio Fugiwara, entre outros. "Foram eles que fizeram a célebre edição, uma das que mais venderam, que era o 'Mar de lama do Geisel'. Eles estavam lá. Então, durante um período eles colaboraram conosco e nós tentamos buscar assuntos de impacto, até quando já não havia mais, porque a partir da abertura final, depois da anistia e tal, depois do impacto da crise do regime militar, a oposição começa a se dividir, começou a ficar difícil achar público. Então, aí o jornal entra numa nova fase... Nós procuramos talvez até buscar as coisas assim meio de escândalo e tal para vender. E nisso aí devemos ter cometido alguns erros também."

O jornal *Movimento* fechou as portas em 1981, como explica Pereira. "Primeiro, os grupos que estavam abrigados dentro do *Movimento* – toda a esquerda – foram tendo a liberdade para construir seus veículos próprios: o jornal do PC do B, o jornal do PCB, o jornal de várias correntes trotskistas, o jornal de correntes populares de outros tipos, como o *Hora do Povo*. Então, todo esse pessoal estava abrigado dentro do *Movimento*, que de certa maneira enfraqueceu... E certas brigas internas desses grupos acabaram aparecendo dentro do jornal e enfraquecendo mais ainda. Então, em 81 nós resolvemos fechar o *Movimento*, embora o jornal tivesse ainda uma circulação expressiva para os padrões de hoje que são muito baixos dentro da imprensa popular."

Uma das grandes lições deixadas pelo jornal *Movimento* – e pelo *Opinião* – foi a idéia de que o jornalismo, mesmo militante, deveria partir dos fatos, como observa Gomes. "Esse jornalismo militante não partia da nossa cabeça. Tentava partir dos fatos. Evidentemente, tinha uma abordagem... Nós procurávamos partir dos fatos, averiguar, pesquisar mesmo o outro lado... E uma coisa interessante é que nunca – nem na parte política nem na parte econômica – *Movimento* e *Opinião* foram processados pela natureza da informação. Nós tivemos censura, tivemos jornais apreendidos, mas nunca tentaram nos colocar na cadeia porque nós falamos alguma coisa falsa. Nós tínhamos um cuidado muito grande."

Nem por isso os dois jornais deixaram de abordar grandes temas, como o problema de salários e os processos complexos da acumulação capitalista, da monopolização e da interpenetração, que abrange dívida externa, movimento de capitais... enfim, "de subserviência, subjugação", como define Marcos Gomes. "E também os processos de crise, que evidentemente, quando o centro entrava em crise, a gente entrava pelo cano, muito mais do que eles. E o *Movimento* e o *Opinião* – mais o *Movimento* – tiveram uma preocupação grande também de ir ao encontro das fábricas, do movimento sindical... o que muitas vezes dava até polêmica, porque nem sempre as reflexões coincidiam."

Fazer reportagem era uma idéia sempre presente em *Movimento*, da mesma forma que foi na época de *Opinião*, enfatiza Gomes. "Quantas vezes eu fui para o ABC paulista, como editor inclusive. A gente estava em todas aquelas assembléias lá naquele estádio, no começo. Inclusive, um dia, o Lula pediu para os jornalistas saírem do meio e o pessoal começou a jogar pedra... E tinha também o esforço de ir para o interior. Veja o problema da reforma agrária, a defesa da reforma agrária. Os jornais *Opinião* e *Movimento* ficaram isolados com essa posição durante anos. E nós também tentamos abordar essa questão porque sabíamos que no campo havia um movimento objetivo, que não se refletia nos jornais... E a gente falava: se tem movimento objetivo é porque tem problema. E tinha alguns intelectuais de oposição que diziam o seguinte: — *No campo, não tem mais nenhuma chance. Já houve uma modernização conservadora completa e ali não tem mais campo para luta*. Isso era errado. A gente falava: — *Mentira. Olha aqui os dados*. E nos aproximamos da ABRA (Associação Brasileira da Reforma Agrária). Nós fizemos muitos artigos sobre a questão agrária, defendendo a reforma agrária, porque também esse era um assunto candente no seio da oposição. Quer dizer, isso era um processo de luta no campo ali durante todo o período da ditadura militar... Eu acho fundamental a sensibilidade que o jornal *Movimento* teve para essa questão."

Uma das características desses jornais era a polêmica, os pontos de vista diferentes sobre os diversos assuntos, lembra Gomes. "Uma das últimas matérias que eu fiz no jornal *Movimento* foi uma polêmica sobre a moratória. Nós ouvimos grandes economistas de diferentes tendências da oposição, alguns contra a moratória, alguns mais ou menos e alguns a favor. Quer dizer, era uma coisa polêmica, porque o Dilson Funaro depois acabou fazendo a moratória de fato... Então, com a crise do regime militar e o crescimento da oposição, se levantou o seguinte: — *O que nós vamos fazer?* E o *Movimento*, naquele momento, era um ponto de referência importante, do ponto de vista jornalístico, de discussão e incentivo desses temas. Por isso, eu acho também que aí está um pouco a fórmula de sucesso do jornal: partir dos fatos, investigar as coisas, bancar a informação e também provocar a polêmica."

VI - Novos rumos

Bernardo Kucinski foi o responsável pelo projeto de *Em Tempo* e o primeiro editor do jornal. "O *Em Tempo* já não tinha um conteúdo de jornalismo econômico muito grande não. Era mais político. Já era época da crise mais política, da candidatura do Euler Bentes, do movimento da anistia, das greves do ABC... A ditadura já estava acabando. Não havia censura. Era a crise militar que dominava a cobertura. Aliás, a grande contribuição do *Em Tempo* é que ele tinha informações sobre a crise militar e uma abordagem da crise que nem os grandes jornais tinham. Ele mostrou a formação dos novos partidos... O jornalismo ficava muito fechado e ele mostrou que o país já estava mudando. E ele abriu a temática."

Como não era registrado e não recebia nada no *Em Tempo*, Kucinski vivia de *free-lance*. "Eu tive períodos curtos em que eu fui registrado na *Exame*." Com a ida de Rui Falcão para o cargo de editor-executivo da *Exame* em 1977, Kucinski foi convidado para fazer as edições especiais da revista. "Então, eu fazia matérias especiais. Foi quando eu mergulhei na questão do balanço de pagamentos. Encomendava frilas dos outros, mas eu que editava. Eu fazia a edição especial de *Maiores e Melhores*, aquela em que o Stephen Kanitz (que era um professor da USP) fazia as tabulações e eu fazia as matérias sobre as empresas que ganhavam. Cada setor escolhia a melhor empresa. Era o campeonato das empresas. Era tudo feito em torno das tabulações dele. Eu me lembro que eu entrei e já criei um caso, porque o Stephen Kanitz veio com a história de que as empresas estavam tendo prejuízo. É que ele estava trabalhando errado com a inflação. Como é que se podia fazer uma tabulação com uma inflação de 40% ao ano? Tinha que fazer correções... De fato, ele admitiu que não estava certo."

Além de *Maiores e Melhores*, Kucinski editava também *Brasil em Exame*, que abordava grandes temas da economia. "As matérias principais eram minhas. E tinha uma edição especial de escritórios, uma vez por ano. Eu era editor de todas essas edições especiais, que eram três ou quatro por ano." Foi nessa época que Kucinski levou Rubens Glasberg para trabalhar com ele. "O Rubens Glasberg é um jornalista que trabalhou com o Cláudio Abramo na *Folha*. Ele era editor na *Folha* quando eu voltei da Inglaterra. E ele me convidou para trabalhar na *Folha*. Eu fui lá e cheguei a tirar o paletó, mas havia um veto na empresa. Tanto assim que eu nunca trabalhei na *Folha*. Então, eu não fui, mas fiquei assim meio com senso de retribuição[125]".

---

[125] Glasberg fez, inicialmente, a primeira página e depois se tornou o editor de política da *Folha*. "Eu participei de um projeto com um monte de gente... Nós fizemos a abertura na imprensa." Não conseguiu, contudo, levar Bernardo Kucinski para a *Folha*. "Eu tentei chamá-lo como repórter especial. Mas mesmo nessa *Folha* era complicado. Houve restrições ao nome do Bernardo, porque – eu acredito, ninguém me disse isso – a irmã dele era uma das desaparecidas, a Ana Rosa Kucinski que foi assassinada pela ditadura. E o próprio Bernardo tinha uma posição crítica, ele sempre esteve situado à esquerda, embora ele jamais tenha sido filiado a qualquer partido... o Bernardo nunca foi filiado a um partido político da esquerda. Mas eu acho que havia essa restrição ao nome dele". Depois que deixou a *Folha*, Glasberg participou da aventura do *Jornal da República*, com Mino Carta, antes de ir para a revista *Exame*.

Kunciski contratou Glasberg para fazer, dentro da *Exame*, projetos especiais. Segundo Glasberg, era "como uma prestação de serviços, como uma coisa de conteúdo mais jornalístico. E não ficar uma coisa numa espécie de picaretagem... Então, além de *Melhores e Maiores* e de *Brasil em Exame*, um dos especiais que a gente fez foi o *Escritório do futuro*. É aí que eu tomei contato, digamos, com as primeiras coisas assim de informática. Comecei a me interessar por isso. Achei que era uma área de futuro... Na época, estava começando a se estabelecer essa questão da reserva de mercado, estava começando a entrar o negócio dos microcomputadores... Então, eu comecei a me interessar por isso e depois fui para a própria revista *Exame* e lá me tornei editor de uma seção nova que era Informática... Fui o primeiro editor de informática."

Por volta de 1978, Kucinski acabou se tornando correspondente no Brasil do conceituado jornal *The Guardian*, de Londres. Na época, ele escrevia sobre a crise da economia brasileira para as *newsletters*, também inglesas, *Latin American Political Report* e *Latin American Economic Report*. "Houve um momento em que surgiu um jornal de direita feito pela polícia, que imitava a imprensa alternativa. E esse jornal fez uma página me denunciando como 'o cara que escreve matéria lá fora contra o Brasil'. Então, foi montado esse esquema para eu ser o correspondente do *The Guardian*. Depois, eu comecei a escrever também para o *Euromoney*, que era uma revista sobre o mercado financeiro, principalmente no mercado de eurodólar. Revista muito prestigiosa e que me deu muito prestígio, porque eu fiz umas matérias grandes..."

Kucinski foi também colaborador da revista *Análise*, que Arlindo Mungioli comprou da Editora Abril. "Era uma *newsletter* muito caprichada, bem acabada. Eu fazia lá uma coisa que chamava Telex, que era uma pequena página de notícias quentes. Eu fazia isso e entregava para ele." Telex Análise, na verdade, era uma brincadeira, explica Mungioli. "Na época, era um telex. Então, era uma coisa que tinha uma tarja 'Telex Análise', a tipologia Análise. A composição era de uma tipologia parecida com telex, enfim, era uma imitação do telex, onde tinha notícias não confirmadas, boatos e coisas assim. 'Olha, não leve isso aqui ao pé da letra. Não acredite muito. É possível que seja verdade.' Claro que a gente não fazia nenhuma sacanagem." Durante algum tempo, Telex foi feito por Reinaldo Ferreira e, depois, por Teodomiro Braga, diretamente de Brasília.

Em meados da década dos 80s, Kucinski foi para a *Ciência Hoje*, onde logo se desentendeu e saiu menos de um ano depois. Em seguida, ingressou na Escola de Comunicações e Artes (ECA-USP), onde criou a disciplina de jornalismo econômico. Na mesma época, *Latin American Political Report* e *Latin American Economic Report* foram compradas pelo jornalista argentino Rodolfo Terragno, que afastou todo mundo, inclusive Kucinski que ainda colaborava com as publicações. O novo dono nomeou Newton Carlos como correspondente no

Brasil, conta Kucinski. "E nós fizemos uma greve contra o argentino. Eu mandei uma carta para o Newton Carlos alertando: — *Olha, há uma greve em curso e, pela tradição na Inglaterra, não pode furar a greve.* Ele ficou puto e falou: — *Quem era eu para escrever para ele?* Ele e o argentino se conheciam de outros tempos, eram amigos... Então, o grupo todo saiu."

Kucinski começou assim a colaborar com a publicação norte-americana *Lagniappe Letter*, por indicação de Stephen Kanitz. "Lagniappe é uma expressão indígena americana que quer dizer algo mais, coisa extra. Essa *newsletter* era quinzenal. Eu escrevia direto sobre economia, às vezes política. Mas política no sentido daquilo que afetaria o destino do Brasil."

VII - Novas experiências

Marcos Gomes ainda continuou no *Movimento* por algum tempo, na fase pós-racha. "Eu estava realmente, do ponto de vista pessoal, muito desgastante, porque aquilo era um trabalho que exigia muito. Até 76, o jornal foi censurado. A gente tinha que fazer praticamente dois jornais por edição. A gente virava noites e mais noites."

Depois de *Movimento*, Gomes aceitou o desafio de fazer uma revista que nada tinha a ver com o jornalismo alternativo. Era a revista *Análise,* pouco antes de ser vendida pela Abril Tec. "O Arlindo Mungioli – que tinha sido também um editor dos jornais *Movimento* e *Opinião* – me convidou. E eu então saí do *Movimento* e fui trabalhar com ele na *newsletter* chamada *Análise da Economia para o Homem de Negócio.* Foi uma experiência interessante, porque eu saí de um jornal, onde a gente tinha muita dificuldade de falar com as fontes institucionais, e fui para uma publicação que tinha todas as portas abertas."

Também na revista *Análise* Marcos Gomes frequentava o ABC paulista, com a diferença de que era bem recebido por presidentes e diretores de empresas. "No *Movimento*, a gente fazia um grande esforço e era muito difícil, não só porque as autoridades em geral não nos recebiam mas também empresários que faziam parte do esquema. E às vezes a gente queria mesmo fazer jornalismo. E não era fazer provocação não. A gente queria fazer um jornalismo provocativo no sentido de ser jornalismo. Quer dizer, provocativo no sentido de colocar questões. Mas contato com empresários era difícil. Então, eu tive uma experiência interessante e falei com muitos empresários... Foi uma outra experiência. Eu vi o outro lado da moeda."

A experiência mostrou que os empresários "tinham um preconceito burro com publicações como *Opinião* e *Movimento*", na avaliação de Gomes. As publicações que davam amplo espaço aos empresários muitas vezes eram as mesmas que acabavam fechando as portas para eles, por causa de interferência no trabalho da redação, prossegue. "Eu me lembro uma vez na Editora Abril – isso não era frequente – que veio uma ordem lá de cima que não podia falar do Daniel Ludwig e do projeto Jari, que Daniel Ludwig e Jari não entravam no noticiário da revista. Era uma decisão da alta cúpula e não tinha explicação. Era o Daniel Ludwig – um grande empresário americano – que tentou fazer ali no Vale do Rio Jari, no Pará, uma enorme fábrica produtora de celulose. E ele era um dos maiores investidores do mundo. Quer dizer, mesmo sob censura, nem o *Movimento* nem o *Opinião* nunca aceitaria uma coisa dessas. E como eu tinha muita informação sobre o Ludwig, porque eu tinha trabalhado em várias matérias dele, eu achei gozadíssimo. De repente, não pode tocar em Ludwig e Jari, nem para falar a favor. É um assunto que não pode entrar na revista."

Depois de pouco mais de um ano na revista *Análise*, Gomes recebeu um convite de Sérgio Motta, então presidente da Hidrobrasileira, para ir trabalhar com ele na área de projetos econômicos. "A Hidrobrasileira era uma firma que tinha tradição mais na parte de obras de engenharia e saneamento, mas o Serjão dava abrigo também no setor de projetos de economia... E ele sempre tinha dado uma mão muito grande na gestão econômico-financeira do jornal *Movimento*. Era um grande apoiador... Então, eu saí da Abril e fui para a Hidrobrasileira. Foi uma experiência diferente."

Gomes participou de um grande projeto de abastecimento que Sérgio Motta tinha assinado com a Companhia Brasileira de Armazenamento (CIBRAZEN), empresa estatal do governo federal. "Era um projeto que pretendia elaborar um plano nacional de armazenamento. Esse plano incluía estudar todo o movimento das safras agrícolas, principalmente de grãos. A primeira fase era um estudo mais econômico, de como a safra se distribuía, como se dava o escoamento e quais eram os pontos de estrangulamento, da circulação até chegar no mercado internacional. E também, evidentemente, tinha um plano de obras que era articulado com isso. Então, eu vivi a experiência que eu nunca tinha tido de entrar em contato com uma empresa estatal, como a CIBRAZEN, que estava fazendo um grande investimento."

Ainda era a época da ditadura, em que prevalecia a visão das obras grandiosas, continua Gomes. "Nós tentamos fazer um estudo sério, evidentemente... Pesquisamos sobretudo os fluxos dos produtos agrícolas no Brasil... Trabalhamos intensivamente um ano nesse plano. Viajamos para o Nordeste, viajamos para o Centro-Sul... Era um grupo muito interessante do qual faziam parte o Ulrich Hoffman, um engenheiro formado pelo ITA, que trabalhou muitos anos na Costa Rica; o Aldo Arantes; o Duarte Pereira, jornalista e teórico de esquerda; o Chico de Oliveira, como consultor; a Clara Scharf, viúva de Carlos Marighela que deu suporte ao projeto... Quer dizer, foi também uma experiência muito interessante, porque nós fomos visitar in loco grandes empresas. Nós visitamos a fazenda Itamarati... Visitamos grandes e pequenos empreendimentos, para verificar o problema de escoamento da safra."

O plano de obras, contudo, não foi levado adiante – explica Gomes – "nem na sua proposta da rede primária, porque aí já era a crise dentro do modelo, quer dizer, já estava fazendo água para todos os lados. Era final, se não me engano, do governo Geisel, começo do governo Figueiredo... Já era um processo nitidamente de crise, descenso... Aquele formato tinha esgotado. Então, esse plano não saiu do papel... E depois eu mudei para Belo Horizonte e me afastei um pouco do jornalismo, porque o tipo de jornalismo que a gente estava acostumado a fazer não tinha muito espaço em Belo Horizonte".

VIII - Novas aventuras

Raimundo Pereira só começou de fato a escrever sobre economia quando o *Movimento* terminou. "No *Movimento*, eu era o editor geral, mas eu sempre cuidei mais de política. Quando o Marcos Gomes deixou de editar economia, porque ele foi para Minas, eu comecei a trabalhar nessa área. Foi assim já mais na fase final do *Movimento* que eu comecei. O meu interesse maior surgiu quando, na evolução do nosso trabalho, a equipe foi se fragmentando, as pessoas foram se separando e eu fiquei tratando dessa parte da economia e me interessei particularmente pela questão financeira. Mas, digamos assim, eu comecei a estudar economia mesmo, assim especificamente, principalmente o mercado financeiro, no *Retrato do Brasil*."

Com o fim de *Movimento*, Pereira voltou para a grande imprensa, ainda que por pouco tempo. "Eu fui editor de ciência da revista *Ciência Ilustrada*, uma publicação da Abril que traduzia uma revista do grupo Hearst, mas tinha uma parte de reportagens científicas locais. Então, eu trabalhei na Abril no período de um ano, mais ou menos."

Logo em seguida, Pereira partiu para o lançamento da nova publicação *Retrato do Brasil*. "Nós organizamos um grupo, fizemos uma sociedade com a Editora Três. Depois, a sociedade se rompeu e nós continuamos sozinhos. *Retrato do Brasil* foi um balanço da ditadura, dos anos da ditadura. Saiu como uma coleção de fascículos, inicialmente, e depois foi editado como um conjunto de livros. Uma coleção muito bonita, muito bem feita. Nós começamos a fazer isso em 83, 84. Em 85, isso estava pronto. Foram 43 fascículos, que saíam por semana... O *Retrato do Brasil* foi assim uma coisa intermediária, porque quando nós fizemos o fascículo nós queríamos acumular dinheiro para fazer o jornal diário. Nós tentamos fazer o jornal diário *Retrato do Brasil*, só que não deu certo. Nós fizemos o jornal diário durante dois meses e, depois, nós fizemos um de-vez-em-quandário, que saía primeiro semanalmente, depois mensalmente...: Então, nós acumulamos dinheiro para fazer um prejuízo grande. E acumulamos uma dívida enorme. Depois passamos uns anos pagando as dívidas. Aí nós saímos vendendo a coleção, já encadernada, para prefeituras, governos do

Estado... nós saímos vendendo para pagar as dívidas. Então, o período do *Retrato do Brasil* foi até digamos 90."

Nesse período, Pereira então passou a estudar finanças, para entender o papel do dinheiro na economia. "Eu precisava conhecer esses assuntos. Por várias publicações, eu fui procurar essas coisas que me interessavam. Eu queria saber como funcionava o Banco Central. Descobri que pouca gente, até colunista econômico, não sabia o que era o dinheiro no Brasil. Então, uma certa hora, eu e uma amiga, que também trabalhava nessa área de finanças, percebemos que nós não sabíamos o que é dinheiro. Então, eu achei um jeito de fazer uma matéria para uma revista da Pirelli, editada pelo Geraldo Mairink, que tinha sido meu colega de *Veja*. E tinha também um diretor da Pirelli que havia sido diretor do Banco Central."

Pereira ligou para Geraldo Mairink na revista da Pirelli e disse: "— *Mairink, eu quero fazer uma matéria sobre over-night. O que é over-night... Uma matéria explicando para o grande público o que é, porque eu também quero entender...* Então, eu cheguei no Banco Central pela revista da Pirelli... Como era uma revista bonita, cheia de fotografias, muito bem ilustrada, textos muito bons e tal – essas coisas de revista chique de grupo econômico –, todo mundo queria dar entrevista. Então, eu cheguei e falei assim: — *Eu quero que vocês me expliquem o que é dinheiro, porque eu descobri que eu não sei*. E eles responderam: — *É interessante, porque aqui pelo Banco Central passou diretor que entrou e saiu sem saber o que era dinheiro*. E então eu comecei fazer matérias sobre dinheiro. Eu fiz umas três ou quatro matérias desse tipo para a *Veja*. Eu fiz para a *Play Boy*... Pela *Play Boy*, eu fui ao Cayman, eu fui ao Banco Central americano, eu acompanhei ministros... Para a *Play Boy*, todo mundo quer falar porque são matérias agradáveis e tal. Então, eu tenho um conjunto de matérias para entender o que é o dinheiro, exatamente, porque o dinheiro é um mistério...".

A preocupação de Pereira era, a partir desse aprendizado, tentar explicar para a esquerda como funciona o mercado financeiro. "Eu acho que a esquerda não entende direito o que é dinheiro e o que é o mercado financeiro. E tem muitas ilusões... Esse meu aprendizado foi assim muito interessante para poder entender melhor do ângulo que mais me interessa, que é saber como a esquerda pode encarar o seu principal inimigo que é o capital financeiro. Se não entender esse negócio, não vão muito longe. Então, eu acho assim que eu tenho já uma certa noção. Eu não sou um ignorante... E foi muito interessante para mim, porque eu entrei no jornalismo econômico por um lado muito interessante sob o ponto de vista de estar ligado aos interesses populares... É o único jeito que eu vejo de entender direito essas coisas, do ponto de vista dos interesses de uma maioria. Então, eu acho que com essa experiência, com essa ligação com os movimentos populares que nós tivemos e tentamos manter, foi possível fazer um jornalismo assim de aprender coisas, que dá uma base para fazer jornalismo mais concreto porque são todas coisas muito relevantes..."

PARTE 9

Transição da Ditadura Militar Para a Democracia

I - O papel político e técnico da AJOESP

No final dos anos 60, o Sindicato dos Jornalistas do Estado de São Paulo estava sob o controle de pessoas não muito comprometidas com a categoria. E, o mais grave, os jornalistas não formavam uma categoria muito ativa, recorda Gabriel Sales. "O jornalismo era 'bico', na verdade. O cara tinha um emprego público, um emprego numa empresa, numa assessoria ou qualquer outra atividade, e trabalhava cinco horas numa redação de jornal, como *copy-desk* ou redator. Quer dizer, não predominava na categoria o número de pessoas que viviam exclusivamente da profissão. Tanto que nem regulamentada era ainda."

Não bastasse a imobilidade do Sindicato, o endurecimento da ditadura militar em 1968, por meio do AI-5, baniu a política das primeiras páginas dos jornais, observa Rocco Buonfiglio. O jornalismo econômico cresceu nesse vácuo, quer porque o regime militar vislumbrou no desempenho da economia uma forma de melhorar a sua imagem na opinião pública, quer porque os jovens jornalistas que ingressavam na área perceberam a grande oportunidade de preencher com o noticiário econômico o espaço deixado pela política

O surgimento de novas publicações, como *Veja* e *Jornal da Tarde* – além da experiência anterior de *Realidade* e também da primeira fase da *Folha da Tarde* em que o jornal era tido como de esquerda: metade dos repórteres cobria sindicalismo e metade cobria movimento estudantil –, criou a oportunidade para a entrada de novos profissionais, analisa Sales. Outra experiência foi o caderno "Fato Econômico", lançado em 1971 pelo *Diário de S. Paulo* para acompanhar principalmente o mercado de ações, durante o *boom* da Bolsa de Valores. Rocco Buonfiglio, José Roberto Nassar, Jaime Matos e Rubens Marujo eram alguns dos jovens jornalistas que produziam esse caderno de economia. Além disso, os grandes jornais de São Paulo e do Rio de Janeiro começavam a destacar temas econômicos de maneira nunca vista antes, lembra Rocco.

Os jovens jornalistas, que entravam na área econômica, cobriam inicialmente Bolsa de Valores, completa Gabriel Sales. "Depois começou a área financeira, porque hoje a cobertura financeira engloba a Bolsa. Na época, ela era meio diferenciada. Como a bolsa estava em evidência, tinha o pessoal que fazia Bolsa e outros que faziam financeiras, bancos... Era meio dividido. Eu comecei com Bolsa e depois passei a fazer as duas. Então, tinha um pessoal em cada publicação que fazia isso, que era muito unido, muito correto"

Uma frente de oposição começou a se formar no Sindicato, a partir da união entre esses jovens jornalistas e alguns velhos profissionais, que não concordavam com aquela diretoria, relata Sales. "E esse núcleo foi aumentando, mais em função da legislação sindical, ou até da própria apatia da categoria, ou enfim de uma porção de coisas, como por exemplo a não-sindicalização de um grande número de pessoas. Quer dizer, uma pessoa era ativa na oposição mas não era sindicalizada. Então, não adiantava nada porque não votava na eleição."

Além disso, havia um desequilíbrio de forças na base estadual do Sindicato dos Jornalistas entre a cidade de São Paulo e o interior, conta Sales. "No interior, a tendência era sempre de o jornalista ser mais conservador, mais ligado ao poder político local... Então, esse grupo de oposição à diretoria do Sindicato dos Jornalistas começou a ter vitórias eleitorais na capital – a eleição era a cada dois anos – mas era derrotado por goleada no interior."

O grupo de oposição, porém, que conseguia vencer na capital e perdia no interior, ganhou terreno na eleição de 1971, de acordo com Sales. "O Hélio Damante foi inclusive o candidato à presidência do Sindicato pela oposição. Ele foi derrotado, mas algumas pessoas que estavam em torno da candidatura dele começaram a perceber que o jornalismo econômico estava crescendo, em função até do tal milagre econômico. E essas pessoas – até mesmo por militância política ou por uma série de contingências inclusive da própria atividade profissional do dia-a-dia – notavam que era um crescimento econômico que, evidentemente, estava comprovado, mas que infelizmente atendia a poucos. Quer dizer, já naquela época se marginalizava desse crescimento grande parte da população."

Eram jornalistas oriundos das áreas de geral, esporte e política, entre outras, que perceberam na economia a grande oportunidade profissional, inclusive em termos de remuneração, na medida em que o eixo de influência se deslocava do Rio de Janeiro para São Paulo com o declínio da política, complementa Rocco.

O grupo de jovens jornalistas – a maioria deles começando na profissão – decidiu aproveitar a mobilização sindical para criar uma entidade que aglutinasse o pessoal em torno de um objetivo comum, explica Sales. "Não seria caracterizada como uma entidade de oposição ao Sindicato, mas seria uma entidade que reunisse os jornalistas de economia, com uma postura mais crítica em relação àquele período da economia e até da política do país. Sem cometer o erro de achar que a economia poderia ser distanciada da política."

Assim, em 1972, foi criada, em assembléia no auditório do Sesc da rua Doutor Vila Nova no centro da capital, a Associação dos Jornalistas de Economia de São Paulo (AJOESP), da qual Gabriel Sales fez parte desde o início. "Nesse primeiro grupo, não tinha gente em evidência, até porque eram pessoas que estavam começando na profissão. E mesmo dos jornalistas econômicos na época havia o Joelmir Beting, que já era meio estrela, o Aloysio Biondi, o Rolf Kuntz, o Klaus Kleber, o Rocco Buonfiglio, o Teodoro Meissner, o Marquito, o Geraldo Gomes Gatollini, o Rubens Marujo, que na época era bem menino ainda, o Jaime Mattos e o Hideo Onaga, que foi o primeiro presidente. Era um grupo na verdade pequeno. Não era expressivo." Cecilia Zioni, uma das jornalistas do grupo inicial da AJOESP (e diretora de relações sociais na gestão de Marco Antonio Rocha), evoca a doce figura da dona Stela Moniz, encarregada da cobrança das mensalidades, e suas constantes peregrinações pelas redações, à cata dos devedores.

Os idealizadores da AJOESP eram jornalistas de esquerda – a maioria ligada ao Partido Comunista Brasileiro, o Partidão, recorda Teodoro Meissner. "Aquela foi uma maneira que encontramos de organizar uma parte influente do jornalismo para conquistar o Sindicato. Nós resolvemos montar uma organização mais leve que a do Sindicato que não fosse eleita pelo sistema – os sindicatos eram todos indicados pelo governo..."

Na época, os criadores da AJOESP contaram com o apoio do jornalista José Vieira, veterano profissional da área de finanças e um dos fundadores da Associação de Jornalistas de Economia e Finanças (AJEF), do Rio de Janeiro. Gabriel e Rocco contam que Vieira transmitiu aos colegas a experiência obtida na organização de uma associação, na elaboração de estatuto, enfim na parte burocrática.

Não apenas por ser a primeira, a AJEF teve importante papel na profissionalização dos jornalistas cariocas, conta Sales. "A AJEF foi muito atuante no Rio de Janeiro. O Ancelmo Goes, que foi um dos fundadores da AJEF e ficou na frente dela um bom tempo, conseguiu soltar uns boletins regulares e com textos avançadíssimos para a época, sempre nessa questão de distribuição de renda, de centralização, enfim da má distribuição dos recursos. E chegava a fazer algumas incursões na questão de corrupção, que é sempre um tema muito complicado."

Italiano de nascimento, Rocco Buonfiglio foi escolhido o primeiro presidente da AJOESP. "O pessoal resolveu por aclamação me indicar o primeiro presidente da AJOESP. Mas, na regulamentação da profissão, exigia-se que a pessoa fosse brasileira nata ou naturalizada. Então, isso me pegou meio no contrapé... A minha naturalização só saiu em agosto de 73. Então, eu observei a eles: — *Não acho prudente o primeiro presidente da AJOESP não ser brasileiro nato ou naturalizado*. Isso à luz da época. A proposta da AJOESP era ser uma entidade combativa. Ia se expor para o governo. Então, eu achava que não seria prudente a gente fazer isso. Eu achei que esse fato poderia inibir a atuação da AJOESP. Então, todo mundo concordou com essa observação."

O grupo foi buscar Hideo Onaga, para presidir a primeira diretoria da AJOESP, uma escolha que agradava todo mundo naquele momento, como explica Meissner. "Entendemos que a primeira diretoria teria que ser uma diretoria extremamente respeitada, para, de um lado, poder ter repercussão dentro da categoria dos jornalistas e, de outro lado, não ser dizimada pelo governo militar que estava num processo de abertura... O Hideo já era um nome reconhecido, com larga experiência, um senhor ... Ele não podia ser acusado nem de comunista, por um lado, e nem de direitista, por outro."

A AJOESP nasceu com o propósito de "valorizar e dignificar o exercício do jornalismo econômico", como definiam os Estatutos da entidade, cuidando de "promover o aperfeiçoamento profissional do associado através de cursos, estágios e viagens de observação; desenvolver intercâmbio cultural e informativo; estabelecer normas que facilitem a coleta de dados e informações pelo associado; defender melhores condições de trabalho para os profissionais de imprensa no desempenho de suas tarefas específicas; e contribuir para a valorização do jornalismo em geral".

As idéias que permeavam os objetivos da entidade eram, nas palavras de Rocco Buonfiglio, o aprendizado da economia, a valorização do próprio ofício e a decodificação do economês. O jornalista deveria "aprender economia", não apenas porque este seria o perfil do profissional do futuro como também para saber interpretar o economês utilizado pelos ministros dos governos militares, assim como negociar melhores condições de salário e de aprimoramento profissional. Além de decodificar o economês, "a AJOESP tinha o programa de aglutinar pessoas em torno da economia, que seria importante durante um período. Quer dizer, fazia o papel de polarizar, ser um fórum privilegiado de debate de idéias, com muito cuidado porque a imprensa não era livre. Mas sempre se dava um jeitinho de debater, sempre tinha alguém que criticava uma coisa, outro que criticava outra...", relata Buonfiglio.

O grupo logo começou a promover o trabalho nas redações com o objetivo de agregar novos profissionais aos quadros da entidade, que não tinha dinheiro nem sede, assinala Gabriel Sales. "Então, a AJOESP passou a ser muito atuante nessa parte de promover o debate com pessoas do governo ou fora dele. E virou assim meio como um local de discussão da economia..." Na década de 70, a Associação teve uma atuação marcadamente política, prossegue. "Quando a entidade se organizou e estava crescendo, não houve uma posição assim – nem havia condição – de contestação ao sistema. Houve até uma certa aproximação. Quer dizer, ministros vinham, autoridades do governo... Era um negócio bem democrático. Mas havia uma discussão, um contato digamos sem preconceito." Foi a fase das famosas reuniões-almoço, que nem sempre eram bem compreendidas, explica Sales. "A gente achou o seguinte. Fazer alguma coisa à noite não dava certo porque o pessoal estava trabalhando. Então, a saída que se encontrou foram as reuniões-almoço. Aí veio aquela história: almoço tem que pagar. — *Vocês são elitistas*, diziam alguns. Mas não tinha outra saída."

Um dos fatos marcantes da folha de serviços da AJOESP foi a decisão, em assembléia, de enviar um documento ao presidente eleito, general Ernesto Geisel, pouco antes da sua posse, em 1974. O documento, que pleiteava melhores condições de trabalho para os jornalistas de economia, em termos de acesso às fontes e órgãos de informação do governo, foi entregue no escritório que coordenava os assuntos do futuro governo, em Brasília, pelo então presidente da AJOESP, Marco Antonio Rocha.

"Como se sabe, até então imperava um regime rígido de censura à imprensa e os jornalistas (de economia ou de qualquer outra editoria), se e quando recebidos por autoridades ou em organismos governamentais, era quase que exclusivamente para tomar nota do que a autoridade ou o órgão quisesse divulgar pela imprensa – quase nunca para fazer perguntas próprias ou pesquisar material para suas reportagens."

O documento – prossegue Rocha – chamava a atenção, "em primeiro lugar, para as dificuldades econômicas que o cenário internacional prometia para o Brasil – os árabes haviam embargado o petróleo e aumentado brutalmente seus preços pouco tempo antes, no final de 1973 – e, em segundo lugar, na opinião da AJOESP, os empresários, os trabalhadores e a opinião pública brasileira em geral precisavam estar plenamente informados da situação, inclusive para poder colaborar com o governo diante da iminência da crise". Finalmente, o documento, "com base naquela análise e argumentação, pleiteava que o novo governo mudasse radicalmente o relacionamento com a imprensa, permitindo aos jornalistas amplo e livre acesso às fontes de informação, bem como às autoridades responsáveis, e acabasse com a síndrome do sigilo e do mistério em suas ações".

Pouco depois da posse de Geisel, o assessor de imprensa da Presidência da República, Humberto Barreto, convidou Marco Antonio Rocha para ir a Brasília. "Mostrou-me a cópia do documento que havíamos enviado, dizendo que Geisel havia lido. E, de fato, nas margens havia algumas anotações com a letra do presidente. Em seguida, agradeceu o fato de termos enviado o documento, dizendo que fora a única entidade de imprensa que tomara aquela iniciativa – o que não pude comprovar depois."

Em nome do presidente, Barreto pediu a Rocha que transmitisse aos associados da AJOESP o seguinte: "1) o presidente concordava com as considerações feitas no documento; 2) a opinião pessoal do presidente era de que havia de fato um exagero de receio dos órgãos e autoridades públicas de contatos com a imprensa e que muito do que era considerado 'sigiloso' ou 'impublicável' pela censura era excesso de zelo ou tolice; 3) finalmente, a mensagem que o presidente gostaria que os jornalistas de economia de São Paulo, que haviam redigido o documento, recebessem era que tivessem paciência porque essa situação sofreria mudanças não imediatas, mas num prazo de um ano ou pouco mais".

Marco Antonio Rocha cumpriu a sua obrigação. "Reuni o pessoal da AJOESP e transmiti o recado, sem acreditar muito nele e sem esperar que os colegas acreditassem. Mas o fato é que em 1975, um ano e pouco depois, a censura à imprensa terminou." A *Gazeta Mercantil* foi o único jornal a publicar a íntegra do documento, lembra Klaus Kleber.

Klaus Kleber foi o terceiro presidente da AJOESP e teve como colegas de diretoria José Yamashiro (vice-presidente), José Roberto Nassar (secretário); Gabriel Sales (tesoureiro) e Pedro D'Alessio (diretor de relações sociais). Klaus Kleber foi o responsável pelo registro dos Estatutos da entidade no 3º Cartório de Registro Civil das Pessoas Jurídicas-São Paulo. O pedido foi encaminhado ao cartório no dia 17 de dezembro de 1976. "Eu me dediquei muito à AJOESP. Procurava promover palestras, cursos... Foi um período de muita efervescência..."

O regime militar, porém, começava a entrar em declínio e a política voltava a ser relevante na vida do país, sem contudo desbancar a economia. A AJOESP começou a se aproximar dos economistas que faziam oposição à diretoria da Ordem dos Economistas, então sob o controle dos delfinistas. Na época, tornou-se público o episódio da manipulação dos índices de custo de vida, lembra Sales. "Não evoluiu para nada, é claro, mas ficou registrado que havia muita coisa errada naquele período. E foi um período também muito duro para os jornalistas. Teve um recrudescimento da repressão, que terminou com a morte do Herzog que foi encadeando uma série de fatos. Coincidentemente, nós tínhamos conseguido eleger, pela primeira vez, uma diretoria do Sindicato, mais afinada com a categoria, cujo presidente era o Audálio Dantas. Na minha avaliação, começava aí o esvaziamento da AJOESP, porque ela teve um período bem atuante. Muita gente da AJOESP voltou para o Sindicato, passou a ter uma atividade maior no Sindicato."

Em 1979, Gabriel Sales foi eleito o quarto presidente da AJOESP, numa chapa composta por Mário Watanabe (vice-presidente), Nair Keiko Suzuki (secretária), Rose Mallet (tesoureira) e Luiz Nassif (relações sociais). "A ascensão do Audálio no Sindicato e o começo da abertura coincidiram com a minha gestão. Tomamos a iniciativa de promover alguns cursos, algumas reuniões... Comércio exterior, balança comercial... Mas a frequência era pequena. Iam 10, 12 pessoas. Isso me frustrava muito na época. Infelizmente, a receptividade de parte do jornalista era baixa."

Sales, por temor do esvaziamento da AJOESP, decidiu partir para iniciativas de cunho mais político. "Resolvemos promover encontros com as pessoas que estavam voltando (ao Brasil) – exilados importantes na história do país – e que chegavam aqui e não encontravam um palco... Ainda havia um certo receio. Aquela abertura não estava muito bem definida ainda. Havia resistência à abertura... E os encontros políticos foram um estouro. Havia casos de 70 a 80 pessoas. O primeiro deles foi o Miguel Arraes, um dos primeiros a voltar. Depois, foram com o Prestes, o Teotônio Vilela, quando começou com aquela dissidência dele, com a história do projeto Brasil... O retorno foi fabuloso. Eu lembro que fizemos um encontro com o Francisco Julião, que era talvez o menos importante naquele grupo de exilados. O encontro foi acertado com ele numa noite para ser no dia seguinte. Era mais um papo com ele. Nós achávamos que ia ser uma reunião de cinco ou seis pessoas, mas compareceram cerca de 30 a 35 pessoas. E começou a ter até repercussão em outras áreas. O pessoal de política perguntava: — *Como vocês conseguem fazer esses encontros e a gente não consegue?.*"

Outros políticos, como Ulisses Guimarães e Tancredo Neves, foram convidados para as reuniões-almoço da AJOESP. E a presença de empresários, como Antonio Ermírio de Moraes, Cláudio Bardella e o banqueiro Olavo Setúbal, era regular, conta Sales. "Enfim, foi uma fase em que a Associação apareceu muito. Tinha semana de ter três eventos. Quando passava uma semana sem ter evento, todo mundo cobrava." Também prosseguiam as reuniões da AJOESP com os economistas de oposição à Ordem dos Economistas, continua Sales "Era o pessoal que depois ficou em evidência, como o Walter Barelli, o Luciano Coutinho, o Luiz Gonzaga Beluzzo, a Maria da Conceição Tavares, que era a estrela na época... Ou era reuniões de almoço ou era na própria Ordem dos Economistas, que passou a fazer algumas coisas também..."

As reuniões-almoço da AJOESP tinham basicamente a função de informar e de formar os jornalistas econômicos, diz Sales. "Como repercussão assim no veículo, não era expressivo. É claro que quando o Teotônio Vilela estava com a campanha dele, houve repercussão. Mesmo no caso de reuniões com empresários, sempre tinha um bom retorno. Mas, com os exilados, o retorno era mais para consumo dos associados. Mas se notava que era talvez o único local em que as pessoas podiam debater... Com a abertura política, isso se esvaziou."

Dois encontros nacionais de jornalistas de economia foram promovidos pela AJOESP e por outras associações estaduais, segundo Gabriel Sales. "Foram encontros cujas conclusões também foram muito boas para o período."

O II Encontro Nacional dos Jornalistas de Economia, no final de 1981, aconteceu durante a gestão de Teodoro Meissner. O evento, realizado na capital paulista, foi promovido pela AJOESP e por outras associações de jornalistas de economia já existentes na época, como a AJEF, do Rio de Janeiro; a AJOEB, de Brasília; a AJEAL, de Alagoas; e a AJEP, do Paraná. O objetivo era discutir os principais problemas da profissão e se posicionar perante temas de interesse da sociedade brasileira. O temário do encontro abrangia assuntos como o relacionamento com as fontes na democracia, a qualificação do repórter de economia, o mercado de trabalho, a economia na imprensa alternativa, as assessorias de imprensa e a economia na mídia eletrônica.

No final do encontro, cerca de 300 jornalistas de 11 Estados brasileiros aprovaram a "Carta de São Paulo", cujas considerações podem ser assim resumidas: a política econômica recessiva prejudica os trabalhadores e a Nação; a opinião pública tem "direito inalienável" de ser informada sobre todos os aspectos da "gravidade do atual momento econômico"; a democracia plena (ampla liberdade de expressão e de organização e exercício da liberdade de imprensa) é o principal instrumento para enfrentar "a atual crise econômica e política do País"; as riquezas do país devem ser submetidas ao controle nacional, "rejeitando-se os chamados projetos de interesse nacional implantados sem uma prévia e ampla discussão nacional, como é o caso do Projeto Grande Carajás, do Acordo Nuclear e dos grandes projetos da iniciativa privada que contam com recursos oficiais ou com aval do Tesouro Nacional para a captação de recursos no exterior"; são "condenáveis" as limitações impostas ao trabalho dos jornalistas de economia pelas empresas jornalísticas, "seja na forma de achatamento salarial, ameaça de desemprego e precárias condições de trabalho, seja submetendo a atividade jornalística a interesses comerciais e publicitários, ou a pressões do governo e de lobbies econômicos"; os jornalistas, em particular os de economia, devem aumentar "cada vez mais sua participação no processo de aglutinação dos trabalhadores em defesa de seus interesses..."; o jornalista deve "trabalhar sempre com fontes identificadas ou, pelo menos, claramente especificadas", evitando "sempre que possível" as "informações sem fonte determinada (ditas em off)".

A AJOESP tinha uma atuação predominantemente política, prossegue Sales. "O pessoal estava se organizando politicamente, partidariamente. Tivemos a consolidação dessa nova fase do Sindicato, que passou a aglutinar mais profissionais, e a consolidação da abertura política também. Isso curiosamente levou também a um esvaziamento da entidade. De uma maneira ou de outra, os próprios veículos de comunicação também foram obrigados a aceitar uma postura mais crítica do jornalista. A greve dos jornalistas em 1979 bagunçou um pouco as relações com o patronato, mas logo depois se recompôs tudo e as publicações em geral passaram a ter uma cobertura mais crítica. E passamos a ter jornalistas escrevendo nos veículos de comunicação, até na televisão, com postura crítica. Os exemplos são o Biondi, o Nassif, o Marco Antonio Rocha... E mais abaixo, entre os repórteres em geral, havia um pessoal já com uma visão mais crítica e usando os próprios veículos. E aí entra a questão da concorrência..."

Gabriel Sales, juntamente com outros colegas, começou a insistir na necessidade de a AJOESP se voltar para a formação profissional, até como forma de a entidade sobreviver. "Como todos eram jovens ou novos na profissão, havia muita coisa em que o pessoal bobeava. Tinha pessoa que cobria bolsa, fazia área financeira e não sabia diferenciar uma ação nominativa de ação ao portador. Eu lembro de insistir muito na minha área sobre o tal balanço. — *Como é que uma pessoa vai escrever uma matéria de uma empresa em bolsa, de sistema financeiro, se não sabe ler um balanço de um banco, um balanço de uma empresa? E me enchiam o saco, até me gozavam por isso.* — *Você vive com isso na cabeça.* Eu respondia: — Mas é uma coisa óbvia. Na época, estava tudo camuflado. O balanço era feito para esconder mesmo. Mas, enfim, você tinha que aprender a ler o balanço."

A AJOESP promoveu vários cursos, inclusive sobre interpretação de balanços, diz Sales. "Eu lembro que um dos bons cursos foi ministrado pelo Antoninho Marmo Trevisan, que na época estava na Price. Um excelente curso, mas a resposta dos jornalistas era muito pequena. E, assim, muitas coisas que nós escrevíamos no dia-a-dia passavam meio em branco ali. Então, vinha aquela famosa história: o jornalista virou repassador de informação... E eu lembro que, no final dos 70, uma empresa propôs um curso de informática para jornalistas. Aqui em São Paulo, eu acho que o primeiro jornal que estava sendo informatizado era a *Folha*. Mas tinha aquela coisa: — *Eu só escrevo a máquina. Quando tiver computador na redação, eu paro de trabalhar.* Hoje, quando se vê uma máquina de escrever na redação, todo mundo dá risada. Enfim, algumas coisas evoluíram, mas essa parte da formação do jornalista não foi bem resolvida."

Em junho de 1983, foi eleita a chapa presidida por Fausto Cupertino para dirigir a AJOESP no biênio seguinte. A gestão foi concluída pelo vice-presidente Rolf Kuntz.

II - A economia na televisão

A coluna na *Folha de S. Paulo* foi o trampolim de Joelmir Beting para inaugurar, em 1970, a informação econômica diária no rádio e na televisão. Ao longo da década, ele introduziu a vulgarização da informação econômica nas emissoras de rádio, como *Jovem Pan*, *Gazeta* e *Bandeirantes*, e de televisão como *Gazeta* (1970), *Record* (1972) *e Bandeirantes* (1975).

Outro desbravador do jornalismo econômico na televisão, Marco Antonio Rocha ingressou na *TV Cultura*, pouco tempo depois de entrar no *Jornal da Tarde*, em 1974. "A *TV Cultura* começou a abrir a porta para assuntos de economia. O Vlado – Vladimir Herzog –, que trabalhava comigo na revista *Visão* – ele era o editor de assuntos culturais –, foi convidado para chefiar o telejornal da *Cultura*, que chamava 'Hora da Notícia'. O diretor era o Fernando Pacheco Jordão. Eu fazia comentário de economia dentro do telejornal. Essa experiência chamou a atenção do (Luis Fernando) Mercadante, que era chefe de jornalismo na *TV Globo* em São Paulo. Quando a *Globo* resolveu também colocar economia no Jornal Nacional, nos telejornais dela em geral, aí eles me convidaram."

Também em 1974 Washington Novaes estreou na televisão[126]. "Eu nunca tinha trabalhado em televisão. A censura devia ser até pior, até mais brutal. Mas pelo menos era um aprendizado, uma coisa nova. Fui para a *TV Rio*. Fui o primeiro a fazer textos de programas especiais e documentários. Em seguida, me convidaram para ser diretor do telejornal. A emissora estava com um grupo financeiro do Espírito Santo, que depois da minha saída faliu."

No começo de 1975, Novaes estava de casa nova, ou melhor de televisão nova. "Como começou a dar certo, a *TV Globo* resolveu matar dois coelhos com uma cajadada só. Desfalcar o adversário e reforçar suas linhas. Então, eu fui para o Globo Repórter, como editor. Mas passado um mês, recebi um *memorandum* comunicando que já era o chefe da redação do Globo Repórter. Foi uma experiência muito interessante, curiosa, porque trabalhava com documentários. Basicamente, só havia um programa por mês com vários temas da atualidade. Em três semanas, documentários. Havia pessoas muito interessantes: o Walter Lima Junior, o Eduardo Coutinho, o Luiz Carlos Maciel, a Elói Calage. O diretor era o Paulo Gil Soares. Em São Paulo, estavam o João Batista de Andrade e o Fernando Pacheco Jordão. Faziam programas eventuais o Eduardo Escorel, o Silvio Back, o Alberto Salvá e o Goulart de Andrade. Então, era um grupo muito interessante que fazia coisas interessantes. Até o Glauber Rocha andou por lá. Levou um projeto sobre Villa Lobos, mas não quis concretizar."

---

[126] No auge da ditadura, Washington Novaes voltara à *Folha de S. Paulo*, como diretor da sucursal carioca, depois do fim da experiência bem-sucedida com o *Diretor Econômico*. Um ano depois, foi convidado por Alberico Souza Cruz para secretariar a redação de *O Jornal*, dos *Diários Associados*, que fora arrendado para outro jornal do grupo, o *Estado de Minas*. Acabou, contudo, se desentendendo com o grupo de Minas, liderado por Alberico. "Saí muito cansado. Era um tempo em que não se podia praticamente nada. Eu não queria mais trabalhar em jornal. Tentei viver como *free-lance*. Em 1973, Novaes trabalhou como *free-lance* em algumas edições do *Jornal do Brasil*, que na época lançou a publicação anual Panorama Econômico. "O editor de economia era o Noenio Spínola, que depois voltou para lá para dirigir o jornal. Tinha algumas coisas interessantes, mas eu fui convidado a ir para a televisão."

No Globo Repórter, Novaes teve de enfrentar a censura prévia. "Vinha a Polícia Federal, examinava o programa pronto e falava: — *Tira isso, tira isso, tira isso*. A abertura lenta e gradual do Geisel suprimiu essa censura prévia."

Em 1977, Rocco Buonfiglio trocava a *Gazeta Mercantil* pela *TV Globo*, em São Paulo. Foi convidado para ser editor de economia, figura inexistente em televisão na época. "Eu nunca tinha tido experiência em televisão. Era um negócio meio novo, mas eu acabei aceitando porque era um desafio muito grande. Não existia a diferenciação entre economia, geral... Não tinha nada disso. Mas acontece que já naquela época os ministros vinham muito a São Paulo para almoçar, para fazer palestra, para participar de seminários, de eventos e tal. E os repórteres das televisões – da *Globo* e das outras emissoras – e de rádio também não questionavam os ministros, não perguntavam. Eles só se limitavam a gravar o que os ministros estavam falando, porque obviamente eles não entendiam. Os ministros falavam em economês."

Foi assim que a *TV Globo* começou a investir em jornalismo econômico – conta Buonfiglio – "talvez até porque já existisse o Joelmir Beting. O Joelmir na época não sei se trabalhava na *Rádio Bandeirantes* ou na *TV Bandeirantes*. Ele já fazia alguma coisa parecida com isso. A *TV Globo* então sentiu a necessidade contratar um cara de economia para organizar um pouco o noticiário deles." Buonfiglio não era editor de um jornal específico da emissora. "Eu via a pauta. Via, por exemplo, se tinha alguma coisa na área empresarial em São Paulo: reunião de empresários, visita de ministro, qualquer coisa assim, ou alguma coisa na agricultura e tal. Os repórteres vinham falar comigo. Às vezes eu mesmo ia fazer matéria."

Coincidiu que nessa época a *TV Globo* começou a fazer experimentalmente os "Bons Dias" estaduais, Bom Dia São Paulo no meio, lembra Rocco. "Então, nesse período eu gravava também um comentário de um minuto e meio sobre economia, que ia ao ar de manhã no Bom Dia São Paulo. A Maria Gabriela trabalhava na *Globo* nessa época. Então, sempre tinha um convidado que ela conversava com ele. Quando o convidado era da área de economia, eu trocava umas idéias com ela, dava umas idéias mais ou menos do que o cara poderia falar, como é que ela ia conversar com o entrevistado, para vender mais a entrevista. Então, foi um período interessante. Foi interessante o convívio com os repórteres da *TV Globo*. Foi interessante esse tipo de experiência."

Uma das experiências inesquecíveis de Rocco Buonfiglio na *TV Globo* foi a reportagem sobre inflação para um programa infantil. "Tinha um negócio na época chamado Globinho, que era um noticiário dirigido (por Paula Saldanha) para crianças que ia ao ar às 11 horas, onze e pouco. Então, a editora na época me pediu para fazer uma matéria para o Globinho sobre inflação. Eu até fiquei meio assim... — *Os caras aqui estão querendo me derrubar*. Aí eu fiz um texto para o Globinho que eles adoraram. Foi mais ou menos o seguinte:

'Você já percebeu que quando você vai à padaria comprar pão e leite para a sua mãe, com o troco você compra bala, pirulito, sorvete e tal? Então, agora, você precisa cada vez de mais moeda para comprar o mesmo sorvete, a mesma bala... Isso é inflação'. Os caras adoraram."

Outra iniciativa de Buonfiglio foi uma reportagem polêmica no Jornal Nacional sobre os os verdadeiros atravessadores no comércio de hortigranjeiros na cidade de São Paulo. "A gente tinha uma briga nas redações. O Aloysio Biondi tinha a tese de que os feirantes eram coitados; que o negócio eram as multinacionais, os grandes grupos. E algumas outras pessoas, dentre as quais eu me incluía, achavam que não. Claro que as multinacionais, os atravessadores, os atacadistas faziam as maracutaias todas, mas os feirantes também faziam, participavam das maracutaias. Então, um dia eu fiz uma matéria na TV Globo. Eu fui me informar quais eram os produtos hortifrutigranjeiros mais consumidos pela população. Então, tinha tomate, banana, laranja, chuchu, couve, pepino, alface, um monte de coisa. E eu fiz uma tabela. A matéria mostrava os 10, 15 produtos hortifrutigranjeiros que não faltavam na cesta básica do brasileiro, para quem tinha dinheiro para comer. Então, eu mostrei uma feira de alta classe média; uma feira de classe média menor; uma feira popular; uma quitanda e quanto custava aquilo na CEAGESP. A diferença era impressionante. A margem de lucro era 500%, 600%, 700%. O âncora do Jornal Nacional apresentou a matéria e deu um exemplo extremo de produto que era enorme a diferença e de um outro com diferença menor: o menor era 150%, 200%. Aí aparecia a tabela com 15 produtos. Eu acho que foi a primeira tabela que apareceu na televisão brasileira. Quanto custava na CEAGESP a caixa de tomate, banana, laranja, alface, cenoura, repolho, etc. Essa matéria foi um sucesso fenomenal."

Outra herança deixada por Buonfiglio na TV Globo foi a introdução de matérias de orientação às dona-de-casas. "Eu estabeleci um canal de entendimento direto com a Secretaria da Agricultura, para orientar sempre a dona-de-casa a substituir determinada verdura, determinado legume na época em que estivesse em falta. Em vez de comer abobrinha ou pepino, ela substituiria por outra coisa que era abundante naquela época. Esse esquema existe até hoje. As rádios, algumas televisões reproduzem isso até hoje. Então, foi em consequência desse negócio que eu fiz na TV Globo."

Rocco, porém, guarda a frustração de uma experiência que não deu certo e que nunca foi tentada, mesmo depois dele. "Eu entrei em contato com a FIPE, porque eu queria dar junto com a FIPE o resultado da inflação em São Paulo. Mas eu queria a inflação para classe baixa, classe média e classe alta, distribuída por bairros. Isso foi em 1977. Conversei com o Alexandre Berndt na época, que era o coordenador da FIPE. A minha idéia era mostrar, por categoria sócio-econômica e por bairro, qual era a inflação. Uma idéia maravilhosa, aliás, que os meios de comunicação nunca fizeram. O Alexandre me prometeu isso, mas depois ele disse: — *Rocco, eu não posso te garantir porque os computadores costumam quebrar.* Essa foi a desculpa dele. Não sei se era verdade. Então, eu falei: — *Eu não posso anunciar uma coisa que depois eu vou dizer que não deu porque quebrou o computador.* Então, essa idéia foi colocada de lado. Meu sonho era falar com as pessoas no final do mês: — *Olha, a inflação esse mês está afetando mais as classes de menor renda...* Ou então: — *A inflação é mais alta nos bairros de menor renda.* Isso é o que eu queria fazer. Infelizmente, eu não pude fazer por 'n' fatores."

O problema é que a *TV Globo* quis transformar Rocco Buonfiglio numa espécie de Joelmir Beting. "E aí eu não me dei muito bem com isso, porque o meu negócio sempre foi escrever, pautar e conversar com os repórteres, essa coisa toda. Não era ficar em frente da câmera de televisão. A câmera me assustava um pouco. Eu era uma pessoa um pouco tímida e tal. Então, eu comecei a não gostar daquilo. E aí eu me desencantei um pouco com televisão e saí. O Marco Antonio Rocha me sucedeu na *TV Globo*. Ele gostava... Ele foi ser o Joelmir Beting da *Globo*, aquela coisa que eu não queria, que eu me recusava, não gostava. O Marco Antonio fez uma carreira brilhante lá, até o Joelmir ir depois para a *Globo*."

Marco Antonio Rocha foi para a *TV Globo* em 1978. "Eu estava na *Cultura* quando o Vlado morreu. Houve aquela puta confusão. A gente foi presa. Aquela história toda. Em 78 é que eu fui para a *Globo*." Rocha, que acumulava o *Jornal da Tarde* com a *TV Cultura*, passou a fazer o mesmo com a *Globo*. "Depois eu acumulei também a rádio *Tupi*. Comecei a fazer boletins econômicos na *Rádio Tupi*, que ainda era dos *Associados*, mas estava uma confusão geral, depois da morte do Chateaubriand. A *Tupi* não pagava ninguém. Eu só fui receber os meus salários seis anos depois na Justiça."

A televisão deu mais visibilidade ao trabalho de Marco Antonio Rocha no jornal. "A diferença foi principalmente que me deu uma janela nacional. E aí eu fiquei cem mil vezes mais conhecido do que eu era. E isso facilitava muito o trabalho. Isso deu uma dimensão nacional para o meu trabalho, o que foi muito importante para criar esse tipo de facilidade: ser atendido por telefone; as pessoas sabiam quem era; viam na televisão. Facilitava muito o trabalho. Essa foi a principal vantagem. A desvantagem é que você não podia tratar de um assunto com a profundidade e a dimensão que tinha de ser tratado. Você tinha que passar feito gato sobre brasas num assunto porque o tempo não dava, o público é muito heterogêneo para televisão, de Norte a Sul do Brasil. Ainda estava no regime militar em que a pressão era muito maior."

Além disso, a linguagem era diferente da utilizada no jornal impresso, explica Rocha. "No começo, a gente tinha que ser muito didático, porque o público não tinha ainda muita informação sobre assuntos econômicos. Tudo que você falasse, qualquer expressão que você usasse, você tinha que explicar. Um trabalho muito mais de natureza didática do que jornalístico propriamente dito, noticioso. Cada notícia tinha de ser explicada. 'O governo vai aumentar a taxa de juros, por isso, por isso...'."

Na televisão, Marco Antonio Rocha tinha de dar a visão de serviço ao comentário econômico, "mesmo falando de macroeconomia". Ao tratar do Fundo Monetário Internacional, por exemplo, "a gente tinha que explicar o que era o FMI, porque que ele se envolvia, quais eram as consequências... E dentro daquele tempo que eu tinha como comentarista, que era no máximo um minuto."

Como Rocha, a maioria dos jornalistas econômicos de televisão seria oriunda do jornal impresso. "Isso é uma vantagem porque o sujeito traz uma bagagem do jornal mais densa, mais substancial, com relação ao assunto. Mesmo que tenha que aliviar um pouco o trabalho dele, ele erra menos porque tem uma bagagem de jornal, de revista... Essa é a vantagem. A desvantagem é que muitos não se adaptam. Não conseguem 'passar' como dizia o Boni (José Bonifácio de Oliveira Sobrinho). O Boni dizia: — *Esse fulano não passa*. Ou seja, não tem facilidade de expressão... Não tem uma boa imagem. Não produz um texto para televisão. O texto ainda é texto de imprensa escrita. O texto é para ser lido. Não é para ser falado. Isso aí dificulta."

Washington Novaes sobreviveu quase seis anos, entre 1975 e 80, como chefe de redação do Globo Repórter, até que o programa entrou em crise. "Aí, eu não quis mais ficar como chefe de redação e passei a ser diretor de programas. Produzia o documentário, entregava e ia produzir outro. Mas a crise no Globo Repórter foi se acentuando. Chegou um momento em que eu pedi para sair. Aí, fui parar no Jornal Nacional, como editor de economia. Fui o primeiro editor de economia do Jornal Nacional. Isso foi em 1982."

Delfim Netto já havia desbancado Mário Henrique Simonsen do Ministério do Planejamento no governo Figueiredo e ocupado o seu lugar. Não havia censura prévia, de fato, embora, pelas vias informais, ela continuasse, relata Novaes. "No Jornal Nacional, você pode imaginar o que era a vigilância. Mas, de qualquer forma, pelo menos algumas coisas de economia começaram a ser discutidas no Jornal Nacional. Na época, o Aloysio Biondi, sempre na contramão, dizia que a economia brasileira estava em recuperação. Estava tendo uma discussão feroz com o pessoal do PMDB – o Beluzzo, o Wilson Cano, o Luciano Coutinho, a Conceição Tavares. E eu entrei no Jornal Nacional fazendo coisas sobre isso, sobre a recuperação da economia brasileira. O que não era fácil, porque se chocava com a visão de pessoas da esquerda, que diziam que a economia não estava se recuperando. Eu me lembro de uma conversa com o Carlos Lessa. Eu disse: — *Vocês estão errados, Lessa. É evidente que a economia está em recuperação. Vocês estão fazendo uma coisa ideológica, sem base nos fatos*. E o

Lessa respondeu: — *O outro lado é o inimigo*. Fiquei uns cinco ou seis meses no Jornal Nacional."

No dia 10 de agosto de 1981, a Gazeta Mercantil inaugurava, na TV Bandeirantes, o programa de televisão, denominado Crítica & Autocrítica, que reunia homens de negócios e jornalistas especializados para discutir economia, negócios e política. Pretendia ser um importante instrumento de divulgação do jornal junto ao público[127]. "A idéia de Müller veio em uma reunião na qual foi apresentado o plano de mídia para a propaganda do anuário (revista *Balanço Anual*). 'Era muito caro, muito superior às nossas possibilidades', recorda Müller. E no entanto era preciso reforçar a publicidade, mostrar a revista a um número maior de leitores, reforçar a imagem perante os anunciantes potenciais." Então, surgiu a idéia de fazer um programa de televisão que tratasse dos grandes temas nacionais de interesse dos empresários.

Logo nas primeiras tentativas, a *Gazeta Mercantil* conseguiu comprar cinco programas na *TV Bandeirantes*, conta Lachini. "João Saad imediatamente percebeu a importância para a sua rede: a GZM seria capaz de levar aos estúdios do Morumbi personalidades que normalmente não iriam à TV."

O primeiro programa da série, que foi ao ar às 23h00 de uma segunda-feira em cadeia nacional, reuniu o ex-ministro Mário Henrique Simonsen e os empresários Antônio Ermírio de Moraes e José Mindlin, para debater o tema "Os empresários e o Poder". Roberto Müller Filho conduzia os debates que ainda tiveram a participação dos jornalistas Sidnei Basile, então editor-chefe da *Gazeta Mercantil*, Tom Camargo, diretor da sucursal do jornal em Brasília, e Hélio Gama Filho, diretor em Porto Alegre.

Em outubro de 1982, o programa passou a ser transmitido às 10 horas da noite de domingo, às vezes ao vivo, às vezes gravado, lembra Lachini. "O novo horário foi inaugurado com o prestígio dos empresários Dilson Funaro e César Rogério Valente e da professora Maria da Conceição Tavares. A rigor, nunca foi cumprido, muito menos depois que a *Bandeirantes* decidiu se dedicar aos esportes." O apresentador Müller, contudo, já começava a ser "conhecido como 'aquele jornalista de barba e cachimbo', que passava ao telespectador uma boa dose de seriedade".

O programa Crítica & Autocrítica gerou filhotes em São Paulo, Brasília e Porto Alegre, relata Lachini. O núcleo de conteúdo de televisão e rádio da *Gazeta Mercantil* era chefiado por Alexandre Machado e reunia profissionais como Marco Antonio Gomes, Jair Brito – que foi um dos principais auxiliares de Boni na *TV Globo* – e o ator (e jornalista) David José. "Fizemos as primeiras experiências de multimídia", opina Roberto Müller Filho.

---

[127] Lachini, Claudio. **Anábase – História da Gazeta Mercantil,** Lazuli, São Paulo, 2000.

O programa estadual de TV Primeira Página era apresentado por Alexandre Machado, em São Paulo (*TV Gazeta*), Hélio Gama Filho, no Rio Grande do Sul (*TV Pampa*), e por José Antonio Severo, em Brasília (*TV Nacional*). Outro programa era o Sete Minutos, na *TV Bandeirantes*, acoplado ao Crítica & Autocrítica. Era um noticiário apresentado por Lillian Witte Fibe, que foi lançada por Roberto Müller Filho. "Ela estava em licença maternidade quando nós resolvemos fazer um programa chamado Sete Minutos. A *Bandeirantes* topou. Eu chamei a Lillian em casa. E ela foi para a televisão. Ela saiu-se maravilhosamente bem, como ela sempre se sai."

Lillian tornou-se – confirma Lachini – a principal revelação da área de televisão da *Gazeta Mercantil*, particularmente ao brilhar na apresentação do boletim diário Dinheiro na TV Bandeirantes, que falava de questões financeiras. Apesar de Lillian se embaraçar com o *teleprompter*, Müller sempre acreditou no potencial dela. "Eu dizia para a pobre da Lilian, coitadinha, que ela não tinha que ler o *teleprompter*. Ela tinha que falar o que ela sabia, para passar credibilidade. Não importava se gaguejasse. Ela tinha que passar credibilidade. Ela tinha que passar que ela conhecia o assunto. E ela conhecia. Ela faz muitas homenagens a mim, generosas e injustas, dizendo que fui eu que a inventei. Eu não inventei nada. Ela tinha um grande talento."

Lillian apresentou, por pouco tempo, o programa Crítica & e Autocrítica, quando Müller aceitou o cargo de chefe de gabinete do empresário Dilson Funaro, no Ministério da Fazenda do governo José Sarney.

A *Gazeta Mercantil* lançou ainda o programa São Paulo Conhece, na *TV Gazeta*, recorda Müller. "Era um programa muito interessante. O âncora era o David José. A idéia era a seguinte: você tem um grande público que é afetado pelas questões econômicas. Em geral, você só tem falando economistas ou empresários ou políticos. Na abertura, o David lia as notícias do dia. Um economista era encarregado de explicar neutramente as notícias – a dificuldade era fazer neutramente – e um convidado famoso que não fosse da área econômica – um ator, uma atriz, um artista plástico, um jogador de futebol – dizia como é que ele reagia àquilo. Mas era muito cedo para fazer isso. Nós fizemos as coisas muito antes da hora."

III - Projeto de comunistas e udenistas

O que diferenciou, desde o início, o projeto Müller, na *Gazeta Mercantil*, das propostas dos outros jornais foi a junção da departamentalização com o exercício da interação. "Havia também os dogmas: ouvir as partes (...) Não se pode fazer picaretagem nem contrabando ideológico. Picaretagem a empresa não fazia. Eu, comunista na época, me vali muito do lema da UDN que era o lema dos proprietários. E toda vez que tinha algum conflito, com o Luiz Fernando ou com o doutor Herbert, eu lembrava da liberdade de informação e de ouvir as partes. Então, é muito contraditório porque era a saída de um jovem comunista, empregado, editor do jornal de uma família da UDN."

Uma das maiores dificuldades era a falta de profissionais especializados, admite Roberto Müller Filho. "Mas acabava que aprendia por força do convívio em cada setor. E depois fizemos cursos. Trouxemos economistas importantes para dar palestras... Então, tinham os editores e os repórteres da área... Tinham também os secretários de editoria. Não chamavam subeditores só por uma questão semântica. A função deles era secretariar o mundo daquele setor. A idéia era que cada editoria funcionasse, dentro da idéia de *newsletter*, como se fosse um minijornal. E qual era a função dos editores no colégio de editores? Era, ao discorrerem sobre o dia, revelar a inter-relação que havia entre uma coisa e outra. Então, estava muito na minha cabeça na época que a gente fazia cobertura por setor e a edição por enfoque. Quer dizer, uma matéria que começou em Matérias-Primas, na reunião de editores, podia virar uma matéria de política econômica. Era aí que entravam os jornalistas com o seu conhecimento e a sua capacidade de interagir, de relacionar as coisas. Isso aconteceu com freqüência."

Outra idéia era a da pauta consolidada, que era feita de manhã, prossegue Müller. "Os editores saíam (à noite) e deixavam as sugestões de pauta. De manhã chegava um sujeito que consolidava as pautas. Aquilo era uma tentativa de fazer o primeiro exercício de pré-edição. Então, as coisas previstas eram consolidadas num só papel que todos recebiam em São Paulo. E como o dia-a-dia ia interferindo nisso, ia mudando! Mas se fazia uma tentativa de não perder o fio condutor. E de, sobretudo, não perder o exercício de interação que o jornal precisava forçar, porque, ao departamentalizar o jornal, você corria o risco de fazer uma coisa muito burra, muito burocrática. Então, tinha que ter esse exercício diário de fazer o movimento contrário. Era essa a pauta consolidada. Havia editorias segmentadas, uma pauta consolidada e uma edição consolidada. Então, tinha reunião de edição, onde os editores falavam. E muitas vezes uma matéria de política virava uma matéria de negócios; uma matéria de finanças virava uma matéria de política. Aí você tinha os editores operando."

Além da especialização e desse exercício permanente, deliberado, de exercer a contradição, Müller considerava importante forçar o jornalista a ser parceiro do projeto. "Eu acabei com os redatores na *Gazeta*. O repórter, o editor, todos tinham que assinar matéria. Era assinada por um ou por dois e muitas vezes o jornalista era citado. Você estava escrevendo uma matéria e tinha uma informação minha. Então, você escrevia: 'Como apurou o repórter Roberto Müller...' Eu precisava de fazer do repórter um personagem. Ele seria identificado e conhecido pelas fontes, seria parceiro na tentativa de fazer direito e na preservação dos critérios. Todos eram meio que co-responsáveis para aquilo dar certo. Ninguém – o repórter ou o editor – batia carteira da informação do leitor. Os leitores receberam muito bem isso e passaram a se identificar com os repórteres. E os repórteres se sentiram responsáveis pelas informações e pelo conhecimento do setor. E como eu estive no governo, eu me lembro de ministro, por exemplo, dizer que sabia numa coletiva quem era da *Gazeta* por causa da pergunta. Se a entrevista fosse sobre política econômica, ia lá o sujeito que entendia do assunto. Se a reunião era com o pessoal da indústria química, ia o sujeito que entendia do setor".

Foi um período muito rico para o jornalismo de economia, testemunha Rocco Buonfiglio. "O Müller era um editor muito habilidoso. Ele conseguiu juntar na mesma redação pessoas que divergiam muito. Nessa época, trabalhavam na mesma redação, por exemplo, Klaus Kleber, Bernardo Kucinski, o Aloysio Biondi, o (Matías) Molina, o Dirceu Brisola... que eram pessoas que pensavam de uma maneira muito diferente. Mas aquela discussão que havia na pauta, na definição do jornal e tal, acabava redundando numa coisa boa... Então, foi um período muito interessante porque não é muito fácil você ter numa redação um Biondi, um Kucinski, um Kleber.... pessoas que pensam diferente. O Müller conseguia harmonizar isso aí. Talvez por isso é que a *Gazeta Mercantil* se firmou e se tornou um grande jornal..."

Uma das razões do sucesso da *Gazeta Mercantil* é que Herbert Levy recomendou a Müller que queria um jornal temido pela sua independência. "Então, eu sempre por princípio costumava dizer aos editores, aos repórteres, para diferenciar o mercado ideológico. Havia tanto comprometimento de boa parte da imprensa que você poderia fazer um jornal sério, se você ouvisse as partes, não tivesse a pretensão de contar a verdade e de supor que você sabe a verdade e precisa ensinar para o leitor – o leitor não é burro... Aí havia algumas sutilezas: como a gente fazia um jornal especializado, era desejável dar um passo além da notícia. E aí é uma complicação: como é que a gente trabalhava esse conflito? Como dar um passo além da informação, que é o que justificava ter um jornal de negócio, uma *newsletter* em cada editoria? E como é que se consolidava isso tudo? Como se tentava integrar isso? E ainda preservar a liberdade de informação que – eu cansei de dizer isso – é do leitor, não é nossa? Nós não somos proprietários da liberdade de informação e não temos mandato para falar em nome de ninguém. Nós somos funcionários, profissionais de uma empresa privada, mas nós temos fé pública."

Colocar em prática esses dogmas, diferenciar notícia da interpretação e interpretação da opinião exigia uma atmosfera de boa-fé, sustenta Müller. "Eu costumava conversar com eles, que era uma coisa assim como um sustenido, um semitom... Se não houver boa fé, você faz contrabando ideológico, picaretagem, suseranias... As pessoas, sobre as quais eles desconfiavam que tivessem feito contrabando, eram mal vistas na redação, porque foi uma escola, porque eles zelavam por isso. Por causa disso tudo: porque assinavam (as matérias), porque se especializaram, porque discutiam... E havia uma hierarquia. Não era uma coisa assim da democracia corintiana não. Havia uma hierarquia rígida que era exercida, que eu acho que eu trouxe um pouco do centralismo democrático... Primeiro, o grande mérito é da família Levy, que permitiu que se fizesse tudo isso. A concepção geral – essa de que eu estou te falando – é que é minha."

Um exemplo de independência e de rigor na apuração da informação foi o episódio da "manipulação" do índice de inflação em 1973. Conta Klaus Kleber que, em meados de 1977, chegou às mãos de Paulo Francis, então correspondente da *Folha de S. Paulo* em Nova York, um relatório do BIRD no qual os técnicos do banco "diziam que a inflação brasileira em 1973 tinha sido de cerca de 25%, quase dez pontos percentuais acima do IGP-DI da Fundação Getúlio Vargas para aquele ano (15,54%)"[128]. Francis deu a notícia "e a FGV desdenhosamente questionou as suas fontes".

Dias depois, o então diretor da *Gazeta Mercantil* em Brasília, Sidnei Basile, voltou ao assunto. De acordo com Kleber, ele informou que "uma fonte da área econômica confirmava o dado vindo a público através de Francis". No Rio de Janeiro, o economista Julian Chacel, da Fundação Getúlio Vargas, deu entrevista "negando peremptoriamente que os cálculos da FGV tivessem sido manipulados e renovando as dúvidas quanto ao relatório do BIRD. Como comprovação, foi citado o fato de que o índice de custo de vida da FIPE para todo o ano de 1973 não passou de 13,97%".

A *Gazeta Mercantil* – prossegue Kleber – também publicou outra matéria, na qual revelava "que o índice de custo de vida do Dieese era muito semelhante ao cálculo do Banco Mundial. A FGV começou aí a perder a batalha, mas sua derrota final veio quando o repórter Fernando Martins, então de nossa sucursal de Brasília, levantou um estudo de autoria de 'uma alta fonte da área monetária', feito em 1974, demonstrando por A+B que a inflação de 1973 fora bem maior que a exibida pelo IGP-DI. Foi nossa manchete".

O senador Eduardo Matarazzo Suplicy, então colaborador da Editoria de Economia da *Folha de S. Paulo*, telefonou a Klaus Kleber perguntando quem era o autor do estudo. Kleber então respondeu com uma pergunta: "Qual é a mais alta autoridade monetária no Brasil hoje?". O documento – lembra Lachini –, com o timbre da República, mas sem assinatura, era endereçado ao Conselho de Desenvolvimento Econômico (CDE).

Conta Lachini que Basile orientou a repórter Cláudia Safatle a decorar o primeiro parágrafo do documento, obtido por Fernando Martins, e na primeira

---

[128] **Sobre Simonsen e Francis**, Gazeta Mercantil, São Paulo, 17/12/1997, p. A-2.

oportunidade, de surpresa, recitasse o trecho para o então ministro Mário Henrique Simonsen e lhe perguntasse: "É de sua autoria?". Na saída de um seminário da Associação dos Funcionários do Banco Central, Safatle correu atrás do ministro, recitou o texto e perguntou à queima-roupa se era de autoria dele. Segundo a repórter, ele olhou para ela e respondeu: "Esse texto é meu, esse documento fui eu que fiz". A primeira página da *Gazeta Mercantil*, do dia 10 de agosto de 1977, estampou no alto da página a manchete: "Simonsen admite críticas a 1973". E na página 5 foi publicada a íntegra do documento que até então estava guardado na gaveta de Fernando Martins.

Lachini lembra ainda que, antes da publicação, Müller determinara que a íntegra do documento fosse enviada, por telex, ao ex-ministro da Fazenda do governo Médici, Delfim Netto, então embaixador do Brasil na França. "O embaixador do Brasil respondeu de Paris que ele 'não brigava com índices', como se recorda o editor Klaus Kleber."

A publicação exclusiva pela *Gazeta Mercantil* do estudo de Simonsen – diz Kleber – "foi o ponto de partida para os movimentos sindicais por reposição salarial, que ganharam força em 1978 e que tanta importância acabaram tendo no processo de redemocratização do País".

A cultura de "preocupação muito grande com a exatidão da informação" chamou a atenção de Paulo Totti, quando ele começou, em 1978, a chefiar a sucursal da *Gazeta Mercantil* no Rio de Janeiro. "E não era essa a principal preocupação no jornalismo que se fazia e que se faz ainda em muitos outros lugares. Essa coisa, assim, da necessidade de ouvir todas as partes, de ter a informação principal para levar ao leitor e fazer com que o leitor possa tomar decisões – fazer reflexão, tomar decisão política, decisão econômica – baseado na informação que ele dá crédito, me ficou mais claro na *Gazeta*."

Totti admite que, com a convivência na *Gazeta Mercantil*, começou a mudar a sua opinião sobre os jornalistas de economia. "Eu achava que os jornalistas de economia eram meio distantes, meio arrogantes, tinham pouca participação no restante da redação, pouca preocupação com o resto da vida que não fossem assuntos econômicos e do setor que eles acompanhavam... E, convivendo com eles, eu percebi que se faz um jornalismo sério e, o que mais me surpreendeu, entusiasmado, tanto como quem cobre esporte, cobre política, cobre o setor policial..."

A democratização da informação econômica era uma busca incansável, especialmente durante a ditadura militar. A sucursal da *Gazeta Mercantil*, no Rio de Janeiro, atuava no combate ao acesso privilegiado à informação, lembra Totti. "Naquela época, em que as coisas eram muito em segredo, só alguns grupos, alguns setores financeiros, especialmente da área de finanças, tinham acesso a quanto ia ser a correção monetária do mês – era um segredo. E esse segredo era negociado. Então, quando um jornalista da *Gazeta* descobria quanto é que deu a inflação, já se sabia. Eles revelavam quatro ou cinco dias depois que todos os seus contatos do setor financeiro tomavam conhecimento da correção monetária. E eram segredos que quem tinha a posse desse dado negociava isso. Então, uma grande satisfação era a gente tentar descobrir e tentar furar... E no mínimo a gente prejudicava três ou quatro negócios que estavam sendo feitos, baseados, por suborno, nesse tipo de informação privilegiada. E quando a gente se deu conta de que estava fazendo um trabalho de democratização da informação, foi um negócio legal. Essa emoção eu senti no jornalismo econômico. A melhor forma de ser oposição a um regime militar é você ter exatidão da informação."

Na redação de São Paulo, quem incorporava mais do que ninguém esse espírito da *Gazeta* era Elpidio Marinho de Mattos. Especializara-se em mercado de capitais, balanços e demonstrações financeiras, contando sempre com boas fontes de informação. "Parecia ter a nostalgia de uma economia semi-rural, das cidades do interior, tendo começado, por sinal, a escrever para jornal sobre agricultura. Nutria uma discreta, mas enraizada, desconfiança de perspectivas sensacionais, operações mirabolantes, jogadas incríveis que, ao mesmo tempo, era capaz de descrever tão bem. O que amava mesmo era a informação, mas sempre com a preocupação de vê-la também, pelo avesso"[129].

A mesa de Mattos "era uma montanha de recortes de balanços de jornais, de relatórios da administração, de livretes, revistas novas e amarelecidas, um armazém de secos e molhados da profissão. Se você lhe perguntasse qual foi o lucro ou prejuízo do banco x, como ia indo essa ou aquela empresa, ele respondia que o resultado era bom ou ruim e, coçando a cabeça, arriscava um número (quase sempre certo). Quinze, vinte minutos depois, lá vinha ele com o balanço que desencravara de sua montanha de papéis para dar a informação definitiva. Ou seja, como ele sempre prevenia, a que consta do balanço, sujeita a contestações". Mattos escrevia "com respeito pela verdade e pelo leitor" e por isso "criou uma aura de credibilidade para si próprio e para o jornal..."[130].

Para Frederico Vasconcelos, a *Gazeta Mercantil* foi uma verdadeira escola para muitos jornalistas. "Possivelmente, deve ter sofisticado muito mais o processo de informação, de formação, de apuração. Mas eu sempre achava, no caso específico da *Gazeta Mercantil*, e do jornalismo de economia de modo geral, que havia uma certa timidez no tratamento das coisas de negócio. Ou havia um certo receio de trazer (o assunto) à tona, com desenvoltura, como acontecia na imprensa americana, na imprensa européia... Quer dizer, se a empresa quebra, ela é tratada com a naturalidade com que é tratada a empresa que dá lucro.

---

[129] Kleber, Klaus. "Aos 78 anos, falece o jornalista Elpidio Marinho de Mattos", *Gazeta Mercantil*, São Paulo, 10 de junho de 1996.
[130] Idem.

Então, eu achava que o noticiário de negócio era muito morno, era muito distanciado da realidade das empresas. Talvez porque o jornalista não mergulhasse muito na vida das empresas, no que são as relações no mundo de negócios. Eu atribuo um pouco isso aí também ao fato de que a redação é o primeiro local de trabalho do jornalista."

Vasconcelos admite que havia também um certo preconceito contra o negócio e o lucro. "A gente achava que o 'social' era mais importante do que a cobertura da agricultura, da pecuária... A gente sempre achava que o negócio era uma coisa 'suja' e tratava o lucro com uma visão primária. E o jornalista precisava de dar um tratamento 'político' ao fato econômico. Só ia quando havia grandes escândalos. Com isso, perdia aquela possibilidade de conhecer mesmo como são as relações, de fazer uma cobertura distanciada também de interesse do próprio mercado. O jornalista também tem uma arrogância muito grande, acha que sabe tudo. Eu fazia até um jogo de imagens. O jornalista vai falar com o empresário. O jornalista finge que sabe e o empresário – mais esperto – finge que não sabe. E aí o leitor fica sabendo menos ainda. Esse era o estereótipo daquela relação, que era artificial. Então, havia uns dois ou três jornalistas que se destacavam mais na cobertura, que mergulhavam mais fundo na área financeira. Mas faltava também romper um pouco com esse preconceito."

IV - Alternativa à Gazeta Mercantil

Aloysio Biondi desligou-se da *Gazeta Mercantil* por discordar dos rumos que estavam sendo dados ao jornal. "Eu deixei a *Gazeta* porque ela estava pendendo para essa linha de *business*, de negócios... Estávamos na abertura gradual e, bem ou mal, a gente estava com outra liberdade de falar... Eu tinha passado a ditadura brigando, perdendo emprego para falar de economia. Eu não ia mais fazer matéria de *business*. Não é que o jornal faça matéria de *business*. É que ele acabou refletindo só a superestrutura. Não é um jornal de economia. A *Gazeta* é um jornal excelente como repositório de informações, até para você garimpar. A seção de Finanças tem 250 tabelas de taxas de juros que você quiser. Mas nunca tem uma matéria com os empresários falando das taxas de juros. Nunca tem uma matéria com gerente..."

Na primeira fase, a *Gazeta Mercantil* era um jornal de economia, na visão de Biondi. Mas houve mudança de rumo. "A *Gazeta* foi um jornal de economia. Mas ela foi passando a ser um jornal da superestrutura. Por exemplo, o setor químico. Ela vai ouvir a Dow Química, a Rhodia... Ninguém quer saber se a Rhodia vende o fio a um preço altíssimo, sacaneando a confecção. Então, não é nem um jornal dos empresários. É um jornal da superestrutura, que só ela tem voz. Na medida em que a gente foi caminhando para isso, eu pensei: 'A mim não interessa. Não é por aí'. Por isso, eu granjeei um ódio deles..."

Matías Molina não concorda com a crítica de Aloysio Biondi de que a *Gazeta Mercantil* começou a se preocupar com a superestrutura e deixou de ouvir as bases. "Eu sou muito amigo do Aloysio. Eu trabalhei com ele em 1963, portanto já se vão 35 anos. Ele esteve na *Gazeta Mercantil* duas vezes... Mas eu acho que ele está enganado. A *Gazeta* cuida da macroeconomia e dos negócios. Pega as duas coisas. Uma coisa é falar da economia do Brasil e do exterior, fazer a ligação entre o Brasil e o exterior, mostrar que o que acontece fora do Brasil afeta o Brasil, porque o Brasil está colocado dentro da economia mundial..."

Em 1976, Biondi lançou o projeto *DCI (Diário Comércio e Indústria)*, como uma alternativa à *Gazeta Mercantil*. "O projeto foi muito interessante, inclusive porque a fase do país era interessante. O governo Geisel estava fazendo a revisão do que tinha acontecido no governo Médici. O Severo Gomes fazia coisas incríveis... Foi a briga pela informática brasileira, por exemplo. Se houve distorção depois é outro problema. O *DCI* tinha uma sucursal incrível (em Brasília). A IBM chegou a ameaçar indiretamente mais de uma vez o chefe da sucursal lá, porque a gente fazia matérias provando que tinha condições de ter informática aqui e mostrando o superfaturamento nas importações."

O *DCI* criou a praxe de ouvir os presidentes de associações regionais de lojistas, segundo Biondi. "Os grandes líderes têm os interesses políticos deles. Então, a gente procurava fazer muita reportagem, reportar mesmo qual era a realidade. Entramos no debate frontal do modelo anterior, da escala... Fizemos um caderno especial sobre o papel da pequena e média empresas no exterior. Defendemos todas as teses que inclusive tinham sido teses desses caras de oposição. Houve uma puta especulação imobiliária na época do milagre, os financiamentos para imóveis de luxo, aquelas coisas todas. No governo Geisel, o (o ministro Maurício) Schulmann foi seríissimo, o BNH (Banco Nacional da Habitação) estava rediscutindo isso. Até desenvolvimento de material o BNH prestigiava. Foi toda uma virada daquele modelo megalômano anterior. E a gente publicava análises e debates..."

O *DCI* ganhou grande prestígio, inclusive em altos escalões do governo, recorda Aloysio Biondi. "E isso chegou a um ponto que muitas vezes estudos secretos, não-oficiais, a nível de IPEA, de BNDES, apareciam no jornal. Aí, a gente dava a íntegra em capítulos, na última capa... Então, a gente pegou a discussão do modelo e da política econômica em todas as áreas. Aí, tinha a especulação. A expressão 'ciranda financeira' foi criada no *DCI*. E a gente dava de manchete a loucura que era o negócio do *over*. Na seção de Finanças do *DCI*, por exemplo, o banqueiro falava, mas os gerentes financeiros das empresas também falavam. Não é só quando tem uma alta de juros... O custo financeiro da empresa também..."

O mesmo tratamento era dado à agropecuária, no relato de Biondi. "De gozação, até chamavam o *DCI* de jornal das abobrinhas, porque foi o jornal que criou a seção de Hortifrutigranjeiros. Naquela época, eu tinha alucinações com reajustes de preços e com correção monetária... E eu fazia acompanhamento semanal. É exatamente o contraste. No *DCI*, a seção de Agropecuária não fazia só o *lobby* da agricultura. Era a discussão da agropecuária. Isso é um jornal de economia. Eu tive repórteres maravilhosos nessa área. Quando iam sair os preços mínimos (Preço Mínimo de Garantia, base de cálculo para concessão de crédito agrícola), havia o *lobby* para manter o preço mínimo lá em cima. A gente pegava os dados do Ministério da Agricultura – como é que o Preço Mínimo ia ser estabelecido, quanto era a remuneração da terra, do capital, qual a margem do produtor, qual a produtividade. Se o preço vinha para prejudicar o produtor, a gente mostrava. Algodão, por exemplo, vai ter prejuízo. Em compensação, no café, o *lobby* venceu mais uma vez. Quer dizer, é uma seção para discutir política agrícola."

Biondi lembra de uma briga do jornal com os engenheiros agrônomos em 1976, época em que estava começando a discussão ambiental. "O Nivaldo Manzano defendia a agricultura orgânica contra o uso abusivo de defensivos, mas nós fizemos uma coisa que mereceu o ódio dos agrônomos e dos jornalistas. Veio uma queda da safra de café na Alta Paulista. O Nivaldo foi lá e os agrônomos disseram que tinha dado muito ácaro nos cafezais, por causa da remoção da cobertura de capim. Aí, o Nivaldo trouxe matérias da imprensa americana, mostrando que na Flórida tinha acontecido isso: o solo dos laranjais tinha virado quase um asfalto de tanto usar defensivo. E nós fizemos matéria sobre isso. Mostramos que era um absurdo o Banco do Brasil não financiar adubação orgânica, porque, com a adubação química, estava encaminhando a terra arada para a destruição, numa ação antiambiental. Nós, muito ousados, demos de manchete. E nós tivemos de manchete uma minhoca em oito colunas, com a manchete em cima: 'Salvação para a agricultura do Brasil'. Os jornalistas acharam aquilo de um informalismo... E o jornal dos agrônomos – o Walter Lazzarini era presidente da Associação dos Agrônomos – dedicou uma edição contra o *DCI*... O pai do Lazzarini tinha sido introdutor da adubação química no Brasil. Depois, o Walter virou ecológico, até líder ecológico."

Quando chegou ao *DCI*, Biondi encontrou Mauro Zafalon que coordenava um arquivo de pesquisa, uma espécie de banco de dados da redação[131].

---

[131] Depoimento em 11/06/2004. Mauro Zafalon nasceu em Santa Mariana (PR), em 19/10/1949, e concluiu o curso de Ciências Sociais em 1971 na então FASP (Faculdades Anchieta São Paulo), na Avenida Paulista onde funciona o Colégio São Luiz. Depois de procurar emprego na área, "o que era impossível numa época da ditadura brava", optou pelo jornalismo. Ingressou na *Folha de S. Paulo* em março de 1972 e, em novembro do mesmo ano, foi para o *DCI*, mantendo assim dois empregos pois se trabalhava cinco horas nas redações. Da *Folha*, mudou-se para a *Gazeta*, da Fundação Cásper Líbero, onde atuou em várias áreas. Paralelamente, fez o curso de Jornalismo na Faculdade Cásper Líbero, no período de 1974 a 76.

"Era uma coisa muito incipiente. Eu tinha uma mania de fazer fichas e ficar arquivando dados: produção de aço, produção de borracha, produção de pneus, produção agrícola, mercado internacional, etc. E ficava com aquelas fichas que nunca ninguém usava porque ninguém tinha muita visão da importância daquilo. Isso se prolongou por três, quatro anos."

Zafalon, então, mostrou o trabalho a Biondi, além de dar idéias de como aproveitar aquelas informações. "Ele achou uma coisa interessante e falou: *Vamos montar um departamento de pesquisa*. A partir de então, montou-se o Departamento de Pesquisa que foi crescendo cada vez mais. Nós dividimos aquele departamento em áreas, como agrícola, de metais e internacional, e em todas essas áreas nós montamos banco de dados que serviam de suporte à redação."

O Departamento de Pesquisa, coordenado por Zafalon, passou a ser a porta de entrada para os que estavam começando no jornalismo, ou mesmo aqueles que tinham pouca experiência. "Esse departamento servia como base para o jornalista, porque ali ele ia ter um contato com todos os números, com indicadores, com os dados básicos da economia. Dali ele era transferido para a reportagem. Nós chegamos a ter 16 pessoas nesse Departamento de Pesquisa. O Marcos Daniel Cézari, que depois se especializou em legislação e foi trabalhar na *Folha*, era o subchefe da pesquisa. Então, vários nomes passaram pela pesquisa como Elizabel Benozatti, Rodney Vergili e Luiz Sérgio Guimarães. Muita gente que se desenvolveu e está aí no mercado."

Era um verdadeiro trabalho artesanal organizar e manter banco de dados, sem computador nem internet, recorda Zafalon. "Nós tínhamos metros e metros de papéis de agência de notícias que chegavam (via telex) em bobinas. O trabalho da Elizabel Benozatti, por exemplo, que cuidava da área de internacional, estatísticas internacionais, era teoricamente mais difícil... Ela tinha um trabalho imenso para pegar todos os dias, das agências, tudo que saiu e anotar na ficha dela. Dados sobre a produção dos Estados Unidos, sobre o emprego na França... Então, diariamente, nós tínhamos de alimentar o banco de dados com aqueles metros e metros de bobinas de telex. E se você perdia um dado, se jogava aquela bobina fora, não tinha como recuperar, não tinha essa história de pegar depois... O *DCI* trouxe um fax, que na verdade chamava interfax... Era um aparelho vermelho de onde saíam umas coisas que alguém passava de algum lugar... Mas isso já na década de 80... Antes, era mesmo telex... Publicações, então, eram uma coisa muito difícil; não circulavam muito... Não havia a globalização... Era muito mais difícil montar um banco de dados..."

As condições precárias eram compensadas por um muito trabalho, criatividade e visão da importância dos indicadores econômicos para o trabalho da redação, qualidades que Biondi procurava passar aos seus liderados, conta Zafalon. "O Aloysio queria saber, por exemplo, como estava o setor de siderurgia... E nós tínhamos todos os dados para mostrar pra ele. Então, esse banco de dados foi um suporte importante... Havia uma inflação crescente e os dados da economia acabaram se tornando importantes. Você precisava mostrar essas informações. Então, uma coisa que era muito pequena acabou crescendo, crescendo até que, no final da década de 70 – o Aloysio nem estava lá mais –, nós já estávamos no *DCI* com três páginas de números, indicadores... E aí tinha bolsas nacionais, bolsas internacionais, os preços de *commodities* (agrícolas e não-agrícolas), juros, etc. Se a *prime-rate* batia 21,5, era um caos para o país que estava endividado... Qualquer indicador que as empresas precisavam, encontravam lá."

No início dos anos 80s, a inflação já entrava na casa dos 100% ao ano, o que valorizou ainda mais esse trabalho. Uma reformulação geral permitiu a inclusão, nas páginas do *DCI*, de praticamente todos os dados da economia, nacionais e internacionais, conta Zafalon. "E nesse período também foi jogada para a primeira página uma seção chamada 'Mercados Ontem', que continha um *briefing* dos principais indicadores. Então, quem não tinha tempo, não queria olhar as três páginas dentro do jornal, tinha um resumo na primeira página: um texto que explicava o que tinha acontecido no dia anterior e as cotações do dólar (dos vários tipos de dólar), do ouro, as bolsas, aqui e lá fora, as *commodities* agrícolas (as principais que o Brasil exportava)... Então, o leitor tinha uma visão exata na primeira página, à esquerda, numa coluna de cima (até) embaixo, de todos os indicadores. Era um momento de inflação crescente, economia crescente, pelo menos até o início dos 80s, e esses dados eram fundamentais, começavam a ter uma importância muito maior. Inclusive, na época do Aloysio, você podia ver o João Paulo dos Reis Velloso, ministro do Planejamento, circulando pelo país com o *DCI* debaixo do braço. Era um jornal que tinha uma grande importância naquele momento em termos de economia..."

Biondi partia do princípio de que um banco de dados não podia ser um arquivo morto, um acervo sem qualquer utilidade, com o que Zafalon concordava plenamente. "Então, nós criamos no *DCI* uma seção diária desses indicadores. Diariamente, a gente mostrava um termômetro da economia. Diariamente, nós focávamos um item e escrevíamos 20, 30 linhas, as vezes até mais, sobre esse setor da economia, sempre acompanhadas de um gráfico que refletia os indicadores que apurávamos. Em 1980, por exemplo, indicadores de pneus mostravam produção crescente; demanda maior da indústria automobilística; automaticamente, crescimento desse setor. Ou então "Bancos norte-americanos voltam a baixar os juros", quando você mostrava que cada pontinho da *prime-rate* que caía era um alívio para o Brasil endividado; cada pontinho que subia, era uma sangria... O desempenho do setor de papelão ondulado, coisa que ficou muito comum depois. Setores agrícolas internacionais, metais, impostos, juros... Naquela época, a gente fazia acompanhamento mensal, a gente mostrava a evolução diária... Então, esse negócio tinha uma importância muito grande, porque você mostrava a economia em números... Então, nessa fase, o *DCI* cresceu, ficou com três páginas de indicadores, cobria todas as bolsas, todas as áreas e exercia uma boa função."

Ainda estudante de Jornalismo, Oscar Pilagallo entrou no *DCI*, no início do projeto, depois de curta experiência como redator no *Jornal da Semana*, pertencente ao grupo do Bazar 13[132]. "Jornalismo foi uma decisão tomada após ter entrado na escola de comunicação. Na verdade, minha primeira inclinação era na área de publicidade. Cheguei até a fazer estágio na Alcântara Machado, ainda no final do primeiro ano de faculdade. Mas foi bom porque eu vi que não era bem o que eu queria mesmo. E logo em seguida surgiu a oportunidade de trabalhar com o Aloysio Biondi. E não foi uma opção minha fazer jornalismo econômico. Acabei caindo lá como poderia ter caído em outra área. Aí comecei a gostar. O Aloysio foi assim meu professor mesmo, como foi de toda uma geração, aliás várias gerações."

Pilagallo aprendeu economia no cotidiano da redação do *DCI*. "Eu não tinha nenhuma informação específica sobre economia. (...) Era um projeto de jornalismo mais independente, em relação ao noticiário dos grandes jornais de economia e em relação à *Gazeta Mercantil* que era o concorrente direto. Era um jornalismo mais analítico, muito crítico em relação tanto à linha política do governo quanto em relação a negócios mesmo. Era um jornalismo muito interessante. Foi muito bom se formar nesse ambiente...".

A orientação de Biondi era no sentido de desmistificar o jornalismo econômico. Pilagallo acabou se beneficiando dessa situação. "Mesmo estando lá há pouco tempo, ele me colocou para fazer uma coluna chamada Open Market. E eu não entendia nada de *open market*, como não entendia nada de economia. Mas ele falou: — *Não se preocupe. Isso aí você pega fácil*. Bem na linha de desmistificar a coisa. Ele me deu duas ou três orientações, alguns números de telefones... E eu comecei a fazer a coluna, assim meio que aprendendo quase que no dia-a-dia. No começo, só repetia o jargão do mercado. Depois, tentava alguma interpretação própria. Foi uma boa fase de aprendizado também na área financeira que é uma área importante."

Biondi adotava a política de promover o rodízio dos jornalistas entre as diversas áreas da economia. Fez o mesmo com Pilagallo. "Então, eu passei a repórter de matérias-primas, passei uma fase pela pesquisa do jornal e depois acabei sendo editor da área de Nacional." Por ocasião da greve dos jornalistas em 1979, o projeto *DCI* apresentava sinais de esgotamento. "Talvez, a greve tenha tido um peso forte", observa Pilagallo, "mas era um projeto que financeiramente tinha deficiências... O jornal, na época, tinha uma tiragem tão grande,

---

[132] Depoimento em Março de 1999. Oscar Pilagallo nasceu em 1955 na cidade de São Paulo. É jornalista formado pela FAAP.

tão superior ao que se imaginava, que a publicidade não acompanhava. Quer dizer, as tabelas estavam defasadas. Então, quanto mais subia a tiragem, paradoxalmente quase que era um mal negócio, porque o custo do jornal subia – era mais papel que se gastava. E não tinha a contrapartida publicitária que sustentasse isso."

Desse ponto de vista, pode-se dizer que o *DCI* acabou sendo vítima do próprio sucesso, analisa Pilagallo. "Realmente, essa época foi o único período em que a *Gazeta* ficou ameaçada, embora fossem públicos ligeiramente diferentes: a gente pegava mais o comerciante, o pequeno empresário, o grande empresário; e a *Gazeta* era mais voltada para o mercado mais financeiro, grandes empresas... O *DCI* era um jornal formador de opinião, muito mais pela atuação do Aloysio que realmente era o cabeça de tudo. O jornal era a cabeça dele. Os outros eram coadjuvantes. Todo mundo fazia a sua parte, mas ele realmente comandava a coisa inteira."

A ida de Antonio Félix para o *DCI*, em junho de 1976, foi uma mudança radical em sua carreira. Depois de dois anos na *Transporte Moderno* e de passagem relâmpago – de não mais que um mês e meio – pela revista *Banas*, Félix partia para um jornal diário e um projeto ousado. "Eu fui para lá como repórter. Havia uma área que ninguém gostava de fazer que era finanças. Na época, todo mundo queria fazer agropecuária, que eu acho que era alguma coisa mais perto da ecologia, uma coisa mais light. Mas tinham as outras editorias, como Matérias-Primas... A única que ninguém queria mesmo era finanças. Aí, um dia, o Aloysio me chamou e disse: — *Olha, eu estou querendo especializar algumas pessoas em algumas áreas. E eu gostaria que você começasse a fazer finanças. Você topa?* Eu respondi: — *Tudo bem*."

Então, Félix começou a procurar pessoas da área financeira para obter informações. "Era uma época que essa área de finanças estava em ebulição. Nesse ano, começou uma série de quebradeiras no sistema financeiro. Então, foi uma boa escola em que eu aprendi muito, porque a área de finanças é basicamente o pulmão de toda a coisa. Pela área de finanças, a gente pode ter uma visão geral de tudo, porque ali a gente vai falar do resto da economia: da construção, da agricultura... Enfim, tudo passa um pouco por ali."

Na época, o governo tinha um peso relativamente maior na economia, pela própria característica do regime, lembra Félix. "Então, ter informações de governo era muito importante... Eu tinha um costume na época – eu estava começando – de não usar muito o telefone, até porque o sistema financeiro era mais concentrado ainda no centrão da cidade. Então, no começo da tarde, eu saía da redação e ia para o centro. E ia de porta em porta mesmo. E dizia: — *Olha, eu quero falar com fulano*. E as pessoas me recebiam..."

Um dia, Félix conheceu um banqueiro muito especial. "Eu estava muito feliz nessa época, porque eu tinha feito contato com esse banqueiro... Era do

Banco Bozano Simonsen, na rua Boa Vista. E ele tinha muito contato com o Simonsen, que era o ministro da Fazenda. Então, às vezes eu chegava lá para falar com esse banqueiro. Eu entrava e, às vezes, fazia uma pergunta que ele não sabia a resposta. Ele dizia: — *Você pode esperar um minutinho na sala lá fora?* Quando eu saía da sala, ele ligava – dizia que ligava – para o ministro (Mário Henrique) Simonsen. Depois, ele me chamava outra vez e me contava as coisas. Então, era muito engraçado. Ele me passava algumas coisas em *off*, que eram quentíssimas. Eu dei vários furos assim."

Félix, porém, tinha de conviver com as reações de Biondi, que era muito crítico. "E uma coisa que era difícil, ele era muito crítico em relação à área que eu cobria que é a área de finanças, de bancos... " Biondi exigia que não apenas se ouvissem os banqueiros, sobre taxa de juros por exemplo, mas também gerentes de empresas. "A gente fazia isso também: falava com empresas... Agora, era difícil cobrir a área, porque o jornal era muito crítico, o Aloysio era uma pessoa muito crítica... E não era todo mundo que me recebia. Tinha aquelas coisas... A gente meio que às vezes entrava ali pela porta dos fundos..."

As informações eram fornecidas quase que exclusivamente em *off*, observa Félix, "porque o sistema financeiro é muito conservador. E banco é uma concessão do governo. Agora, naquela época era muito pior, porque era um regime autoritário. O medo do governo era muito maior do que é hoje".

Com a greve dos jornalistas, o mercado de trabalho fechou as portas e Oscar Pilagallo resolveu ir para Londres estudar inglês. "Eu imaginei passar um período assim de seis meses, que era para esperar baixar a poeira aqui para depois voltar, porque estava realmente fechado o mercado para quem tinha participado da greve." Em Londres, ele encontrou um grupo de jornalistas e, assim, acabou se adaptando mais facilmente. "Fiquei bem mais do que seis meses. No total, foram dois anos. Basicamente, foi uma mescla de estudo de inglês, de um pouco de subemprego e também de um pouco de jornalismo, porque eu fiz *free-lance* para a BBC na época e ainda escrevia para a revista *Banas*."

Pilagallo era uma espécie de colaborador da revista *Banas*, onde escrevia basicamente sobre economia internacional. Era o início da década de 80. "É uma área que eu sempre gostei e essa foi a primeira oportunidade realmente que eu tive de mexer com a área internacional. A *Banas* era quinzenal, o que dava oportunidade para esse tipo de matéria. Não tinha que ser uma coisa ágil, porque eu lá não tinha condição de agilidade. Eu estava como colaborador, apenas. Então, não tinha um esquema assim montado, para que se surgisse uma notícia rápida.. Era uma coisa mais analítica, retrospectiva, às vezes prospectiva. Não tinha o compromisso com a notícia do dia."

Na *BBC*, Pilagallo traduzia um trecho do noticiário que se chamava "Revista da Imprensa Britânica". "Basicamente, era quase que um resumo dos jornais britânicos do dia. Não era bem resumo, porque era uma coisa assim

bem focada para Brasil. Se tivesse alguma coisa de Brasil, a gente destacava..."
Era noticiário para rádio, em ondas curtas: o serviço brasileiro da BBC. "Mas isso mal dava para o sustento. Eu tinha que completar com algum tipo de subemprego lá. Mas era a opção daquele momento. Para mim, foi muito bom ter ido para Londres, mesmo nessas condições..."

Antonio Félix deixou o *DCI* em 1979, pouco depois de Aloysio Biondi. A convite do próprio Biondi foi para o *Jornal da República*, dirigido por Mino Carta, experiência que durou pouco mais de seis meses. Félix era subeditor de Biondi – depois foi substituído por Antonio Machado – numa equipe que tinha Maria Cândida Vieira e Vicente Dianezi. "Era uma linha bastante crítica, que procurava ser, vamos dizer, mais analítica. Agora, era um jornal de estrelas. E estrelas acostumadas a ter tratamento de estrela, inclusive em relação a gastos, por exemplo, de telefone, chamadas internacionais e tudo o mais. Eram gastos muito altos. Então, tinha-se um gasto de uma super-redação para uma empresa pequena."

Outro desafio era conseguir anúncios oficiais. Antonio Félix admite que a velha briga de Biondi com Delfim Netto foi um dos fatores que contribuíram para dificultar o relacionamento com o governo federal. "O problema é que o governo era um grande anunciante... E o *Jornal da República* não conseguia anúncio e, quando conseguia, era uma coisa assim a duras penas. Não conseguia ter uma programação do governo: anúncio de empresa estatal..." E isso ajudou a levar ao fracasso o *Jornal da República*, na visão de Félix. "Manter um jornal diário é difícil, é uma barra. Uma revista ainda tem fôlego. Agora, o jornal diário precisa ter velocidade, ter um nível de capitalização muito alto. E era uma coisa de jornalistas. Não era uma coisa de empresários. Precisaria ter tido um empresário, um capitalista."

Em 1984, Mauro Zafalon voltou para a *Folha de S. Paulo*, onde reencontrou Biondi que era o editor de economia do jornal. "O Aloysio me chamou para montar exatamente a mesma coisa. Mais uma vez, as mesmas dificuldades, o mesmo processo, porque não existia internet, o fax estava começando... Nessa época, a *Folha* tinha apenas um quarto de página de indicadores de mercado. E como o processo inflacionário começava a ficar mais grave, a economia começava a entrar na fase da década perdida, você começava a ter mais do que nunca a necessidade de indicadores. A *Folha* aos poucos saiu de um quarto de página para quatro páginas de indicadores. Isso num período relativamente curto, passando pelo Aloysio e, na sequência, pela Eleonora de Lucena que era a (nova) editora de economia e que também tinha uma visão muito grande da importância desses indicadores."

A exemplo do *DCI*, a página de indicadores de mercado abarcava tudo, desde ações nas bolsas de valores, passando por mercados financeiro, agrícolas e de metais, até investimentos (ouro, prata, etc.), lembra Zafalon. "E o que se desenvolveu muito a partir do Plano Cruzado (em fevereiro de 86) foram informações de inflação, tablitas e outras coisas mais. Todo esse tipo de informação que era necessária no dia-a-dia. Esse trabalho era muito importante porque tudo naquele momento era baseado por números. Então, o cidadão tinha que ter os números para qualquer negócio: o investimento, o rendimento da poupança naquele momento inflacionário... Ele precisava de indicadores que mostrassem que rumo tomar para cuidar do dinheiro dele. As indústrias tinham o mesmo problema: custos crescentes, indexação ao dólar, importações e exportações... Nós colocávamos legislação específica dentro dos indicadores da *Folha*, dados específicos sobre os vários tipos de correções que eram feitas na economia... Então, a economia estava engessada em indicadores. E esses indicadores é que comandavam mensalmente correções de todas as coisas, desde salários a preços."

Com o Plano Cruzado e a interrupção do surto inflacionário, as páginas de indicadores econômicos passavam a ter outro papel, ainda que importante, diz Zafalon. "É que, mesmo dentro de uma relativa estabilidade, você passa a ter que cuidar mais ainda dos seus negócios. Se antes era muito fácil visualizar onde aplicar o seu dinheiro no começo do mês para ele não virar pó no fim do mês, (com a inflação baixa) você tinha que cuidar para não perder de outras formas. E, mais uma vez, empresas e indivíduos, dentro desse emaranhado de normas e legislação que trouxe o Plano Cruzado, refletido em números, em fatores de correção, precisavam descobrir que caminho tomar. Então, esses indicadores tiveram importância muito grande."

E outra vez o grande desafio era prestar esse serviço aos agentes econômicos (cidadãos e empresas) sem o recurso da internet, observa Zafalon. "O jornal era o indicador do cidadão. Ele tinha que pegar as informações nas páginas do jornal. A TV não resolvia o problema porque a informação, dada em alguns segundos, entrava por um ouvido e saía pelo outro. Então, esses indicadores nos jornais pautavam o dia-a-dia dos consumidores. A própria *Folha de S. Paulo* tinha uma página inteirinha de indicadores econômicos que mostrava tudo resumido... E você via essa página fixada na porta de bancos... Diariamente, eles fixavam isso lá para o cliente ter noção de quanto era o dólar, a poupança, todos os rendimentos... Depois que a *Folha* montou essa página, todos os jornais, até os do Rio, passaram a ter isso. Em algum momento, até me convidaram para eu montar essa página de indicadores. A Folha nunca permitiu, porque era concorrência... Mas todos acabaram criando... Esses indicadores sempre foram importantes na economia... Era vital para as pessoas..."

Porém, nem sempre os indicadores e preços divulgados nas páginas de mercado agradavam a todos os leitores, admite Zafalon. "Há casos interessantíssimos, nessa minha vivência, que mostram a importância desses indicadores publicados no jornal. Gente que me ligava reclamando... Certa vez, uma mulher me ligou furiosa, reclamando que o preço do porco não estava atualizado. Na verdade, o preço estava sendo atualizado e as nossas fontes indicavam um preço relativamente baixo. Mas a mulher dizia que os compradores estavam segurando preço... Aí eu quis saber porque ela reclamava tanto: se ela vendia porco, se ela tinha uma granja... Então, ela disse: *É que eu separei do meu marido e a minha pensão é cotada mensalmente em arroba de porco.*"

Mas há inúmeros outros exemplos que comprovavam a importância desse trabalho de pesquisa e acompanhamento de preços, desenvolvido por Zafalon. "Todas as correções de alimentação de prefeituras pra feijão, arroz, carne, etc. eram feitas com base em dados publicados nos jornais... Então, o jornal era o propagador dessas informações, que eram muito importantes e assim vitais para muitas pessoas e empresas. O Amundsen Limeira, que foi meu colega no *DCI* – ele era repórter e usava muito o Departamento de Pesquisa –, um dia mudou de jornal e foi trabalhar no jornal de Manaus. Religiosamente, ele me ligava pra checar as informações, checar os cálculos, para ver se tinha feito as contas corretamente..."

V - Exame quinzenal

Em 1975, a revista *Exame* mudou a periodicidade para quinzenal, projeto copiado da revista semanal norte-americana *Business Week*. A primeira capa de *Exame* quinzenal foi sobre a viagem de Geisel à França e sobre o que o Brasil tinha a fazer na Europa, conta Paulo Henrique Amorim. "Foi esse o tema da capa quando nós fizemos a primeira revista quinzenal da *Exame*. Do meu ponto de vista, foi um período de aprender como fazer um produto que era uma revista quinzenal de informação. Ela deixou de tentar ser a *Fortune* para passar a ser a *Business Week*. E depois aconteceu que a *Fortune* se tornou quinzenal e ficou tudo mais ou menos parecido."

O projeto de mudança para quinzenal trazia embutida a idéia de que *Exame* virasse revista semanal em algum momento, como a norte-americana *Business Week*, acredita Guilherme Velloso. "Então, o próprio projeto da *Exame* quinzenal é um híbrido. Ele é um pouco *Business Week* e um pouco *Fortune*. Acho que são talvez os dois modelos mais presentes aí, porque naquele momento havia pelo menos uma idéia de que talvez em algum momento futuro ela pudesse ser semanal. Isso nunca aconteceu. Então, foi-se trabalhando um pouco em cima disso. A revista basicamente tinha duas partes: uma parte mais quente (a parte inicial), que tinha uma série de seções que não só fechavam mais próximo do lançamento, mas que eram notas e seções sobre análise de conjuntura mais em cima do que era o noticiário mais quente; e no miolo tinham reportagens que eram um pouco mais frias, digamos, que estavam um pouco mais dentro do modelo anterior e do próprio modelo de uma *Fortune*, se você quiser."

José Paulo Kupfer participou ativamente da elaboração do projeto da *Exame* quinzenal. "Eu provavelmente já era editor-executivo. Já era o terceiro nome da revista. Era o Paulo Henrique, o Guilherme Velloso e eu. É bem diferente daquela *Exame* mensal, que era mais sizuda, mais classuda, com matérias mais temáticas, menos temporais e muitos perfis de empresas e de empresários. Eu cuidava de um pedaço, que eram as páginas amarelas que vinham na frente – conjuntura econômica e política econômica."

A essa altura, Kupfer estudava Economia na Universidade de São Paulo. "Eu voltei para a faculdade em 74. Eu pedi transferência. Não me deram. Fiz vestibular de novo. Eu passei e lá dentro eu pedi dispensa de disciplinas, um processo que demorou dois anos porque eu já tinha muita coisa feita. E já era um sistema de créditos. Então dava. Eu fui fazendo dois créditos, três créditos. Levei mais três ou quatro anos para fazer uns poucos créditos que faltavam."

Exame quinzenal mudou completamente, continua Kupfer. "A revista passou a ser bem mais quente. Continuava com as capas temáticas, mas as matérias eram menores e mais pontuais. E mais reportagem do dia-a-dia. Eram matérias mais rápidas, de menor fôlego e em maior quantidade. Cobertura de áreas maiores, vamos dizer, mais abrangentes. Eu acho que isso é natural..."

Exame quinzenal tinha mais macroeconomia, de acordo com Kupfer, "ainda assim confinada. Mas já ia misturando... A macroeconomia – a política econômica – ganhou espaço também, cresceu. Algumas capas já eram de macroeconomia... Quer dizer, passou a ser uma revista mais geral de economia e negócios. E com mais gente. A revista cresceu bastante, quando chegam o José Roberto Nassar, o Roberto Benevides... Chegam vários outros. A sucursal do Rio também cresce, chefiada pelo Flávio Pinheiro... Mas o interessante é que a área de negócios também foi se especializando. O Mário Blander, a Monserrat Padilha... Vários foram formados nessa *Exame*..."

Em 1977, José Paulo Kupfer deixou *Exame* e voltou ao Rio de Janeiro para ser o subeditor de economia do *Jornal do Brasil*. "Em janeiro de 77, o Paulo Henrique Amorim assumiu a editoria de Economia do *JB*. E foi um estrago na *Exame* porque saíram três dos principais editores para trabalhar com ele. Dois vieram de São Paulo – eu e o Roberto Benevides – e um do Rio: o Flávio Pinheiro. Quer dizer, o novo *JB* era dirigido pelo Walter Fontoura, que substituía Noenio Spinola. Vão estar lá Elio Gaspari, fazendo o "Informe", o João Máximo no Esporte... Era o *JB* da *Exame*, porque tinha o Paulo Henrique, eu como o subeditor dele e os editores principais das áreas, que eram o Flávio e o Benevides, todos vindo da *Exame*"[133].

---

[133] Era o período do governo Figueiredo, recorda Paulo Henrique Amorim. "Era a fase trágica da renegociação da dívida... A quebra do México, os acordos incompletos com o FMI. Aí eu saí da Economia, fui ser redator-chefe do *Jornal do Brasil* e pouco depois eu fui ser editor-chefe

Kupfer confessa que foi uma experiência "terrivelmente ruim em todos os sentidos. Eu não me conformava em fazer aquela coisa diária, pela rapidez, pelo jeitão... Eu não controlava o que eu queria. Passava pela minha frente uns textos confusos. Sentia mal ter que soltar esses textos. Eu sabia que era uma bosta. E não me dei bem, achava que não estava mudando quanto precisava mudar. A cidade para mim foi inóspita, a minha cidade. Esse negócio era um sonho de volta cinco anos depois. Bem ou mal, nos primeiros dois anos eu fiquei com muito banzo. E daí para frente, voltando à faculdade eu acabei me entendendo em São Paulo. E a volta para lá foi um drama."

Kupfer mudou para o Rio com a família. Não deu ouvido à advertência da mãe. "— *Olha, você saiu daqui solteiro. Você está voltando casado com dois filhos*. Eu tinha um menino de dois anos e um outro recém-nascido, que nasceu em dezembro de 76, e ela me disse: — *Você vai se dar mal*. Eu falei: — *Eu vou assim mesmo*. Eu me lembro que era um segredo. O Paulo Henrique me fez o convite em outubro. E a coisa só seria pública em final de dezembro. Eu acordava achando que era para ir e dormia achando que não era para ir. Tive dois meses horrorosos. Mas, dentro daquela linha: 'é novo, lá vou eu', fechei o olho e mandei bala. Foi uma tragédia. Erro total. Eu sei que em junho eu saí de lá. Fiquei seis meses. Soltei umas mensagens..."

Com a saída da equipe de Paulo Henrique Amorim, Guilherme Velloso foi convidado para assumir a direção de *Exame*, ficando imediatamente abaixo, na hierarquia, de Ricardo Fischer, então dirigente da Abril Tec. Para o cargo de redator-chefe, ele convidou José Roberto Nassar. "Eu era o segundo homem lá do Guilherme. Eu fiz tudo na *Exame*. Eu participei dessa fase do crescimento da *Exame*. Depois de uma época eu levei o Rui Falcão para lá, como editor executivo. Depois ele foi redator-chefe também e depois diretor da revista. E tinha o Floreal Rodriguez que era um dos editores..."

Outros profissionais foram sendo incorporados à redação ao longo desse período, lembra Nassar. "Passaram por lá o Wilson Palhares, a Célia Chaim, a Cida Damasco... O Mário Blander, que já estava na *Exame*, foi um dos principais editores lá. Tinha uma repórter chamada Célia Valente, que também estava desde a mensal. O David de Moraes, que foi presidente do sindicato, fez, durante

---

do *Jornal do Brasil*." Amorim ficou como editor de economia "não mais do que dois ou três anos". A transferência de uma revista quinzenal para o jornal diário "foi uma experiência maravilhosa" para ele. "Descobri que eu gostava mesmo era de trabalhar sob pressão. Eu gosto de trabalhar debaixo de *dead-lines* apertados. Eu gosto de trabalhar contra o relógio, na beira do precipício. E acabei que eu fui realizar isso quando eu saí do *Jornal do Brasil* para trabalhar em televisão." No *Jornal do Brasil*, Paulo Henrique deu ênfase ao jornalismo de serviços. "Eu me lembro que, como editor do *Jornal do Brasil*, eu criei uma sessão que se chamava 'derrote a inflação', que era uma sessão de serviço econômico, imposto, investimento, custo da educação, essa coisa mais ligada ao bolso do freguês." Amorim tentava conciliar serviços com política econômica.

uma época desse período, as edições especiais, que eram *Melhores e Maiores*, o *Brasil em Exame*... Tinha o Manuel Martins e o Marcelo Bairão que eram repórteres, a Monserrat Padilha... Então, acho que, a partir de 1981, 82, a revista emplacou. Demorou uns anos para ela passar da circulação dirigida para a circulação paga. E depois para ela conseguir um volume de anúncios suficiente que a deixasse bem saudável..."

Em 1977, Gabriel Sales trocou a *Gazeta Mercantil* pela *Exame*, para trabalhar na equipe de Guilherme Velloso. "Fui como editor-assistente para fazer bolsa de valores e finanças. Na época, não havia muita divisão entre repórter e editor assistente, a não ser no salário." Sales sentiu a diferença entre jornal diário e revista, no caso quinzenal. "Você está naquele pique de jornal. De repente, você vai para uma redação (de revista). Aí parece que as coisas não estão andando. Estão empacadas. E mais: em revista, você não pode entregar-se, deixar para amanhã a matéria que você pode fechar hoje. É que, nesse 'vai deixando', você acaba levando a preocupação para casa. 'A semana que vem, eu tenho que fechar.' O jornal, não. Fechou, acabou. As revistas poderiam ser muito melhores se as pessoas se organizassem mais, planejassem mais. Enfim, não deixassem para depois aquilo que poderia ser feito agora. Como em jornal. Se as pessoas adaptassem o estilo de jornal para revista, seria fantástico."

Mas havia a preocupação de dar mais dinamismo à revista, conta Nassar. "Passado um ano ou dois, de reunião em reunião, eu propus – eu e outros, quer dizer, porque tudo é fruto sempre de muitas conversas – que redividíssemos a *Exame* pelo ângulo não da economia, mas da administração, porque todos jornais faziam isso: indústria, comércio, serviços, internacional... é a divisão por segmentos, segundo essa visão macro das contas nacionais. Então, recriamos ali as editorias não mais de economia – tinha uma de economia que era o começo – mas sim de administração... Eu me lembro que havia três ou quatro editorias que eram de Administração, propriamente dita, quer dizer, gestão; de Recursos Humanos para privilegiar esse negócio de recursos humanos; outra de Marketing; e a de Economia macro. Então, a *Exame* procurou buscar um pouco mais essa visão diferenciada do lado mais micro, embora tivesse macro também. Eu me lembro que energia, por exemplo, fazia parte de Administração. Nós estamos falando de fim dos anos 70 e começo dos anos 80, em que teve a segunda crise do petróleo em que tinha uma demanda imensa por racionalização de custos, manutenção de energia, substituição de fontes energéticas..."

Tanto Wilson Palhares quanto Cida Damasco foram editores de Administração da revista. "Cabia a eles fazer essa pedreira, porque gerava muita matéria. Marketing era uma coisa mais leve... Então, a mudança estrutural, que teve a *Exame* no meu período, foi essa assim de tentar buscar um pouco o micro. Não que o macro não fosse importante – claro que é – mas a idéia era rebalancear um pouco isso para chegar mais perto do leitor", diz Nassar.

"Olhando de hoje, uma das críticas que se pode fazer é que com isso você se aproximava um pouco do leitor, mas primeiro você esfriava um pouco a revista... Mas aí é uma velha discussão. Esse material mais de serviço, mais frio, ele demora mais para pegar o leitor, mas ele agarra o leitor quando pega. O material quente às vezes pega, dá uma trombada no cara logo no começo, mas depois desaparece porque o material quente é uma bola muito dividida – está cheio de gente fazendo a mesma coisa. Como as coisas no mundo não são brutas, é sempre possível você tentar trabalhar com as duas mãos."

Segurar o leitor com o material frio exigia, simultaneamente, a profissionalização da cobertura desses temas ligados à gestão de empresas, complementa Guilherme Velloso. "Nós sabíamos o que *Business Week* fazia, o que *Fortune* fazia, enfim, as principais revistas de *business* americanas que eram o modelo mais próximo do que a gente queria fazer, mas aqui não havia nenhuma tradição nisso. Então, nós por exemplo criamos editorias de Administração, de Marketing, de Finanças mas dentro do enfoque empresarial, de recursos humanos, enfim, de uma série de áreas que na realidade correspondiam mais ou menos o que seria uma estrutura de empresa... E nisso nós tivemos que adquirir uma experiência fazendo, porque fora os modelos estrangeiros não havia nenhum modelo local. A experiência de formatar esse tipo de cobertura, e até de formar profissionais que se especializassem nessas áreas, talvez tenha sido o que foi feito de mais importante, que foi de alguma forma o que consolidou a *Exame* como uma publicação assim voltada para o executivo, para o profissional de empresa."

Na virada dos anos 80, já se começava a ouvir economistas de oposição, dentro dessa tentativa de balanceamento entre micro e macroeconomia, lembra Nassar. "Só que aí você ouvia com equilíbrio, como se ouviria hoje, talvez. Talvez um pouco menos, claro. E havia muito mais cuidado. Você deve levar em conta o seguinte: embora a maioria dos jornalistas, até que se possa dizer de economia, da época fosse de esquerda, digamos assim, votassem com a esquerda ou votassem na oposição, ninguém é criança. Você estava trabalhando numa empresa que tinha uma filosofia de defesa do mercado, de defesa do capitalismo. Mas havia entre nós todos uma autocensura difusa, que por mais que a gente criticasse nos pegava. Não era o caso da Editora Abril, mas em qualquer lugar nesse período todo, nos anos 70, eu me lembro, e a gente só foi quebrar isso meio que nos anos 80, sei lá."

A autocensura chegava ao ponto mesmo de se evitar o uso de palavras ou expressões típicas do sistema capitalista, fala Nassar. "Então, por exemplo, antes da *Exame*, nos *Diários*, que eu me lembre, no *Estadão*, na *Folha* – na *Folha*, eu não lembro direito porque eu nunca estive por perto da *Folha*, nunca tive muita intimidade, por razões históricas, sei lá porque, com a *Folha* – e nas várias revistas mesmo na grande imprensa – nas menores então nem se fala –

você não chamava o capitalismo de capitalismo. Falava economia de mercado. Capitalismo era uma coisa meio demoníaca. Parecia subversivo você chamar de capitalismo. Outra coisa: não chamava patrão de patrão; chamava de empregador. Até que houve uma época que o dono de uma dessas empresas – um grande homem, aliás (já no fim: isso eu estou falando dos anos 80) – nos mandou um bilhetinho que dizia: — *Poxa, vocês estão chamando o empregador de patrão, mas não é a mesma coisa. 'O empregador é aquele que assume riscos. Lança novas coisas e tal...'* E isso diminui muito. É uma conotação pejorativa. Havia conotação pejorativa. Era isso. Então, a gente mesmo... todos nós. Pode ter o cara que negue. Ele está mentindo. Em todos havia aquela coisa. Primeiro, você está trabalhando numa publicação, que é defensora daquele (sistema), por mais liberdade que havia. Ia-se com muito cuidado e não era por causa do patrão não. Era por causa do leitor... A idéia de chamar os automóveis brasileiros de carroça, se passou por algum de nós nos anos 70 ou 80, morreu no sonho."

Diante dessa desconfiança, o máximo que se conseguia, do ponto de vista crítico, era discutir o antagonismo entre o capital estrangeiro e um projeto nacional, prossegue Nassar. "Isso começou a ser feito na virada dos anos 70 para 80, ali por 1979, 1980, 1981... Mas era muito motivado por uma tendência que a gente tinha e que patrão nenhum pedia... patrão bom, como o Roberto Civita e o João Roberto Marinho, com quem eu trabalhei, nunca chegou a pedir nada, quer dizer, certos patrões não pedem nada no varejo. Eles têm uma orientação e a coisa é aberta. Então, se você ouvir os lados, está tudo bem. Mas naquela época tinha essa autocensura nossa também. E o meio de ir quebrando isso era que também as esquerdas imaginavam, naquela época, e todos nós – não era só as esquerdas não; quem não era de direita, quem não era ligado ao regime militar – que um modo de você fazer essa contraposição, fazer um pouco a abertura era, primeiro, criar uma alternativa ao capital estrangeiro – isso foi uma puta discussão nas esquerdas durante décadas – fortalecendo a burguesia nacional, a empresa nacional. E aí então criou-se a idéia do projeto nacional e esses caras passaram a virar muito personagens assíduos do noticiário econômico, que aí foi o Cláudio Bardella, o José Mindlin, o Antonio Ermírio..."

Diante, porém, de empresários como Luiz Eulálio Vidigal, na época o "renovador da FIESP", e Einar Kok, que fazia de um grupo das indústrias de base "historicamente importante", havia também uma "certa desconfiança, mesmo ideológica", admite Nassar. "Mas, mesmo no dia-a-dia, no pragmático, quer dizer, aí você estava passando a defender o cartório. Só que defendia porque, na época, o projeto nacional era esse, era um projeto que vinha de meados dos anos 70. O Geisel tinha o projeto de economia administrada que nem no Japão, que nem na Coréia, que era a divisão de tripés: a empresa nacional tem tantos por cento da economia, a empresa estatal tanto e a empresa estrangeira tanto, com um certo reequilíbrio entre eles. E o Estado viria estimular a empresa nacional. Tanto que o BNDES uma época foi proibido de financiar empresas estrangeiras."

Financiamentos do BNDES eram concedidos para a empresa nacional, com correção monetária limitada a vinte por cento do total mais o juro, "o que viabilizava muito os novos investimentos". A equipe do ministro João Paulo dos Reis Velloso lançou o segundo projeto de substituição de importações de insumos, matérias-primas e bens de capital, "que foi muito importante na época". Mas faltou dar o outro salto, admite Nassar. "A revolução da microeletrônica, do silício já estava começando – nós não sabíamos. Será que as pessoas que estavam no poder naquela época, com capacidade de buscar estudos e de enxergar as tendências do mundo, poderiam, ou não, ter visto isso? A internet vinha vindo com os militares desde aquela época, nas universidades... Mas não é só a internet. Tinha a revolução da informática mesmo, sem comunicação. Então, na verdade nós fizemos um arremate da industrialização, que nós precisávamos. Mas ela já estava perdendo peso como fator de motor das economias, embora vá continuar sempre. E nós rumamos para a reserva de mercado. Foi um erro ou não foi?"

Foi nesse contexto que Rubens Glasberg se tornaria o primeiro editor de informática da revista *Exame*. Glasberg fora contratado para trabalhar em projetos especiais, junto com Bernardo Kucinski, além de fazer *Melhores e Maiores* e *Brasil em Exame*. Um dos projetos especiais era o *Escritório do Futuro*, lembra Glasberg. "Foi quando eu tomei contato, digamos, com as primeiras coisas assim de informática. Comecei a me interessar por isso. Achei que era uma área de futuro... Na época, estava começando a se estabelecer essa questão da reserva de mercado, estava começando a entrar o negócio dos microcomputadores... Então, eu comecei a me interessar por isso e depois fui para a própria revista *Exame* e lá me tornei editor de uma seção nova que era Informática... Fui o primeiro editor de informática. A *Exame* criou essa seção, que depois se tornou uma seção importante, porque esse mercado, com a reserva que existia para a indústria nacional, cresceu enormemente e se tornou, acho, dentro da *Exame*, a principal área de anunciantes, passando na frente de bancos e outros setores, como a indústria automobilística. (...) E, a partir da *Exame*, eu fiquei sempre nessa área de economia, onde eu também me especializei em tecnologia da informação, naquela época chamada de informática."

O crescimento da editoria acabou gerando o suplemento *Info*, criado para ampliar o espaço destinado à informática na revista *Exame*, comenta Guilherme Velloso. "Obviamente, com o avanço da tecnologia ligada à informática, alguma coisa que antes era caixa preta – eram decisões em que poucas pessoas das empresas estavam envolvidas – começou a se tornar uma coisa mais comum, não como é hoje, mas mais comum e mais ao alcance de um maior número de pessoas. Isso coincide também com a política de reserva de mercado na informática, que deu origem, enfim, primeiro aos minis e depois aos micros brasileiros, que eram muito caros mas eram os que existiam disponíveis aqui. Então, houve um certo *boom* até dessa indústria no Brasil."

Do ponto de vista editorial, toda vez que se discutia a pauta da próxima edição, prossegue Velloso, "o editor de informática tinha cada vez mais assuntos, que eram importantes, enfim, para colocar na revista e havia um limite físico para isso. E, ao mesmo tempo, informática era uma coisa horizontal, porque mexia com todas as áreas. Tinha pauta de informática voltada para marketing, para recursos humanos – o que o novo software que está disponível facilita a vida do gestor de recursos humanos? – que, enfim, eram assuntos relevantes para o leitor. Então, a constatação nossa era de que aquele era um assunto que interessava basicamente a todos os leitores, ainda que cada um do seu ângulo de visão, e que era difícil, porque não tinha espaço para tratar disso como deveria. Você tinha que hierarquizar um pouco o que podia dar em cada edição. Então, a idéia era criar um suplemento voltado só para isso. Essa eu acho que foi uma das razões primordiais."

Vip também surgiu na mesma época como suplemento, mas voltado para o executivo pessoa física, conta Velloso. "Como *Exame* tratava de temas que são razoavelmente áridos, ainda que seja negócios, achamos que era importante ter um lado voltado para o executivo como pessoa física. Quer dizer, o executivo depois do expediente, no fim-de-semana e tal. Então, isso começou com uma seção fixa que chamava 'Seu dinheiro', que era de notas... o título era 'dinheiro', mas não era de investimentos, propriamente. Eram coisas ligadas ao universo do executivo como pessoa física. E também nessa área, primeiro percebemos que havia uma boa leitura para isso – nós tínhamos pesquisa de leitura que eram feitas periodicamente – e que haviam outros temas que seriam interessantes, sob esse mesmo ângulo, para o executivo pessoa física. E portanto, da mesma forma que os temas ligados a informática, eles interessariam ao leitor em geral. Por exemplo, coisas ligadas a saúde e bem-estar do executivo. Sei lá, fazer ginástica, praticar esporte, mesmo uma parte ligada a investimento... Tinha a parte de carreira – que foi uma coisa que imagino que tenhamos sido naquela época meio pioneiro no tratar dos assuntos ligados a carreira do executivo, que aí não era mais na empresa, era o executivo pessoa física –, cursos, correção de salário, de benefício... então, tinha uma série de temas como esses."

Os dois suplementos circulavam em edições alternadas de *Exame*, inclusive com destaque na capa da revista, conta Velloso. "Acontece que esse suplemento muitas vezes morria na mão do primeiro assinante, até porque, como era uma coisa que era uma leitura mais pessoal, era o tipo da coisa que o cara levava para ler em casa. Então, o segundo já recebia a revista sem isso. Então, ele sabia que não tinha, que uma edição não tinha *Vip* e na outra não tinha *Info*. Frequentemente, era o que acontecia. Isso foi parte também de uma estratégia para aumentar a circulação paga da revista, criando, digamos, um estímulo adicional para um cara ser assinante, se tornar assinante... Na mesma época, nós fizemos campanhas de assinatura... que isso era importante para a carreira, que a *Exame* era um investimento, que era uma coisa importante para a carreira do executivo... Mas havia um incentivo a mais, que era o cara receber o pacote completo, e não um pedaço, e também que ele ia receber mais cedo, que ele ia receber em casa... Então, nos dois casos, houve um objetivo também comercial por trás disso, do ponto de vista tanto de assinatura quanto de publicidade. *Vip*, por exemplo, atingia um tipo de anunciante que *Exame* às vezes sozinha não atingia, porque era um suplemento para pessoa física, quer dizer, a ambientação era mais favorável."

O objetivo, contudo, era que os dois suplementos se tornassem revistas, lembra Velloso. "Eu acho que isso fazia sentido em todos os aspectos e até acho que o futuro provou que isso estava certo. Tanto que elas duas nasceram com a pretensão de que em algum momento elas virariam revistas independentes mesmo. *Info* dependia fundamentalmente da mudança da lei de informática, que era um limitador do ponto de vista comercial, porque na medida em que havia uma reserva de informática o número de empresas no mercado era muito menor. Então, quando houve a abertura, isso quase que automaticamente viabilizou a transformação de *Info* numa publicação independente. De novo, com grande sucesso porque aí houve um *boom* do próprio segmento, com muitos lançamentos novos tanto de hardware quanto de software..."

VI - Nas ondas turbulentas da crise

José Paulo Kupfer voltou para São Paulo em julho de 1977, por intermédio de Alexandre Machado, para trabalhar na revista *Veja*, com o então editor de economia Emilio Matsumoto. "Ele disse: — O (José Roberto) *Guzzo quer falar com você*. Eu fui para a Economia da *Veja*, como editor assistente do Matsumoto... Quando o Matsumoto saiu, me chamaram para ser o editor, mas eu achava que o Guzzo e o Elio Gaspari tinham derrubado o Matsumoto, porque achavam que ele era devagar. O japonês era mesmo meio quieto. Fazia tudo que tinha que fazer, mas não tinha aquele 'push' que o Elio e o Guzzo estavam querendo. Talvez o que tenha hoje essa *Veja*, que eu não gosto. Eu era um idiota, metido a reto. Eu não tinha cintura. Já estava crescendo, mas ainda era meio jovem. E achei que sacanearam o Matsumoto, que prepararam a queda dele. Que nada, ele queria sair. Foi tudo acertado. Só eu briguei. Ele não. Mas me chamaram para ser editor. Eu disse: — *Não, eu vou embora*. E, aí sim, fui ser editor de economia da revista *Isto É*."

Também em 1977 Luiz Nassif foi trabalhar no caderno financeiro, as páginas amarelas da *Veja*. "Quando o Hélio Gama saiu, o caderno já estava perdendo importância, porque ele foi montado numa época em que a bolsa de valores estava estourando. E daí, eu fiquei responsável pelo caderno subordinado ao Matsumoto. Mas era muito difícil, porque às vezes você tentava sair daquele padrão de texto, de cobertura, mas a *Veja* era muito esquematizada. Então, eu gostava quando saía para fazer matérias com personagens de carne e osso, matérias no campo, garimpo..."

Nassif revela que começou realmente a mudar a sua maneira de ver a economia quando a inflação começou a voltar. "Nós fizemos lá, na ocasião, a primeira capa com inflação, usando um dragão como elemento. Fomos eu e o Zé Paulo Kupfer. E o Miltão – Milton Rocha Filho – fez o desenho do dragão. Então, naquela época, com a inflação aumentando, eu passei a falar: 'Olhe, o jornalismo tem que estar a par de serviço. Não adianta esse jornalismo que você fala para ministro, ou fala para empresário, ou fala para economista.' Era um jornalismo falso... Você pegava alguns conceitos aí... Eu lembro do Décio Garcia Munhoz, economista de Brasília. Todo mundo falava: — *A taxa de juros tem que ser alta senão o dinheiro sai do over-night*. E o Décio dizia: — *Gente, isso é um absurdo. A empresa tem um dinheiro do caixa que ela não tem onde colocar. É dinheiro de capital de giro. Grande parte do dinheiro do over. Então, não precisa aumentar a taxa de juros...* Uma coisa óbvia. Mas o pessoal falava: — *É um ignorante...*"

Nassif começou, então, a se dedicar ao jornalismo de serviço. "E, com o aumento da inflação, o cálculo da taxa de juros passou a ser um negócio importante. Daí, eu estava disposto a sair da *Veja*. Fiz o curso de matemática financeira e passei a aprender a trabalhar com matemática financeira... Eu achava o seguinte: as empresas têm o departamento econômico delas. A pessoa física não. Então, o papel da imprensa é se especializar em coisas práticas para virar um consultor dos seus leitores."

Em 1979, Nassif deixou a revista *Veja*. "Mas eu tive um período lá em que fui apontado como dissidente. Quando saiu o Mino e entrou o Guzzo, houve o episódio lá em que a redação se insurgiu contra ele. E houve um abaixo-assinado no qual eu fui indicado para representar a economia... Eu era o terceiro escalão da economia lá. Mas como o segundo escalão tirou o corpo fora, eu fiquei meio marcado como dissidência lá. Até foi importante porque a redação se uniu e me deu muito apoio. Aí, eu saí realmente quando tive a oportunidade..."

Dois anos antes, em 1977, a sucursal da *Veja*, em Brasília, adquiria o passe de Carlos Alberto Sardenberg. "As publicações estavam reforçando as equipes das suas sucursais brasilienses, para cobrir a transição do Geisel para o Figueiredo e o processo de abertura que estava em pleno andamento, a abertura lenta, gradual e segura do Geisel, que era o tema central daquela matéria minha no *Estadão*. Então, se considerava certo que a democratização estava em curso.

E nesse bolo, eu fui para Brasília. Eu já estava achando que era importante ter uma passagem por Brasília."

Sardenberg foi trabalhar na editoria de Nacional, na parte inicial da revista, que abordava política e economia. "Aí eu comecei a fazer também diplomacia, a ter relações lá no Itamaraty. Fiz algumas matérias sobre Brasil-Paraguai, Brasil-Argentina... Na revista, tinha um campo mais amplo para trabalhar. Então, tinha política, questões militares, segurança nacional... Cobri a discussão sobre a lei de anistia, o projeto de abertura... Acompanhei de perto a crise militar envolvendo o general Hugo Abreu, o candidato do PMDB Euler Bentes, a tentativa do pessoal de contestar a indicação do Figueiredo...".

Em pleno governo do general Figueiredo, segundo semestre de 1982, Jaime Mattos chegou à redação da revista *Veja*. "A *Veja* foi um desastre na minha vida. Foi no dia 13 de agosto de 1982, porque nesse dia começou o drama da dívida externa brasileira. Era uma sexta-feira. Eu tinha ido lá nesse dia, que era o fechamento. Eu disse: — *Eu venho aqui só ver como é que é. Eu vou sentar aqui e ficar espiando.* Aí chega lá um telegrama de três linhas dizendo assim: 'O governo mexicano decretou feriado bancário na segunda e terça-feira próximas'. Só isso. O editor era o Silvio Ferraz. Aí o Silvio falou: — *Você não está fazendo nada. Dá uma ligada para o Mário Henrique Simonsen e pergunta pra ele o que significa isso?*. O Simonsen estava fora do governo. Aí eu liguei e perguntei: — Ministro, que diabo que é isso? Ele respondeu: — *Hiii! Moratória. Quebrou. México, Argentina e Brasil estão quebrados. Um dos três tinha que se manifestar. O México se manifestou. Agora, os outros dois vão em seguida.* Olha, foi um desastre. E talvez eu não tenha ficado lá muito por causa disso. Eu fiquei um ano lá e a gente fazia capa que não acabava mais...".

Silvio Ferraz era o editor de economia; Antonio Machado, editor-assistente; Jaime Mattos, subeditor; e Paulinho Nogueira, repórter. Além deles, "sempre tinha uma vaga, mas nunca parava ninguém", lembra Mattos. "E aquele tempo não existia essa coisa de editor-executivo. Então, a Economia respondia direto para o Guzzo. O Ancelmo Goes, do Rio, era editor-assistente. Só fazia economia. E em Brasília tinha o Jorge Luiz de Souza, que teve aqui várias vezes...".

A crise econômica passou a fazer parte das conversas de quinta-feira de manhã que o então ministro Delfim Netto tinha com os jornalistas na capital paulista. O pessoal da *Veja* partia em turma para esses encontros com Delfim Netto, conta Jaime Mattos. "Íamos de bando para guardar as coisas. Íamos sempre o Guzzo, o Elio, o Silvio Ferraz e eu. E era sempre aquele negócio impenetrável: a dívida externa... Eu acho que foi a primeira vez assim que a imprensa teve que atuar fora do Brasil no dia-a-dia. Não era uma coisa esporádica. Tinha uma cobertura externa diária, especialmente revista que tem que contar mais que os outros. Aí a gente fazia, é evidente. Acertava umas, errava outras."

Quando chegavam para a conversa com Delfim Netto, sempre ouviam a mesma cobrança, revela Mattos. "Ele falava: — *Vocês estão por fora. Vocês falaram uma besteira enorme essa semana.* E aí ele contava o que tinha acontecido de fato. E aí a gente ia cercar a coisa... — *Ministro, nós estamos sabendo disso, assim, assado, a coisa está feia...* Ele respondia: — *Bobagem. Não existe nada disso....* De qualquer forma, o que a gente sabia, a gente contava. Aí ele dava outro esporro desse. — *Vocês são maus patriotas. Ficam inventando coisa...* Mas tudo numa boa. Ele é uma pessoa fantástica, uma pessoa ótima. Chegava na semana seguinte, a gente perguntava: — *Ministro, e aí?* Ele respondia: — *Era pior do que vocês sabiam.* E contava."

Boa parte da equipe, no Brasil e nos Estados Unidos, estava mobilizada em torno da crise da dívida, diz Mattos. "A cobertura era o Bob Garcia – o Roberto Garcia –, em Washington; a Selma Santacruz, em Nova York; era o Flávio Pinheiro, no Rio; o Machado e eu, mais o Silvio, aqui em São Paulo; e o Jorge, em Brasília. O Bob Garcia era muito mexedor... Então, ele ficava ligando para aqueles bancos lá no Texas que nem sabiam onde ficava o Brasil. A dívida brasileira quase quebrou aqueles banquinhos do Texas, porque o Citibank ia lá e catava dinheiro de todo mundo... E o cara não sabia nem onde ficava o Brasil. Aí o Roberto Garcia participava muito. Eu sei que nós tínhamos uma memória disso."

Era uma época em que havia muito capista na *Veja* – profissional que tem texto de capa – "o que era uma maravilha", admite Jaime Mattos. "Dava um rodízio maior. Mas o problema é que a gente sempre usava capa em economia. E o que me tirou o entusiasmo talvez tenha sido isso, porque no fim a gente estava fazendo a mesma matéria o tempo todo. Foi um ano inteiro assim. Eu perdi a conta de quantas capas a gente fez."

Até que um dia a *Veja* ficou sem capa, conta Mattos. "Então, nós fizemos uma capa que foi memorável. Foi uma das boas coisas que eu gostei de fazer. Então, o Elio falou: — *Vamos fazer uma capa assim... Vamos abrir as conversas com o Delfim.* Aí, de memória, nós fizemos uma capa que chamava 'Os 100 dias negros'. Na verdade, eram duas retrancas: uma chamava 'Os 100 dias negros' e a outra, 'A dura hora de pagar'. Foi memorável essa matéria, porque foi uma matéria de memória. Nós sentamos, ia escrevendo e a gente lembrando. O Silvio e eu escrevemos. Eu lembrando, o Elio lembrando, o Guzzo lembrando... Foi uma bela matéria essa."

Na semana seguinte, tudo voltou à rotina, prossegue Mattos. "Então, tinha que ficar acompanhando aquele drama, que não acabava mais. É o Delfim que vai encontrar com os banqueiros em Nova York para renegociar não sei o que... Aí assina não sei o que. Isso me desestimulou muito, porque nós não fazíamos outra coisa. Nós não fazíamos especiais, nada... E tinha muita coisa que podíamos ter feito. E nós ficávamos por conta disso. Praticamente fazendo cobertura de jornal. Eu fiquei só um ano lá. Mas foi um grande aprendizado ali."

VII - Idéias heréticas na Visão

Em 1976, Isaac Jardanovski assumiu a direção geral do grupo Visão, que englobava os *Dirigentes* – revistas especializadas – e a revista *Visão*, basicamente voltada para temas de economia política: filosofia política e filosofia econômica. Jardanovski acumulava, desde 1964, a *Folha de S. Paulo* com a revista *Dirigente Construtor*, do grupo Visão.

Antes de Henry Maksoud, a orientação da revista *Visão* era de absoluta liberdade para o jornalista, lembra Jardanovski. "O Said Farhat cuidava da parte publicitária. A linha da revista, em relação à economia e à política, eu chamaria de filo-esquerdista. É difícil de entender porque os donos ainda eram os americanos. E a *Visão* com posições nacionalistas e tal. E marcou época. Uma revista que se caracterizou pelo texto apurado, pelos jornalistas de boa formação."

Maksoud deu uma guinada total na orientação da revista, conta Jardanovski. "Mudou tudo. Primeiro, controle absoluto das idéias dele sobre a publicação. Até na forma de comercialização das revistas. Era muito intransigente, não abrindo mão de nada, não fazendo concessões. Quando o Maksoud comprou a *Visão*, pelo fato dele ter assumido posições na época caracterizadas como de extrema direita, houve uma reação terrível. Na verdade, não eram, mas poderiam ser rotuladas de "direita". E o que eram essas posições de direita? Eram posições contra a estatização, a favor da privatização, com matérias que eu chamaria de estrondosas; a favor da livre iniciativa, a favor da economia de mercado – imagine isso em 1976. Veja bem, a minha formação é a de um liberal, de maneira que eu posso dizer isso tranquilamente. As pessoas não entenderam o que se estava passando. A época era de nacionalismo, estatismo... Período Geisel, um nacionalismo extremado."

O Sindicato dos Jornalistas do Estado de São Paulo chegou a publicar matérias, no jornal da entidade, chamando Maksoud de Idi Amin da imprensa brasileira, recorda Jardanovski que era sócio do Sindicato. "E isso foi uma coisa marcante pelas posições chamadas de direita assumidas na época. Há uma injustiça histórica em relação ao papel da *Visão* no mercado. A *Visão* ficou malvista porque o Maksoud não era um empresário do mercado editorial. Engraçado que, quando entraram outros, a reação não foi a mesma. O Nabantino Ramos também não era um homem de jornal quando comprou a *Folha*. O Octavio Frias de Oliveira, quando comprou a *Folha* do Nabantino, não era um homem de jornal. Os homens de jornal eram a clã dos Mesquita... Esse era o modelo."

Jardanovski considera que foi na revista *Visão* onde realmente se desenvolveu o que ele chama de "jornalismo econômico mais aprofundado. Os gurus da revista eram assim como passar de Gramsci para Hayek. Maksoud trouxe o Hayek para o Brasil numa época... Ele já era prêmio Nobel, mas não era conhecido no Brasil. Hayek era a favor de privatização, economia de mercado, mercado livre extremado, culto à liberdade individual. Muita gente começou a confundir com *laissez-faire*, mas na verdade não era bem isso. Hayek era um filósofo. É muito difícil resumir as suas idéias. A *Visão* traduziu o principal de sua obra para o português: 'Os fundamentos da liberdade', etc. O Hayek era mais conhecido por um livrinho chamado 'Caminho da Servidão', que comparava o totalitarismo de direita ao totalitarismo de esquerda. Ele achava que era a mesma coisa, ia desembocar no mesmo lugar. Historicamente, ele estava certo".

Jardanovski revela que concordou com a nova filosofia da revista *Visão*. "Eu gostaria apenas de dizer que eu entendi os princípios e achei que era legítimo ter uma revista que se posicionasse abertamente com essa filosofia. Não havia mistificação. Quem aceitou, ficou e se deu bem, inclusive alguns esquerdistas, esquerdistas extremados. Até o Eduardo Suplicy trabalhou lá algum tempo, já no tempo do Maksoud."

A influência de Maksoud nas reportagens e matérias da revista *Visão* era total, segundo Jardanovski. "Ele fazia questão, mesmo que se levantasse o caso contra a ideologia dele, que se visse o reverso da medalha. Isso valia também no sentido contrário. 'Você vai ver o positivo. Agora, eu quero que você ouça o negativo. Se começa com negativo, vai ouvir positivo.' Ele fazia questão disso e procurava influir. Mas era um cara inteligente – eu não diria que chegava a torcer. Ele apenas fazia força: 'Vai ouvir fulano, sicrano e tal', porque ele já sabia que a posição era a dele. Mas a revista não enganava ninguém. Têm as revistas de esquerda? Nós somos uma 'revista de direita' – entre aspas porque ele não admitia sequer a nomenclatura esquerda-direita. Ele admitia: 'Você é a favor do dirigismo econômico, do controle estatal; eu sou a favor da liberdade econômica, da livre iniciativa, da privatização'."

A orientação das revistas *Dirigentes* acompanhava a filosofia geral do grupo Visão, lembra Jardanovski. "A linha editorial dos *Dirigentes* sempre foi a de divulgação dos métodos e das filosofias de produção em cada um desses campos. A favor de um aumento de produtividade, de divulgação de avanços e conquistas na área técnica e administrativa. Essa era a filosofia do grupo, que até certo ponto o Maksoud manteve."

A *Visão* – carro chefe do grupo editorial de Maksoud – era uma revista ainda bem posicionada no mercado, lembra Jardanovski. "Já sofria problemas de concorrência da *Veja* e da *Isto É*, mas era a segunda ou terceira, com relativo equilíbrio."

VIII - Jornalistas, economistas, banqueiros...

Pedro Cafardo foi repórter de economia na *Folha de S. Paulo* entre 1970 e 1975, o tempo suficiente para ganhar a experiência que o levou ao cargo de editor. Na maior parte desse período, ele acumulou a reportagem da *Folha* com as atividades de redator e, posteriormente, de redator-chefe dos *Anuários Banas*.

Cafardo era o editor de economia quando a *Folha de S. Paulo* começou a contratar economistas, como Eduardo Matarazzo Suplicy e José Serra, para trabalhar na redação do jornal. "O Suplicy escrevia todo dia e dava aulas de economia pra gente. O Suplicy é um belo economista, mas o texto dele era difícil... Ele rabiscava a lauda e, todo atrapalhado, trazia uma coisa na última hora, mas era um cara combativo que escrevia artigos para aquela época, incríveis, muito corajosos, contra a política econômica, a questão da distribuição da renda... Pela primeira vez, se começava a falar nisso. Tinha também o Bresser Pereira que não escrevia mas que era mais uma espécie de assessor..."

Ser um bom economista e professor não é necessariamente sinônimo de ser bom jornalista. Rubens Mattos lembra bem-humorado da experiência dos economistas na redação da *Folha*, sobretudo de Suplicy. "O Eduardo era um transtorno, mas era excelente pessoa. Quando ele entrava na redação, a Sarinha – a Sara Coelho – dizia: — *Recolhe tudo que o Eduardo está chegando*. Ele chegava chutando, derrubando tudo. O Eduardo é um cara forte pra burro. Foi boxeador na adolescência. Então, quando abria o alçapão da mesa, atirava a mesa para a frente. Aquelas pastilhas malditas escorregavam. A mesa escorregava em cima. A máquina de escrever ficava naquela mesa de alçapão. Você levantava o alçapão e a máquina aparecia. Você fechava e usava o tampo da mesa para escrever. Aí ele levantava e pisava naquelas cestas de lixo – coisa de ferro, arame. Aquilo virava. Ele dava um berro porque aquilo doía na canela. Ele enchia uma cesta de papel amassado. Ele começava escrever um parágrafo, dois parágrafos, arrancava o papel, jogava fora, começava tudo de novo. Ele fazia seis, oito, dez vezes... E depois que a matéria estava pronta, ainda remendava, remendava... Ele tinha uma dificuldade de encontrar o texto final do jeito que ele queria. Talvez porque o cara estava acostumado a dar aula na FGV..."

Na época, prevalecia um ligeiro preconceito contra o noticiário de negócios na Economia da *Folha*, segundo Cafardo. "Inclusive, o caderno de economia do *Estado*, ou mesmo da *Folha*, destacava com grande tranqüilidade uma matéria sobre a base monetária, que é um troço muito chato e que pouca gente vai entender, do que uma matéria sobre um grande investimento, principalmente de uma empresa privada, porque das empresas estatais até eles não tinham muito preconceito. Fica parecendo que era o medo de que aquilo parecesse um comercial, um anúncio, uma matéria paga... que fazia com que não se destacasse. Mas isso acontecia porque é difícil escrever matéria de negócios e fazer com que essa matéria não pareça um anúncio. Você tem uma técnica para fazer isso, mas, se você não domina essa técnica, fica mesmo parecendo um anúncio da empresa. E a técnica é simples: basicamente ouvir a concorrência... E quando você coloca o concorrente na matéria, arrebenta a cara de matéria-anúncio".

Teodoro Meissner desembarcou na *Folha de S. Paulo* em março de 1977, a convite de Cafardo, para acompanhar o setor financeiro[134]. Meissner garante que foi o primeiro jornalista a levantar o caso Comind. O Banco Mercantil queria comprar o Comind, mas havia resistência de algumas pessoas – entre elas o próprio dono Carlos Eduardo Quartim Barbosa, mais conhecido por Charlô – em vender o banco. "O Banco Central tinha indícios de fraudes no Comind e, como condição para sanear o banco, ele queria achar uma solução de mercado, para evitar um trauma maior que era a intervenção. Não foi possível e o *imbroglio* foi crescendo... Até que veio a intervenção. O governador Paulo Egidio Martins era um dos acionistas do Comind. E, quando percebeu o rumo que a organização estava tomando, ele rompeu com o Charlô."

Numa tarde de domingo, Rubens Mattos telefonou para a casa de Teodoro Meissner. — *Olhe, não se preocupe, mas amanhã cedo o seu Frias quer conversar com você.* Mais um pouquinho, o telefone toca. Era o secretário de redação, Odon Pereira: — *Olhe, não se preocupe, mas amanhã cedo o seu Frias quer falar com você.* "Aí eu fiquei pensando sobre o que vinha vindo. Eu tinha deixado na sexta-feira uma matéria sobre o caso Comind com o Pedro Cafardo. — *Olha, Pedro. Essa matéria é complicada. Eu acho bom submetê-la aos níveis mais altos.* E ele fez isso. Mandou para o Boris Casoy, que a levou ao Frias. Na segunda de manhã, eu estou lá na sala de espera do Frias, quando chega o Boris, meio atrasado. — *Olhe, não se preocupe, mas não discuta finanças com o Frias porque disso ele entende.* Eu respondi: — *Ô Boris, por acaso eu também entendo. Eu vou discutir sim, até porque sei que eu já estou demitido.* Ele disse: — *Não. Você não está demitido.* Eu falei: — *Claro que estou. Então, eu vou discutir sim.*"

Meissner tinha certeza que estava demitido. "O Boris depois falou que seria muito difícil me segurar." A situação reverteu-se porque Meissner provou que a reportagem estava correta. "Tinha coisas lá que o Frias desconhecia. E ele não admitia muito desconhecer alguma coisa na área de finanças. Ele tinha excelentes fontes na área. Ele é um excelente jornalista, um dos melhores, apesar de não ser formalmente um jornalista. Então, tinha uma hora que eu dizia que 'presentes foram devolvidos e amizades de infância foram rompidas'. Mas não dava os nomes dos personagens. Aí ele queria saber quem era os personagens. Um personagem era o Charlô, que era o dono do Comind, e o outro personagem era o Paulo Egidio, que na época era o governador do

---

[134] Antes disso, em 1976, Teodoro Meissner editou economia do primeiro jornal brasileiro com design desenvolvido especificamente para leitura dentro de avião. "Não era um tablóide mas também não era um jornal standard. Tinha um formato diferente e era distribuído diariamente nos aviões da Vasp. Um jornal que não durou muito tempo. O enfoque dele era mais geral. Eu cuidava da parte de economia. Era uma versão resumida de um jornalão para você ler em uma hora de vôo. Ele fez um relativo barulho na época. A experiência não chegou a um ano. E daí eu fui para a *Folha*."

Estado. Na verdade, foi o Paulo Egidio que salvou o meu emprego e me deu a promoção."

Foram três a quatro horas de reunião – conta Meissner – onde "subia documento, descia documento, fazia-se telefonema... O Frias ligou na minha frente para o Paulo Egidio. Aí o Paulo respondeu: — *Olha, eu não sei como o Teodoro sabe dessa história. Mas, que é verdade, é. Pergunta pra ele qual é o presente que eu mandei devolver?* Então o Frias perguntou: — *Qual o presente que o Paulo devolveu?* Eu respondi: — *Foi um cavalo de corrida.* (...) O Paulo Egidio ficou nervoso com o Charlô pelos rumos da administração, porque achava que aquilo não estava correto. E eles já não se falavam mais... Enfim, o Paulo Egidio, embora fosse um acionista minoritário, tinha um razoável percentual do capital, tinha o nome de uma família tradicional e era o governador do Estado. O Charlô tentou de todas as maneiras reatar relações, até que no aniversário do Paulo mandou o cavalo de corridas para ele. O Paulo Egidio gostava muito de cavalos. E o Paulo Egidio mandou devolver...".

A devolução do presente e o rompimento da amizade foram os dois pontos mais contestados por Frias, recorda Meissner. "Era a maneira de mostrar que a matéria toda estava errada. E uns números também que ele achava que não eram corretos. Era uma história inofensiva. E eu saí promovido. Aí começou a minha relação com o Frias, que acabou se transformando em amizade e admiração mútua."

O caso Comind foi escarafunchado por outros jornalistas, inclusive Luiz Nassif – colega de turma de Meissner na ECA-USP – que escreveu um livro sobre o assunto. "Aí, tempos depois, eu encontrei o Paulo Egidio num evento. Ele já não era mais governador. Aí, eu fui falar com ele. E ele disse: — *Você estava certo. A matéria estava toda certa.* O Paulo Egidio salvou o meu emprego. E o Frias ficou um grande amigo meu. Ele me orientou muito, me ensinou muitas coisas..."

IX - Os empresários e a abertura política

Cláudio Bardella figurou em primeiro lugar na primeira eleição de Líderes Empresariais Nacionais, organizada em 1977 pelo Fórum Gazeta Mercantil. A classe empresarial escolhia oito representantes de reconhecida liderança para externar o seu pensamento sobre o momento de transição política no qual vivia o País, recorda Klaus Kleber. Em 1978, Bardella repetiu a façanha, mas, a partir de 79, perdeu o posto para Antonio Ermírio de Morais nas sucessivas eleições anuais de líderes.

Como editor de nacional da *Gazeta Mercantil* na época, Klaus Kleber participou direta e intensamente desse processo. "A *Gazeta* sentiu que havia um grupo de empresários muito representativos que se sentiam incomodados não só com o *status quo* da política econômica, mas também com a situação social. Achavam que a economia de mercado era incompatível, afinal, com o regime autoritário. E que não havia razão nenhuma para que não houvesse abertura. (...) A *Gazeta* teve a idéia de fazer uma eleição dos empresários, em três níveis: os empresários líderes dos setores, os empresários líderes de suas regiões e os empresários líderes nacionais. Aí nasceu o Documento dos Oito, que foi um marco importante da história da *Gazeta*."

Tudo começou quando Roberto Müller Filho convidou José Presciliano Martinez para implantar o projeto editorial do *Balanço Anual*. A idéia era fazer uma publicação diferente de *Maiores & Melhores* da Abril, algo além da simples análise do desempenho das empresas. A agregação de valor veio na forma de uma eleição para escolher as lideranças dos empresários. Assim, surgiu o Fórum Gazeta Mercantil.

Müller contratou os economistas Henri Philippe Reichstul e Lilian Goldenstein para produzir a revista *Balanço Anual*, que iria concorrer com *Maiores & Melhores*. E foi buscar na UNICAMP os professores João Manuel Cardoso de Mello e Luiz Gonzaga Beluzzo, para ajudar no projeto de eleição dos líderes empresariais. "Por força de manejar essas questões todas, de interpretar o que estava acontecendo, juntar as coisas no plano macro e fazer exercício de saber o que estava acontecendo no poder, nós queríamos aproveitar as informações que tínhamos – e que não eram poucas. Por mais bem feito que eles fizessem, (o *Balanço Anual*) seria igual (a *Maiores & Melhores*). Então, nós resolvemos fazer uma coisa que o Brasil estava pedindo. Houve um momento em que todo mundo tinha um amigo, um parente, um conhecido que tinha sido vítima da repressão. Já tinha virado uma coisa nacional. E os empresários estavam putos porque não havia eleições no país. Aí resolvemos fazer uma eleição para escolher os líderes dos empresários. Eleições secretas, com mesário e tudo. Eles apuravam o resultado e passavam uma ata para eu poder fazer a revista."

Desde o início, a escolha dos líderes nacionais, regionais e setoriais – prossegue Müller – ocorreu no maior sigilo. "O Luiz Fernando Levy convidava os líderes (eleitos) poucos dias antes da reunião. Cada líder eleito não sabia quem era o outro. E eles eram comunicados para participar de um almoço com a imprensa, não com a *Gazeta Mercantil*. Nós nunca tivemos exclusividade sobre as informações públicas. Eram princípios, dogmas, sei lá como se pode chamar isso. Tudo que tinha uma face pública nós não divulgávamos na frente. Os líderes eram revelados para a imprensa em geral, porque não era uma coisa que o jornal tinha apurado. Era uma coisa institucional, que tinha sido feita numa eleição e portanto o país todo tinha o mesmo direito de saber."

Era julho de 1978. Faltavam poucos meses para a sucessão do general Ernesto Geisel na presidência da República, quando foi divulgado o Documento dos Oito, "como ficou conhecida a mais contundente manifestação dos empresários durante o período que precedeu a abertura política", relata Kleber. Os empresários eleitos no Fórum Gazeta Mercantil – continua Kleber – defendiam publicamente a necessidade de as lideranças se exprimirem sobre o momento nacional e de difundirem a sua "concepção sobre os rumos do desenvolvimento econômico, fundado na justiça social e amparado por instituições políticas democráticas, convencidos de que estes são, no essencial, os anseios mais gerais da sociedade brasileira", como diz o Documento dos Oito.

Os empresários sentiam-se encorajados pelo ambiente da época, lembra Kleber. "Em uma fase de aguda expectativa, o Documento dos Oito caiu como uma bomba" por causa das "incisivas colocações sobre a situação econômico-social do País" e "teve profunda repercussão no governo e nos meios empresariais". O Brasil vivia um período em que o ambiente político ainda estava "se desanuviando" – prossegue Kleber – graças às conversações das lideranças políticas com a sociedade civil, "com o incentivo discreto do presidente Ernesto Geisel e obedecendo à tática de seu chefe da Casa Civil, general Golbery do Couto e Silva". A cúpula do sistema havia optado pela abertura gradual do país rumo ao regime democrático-representativo, cujo passo decisivo seria a revogação, a partir de primeiro de janeiro de 1979, do Ato Institucional número 5.

Num dos trechos do documento, os empresários afirmavam que "o afã governamental de promover a entrada de empréstimos externos para pagar juros e amortizar o principal da dívida tem levado as autoridades a forçar a manutenção de taxas de juros artificialmente altas". Depois de muita insistência da imprensa – conta Kleber –, o então ministro da Fazenda, Mário Henrique Simonsen, comentou o documento. Falou que havia um equívoco. "Aliás, em todo o documento" – disse Simonsen – "o endividamento externo é colocado como resultado da tomada de empréstimos, o que é uma tautologia. Vocês todos sabem que a causa do endividamento é o déficit em conta corrente, assunto que não é tocado no Documento".

Segundo Kleber, igual repercussão teve o Documento dos Doze, de agosto de 1983, que refletia "as perplexidades do empresariado diante de uma 'recessão sem destino'", apesar do avanço da abertura política. O vice-presidente Aureliano Chaves, então no exercício do cargo, recebeu o documento – o presidente João Figueiredo encontrava-se em Cleveland (Estados Unidos) onde se submetera a uma cirurgia cardíaca – e "foi simpático com os empresários, que protestavam contra a recessão, o alto custo do dinheiro, o desemprego e propunham a 'desdolarização' da economia", lembra Kleber. Embora tenha gostado, sobretudo da idéia de "desdolarização", Chaves não pôde fazer nada diante da reação contrária da equipe do superministro Delfim Netto, sustentada pelo presidente Figueiredo.

A repercussão do documento entre os empresários "foi muito mais intensa do que se imaginava", lembra Kleber. "A *Gazeta Mercantil*, em sucessivas edições, reservou espaço para manifestações que recebeu de inúmeros leitores."

Roberto Müller Filho, João Manuel Cardoso de Mello e Luiz Gonzaga Beluzzo ajudaram a escrever os dois documentos. As maiores dificuldades foram na elaboração do primeiro documento. Como os líderes empresariais queriam falar sobre a eleição deles, Müller propôs que se manifestassem à Nação em nome dessa liderança confirmada nas urnas. "E foi um longo e árduo trabalho de conciliar os pontos de vista deles. E foram pontos de vista a favor da liberdade sindical, da liberdade partidária, da volta à democracia. O Documento dos Oito é um documento que ainda hoje é contemporâneo. Foi a vontade deles. João Manuel, Beluzzo e eu redigimos, mas depois de várias e várias entrevistas. Nós conversamos com eles até tirar um documento e submeter a eles. O resultado final foi um consenso deles. Deu muito trabalho, porque tinha coisas contraditórias."

A escolha de líderes empresariais pela *Gazeta Mercantil* passou a ser uma referência para a imprensa de todo o País, admite Müller. "Em cada Estado surgiu um líder que a imprensa passava a pautar. E depois que os líderes regionais começaram a se repetir, aí nós criamos os líderes permanentes. Eles não podiam mais concorrer. Faziam parte do colégio permanente de líderes. O nome era mais ou menos isso. Ia agregando outros. Isso revelou outras fontes, lideranças novas. Não foi a *Gazeta Mercantil* nem o *Balanço Anual* quem criou. Nós fomos o veículo para exposição disso. Aí nós e o resto da imprensa tivemos de nos curvar às lideranças que havia."

X - Uma demissão polêmica

Pedro Cafardo começaria a ter problemas na *Folha* a partir da greve dos jornalistas em 1979, acredita Meissner. "A gente fez uma greve muito esquisita. A gente saía na rua pedindo para as pessoas não comprarem os jornais. E os jornais continuaram saindo normalmente quando houve adesão maciça. E, em função dela, os veículos jornalísticos foram os primeiros a fazer reengenharia no país. Com a nossa greve, os patrões conseguiram fazer um jornal tão bom quanto com muito menos gente. Então, só na *Folha*, logo após encerrada a greve, houve demissão de 100 pessoas. Acabou-se com a revisão toda. Algumas pessoas, que eram consideradas de confiança, como era o caso do Pedro, foram convidadas a se retirar."

Jair Borin também acha que a adesão à greve foi um dos fatores que contribuíram para a demissão de Pedro Cafardo. "Ele fez a greve conosco. Foi um grande companheiro. O Pedro é de uma ética e de um companheirismo de redação a toda prova. Eu tenho uma admiração profunda por ele."

Boris Casoy rebate essas afirmações ao dizer, categoricamente, que a demissão de Pedro Cafardo não teve relação alguma com a greve dos jornalistas. "Chega a ser doentio imaginar que ele tenha sido demitido devido a uma greve que contou com a participação praticamente de toda a redação."

A demissão de Pedro Cafardo ocorreu em 1979 – mesmo ano da greve dos jornalistas – após a reportagem sobre a morte do líder metalúrgico e militante da Pastoral Operária, Santo Dias da Silva, em confronto com a polícia durante a greve da categoria na cidade de São Paulo. Jair Borin, que além de repórter especial era uma espécie de subeditor de economia, diz ter participado diretamente dos fatos. "Era uma manhã quando ele foi baleado pela PM. Ele estava num piquete em Santo Amaro. E a notícia chegou às redações dos jornais eram 11 horas da manhã, meio-dia... Era o grande evento de um trabalhador assassinado, com forte liderança pessoal sobre o movimento grevista. Eu tinha conhecido o Santo Dias no (jornal) *Movimento*. Ele era do Paraná. Um moreninho muito legal, muito combativo."

Santo Dias veio para São Paulo onde se tornou metalúrgico e passou também a se interessar pelo jornalismo, como colaborador do jornal *Movimento*, recorda Borin. "Ele dava uma grande contribuição para as discussões de pauta do *Movimento*. E o Santo Dias foi baleado, morto de forma brutal... Naquela ocasião (e até hoje), na maioria dos jornais, o trabalhismo era coberto pelos repórteres de economia. Greve também era um problema de economia, eventualmente com a ajuda da política. Eu estava na reportagem especial e também ajudei na edição nesse dia. As matérias que vinham da rua davam toda a mobilização que os sindicatos estavam fazendo, a indignação... O corpo foi retirado do IML eram umas três horas da tarde e levado para a igreja da Consolação... Então, tudo isso o reportariado estava trazendo para a redação. E justificava uma página inteira ou até mais para isso."

Página inteira foi exatamente o que Pedro Cafardo pediu, testemunha Borin. "Pedimos as oito colunas de uma página. E então abrimos a página com o 'Operário morto pela PM', chamando para o corpo velado na igreja da Consolação que reunia 15 mil pessoas. Protestos em todo o país... E repercussão no Congresso Nacional, em Brasília... O Boris Casoy, a partir de oito horas da noite, começou a se preocupar com essa edição. Às nove horas, ele chegou para o Pedro Cafardo e perguntou como estava a página. O Pedro mostrou o diagrama da página com todas as matérias. Então, ele e o Odon Pereira – que era o secretário de redação – passaram a achar que a cobertura estava um pouco exagerada. Aí pediram mais moderação, seguraram um pouco a manchete... Enfim, deram aquela 'penteada' na página inteira para amenizar."

Por volta das 10 horas da noite, a página estava fechada, pronta para baixar para a oficina, prossegue Borin. "O Boris chegou e disse: – *Eu quero ver a página*. Aí ele discordou. Achava que estava dando muito destaque para a morte do operário, para a agressão da polícia, para a greve... Então, o Pedro falou: — *Olha, Boris, a página é sua. Você faz dela o que você quiser.* E os dois – Odon Pereira e Boris Casoy – sentaram na mesa do Pedro e fizeram a edição como eles quiseram. Censuraram texto de repórter... O repórter dizia 15 mil manifestantes. Eles baixaram para oito mil..."

Rubens Mattos, que era o secretário de fechamento da economia, lembra a reação de Odon Pereira quando viu o destaque da matéria no alto da página. "— *Como é que vocês estão dando a matéria do Santo Dias?* Eu respondi: — *Alto de página, quatro colunas com foto. Você quer dar mais?* Ele disse: — *Isso é um absurdo. Essa matéria não tem importância nenhuma. Como é que o Pedro deixa passar isso? Isso vai criar problema para nós.* Eu olhei para a cara dele e falei: — *Pelo que eu entendi, o Pedro conversou lá dentro. Ele voltou e mandou dar desse jeito. Mas, se é para mudar, eu mudo. Mudo o título...* Ele respondeu: — *Não. Também não é assim.* Eu disse: — *Então, eu passo outra matéria para cima... Transformo isso aqui em duas colunas no pé da página. Está bom assim?* Ele respondeu: — *Está.* Eu falei: — *Eu mudo e vou lá embaixo na oficina...* Foi o que eu fiz[135]. No dia seguinte, houve uma reação danada. O Paulo Markun ficou puto da vida... Resultado: passada uma semana, o Odon Pereira chamou o Pedrinho e comunicou que ele estava demitido, assim, sem aviso prévio, sem preparo psicológico, nem nada."

Cafardo ficou muito desgastado nessa edição, lembra Borin. "Esse desgaste, e a greve que também foi naquele ano, eu acho que culminou com a exclusão dele. E ele foi para a *Gazeta Mercantil*, logo depois. Eu acho que, até involuntariamente, eu posso ter contribuído para a sua demissão."

O jornalista Pedro Cafardo – diz Boris Casoy – "foi demitido por ter desrespeitado minhas determinações sobre a distribuição do espaço do noticiário sobre a morte de Santos Dias".

---

[135] A edição da *Folha de S. Paulo* de 31 de outubro de 1979 traz, na página 18 da seção de Economia, a manchete geral "Greve continua na Capital; Osasco faz acordo". A reportagem sobre a morte de Santo Dias aparece em duas colunas inteiras, à direita, com três subtítulos: "No tumulto, um morto e diversos feridos", "Dia agitado para Gonzaga Jr." e "Morte desencadeia protestos". No jornal *O Estado de S. Paulo*, o título geral da página 26, também na Economia, refere-se ao movimento grevista dos metalúrgicos: "TRT adia para hoje o julgamento da greve". Com um único subtítulo ("Operário morto em conflito com a polícia), a reportagem sobre Santo Dias também ocupa as duas colunas inteiras da direita, porém traz um anúncio sobre os classificados do jornal no pé da matéria. Tratamento diferente deu o *Jornal do Brasil*, do Rio de Janeiro, que publicou a reportagem na seção de Nacional com a manchete "Morte de líder sindical altera rumo da greve em São Paulo" e uma coluna inteira no centro da página. As outras matérias ainda sobre o assunto trazem subtítulos com repercussão nas áreas política, religiosa e sindical e com Murilo Macedo, ministro do Trabalho do governo João Batista Figueiredo. O curioso é que, na segunda metade da página, aparece um anúncio em três colunas do Banco Central do Brasil.

Sobre a interferência na edição da reportagem, Boris Casoy assegura que tinha "compromisso com a *Folha* (de) garantir a sobrevivência do jornal e levar ao leitor um noticiário correto e objetivo. Não houve qualquer 'censura' no texto sobre a morte de Santo Dias. É prerrogativa e obrigação do editor do jornal revisar textos, sem que isso possa ser classificado de censura. Vários jornalistas naquela altura dos acontecimentos não conseguiam conter suas emoções. Alguns trechos dos textos da cobertura refletiam essa emoção, daí a minha decisão de acompanhar a cobertura e a confecção do texto final. A responsabilidade por essa revisão foi inteiramente minha. O jornalista Odon Pereira, secretário de redação, apenas atendeu a minha orientação. Infelizmente, ele está morto e não pode se defender das acusações".

No fim da edição, estavam na redação Pedro Cafardo, Boris Casoy, Odon Pereira, Domingos, o fechador da primeira página, e Jair Borin. "Eram onze e meia da noite – nós cinco na redação – quando eu cheguei para o Boris e disse: — *Boris, você pode buscar o seu segundo salário amanhã lá no guichê*. Nós recebíamos no guichê. Ele respondeu assim: — *Mas que segundo salário?* Eu falei: — *Você ganha como secretário de redação e como censor*. Ele ficou vermelho. E eu me dei conta de que tinha falado uma coisa que foi muito agressiva. Ele não ia me perdoar nunca. No dia seguinte, quando eu cheguei à redação da *Folha*, já havia um aviso lá. Eu tinha sido rebaixado de repórter especial e subeditor para repórter de setor em Congonhas."

A redação estava contaminada pelo clima de mal-estar geral. A boataria corria solta por toda a redação, recorda Borin. "O Boris estava insuportável no dia seguinte... E o Cláudio Abramo foi meio mediador. Ele me chamou e perguntou: — *Você agrediu o Boris?* Eu respondi: — *Sei lá. Foi um desabafo*. Ele falou: — *Peça desculpas para ele*. Eu respondi: — *Olha. Eu não vou pedir desculpas*. E acrescentei: — *E a Folha está fazendo um péssimo negócio. Ela pode contratar um repórter de setor do aeroporto pela metade do que eu ganho aqui, ou menos*. Então, o Cláudio comentou isso com o seu Frias, desceu e falou assim: — *Vá hoje para o aeroporto. Amanhã, nós conversamos e vamos ver o que podemos fazer*. Aí eu fui para o aeroporto. Acho que nem mandei matéria, porque não tinha nada."

No dia seguinte, Jair Borin reapareceu na redação da *Folha de S. Paulo*. "Aí o Cláudio falou assim: — *Inventa uma desculpa. Fala com o Boris. Hoje, ele está melhor*. Eu fui falar com o Boris. — *Olha, Boris. Talvez eu tenha exagerado, anteontem à noite*. Ele respondeu: — *Então, volta*. Ele não chegou a ser tão rancoroso nesse momento, embora eu acho que ele nunca tenha perdoado essa brincadeira."

XI - Jornalismo de serviços

Em 1979, Luiz Nassif trocou a revista *Veja* pelo *Jornal da Tarde*. "A *Veja* era impressionante. Era proibido pensar. Na reunião de pauta, eles já vinham com a matéria. E a função do redator, do repórter... era buscar declarações que preenchessem a matéria. Esse padrão de adaptar a declaração ao que você ia fazer, o esquentamento, se manteve... Então, no *Jornal da Tarde* deu para voar."

Nassif chegou quando a superequipe de economia do *Jornal da Tarde* acabava de ser desmontada, apesar do mérito de jornalistas do porte de Celso Ming (editor), José Roberto Nassar e Antonio Carlos de Godoy. "Eles começaram a esboçar essa idéia de que a economia tem que ser voltada para o leitor comum. E as ferramentas deles eram: você fazia uma matéria de economia completa e colocava um pequeno box 'entenda economia', para explicar... No começo dos anos 70, o economês virou uma praga complicada. Era um horror."

A linguagem cifrada era usada porque não se conseguia entender o conteúdo, o sentido do conceito econômico, recorda Nassif. "O Joelmir Beting foi o primeiro a sair desse linguajar cifrado. E ele inovou a linguagem. Ele é um cronista... Quer dizer, ele conseguiu transformar a economia em crônica. Mas ele não completava os ciclos, digamos, de pegar o conceito econômico e transformar em miúdo. As pessoas entendiam o que ele queria dizer, mas conceitos econômicos não eram transformados em miúdo. A linguagem era acessível, mas você não tinha esse negócio de entrar no cerne do conceito econômico. O *Jornal da Tarde* começou a fazer isso. Eles começaram não só a tentar tirar o economês, mas a destrinchar o conceito. E ficou nisso. Não deu para avançar mais. Por alguma razão, estourou uma crise interna lá." Com a queda da equipe, Celso Ming ficou meio escanteado. "Às vezes ele ajudava um ou outro editorial, mas totalmente inaproveitado."

Nassif foi convidado por Cleber de Almeida, que tinha assumido a editoria de Economia. "Eu fui como pauteiro e chefe de reportagem de economia. O *Jornal da Tarde* tinha uma estrutura muito interessante: os editores não eram especialistas na área. Os pauteiros, chefes de reportagem, eram os especialistas. Eram os que pensavam em conteúdo. E o editor tinha a visão plástica. Eles tinham lá uma escola gráfica das melhores. A edição do *Jornal da Tarde* era excepcional. Só o *Jornal do Brasil* chegava perto naquela época. E, como os editores não eram do ramo, eles tinham a visão do leitor comum. Então, era uma dobradinha infernal. Eu fazia economia; o Saul Galvão, política; o Elói Gertel era um pauteiro excepcional na Geral; o Edson Paes de Barros na Variedades; e o Roberto Avalone no Esporte."

Nassif encontrou, na Economia, quatro repórteres recusados por outras editorias. "Eu tinha cinco repórteres lá: o Fabio Pahim, que conhecia bem mercado financeiro, e os outros quatro que eram repórteres inexperientes e malvistos... E quando eu cheguei lá, o Laerte Fernandes queria que eu demitisse os repórteres. Eu respondi: — *Eu não vou demitir, porque eu não conheço ninguém.* Era o meu primeiro cargo de chefia. Eu não ia chegar lá e demitir repórter sem dar chance para ele... Então, eu falei: — *Eu quero experimentar primeiro.* Aí nós resolvemos pegar temas que interessavam ao consumidor comum. Em vez de pegar a parte de serviços como um detalhe, a parte de serviços passou a ser o foco."

A primeira experiência de Nassif foi uma reportagem sobre o FGTS. "Eu peguei um repórter, o Silvio Vieira, que era o mais depreciado deles. Era um pé-de-boi. O que ele atazanava a vida da gente. Deixava a gente louco de tanto que perguntava. Eu pensei: 'Opa, esse cara não pode ser ruim.' O pessoal queria que eu o demitisse. Mas eu disse ao Laerte: — *Quer apostar que em três meses o Silvio vira um grande repórter?* E nós fizemos uma matéria sobre o Fundo de Garantia. Mas, em vez de abordar a macroeconomia, (abordamos) a parte de serviço: como se tira o Fundo de Garantia, os golpes que dão com o Fundo de Garantia..."

A reportagem de Silvio Vieira teve grande repercussão, lembra Nassif. "O Silvio saiu dando entrevista para a *TV Globo*... Foi um barato. E depois nós fizemos uma série sobre condomínio. Foram cinco dias de condomínio, que aumentaram em 30% a tiragem do jornal. Então, o caminho era aquele. O que a gente fazia? Quando havia uma mudança de política tarifária, os jornais davam a matéria sobre política tarifária e eventualmente um box sobre o impacto disso na sua conta. A nossa matéria era sobre a conta — como vai ser a sua conta de telefone daqui pra diante – com um box sobre a parte macroeconômica. Isso deu resultado muito bom para o *Jornal da Tarde*. Os repórteres reagiram maravilhosamente bem. Alguns deles viraram grandes repórteres: o Miguel Angelo Filiage, o Marcos Garcia, o Silvio Vieira, o Sérgio Leopoldo também. Aqueles que queriam que eu demitisse."

Nesse meio tempo, Nassif é chamado por Rui Mesquita Filho, conhecido como Ruizito, e pelo diretor de redação, Fernando Mitre. A ordem da direção era congelar os salários nos próximos dois anos. "A editoria estava rendendo, dando manchetes diárias... Mas o *Estadão* estava passando por problemas por causa da sede que tinha construído... Eu falei: — *Assim não tem jeito. Eu pego uma editoria desprestigiada, consigo resultado... O que eu vou dizer para eles?* Aí fiquei pensando como resolver a questão."

Alguns dias depois, Nassif teve outra reunião com Mitre e Ruizito, quando apresentou a proposta. "— *Vamos fazer o seguinte: em vez de jogar na defensiva, vamos jogar no ataque. Eu tenho aqui um projeto de um caderno de serviços, que, eu tenho certeza, vai revolucionar o jornal. E tenho também um projeto comercial para esse caderno.* Havia o Seu Dinheiro, que era só para cobertura de mercado de ações. — *Nós vamos juntar seguro, financiamento, condomínio, carro, legislação trabalhista, tudo que compõe a economia do consumidor. Não apenas o investimento, que é uma parte. Isso aqui é um caderno assim e assado. E esse caderno vai custar 50 mil cruzeiros. O que será preciso para esse caderno? A gente só vai contratar um cara para analisar receita de remédio. E o restante vai ser aumento para a editoria tocar esse projeto. E esse projeto você pode fazer para banco, para isso, para isso.*"

Depois de conversar com a área administrativa – o jornal ainda não tinha departamento comercial –, Mitre e Ruizito voltaram a procurar Nassif. "O Chico (Francisco) Mesquita, que foi o grande renovador do *Estadão*, estava estudando fora. Então, o Pontes, da parte administrativa, foi conversar com o Banco Mercantil, mas o banco não se interessou. Aí o caderno ficou na geladeira. Depois de cinco meses, o Mitre adaptou e transformou o caderno em uma página e depois em duas páginas, dentro daquele conceito que a gente tinha criado. E passou para o Celso Ming tocar sozinho e, depois, com a Regina Pitoscia. E eu não consegui dar aumento para o meu pessoal. Então, ali foi o início do jornalismo de serviço. Ficava claro pra gente que o foco do jornalismo não era apenas ter uma linguagem compreensível. Tinha que ter conteúdo compreensível e, mais que isso, a mudança do enfoque. O enfoque é aquilo que mexe com o bolso do consumidor. O país tem problemas de balança comercial? Tudo bem que tem uma parte de macroeconomia. Mas o enfoque é o seguinte: como isso pode afetar a nossa vida? Aí o negócio começou a crescer..."

O nome da seção Seu Dinheiro foi mantido, mas a cobertura deixou de ser restrita ao mercado de ações, observa Nassif. "O Fábio Pahim sempre conheceu muito o mercado. Então, ele fazia uma página semanal de mercado de ações para o pessoal de mercado. O Pahim era muito bem relacionado, tinha muitas fontes, fazia um trabalho competente, mas para aquele público específico de mercado. Ações, ainda mais naquele período, eram para um grupo muito específico. Não era para o investidor comum, o leitor comum. Então, mudou tudo. Inclusive, até na cobertura de mercado o enfoque nosso era outro. Nós não vamos pegar o cara de mercado. O nosso leitor é o cara que quer conhecer o mercado. Ali houve uma revolução. A tiragem do *Jornal da Tarde* às segundas-feiras explodiu."

A equipe de Nassif acompanhava os assuntos de rotina, como política econômica e indústria, mas fazia um jornalismo forte de serviço. E Celso Ming fazia comentários. "O Celso tinha uns dez itens. Então, ele fazia o seguinte: quando havia alguma mudança, ele comentava no item; quando não havia mudança naquela área, ele repetia a matéria da semana anterior. SFH, por exemplo: se não tivesse nenhuma mudança, o Celso mantinha o comentário da semana anterior. Se tivesse novidade, ele mudava... Então, ele criou uma frequência... O leitor sabia que toda segunda-feira ele encontrava lá todos aqueles itens. Tudo o que ele queria saber sobre aqueles itens estava lá, condensado e atualizado, quando era o caso."

O conceito de jornalismo, que aborda a economia pessoal do cidadão no seu todo, surge, assim, com esse projeto, assegura Nassif. "Eu até tive um problema de 'direito autoral'. Quando (o caderno) completou cinco anos, saiu uma matéria no *Jornal da Tarde*... Aí, eu liguei para o Mitre e disse: — *Mitre, a única coisa que eu ganhei com isso foi 'direito autoral'*. Então, ele deu uma entrevista para a imprensa reconhecendo que a criação era minha."

Quando criou o caderno de serviços, Nassif já observava os movimentos, ainda incipientes, na área de informática. "Com a chegada do computador pessoal, os jornais teriam que ter grandes bancos de dados, com tudo que interessasse ao leitor. E, na verdade, o que saísse nos jornais seria uma atualização daquele banco de dados. Só que não havia infra-estrutura de disseminação de informação por computador... A gente tinha uma visão um pouco semelhante ao que é hoje internet. Só que estava começando."

Na estagflação (recessão mais inflação) do início dos anos 80, o governo não perdia oportunidade de passar a perna em aposentados, mutuários e demais cidadãos dos elos mais fracos da economia. A estagflação coincidiu, porém, com o início da redemocratização, recorda Nassif. "Havia um conjunto de sacanagens que eram feitas pelo governo levando em conta a inflação. Então, quando eu me especializei em matemática financeira, eu comecei a identificar essas sacanagens: era o imposto de renda, que não corrigia a tabela do último mês, era a questão da aposentadoria... E ao mesmo tempo, o Poder Judiciário foi o primeiro espaço que teve para o questionamento da ditadura."

Com o apoio da Ordem dos Advogados do Brasil (OAB), Nassif promoveu, na ocasião, duas campanhas. A primeira foi em defesa dos mutuários do BNH. "Com os conhecimentos de matemática financeira, eu passei a entender o que eram os financiamentos do BNH. Eu tinha uma coluna no *Jornal da Tarde* e outra no *Shopping News*. E a coluna do *Shopping News* tinha uma projeção filha da mãe. Em 1982, eu percebi que havia uma explosão dos financiamentos do BNH, da inadimplência, e comecei a questionar os economistas para procurar uma saída. Nenhum se habilitou. Então, eu comecei a estudar a lógica do sistema financeiro."

Nassif então ligou para o presidente da OAB, o advogado José Carlos Loureiro, e propôs um acordo para realizar campanhas contra o reajuste. "Eu falei: — *Loureiro, em julho vai explodir. Nós vamos ter a maior inadimplência da história do país. A Ordem precisa dar uma mão. Eu fiz um monte de cálculos aqui. Não tem jeito. Vai ter que entrar com ação contra o BNH...* A Ordem topou. Então, nós fizemos um seminário... Mas tudo isso através da coluna que eu tinha no *Shopping News*. Nesse seminário, eu entrei com a argumentação financeira, matemática; a Ordem preparou um modelo de petição... Foi quando começaram todas aquelas ações contra o BNH no Brasil inteiro. Eu fiquei durante uns três anos em cima desses cálculos, alimentando os argumentos do pessoal de associações dos mutuários que foram sendo criadas a partir disso. Então, digamos, isso foi um desdobramento dessa visão de jornalismo voltado para o consumidor."

A segunda campanha de Nassif era dirigida aos aposentados, vítimas de "um golpe" do então ministro Delfim Netto, em dezembro de 1980. "Um advogado do Rio Grande do Sul identificou o golpe de Delfim, que deu um subreajuste para os aposentados, passou a informação e eu fiz uma coluna para estimular o pessoal a entrar na justiça. Mas, para entrar na justiça, tinha que fazer um cálculo, que era complicado: quanto deveria ser a aposentadoria com o reajuste correto, quanto seria o reajuste correto e qual a diferença a ser pleiteada. Eu montei um programa de computador que calculava isso automaticamente. Nós estimamos fazer 30 mil cálculos para os aposentados. Mas terminou o Seu Dinheiro..."

Com o sucesso do Seu Dinheiro, Nassif começou a vislumbrar a oportunidade de criação de cadernos temáticos. "O Seu Dinheiro pegava um leque grande, geral, do universo de economia pessoal dos leitores. Mas havia três campos muito relevantes, em que você podia criar cadernos separados. Um era o automobilístico. O automóvel é um grande fator de despesa. O outro era a parte de consumo de maneira geral: redes de supermercados. Ter levantamentos, acompanhamento de preços, tudo. Ainda mais naquele período que você tinha uma inflação brava. O terceiro era o de informática. O microcomputador estava chegando e não havia nenhuma publicação... E a minha idéia é que as publicações que iam vingar de cara iam ser os suplementos de jornal. Na ocasião, não havia esses suplementos temáticos nos jornais."

A combinação de fatores, como a percepção do momento oportuno e uma contingência favorável, ofereceu a Nassif as condições propícias para ele propor a criação do caderno automobilístico. "O Alcides, que fazia o São Paulo Pergunta, um dia comentou comigo: — *Sabe que o Estadão tem um departamento de pesquisa com 30 pesquisadores que não estão fazendo nada?* Eu respondi: — *Como não estão fazendo nada?* Ele falou: — *O Chico montou o departamento para começar a profissionalizar essa área, mas ele está no MIT. Então, estamos sem fazer nada. Estamos loucos para fazer alguma coisa.* Eu perguntei: — *O que a gente podia propor para aproveitar esse pessoal?* Bom, a única tabela de automóveis que havia na época era a da *Quatro Rodas*. Uma tabela que era feita dois meses antes, com aquela inflação miserável. Não tinha nenhuma metodologia. Quer dizer, o cara, dois meses antes, punha lá os preços que achava. Depois tentava advinhar a inflação e chutava um preço com inflação... Era esse o caminho. Então, eu disse: — *Todas as seguradoras usam a tabela Quatro Rodas porque não tem nenhuma outra.*"

Nassif procurou Fernando Mitre e apresentou o projeto do que viria a ser o Jornal do Carro. "A idéia era compor um caderno a parte, logo de cara. Era dar relação de oficinas mecânicas, como tratar do carro... Não ficar só naquele negócio de 'teste drive' da *Quatro Rodas*. Mas eles estavam na defensiva por conta, primeiro, de problemas financeiros do *Estadão* e, depois, porque havia o temor de que, se o *Jornal da Tarde* crescesse, ele iria concorrer com o *Estadão*. Ele não ia. Ele ia segurar o crescimento da *Folha*. Eu acho que foi o maior erro estratégico que o *Estadão* cometeu até hoje. Mas aí eu liguei para o

Chico, que tinha voltado, e falei: — *Olha, Chico, eu estou com esse projeto aqui... Aí eles resolveram bancar.*"

Nassif tratou de fazer os preparativos para o lançamento, como a criação de metodologia de pesquisa de preços e o projeto gráfico. "A Adélia Francisquini era a chefe do departamento de metodologia de preços. Então, havia um preço muito mais real do que o preço da *Quatro Rodas*. E também todo o jornalismo voltado para serviços. O Dunca fez o projeto gráfico. Nós lançamos o Jornal do Carro e três meses depois era a maior fonte de faturamento do *Jornal da Tarde*. Mas, mais uma vez, era um trabalho danado, um desgaste danado conseguir convencê-los a lançar um caderno. E eu não ganhava nada. O que eu ganhava era biografia, currículo. Mas eu pensei: 'Agora que deu certo, eles vão permitir lançar as outras idéias'."

E Nassif revolveu a apresentar a proposta de lançamento do caderno de Informática. "As dificuldades foram as mesmas. Eu disse: — *Assim não tem jeito*. Então, eu liguei para a *Folha* e falei para o Caio: — *Eu estou com um conjunto de projetos aqui. São meus. Eu não consigo tocar no Jornal da Tarde. Eu queria conversar com vocês.* Ele marcou uma reunião – ele o Frias. Eu falei: — *Eu lancei o Seu Dinheiro, lancei o Jornal do Carro. E agora estou com um projeto de um caderno de Informática assim, assim... Mas lá não tem jeito. Então, eu queria...* O Frias interrompeu: — *Pára, pára. Não fala mais nada.* Eu disse: — *Mas por que, seu Frias?* Ele respondeu: — *Nós vamos lançar um caderno desses aqui. Vão ter algumas idéias coincidentes e vão achar que nós copiamos de você.* Então, a *Folha* já tinha descoberto o caminho dos cadernos temáticos."

Alberto Tamer acabava de voltar da Inglaterra em 1982, em companhia do economista e amigo embaixador Roberto Campos, quando a crise da dívida externa desabou sobre a cabeça dos brasileiros. Mais uma vez, teve de usar pseudônimo. "Eu dei uma manchete no *Estadão*, em 1982, que dizia: 'Bancos cortam o crédito do Brasil'. Eu não podia assinar. Então, eu botei um nome qualquer e 'de Frankfurt'. Foi a manchete quando o Brasil praticamente quebrou em 82 com o Delfim Netto."

Começava, assim, a terceira fase da vida profissional de Tamer, em que foi empurrado para o jornalismo de serviços, "quando houve a crise, recessão, depois a inflação, a hiperinflação... O povo todo estava desesperado à cata de prestação de serviços... Então, naquela época tinham os pioneiros que eram o Nassif, a Lillian, eu... A gente dava noções, informações básicas – eu fiz até três livros sobre isso – sobre mercado financeiro, como é que funciona, onde aplicar, como aplicar. Isso era até um pouco engraçado, mas eu achava produtivo na medida em que ajudava muito a população mais simples a entender o que estava acontecendo e a se defender. 'Tira da poupança, bota no *over*. Bota em tal dia...'."

Nessa época, Tamer foi convidado pela rádio *Jovem Pan* para fazer dois programas. "Eu acumulava o *Estado* e a *Jovem Pan*. Eu fazia comentário durante todo o jornal da rádio. Eu acordava às cinco e meia da manhã e entrava às sete com os jornais do dia já lidos. Eu fazia comentário durante todo o jornal da rádio. Tinha um programa de economia – um boletim de economia e tinha um boletim de mercado financeiro – 'O que fazer com o seu rico dinheiro'. Depois que terminava o jornal, a rádio pedia para eu ficar até às 10 horas respondendo perguntas, porque havia o programa da manhã e as donas-de-casa queriam muito falar comigo. Então, eu atendia ao vivo, ficava no ar, ficava duas, três horas atendendo por telefone. Então, ia pra casa, cochilava 15 minutos, comia correndo e ia para o jornal fazer editorial..."

Tamer também dava muitas orientações para aposentados e mutuários da casa própria. "Aquela fase da casa própria: financia, não financia. O saldo devedor crescia que era uma brutalidade com a inflação. Eu me lembro que eu dava conselho para o pessoal. Procurava me orientar com os técnicos, é lógico. Eu era intermediário entre os economistas e o público. Tanto que eu sugeri depois à FIPE fazer isso. Então, a gente fica satisfeito por ter prestado esse tipo de serviço à população. Foi uma outra fase do jornalismo econômico que eu acho muito fascinante. Quer dizer, da gente servir de intermediário entre os economistas e o público, não só no sentido de fazer com que ele entenda o que está acontecendo, mas no sentido de fazer com que ele se defenda, se proteja contra o que está acontecendo."

Muitas pessoas queriam saber de Tamer se valia a pena comprar ações. "Muita gente me perguntava: — *Entro na bolsa?* ou: — *Não entro na bolsa?*. Eu respondia: — *Olha. Primeiro, se você for aquela pessoa que, no dia seguinte de comprar uma ação, está correndo ao jornal para ver se a ação subiu ou não, não entra, porque você não é do ramo*. Eu fiz até os dez mandamentos da aplicação financeira. Não é do ramo, então não entra. A bolsa é outra coisa. Então, eu acho que isso é muito importante. E há um pessoal que faz isso bem. A Regina Pitoscia faz um trabalho muito bom de orientação nesse sentido."

Quando o governo José Sarney lançou o Plano Cruzado em 1986, Tamer começou a explicar as novas medidas para os ouvintes da *Jovem Pan*. "Eu disse que a inflação podia ser reduzida artificialmente, mas que não ia funcionar porque congelamento de preços não resolve... Eu cheguei a ficar oito horas consecutivas no ar respondendo perguntas do povo. Eu tinha de explicar as pessoas como é que elas iam conviver com o Plano Cruzado. Eu me senti muito gratificado porque estava ajudando as pessoas..."

Os pioneiros desse tipo de jornalismo chegariam a enfrentar problemas com o Sindicato dos Jornalistas do Estado de São Paulo. "Um dia, o Sindicato achou que não era função de jornalista dar conselho, que era contra a ética", lembra Tamer que se recusou a participar de uma reunião para discutir o assunto.

XII - Uma dupla de respeito

José Paulo Kupfer trocou a revista *Veja* pela *IstoÉ* em 1980. "Quem intermediou esse negócio foi o Roberto Pompeu, meu amigo pessoal com quem aprendi muito. A conversa que eu tive com o Mino Carta foi muito engraçada. O Mino me olhava e dizia: — *Esse garoto é doido*. Ele chegou, com a mão no peito, e falou assim: — *Eu não tenho salário para você* (Eu ganhava 110 mil cruzeiros. Me lembro bem porque foi o ponto da nossa discussão.) *Só posso pagar 105. Lá você era sub e aqui você vai ser editor. Acho que não vai te servir.* Eu respondi: — *Eu topo. Eu vou investir aqui. Você vai ver que daqui a pouco eu estou ganhando mais de 110.* Ele falou: — *Então, você começa amanhã*."

Kupfer tornou-se, assim, editor de economia de *IstoÉ*, que tinha uma pequena equipe na qual figuravam nomes como Rolf Kuntz, Tonico Guida – "repórter engraçadíssimo que morreu jovem" – e Luiz Roberto Serrano, em São Paulo, e Aluisio Maranhão, no Rio de Janeiro, que trabalhava mais para a Economia. "E aí começa a minha carreira de editor. Isso vai durar três anos também. Essa *IstoÉ* é uma revista que acaba de ser comprada pelo Fernando Moreira Salles. E a *IstoÉ* de que eu saio é uma revista vendida para a *Gazeta Mercantil*, quando o Fernando amargou um prejuízo bárbaro. O Unibanco não bancou mais e teve que ser vendida. O Roberto Pompeu saiu logo depois. Eu saí também. E aí voltei para a *Exame*."

Na *IstoÉ*, houve a junção de jornalistas econômicos de alto nível, relata Kupfer. "Aí, sim, demos uma força pesada à cobertura de economia, de conceito de política econômica, o que era diferente. Eu não acho que, para ser um bom jornalista de economia, você tem que ter feito curso de economia. Mas não posso negar, ou porque eu gosto de economia ou porque eu tenha vocação para lidar com isso, que me facilita bem. Na *IstoÉ*, eu me lembro, nós antecipamos a ida do Brasil ao FMI, em 1982, porque nós estávamos ligados muito fortemente na cobertura... Teve o 'setembro negro' no ano. Enfim, a crise externa estava começando a pegar muito pesado. (...) Então, o que houve aí foi uma vocação, uma experiência, um conhecimento mais fundo do processo econômico, basicamente eu e o Rolf."

O então ministro da Fazenda, Delfim Netto, recebia Kupfer e Kuntz em dupla para conversar. "O Delfim gostava dos papos comigo e com o Rolf. Esses papos eram uma desgraça porque, para não perder a vaga, nós íamos sem dormir na virada da *IstoÉ*. O problema era a gente ficar acordado, não cochilar na frente dele. O Delfim sabia trabalhar com a imprensa. Ele gostava intelectualmente de falar comigo e com o Rolf. Era uma coisa sensacional. Ele vinha para São Paulo na quinta-feira de manhã, ou na quarta à noite, e quinta e sexta ele despachava no escritório do Ministério, na avenida Prestes Maia. Um dos auxiliares dele aqui se especializou no trato com a imprensa, que foi o capitão

Salim. Ele fazia a agenda dos jornalistas com o Delfim, na quinta e na sexta. Era uma espécie de um consultório. Claro que ele escolhia os órgãos principais. O capitão Salim ligava e perguntava: — *Que horário você quer?* Parecia um dentista. — *Eu tenho vaga quinta às 10 horas ou sexta às 11 horas...* A gente escolhia o horário e o Delfim nos recebia, meia hora, para o que desse e viesse."

A conversa era produtiva desde que o jornalista se preparasse para o encontro, como faziam Kupfer e Kuntz. "Nós íamos aos empresários e aos economistas e dizíamos: — *Qual o assunto quente? O que vai acontecer? O que está pintando?* Então, nós íamos pautados. Quer dizer, nós estávamos fechando uma matéria, um tema... Nós tínhamos dúvida ou queríamos ter uma visão melhor. Então, lançávamos para o Delfim. Às vezes, ele desviava. Mas nunca fugia. Nós perguntávamos o que queríamos. Ele respondia o que ele queria. Mas as nossas discussões eram discussões de economia. Ele desenhava curvas para nós. Não sei se para os outros ele fazia. A gente estava entendendo, é evidente. Então, eu e o Rolf descíamos até um boteco, do lado do Ministério, para tomar um cafezinho e para 'escandir' o Delfim, como a gente falava. — *O que ele queria dizer com isso?* Ou então: — *Que lobby ele está passando?* O Rolf era especialista em decodificar o que o Delfim dizia. — *Isso joga fora. Aquilo é sacanagem dele. Isso aqui, ele está querendo que a gente ache isso.* Enfim, era um esforço de decifrar aquilo e era legal. E ele não mentia. Ele jogava, era um jogador nato. Mas nunca fez uma sacanagem que não fosse possível perceber. E nós sabíamos, lendo os jornais no dia seguinte, quem comprava o peixe direto. Nós não. Nós íamos ver que diabo era aquilo. Era a hermenêutica do Delfim que nós fazíamos, o que era uma delícia também. Era um jogo legal. Eu achava ótimo esse jogo. Com outros, eu imagino que ele fazia acertos, trocas... Mas não era preciso, pelo menos no nosso caso."

Em 1983, *IstoÉ* ganhava o reforço de Nair Suzuki, que deixava a *Folha de São Paulo*, depois de oito anos na chefia de reportagem da Economia. "Aí eu fui como editora assistente de economia, na área de negócios. Fiquei um ano e meio na *IstoÉ*, ainda na época do Moreira Sales, e saí quando a *Gazeta Mercantil* comprou a revista."

Nair tomou o rumo da revista *Afinal*, que estava sendo criada pelo empresário cubano Gustavo Cubas. "Fiz parte da equipe do Fernando Mitre. E na época éramos quatro pessoas na Economia. O Pedro Cafardo era o editor de economia e tinha o Jorge Zappia, o Carlos Mota e eu. Eu costumo dizer que foi o melhor emprego que eu tive, porque a gente tinha muita liberdade para poder fazer tudo – fazer reportagem, editar, bolar a seção da semana, tudo – e fecharmos relativamente cedo na sexta-feira. E, depois de fechado, podia cair o mundo que não havia quem reabrisse a revista."

A revista *Afinal* era do empresário Gustavo Cubas, que saiu fugido de Cuba, embora se dissesse amigo de Fidel Castro, conta Pedro Cafardo. "Ele sempre contava isso, mas na hora que o Fidel tomou o poder queria cortar o pescoço dele. Então ele saiu de Cuba, levou o dinheiro para Miami e abriu uma agência de publicidade. Então, ele decidiu fazer uma revista. Ele queria uma revista meio popular, assim tipo *Cruzeiro*, *Manchete*, mas convidou a pessoa errada para fazer esse tipo de revista. Ele convidou o Fernando Mitre que desvirtuou, no bom sentido, o projeto e fez uma revista semanal que era até muito boa, assim tipo *Veja*, de informação."

A seção de Economia da revista *Afinal* era mais voltada para serviços financeiros, aproveitando a experiência de Mitre e de Sandro Vaia, que vinham do *Jornal da Tarde*, diz Cafardo. "Eles gostavam muito daquilo, e estavam certos naquela época. Então, a seção de Economia era muito serviçal e muito interessante. Mas Gustavo Cubas continuava batalhando para mudar, fazer uma linha mais popular, mas com a equipe que ele tinha não ia fazer nunca. Ele ficava com o Fernando Mitre que era da confiança dele e era impossível convencer o Mitre a fazer uma *Manchete*. Ele até que tinha uma certa visão porque naquela época ainda não havia a *Caras*, a *Cruzeiro* não existia mais e a *Manchete* era muito ruim. Eu acho que tinha mais espaço para a revista que ele queria fazer do que para a revista que acabou sendo feita."

No cotidiano da editoria de Economia, havia uma divisão de trabalho, conta Nair. "O Pedro ficava mais com a parte de macroeconomia, porque tínhamos gente em Brasília, no Rio... A minha parte era mais negócios, aproveitando a experiência que eu tive na *Isto É*. Então, eu fazia muito marketing, empresas; uma vez por semana, eu fazia uma estratégia de empresa, por exemplo; e setor de informática que estava começando. Cobríamos área sindical também. Dependendo da semana, a gente programava a economia de acordo com o que estava rolando na área."

Nair Suzuki ficou um ano e meio na *Afinal*. "Quando a revista poderia estar decolando, resolveram fazer cortes. E realmente a revista teve uma vida muito curta. Depois que eu saí de lá, acho que ainda sobreviveu um ano, um ano e meio." O projeto não deu certo por razões óbvias, explica Cafardo. "Nenhuma revista pode se viabilizar economicamente em dois anos e o Gustavo Cubas queria já ter resultado em dois anos, o que não era possível e acabou. Foi diminuindo a equipe, diminuindo a equipe para tentar chegar ao lucro, ter lucro... E chegou uma hora que ele percebeu que não tinha mais revista, caiu a qualidade e o número de assinantes. Se ele tivesse tido mais recursos, poderia ter vingado tranqüilamente porque tinha uma boa equipe."

Quando Nair Suzuki deixou *Isto É* em 1983, a revista passava para o comando de Milton Coelho da Graça, então responsável pelas revistas da *Gazeta Mercantil*. Ameaçado de perder Mário Watanabe para a revista *Veja*, Milton fez uma contraproposta, na verdade uma provocação. "Nessa altura, o Lachini tinha saído do comando das revistas. O Milton, que não gostava de perder ninguém para a concorrência, falou: — *Espera aí. Me dê 24 horas antes de você dar o sim definitivo para o Machado* (editor de economia da *Veja*). Aí, no dia seguinte, ele veio com a proposta: — *Você vai ser sub de economia lá na Veja, não é isso? Então, você vai ser editor de economia aqui com salário praticamente igual. Não é melhor?* Eu respondi: — *Está bom. Eu fico aqui.*"

A *Gazeta Mercantil*, porém, não tinha estrutura para produzir uma revista semanal, observa Watanabe. "Naquela época, a revista era feita no muque. A gente sofreu. Duas vezes por semana, a gente dobrava 24 horas, virava a noite lá. Um ano depois, eu estava pedindo água. Eu não aguentei esse negócio de ficar duas vezes por semana virando 24 horas. A gente entrava na hora do almoço de um dia e saía na hora do almoço do outro dia. Não era fácil. Aí eu ia embora para casa, comia alguma coisa, voltava tipo seis horas e varava até o outro dia também. Uma coisa maluca. Eu joguei o chapéu e falei para o Milton: — *Não dá mais. Agora eu vou embora mesmo.* E aí, de novo, ele me segurou: — *Espera aí. Tem um negócio aqui.*"

A *Gazeta Mercantil* tinha acabado de comprar um título de uma revista de gastronomia e culinária chamada *Gourmet*. Então, Milton Coelho disse a Mário Watanabe: — *Você vai fazer essa revista.* Ao que Watanabe reagiu: — *Espera aí, Milton. Eu não sei fritar um ovo.* Mário recordou, então, do começo de sua carreira. "Aquela conversa com Aloysio Biondi sobre duplicata: 'Mas eu não entendo nada de economia. Não sei nem preencher uma duplicata.' Se eu não sei fritar um ovo, como é que eu vou dirigir uma revista de gastronomia? E o Milton disse: — *Você sabe fazer revista. Você não precisa entender do assunto. Você contrata os caras que entendem. Você só edita.* Eu respondi: — *Está bom.* E lá fui eu fazer uma revista de gastronomia."

Quem fazia a revista com Watanabe era Alberto Helena Junior, que mais tarde se especializou em esporte. "O Alberto, que é um excelente jornalista, pôs a mão na massa e me ajudou a fazer essa revista. O Alberto era amigo do Alexandre Kadunc, que é uma figura legendária, um grande jornalista de rádio... Ele tinha um programa na *Rádio Bandeirantes*, uma espécie de Repórter Esso. Ele lia as notícias e fazia comentário e tal. Mas um dia bateu nele uma tremenda crise existencial. Abandonou tudo: amigos, família, emprego... Embarcou num navio mercante, como faxineiro ou cozinheiro, e foi dar volta ao mundo. O Kadunc ficou assim girando pelo mundo durante anos. Morou em tudo que é lugar. O Kadunc sabia sobre cozinha dos lugares mais esquisitos do planeta. Aí ele voltou ao Brasil e passou a levar uma vida de monge franciscano, pobre. Então, ele escrevia um livrinho, mandava imprimir e pagava do bolso dele. E saía para a rua com aquela roupa branca, bolsa a tiracolo e dentro alguns exemplares do livro. Se conseguisse vender um exemplar, o dia já estava ganho. Ele voltava para a casa ou para o boteco. E era assim que ele vivia."

Alberto Helena Junior conhecia Kadunc de longa data, continua Watanabe. "E o Kadunc passou a ser colaborador da nossa revista. Ele escrevia sobre cozinha exótica. Muito engraçado. Foi divertido. Mas isso foi breve porque realmente não era o meu negócio. Eu fiquei lá oito meses. Aí eu entreguei o cargo de novo. Nessa altura, o Milton já tinha saído da *Gazeta*. Eu entreguei o cargo para o Mário Alberto Almeida, que tinha assumido no lugar do Milton. Ele também não me deixou sair." Watanabe passou a escrever editoriais e voltou a cuidar do *Balanço Anual*.

XIII - A reforma da Folha de S. Paulo

Teodoro Meissner foi convidado por Octavio Frias para substituir Pedro Cafardo na editoria de Economia, mas não aceitou. Emilio Matsumoto foi o editor escolhido. "O Matsu, com aquela calma oriental dele, não se adaptou ao ritmo da *Folha*, quer dizer, ao ritmo e ao nível de cobrança. Eu sou muito fã do velho Frias. Eu gosto muito dele. Agora, economia, especialmente, o velho Frias acompanha em cima, faz marcação homem a homem. E não tem horário. Ele levanta às seis horas da manhã para fazer ginástica. E naquela época, ele já tinha bastante idade. Então, sete horas da manhã, ele estava ligando para a sua casa para saber porque o *Estadão* deu aquela matéria..., porque nós demos essa matéria de tal jeito, quando o enfoque de conteúdo não era esse... E você tinha ido deitar uma hora da manhã. Era uma tortura diária para o Matsu. Então, ele saiu."

Boris Casoy chamou Teodoro Meissner para conversar. E foi direto ao assunto: "— *Olha, o seu Frias está te convidando pela segunda vez. Eu, se fosse você, aceitava*. Aí eu fui falar com o seu Frias. E disse: — *O senhor vai perder um bom repórter e vai ganhar um editor medíocre*. E eu aceitei." Meissner ficou cerca de um ano como editor. "E, depois disso, houve um consenso de que eu devia sair da editoria. Aí criou-se o grupo de repórteres especiais da *Folha*, onde havia uma possibilidade de crescimento salarial sem deixar de ser repórter. Eu fiz parte logo do primeiro grupo. Éramos eu, o Rui Castro, o Clóvis Rossi, o Ricardo Kotscho, o J. B. Natali, que era correspondente em Paris e depois voltou... Aí eu fiquei até o final, trabalhando em economia. Eu fiz de tudo, mas fiz basicamente finanças. Era uma área que eu tinha bastante fontes."

Gabriel Sales chegou à *Folha de S. Paulo* em setembro de 1982, a convite do então editor de economia Teodoro Meissner, para ser o segundo da área. Sales começava ali a se afastar do setor de Finanças. "Na *Folha*, começou o meu afastamento. Mas, como eu tinha experiência, dava uma acompanhada. E quando o responsável pela área não ia, eu fazia finanças. Como o Teodoro era também originário da área de finanças, é claro que a tendência era dar maior atenção, porque era a área que a gente dominava bem. Então, nós dois estávamos ali ligados... Nós tínhamos as fontes... Então, aproveitávamos para incrementar a cobertura de finanças."

Sales viveu o período de reforma do jornal. "A *Folha* já estava numa fase de mudanças. Foi a fase em que houve aquela mudança toda no jornal. E também uma fase de muitas mudanças na editoria de Economia, em que se passaram uns 10 editores assim num período muito curto."

Jair Borin guardou em seus arquivos o original do documento "A Folha: alguns passos são necessários dar", de 1981, que discutia a reforma. "Foi uma produção do Boris Casoy e do Odon Pereira em cima da contribuição do Cláudio Abramo, que, já a partir de 1975, 76, tentou impulsionar a *Folha* para um jornalismo mais moderno e com uma imagem mais voltada para a crítica social que a classe média fazia à ditadura. Até 75, a *Folha* tinha se alinhado completamente com a ditadura, coisa que ela omite na propaganda que faz do seu jornal. A *Folha* foi completamente subserviente à ditadura entre 1968 e 74/75. Só em meados do governo Geisel é que ela começou a ensaiar alguma abertura, sedimentada no governo Figueiredo. Mas, mesmo assim, manteve o Boris Casoy para fazer a ponte entre os militares e a direção da *Folha,* para dar porrada no momento certo, quando a redação ousava avançar um pouco mais. Então, era o Boris, o Odon, o Otavinho... E com a influência do Octavio Frias, que precedeu esse movimento todo e que, como diz muito bem o Mino Carta, é o pai da criatura que foi gerada a posteriori e que, infelizmente, a criatura nega o criador."

Empresário "muito dinâmico", Octavio Frias percebeu o momento certo de mudar, observa Borin. "Ele, acho que mais do que o Otavinho, que não gostava de ser chamado Otavinho – inicialmente, ele era chamado assim pelo Cláudio Abramo, mas, depois, acho que ele criou ojeriza e faz questão de ser chamado Octavio Frias Filho... Esse eu acho que nunca teve muita gana de fazer jornalismo e reforma. Ele foi no embalo ali. E o documento apontava para que a *Folha* assumisse um papel de liderança no jornalismo brasileiro. Já identificava a *Folha* como um veículo de classe média que estava apostando na abertura democrática. Um jornal que faria uma crítica construtiva em termos sociais. É um documento interessante. Curto, mas marcava já os passos da reforma."

A *Agência Folha*, prevista no documento "A Folha: alguns passos são necessários", foi criada em 1981, 82 – lembra Borin — "como o carro-chefe dos seis jornais que a *Folha* tinha na ocasião: *A Cidade de Santos, A Gazeta, Gazeta Esportiva, Notícias Populares, Folha da Tarde* e *Folha de S. Paulo*. Agora, com um detalhe: eu acho que a greve que nós fizemos em 1979 teve um marco também muito forte, porque a greve foi deflagrada com aceitação majoritária, inclusive por parte dos editores da *Folha*. Eram poucos editores que trabalharam: foi o Boris Casoy e um ou outro, mas a maioria também aderiu à paralisação. Eu acho que a greve deu um certo parâmetro para a intervenção posterior que ocorreu em 1980, 1981 com a razia, demitindo caras como Alípio Freire, Perseu Abramo e outras pessoas. Aí já começou a apontar nessa verticalização da produção e na feitoria que foi implantada por Carlos Eduardo Lins e Silva e essas pessoas todas".

Em 1982, começou a informatização da *Folha*, relata Borin. "Eu estava editando a *Folha Agropecuária*. Já fizemos o primeiro treinamento para a adaptação ao sistema informatizado – não havia *mouse* naquela época, mas tinha o F1, F2..., aqueles controles todos... Essa foi a primeira etapa técnica para adaptar o projeto *Folha* voltado para a classe média, para a crítica social... Já havia um pluralismo político evidenciado tanto na página 3, "Tendências e Debates", como no Folhetim, que foi uma criação conjunta, dirigida pelo Tarso de Castro, que impulsionou o Folhetim para as melhores tiragens que ele teve... Esse foi o momento de alavancagem do projeto *Folha*. Em 83, já saiu outro documento e em 85 é que veio essa geração nova, com o Caio Túlio Costa, com o Carlos Eduardo Lins, que implantou o terror na redação. E veio a política que eu chamo de feitoria: de porrada, de amedrontamento da redação e a quebra da espinha dorsal."

Frias Filho assumiu a *Folha de S. Paulo* com uma equipe de jovens jornalistas, com idade abaixo dos 30 anos. Apesar do bom relacionamento com Octavio Frias, Teodoro Meissner admite que conhecia muito pouco o filho. "Eu não gostava dele. Uma pessoa que não dá risada, eu acho uma pessoa complicada. Tem amigos meus que conversam muito com ele e dizem que ele é uma pessoa muito interessante. Eu não duvido que ele seja uma pessoa interessante. Muito bem equipado intelectualmente ele é. Mas eu me dava bem com o Caio Túlio, com o Matinas Suzuki... Mas eu não gostava do projeto, que era um jornal inspirado fortemente no *USA Today*... Era trazer a televisão para o jornalismo impresso: muita cor, imagem, matérias curtas, notinhas, pouco espaço para reportagem ampla, um jornalismo de bandeiras (...) Era esse o projeto do jornal. Aí começaram aquelas regras. Quer dizer, o Octavio achava que o jornalismo praticado na *Folha* era um jornalismo assim muito romântico, sem muitas regras definidas, com rédeas muitas soltas... As pessoas mais ou menos faziam o que queriam... E em parte ele tinha razão. Agora, como resolver isso? A maneira como ele tentou resolver isso não era a maneira que eu entendia que fosse a correta, que foi a implantação do famoso manual de redação com normas extremamente rígidas que eu entendia que engessava a criatividade. Não era o jornal que eu queria..."

Teodoro Meissner foi substituído por Aloysio Biondi na editoria de Economia. "Às vezes eu fechava a seção – ou fechava diariamente –, embora não fosse mais o editor... O Caio Túlio, que fechava a primeira página, gritava para mim: — *Teodoro, eu quero o show das notícias*. Ele achava a economia muito pesada. Não tinha show. E eu não via como fazer show, até porque eu vinha da escola da *Gazeta Mercantil* que é um jornal extremamente sério, no sentido de sisudo, cerebral. (...) Eu não me adaptava nem queria me adaptar a esse estilo jornalístico, embora pudesse ter tido uma carreira brilhante pela frente..."

Cecilia Zioni foi um dos últimos repórteres a serem transferidos para a *Agência Folha*. A *Folha* passou a ter só os editores e os repórteres especiais. "Todo mundo tinha ido para a *Agência Folha*. Eu saí da Empresa Folha da Manhã, onde na época editava a Folhinha, em meio a muitos anos de reportagem na Economia, e fui para a *Agência Folha*. Teve até uma diferença de contrato. Aí eu voltei a ser só repórter. Eu me lembro o dia em que o Otavinho me chamou. Ele disse: — *Estou concluindo o projeto de reforma da redação da Folha. As duas últimas editorias foram a Economia e a Folhinha*. Eu ia fazer uma piada, mas me segurei, porque ele é muito formal. A Folhinha eu entendo porque era a última, mas a Economia ficar para o fim... O Aloysio Biondi tinha sido demitido. Foi o último editor antes do Octavio. Aí ele perguntou o que eu queria fazer e tal. Eu falei que queria voltar... Eu tive que me segurar pela segunda vez. Ele disse: — *O meu pai gosta muito da senhora. E ele quer que eu lhe pergunte o que a senhora quer fazer no jornal*. Então, eu respondi: — *O seu pai sabe qual é a reposta. Eu quero voltar a ser repórter de economia.*" Ele chamou o Dácio Nitrini e o Paulo Rocha, os diretores da Agência. Uma coisa bem formal, o que não era o caso. E disse: — *A dona Cecilia está sendo reintegrada...* Aí eu fui para a *Agência Folha* no dia seguinte. Foi em 1985."

Zioni foi substituir Jane Soares, que cobria abastecimento e foi convidada para trabalhar no *Jornal da Tarde*. "Eu entrei literalmente na vaga dela, porque eu sentei na cadeira dela e fiquei cheirando cigarro uns três meses... E eu comecei a fazer abastecimento nessa linha. Então, se faltava leite, eu ia ver se era seca, se era preço ou uma porção de coisas. A meu favor, pesou muito o fato de que nós estávamos numa superinflação – não chegava a ser hiper. Isso foi 1981, 1982, a década perdida, que culminou com o Plano Cruzado em 86."

A *Agência Folha* tinha coordenadores – um de manhã, outro de tarde e um terceiro de noite – porque não havia áreas específicas, conta Cecilia. "Eles tinham as pautas gerais. Eram uns bolos de papel de lauda, que eles iam distribuindo. A máquina de escrever tinha um rolo infernal daquele papel de telex. Tudo que escrevíamos, saía em oito cópias para *Folha de S. Paulo*, *Folha da Tarde*, *Cidade de Santos*, *Última Hora*, *Notícias Populares*, *Agência Folha*.. Não sei o que faziam com as duas últimas cópias. Era um inferno porque era uma coisa adaptada, não dava para ler... E aquele papel enroscava. A gente se arrebentava para bater oito cópias daquele papel grosso... Depois, caiu para duas ou três cópias. A gente usava papel carbono..."

O repórter fazia a matéria sob a orientação dos coordenadores da *Agência*, recorda Zioni. "O editor de economia, por exemplo, que ficava do outro lado do prédio – era fisicamente separado –, às vezes chamava a gente para conversar. Mas a orientação era para ficar separado, naquela linha – eu suponho – da ruptura, para remontar tudo. Eu me lembro bem que, nessa época, eu tinha que me reportar ao editor de economia da *Folha*, que foram diversos nesses dois anos, e à Rose Malet, que era editora de economia na *Folha da Tarde*, que ficava no andar de baixo. E a *Folha da Tarde* usava muito o abastecimento porque era um jornal mais popular..."

Não havia na *Agência Folha* editoria formal de Economia (editor, subeditor, etc), mas o repórter acabava sempre acompanhando uma determinada área, exceto no plantão de fim-de-semana. Cecilia Zioni, por exemplo, cobriu até polícia. "Eu me lembro que naquela época fiz matéria até do Mengele... A primeira vez que eu entrevistei o Romeu Tuma, sem ser crime de colarinho branco, foi por causa da ossada do Mengele. Eu fui na casa da família que tinha dado emprego para o Mengele. E vi os dentes do Mengele... Como repórter de economia, eu nunca ia chegar perto disso, mas a *Agência Folha* me propiciou esse tipo de coisa. Eu peguei incêndio, concurso de barman, prova hípica, um problema nos presídios..."

XIV - Governo Montoro: divisor de águas

Em 1979, Sardenberg deixou a revista *Veja* e migrou para o *Jornal da República*. "Recebi o convite do Mino Carta para participar da grande experiência do *Jornal da República*. Como estava para terminar o ano escolar, eu fiquei até o final de 79 em Brasília, trabalhando para o *Jornal da República*. Aí eu voltei para São Paulo em 1980, mas o *Jornal da República* acabou logo e eu passei para a *IstoÉ*, com o Mino Carta."

Na rápida passagem pelo *Jornal da República*, Sardenberg mesclava política e economia, a exemplo do que fazia na revista *Veja*. "Era mais política, assuntos nacionais... Eu ainda não tinha – até nessa época – nenhum envolvimento direto com o noticiário econômico. Era sempre marginal. Eram assuntos nacionais, que passavam por economia por acaso. Eu não era especialista."

Na *IstoÉ*, Sardenberg fazia um pouco de tudo. "Era uma espécie de editor itinerante. Fiz política, fiz um pouco de economia, matérias de conflito de terras e, inclusive, uma copa do mundo, porque a revista não tinha esporte. Decidimos cobrir a copa do mundo de 1982 e aí surgiu a pergunta: — *Quem entende de futebol?* Eu respondi: — *Eu entendo*. Por essa razão, acabei indo para a copa em julho de 82."

Sardenberg voltou da copa do mundo, mas não mais para a revista *Isto É*. "Quando eu cheguei aqui, tinha um grande evento político que era a campanha das eleições de governadores, a primeira campanha livre... E me convidaram para trabalhar na campanha do Franco Montoro, em São Paulo. Eu estava muito animado com a perspectiva da política. A campanha era muito boa e resolvi encarar porque eu estava meio desanimado com a revista. A *Isto É* estava numa fase que visivelmente não ia dar certo, como acabou não dando.

Então, fui trabalhar como jornalista na campanha do Montoro, que foi até o final do ano. Quando ganhou a eleição, eu continuei contratado do governo para fazer a transição, o anúncio do governo e tal. E aí eu fiquei quatro anos fora do jornalismo, quer dizer, do outro lado do balcão."

Foi no governo Montoro que Sardenberg praticamente estreitou a ligação com a economia. "Eu fui trabalhar como assessor de imprensa do João Sayad na Secretaria da Fazenda do Estado. E aí passei a me dedicar bastante à economia, a concentrar foco em economia, porque tinha obrigação como assessor de imprensa. E já nessa ocasião aconteceu uma coisa que acabou vindo a me ajudar muito: além dos assuntos da Secretaria da Fazenda, propriamente ditos, já nessa época – o governo começou em março de 1983 – havia um grande debate entre os chamados economistas de oposição, mais ou menos na seguinte linha: — *Olha, a ditadura vai cair. É questão de um ano, dois anos. Isso vai acontecer e vai ter que haver uma nova política econômica. Então, como é que se faz essa nova política econômica?*."

A oposição ganhara a eleição em vários Estados, lembra Sardenberg. "E os economistas de oposição eram um grupo muito amplo na época, um arco muito grande, porque o que os unia era o fato de que eles eram contra a linha do Delfim. Quer dizer, na ocasião estava todo mundo no mesmo barco: o pessoal da USP, da UNICAMP, da PUC do Rio, da Universidade Federal do Rio de Janeiro, era um bolo só. (Pedro) Malan, João Manuel, (João) Sayad, Pérsio (Arida)... era tudo um bloco só de oposição. A situação era a seguinte: o Brasil estava numa crise já longa, a crise da dívida, da superinflação... E surgiu um debate muito grande... Havia várias divergências a resolver. O regime militar estava acabando basicamente porque perdeu a sua eficiência econômica. Quando perdeu a legitimidade econômica, não tinha mais nada e começou a afundar. Então, o regime civil ia assumir, tendo que administrar a crise econômica deixada pelos militares. Mas, enfim, eu estava trabalhando com o João Sayad, que se meteu nesse debate da nova política econômica."

Sardenberg passou, então, a escrever textos para Sayad. "Ele me passava rascunhos, textos de outros economistas, para eu reescrever, porque havia aí um problema político: não era apenas o caso de se ter idéias. Você tinha que ter idéias econômicas, mas você tinha que vender essas idéias para a liderança política, para o debate. Então, eu passei a escrever textos do Sayad para serem distribuídos, para circular... E com isso eu comecei a trabalhar muito com economia. Tinha texto sobre como combater a inflação, já se falava naquela época de inércia inflacionária, de indexação... O Pérsio Arida e o André Lara Resende, por exemplo, eram assíduos freqüentadores do gabinete da Secretaria da Fazenda para almoçar, para trocar idéias..."

Era a semente do Plano Cruzado que estava brotando no gabinete de Sayad, na Secretaria da Fazenda do Estado de São Paulo, diz Sardenberg. "O pessoal se reunia lá para almoçar e trocar idéias... Esse debate já estava muito forte, quer dizer, era um debate intenso, restrito a poucas pessoas, mas ganhando corpo. E eu então passei a escrever coisas para o Sayad. E assim nós fomos, até que em 84 teve a eleição do Tancredo (Neves). E surpreendentemente, de última hora, o Sayad virou ministro. Acho que era para ser o Serra, mas, no rolo da composição, o Sayad virou ministro do Planejamento. E fomos todos nós para Brasília. Eu fui com o Sayad para ser coordenador de comunicação social."

Também no governo Montoro, Frederico Vasconcelos atuou como assessor de imprensa da Secretaria de Indústria e Comércio. "O secretário era o empresário Einar Kok, de formação européia, digamos assim, muito avançado. Para se ter uma idéia, ele foi autor de um dos primeiros documentos que pregavam a abertura democrática. Muito antes do 'Documento dos Oito' que a *Gazeta Mercantil* teve o mérito de ter promovido. Com esse trabalho dele, numa visão muito mais aberta, ele criou dois conselhos na Secretaria: o Conselho de Política Industrial e o Conselho de Ciência e Tecnologia. O de Política Industrial reunia empresários de cacife, mais representativos, os grandes industriais, e que se encontravam uma vez por mês com ministros de Estado... Ele permitiu, na proposta que eu fiz, que nós convidássemos jornalistas especializados para participar desses encontros como observadores. Foi uma primeira abertura de informações, porque, até então, esse conselho, que se reunia ou na FIESP ou no governo, era muito fechado. Eu acho que, para mim, facilitou muito a compreensão de como funcionavam esses mecanismos, essas comissões, esse trabalho assim de *lobby* legítimo, vamos dizer assim. E, na outra parte, a Ciência e Tecnologia, era mais uma abertura para o mundo acadêmico, das universidades."

XV - Muito poder e informações escassas

No final de 1984, Rocco Buonfiglio tornou-se editor geral do *Diário Comércio e Indústria-DCI*[136]. Ficou lá cerca de três meses, o tempo suficiente

---

[136] Quando saiu da *TV Globo* em meados de 1978, Rocco Buonfiglio foi fazer uma revista (trimestral) de tecnologia para o setor sucroalcooleiro, chamada *Saccarum*. "Nesse período, estava na moda o negócio de energia por causa do choque do petróleo. E me indicaram para fazer algumas revistas na área de energia. Nesse período que fiquei lá – de 78 até 80 – eu lancei também uma revista chamada *Energia Fontes Alternativas*, que era bimestral." No começo de 1980, Rocco voltou à *Folha de S. Paulo*. "Nessa época, a minha cabeça era sempre voltada para a economia. Embora essa área de energia tivesse muito a ver com economia, eu queria voltar para a economia mesmo. Então, alguns amigos comuns foram para a *Folha* em 80, mas eu não fui para a Economia porque não tinha vaga. Então, eu fui para a Local da *Folha*, que era considerada a melhor editoria de Local de São Paulo. Era o maior núcleo de repórteres que tinha no jornal. Eu trabalhei lá dois anos e tentei me transferir durante o tempo todo para a Economia e não consegui. Em maio de 82, eu recebi um convite do *Estadão* – o Jaime estava

para dar uma manchete que marcou época. "Foi a posse do Sarney na Presidência da República. Até então não se sabia se ia ser o Sarney ou não, porque teve uma questão jurídica. Alguns achavam que a figura do vice-presidente não existia, porque o presidente não tomou posse. Então, os que defendiam essa tese diziam: 'O que há é uma vacância. O presidente não tomou posse; então, nem o vice-presidente pode tomar posse. Então, toma posse o presidente da Câmara, que era o Ulysses Guimarães, fica durante um período e, se durante esse período o presidente eleito não voltar, como de fato não voltou, convoca-se eleição.' A outra corrente, parece que liderada pelo Afonso Arinos, dizia: 'Durante a eleição, mesmo que indireta, tinha sido eleita a chapa, constituída pelo Tancredo e pelo vice que era o Sarney.' E que num impedimento – no caso, no dia o Tancredo se sentiu mal, foi operado e tal, não iria tomar posse –, então, interinamente, o vice eleito na chapa assumiria à espera dele poder voltar. Como o Tancredo não voltou e depois morreu, ele continuou..."

Na madrugada do dia da posse de José Sarney na Presidência da República, Rocco Buonfiglio editava o *DCI*. "Eu me lembro que foi uma noite muito tensa, porque as informações eram desencontradas. A gente não tinha muito recurso de checar o que estava acontecendo lá em Brasília... E, nesse dia, os jornais obviamente fecharam com o que tinham. Normalmente, as manchetes dos jornais foram que o Tancredo estava impedido, ia ser operado e tal. Não deram mais nada, porque não estava muito claro quem assumiria: se era o Sarney ou o Ulysses. Eu sei que o único jornal – não sei se no Brasil, porque eu não verifiquei, mas em São Paulo eu tenho certeza absoluta – que saiu com a manchete dupla foi o *DCI*. Eu saí do jornal às duas horas da manhã, depois de checar a informação. Já se sabia que o Sarney iria assumir. Então, a minha manchete foi a seguinte: 'Tancredo está impedido. E Sarney assume'. A *Folha* não deu, o *Estadão* não deu por problema de horário. Então, nós pudemos ficar até mais tarde. Estava só a primeira página esperando esse negócio..."

Em abril de 1985, Buonfiglio assumiu a gerência da Empresa Brasileira de Notícias (EBN) – antiga Agência Nacional – em São Paulo, a convite de Luiz Roberto Serrano. "O presidente dessa empresa era o jornalista Carlos Marchi e o diretor superintendente era o Luiz Roberto Serrano, que eu tinha conhecido na *Gazeta Mercantil*. Então, o projeto do Marchi e do Tancredo era bastante ambicioso – o projeto era o de transformar a antiga Agência Nacional numa agência oficial tipo da agência EFE. Quer dizer, 51% ficava na mão do

---

editando o *Estadão* na época. Então eu fui ser repórter especial do *Estadão*. E fiquei lá até o final de 84, como repórter especial na Economia. Eu escrevia sobre tudo, mas escrevi muito sobre energia – álcool, petróleo, etc. – para incorporar a experiência, as fontes que eu tinha dessa área de energia. E também escrevia sobre outras coisas, como tecnologia ou mesmo finanças. Eu fazia um pouco de tudo."

governo e 49% ficava na mão do grande empresariado brasileiro. A idéia era levar essa agência para o exterior para vender a imagem do Brasil. Democratizar aquilo e tal, pegar o modelo da EFE espanhola para fazer isso."

De certa maneira, tentou-se implantar esse projeto no governo Sarney, relata Rocco Buonfiglio. "Durante o período que eu fiquei na EBN – de abril de 1985 até setembro de 1987 –, a gente noticiava todas as greves que tinham em São Paulo. A gente noticiava tudo o que acontecia na FIESP, na Federação do Comércio, no Governo do Estado, na prefeitura, as visitas dos ministros e de governadores de outros Estados que eventualmente vinham para São Paulo... E dava justamente o que estava acontecendo na economia. Mas aí essa idéia não foi para frente. O Sarney abandonou essa idéia. E a EBN acabou sendo fundida com uma outra empresa ligada ao Ministério das Comunicações, formando-se a Agência Brasil. Com essa fusão, desistiu-se do projeto. Aí eu não tinha o menor interesse em continuar sem o projeto da agência tipo a espanhola EFE. E saí bem antes disso."

Na época em que assumiu a EBN, Serrano editava a *Carta de Conjuntura* do Conselho Regional de Economia, lembra Buonfiglio. "Com a ida do Serrano para Brasília, ele deixou essa função para mim. Então, eu fiquei lá no Conselho Regional de Economia editando a *Carta de Conjuntura*, de 1985 até 1990, até o Plano Collor. A *Carta de Conjuntura* era uma publicação mensal. Escolhia-se um tema e quatro pessoas eram convidadas a escrever sobre esse tema, que depois era debatido. Normalmente, tinha um ou dois defendendo o governo e dois criticando. Quando se lançava a *Carta de Conjuntura*, normalmente uma quarta-feira à tarde, tinha 20 a 30 jornalistas de televisão, rádio, imprensa diária e revistas."

No mesmo período em que assumiu a EBN em São Paulo, Rocco Buonfiglio também foi eleito presidente da AJOESP, na chapa que tinha Luiz Nassif como vice-presidente; João Yuasa, secretário; Rogério Furtado, tesoureiro; e Nereu Leme, diretor de eventos. A posse, no dia 16 de agosto no Hilton Hotel, foi bastante concorrida e contou com a presença das estrelas da Nova República, como os ministros João Sayad e Dilson Funaro. Durante a solenidade, o ministro Sayad iniciou o debate nacional sobre o I PND (Plano Nacional de Desenvolvimento) da Nova República.

Em seu discurso de posse, Rocco defendeu que, "com ou sem acordo com o FMI, ministro Sayad, seja ele feito de que forma for, achamos que o importante neste momento é garantir a imediata retomada do crescimento econômico. Postergá-la criará um vazio político favorável aos arautos do autoritarismo e aos milagreiros de plantão".

Na questão social, Rocco defendeu, como medidas prioritárias, a reforma agrária, para interromper o fluxo migratório do campo para as cidades; uma política industrial voltada para os setores mais geradores de emprego;

e uma reforma tributária, que devolva ao município e ao Estado sua capacidade de investir.

Na questão financeira, o novo presidente da AJOESP defendeu "a adoção de uma moratória interna negociada – sem calote, mas com a repactuação dos prazos de vencimento dos papéis bem como de sua remuneração; e a abertura de linhas de crédito especiais aos bancos, a fim de que eles possam diluir seus prejuízos – seguida de uma reforma financeira, que penalize a especulação (...), (que) parece-nos ser no momento a única maneira de fazer com que realmente os juros e a inflação caiam. Com a moratória e a reforma financeira, sobrariam recursos não-inflacionários para alavancar a retomada do crescimento".

Na questão política, Rocco propôs a revogação do "famigerado 'pacote de abril'", como condição para a realização da Constituinte, prevista para o ano seguinte, e evitar assim novas frustrações. O presidente eleito da AJOESP lembrava que, "para se eleger à Constituinte, um deputado paulista necessita hoje de 150 votos, enquanto que em Rondônia, por exemplo, ele só precisaria de 1 voto".

Houve um período, portanto, que Rocco Buonfiglio acumulava a gerência em São Paulo da EBN e a presidência da AJOESP e ainda editava a *Carta de Conjuntura* do Conselho Regional de Economia. "Então, eu tinha praticamente tudo que estava acontecendo na mão. Eu estava sabendo o que acontecia na área oficial do governo e na área privada pela *Carta de Conjuntura*. Então, um grande debate foi travado no Conselho Regional de Economia. O que não foi travado aí, foi travado na AJOESP."

Rocco Buonfiglio admite, porém, que foi surpreendido com o Plano Cruzado, lançado em 1986 pelo governo Sarney. "Durante esse período, debatia-se muito o problema da estabilização da economia. Nós, jornalistas de economia, não sabíamos exatamente porque se debatia isso. Hoje em dia é claro que nós conseguimos finalmente, depois de algum tempo, saber isso. Então, antes do Plano Cruzado, existia a inflação... A inflação estava alta e começou surgir a idéia da desindexação, que a gente não sabia exatamente como seria e porque a desindexação. Então, em 1985, 1986, 1987, o único assunto que preocupava Brasília, todos os economistas, era o risco da hiperinflação. (...) Eu estava ligado a eles e tal, mas eles habilmente não contavam toda a verdade. Nós – eu e outras pessoas – tivemos que descobrir."

Buonfiglio acredita que a origem da inflação remonta às crises do petróleo na década de 1970. "O Plano Cruzado foi uma tentativa, foi um calote... E outra coisa: o álcool foi remunerado à base de 70% do preço da gasolina em dólares. Então, a crise do petróleo já tinha passado. O Brasil resolveu não fazer racionamento. Resolveu continuar importando petróleo. Depois, ele aumentou a produção interna com a internacionalização dos preços do petróleo. Criou o PROÁLCOOL. A dívida interna estava crescendo também. Então, visto de hoje – na época eu não entendia isso –, o que o Funaro falou: — *Se a dívida interna também subir na mesma proporção, nós vamos estourar, o Brasil vai abrir o bico.* O México em setembro estava falido. O setembro negro lá do México começou a crise do sistema financeiro internacional. Então, o Funaro deu o cano nos tomadores de papel, de títulos do Tesouro Nacional, avaliados na época em 40 bilhões de dólares. Mas não tinha outro jeito. Ele tentou. Então, o Plano Cruzado foi um expurgo na inflação embutida, na expectativa inflacionária embutida dos tomadores de títulos públicos. Na época, não ficou muito claro na cabeça da gente. Com isso, ele dava fôlego ao governo para tentar conter a inflação, quer dizer, o giro da dívida passava a ser suportável e ele ia tentar criar um ciclo de expansão da economia, com a inflação razoavelmente administrada. Não deu certo porque se colocou (mais) 30 milhões de pessoas para consumir papel higiênico, carne e tal, além do mercado de 50 milhões. Então, estourou tudo."

Foi por fatos como esse que Rocco sempre acreditou na importância de decodificar os assuntos econômicos. "Eles sempre usaram uma linguagem codificada. Poucas pessoas, como o Aloysio Biondi, decodificava muito bem o economês. Mas essa decodificação não era uniforme no meio jornalístico de economia, até porque era muito difuso. Tinha gente em assessoria, tinha gente em jornal, tinha gente em televisão... Então, tudo isso aconteceu muito rápido. Até a pessoa que militava na economia, que fechava, que cobria o dia-a-dia, perceber essas coisas, juntar essas coisas, demorou muito tempo."

Até por causa da necessidade de treinar os jornalistas de economia é que a AJOESP investiu, nos anos seguintes, na promoção de eventos para discutir assuntos especializados, recorda Buonfiglio que foi o primeiro presidente reeleito da entidade. "Foi um período muito rico porque tudo foi muito discutido na AJOESP ou no Conselho Regional de Economia e tal. Era uma média de um grande evento cada dois, três meses. O primeiro fórum que a AJOESP fez sob a minha primeira gestão foi exatamente sobre a privatização das estatais. Como é que seria feita, quem sairia ganhando, quem sairia perdendo, o que nós cidadãos contribuintes temos a ver com isso, tudo foi discutido. E saíam vários documentos sobre isso para o governo. Reivindicava que os trabalhadores brasileiros não podiam ser esquecidos na privatização, porque as estatais foram feitas também com o dinheiro deles. Então, se o processo de privatização era irreversível, nada mais justo do que colocar os trabalhadores dentro desse processo, porque eles entraram quando foi feita a estatização."

Muitos outros assuntos foram debatidos, com a participação de ministros, empresários, economistas e jornalistas. "A gente discutiu crise de energia, Proálcool, a reserva de mercado para informática, monopólios em geral, o parlamentarismo e o presidencialismo, a eleição direta. Obviamente, esses temas eram discutidos no Conselho Regional de Economia pelo viés do economista sempre, mais técnico. Na AJOESP, era político mesmo. A AJOESP se reunia, por exemplo, em hotéis aqui em São Paulo... Uma vez a gente promoveu uma discussão entre o Roberto Campos – atacando os monopólios estatais, principalmente da Petrobrás – e o Waldir Pires (então ministro da Previdência Social) defendendo. Nós fizemos isso para uma platéia de 300 empresários, que estavam boquiabertos. E tinha emissora de televisão – não me lembro se foi a *Record* – que estava levando aquilo para o ar direto. Então, foi uma overdose de discussão."

Havia, em muitos dos agentes envolvidos, a consciência de que aquele era um momento especial – observa Rocco – "porque tudo aquilo era conseqüência de um período em que todos aqueles temas estavam acontecendo e não tinham sido suficientemente discutidos. Então, foi um período muito rico de idéias. E o pessoal até reclamava porque a gente cobrava. Não dava para não cobrar porque a gente oferecia almoço. A coisa começava às 8 da manhã e ia até à tarde. Então, tinha convidado que pedia passagem, pedia hospedagem... Então, a gente tinha que cobrar das pessoas, porque a AJOESP não tinha dinheiro para isso. Nunca teve. A AJOESP tinha 200, 300 associados: jornalistas que não ganhavam muito e não podiam bancar tudo isso."

Houve um momento, no final do primeiro mandato, em que Rocco Buonfiglio tentou uma saída para ampliar o fórum dos jornalistas, incluindo aí os profissionais da área de política. Para isso, propôs a criação do Clube de Jornalistas de Economia e Política. "Foi quando eu estava pensando na minha sucessão. Eu estava querendo ampliar isso. Eu propus para o pessoal da AJOESP que a gente, para se viabilizar como entidade depois de algum tempo, só sobreviveria se agregasse mais interesse em torno da entidade. A AJOESP foi um fórum privilegiado que recebia ministro para discutir aqui os grandes projetos de Brasília. E sempre que eles anunciavam projetos, claro que era uma maneira de sair aquilo na imprensa. Obviamente, os jornalistas iam ouvir alguém da oposição que questionava aquilo e tal. Então, eu estava pensando em ampliar o número de associados da AJOESP para 500 – na época, tinha uns 200, 250 mais ou menos. Eu estava pensando em transformar a AJOESP num Clube Nacional, numa entidade nacional."

A idéia do Clube Nacional não deu certo, porque os jornalistas de política acreditavam que, com o fim da ditadura militar, retomariam a hegemonia das redações, analisa Buonfiglio. "Os jornalistas de política estavam alvoroçados, porque eles achavam que, com o final do governo (João) Figueiredo e com a eleição do (José) Sarney – no horizonte, a eleição direta – eles iam voltar... Eles não precisavam se associar a ninguém. Como o Clube Nacional não teve sucesso, eu parti para uma reeleição. O pessoal me reelegeu e tal..."

XVI - Plano Cruzado, começo tumultuado

O primeiro presidente eleito da Nova República, Tancredo Neves, montou uma política econômica claramente conservadora e escolheu, como ministro da Fazenda, para conduzi-la o sobrinho Francisco Dornelles, lembra Carlos Alberto Sardenberg. A direção do Banco Central foi entregue a economistas da FGV, do Rio de Janeiro, alinhados com o ex-ministro Mário Henrique Simonsen. "Então, a política econômica seria claramente uma política econômica ortodoxa", prossegue Sardenberg.

Um sintoma de que não haveria espaço para medidas ousadas, como o Plano Cruzado, num eventual governo Tancredo Neves é a famosa história da audiência do economista Francisco Lopes, o Chico Lopes, pouco antes da posse, lembrada por Sardenberg e por Celso Pinto. Na fase em que Tancredo recebia todo mundo em audiência, um assessor do PMDB propôs o encontro: — *Olha, Tancredo, tem o Chico Lopes – que é economista da PUC do Rio – que tem umas idéias geniais para resolver o problema da inflação.* Tancredo respondeu: — *Está bom. Então traz ele aqui.* Chico Lopes foi lá e começou a falar: — *A gente substitui a moeda por outra. Primeiro ficam duas moedas juntas. Aí, depois, a gente elimina a primeira moeda. Deixa a segunda..."* Falou, falou, falou e Tancredo só ouviu. Quando Chico Lopes foi embora, ele virou para o assessor e disse: — *Esse filho do Lucas Lopes tem umas idéias estranhas!* Lucas Lopes fora um político militante, ministro de Juscelino Kubitschek e muito amigo de Tancredo. E o economista Francisco Lopes era um dos principais teóricos do Plano Cruzado. Tancredo Neves, porém, não se interessou pelas idéias dele, observa Sardenberg. "Visivelmente, o Tancredo, primeiro, não entendeu – ele não entendia nada de economia; era daqueles políticos tradicionais que não entendia nada de economia – e, segundo, detestava novidades, qualquer coisa que fosse assim novo, inédito."

As questões teóricas que embasariam o Plano Cruzado praticamente não estavam presentes nos jornais, segundo Sardenberg. "Eram muito tratadas em nível acadêmico e a imprensa começou a dar notícia disso muito esporadicamente. A cobertura foi muito pequena, mais de pessoal especializado. Num determinado momento, saíram artigos... O Pérsio Arida e o André Lara Resende publicaram um artigo na *Gazeta Mercantil*. Depois, o Chico Lopes publicou um artigo no jornal *Globo*, mas poucos jornalistas foram atrás. A imprensa, no conjunto, não percebeu nada naquele momento."

Mesmo no Rio de Janeiro, onde moravam e trabalhavam os economistas André Lara Resende, Pérsio Arida, Edmar Bacha e Chico Lopes, pouco se sabia sobre a teoria da inflação inercial, lembra Suely Caldas, então repórter da *Gazeta Mercantil*. "Desindexar a economia era uma grande novidade no país. Eu me lembro que o pessoal da PUC era quem mais estudava isso. Eram o

Pérsio Arida e o André Lara Rezende, principalmente, mas o Edmar Bacha também. Os dois primeiros inclusive fizeram o Plano Larida. Uma vez, um economista americano com quem eu conversei, que era do órgão financeiro do FMI, me disse que o Plano Larida era muito discutido na academia lá fora, principalmente nos Estados Unidos. O Pérsio estudou no MIT (Massachusetts Institute of Techonology) e o André eu acho que estudou lá também."

Tancredo Neves jamais faria o Plano Cruzado, acredita Celso Pinto. "O Tancredo era um político fantástico. Ele era muito hábil. Antes do governo dele, ele fez uma operação fantástica. Ele criou aquele conselho de economistas, que era uma coisa que fazia um grande barulho... Tinha o José Serra, o Luciano Coutinho... Era uma coisa totalmente heterogênea. Ele juntava esquerda, direita, liberais, conservadores... Era, vamos dizer assim, a turma do holofote. Como o governo dele era um governo de coalizão, de união, de alianças entre diferentes áreas, ele evidentemente precisava dar uma satisfação à sociedade e precisava fazer barulho. Precisava botar esse pessoal discutindo e achando que estava criando o programa do novo governo. Então, ele deixou um ano esse pessoal se digladiando. Um batia no outro, um falava mal do outro por baixo do pano, em *off the record*. As reuniões viravam uma confusão danada, propunha-se de tudo, falava-se em calote disso, calote daquilo... Enquanto isso, o Tancredo Neves, eu acho, fazia o seu programa econômico real."

Tancredo trabalhava no "Plano B" – a política ortodoxa – com Francisco Dornelles e Mário Henrique Simonsen, que, por sua vez, mobilizou meia dúzia de economistas para ajudá-los, prossegue Celso Pinto. "Então, foi uma manobra extraordinária, porque esse Plano B do Tancredo nunca veio a público. Veio muito pontualmente a público. Eu por acaso bati no Plano B na época e até escrevi alguma coisa sobre isso, mas quase que por acaso, porque foi feito com uma discrição total. Mas obviamente esse era o plano... Isso é o que Tancredo acreditava."

Tanto que Tancredo Neves conduziu toda a operação de negociação com o FMI, que culminaria na assinatura da carta de intenções com o Fundo, por meio do então presidente do Banco Central, Affonso Celso Pastore, no apagar das luzes do governo João Figueiredo, relata Celso Pinto. "Ele mandou um emissário – que era o Dornelles – falar com o Fundo Monetário Internacional e dizer o seguinte: — *Me dá o apoio. Assine a carta de intenções com o Pastore e eu garanto que vou em frente*. E o Fundo Monetário – que morria de medo porque não sabia como é que seria o futuro – cometeu o grande erro que foi o de não aceitar, porque, se ele tivesse fechado o negócio com o Pastore, com a garantia informal dada pelo Dornelles em nome do Tancredo – que era a única que ele podia dar, evidentemente –, a vida real iria se impor. Quer dizer, o Tancredo Neves ia olhar todo o trabalho da comissão, as idéias heterodoxas e tudo, e ia dizer: — *Olha, gostei muito, mas infelizmente nós temos aqui um acordo para cumprir com o Fundo...* Ele ia fazer um discurso dando trela para a oposição, para a esquerda e tal, mas ia praticar uma política absolutamente ortodoxa. Foi o que o Dornelles tentou fazer, não é?"

Na partilha do poder, coube ao secretário de Montoro, João Sayad, o Ministério do Planejamento, para atender São Paulo, recorda Sardenberg. "Mas era um Ministério obviamente esvaziado. Claramente, quem ia tocar a política econômica ia ser o Dornelles com o seu Banco Central. O Sayad não conseguiu indicar ninguém para o Banco Central. Conseguiu ficar com o BNDES, para o qual foi nomeado presidente o Dilson Funaro, e com o IBGE... Mas obviamente não tinha controle da política econômica."

Com a morte de Tancredo Neves, "Dornelles ficou num mato sem cachorro, porque a representatividade dele era nada", continua Sardenberg. "Ele tinha trabalhado no regime anterior, era um quadro do regime anterior, e só estava lá porque era um quadro do Tancredo também. Dornelles ficou evidentemente sem espaço e mais cedo ou mais tarde ia dançar. Mesmo porque, com o vácuo do poder que se fez, o PMDB, com Ulysses Guimarães, assumiu o poder político de fato. E com isso, numa dessas viradas da história, o peso do Sayad mudou. De figura decorativa, para tocar funções subalternas, ele passou a ser o ministro da economia do PMDB."

No choque com Sayad, "como era de se esperar, o Dornelles caiu, porque a sua base de sustentação tinha morrido", segue Sardenberg. "E com a queda de Dornelles subiu o Funaro. E aí mudou toda a política econômica. E nesse espaço todo, que teve um debate de política econômica muito grande dentro do governo, o Sayad continuou preparando o plano, continuou preparando a alternativa de política econômica. E eu trabalhei nesse meio todo, de novo naquela mesma coisa: reescrevendo documentos, preparando textos para serem mostrados para as pessoas. E foi um puta aprendizado de economia na prática. Reescrevi muito texto da Maria da Conceição Tavares, dos economistas todos... para colocá-los numa linguagem mais para o público ler. Eu tinha que entender o que eles queriam dizer e reescrever..."

Os auxiliares de Sayad eram Pérsio Arida, secretário especial de política econômica; Edmar Bacha, o presidente do IBGE; André Lara Resende, diretor do Banco Central; Paulo Nogueira Batista Junior, assessor para assuntos internacionais; e Stephen Kanitz, que tratava do negócio da dívida. "Era uma equipe muito forte, que tinha ajudas eventuais, por exemplo, da Maria da Conceição, com documentos, reuniões e tal", lembra Sardenberg.

Luiz Fernando Levy e Roberto Müller Filho tinham acabado de cumprimentar Dilson Funaro pela posse no Ministério da Fazenda, quando encontraram com Carlos Alberto Sardenberg no saguão. — *Müller, o ministro quer falar com você.* Por sugestão de Levy, Müller então adiou a volta a São Paulo.

Müller garante que não queria trabalhar com Dilson Funaro em Brasília. "Eu disse a ele que eu não iria. Eu, o Beluzzo e o João Manuel estivemos na casa do Funaro num sábado. Funaro era amigo do Sarney por conta do Roberto de Abreu Sodré. Aí, no sábado, antevéspera da nomeação do Funaro, ele nos chamou dizendo que ia jantar com o Sarney domingo. Conversamos um pouco com ele e depois fomos embora. Na segunda-feira, o Funaro já nomeado, o Luiz Fernando Levy e eu fomos à posse."

Naquele mesmo dia, Müller almoçou com Funaro. "Então, ele disse que eu ia ser o chefe de gabinete. Eu não queria. Jantei com ele aquela noite. Ele insistiu de novo. Eu disse que não. Ele pediu para eu ficar lá. No outro dia, ele foi me buscar no Hotel Nacional. Eu falei: — *Olha Dilson, eu não vou aceitar. Mas vamos fazer o seguinte. Eu vou voltar para São Paulo e vou conversar com a Gazeta e com a minha mulher e os meus filhos.* Quando eu cheguei em São Paulo, ele já tinha ligado para o Luiz Fernando. E o Luiz Fernando entrou na minha sala e disse: — *O Funaro te convidou para chefe de gabinete.* Eu respondi: — *Eu não vou aceitar.* Ele disse: — *Mas eu não posso falar não para ele.* Eu respondi: — *Mas eu posso. Você está me mandando embora?* Ele falou: — *Não. Por um período.* Eu disse: — *Está bom. Vamos conversar.*"

Müller ia apresentar o programa Crítica & Autocrítica no domingo seguinte com a participação do empresário Abílio Diniz. Antes, marcou um jantar com a mulher para discutir o assunto, lá pela quinta ou sexta-feira. "Ela ia subindo o elevador para me encontrar, quando cruzou com a Lillian (Witte Fibe), que vinha descendo A Lillian disse: — *Parabéns. O seu marido é chefe de gabinete.* A minha mulher ficou puta da vida comigo, porque o Funaro deu uma coletiva dizendo que eu era chefe de gabinete. Aí, foi um jantar desastroso, porque ela achou que eu estava escondendo dela. E no domingo eu, meus filhos e a minha mulher fomos ao Rubaiyat da Faria Lima e colocamos em votação. Eu não votava. Os quatro votaram e o resultado foi 3 a 1. Os meus três filhos queriam que eu fosse."

No mesmo almoço, Müller encontrou com José Roberto Guzzo, da revista *Veja*. "A *Veja* tinha dado a minha foto, a foto do Beluzzo e a foto do João Manuel. Eu disse para o Guzzo: — *Veja errou.* Ele perguntou: — *Por que?* Eu respondi: — *Porque eu estou resolvendo isso agora.* Aí eu fiz o programa Crítica & Autocrítica e depois fui jantar com o Luiz Fernando. Combinamos que o meu sucessor seria o Sidnei Basile, que ele acumularia, porque o acordo é que eu ficaria por três meses."

No Ministério da Fazenda, Müller tratou duramente a *Gazeta Mercantil*. "Sugeri ao Funaro que nomeasse um diplomata para assessor de imprensa. Ele concordou com a idéia. E eu fui ao embaixador Samuel Pinheiro Guimarães e pedi a ele que me indicasse um brilhante aluno da escola do Instituto Rio Branco, secretário ainda, porque eu não queria um jornalista que tem lealdade com jornais. O governo acaba e o jornalista volta para o jornal. Eu queria um sujeito educado, informado e instruído, que soubesse falar com a imprensa e que soubesse guardar segredo. Então, quando a *Gazeta Mercantil* me procurava, eu não recebia. Eu recebia algumas pessoas da *Gazeta Mercantil* como amigos. E fiz uma grande perversidade no Plano Cruzado, porque eles começaram a sacar e eu neguei."

As vítimas da perversidade foram Celso Pinto e Cláudia Safatle. Roberto Müller sabia tudo sobre os preparativos do Plano Cruzado, mas os dois jornalistas da *Gazeta Mercantil* foram "furados" por outros jornais.

Müller soube do Plano Cruzado, pela primeira vez, numa reunião na casa de Dilson Funaro, no início do governo Sarney. Estavam presentes o ministro João Sayad e os economistas Henri Philippe Reichstul, Andrea Calabi, André Lara Rezende, Luiz Carlos Mendonça de Barros, João Manuel Cardoso de Mello, Luiz Gonzaga Beluzzo e Pérsio Arida, além de Jorge Murad e do advogado Saulo Ramos. "O País estava recém-democratizado. O presidente fraco assumia, com a inflação subindo, ameaça de greve geral... Eu me lembro de o Pérsio ter lido o primeiro *paper* que deu origem a tudo. Texto dele e do André. Aí o presidente marcou uma data da reunião do Conselho de Segurança Nacional e disse que tinha que ser até o fim de fevereiro. Havia uma ameaça de greve geral e tinha que inventar alguma coisa para acabar com a inflação. Aí houve aquela correria"[137].

Celso Pinto e Cláudia Safatle estavam desconfiados de que alguma coisa estava para acontecer, lembra Müller. "O Celso e a Cláudia eram muito bem informados. E eles iam me procurar. Eu negava. E eles não publicavam, se eu não confirmasse... É uma coisa da minha rigidez. Talvez eu devesse ter feito diferente. Eu tinha muita rigidez em relação aos princípios da *Gazeta* e ao meu papel. Eu não era porta-voz. E eu não podia proteger a *Gazeta*. Não sei se fiz certo. O Celso outro dia brincou muito. — *Não precisava me mandar para a Argentina*. Houve um momento em que tinha uma coisa acontecendo na Argentina, e nós fizemos no governo uma operação para desviar a atenção. O (Matías) Molina me ligou perguntando se era importante. Aí, eu disse que era muito. Então, eles mandaram o Celso para lá. E ele que sabia tudo..."

Sardenberg, então assessor de comunicação de Sayad, confirma que, na imprensa, apenas Celso Pinto percebia "e sabia que alguma coisa muito séria estava acontecendo. E era disparado o que mais entendia do assunto. Ele, sim, ficou muito antenado. Fez matérias, acompanhou, sabia que o plano ia sair,

---

[137] Pouco antes de ir para o governo, Müller foi tomar café da manhã com o presidente José Sarney, levado pelo então editor de política da *Gazeta Mercantil* em Brasília, Getulio Bitencourt, quando ouviu dele a seguinte revelação: — *Eu me preparei para ser o vice fraco do presidente forte. Sabe o que eu faço aqui? Corrijo o português de decreto.*

tinha convicção de que o plano estava saindo de algum modo. Agora, podia ser porque na época já tinha o Austral da Argentina. Podia seguir pelo Austral. Mas o corrente da imprensa não."

Celso Pinto acompanhou o Plano Cruzado de perto, embora tivesse voltado em 1985 para São Paulo[138]. "Mas eu ia trabalhar praticamente toda semana em Brasília. Foi um esquema até que eu acertei com a *Gazeta*. Não foi algo que o jornal me impôs. Era conveniente para o jornal, mas eu queria. Eu achava que era uma época muito interessante, muito efervescente em Brasília. E achava bom ter um pé em São Paulo, porque é a vida real. Todo mundo que passa mais do que um certo tempo em Brasília corre o risco de mergulhar na ilha da fantasia e perder o pé na economia real. Então, eu achava bom ter um pé aqui na economia real, mas eu ia – como editor de política econômica – toda semana para Brasília. E achava muito importante isso. Então, eu estava saindo de um período enorme lá em Brasília... Então, eu acompanhei muito de perto."

Se Celso Pinto desconfiava de alguma coisa, a maioria dos jornalistas não, como admite Suely Caldas. "Eu tinha ido para Cuba, a convite do Fidel Castro para uma reunião sobre dívida externa. Naquela época, estava começando o reatamento com Cuba. Então, não era proibido a gente ir para Cuba. Isso era 1986, um pouco antes do Plano Cruzado. O Severo Gomes e o Beluzzo estavam na delegação. Eu e o Beluzzo conversávamos. Até dançamos no cabaré lá uma vez. Eu disse a ele: — *Você é muito duro. Balança, rapaz. Tá tocando uma rumba e você fica duro aí.* Quando voltamos, um mês e meio depois, o Beluzzo estava lá fazendo o Plano Cruzado. Quer dizer, a concepção não foi dele. Foi mais do Pérsio e do André. Mas ele sabia. E eu lá dizendo para ele dançar rumba."

O então chefe de Suely Caldas na sucursal carioca, Paulo Totti, concorda que não havia essa preocupação por parte dos jornalistas econômicos. Só começaram a perceber alguma coisa "quando o Plano Cruzado começou a ser montado. E se começou a perceber que o pessoal do Funaro estava reunindo gente nova. No Rio, tinha a Conceição Tavares e o Carlos Lessa. E eles estavam procurando mais gente. Ao contrário do que acontece com o economista de direita, o economista de esquerda não discrimina. A Conceição e o Lessa sugeriram que, para tratar de assuntos financeiros, de mercado, havia um pessoal muito interessante na PUC do Rio com o qual se poderia trabalhar. Eles não eram de direita, mas não tinham uma visão muito assemelhada com a da

---

[138] Antes de ir para Brasília em 1981, Celso Pinto foi editor de várias áreas na *Gazeta Mercantil*, inclusive política. "Eu cheguei a acumular a edição de política econômica, de um lado, com a edição de política do outro. Eu editei investimentos, finanças, política, internacional... Em 1981, fui para Brasília como uma espécie de editor de política econômica. Eu tive uma sorte danada, porque tive um ano para conhecer a cidade, conhecer as fontes, conhecer as pessoas, descobrir o caminho das pedras... Aí veio a crise da dívida e depois mergulhei de cabeça na cobertura da dívida. Morei em Brasília de 1981 a 85."

Conceição. O único deles filiado à corrente da Conceição era o Pedro Malan. Tinha também o pessoal do Eduardo Modiano, do Chico Lopes... Todos eles foram chamados..."

A razão de tanto sigilo é que "havia um medo muito grande de que as coisas vazassem na hora errada, de um modo errado, e fossem mal entendidas", lembra Sardenberg. "Então, o debate ficou assim muito interno, se divulgou pouca coisa. Talvez, vendo em retrospectiva, tenha sido um erro, mas na ocasião havia uma convicção muito clara de que esse tipo de plano tinha que ser feito assim de surpresa. E os argumentos eram mais econômicos até do que políticos. Era preciso fazer a coisa de surpresa para evitar que os agentes econômicos antecipassem os movimentos e, enfim, acabassem neutralizando a própria idéia do plano. Havia reajuste de preços muito forte. Então – o pessoal achava – se alguém soubesse que alguma coisa ia sair, o reajuste de preços dispararia mais ainda. Todo mundo ia querer aumentar preço para que, quando saísse o plano, entrasse com um nível alto de preço. Então, havia a convicção de que esse plano tinha que ser feito de surpresa. E, se devia ser feito de surpresa, não podia ser veiculado, não podia ser discutido, não podia ser incentivado. Então, se tomava uma atitude muito fechada. Os poucos debates que saíram na imprensa, foi porque vazou alguma coisa aqui e ali e alguns jornalistas acompanharam. O pessoal de Brasília começou a perceber que havia alguma coisa em curso, como sempre acontece, porque começou a ter muita reunião, debate, o pessoal aparecia muito para reuniões e isso aí deixava os jornalistas bem antenados".

Cecilia Zioni conta, a respeito, o episódio do lançamento de um livro de Frota Neto, porta-voz do presidente Sarney, em dezembro de 1985, no restaurante Massimo. O livro tratava de pobreza e crianças, um dos temas preferidos por Frotinha, e Zioni foi pautada para fazer um texto-legenda da noite de autógrafos. Abriu pelo que lhe pareceu ser o diferencial: "O presidente prepara duas grandes ações para o começo do ano: a reforma ministerial, trocando os últimos ministros que herdou de Trancredo, e um grande plano econômico, para eliminar a inflação, disse ontem o porta-voz da Presidência..." E lamenta Zioni: "O editor não gostou e, dizendo: 'o Frotinha não está com essa bola toda', mandou refazer o lead e abrir pelo circunstancial. Não se investiu mais no assunto e o Plano Cruzado chegou mesmo no começo do ano".

Nas últimas semanas, nos últimos dias anteriores ao lançamento do Plano Cruzado, "o clima foi ficando cada vez mais quente", relata Sardenberg. "Quando foi chegando perto, cada vez mais pessoas começavam a ser envolvidas: gente que tinha que preparar o congelamento, gente que tinha que preparar as mudanças do Banco Central, gente que tinha que preparar a mudança da dívida... Isso começava a agregar muitos técnicos e, o que é típico de Brasília, sempre acabavam vazando coisas... Ao mesmo tempo, se começava a tratar do assunto politicamente: então, alguém tinha que falar com o Ulysses Guimarães, com as lideranças políticas, vender a idéia para o Sarney... O Sarney reunia lideranças políticas, reunia governadores... Enfim, se começava a vender o peixe e aí começava a vazar, porque tinha um grupo grande de pessoas envolvidas. Vazavam pedaços aqui e ali, alguém sabia de uma coisa, alguém sabia de outra..."

A decisão de lançar o Plano Cruzado de surpresa prejudicou bastante o trabalho de comunicação, recorda Sardenberg. "E aí começava uma demanda cada vez maior em cima da assessoria de imprensa. É aquela situação em que os jornalistas ficam muito nervosos, porque se sabia que alguma coisa estava em andamento, mas não se sabia exatamente o que era. Então, dava uma excitação muito grande e aí a demanda ficava realmente muito forte."

O planejamento da divulgação do plano foi mal feito, se é que houve planejamento. E a dificuldade, nesse caso, "foi porque havia poucas pessoas envolvidas, trabalhando nisso", observa Sardenberg. "Como havia a idéia de que o plano tinha que ser lançado assim de um momento para o outro, então se adiou ao máximo a informação da própria equipe sobre qual era a data. Também havia aquela convicção de que tinha que ser num fim de mês, numa virada de mês, acho que era por causa do índice de preço. Então, tinha que pegar o índice de preço fechado do mês e começar um índice novo no dia primeiro. Portanto, tinha que ser anunciado num final de mês para começar no dia primeiro. E podia ser (lançado) no dia 31 de dezembro? Ou no dia 31 de janeiro? Essas discussões sobre datas também eram feitas em um círculo muito fechado. E a idéia era que se anunciasse a data para as pessoas indispensáveis muito perto do dia. E foi o que aconteceu. Quando se tomou a decisão de que seria no dia 28 de fevereiro, foi que se começou a avisar as pessoas. Eu mesmo acho que fiquei sabendo uma semana antes, acho que faltavam uns três ou quatro dias. O Sayad me chamou e disse: — *Agora, está resolvido. Vamos começar a preparar* (o anúncio)."

Não havia tempo para a preparação nem de material de apoio para os jornalistas, lembra Sardenberg. "Era muito pouco para se preparar uma mudança tão grande. Estava-se escrevendo uma cartilha, mas a cartilha não estava pronta no dia. Só ficou pronta depois. E, além disso, a verdade é que não se tinha muita experiência nesse tipo de coisa. Então, as decisões foram tomadas de última hora, muitas coisas foram mudando assim de última hora. Não dava mesmo para fazer a cartilha. Outra coisa: deu-se um reajuste real de salário. O salário mínimo foi colocado na média. Teve um reajuste de 18%. Os salários tiveram um reajuste de 9%. E isso também foi decidido na última hora. Foi, aliás, um dos grandes erros do plano, mas foi decidido de última hora. Então, não havia condições de fazer uma cartilha, preparada e tal, porque as coisas estavam sendo decididas ali na hora que iam sendo feitas."

A divulgação, assim, "foi muito tumultuada", admite Sardenberg, porque houve "pouco tempo e não podia ser feito nada de preparação. Tinha que sair tudo no mesmo dia. E era uma revolução: moeda nova, critérios novos, um novo índice de preços. Para se ter uma idéia, decidiu-se por uma fórmula de correção de salário. E o Beluzzo foi encarregado de explicar para a bancada do PMDB – isso eu acho que foi 28 de fevereiro à noite. Quando ele voltou, já tinha mudado toda a política. Não era mais nada daquilo, era outra coisa. Então, com cenas assim, era muito difícil fazer uma boa divulgação. Então, tudo teve que ser feito ali no calor dos acontecimentos mesmo. Foi sendo feito nos dias seguintes, com muita explicação, muito debate, muita conversa, muitas entrevistas... A cartilha ficou pronta. Mas não tinha tabela de preços da Sunab...".

No calor dos acontecimentos, foram definidos os técnicos da equipe econômica do governo que falariam sobre o Plano Cruzado, recém-lançado, de acordo com Sardenberg. "Então, ficou dividido. O pessoal do Ministério da Fazenda, o pessoal do Banco Central, o pessoal do Ministério do Planejamento... cada um falaria de um assunto, cada um falaria na sua área..."

Celso Pinto considera que o Plano Cruzado era a oportunidade de ouro para o Brasil. "Era o fim do regime militar e o primeiro governo civil. Estamos falando de todo o sentimento da Nação se reengajar na discussão política, na participação do país, no entusiasmo com a volta do governo civil. Ao mesmo tempo, nós estamos falando também da primeira tentativa de acabar com o processo de hiperinflação – inflação altíssima e hiperinflação no final –, que durou décadas. Ou seja, era toda esperança política de um primeiro governo civil, após um longo período militar, junto com a primeira tentativa séria de combater a inflação. O Brasil tinha todas as condições de fazer uma estabilização bem feita. Nós estamos falando em 1986."

Em 1985, Zé (José Roberto) Alencar deixou Paris de volta ao Brasil e retomou as suas atividades normais na *Folha de S. Paulo*[139]. Era de manhãzinha. Alencar estava tomando banho, rádio ligado... Dali, ia direto para a cama, dormir. "Eu ouvi cedinho no rádio a notícia do Plano Cruzado. Eu tinha passado lá no meio da esbórnia e, na hora que eu cheguei em casa, eu ia dormir. Então,

---

[139] Em meados de 1984, Zé Alencar reforçou a equipe de reportagem especial da *Folha de S. Paulo*, por indicação de Luiz Nassif. Era um time de craques que reunia nomes como Rolf Kuntz, Teodoro Meissner, Clóvis Rossi, Ricardo Kotscho, Rui Castro, entre outros. Depois de nove meses, Zé Alencar vendeu tudo que tinha, largou status e salário de editor e abandonou o serviço para viajar para Paris, onde ficou cerca de oito meses junto com os amigos e repórteres Tião Cabo Verde, que assina Sebastião Magalhães, e Otávio Ribeiro, apelidado de Pena Branca. De volta ao Brasil, descobriu que a *Folha* não tinha dado baixa na sua carteira de trabalho. "A *Folha* tinha guardado um dinheiro para mim, que eu não sabia que eu tinha. Assim que eu peguei esse dinheiro, o governo resolveu lançar ações da Petrobrás com uma campanha que vendia ação até na praia. Com esse dinheiro, eu dei de entrada nas ações. Então, eu comprei ações pra burro. Acabei de comprar essas ações e veio o Plano Cruzado. Aí aplicaram uma tablita na minha dívida, ou seja, derrubaram o preço das ações que eu comprei e aumentaram o preço das ações para eu vender. Foi um negócio fantástico. Foi muita sorte."

escuto no rádio... Aí corro para a redação. Estamos na redação, eu, o Dácio Nitrini, mais dois ou três ali, quando entra o seu Frias. Eu nunca tinha visto ele na redação. Ele entra, me vê na redação, chega para mim e pergunta: — *O que você achou, Zé?* E eu não tinha achado nada, ainda. Então, eu falei: — *Seu Frias, eu respondo isso já para o senhor. Eu agora tenho que dar um telefonema.* Aí o seu Frias saiu e foi conversar com o Dácio. E eu liguei para a casa do Theobaldo de Nigris (ex-presidente da FIESP). Ele atendeu... Devia ser oito horas da manhã. Eu perguntei: — *O que o senhor achou?* Ele respondeu: — *Isso é um absurdo, por causa disso, disso, disso....* Desliguei o telefone e fui falar com o seu Frias: — *Esse plano é o resgate da cidadania.* Quer dizer, se o Theobaldo de Nigris é contra, eu sou a favor. Aí o seu Frias determinou que eu faria o texto consolidado da manchete no dia seguinte. Eu acabei de falar com o Theobaldo, mas não tinha entendido ainda o que tinha acontecido. Aí eu liguei para mais dois empresários da linha do Theobaldo e era a mesma coisa. Só que aí eu já tive mais tempo para eles me explicarem e para eu achar melhor ainda. Aí eu liguei para o Nassif e o turco já tinha entendido tudo. O turco falou: — *Zé, nunca houve uma distribuição de renda nesse país que nem você vai ver agora.* Aí eu carquei a expressão 'resgate da cidadania' na manchete."

Zé Alencar conta que cavou muita briga na redação da *Folha* por causa do Plano Cruzado. "As pessoas faziam a crítica errada ao Plano Cruzado. Podiam acusar ele de um monte de coisas, mas não de não distribuir renda. Tanto distribuiu renda que você ia para o bar e não tinha lugar para você sentar. A turma da mesada tinha ocupado o lugar da turma da pesada. Você ia pegar avião, não tinha lugar para você voar. Estava cheio de pobre voando! Você chegava no açougue, não tinha carne. Estava pobre comendo! Então, houve uma puta distribuição de renda. Um troço fantástico. Se você queria xingar o Plano Cruzado, podia xingar. Mas não nessa parte. Que ele fez distribuição de renda, fez. Agora, a esquerda não percebia isso. É um saco."

Celso Pinto considera que havia, na época do lançamento do Plano Cruzado, uma concepção muito voluntarista de como deveria ser a política monetária e tributária de um plano de estabilização. "Uma concepção equivocada, ao meu ver, de que na verdade a política monetária podia ser muito mais frouxa no pós-estabilização por uma questão de remonetização. Mas havia também um equívoco na política fiscal. O plano iniciou com a suposição absolutamente equivocada de que o País caminhava para um equilíbrio fiscal. Essa era a percepção que o governo tinha quando entrou no plano (...) Na época, subestimou-se dramaticamente o impacto de aumento de demanda quando se tem uma queda abrupta do regime de altíssima inflação para um regime de inflação muito baixa. Isso dá um aumento de poder aquisitivo que gera um aumento de demanda absolutamente descomunal, gigantesco. Quer dizer, tratou-se dessa euforia pós-Cruzado com absoluta tranquilidade, como se fosse um fenômeno que seria fácil de se resolver. Usou-se o congelamento de preço, que certamente não é a melhor maneira de se lidar com a questão. Mas também não era nada de dramático. Na época, estava muito presente o exemplo de Israel. Quer dizer, Israel mostrou que você pode usar o congelamento de preço e não necessariamente fracassar, desde que seja um congelamento limitado no tempo que venha acompanhado de fundamentos macroeconômicos que te permitam entrar no regime de controle. O que acontece aqui é que houve um congelamento que teve um sucesso extraordinário porque havia uma adesão absoluta da população inteira à idéia de inflação baixa, ao sucesso do Plano Cruzado. Foi um sucesso extraordinário, fantástico, espantoso. Só que os fundamentos foram piorando dramaticamente nos meses seguintes. Então, se criou uma situação macroeconômica inteiramente insustentável. Quer dizer, tem uma pressão de demanda altíssima, fortíssima; uma política monetária totalmente frouxa; uma política fiscal totalmente frouxa." Além disso, "não se tinha reservas externas suficientes. Na verdade, entrou-se no plano com reservas baixas".

Em meio à euforia causada pelo lançamento do Plano Cruzado, a revista *Visão*, de Henry Maksoud, não se deixou contagiar pelos acontecimentos. Era um instrumento tocando uma música diferente – "uma posição correta, porém extremada" – dentro da orquestra que reunia o povo, os empresários, a mídia, como lembra Isaac Jardanovski, então diretor do grupo *Visão*. "O Plano Cruzado provocou uma verdadeira comoção nacional. A *Visão* saiu com matéria de capa dizendo: 'É um plano nazi-fascista'. E chamava os congelamentos de preços de uma fórmula mais surrada e mais infrutífera do mercado. Fizemos matérias memoráveis; fomos até o código de Hamurabi na antiguidade, o primeiro congelamento de preços... Continuamos seguindo, chegamos ao congelamento, aos *freezers* que o Nixon fez nos Estados Unidos e que, de acordo com as teses da revista, foram eles que provocaram a queda do Nixon, quando desestruturaram o setor econômico e ele perdeu o apoio da indústria, do complexo econômico, etc. Nós chegamos a ser cercados na redação no começo por gente que apedrejava... Os nossos assinantes começaram a cancelar assinaturas. A revista é antipatriótica, a revista não está enxergando, o Macsoud está procurando interesses pessoais, porque vai perder as mamatas – naquela época, a Hidroservice (empresa de Maksoud) tinha muitos contratos com o governo que ela começou a perder... Nós ficamos ilhados várias vezes na redação. Houve realmente reação de assinantes e reação de anunciantes. Ninguém queria anunciar em uma revista que era derrotista."